一、党和国家领导人重视院士工作

胡锦涛总书记在两院院士大会上作重要讲话

一、党和国家领导人重视院士工作

国务院副总理李克强参观中国环境宏观战略研究成果展示，并主持召开研究成果应用座谈会，李克强与出席座谈会的院士专家亲切握手

国务委员刘延东出席“中国工程科技论坛”十周年座谈会，并作重要讲话

一、党和国家领导人重视院士工作

国务委员刘延东在院士大会期间与院领导合影

刘延东、路甬祥、徐匡迪向第八届光华工程科技奖获奖者颁奖

二、院士大会

中国科学院第十五次院士大会和中国工程院第十次
院士大会于2010年6月7日在北京隆重召开

中国工程院召开学习胡锦涛总书记
两院院士大会讲话精神座谈会

徐匡迪院长在中国工程院第十次
院士大会上作工作报告

周济院长在中国工程院第十次院士大会作总结

二、院士大会

徐匡迪院长为新当选院士颁发证书

外籍院士瑞迪教授作“在软件工程中展现全球领导力”的学术报告

杜祥琬副院长作“对中国绿色、低碳能源战略的探讨”学术报告

院士们投票选举新一届院领导班子、主席团和各学部常委会常委

三、咨询与学术活动

与国家自然科学基金委合作项目

国家工程科技思想库建设研究项目启动会

谢克昌副院长出席生物产业发展论坛

三、咨询与学术活动

三峡工程论证及可行性研究阶段性项目评估会

“浙江沿海”项目阶段性成果汇报会

化工、冶金与材料工程学部第八届学术会议

“汶川地震工程破坏与对策”咨询项目启动会

三、咨询与学术活动

中国工程院第100场工程科技论坛在大连召开

两院资深院士专题研讨“三农”问题

水产养殖业可持续发展研讨会

中国工程院2010流域水安全与重大工程安全高层论坛

中国工程管理论坛

樊代明副院长作《医疗保健系列学术报告》首场报告——“三千年生命科学进与退”

教育委员会召开会议

邬贺铨副院长在第九届重庆高层会“战略性新兴产业发展高峰论坛”上作主题演讲

四、科技合作

干勇副院长代表我院与四川省政府签署科技合作协议

中国工程院院地合作工作座谈会

上海市与工程院合作委员会会议

五、考察调研活动

宋健名誉主席考察中国原子能科学研究院快中子堆

参加“新时期高速铁路与建筑研讨会”的院士专家考察建设项目

院士专家在南通考察

五、考察调研活动

“提高我国产品自主设计能力的发展战略项目组”在广西调研

院士专家考察中国石化“川气东送”工程

院士专家考察河北立中有色金属集团

五、考察调研活动

周济院长到湖南大学考察

在“院士开州行”咨询活动中
院士考察晚熟柑桔良繁场

院士专家在襄樊试车场参观

六、国际合作与交流

国务委员刘延东在工程院会见瑞典国王古斯塔夫及瑞典皇家工程技术考察团，
并见证了中瑞两国工程院签署“中瑞工程科技合作谅解备忘录”

俄罗斯联邦委员会主席米罗诺夫一行访问我院

周济院长会见古巴国务委员会科技顾问
卡斯特罗博士

潘云鹤副院长会见英国皇家工程院院士
Bernard Weiss教授

刘德培副院长会见法国医学科学院院士、
我院外籍院士Jacques Caen教授

六、国际合作与交流

周济院长访问澳大利亚工程院并作学术报告

旭日干副院长率代表团访问瑞士并与瑞士工程院续签两院合作谅解备忘录

为促进青年科技人员开展国际交流，工程院举办了第二届“中国工程前沿青年研讨会”

工程院与瑞典皇家工程科学院共同举办“中瑞智能电网研讨会”

七、院士获奖

张锦秋院士荣获2010年度何梁何利基金“科学与技术成就奖”

王淀佐院士荣获国际矿物加工大会终身成就奖

关桥院士荣获乌克兰功勋勋章

八、其他

“橘洲抒怀”院士书画联谊笔会在长沙举办

2010年《院士通讯》工作会议在承德召开

院机关人员参加中央国家机关第三届职工运动会

中国工程院年鉴

2010

高等教育出版社·北京
HIGHER EDUCATION PRESS BEIJING

图书在版编目（CIP）数据

中国工程院年鉴. 2010／中国工程院办公厅编. —北京:高等教育出版社,2011.8

ISBN 978-7-04-032466-2

Ⅰ. ①中… Ⅱ. ①中… Ⅲ. ①中国工程院-2010-年鉴 Ⅳ. ①N242-54

中国版本图书馆 CIP 数据核字(2011)第 080860 号

策划编辑 王国祥　　责任编辑 黄慧靖　　封面设计 李卫青

版式设计 余 杨　　责任印制 毛斯璐

出版发行	高等教育出版社	咨询电话	400-810-0598
社 址	北京市西城区德外大街4号	网 址	http://www.hep.edu.cn
邮政编码	100120		http://www.hep.com.cn
印 刷	北京中科印刷有限公司	网上订购	http://www.landraco.com
开 本	889mm×1194mm 1/16		http://www.landraco.com.cn
印 张	36		
字 数	880千字	版 次	2011年8月第1版
插 页	9	印 次	2011年8月第1次印刷
购书热线	010-58581118	定 价	128.50元（含光盘）

本书如有缺页、倒页、脱页等质量问题,请到所购图书销售部门联系调换

物 料 号 32466-00

编辑说明

《中国工程院年鉴》是记载中国工程院历史的文献资料。该书较为全面、系统地反映工程院当年开展的工作、取得的业绩和各方面情况进展，是一部综合性资料书。

本书为2010年卷，根据2010年的工作内容，全书分12部分，共110万字。主要内容为：1. 重要讲话；2. 重要文件；3. 院士大会4. 会议纪要；5. 咨询工作；6. 学术活动；7. 国际交流与合作；8. 科技合作；9. 出版物介绍；10. 光华工程科技奖；11. 机关工作；附录。收编的内容和统计数字以2010年1月1日始至12月31日止。

在编辑过程中承蒙院领导及机关各部门同志的大力支持，提供了珍贵的原始资料，在此一并致谢。限于水平，编改中之不足处，恳请读者不吝指正。

编　者

2011年4月

《中国工程院年鉴》编委会名单

目　录

重要讲话

重要文件

院士大会

会议纪要

咨询工作

学术活动

【中国工程科技论坛】

国际交流与合作

科 技 合 作

出版物介绍

光华工程科技奖

机关工作

附 录

重 要 讲 话

在中国科学院第十五次院士大会和中国工程院第十次院士大会上的讲话

胡锦涛

（2010 年 6 月 7 日）

各位院士，同志们：

中国科学院第十五次院士大会、中国工程院第十次院士大会今天隆重开幕了，这是全国科技界的一次盛会。首先，我代表党中央、国务院，向大会的召开，表示热烈的祝贺！向两院院士和全国广大科技工作者，致以诚挚的问候！

党的十七大强调，实现未来经济发展目标，关键要在加快转变经济发展方式、完善社会主义市场经济体制方面取得重大进展，坚持走中国特色新型工业化道路，促进经济增长由主要依靠增加物质资源消耗向主要依靠科技进步、劳动者素质提高、管理创新转变。在加快转变经济发展方式的进程中，我国科技界肩负着重大使命。这次大会，对动员两院院士和全国广大科技工作者为加快转变经济发展方式勇挑重担、建功立业，具有十分重要的意义。

下面，我想就这个问题讲几点意见，同大家一起讨论。

一、深刻认识加快转变经济发展方式的重要性和紧迫性

国际金融危机发生以来，我国发展的外部环境和内部条件发生了很大变化，加快转变经济发展方式的紧迫性更加凸显出来。从国际上看，世界经济走出国际金融危机最困难的时期并出现复苏，同时国际金融危机影响依然存在，各种全球性问题相互交织，影响世界经济全面复苏的不确定因素依然较多。在这样的背景下，各国尤其是主要大国都在对自身经济发展进行战略筹划，纷纷把发展新能源、新材料、信息网络、生物医药、节能环保、低碳技术、绿色经济等作为新一轮产业发展的重点，加大投入，着力推进。世界范围内生产力、生产方式、生活方式、经济社会发展格局正在发生深刻变革。培育新的经济增长点、抢占国际经济科技制高点已经成为世界发展大趋势，科技竞争在综合国力竞争中的地位更加突出。

从国内看，新中国成立 60 多年特别是改革开放 30 多年来，我国社会主义经济建设、政治建设、文化建设、社会建设以及生态文明建设取得举世瞩目的伟大成就。面对国际金融危机冲击，我们坚定信心、迎难而上，努力化挑战为机遇，迅速采取一系列重大应对措施，统筹做好保增长、保民生、保稳定各项工作，实现经济总体回升向好，为推动世界经济复苏作出重要贡献。同时，我们必须清醒

地看到，尽管我国经济总量已列世界前茅，但生产力水平总体上还不高，产业结构不合理，城乡、区域发展不平衡，长期形成的结构性矛盾和粗放型增长方式尚未根本改变，工业化、城镇化快速发展同能源资源和生态环境的矛盾日趋突出，影响科学发展的体制机制障碍依然存在。经过长期努力，我国科技事业发展取得长足进步，但自主创新能力还不强，总体上经济发展技术含量不高，很多关键技术和核心技术受制于人，先导性战略高技术领域科技力量薄弱，重要产业对外技术依赖程度仍然较高。为增强我国经济发展后劲和国际竞争力、推动经济社会又好又快发展，我们必须提高自主创新能力，加快转变经济发展方式，下大气力解决制约我国经济发展的深层次矛盾和问题。

我们要从国际国内经济、科技发展大势来认识加快转变经济发展方式的重要性和紧迫性。未来几十年，世界上包括我国13亿人口在内的20亿至30亿人将逐步进入现代化行列，能源资源需求和生态环境压力将大幅上升，经济社会快速发展与地球有限承载能力的矛盾将日益尖锐。作为工业化、城镇化快速发展的人口大国，我国面临的能源资源和生态环境矛盾尤为突出，推动可持续发展任务尤为艰巨。全球发展面临的严峻挑战迫切需要创新经济发展方式。从科技发展和知识创新的角度看，世界范围经济发展方式正呈现出以下一些重要特点。

第一，科学技术迅猛发展深刻改变着经济发展方式，创新成为解决人类面临的能源资源、生态环境、自然灾害、人口健康等全球性问题的重要途径，成为经济社会发展的主要驱动力。经济发展方式从资源依赖型、投资驱动型向创新驱动型为主转变，以知识为基础的产业快速发展。经济发展方式将加速向资源节约、环境友好、人与自然和谐相处的方向转变，推动可持续发展成为各国共同面临的任务和挑战。

第二，知识是发展永恒的重要资源，知识创新成为国家竞争力的核心要素，知识生产和消费成为经济发展、社会进步乃至人的全面发展的重要方式。知识增长越快、普及越广、应用面越宽，就越能为人类发展进步不断提供智力保障。

第三，科学技术迅猛发展正在引发社会生产方式的深刻变革。信息网络技术的广泛应用不断推动生产方式发生变化，柔性制造、网络制造、绿色制造、智能制造、全球制造日益成为生产方式变革的方向，互联网、云计算、物联网、知识服务、智能服务的快速发展为个性化制造和服务创新提供了有力工具和环境，人依靠机器生产产品变成机器围绕人生产产品成为可能，个性化制造和规模化协同创新有机结合将成为重要的生产方式。

第四，激发人的创造力、促进人的全面发展是社会充满发展活力的重要前提。科技创新将不断创造新的知识资源和知识需求，创造以知识为基础的新工艺、新服务、新产业、新市场，推动创造更多社会财富，为促进社会和谐充实物质基础。科技创新将不断深化人们对自然界、人类社会发展规律的系统认知，将不断丰富促进社会和谐的文化基础，引导人们树立科学的世界观和价值观、确立科学的发展理念，有效激发全社会的创新意识和全民的创新兴趣，推动形成科学理性的生产方式和生活方式。

实践充分证明，科学技术是经济社会发展中最活跃、最具革命性的因素。人类文明每一次重大进步都与科学技术的革命性突破密切相关。科学技术作为人类智慧的伟大结晶，推动创造了巨大的物质财富和精神财富。当今世界，科学技术作为第一生产力的作用日益突出，科学技术作为人类文明进步的基石和原动力的作用日益凸显，科学技术比历史上任何时期都更加深刻地决定着经济发展、社会进步、人民幸福。人类社会是在认识、利用、适应自然的过程中不断发展进步的，永不停息的科技进步和创新使人类认识、利用、适应自然的水平和能力不断提高。当前，人和自然的关系日益密切和复杂，寻求科学的发展理念和可持续的发展方式已成为世界各国共同关注的重大问题。我们必须把握机遇，审时度势，科学谋划，顺势而为，加快转变经济发展方式，使我国发展质量越来越高、发展空间越来越大、发展道路越走越宽，在激烈的国际竞争中赢得主动。

二、充分发挥科学技术在加快转变经济发展方式、推动经济社会又好又快发展中的重要作用

建设创新型国家，加快转变经济发展方式，赢得发展先机和主动权，最根本的是要靠科技的力量，最关键的是要大幅提高自主创新能力。当前，经济社会发展的迫切要求，日益突出的全球性问题，科学技术体系的内在演进，都在孕育重大科技突破。科技知识创新、传播、应用的规模和速度不断提高，科学研究、技术创新、产业发展、社会进步相互促进和一体化发展趋势更加明显，一系列重大科技成果以前所未有的速度转化为现实生产力，正在深刻改变世界科技和经济社会发展形态。

当今世界，各国都在积极追求绿色、智能、可持续的发展。绿色发展，就是要发展环境友好型产业，降低能耗和物耗，保护和修复生态环境，发展循环经济和低碳技术，使经济社会发展与自然相协调。智能发展，就是要推进信息化与工业化融合，不断创造新的经济增长点、新的市场、新的就业形态，提高社会运行效率，实现互联互通、信息共享、智能处理、协同工作。可持续发展，就是要解决好经济社会发展的能源资源约束，有效保证发展对能源资源的需求，不仅要造福当代人，而且要使子孙后代永续发展。发展的目的，就是要不断降低产品和服务成本，不断创造更多更好的就业和创业机会，不断提高人民生活质量和健康水平，实现广大群众安居乐业、富裕幸福。

一个国家的科技竞争力决定了其在国际竞争中的地位和前途。对世界经济、科技发展的新形势新趋势，我们必须准确判断并牢牢把握，紧密结合我国国情，切实推动以人为本、全面协调可持续的科学发展，坚定不移走生产发展、生活富裕、生态良好的文明发展道路。我们要紧紧抓住加快转变经济发展方式这一战略任务，在组织实施好国家中长期科学和技术发展规划纲要、重点产业调整振兴规划、重大科技专项的基础上，前瞻部署，持续攻关，全力建设创新型国家，为加快转变经济发展方式提供强大科技支撑。

我们必须坚定不移走中国特色自主创新道路，深刻认识我国经济社会发展所处的历史阶段以及所面临问题的复杂性和艰巨性，深刻认识和正确运用经济社会发展客观规律，切实把科学技术摆在优先发展的战略地位，坚持自主创新、重点跨越、支撑发展、引领未来的方针，把增强自主创新能力作为战略基点，着力提升原始创新能力，大力增强集成创新和引进消化吸收再创新能力，提升知识、技术转移转化和规模产业化能力，形成更多具有自主知识产权的创新技术，构建完整的创新体系，牢牢把握发展主动权。

我们必须把科技进步与国家发展战略、经济社会发展目标、人民日益增长的物质文化需要紧密结合起来，站到科技和产业发展前沿，选择对国家长远发展具有带动作用的先导性战略高技术领域进行部署，推动科学研究、技术创新、产业发展有效结合，推动基础研究和应用研究有效结合，推动科学前沿高新技术融合创新，推动产业技术创新，下大气力解决影响我国未来发展的重大科学和关键技术问题，重点突破制约我国经济社会发展的瓶颈问题，着力突破制约我国产业升级的核心技术、关键技术、共性技术，推动产业从规模优势向技术优势转变，抢占未来发展先机。

我们必须坚持以人为本，大力发展与民生相关的科学技术，按照以改善民生为重点加强社会建设的要求，把科技进步和创新与提高人民生活水平和质量、提高人民科学文化素质和健康素质紧密

结合起来，着力解决关系民生的重大科技问题，不断强化公共服务、改善民生环境、保障民生安全。

当前，要重点在推动以下科技发展上作出努力，争取尽快取得突破性进展。

第一，大力发展能源资源开发利用科学技术。要坚持系统谋划、节能优先、创新替代、循环利用、绿色低碳、安全持续，加强对我国能源资源问题的研究，制定我国可持续发展路线图。要发展资源勘探开发和高效利用技术，积极发展大陆架和地球深部能源资源勘查和开发，积极发展可再生能源和新型、安全、清洁替代能源，形成可持续的能源资源体系，切实保障我国能源资源有效供给和高效利用，使我国能源资源产业具有国际竞争力。要发展节能建筑、轨道交通、电动汽车技术，加强煤的清洁高效综合利用、煤转天然气、煤制重要化学品技术研发，构建覆盖城乡的智能、高效、可靠的电网体系。

第二，大力发展新材料和先进制造科学技术。要重视材料的环境友好性、可再生循环性、制备使役全过程的节能减排特性，加快推进材料产业结构调整，积极发展先进结构材料和复合材料、功能材料等，积极发展电子信息材料、器件和系统技术。要促进我国制造业结构升级和战略调整，发展先进装备制造业，推进制造业绿色化、智能化，实现制造系统智能运行，形成先进材料和绿色、智能、网络制造和服务体系，保障先进材料和先进装备有效供给和高效清洁循环利用，为加快建设资源节约型、环境友好型社会提供有力支持。

第三，大力发展信息网络科学技术。要抓住新一代信息网络技术发展的机遇，创新信息产业技术，以信息化带动工业化，发展和普及互联网技术，加快发展物联网技术，重视网络计算和信息存储技术开发，加快相关基础设施建设，积极研发和建设新一代互联网，改变我国信息资源行业分隔、核心技术受制于人的局面，促进信息共享，保障信息安全。要积极发展智能宽带无线网络、先进传感和显示、先进可靠软件技术，建设由传感网络、通信设施、网络超算、智能软件构成的智能基础设施，按照可靠、低成本信息化的要求，构建泛在的信息网络体系，使基于数据和知识的产业成为重要新兴支柱产业，推进国民经济和社会信息化。

第四，大力发展现代农业科学技术。要发展高产、优质、高效、生态、安全农业和相关生物产业，保障粮食和主要农产品安全，实现农产品优质化、营养化、功能化，推进农业信息化、数字化、精准化，构建我国生态高值农业和生物产业体系，建成农业高值转化的产业体系，形成生态系统持续良性循环、景观优美、功能多样、城乡一体的新型农业。要发展先进育种技术，提高农产品质量、产量和抗逆性，研发推广节约资源、减少面源污染、农业废弃物资源化利用等技术，提高我国农业可持续发展能力和国际竞争力。

第五，大力发展健康科学技术。要建设世界先进水平的生物安全、食品安全、健康营养生活方式的科技保障系统，建设突发公共卫生事件及生物防范网络和系统，构建以创新药物研发和先进医疗设备制造为龙头的规模化医药研发产业链，提高生物医药产业水平，为基本公共卫生保健普惠化、个性化发展提供先进可靠并可共同分享的技术支持，提高疾病预防、早期诊断、治疗康复能力，提高健康科学和健康服务水平。要全面实施食品安全工程、国民健康工程等，不断提升消费品和公共产品科技含量和质量，让广大群众吃得更放心、住得更舒适、出行更便捷、身心更健康、生活更幸福。

第六，大力加强生态环境保护科学技术。要系统认知环境演变规律，提升生态环境监测、保护、修复能力和应对气候变化能力，提高自然灾害预测预报和防灾减灾能力，发展相关技术、方法、手段，提供系统解决方案，构建人与自然和谐相处的生态环境保育发展体系，实现典型退化生态系统恢复和污染环境修复，有效遏制我国生态环境退化趋势，实现环境优美、生态良好。要注重源头治理，发展节能减排和循环利用关键技术，建立资源节约型、环境友好型技术体系和生产体系。

第七，大力发展空间和海洋科学技术。要提高空间探测能力、对地观测能力、信息应用能力，在空间科学技术研究及其应用方面取得原创性重大突破，保证我国有效和平利用空间。要提高海洋探测及应用研究能力和海洋资源开发利用能力，使我国海洋科技水平进入世界前列，增强我国海洋能力拓展，支撑我国海洋事业发展，保护和利用海洋。

第八，大力发展国家安全和公共安全科学技术。要加快发展空间安全、海洋安全、生物安全、信息网络安全技术，提高对传统和非传统国家安全和公共安全的监测、预警、应对、管理能力，加强安全生产技术研究和推广，构建先进国家安全和公共安全体系，有效防范对人民生活和生态环境的生物威胁，维护信息和网络空间安全，维护国家利益，捍卫国家主权，保障社会稳定。

三、切实加强和改进科技工作

为充分发挥科学技术在加快转变经济发展方式中的重要作用，必须进一步加强和改进科技工作。

第一，加强对科技工作的领导，为加快科技事业发展提供坚强保证。各级党委和政府要高度重视对科技工作的领导和支持，坚持把推动科技进步和创新作为加快转变经济发展方式的重要途径，积极营造支持科技事业发展的法律政策环境、市场环境、社会文化环境。要坚持科学决策、民主决策、依法决策，认真听取科技专家意见，把握科技发展趋势，制定和采取有效措施，推动解决经济社会发展涉及的重大科技问题。要充分发挥我国社会主义制度能够集中力量办大事的政治优势，加强科技投入，提高科技经费使用效益，组织重大科技攻关，显著提高科技进步和创新对经济发展的贡献率。要注重推动基础研究和高技术前沿探索，重视可能发生革命性变革的科技方向，重视交叉综合性科技领域和新兴前沿方向的前瞻布局，积极推动主流学科走到世界前列、重要战略高技术领域实现跨越，加快实现前沿跟踪和自主创新相结合的历史性转变。

第二，加强人才工作，为科技进步和创新提供强大人才支持。要坚持尊重知识、尊重人才、尊重劳动、尊重创造的重大方针，深入实施人才强国战略，确立人才优先发展战略布局，以高层次人才、高技能人才为重点，统筹推进各类人才队伍建设，培养造就规模宏大、结构优化、布局合理、素质优良的人才队伍。要创新人才培养体系，用科学合理的方法评价人才，加强全球范围拔尖人才引进工作，大力培养造就具有世界科研前沿水平的高级专家、高层次科技领军人才，注重培养一线创新人才和青年科技人才。要完善现代国民教育体系和终身教育体系，优化教育结构，推进素质教育，突出培养具有科学精神、创造性思维、创新能力的人才。要充分调动广大科技工作者的创新积极性，提高全社会创新意识，积极营造诚信、宽松、和谐的学术环境，鼓励自主探索，保护知识产权，发扬学术民主，提倡学术争鸣，使一切创新想法得到尊重、一切创新举措得到支持、一切创新才能得到发挥、一切创新成果得到肯定。

第三，深化科技体制改革，为加快建设创新型国家提供有力体制保障。要适应社会主义市场经济发展，建立健全国家科技决策机制和宏观协调机制，促进全社会科技资源高效配置和综合集成，促进科研布局和结构调整。要加快构建以企业为主体、市场为导向、产学研相结合的技术创新体系，使企业真正成为研究开发投入的主体、技术创新活动的主体、创新成果应用的主体，全面提高企业自主创新能力，加快科技成果向现实生产力转化。要加快构建科学研究与人才培养有机结合的知识创新体系，支持从事基础研究、前沿高技术研究、产业共性技术研究和社会公益研究的科研机构，集中力量形成若干优势学科领域、研究基地、创新团队。要加快构建军民结合、寓军于民的国防科技创新体系，加强军民科技资源的集成，形成军民高技术共享和相互转移的良好格局。要加快构建各具特色和优势的区域创新体系，提高区域创新能力和竞争力，促进区域协调发展。要加快构建社会化、网络化的科技中介服务体系，提高全社会创新效率，促进知识成果传播、转化、应用。

各位院士、同志们！

科学精神是科学技术的灵魂。在探索自然、改造世界的长期实践中，人类不断推进科技进步和创新，不仅从物质层面改变了世界，而且在精神层面深刻影响了人类社会文明发展。历史表明，每一次科技革命的发生和发展都伴随着科学精神的发扬光大，科学精神又为科技进步和创新提供强大精神动力。贯彻落实科学发展观，建设创新型国家，加快转变经济发展方式，必须大力弘扬求真务实、勇于创新的科学精神，在全社会形成讲科学、爱科学、学科学、用科学的良好风尚，为科技创新营造良好社会环境。

中国科学院院士、中国工程院院士代表着我国科学和工程技术界的最高学术水平，肩负着党和人民重托，享有崇高荣誉，受到全社会广泛尊重。长期以来，两院院士作为全国科技战线的领军人物，孜孜以求，敬业奉献，为党和国家作出了重大贡献。希望同志们自觉弘扬科学精神，以科教兴国为己任，坚持科技为经济社会发展服务、为人民服务，把自己的事业抱负、科技专长同国家发展、社会进步、人民幸福更加紧密地联系起来，把为加快转变经济发展方式提供科技支持作为重要目标，勇于探索，敢为人先，努力攀登世界科技高峰，悉心培养和提携优秀青年人才，为建设创新型国家、推动经济社会又好又快发展作出新的更大的贡献。

在中国环境宏观战略研究成果应用座谈会上的讲话

李克强

（2010 年 12 月 20 日）

各位院士、专家，同志们：

刚才，我们听取了中国环境宏观战略研究成果的汇报。匡迪同志简要介绍了环境宏观战略研究工作的有关情况，周济同志和生贤同志谈了研究成果转化应用的打算，江苏省负责同志和两位专家院士就成果应用提出了很好的建议。听了同志们的发言，很受启发。

中国环境宏观战略研究历时三年，凝聚了广大专家、学者、环保工作者和有关方面同志的心血和智慧。研究报告共 600 多万字，数字、资料翔实，有的同志称之为当前我国环保工作和环境问题研究的百科全书。更为重要的是，这次战略研究成果的形成，正值“十二五”规划编制工作的冲刺阶段和最关键时期，恰逢其时，对于“十二五”规划编制可以起到重要作用。在此，我代表党中央、国务院向为环境宏观战略研究付出心血和智慧的专家学者、环保工作者和有关方面的同志们表示衷心感谢！

下面，我讲几点意见，与同志们一起交流讨论。

一、深刻把握新的历史条件下我国环境保护面临的新形势新任务

今年是“十一五”规划实施的最后一年，规划提出的主要指标特别是约束性指标预计能够基本完成，其中大家比较关注的也是规划制定之初担心较难完成的环保指标也已如期完成，2010 年二氧化硫、化学需氧量排放量预计分别比 2005 年下降 14%、12%。这集中反映出近五年来我国环保工作取得新的积极进展，对广大环保工作者和有关方面所付出的辛勤劳动，应当给予充分肯定和高度评价。

但也要看到，当前我国环境形势依然十分严峻。我国有 13 亿多人口，比发达国家 11 亿人口的总和还多出两亿。改革开放 30 多年来，我国经济社会发展取得了举世瞩目的成就。同时，随着我国进入工业化、城镇化快速发展阶段，发达国家二三百年出现的环境问题，在我国已集中显现。尽管我们的环保工作取得很大成绩，但环境问题依然是我国发展的瓶颈制约。这次战略研究得出的一个重要结论是，我国环境状况局部有所改善，但总体恶化的趋势尚未扭转，形势依然严峻，压力继续加大。特别是在我们这样一个有着十几亿人口的发展中大国推进现代化建设，人类历史上没有先例，我国面临的环境压力比世界上任何国家都大。我们必须继续坚持走中国特色社会主义道路，深化改革，扩大开放，不断创新发展理念，转变发展方式，创新发展模式。

党的十七届五中全会审议通过的《建议》，对今后五年我国经济社会发展作出了总体部署，确定了科学发展的主题和加快转变经济发展方式的主线，明确要求把建设资源节约型、环境友好型社会作为加快转变经济发展方式的重要着力点，强调要树立绿色、低碳发展理念，提高生态文明水平，走可持续发展之路。中央经济工作会议也对明年环境保护工作作出系统安排。中央对新时期环境保护的决策部署，是在全面分析国内外发展环境和环保形势的基础上作出的，是环保工作的新任务新要求。

首先，环境保护是衡量是否从根本上转变发展方式的重要标志。提高生态文明水平，推动经济发展方式转变，必须进一步加强环境保护。我国人口众多，环境承载能力相对不足，这是我国的突出国情。中国经济要保持长期平稳较快增长，必须坚持可持续发展。而即使一个地方实现了经济快速增长，人民生活水平也有了提高，但如果环境跟不上，与人们对蓝天、白云、清水、净土的期待还有差距，就不能说是实现了可持续发展。我们不能走先污染、后治理的老路，也不能仿效西方发达国家靠掠夺资源、转移污染来解决资源环境问题。因此，我们必须不断与时俱进，坚持不懈地打好环境保护的攻坚战和持久战。

第二，环境问题是重大民生问题。环境保护贯穿经济发展和社会建设两大领域，既是发展问题，也是民生问题。随着居民收入水平的提高，群众对改善环境质量的要求越来越迫切。环境保护既是转变经济发展方式的需要，也是改善和保障民生的需要。在这个重大问题上，处理得好，就可以实现经济发展、社会进步、民生改善的多赢；处理不好，就会引发群体性事件，甚至影响社会稳定。现在，环境污染威胁和危害群众健康的现象在一些地方还比较突出。环境已成为群众信访的热点领域。这说明，人民群众越来越把环境质量作为生活质量的重要内容，对环境保护给予越来越多的关注，期望越来越高，诉求越来越多。对这个问题，我们必须认真对待、有效解决。

第三，环境保护是应对外部挑战的必然要求。当前，国际上新的发展理念不断孕育涌现，新的发展举措层出不穷，绿色发展已经成为国家发展和国际竞争中的一个重要趋势，日渐成为一种发展的主流意识。各国都在围绕绿色发展进行科技创新和科技储备。一些发达国家试图通过建立绿色机制、绿色标准，把生态环保与贸易、发展等问题挂钩。应对气候变化问题、保护生物多样性问题等，已经成为环保领域的新热点，成为各国博弈的新焦点。我国在能源消耗、碳排放数量上排在世界前列，已被国际社会推到了前台。我们要推进现代化建设、实现民族复兴，必须积极参与国际市场竞争。但如果不解决好资源环境问题，不仅国内发展难以持续，而且在国际上也会遭受挤压，影响我们发展的外部空间。对此，我们要有清醒认识，及早谋划，提前应对。

二、把节能减排作为转方式调结构的重要抓手

加快转变经济发展方式，是科学发展的必由之路。这是一场广泛而深刻的变革，贯穿于经济社会发展全过程和各领域。要看到，转变经济发展方式与环境保护相辅相成，通过环境保护，可以促进各方面更新观念、调整结构、提升水平，实现绿色清洁发展、节约集约发展。节约资源、保护环境是加快转变经济发展方式的重要测量仪和助推器。转变经济发展方式是否见到实效，基本的衡量标准就是生态环保的力度有多大、发展的资源环境代价是否降低。这次战略研究提出，积极探索代价小、效益好、排放低、可持续的环境保护新道路，通过加强环保来优化发展，以环境容量优化区域布局、以环境管理优化产业结构、以环境成本优化生产方式，很有见地。我们要坚持在保护中发展、在发展中保护，把节能减排作为转方式调结构的重要抓手，努力构建有利于节约资源、保护环境的产业结构、生产方式和消费模式。“十二五”期间，推动经济发展方式转变，实现绿色发展，需要在

以下几个方面加以努力。

首先,要完善节能减排的指标体系。在"十二五"规划纲要(草案)中,把单位国内生产总值二氧化碳减排列入约束性指标,把主要污染物减排扩大到氨氮、氮氧化物等,更加关注和重视影响群众身体健康的环境指标。应当看到,节能和减排是有机联系的,强化节能指标有利于减排。合理控制能源消耗总量,可以从源头减少污染物排放总量。现在我国能源结构中,煤炭占到70%,消费总量已达32亿吨标煤。未来我国以煤炭消费为主的能源供应格局很难根本改变,发展清洁能源毕竟只能替代很小一部分能源供应,能源安全问题十分突出。如果依靠国际市场解决能源供应,不仅风险大、代价也大。要保证这么大规模的能源供应,既要加大能源开发的投入,又要确保国际国内能源运输通道的安全,还要做大量的外交努力。因此,我们始终要把节能放在优先位置。

第二,要加大"两高一资"落后产能的淘汰力度。这方面的任务还相当繁重,必须继续淘汰落后产能。如不淘汰落后,仅靠提高发电绩效,采用脱硫、脱硝等手段减排,需要付出较高的经济成本。现在一些污染重的产能,有从城市向农村、从东部向中西部转移的现象。一些地区在招商引资中,承接了大量落后产能,对环境造成的破坏触目惊心。要切实改变以牺牲环境换取经济增长的做法,坚持走新型工业化道路,防止污染转移,防止低水平重复建设。国家要对中西部地区实行差别化的产业政策,中西部地区也要发挥后发优势,避免走"先污染,后治理"的弯路。

第三,要把环保理念和措施体现到经济社会发展的各个方面。广泛推广节约环保的新技术、新产品,提高绿色产品的市场占有率。大力推进企业以节能减排为重点的技术改造,带动企业效益增加,促进产业结构优化。积极倡导绿色消费、适度消费,从需求侧减缓对资源和环境的压力。

第四,要培育壮大绿色产业。节能环保、新能源、低碳技术应用等绿色产业,属于战略性新兴产业,也是有着巨大市场前景的产业。我们完全有条件把这些产业培育成新的经济增长点。要科学规划,加大政策扶持力度,把市场做大,把产业做强。

三、把环境保护作为惠民生促和谐的基本任务

好的环境是人们生活的基本需求,保护环境是政府公共服务的基本领域,也是我们党执政为民的具体体现。随着我国经济实力、财政实力的增强,现在已经到了有条件、有能力解决关系民生的突出环境问题的时候了。必须秉持发展为民、环保为民的理念,痛下决心,切实解决好影响人民群众生产生活和身体健康的环境问题。

人的生存离不开水和空气,食品安全和土壤紧密相关。水、空气、土壤的环境质量关系群众切身利益,是目前最主要的三个环境问题。这次环境宏观战略研究,把水、大气和土壤作为重点专题进行攻关,提出了综合治理的意见和建议。我们要认真总结过去的经验,坚持科学有效的做法,增加水和大气主要污染物控制指标,努力改善水环境和空气质量,特别要保障饮用水安全。农村面源污染已经成为影响水环境的重要因素,全国化学需氧量排放量近一半来自农业污染源,农药等污染问题也影响食品安全,人民群众对此十分关注,要求治理污染、改善环境的诉求非常强烈。要采取"以奖促治"等一系列有力措施,着力解决农村影响群众健康的突出环境问题。近年来,重金属等新的污染不断凸显。第一次全国污染源普查表明,全国废水废气中重金属排放量不小。重金属污染具有潜伏性、累积性、高危性等特点,风险隐患会长期存在,严重威胁群众健康,甚至影响下一代。对此,我们绝不能迟疑应对、等闲视之,必须采取有力措施综合施治,尽最大努力减少重金属污染危害。

近年来,发生了多起重特大环境污染事件,造成的影响和损失很大。这是粗放型增长的必然结

果，是环境问题长期积累的破坏性释放。环境安全是国家安全的重要组成部分，必须高度重视防范环境污染事件。要切实加强事前预防，突出排查风险隐患，加大整改力度，健全应急预案，充实应急装备和物资储备。同时，要做好事中应对和处置、事后评估和修复等工作。

四、把完善机制作为深化环保工作的突破口

小智治事，大智立法。健全的体制机制，是推动环保工作有效开展的重要保障。解决环境领域的一些根本矛盾，必须从完善制度上入手，这方面的潜力还很大。这次环境宏观战略研究，在制度建设上花了很大精力，形成了一系列好的建议，要抓紧论证吸收。

健全体制机制，有许多事情需要做。首先要切实落实地方政府责任。各级政府是辖区环境质量的责任者，也是环境保护工作的组织者。一方政府保一方平安，就应保一方生态环境，保一片蓝天、一汪清水、一方净土，这是地方政府应尽的责任。要按照科学发展观的要求，完善政绩评价体系，建立健全国家监察、地方监管、单位负责的环境监管体制，使地方政府切实做到责任到位、措施到位。刚才有专家谈到，现在环保体制不顺、人员不足、能力不强等问题还比较突出，一些地方还存在“废水靠看、废气靠闻、废渣靠摸、噪声靠听”的现象。各级政府要加大治污设施建设和环保队伍建设的投入力度，努力提高环保投入占财政支出的比重，切实加强基层环保能力建设。

中国幅员辽阔，各地发展千差万别，部分企业守法意识薄弱，偷排漏排现象还比较突出，仅靠在线环境监测难以有效防范环境违法行为。必须加强环境法制建设，从根本上解决“违法成本低、守法成本高”的问题，严格执法，做到有法必依、违法必究。要推行有利于环境保护的经济政策，建立有效的激励和约束机制，让守法的企业在经济上受益，违法的企业在经济上付出沉重代价。要深入研究“谁污染、谁付费”机制，加快推进资源税费改革，健全和完善生态补偿机制，调动社会各方面力量参与环保设施建设和污染治理，形成环境保护的有利氛围和强大动力。要通过深化改革，保障人民群众的生命健康，保障我国发展的可持续性。

五、把环境宏观战略研究的成果转化好应用好

新的时期，环境保护的任务紧迫而繁重，需要创新理念、创新思路、创新方式。这次环境宏观战略研究，汇集了多部门、多行业、多学科的力量，在总结国内外经验教训、吸收先进理念的基础上，从战略层面提出了一系列研究成果。研究的全局性、前瞻性、创新性都很强，对环境形势、战略方针、目标任务、实施路径、政策措施等，都有新的认识、新的突破。

研究的目的在于应用。要把研究提出的新理念、新战略切实转化为可操作的新举措、新政策，将有效的政策措施上升到法律层面。现在，各方面正在制定“十二五”规划，要充分吸收应用环境宏观战略研究的成果。在此基础上，研究提出进一步加强环境保护工作的举措。这是对专家学者们的尊重，更是对国家民族的未来负责，是对广大人民群众尽心尽力的体现。

我相信，环境宏观战略研究成果在“十二五”规划中得到充分运用，将有力地推进“十二五”规划充分体现科学发展的主题、加快转变经济发展方式的主线，推动经济社会全面协调可持续发展，提高人民生活水平和生活质量。

各位院士、专家长期致力于环保科研与实践，是环保领域的领军人物。希望大家把这次环境宏观战略研究作为新的起点，博采众长，创新求实，为党中央、国务院更好地发挥决策参谋作用，向各有关部门提出更好更多有价值的建议，为我国环保事业和现代化建设做出新的更大贡献！

在中国科学院第十五次院士大会和中国工程院第十次院士大会上的报告

刘延东

（2010 年 6 月 9 日）

各位院士，同志们：

这次院士大会的召开，正值我国应对国际金融危机取得显著成效、经济发展方式转变和建设创新型国家进入关键阶段。在全体院士的共同努力下，会议开得十分成功。党中央、国务院高度重视这次大会。胡锦涛总书记亲自到会作重要讲话，全面分析了国际金融危机以来我国面临的新形势、新任务、新机遇、新挑战，深刻阐述了科技创新在经济社会发展中不可替代的重要作用，并对科技界如何为转变发展方式、建设创新型国家做贡献提出了新的要求。这是党中央立足战略和全局的高度，向全体科技工作者发出的攀登世界科技高峰的动员令和号召书，对当前和今后一个时期的科技工作具有重大指导意义。我们要认真学习领会，切实贯彻落实。

温家宝总理对这次院士大会非常关心，他对两院院士两年来对国务院工作的支持和帮助给予高度评价和衷心感谢。他特别委托我向大家转达对全体院士们的敬意和问候。

今天与各位院士见面交流，倍感亲切。到国务院工作的两年里，亲身感受到各位院士身上所展现的中国当代科学家赤诚报国、执著追求、淡泊名利的高尚品质，令人肃然起敬、由衷钦佩。去年 10 月 9 日，我到贝时璋院士家为他老人家祝贺 107 岁寿辰。20 天后贝老离我们而去，但就在贝老逝世的前一天，他还召集 6 位研究人员讨论科技创新，并鼓励大家“要为国家争气”。去年到湖南看望了袁隆平院士，他风雨无阻、几十年如一日在农田做实验。每当回想这些感人的事迹，我深为院士们为科学事业的献身精神而感动，对建设创新型国家更加充满信心。在此，我向两院院士大会的成功召开表示热烈的祝贺，向两院院士致以亲切的问候！

自上次两院院士大会召开两年过去了。这两年是我国进入新世纪以来最为艰难的两年，也是成就辉煌的两年。我们隆重庆祝了改革开放 30 周年和新中国成立 60 周年，成功举办北京奥运会和上海世博会，神州七号发射升空并实现太空行走，嫦娥一号卫星成功受控撞月，三峡工程全面建成。同时，历史罕见的国际金融危机、四川汶川地震和青海玉树地震等特大自然灾害，也使我们经受了严峻考验。党中央、国务院坚强领导、迎难而上，全国人民同舟共济、共克时艰，战胜了各种挑战，取得了举世瞩目的伟大成就。包括两院院士在内的广大科技工作者，胸怀祖国、心系人民、勇挑重担、无私奉献，作出了不可替代的重要贡献。在此，我向各位院士并通过你们向广大科技人员致以诚挚的敬意和衷心的感谢!

下面,结合学习总书记的讲话,谈四点体会,和大家交流,不当之处敬请指正。

一、科技在我国应对国际金融危机中发挥了支撑作用

这次席卷全球的金融危机,使世界经济遭遇了百年来最严重的冲击。党中央、国务院从容应对、果断决策,迅速出台了一揽子应对计划,使我国经济在全球普遍负增长的情况下率先回升向好。回顾这一惊心动魄的过程,科技的特殊作用为我国战胜危机、化危为机开辟了新的路径。**一是科技纳入应对危机的国家战略部署之中**。国家把科技支撑作为一揽子计划的"四个大"之一(即大规模增加政府投资、大范围实施调整振兴产业规划、大力度加强科技支撑、大幅度提高社会保障水平),国务院专门制定了《关于发挥科技支撑作用促进经济平稳较快发展的意见》。去年在财政增收困难的情况下,中央财政科技投入增幅高达30%。**二是全面启动、提前实施对经济发展有直接作用的科技重大专项**。一些专项调整计划、加快进度,在产业振兴和改善民生中发挥了积极作用。目前中央财政已累计落实民口10个专项经费300多亿元。同时,通过探索创新组织管理模式,建立行政和技术两条线责任制,形成定期督查推动机制,提高了专项实施的效果。**三是提升产业的科技含量和竞争力**。在国务院出台的钢铁、汽车、船舶、石化等十个产业调整和振兴规划中,强调加快传统产业技术改造。同时,着眼长远,重点布局新能源、新材料、生物、信息、航空航天等战略性新兴产业,力图抢占发展的制高点。**四是依靠科技创新提高企业的抗风险能力**。科技部、财政部等六部门联合组织实施了技术创新工程,组建了数控机床高速精密化等20个产业技术创新战略联盟。进一步落实研发费用加计扣除、高新技术企业税收优惠、增加中小型科技企业贷款等财税金融配套政策。企业研发投入达3800多亿,占社会研发投入的比重达70%以上。10万多科技人员深入企业解决技术难题。

两年来,科技在服务大局中得到了长足发展,涌现出一批重大科技成果。比如,**基础研究方面**,量子通信试验取得成功,深紫外非线性光学晶体在材料和器件的实际应用上取得突破,首个中国人基因组序列研究成果发表。**前沿技术研究方面**,首台千万亿次高效能计算机"天河一号"研制成功,曙光"星云"超千万亿次计算机名列全球排名榜第二,首个高效能分布式GPU超级网络计算系统在中科院正式启用。**工程科技尖端领域**,取得了包括载人航天、月球探测、先进核电技术、超大规模集成电路、通信技术、水下机器人、时速350公里的动车组技术、新支线飞机、煤炭间接液化技术等重大自主创新成果,工业装备保障能力和重大装备国产化水平不断提高。**科技基础能力和资源共享取得新进展**。上海同步辐射光源等一批国家重大科学工程建设圆满完成。去年还新建了25个国家工程实验室和36个国家工程(技术)研究中心、56个国家重点实验室。建成国家大型科学仪器中心、生物种质资源库等一批重要实物平台,开通中国科技资源共享网。

两年来,两院院士围绕经济社会发展的重大问题,开展了一系列前瞻性、战略性咨询研究,充分发挥了国家思想库的作用。中科院发布《创新2050:科技革命与中国的未来》系列报告,描绘了面向2050年的科技发展路线图;工程院与国家自然科学基金委联合开展《中国工程科技中长期发展战略研究》,对2030年前后影响国家发展和民生改善的重大工程和科技问题组织研究,取得了阶段性成果。这些成果对中央宏观决策发挥了重要作用。

两年来的实践表明,坚持自主创新、依靠科技进步是战胜金融危机的一条成功经验。这一历程进一步拓展了党和国家对科技功能的认识,启示人们只有注重发挥科技的支撑引领作用,经济社会

发展才能更具活力、更有后劲。

二、以科技创新服务国家发展大局，引领经济发展方式转变

当前，我国正处在由大国向强国迈进的关键时期，现代化建设任务艰巨，国际竞争异常激烈。我们既要推进工业化、城镇化，又要提升发展的质量和水平；既要保持经济快速发展，又要促进社会和谐稳定；既面临着重化工阶段治理污染、保护环境的繁重任务，又面临着国际上应对气候变化的巨大压力；既面临着西方国家经济科技占优势的压力，又与低收入国家存在着市场竞争。摆在我们面前的两难选择是前所未有的。

这次会上胡锦涛总书记全面剖析了我国发展的外部环境和内部条件所发生的巨大变化，深刻指出必须建设创新型国家，加快转变经济发展方式，才能赢得发展先机和主导权。温家宝总理在年初省部级干部专题研讨班的讲话中也强调，只有加快推动发展方式转变，才能加快解决经济发展中不平衡、不协调、不可持续的问题。我们必须把转变发展方式作为全局性的战略举措，推动我国经济尽快走上创新驱动、内生增长的轨道。

加快发展方式转变，最核心的推动力在于科技，最有效的抓手也在于科技。两院院士和广大科技工作者要响应胡锦涛总书记的号召，切实肩负起重大使命，为加快转变经济发展方式勇挑重担，建功立业。

第一，要依靠科技创新赢得发展主动权。金融危机使国际社会形成高度共识，即“过去创新与增长相联，现在创新与生存攸关”。一个明显的标志就是各大国都把科技创新作为培育经济增长点、创造就业岗位、摆脱危机、复苏繁荣的根本出路。美国迅速发布《创新战略》，实施“绿色经济复苏计划”；在低碳技术、智慧地球、智能电网等领域加大投资，以此巩固美国在技术和产业上的竞争优势；强化科学、技术、工程和数学教育，在今后10年投入2000亿美元培养一流人才。欧盟提出了智能发展、绿色发展和包容发展的方向，实施“促进关键启动型技术发展的战略”。日本提出“创造以人为本的经济”，将低碳、长寿和发挥魅力并列为未来开拓战略的三大支柱，加速在创新型技术、环境能源技术、科技成果普及等领域取得突破。俄罗斯、印度、巴西等新兴经济体也围绕新能源、信息、先进制造等产业加大研发投入。可以说，综合国力的竞争千帆竞发，以创新为核心的发展主导权竞争愈演愈烈。谁掌握了先进科技，谁就能为未来发展注入持久动力。我们必须以高度的责任感和紧迫感，加快推进创新型国家建设，以科技创新的主动权把握经济发展的主动权。

第二，要依靠科技创新加快培育战略性新兴产业。一部现代经济发展史表明，重大科技进步往往引发产业的颠覆性变革。现在，全球进入创新密集和产业更新时代。战略性新兴产业是伴随技术重大突破而产生并能够代表未来发展的支柱性产业，是新兴科技和新兴产业的深度融合，既代表着科技创新的方向，也代表着产业发展的方向。我们必须把培育战略性新兴产业摆在更加突出的位置，把新能源、新材料、节能环保、生物医药、信息网络产业和高端制造业作为重点，超前部署、率先投入，统筹技术研发、应用示范、市场培育、技术标准和配套设施建设等各个方面，使之成为未来发展的主导力量。尤其是对那些国外尚不成熟、而我们又处于领先地位的技术领域，要加快研发和产业化进度。

第三，要依靠科技创新改造传统产业。传统产业在我国国民经济中占有主导地位，是吸纳就业的主要产业。不能认为随着工业化的深入，传统产业的地位就会下降。世界发展史证明，大国地位不能没有强大的制造业支撑。美国在100年前就已经完成了工业化，但金融危机使美国重新认识

到制造业的价值，提出了"再工业化"战略，从再造汽车业入手，推动制造业的重组和升级。美国的"再工业化"发出了向实体经济回归的信号，对于我国提升工业竞争力带来了严峻挑战。目前，我国制造业大而不强的问题仍然比较突出，关键技术、大型成套设备、核心元器件和重要基础件都依赖进口，产品普遍处于价值链的低端。科技创新是改造、提升传统产业的金钥匙，与传统产业的融合并不是消灭传统产业，而是使诸多传统产业以新的面貌出现。我们必须加快用高新技术改造传统产业的步伐，不断提高信息化、智能化水平和安全保障能力，积极运用新材料、研发新产品，大幅度提高传统产业的科技含量和竞争力。

第四，要依靠科技创新推动可持续发展。节能减排、应对气候变化、实现绿色发展，事关经济、政治和社会的长远发展，是这一轮结构调整中世界各国的共同选择。美国致力于推动清洁能源革命，今后十年投入1500亿美元，开发太阳能、风能、绿色建筑、能源储存、碳捕捉和封存技术。日本把绿色创新战略置于走出经济困境的首要位置，在全国推行"三R"政策（Reduce减量化，Reuse再利用，Recycle资源化）。目前，我国正处于重化工业阶段，节能减排和环境保护压力很大。这两年，我们启动了节能与新能源汽车的"十城千辆"和半导体照明的"十城万盏"行动，太阳能光伏发电应用的"金太阳"工程，新建35个国家可持续发展实验区，推动了循环经济发展，但要实现我们对全国人民和国际社会的承诺，任务依然艰巨。我们必须加快建立低碳能源技术体系，逐步从高碳发展向低碳发展转变，推动经济社会在可持续发展方面取得新进展。

第五，要依靠科技创新提升人民生活品质。科技与民生的广泛融合是当今社会发展的新趋势。近年来，国家加强人口健康、粮食安全、生物医药、公共安全等领域的科技攻关，启动实施了一批现代服务业科技攻关项目，涉及电子商务、现代物流、数字医疗、数字社区、信息服务、无障碍服务等，使人们在衣食住行和医疗、教育、通讯、商务、休闲等方面深切感受到科技带来的变化。坚持以人为本，加强以改善民生为重点的社会建设，使人民群众富裕、健康、幸福而有尊严地生活，体现着我们党的执政理念，是政府的职责所在。我们必须更加注重开发民生科技，把最新成果广泛运用于改善民生，以满足群众的多样化、高品质的生活要求。

三、抓住世界科技加快发展的机遇，推动我国科技事业迎头赶上世界先进水平

当前，世界科技发展呈现出新的态势和特征。**一是世界范围内科技加速发展**，知识总量出现爆发式的增长，涉及宇宙起源、物质结构等方面的一些基本科学问题正孕育着重大突破，重大原始创新和关键技术突破的先兆日益显现。**二是交叉融合成为科技发展新的增长点**，信息、生物、新能源、新材料等高科技领域呈现学科交叉融合、群体突破发展的态势，将催生新的学科前沿，孕育新的学科方向。**三是科技研发全球化趋势迅速拓展**，跨国科技合作成为新的取向，研发活动的全球组织形式不断丰富，区域化、集群化、网络化等创新模式日益受到重视，新的跨国技术联盟数量在近十几年几乎翻了一番。**四是科技对经济社会发展的支撑引领作用日益凸显**，深刻地改变着人类的思维方式、生产方式和生活方式。技术更新和成果转化周期大大缩短，基础研究、技术发明和产品创新之间相互促进的趋势更加显著。

世界科技突破发展的新趋势，给我国在世界科技领域占据一席之地带来了难得机遇。我们必须深刻吸取历史上多次与科技革命失之交臂的教训，抓住历史机遇，发挥后发优势，实现跨越式发展，加快缩小与发达国家的差距。

第一，必须开拓基础研究和前沿科技领域，不断提升我国在科学领域的国际地位。基础研究和

前沿科技研究是原始创新的源头，反映着一个国家的科技实力。不久前国务院批准了中科院知识创新工程下一个十年的实施方案，对推进我国原始性创新作出部署。要紧密结合国家战略需求，选择若干对长远发展具有带动作用的基础领域进行前瞻布局。要瞄准世界科技制高点，在若干可能发生革命性突破的科学方向上，如空间科学、脑与认知科学，网络科学、暗物质与暗能量、物质结构调控、人造生命和合成生物学、光合作用机理等，力争开拓新问题、新理论和新方向。基础研究周期长，具有很强的探索性，要加大投入，持续支持，营造环境，确保高水平而又稳定的队伍能够长期潜心研究。

第二，必须重视工程技术研究，大幅提高产业的综合竞争力。大规模的工业化、城镇化进程对工程技术的需求前所未有。目前，我国与发达国家存在较大差距，许多关键技术受制于人，必须自主开发国民经济各行业发展急需的各种技术和装备。比如，在大型石化和钢铁技术装备、先进核电设备、高速列车、智能电网、光伏发电、深部资源探测装备、高性能数控机床、现代农业工程、碳捕捉与碳封存技术装备等领域，急需尽快掌握一批自主知识产权的核心技术。要大力倡导产学研用紧密结合，加强集成创新和协作攻关，加速成果转化。

第三，必须推动学科交叉融合，培育新的学科生长点。交叉融合是当今最有可能产生重大理论创新和技术创新的领域。现在，在化学－物理－信息与生物交叉、自然科学与人文社会科学交叉等方面，科技创新十分活跃。我们要抓住世界科技发展的前沿和热点，大力促进学科之间、科学与技术之间的交叉融合，搭建平台，整合力量，建设团队，注重发掘问题，寻求突破口。这是一个大有可为的领域。

第四，必须加快科技体制改革，为科技发展增添新的动力。总书记在讲话中对深化科技体制改革、建设国家创新体系提出了新的要求，这是科技发展的体制保障。目前，我国长期阻碍科技创新的一些体制机制问题还没有根本解决，科技与经济的协调互动不充分，产学研用融合不够；部分领域科研布局小散全、浪费低效；学科、部门、单位之间存在相互封闭、各自为战的问题；宏观管理和公共服务还不能满足科技发展的需要；科技人员的积极性创造性还有待进一步激发。这些年国家对科技的投入增长很快，去年中央财政投入达1500亿，全社会研发投入达5400多亿。如何把这些财力用好，转化为现实成果，我们要有责任感、使命感和紧迫感。要解放思想，加大改革力度，使举国体制的优势和社会主义市场经济的效率紧密结合。要大力培育创新型企业，通过金融、税收、政府采购的扶持和科研项目向企业开放等措施，鼓励企业加强重点领域的研发，真正成为技术创新的主体。要抓住科技成果产业化这个关键，构建产学研用深度融合的机制，鼓励科研机构和高校围绕企业需求开展研究，建设产业技术创新联盟。要打破领域、部门、区域壁垒，加强统筹协调，建立科技资源开放共享机制，打造公共研发平台，使科技基础设施产生倍增效应。要深化科研院所体制改革，建立符合不同科研特点的现代院所治理结构和内部管理机制，创新学术组织和科研模式，开拓多院所协作、多学科集成的新空间。

第五，必须扩大国际科技合作，充分吸纳和利用国际创新资源。要加强区域和国家间的科技合作，与国际一流研究机构建立长期稳定的战略合作关系，积极参与国际大科学计划，建立联合研究中心、联合实验室等研发机构，加强与各国科学家的交流与合作，在高起点上提升我国自主创新能力。

四、加强创新型人才队伍建设，为建设创新型国家提供人才保障

建设创新型国家，科技是支撑，教育是基础，人才是关键。新世纪以来，党中央、国务院把人才

强国战略与科教兴国战略、可持续发展战略一起，并列为现代化建设的三大战略。2005 年国家制定了科技中长期规划纲要，最近又颁布了中长期人才发展规划纲要，中长期教育改革和发展规划纲要也即将颁布。这三个纲要相互支撑又各有侧重，实际上是为实施这三大战略，以提高国家核心竞争力进行顶层设计的三个方面。

今天，给大家重点介绍一下即将颁布的 2010－2020 年教育改革和发展规划纲要的情况。这一规划纲要是新世纪我国第一个教育规划纲要，体现从现在起到 2020 年实现全面建设小康社会目标 10 年间教育事业改革发展的总体考虑。党中央、国务院高度重视，胡锦涛总书记多次作出重要指示，为纲要制定指明方向；温家宝总理担任领导小组组长，亲自主持纲要的制定工作。这次纲要制定的突出特点是广开言路、集思广益，是民主决策、科学决策、依法决策的产物。国家科教领导小组 14 个部门参加工作小组，包括两院院士在内的 500 多位专家学者组成 11 个战略专题组、100 多位高层次专家组成咨询组，召开了有 3.5 万人参加的 1800 多次境内外座谈会，东中西 9 省区市制定分区域规划，对 60 个国家的教育状况进行国际比较。两次公开在网上征求意见，收到各类意见建议近 500 万条。动员人力之多、覆盖范围之广、社会参与程度之高，是历次制定国家规划没有的。纲要得到了各方面的充分肯定，认为体现了国家意志，立足基本国情，回应了人民群众关切，有许多亮点和创新点，是具有重大战略意义的指导性文件。

纲要共分 22 章 70 条，提出了“优先发展、育人为本、改革创新、促进公平、提高质量”20 字工作方针，明确了教育服务现代化建设的大方向。**纲要把公平和质量作为未来 10 年教育改革与发展的两大重点任务**。强调教育公平是社会公平的基础，教育公平关键是机会公平，重点是促进义务教育均衡发展和扶助困难群体。强调提高质量就是要注重内涵发展，扩大优质教育资源总量，提高办学水平。**纲要明确优先发展和改革创新是两大保障**。优先发展就是在现代化建设全局中优先保证教育的发展。改革创新就是要突破制约教育事业科学发展的障碍，建立健全富有活力的教育体制机制。**纲要突出强调育人为本是教育工作的核心内容**。提出推进素质教育，学校一切工作都要围绕学生成长成才，培养全面发展的社会主义建设者和接班人。

纲要从构建中国特色现代教育体系的要求出发，明确了学前教育、义务教育、高中阶段教育、职业教育、高等教育、继续教育以及民族教育和特殊教育的办学理念、发展思路和政策举措。从教师、投入、信息化、法制、组织领导等 5 个方面提出了保障措施。特别提出财政性教育经费支出占 GDP 的比例 2012 年达到 4%，将在本届中央任内实现过去 17 年没有实现的目标。这次纲要突出了改革创新，提出人才培养体制改革、考试招生制度改革、建设中国特色现代学校制度、办学体制改革、管理体制改革、扩大教育开放六项改革任务，鼓励大胆探索和试验。纲要不回避矛盾，对社会最关注的热点和教育发展的难点，如拔尖创新人才培养、包括留守儿童和流动儿童在内的学前教育、减轻中小学生课业负担、择校、农民工子女就学、高考改革、教师质量等问题，提出了切实可行的思路和措施。纲要还采取顶层设计、系统配套、试点先行、有序推进的措施，对本届任内实施的 10 个重大项目和 10 项改革进行具体规划。纲要的实施必将推动我国教育改革发展迈上一个新的台阶。

按照科技、人才、教育这三个纲要的要求，到 2020 年我国一要跻身创新型国家行列，二要进入人力资源强国行列。实现这两个战略目标，必须把创新型科技人才队伍摆上突出位置。这也正是教育界、科技界非常关心的“钱学森之问”。今后的一项重要任务，就是要按照三个纲要和全国人才工作会议、即将召开的全国教育大会的要求，培养造就一批世界一流科学家、科技领军人才和高水平创新团队，形成创新人才不断涌现的生动局面。

第一，创新培养模式，打牢创新型人才成长的基础。创新型人才培养首先要从教育抓起。这次教育规划纲要把创新能力培养融入教育的全过程，突出增强学生创新精神、实践能力和社会责任感。在培养模式改革方面，提出遵循教育规律、教学规律和人才成长规律，注重学思结合，培养学生独立思考的品性；注重知行统一，把课堂教学和生产劳动、社会实践相结合；注重因材施教，针对个性差异发展学生的优势潜能。纲要还对高考制度改革进行探索，引导中小学开展素质教育。以全面提高教育质量为核心，对高校改革发展作了系统设计，提出强化人才培养、科学研究和社会服务三大功能，建成若干所世界一流大学，一批国际知名、有特色高水平大学，防止同质化现象。纲要特别提出，创立高校与科研院所、行业企业联合培养机制，支持有条件的大学、科研院所和企业合作开展创新人才培养。科研院所在高层次人才培养中具有突出优势，两院院士是最好的导师。希望大家在联合培养方面积极探索。

第二，完善用人机制，形成有利于各类创新人才脱颖而出的良好环境。要继续推进人事制度、分配制度和评价奖励制度改革，做到用当适任、用当其时、用当尽才。一要视野宽广、择优选拔。要扩大用人单位和科研项目带头人的自主权，慧眼识才，不拘一格，既要防止近亲繁殖，又要防止盲目引进。二要打破壁垒、有出有进。开辟绿色通道，破除单位、部门和所有制限制，使人才有序合理流动。三要公平公正、科学评价。克服一些科研人员疲于申请、忙于应付的状况，完善评价方式，引导科研人员专心致志，力戒浮躁，心无旁骛搞研究。四要人尽其才、激发创造。既要尊重人才成长的普遍规律，又不能忽视其特殊性。要量才适用，扬长避短，防止求全责备。要英雄不问出处，放手让各类人才施展才干。五要排忧解难、待遇留人。要呵护创新型人才，通过改革薪酬制度，建立国家人才荣誉制度，提高生活待遇和社会地位，增强他们的荣誉感和事业心。

第三，坚持培养与引进相结合，打造更多的科技领军人物和创新团队。拔尖创新人才特别是世界一流科学家和领军型高端人才不足，是我国科技发展的一个短板。在158个国际一级科学组织及其1566个主要二级组织中，参与领导层的我国科学家仅有206人，占总数的2%。要把自主培养和积极引进结合起来，尽快满足关键领域拔尖创新人才的需要。要依托国家重大专项和高校引智计划，吸引一批国际顶尖人才和优秀团队来华工作或开展学术交流。要在关系国家长远发展和核心竞争力的尖端领域，汇聚一批战略科学家和创新团队。

同志们！

两院院士是国家的宝贵财富，党中央、国务院寄予厚望，社会各界广泛尊重。希望大家按照胡锦涛总书记提出的要求，以科教兴国为己任，坚持科技为经济社会发展服务、为人民服务，勇攀科技高峰，悉心培养人才，为建设创新型国家发挥更大作用：

第一，加强国家高端思想库建设。中国科学院学部和中国工程院是国家的高端思想库，当前要围绕国家战略部署，聚焦战略性、全局性、前瞻性问题开展咨询研究。比如，如何科学选择和优化布局重大科学和技术发展方向，如何发展战略性新兴产业和提升装备制造业水平，如何破解社会转型时期错综复杂的社会矛盾，如何突破资源瓶颈和生态环境约束，如何在中国国际地位快速上升过程中与世界建立更加和谐的关系等，为党和政府决策提供科学思想和系统方案。

第二，加大服务企业、农村和地方经济发展力度。长期以来，两院院士走进基层，开展"院地合作"、"企业技术创新院士行"，参加科普和"三下乡"活动等，收到了良好的社会效果，要继续发扬光大。要深化与地方和产业部门合作，发挥院士工作站的帮扶带动作用，帮助解决行业和企业发展的技术难题，支持地方经济社会发展。

第三，培养和引导年轻科技人才成长。提携后学是我国科技界的优良传统。老一辈科学家胸襟开阔、甘为人梯，令人钦佩。希望两院院士把培养青年科技人才作为义不容辞的责任，放手让创新能力突出的年轻人才担当大任。中青年时期创造力最强，是人才成长的黄金时期。老一代科学家要为他们创造广阔舞台，做他们成长的引路人和助推手。长江后浪推前浪。只有大批青年人才不断涌现，我国科技事业才能兴旺发达。

第四，做科研诚信和优良学风的表率。科研诚信和学风问题是全社会极为关注的一件大事。我国科技界素有高尚精神境界和良好道德操守。尤其是两院院士志存高远、无私奉献，不为浮名所累、不为功利所扰，为科技界和全社会树立了榜样。希望院士们带头反对少数人存在的学风浮躁、弄虚作假、金钱至上等现象，不仅做科学研究的领军人，更要做科研诚信的领军人，严于自律，求真务实，成为学术道德和社会诚信的楷模。

政以才治、功以才成、业以才兴。各级党委和政府要真正把科技、教育和人才放在优先位置，尊重劳动、尊重知识、尊重人才、尊重创造，让广大科研人员更加专心地研究和探索，形成支持创新、鼓励创新、争先创新的良好局面。

同志们，转变经济发展方式、建设创新型国家是一场深刻的变革，是一项艰巨的战略任务。我们要在以胡锦涛同志为总书记的党中央坚强领导下，坚持以邓小平理论和“三个代表”重要思想为指导，深入贯彻落实科学发展观，开拓进取，不懈探索，为建设创新型国家、实现中华民族伟大复兴作出新的更大贡献！

在中国工程科技论坛创办十周年座谈会上的讲话

刘延东

（2010 年 12 月 6 日）

各位院士、同志们：

今天，很高兴再次来到工程院，参加中国工程科技论坛创办十周年座谈会，共同回顾和见证论坛十年百场的累累硕果。刚才匡迪同志和几位院士做了很好的发言，大家总结回顾了论坛的创办与发展历程，对今后的发展提出了很多好的想法，听后深受启发，倍感振奋。在座的院士和专家都是我国工程科技战线的领军人物，为我国工程科技事业发展做出了重要贡献。在此，我代表党中央、国务院向各位院士和专家，并通过你们向广大工程科技工作者致以诚挚的问候！

中国工程科技论坛创办于本世纪之初，正处于世界科技革命迅猛发展、我国工程科技加快进步之际。作为工程院的一项重要系列学术活动，论坛的创办体现了老一辈科学家的远见卓识，承载着广大工程科技工作者相互交流借鉴的殷切期望，成为广大院士发挥学术引领作用的重要载体。十年来，论坛秉承创办宗旨，紧跟工程科技前沿，把握科技进步方向，服务国家发展大局，以灵活多样的组织形式、和谐宽松的学术氛围，为科技界开辟了一个百花齐放、百家争鸣的学术交流与才华展示的崭新舞台。十年来，论坛不断创新，从个别领域发展到多个领域，从单一学科发展到多学科交叉，从热点学科发展到边缘学科，形成了兼容并蓄、激发创造的良好局面。十年来，论坛积极鼓励优秀青年工程科技工作者参与学术研讨，为院士发现、提携和培养优秀人才创造了良好条件，一批杰出人才崭露头角，加快成长，走进了院士行列，为国家的院士队伍增添了新的活力。十年来，论坛给科技界带来了一股清新的学风，形成了重要学术活动的特色和品牌，赢得了工程科技界的广泛赞誉。

今天，以论坛为代表的学术活动，已经成为我国工程科技界交流学术成果、分享学术思想的重要平台，为活跃学术思想、促进学科融合、引领科学发展发挥着重要作用；已成为一个聚焦战略问题、凝聚集体智慧的重要平台，为做好战略咨询、服务政府决策、促进经济社会发展作出了积极贡献。回首十年，论坛取得了令人鼓舞的成果，这些成果正是我国工程科技事业开拓奋进、跨越发展的具体展示，是中国工程院服务国家、引领学术的生动写照，是广大院士、专家和工程科技工作者心系祖国、勇攀高峰的光辉例证。

各位院士，同志们：

党中央、国务院历来高度重视工程科技事业的发展，对院士们寄予很高期望。前不久闭幕的十七届五中全会，对未来五年我国经济社会发展作出了全面部署，鲜明指出我国发展仍处于可以大有作为的重要战略机遇期，经济社会发展呈现新的阶段性特征。站在历史的新高度继续推进现代化建设，中央要求必须以科学发展为主题，以加快经济发展方式转变为主线，深化改革开放，保障和改善民生，巩固和扩大应对国际金融危机冲击成果，促进经济长期平稳较快发展和社会和谐稳定，为全面建成小康社会打下具有决定性意义的基础。全会强调加快转变经济发展方式，最根本的是要靠科技的力量，最关键的是要大幅度提高自主创新能力。当前，科技知识创新、传播、应用的规模和速度前所未有，科学研究、技术创新、产业发展、社会进步相互促进和一体化发展趋势更加明显，必须紧紧跟上国际经济科技发展大势，牢牢把握发展主动权。工程科技承担着把科学知识转化为现实生产力的重大任务，是创新驱动、内生增长的关键因素，在加快转变发展方式中承担着前所未有的崇高使命。工程院作为我国工程科技界最高荣誉性、咨询性学术机构，要把握世界科技发展方向，适应国家发展重大需求，把学术引领、战略咨询、科技服务、人才培养有机结合，促进思想库建设的全面协调发展，引领工程科技发展的未来，为国家决策提供坚实的科技支持。

第一，希望工程院面向国家重大战略需求，充分发挥高端思想库的作用。“十二五”时期是实现全面建设小康社会奋斗目标承前启后的关键时期，也是深化重要领域和关键环节改革的关键时期。事关国家长远发展的战略问题、党和政府重大决策都需要强有力的智力支持。希望工程院按照中央的要求，紧扣时代脉搏，聚焦重大工程科技问题，前瞻部署，密切跟踪，组织开展战略研究，为国家和地方的经济建设和社会发展提供决策咨询。要瞄准世界工程科技发展前沿，大力促进学科之间、科学与技术之间的交叉融合，为我国在工程科技领域占据制高点提供支持。要把科技重大专项、技术创新工程、战略性新兴产业发展作为工程院发挥思想库的优先领域和重要方向，引导广大院士建言献策、贡献力量。

第二，希望工程科技界围绕加快转变经济发展方式这一主线，加强重大工程科技攻关与应用。当前，工程科技进步已成为产业升级和经济发展的有力推手，新一轮产业革命将与工程科技领域的新突破息息相关。加快经济发展方式转变的战略，对工程科研提出了新的更高要求。高水平、高质量、高层次的工程科研是科技事业繁荣发展的重要组成部分，是建设创新型国家的基石。作为工程科研领域的人才高地，工程院应团结动员广大工程科研工作者，围绕中心，服务大局，为转变经济发展方式提供强大的科技支撑。要贴近行业、企业的科技需求，加快推进产学研用结合，让科技创新为推动产业升级、民生改善、生态建设开辟新的途径。工程科技与生产实践有着紧密联系，院士和广大工程科研工作者要深入基层，多与生产一线的行业工人和企业家接触，了解他们的需求，让工程科技深深扎根在应用的土壤上。

第三，希望广大院士积极培养和提携年轻人才，造就一支更有朝气、更富活力的工程科技工作者队伍。人才资源是第一资源。优秀的青年科技人才是繁荣科技事业的希望所在。只有不断发现、培养和使用优秀青年科技人才，才能使科技事业薪火相传。胡锦涛总书记在今年的两院院士大会上，对院士们以科教兴国为己任，悉心培养和提携优秀青年人才提出了希望。青年工程科技人才是科研战线的生力军，是富有活力的创新力量。希望院士们把培养青年科技人才作为义不容辞的责任，悉心指导，促其成长，并放手让他们担当大任。要开阔视野发现人才，竭诚尽力培养人才，不拘一格使用人才，充分调动广大青年科技工作者投身创新型国家建设的积极性、主动性和创造性。

对拔尖创新人才要采取特殊政策，为他们施展才智创造条件，激励他们脱颖而出，在科技创新道路上奋勇拼搏、锐意进取，在人生的黄金时期作出杰出的业绩。

第四，希望中国工程科技论坛继续创新发展，进一步发挥学术活动的引领作用。中国工程科技论坛等学术活动是工程院高智力密集、多学科荟萃的特色平台，希望工程院以战略高度、世界眼光和创新思维加强统筹规划，以百场中国工程科技论坛为契机，总结经验，把握定位，发挥优势，创新方法，改进服务，把论坛做好做强，打造成国际上有影响的知名学术活动品牌。要注重四个引领：一是引领科技创新，紧扣工程科技和经济社会发展中的战略性、前瞻性问题，精心组织各种类型的学术活动，让学术思想碰撞的火花点燃创新激情、开阔创新思路，促进多学科交叉融合和重大工程科技问题的解决，带动工程科技创新的长足发展。二是引领国内外交流，准确把握世界工程科技发展的前沿趋势，吸引国内外更多的一流科技专家参加进来，组织国内优秀科技专家参与国际学术交流，提升学术活动的质量和水平，不断扩大我国科技界的国际影响力。三是引领学术风气，积极营造诚信、宽松、和谐的学术环境，倡导求真务实的科学精神，发扬学术民主，提倡学术争鸣，鼓励自主探索，带头抵制不良学风和不端学术行为，自觉维护科学道德。四是引领科学风尚，宣传科学成果，普及科学知识，传播科学方法，促进全社会更加尊重科学、按科学规律办事，为提高全民科学素质作出更大贡献。我相信，经过我们的不懈努力，中国的学术活动一定能够进一步走向世界，形成有影响的品牌，在国家的发展乃至人类科学事业进步中发挥更大作用。

各位院士，同志们，

在现代化建设的伟大进程中，工程科技事业正展现出光明前景和勃勃生机。让我们紧密团结在以胡锦涛同志为总书记的党中央周围，求真务实，奋力进取，让工程科技为加快转变经济发展方式、建设创新型国家作出更大贡献！

谢谢大家！

为加快转变经济发展方式勇挑重担建功立业

——学习胡锦涛总书记在两院院士大会上的讲话

周 济

（2010年6月9日）

胡锦涛总书记在中国科学院第十五次和中国工程院第十次院士大会上发表的重要讲话，对动员两院院士和全国广大科技工作者为加快转变经济发展方式勇挑重担、建功立业，具有重大的现实意义和深远的历史意义。我们要深刻认识当前加快转变经济发展方式的重要性和紧迫性，深刻认识科技在加快转变经济发展方式中所起的核心和关键作用，深刻认识中国工程院所承担的重要历史使命，积极响应党中央的号召，坚持科技为经济社会发展服务、为人民服务，为加快转变经济发展方式、建设创新型国家做出积极的贡献。

一、加快转变经济发展方式是推动科技创新的重大历史机遇

胡锦涛总书记在讲话中深刻阐述了加快转变经济发展方式的重要性和紧迫性。经过新中国成立60多年特别是改革开放30多年的不懈奋斗，我国经济社会发展已经取得了举世瞩目的伟大成就。当前，我们正在进入全面建设小康社会、加快推进社会主义现代化建设的关键时期。随着工业化、信息化、城镇化、市场化和国际化的不断推进，各种深层次矛盾和问题日益凸显，各种瓶颈制约更加突出，传统的资源依赖型、投资驱动型的增长方式已不可持续，中国的发展面临着更加严峻的挑战、更加复杂的形势、更加艰巨的任务，加快转变经济发展方式刻不容缓。加快转变经济发展方式，是增强我国经济发展后劲和国际竞争力、推动经济社会又好又快发展的必然选择，是关系现代化建设全局的重大而紧迫的战略任务。为了实现以人为本、全面协调可持续的科学发展，我们必须走中国特色的新型工业化道路，促进经济增长由主要依靠增加物质资源消耗向主要依靠科技进步、劳动者素质提高、管理创新转变。

胡锦涛总书记在讲话中尤其强调了科学技术作为第一生产力，作为经济社会发展中最活跃、最具革命性的因素，在加快转变经济发展方式的历史时期所能发挥的特殊而重要的作用。实践证明，人类文明的每一次重大进步都与科学技术的革命性突破有关。科学技术的发展不仅极大地丰富了社会物质财富和精神财富，更连锁引发经济、政治、文化、社会、军事以及人类生活等领域的广泛而深刻的变革，成为人类现代化进程的发动机。当今时代，科技作为人类文明进步的基石和原动力的

作用更加突出，一系列重大科技成果以前所未有的速度转化为现实生产力，深刻改变世界科技和经济社会发展形态，科技比历史上任何时期都更加深刻地决定着经济发展、社会进步和人民幸福。当前我国加快转变经济发展方式为科技创新提出了迫切的实际需求，科技体系的内在演进也正在孕育着重大突破，并将通过科技革命引发和推动新一轮的产业革命。

工程科技是第一生产力中最重要的因素，是改变世界最直接、现实的工具，架起了科学发现与产业发展之间的桥梁，是产业革命、经济发展和社会进步的强大杠杆。近现代的每一次产业革命都与技术革命紧密相关，蒸汽机的应用推动了第一次产业革命，电力技术的突破引发了第二次产业革命，计算机和信息技术的大发展带来了第三次产业革命。只有突破性的工程科技创新，才能实现新的跨越、为发展提供不竭动力；只有突破性的工程科技创新，才能改变传统路径、加快转变经济发展方式；只有突破性的工程科技创新，才能打造核心优势、推动经济社会的持续发展。

进入新世纪以来，特别是在国际金融危机的冲击下，世界各国都在寻求科学的发展理念和可持续发展方式，并不断调整发展战略，加大投入力度，着力推进创新，以赢得竞争的主动权。这对处在社会主义初级阶段、具有最大人口基数、面临大规模工业化、城镇化和现代化的发展中的中国，尤其重要、尤其紧迫。我们必须要在保持经济快速增长的同时实现增长的长期稳定和可持续性，要在全面推进工业化的同时妥善应对资源和环境问题，要在快速发展经济的同时统筹社会和谐繁荣。充分发挥工程科技的强大作用，通过自主创新实现技术突破，支撑和引领经济社会发展，是实现科学发展的根本出路。然而，摆在我们面前的自主创新任务异常艰巨。我们亟待解决的工程科技问题大多都是世界前沿问题，要赶超的是技术优势显著、经验储备丰厚的发达国家，而我们自主创新的能力还很薄弱。面对这样的机遇和挑战，唯有充满必胜的信心，勇于向世界先进水平发起冲击，通过艰辛而扎实的奋斗，切实将工程科技服务于加快经济发展方式转变，才能为中国特色社会主义现代化建设做出应有的贡献。

二、工程科技界在加快转变经济发展方式中肩负重大历史使命

胡锦涛总书记在讲话中指出，建设创新型国家，加快转变经济发展方式，赢得发展先机和主动权，最根本的是要靠科技的力量，最关键的是要大幅提高自主创新能力。我们要以科学发展观为指导，加大工程科技创新力度，努力提高科技进步对经济发展的贡献率，推动产业结构调整优化，推动可持续发展，推动改善民生、提高人民生活品质，实现绿色、智能、可持续的发展。

加强工程科技创新，推动产业结构调整优化。产业结构调整优化是加快经济发展方式转变的主要内容和重要途径，对推动经济从粗放型增长转变为集约型增长、实现全面协调可持续发展具有重大意义。要依靠工程科技创新，加快推进产业结构调整和优化升级，促进经济增长由主要依靠第二产业带动向依靠第一、第二、第三产业协同带动转变，全面提升产业技术水平和国际竞争力。要大力推进信息化与工业化的融合，改造提升传统产业，加快发展现代农业、先进制造业、现代服务业，优化壮大高新技术产业，形成合理的产业结构，建立科技含量和附加值高、具有可持续发展能力的现代产业体系，推动产业从规模优势向技术优势转变。

大力培育和发展战略性新兴产业是实现产业结构优化的突破口，是加快经济发展方式转变的重要抓手，是抢占未来经济科技制高点的关键。我们要以重大发展需求为导向，以重大工程为依托，大力发展信息、生物、新能源和节能环保、新材料和先进制造、空天海洋等战略性新兴产业，培育新的经济增长点，发挥科技对经济社会全局和长远发展的引领带动作用。

加强工程科技创新,推动可持续发展。资源、能源与环境问题是制约我国工业化和城镇化高速发展的瓶颈。我们要大力发展能源资源开发利用技术特别是高碳能源低碳化利用技术、新能源开发利用技术和生态环境保护技术,从根本上改变过去依靠高投入、高消耗支撑经济增长的发展方式,走上科技含量高、经济效益好、资源消耗低、环境污染少、人力资源优势得到充分发挥的新型工业化道路,推动资源节约型和环境友好型社会建设。

加强工程科技创新,改善民生、提高人民生活品质。大力改善民生、提高人民生活品质,是加快转变经济发展方式的重要任务。我们要坚持以人为本,大力发展与民生相关的科学技术,特别是现代农业技术、健康技术、国家安全和公共安全技术。要发展高产、优质、高效、生态、安全的农业,加强人口健康、公共安全等领域的技术研发与集成示范,不断提升消费品和公共产品的质量和科技含量,让更多的科技成果惠及千家万户,满足群众多样化、高品质的生活要求,实现科技惠民,促进社会和谐发展。

要满足经济社会发展对工程科技的迫切需求,我们必须坚持自主创新、重点跨越、支撑发展、引领未来的方针,着力推进工程科技自主创新,加快工程科技成果转化和产业化步伐。

自主创新,任重而道远。我们要大力推进原始创新、集成创新和引进消化吸收再创新,攻克一批具有全局性和带动性的重大关键技术,在核心技术、共性技术等方面取得突破性进展,下大力气解决制约我国经济社会发展的瓶颈问题。要充分发挥我国社会主义制度能够集中力量办大事的政治优势,在技术关联性强和产业带动性大的关键领域,举全国之力,组织重大科技攻关,推动科技进步。

把科学技术转化为生产力,关键在于通过工程科技创新实现产业化。工程科技创新要与经济社会、产业、企业发展的实际需求相结合,加大研发、转移及产业化力度,实现高科技与产业化的有机对接,切实推动以企业为主体、市场为导向、产学研相结合的技术创新体系建设,形成科技进步和自主创新的整体合力,从根本上提高产业整体科技素质和综合竞争实力。

三、建设国家工程科技思想库,为加快转变经济发展方式多做贡献

中国工程院成立十六年来,作为国家工程科技界最高荣誉性、咨询性学术机构,主动发挥国家工程科技思想库的作用,紧密团结和依靠广大科技工作者,围绕国家经济社会发展中迫切需要解决的战略性、全局性和前瞻性问题,深入开展一系列咨询研究、学术交流和人才培养等工作,为党和国家的重大战略决策提供了科学思想和科技支撑,为提高工程科技创新能力,为实施科教兴国、人才强国和可持续发展战略做出了积极贡献,受到了党中央、国务院的充分肯定,赢得了社会各界的广泛赞誉。胡锦涛总书记在讲话中高度评价了院士们所做的贡献,同时也提出了新的要求。

面对加快转变经济发展方式的重大任务,中国工程院院士们要以强烈的责任感和紧迫感,增强主动性和创造性,在各自岗位上奋发图强,敬业奉献,在专业领域内发挥领军作用,积极完成国家重大科技发展任务,努力攀登世界科技高峰,为国家经济社会发展贡献力量。

面对加快转变经济发展方式的重大任务,中国工程院要更好地发挥院士们的集体智慧,发挥跨学科、跨部门、高水平的群体优势,进一步加强工程科技思想库建设。尤其要选择事关国家、产业和地方发展全局的重大问题开展战略性咨询,组织研究讨论经济社会发展规划和工程科技创新的重大关键问题,为宏观决策提供科学依据,为党和政府的决策提供真知灼见。要主动面向国家现代化建设主战场,推动产业技术创新,推动行业、区域,特别是企业的技术进步。要积极开展学术

活动，拓展国际合作，发挥学术引领作用。要悉心培养和提携工程科技人才，特别是拔尖创新人才。

高素质、高水平的院士队伍是中国工程院存在和发展的根本。我们要不断改进和加强院士队伍建设，实现院士队伍高质量、可持续地发展，带动我国工程科技界，更好地完成中国工程院的历史使命。

胡锦涛总书记在讲话中指出，科学精神是科学技术的灵魂。我们大力弘扬求真务实、勇于创新的科学精神，贯彻落实科学发展观，为加快转变经济发展方式、为建设创新型国家、为社会主义现代化建设、为中华民族伟大复兴，做出新的更大的贡献。

重 要 文 件

关于印发《中国工程院主席团关于认真学习贯彻胡锦涛总书记两院院士大会讲话精神的决定》的通知

中工发[2010]65 号

各位院士：

为贯彻落实胡锦涛总书记 2010 年 6 月 7 日两院院士大会的重要讲话精神，中国工程院主席团经过认真学习和讨论，作出《关于认真学习贯彻胡锦涛总书记两院院士大会讲话精神的决定》，现印发大家，望遵照执行。

附件：《关于认真学习贯彻胡锦涛总书记两院院士大会讲话精神的决定》

中国工程院

二〇一〇年六月二十二日

附件：

中国工程院主席团关于认真学习贯彻胡锦涛总书记两院院士大会讲话精神的决定

2010 年 6 月 7 日，胡锦涛总书记《在中国科学院第十五次和中国工程院第十次院士大会上的讲话》（以下简称《讲话》），深刻阐述了加快转变经济发展方式的重要性和紧迫性，着重强调了科技在加快转变经济发展方式、推动经济社会又好又快发展中的核心和关键作用，指明了科技创新的重点领域和发展方向，提出了切实加强和改进科技工作的要求。《讲话》主题鲜明、高瞻远瞩、思想深刻、内涵丰富，对动员两院院士和全国广大科技工作者为加快转变经济发展方式勇挑重担、建功立业，具有重大的现实意义和深远的历史意义。主席团经过认真学习和讨论，特作出以下决定：

一、认真学习、抓好落实。全体院士和机关干部要深入学习《讲话》精神，深刻认识加快转变经济发展方式的重要性和紧迫性，深刻认识科技在加快转变经济发展方式中所起的核心和关键作用，深刻认识中国工程院所承担的重要历史使命，全面落实总书记提出的任务和要求，进一步发挥工程院的优势和作用，为建设创新型国家提供科技支撑。

二、大力加强国家工程科技思想库建设。充分发挥院士群体的综合优势，围绕国家工程科技和经济社会发展的重大战略性、全局性和前瞻性问题，集中力量组织开展战略咨询研究，不断提高咨询的质量和影响力，为国家的宏观决策提供科学依据；主动面向国家现代化建设主战场，针对国民经济和社会发展中的科技难题，开展攻关或提供技术指导，推动行业、区域特别是企业的技术进步，为加快转变经济发展方式服务；瞄准工程科技发展的方向和前沿，组织开展系列学术活动，发挥好学术引领作用；发挥院士在人才培养和团队建设中的独特作用，促进创新型工程科技人才特别是领军人才的成长。

三、大力加强院士队伍建设。不断改进完善院士制度，切实采取措施，保持院士队伍的高水平和可持续发展，为我国工程科技事业的发展提供保证；注重发挥院士称号的精神激励作用，规范院士学术兼职；弘扬和践行科学精神，求真务实、诚实守信、协作包容，做科学道德的楷模。

关于印发《中国工程院 2010—2014 年度工作纲要》的通知

中工发[2010]84 号

各学部、各专门委员会、各位院士、机关各部门、院咨询服务中心：

为了指导我院今后四年的工作，2010 年 9 月 5 日第五届主席团第二次会议审议通过了《中国工程院 2010—2014 年度工作纲要》。现印发给大家，请遵照执行。同时印发《关于 < 中国工程院 2010—2014 年度工作纲要 > 的说明》，请参照。

附件： 1. 中国工程院 2010—2014 年度工作纲要

2. 关于《中国工程院 2010—2014 年度工作纲要》的说明

中国工程院

二〇一〇年九月十九日

附件1：

中国工程院2010—2014年度工作纲要

（2010年9月5日主席团会议通过）

为更好地履行工程院的职能和任务，贯彻落实中央领导在两院院士大会上的讲话精神，根据《中国工程院章程》，制定《中国工程院2010－2014年度工作纲要》（简称《纲要》）。

一、发展目标与工作思路

今后一段时期，是我国经济社会发展的关键时期，也是中国工程院发展的重要时期。我国将建设创新型国家、全面建设小康社会，当前正面临着制定和实施“十二五”规划、加快转变经济发展方式的紧迫任务。工程科技创新作为我国经济社会发展的重要驱动力，将在产业结构调整优化、可持续发展和改善民生等方面发挥支撑和引领的作用。工程院已走过十六年的辉煌历程，院士队伍建设成效显著，重大战略咨询硕果累累，为中央科学决策提供了重要支撑。面对重要的历史使命，工程院的任务光荣而艰巨。

今后四年，中国工程院将坚持以科学发展观为指导，以发挥国家工程科学技术思想库作用为主线，以院士队伍建设为核心，动员全体院士和广大科技工作者为加快转变经济发展方式勇挑重担、建功立业，以优异的成绩迎接建院20周年。

按照总体谋划、分步实施、重点突破、全面推进的工作思路，通过不懈的努力，完成两个方面的发展任务：

一是建设国家工程科技思想库，充分发挥思想库的重要作用。加强思想库建设，大力推进战略决策咨询，完善制度，形成队伍；进一步深化多方科技合作，服务工程科技创新；充分发挥学术引领作用；培养和提携工程科技优秀人才。

二是加强院士队伍建设，进一步发挥院士的领军作用。完善院士增选政策、制度，提高院士增选工作质量，优化院士队伍结构；加强院士的科学道德建设，强化院士称号精神激励作用；健全服务院士工作的支撑体系；加强组织建设，发挥院士的科技领军作用。

二、重点工作

把建设思想库并充分发挥其作用和加强院士队伍建设并发挥院士的领军作用作为重点任务，按照两个方面、八项重点进行统筹部署。

（一）建设国家工程科技思想库并充分发挥思想库的重要作用

组织开展《国家工程科技思想库建设研究》，对思想库建设进行顶层设计和发展规划，确定建设目标、框架结构、运作方式和发展路线图，指导思想库建设；深化体制机制创新，探索建立与国家工程科技思想库建设相配套的管理办法和管理制度。

大力推进工程科技思想库建设，更好地发挥其作用，做好以下四项重点工作：

1. 战略咨询

中国工程院是我国工程科学技术界的最高咨询性学术机构，战略咨询是中心任务。充分发挥院士的群体优势，认真做好战略咨询研究工作，全面提升咨询研究水平和质量，为国家经济社会和科技发展重大决策提出真知灼见，在国家重大战略咨询中发挥更大的作用。

咨询研究工作重点：一是围绕国家发展和建设规划、加快转变经济发展方式中的重大、关键问题，以产业结构调整优化、资源节约和环境友好、改善民生提高人民生活质量为重点，组织开展多层次、多形式的战略性咨询研究，为促进经济社会科学发展贡献力量；二是围绕工程科技发展、创新能力建设和工程科技人才培养等方面，组织开展前瞻性研究，为建设创新型国家提供强有力的支持；三是针对重大突发事件，启动应急对策咨询研究，及时为中央决策提供科学依据。

加强咨询队伍建设，完善咨询工作支撑服务体系。全体院士要积极参与咨询研究工作，提高院士的综合咨询研究能力，培养一批战略咨询专家；组织各方面的科技力量，联合工程科技专家和经济、社会界专家，建设咨询专家数据库，形成以院士为核心、各方面专家紧密合作的高水平、高素质的咨询专家队伍；以院机关和咨询服务中心为基础，培养一支综合素质高、业务能力强的咨询助手和服务队伍。

推进咨询工作的法制建设，强化咨询工作管理。推进将咨询纳入国家重大工程科技问题决策程序的法规建设；健全咨询项目的立项评审、过程控制和后期评估制度，扩大咨询成果的影响力，把发挥咨询研究成果的作用作为一项重要工作来抓；改革和完善咨询项目经费管理办法；加强咨询工作基础资料数据库建设，推进国家工程科技数字图书馆建设。

2. 科技服务

面向国家现代化建设主战场，推动产业和区域科技发展，促进企业技术创新。针对国民经济和社会发展中的科技问题，探索为部委、行业、地方和企业提供高效、优质咨询服务的途径，以及院部、院地和院企合作模式和组织方式，形成与国家部委、地方政府和大型企业全面合作的长效机制，更好地为加快转变经济发展方式提供科技服务。

工作重点：一是深化与相关部委的合作，组织开展院士行等多种形式的咨询和评议活动，为行业和产业发展的科学决策提供有力支撑；二是深化与地方的合作，在有条件的地区建设院士中心，扎实推进院士工作站建设并充分发挥其重要作用，特别要加大对中西部地区的支持服务力度，为地方经济社会发展贡献力量；三是深化与企业合作，与有重要影响的大中型企业建立战略合作关系，积极推进企业技术创新与研发活动，支持有条件的企业或企业联盟创建研发平台，帮助企业提升技术创新能力。

3. 学术引领

开展高水平的学术活动和出版工作，形成学术引领的强大力量，促进工程科学技术的创新和发展。一是瞄准工程科技发展方向、围绕前沿和热点问题开展不同层次、多种形式的学术活动，进一步完善学术会议制度，做好并落实学术交流的规划，发扬学术民主，提升"工程科技论坛"等学术活动的水平和影响力，成为工程界特别是中青年科技工作者学术交流和研讨的重要平台；二是加强学术出版工作，支持和组织咨询研究成果、院士学术著作的出版，提高《中国工程科学》等学术刊物的质量和水平，编撰《中国工程科技发展报告》等出版物；三是加强科普工作，组织院士参加科普活动，宣传工程科技成就，传播科学思想，普及科学技术知识；四是围绕迎接建院 20 周年，策划并组织系列学术活动，办好“2014 国际工程科技大会”。

4. 人才培养

一是重视发现和提携人才，引导中青年人才在工程科技实践中健康成长，着力培养优秀工程科技人才特别是拔尖创新人才；二是把“光华工程科技奖”办成中国工程科技界的重要奖项，评选和举荐工程科技杰出人才；三是积极参与和推进工程教育和工程师制度改革，推动卓越工程师培养计划、工程研究院所与高校联合培养研究生、工程师继续教育、中小学技术和工程教育等有关工作，培养创新型工程科技人才。

（二）加强院士队伍建设并发挥院士的领军作用

将加强院士队伍建设、发挥院士在工程科技领域中的领军作用作为一项长期而重要的任务，根据《中国工程院院士队伍建设》调研成果，做好以下四项重点工作：

1. 院士增选工作

认真组织和做好 2011 年和 2013 年院士增选工作。充分认识做好院士增选工作的重要性，认真总结多年来增选工作的经验，科学规划工程院院士队伍的建设工作；完善院士增选评审和选举办法及各项规章制度，做好学科划分和学部设置调整的工作，探索改进增选工作的有效途径；严肃增选工作纪律，加强社会监督，做好投诉调查，营造科学民主的评审环境；坚持院士的标准和条件，严把入口关，落实好各项组织工作，保障增选工作质量，促进院士队伍的健康发展。

2. 科学道德建设

弘扬科学精神，发挥院士称号的精神激励作用，宣传院士先进事迹，为资深院士作传，大力倡导求真务实、勇于创新、孜孜以求、敬业奉献的高尚品德和精神风范；维护科学道德尊严，健全院士科学道德行为规范，加强自律，自觉接受社会监督，做好投诉处理，维护工程院和院士群体的良好声誉；发挥我院在促进科研诚信、科学道德和学风建设方面的引领作用。

3. 服务院士工作

努力建设院士之家，做好为院士开展工作的服务。加强对各地院士中心的支持，延伸为院士服务的工作网络；推进为院士配备学术秘书和助手的工作；加强院士健康服务工作，把院士医疗作为院士之家建设的重要内容，配合有关部门进一步落实院士医疗保健政策；健全网络视频通讯和会议系统，提高为院士提供信息服务的水平。

4. 发挥院士作用

发挥院士大会最高权力机构的作用，集中力量办好 2012 年第十一次院士大会和 2014 年第十二次院士大会；加强主席团和院常务会对工程院各项工作的决策、领导和组织作用；加强学部工作，充分发挥学部常委会的作用，组织院士参与思想库建设和院士队伍建设的各项工作；加强各专门委员会的工作，行使各专门委员会的职能并发挥作用；形成学部和专门委员会相结合的矩阵化管理模式。加大对资深院士联谊会支持力度，发挥资深院士的重要作用；积极发挥外籍院士的作用。

面对加快转变经济发展方式的重大任务，全体院士要以强烈的责任感和紧迫感，增强主动性和创造性，在各自岗位上奋发图强，敬业奉献，勇于攀登，敢为人先；在专业领域内发挥领军作用，积极完成国家重大科技发展任务，努力攀登世界科技高峰；为国家经济社会发展贡献力量。

三、保障措施

1. 加强机关队伍建设

按照"内强素质、外树形象"的要求和"全心全意地依靠这支队伍,扎扎实实地建设这支队伍"的思路,紧密围绕工程院的中心任务和重点工作,加强和改进机关党的建设,抓好院机关和咨询服务中心的建设,为完成好工程院工作任务提供坚强的保障。

加强思想建设、组织建设和作风建设,全面提升干部队伍的服务意识、服务理念和服务水平,营造团结干事、风清气正的工作氛围;建设学习型机关,强化学习培训,不断提高业务素质和专业知识;完善机关工作流程,加强保密工作,明确部门职责,健全机关干部队伍考评、选拔任用、轮岗和挂职交流制度,提高机关工作效率。

研究制定咨询服务中心发展规划,明确咨询服务中心的定位和发展目标,更好地发挥咨询服务中心作用,适应国家工程科技思想库建设的要求。

2. 强化国际交流合作

紧紧围绕工程院的重点任务和发展目标,通过请进来、走出去等多种途径,充分利用国际交流合作平台和国际资源,强化国际交流合作。代表中国工程科技界参加相应的国际组织和有关国际学术活动,提高工程院的国际影响力。

3. 提高管理工作水平

加强宣传工作,进一步与有关部门的合作,扩大与各新闻媒体的联络,充分利用网络资源,增加对工程院重要咨询研究成果、重大工程科技贡献、重要学术活动、院士的科技成就和科学精神的宣传力度,扩大工程科技的社会影响力。

健全规章制度,强化执行力度,提高管理水平。根据《纲要》制定工程院年度工作要点,确保《纲要》落到实处。加强《纲要》实施情况的督促和检查,保障《纲要》顺利实施。

附件2：

关于《中国工程院2010—2014年度工作纲要》的说明

中国工程院院长　周　济

一、《纲要》的起草背景

在今年6月的两院院士大会上，胡锦涛总书记发表了重要讲话。一是深刻阐述了加快转变经济发展方式的重要性和紧迫性；二是强调了科学技术作为第一生产力，在加快转变经济发展方式中的重要作用；三是希望我们自觉弘扬科学精神，以科教兴国为己任，为加快转变经济发展方式勇挑重担、建功立业。

中国工程院作为国家工程科技界最高荣誉性、咨询性学术机构，已经走过了十六年的辉煌历程。十六年来，我们主动发挥国家工程科学技术思想库的作用，紧密团结和依靠广大科技工作者，深入开展一系列战略咨询、学术交流和人才培养等工作，为党和国家的重大决策提供了有力的科技支撑，为提高工程科技创新能力，为实施科教兴国、人才强国和可持续发展战略做出了积极贡献，受到了党中央、国务院的充分肯定，赢得了社会各界的广泛赞誉。面对当前的机遇和挑战，面对党和人民的重托，未来四年我们将肩负着更为重要的历史使命。我们要积极响应党中央的号召，为经济社会发展服务、为人民服务，为加快转变经济发展方式、建设创新型国家做出积极的贡献，以优异的成绩迎接建院20周年。

制定工程院的工作《纲要》，既是《中国工程院章程》的要求，也是历届主席团部署未来几年工作的良好传统，并且取得很好的效果。这次院士大会进行了院主席团、院领导班子以及各学部常委会的换届选举工作，更需要对工程院今后四年的工作加强战略研究和宏观思考。为更好地履行工程院的职能和任务、贯彻落实中央领导在院士大会上的讲话精神，根据《中国工程院章程》，我们研究制定了《中国工程院2010－2014年度工作纲要》（简称《纲要》），经主席团会议审议通过后，将作为工程院今后四年工作的指南。

二、《纲要》起草的几点考虑和过程

（一）几点考虑

制定《纲要》，对统筹规划工程院今后四年的工作，具有重要意义。在本次《纲要》的制定过程中，主要有以下四点考虑。

一是贯彻中央领导讲话精神。在院士大会上，胡锦涛总书记、刘延东国务委员的重要讲话，意义重大、影响深远，为统一思想，凝聚共识，部署好今后四年的工作指明了方向。

二是遵循《中国工程院章程》。《中国工程院章程》中规定了工程院的职能和任务，是制定《纲要》的重要依据。《纲要》的制定工作,要从履行职能出发,统筹部署今后四年的工作。

三是继承传统、规划未来。在历任领导集体的带领下,我们已经走过十六年的辉煌历程。在认真总结和回顾建院以来的宝贵经验的基础上,深入分析当前面临的新形势、新任务,继承和发扬工程院的优良传统,研究规划今后四年的工作。

四是发扬民主、集思广益。充分发扬民主,集思广益是工程院工作的一贯作风。把制定《纲要》当成工程院的大事来抓,广泛发动院领导班子、主席团成员、各学部和院机关全体同志,认真听取大家的意见和建议。

(二)起草过程

今年院士大会之后,院常务会部署了制定《纲要》的有关工作。两个多月来,《纲要》的制定经过广泛发动、精心组织、深入讨论和多方征求意见等环节,不断修改和完善。主要工作包括以下五个方面:

第一,明确分工,组织落实。成立了由各位院领导组成的《纲要》制定领导小组、院机关各部门负责同志组成的工作小组、政策研究室有关同志组成的起草小组。在《纲要》的起草过程中,共进行了十多次修改,吸纳了院领导和各位主席团成员等各方面的意见和建议。

第二,学习讲话,建言纲要。6月份,组织机关各部门开展了"学习讲话,建言纲要"系列活动,发动群众,征集意见,机关每位同志都对制定《纲要》提出了意见。在7月6日院常务会上,机关各部门汇报了对《纲要》设想和建议,各位院领导畅谈了《纲要》的思路。

第三,党组扩大会议专题研究。7月29日~30日,召开了党组扩大会议,院领导和各学部主任一起听取了《纲要》内容的汇报,进一步研究了工程院工作的思路和重点问题。会议原则确定了《纲要》的主体框架和基本内容。

第四,广泛征求各方意见。8月中旬,将修改后的《纲要》印发给主席团全体成员征求意见,十多位主席团成员反馈了意见。同时,我们拜访了工程院的老领导和财政部、中编办等部门负责同志,听取他们的意见。

第五,主席团会讨论通过。《纲要》经8月24日院常务会议讨论后,提交9月5日南京主席团会议审议,吸收了各位主席团成员的意见和建议,经院常务会讨论后形成最终稿。

三、《纲要》的主要内容

《纲要》的内容包括三个部分。第一部分是发展目标与工作思路;第二部分是重点工作;第三部分是保障措施。

(一)关于《纲要》的发展目标与工作思路

今后一段时期,是我国经济社会发展的关键时期,也是中国工程院发展的重要时期。我国将建设创新型国家、全面建设小康社会,当前正面临着制定和实施"十二五"规划、加快转变经济发展方式的紧迫任务。工程科技创新作为我国经济社会发展的重要驱动力,将在产业结构调整优化、可持续发展和改善民生等方面发挥支撑和引领的作用。工程院已走过十六年的辉煌历程,院士队伍建设成效显著,重大战略咨询硕果累累,为中央科学决策提供了重要支撑。面对重要的历史使命,工程院的任务光荣而艰巨。

《纲要》确定了今后四年工程院工作的指导思想:要坚持以科学发展观为指导,以发挥国家工程科学技术思想库作用为主线,以院士队伍建设为核心,动员全体院士和广大科技工作者为加快转变经济发展方式勇挑重担、建功立业，以优异的成绩迎接建院20周年。

《纲要》提出今后四年工程院的工作思路是：按照总体谋划、分步实施、重点突破、全面推进的思路，通过不懈的努力，完成两个方面的发展任务：

一是建设国家工程科技思想库，充分发挥思想库的重要作用。胡锦涛总书记在2008年院士大会上的讲话指出：两院是国家科学技术和工程方面的最高咨询机构，是国家的科学技术思想库。建设国家工程科技思想库是中国工程院的历史使命。

二是加强院士队伍建设，进一步发挥院士的领军作用。胡锦涛总书记在2006年院士大会上的讲话指出：中国特色的院士制度，有利于凝聚中国科技界的精英为国家经济社会发展出主意、攻难关，有利于激励广大科技工作者为国家富强、民族振兴贡献智慧才干。院士队伍是中国工程院存在和发展的根本。

（二）关于《纲要》的重点工作

未来四年，工程院将按照两个方面、八项重点进行统筹部署。第一方面是建设国家工程科技思想库并充分发挥思想库的重要作用，包括四项重点工作：战略咨询、科技服务、学术引领和人才培养；第二方面是加强院士队伍建设并发挥院士的领军作用，包括四项重点工作：院士增选工作、科学道德建设、服务院士工作和发挥院士作用。

1. 建设国家工程科技思想库并充分发挥思想库的重要作用

中国工程院是国家工程科技思想库。为做好这项工作，我们下一阶段要组织开展《国家工程科技思想库建设研究》，对思想库建设进行顶层设计和发展规划，确定建设目标、框架结构、运作方式和发展路线图，指导思想库建设；深化体制机制创新，探索建立与国家工程科技思想库建设相配套的管理办法和管理制度。

（1）战略咨询

作为我国工程科学技术界的最高咨询性学术机构，战略咨询是工程院的中心任务。胡锦涛总书记指出：希望中国科学院、中国工程院进一步发挥跨学科、跨部门、高水平的优势，围绕推进经济社会发展、改善人民生活、保障国防安全等方面的重大科技问题，开展宏观性、战略性、前瞻性、综合性的决策咨询，组织科研团队在专业领域内发挥领军作用，为党和政府决策提供真知灼见，以实际行动推动重大决策的科学化、民主化。

过去十六年，工程院在战略咨询方面已经取得了一系列重大研究成果，受到党中央、国务院和有关部委的高度重视，如“水资源战略研究”、“油气资源战略研究”、“三峡工程阶段性评估”、“能源中长期发展战略研究”等，还针对重大自然灾害、国际金融危机等突发事件，及时为中央决策提供咨询意见和建议，为国家决策提供了重要支撑。同时，针对地方和区域发展问题开展战略咨询，如“江苏沿海地区综合开发战略研究”、“新疆可持续发展中有关水资源的战略研究”等。目前，我院还在进行“工程科技中长期发展战略研究”、“十二五战略新兴产业发展重点研究”、“物联网”和“生物安全”等重大咨询项目研究。

今后，我们要充分发挥院士的群体优势，认真做好战略咨询研究工作，全面提升咨询研究水平和质量，为国家经济社会和科技发展重大决策提出真知灼见，在国家重大战略咨询中发挥更大的作用。

《纲要》中提出要围绕三个方面组织开展战略性咨询研究工作：一是围绕国家发展和建设规划、加快转变经济发展方式中的重大、关键问题，以产业结构调整优化、资源节约和环境友好、改善民生提高人民生活质量为重点，如在生命健康、老龄社会应对、食品安全和种子资源保护等问题，组织开展多层次、多形式的战略性咨询研究，为促进经济社会科学发展贡献力量；二是围绕工程科技发展、创新能力建设和工程科技人才培养等方面，组织开展前瞻性研究，为建设创新型国家提供强有力的支持；三是针对重大突发事件，启动应急对策咨询研究，及时为中央决策提供科学依据。

加强咨询队伍建设、完善咨询工作支撑服务体系是做好战略咨询的基础。我们要建设三个层次的咨询队伍，一是全体院士都要积极参与咨询研究工作，提高院士的综合咨询研究能力，培养一批战略咨询专家；二是组织各方面的科技力量，联合工程科技专家和经济、社会界专家，建设咨询专家数据库，形成以院士为核心、各方面专家紧密合作的高水平、高素质的咨询专家队伍；三是以院机关和咨询服务中心为基础，培养一支综合素质高、业务能力强的咨询助手和服务队伍。

推进咨询工作的法制建设，强化咨询工作管理。一要推进将咨询纳入国家重大工程科技问题决策程序的法规建设；二要健全咨询项目的立项评审、过程控制和后期评估制度，扩大咨询成果的影响力，把发挥咨询研究成果的作用作为一项重要工作来抓；三要改革和完善咨询项目经费管理办法；四要加强咨询工作基础资料数据库建设，联合各工程科技研究院所和高校，推进国家工程科技数字图书馆建设，使之成为工程科技界公共信息的中心和枢纽。

（2）科技服务

科技服务是发挥思想库作用的重要途径之一，是直接为国民经济服务的有效手段。过去，我院已经与15个省市区和空军、工信部、开发行、中钢集团等开展了密切的合作，组织院士行70多次，建设了一批院士工作站，解决了一系列的技术难题，为推动技术创新作出了重要贡献。

今后，我们要面向国家现代化建设主战场，推动产业和区域科技发展，促进企业技术创新。针对国民经济和社会发展中的科技问题，探索为部委、行业、地方和企业提供高效、优质咨询服务的途径，以及院部、院地和院企合作模式和组织方式，形成与国家部委、地方政府和大型企业全面合作的长效机制，更好地为加快转变经济发展方式提供科技服务。

《纲要》中提出了深化科技服务的三个方面：一是深化与相关部委的合作，组织开展院士行等多种形式的咨询和评议活动，为行业和产业发展的科学决策提供有力支撑；二是深化与地方的合作，在有条件的地区建设院士中心，扎实推进院士工作站建设并充分发挥其重要作用，特别要加大对中西部地区的支持服务力度，为地方经济社会发展贡献力量；三是深化与企业合作，与有重要影响的大中型企业建立战略合作关系，积极推进企业技术创新与研发活动，支持有条件的企业或企业联盟创建研发平台，帮助企业提升技术创新能力。

（3）学术引领

工程院作为工程科技界的最高学术机构，肩负着学术引领的重要使命。十六年来，我院在学术活动和出版方面，做了大量的工作，发挥了重要的学术引领作用。比如“工程科技论坛”，在过去十年中已经组织了一百场，产生了良好的效果。今后，我们更继续开展高水平的学术活动和出版工作，形成学术引领的强大力量，促进工程科学技术的创新和发展。

《纲要》明确了加强学术引领作用，由学术活动、出版工作和科普工作三个方面组成。一是瞄准工程科技发展方向、围绕前沿和热点问题开展不同层次、多种形式的学术活动，进一步完善学术会议制度，做好并落实学术交流的规划，发扬学术民主，提升“工程科技论坛”等学术活动的水平和影响力，成为工程界特别是中青年科技工作者学术交流和研讨的重要平台；二是加强学术出版工作，支持和组织咨询研究成果、院士学术著作的出版，提高《中国工程科学》等学术刊物的质量和水平，编撰《中国工程科技发展报告》等出版物；三是加强科普工作，组织院士参加科普活动，宣传工程科技成就，传播科学思想，普及科学技术知识。

我们更要扩大学术活动的国际影响力。2000 年，工程院主办了“2000 国际工程科技大会”，共同回顾了百年来工程科技的成就。2014 年是中国工程院建院 20 周年，我们要围绕迎接建院 20 周年，策划并组织系列学术活动，努力办好“2014 国际工程科技大会”。

（4）人才培养

胡锦涛总书记在 2006 两院院士大会上指出：建设创新型国家，关键在人才，尤其在创新型科技人才。并殷切希望院士们承担起培养和提携人才特别是创新型科技人才的重任，建设好学术梯队，为年轻人奋勇创新提供舞台，为年轻人加快成才铺路搭桥。中国工程院一直坚持把人才培养摆在突出位置，组织开展了“创新型工程科技人才培养研究”等多个咨询项目，受到国务院领导和有关部门的高度重视。

目前，工程院要将贯彻中央颁布的人才中长期和教育中长期规划纲要作为重要工作，在人才培养方面做好三个方面的工作：一是重视发现和提携人才，引导中青年人才在工程科技实践中健康成长，着力培养优秀工程科技人才特别是拔尖创新人才；二是把“光华工程科技奖”办成中国工程科技界的重要奖项，评选和举荐工程科技杰出人才；三是积极参与和推进工程教育和工程师制度改革，推动卓越工程师培养计划、工程研究院所与高校联合培养研究生、工程师继续教育、中小学技术和工程教育等有关工作，培养创新型工程科技人才。

2. 加强院士队伍建设并发挥院士的领军作用

胡锦涛总书记指出：院士制度在我国才实行几十年，需要根据形势的发展，在总结经验的基础上继续完善，使之更好地发挥作用。中央人才规划中提出了“完善院士制度，注重院士称号精神激励作用，规范院士学术兼职”的新要求。工程院高度重视并始终将院士队伍建设和发挥院士作用作为最基本的任务，取得了显著成就。我们已经开展了《中国工程院院士队伍建设研究》重大咨询项目，在征求广大院士意见的基础上，形成了一系列的建议和措施。

（1）院士增选工作

我院经过 9 次增选，增选工作体系逐步健全，科学、民主、公开的院士增选程序日趋完善。为建设一支规模适度、结构优化的院士队伍，保持院士群体的活力奠定了基础。

今后四年中，我们要认真组织和做好 2011 年和 2013 年两次增选工作，重视对候选人学识、成就和贡献以及学风道德和品行的全面考察、深入了解，为工程科技人才成长树立正确的导向。一是充分认识做好院士增选工作的重要性，认真总结多年来增选工作的经验，科学规划工程院院士队伍的建设工作；二是完善院士增选评审和选举办法及各项规章制度，做好学科划分和学部设置调整的工作，探索改进增选工作的有效途径；三是严肃增选工作纪律，加强社会监督，做好投诉调查，营造科学民主的评审环境；四是坚持院士的标准和条件，严把入口关，落实好各项组织工作，保障增选工作质量，促进院士队伍的健康发展。

（2）科学道德建设

科学道德建设是院士队伍建设的根本。工程院一直高度重视科学道德建设，提出了“五个不希望”和“八条共勉”，制订了院士的“行为准则”和“自律规定”，使得科学道德体系建设不断加强，有效维护了院士队伍的崇高声誉。

《纲要》提出，一方面要弘扬科学精神，发挥院士称号的精神激励作用，宣传院士先进事迹，大力倡导求真务实、勇于创新、孜孜以求、敬业奉献的高尚品德和精神风范。院士的事迹是我们全社会的精神财富，这些年，我们宣传了以侯祥麟院士等为代表的院士先进事迹，出版了《工程科技的实践者》、《院士自述》等，今后，我们还要为资深院士作传，大力宣传院士的杰出贡献和科学精神、道德作风，为社会特别是工程科技界树立榜样。

另一方面，要维护科学道德尊严，健全院士科学道德行为规范，加强自律，自觉接受社会监督，做好投诉处理，维护工程院和院士群体的良好声誉；发挥我院在促进科研诚信、科学道德和学风建设方面的引领作用。

(3) 服务院士工作

努力建设院士之家，做好为院士开展工作的服务，使院士能够更好地进行科技创新和战略咨询，一直是工程院努力的目标，受到各届院领导高度重视，并做了大量的工作，得到院士们的认可。

《纲要》中主要规划了四个方面的工作：一是加强对各地院士中心的支持，延伸为院士服务的工作网络；二是推进为院士配备学术秘书和助手的工作；三是加强院士健康服务工作，把院士医疗作为院士之家建设的重要内容，配合有关部门进一步落实院士医疗保健政策；四是健全网络视频通讯和会议系统，提高为院士提供信息服务的水平。

(4) 发挥院士作用

发挥院士作用一方面要加强工程院的组织建设，更好地发挥院士的群体智慧。工程院已经建立了完整的组织体系，在开展各项工作中发挥了重要作用。《纲要》中提出，我们要进一步发挥院士大会、主席团和院常务会、学部和专门委员会的作用，形成多层次、矩阵化管理模式。一是发挥院士大会最高权力机构的作用，集中力量办好 2012 年第十一次院士大会和 2014 年第十二次院士大会；二是加强主席团和院常务会对工程院各项工作的决策、领导和组织作用；三是加强学部工作，充分发挥学部常委会的作用，组织院士参与思想库建设和院士队伍建设的各项工作；四是加强各专门委员会的工作，行使各专门委员会的职能并发挥作用。最后，要加大对资深院士联谊会支持力度，发挥资深院士的重要作用；积极发挥外籍院士的作用，多邀请外籍院士参与工程院学术活动。

另一方面要发挥院士在各自领域中的领军作用。长期以来，院士在各自的领域内，取得了重大的科研成果，作出了杰出的贡献。根据胡锦涛总书记在两院院士大会的重要讲话精神，面对加快转变经济发展方式的重大任务，《纲要》提出：全体院士要以强烈的责任感和紧迫感，增强主动性和创造性，在各自岗位上奋发图强，敬业奉献，勇于攀登，敢为人先；在专业领域内发挥领军作用，积极完成国家重大科技发展任务，努力攀登世界科技高峰，为国家经济社会发展贡献力量。

(三) 关于《纲要》的保障措施

为保障《纲要》的顺利实施，《纲要》提出了三项保障措施。

(1) 加强机关队伍建设

机关队伍是完成好《纲要》各项任务的重要环节。按照徐匡迪院长提出"内强素质、外树形象"的要求和新一届领导班子研究提出的"全心全意地依靠这支队伍，扎扎实实地建设这支队伍"的思路，紧密围绕工程院的中心任务和重点工作，《纲要》提出要加强和改进机关党的建设，抓好院机关和咨询服务中心的建设，为完成好工程院工作任务提供保障。

主要做好以下几个方面的工作：一是加强思想建设、组织建设和作风建设，全面提升干部队伍的服务意识、服务理念和服务水平；二是建设学习型机关，不断提高业务素质和专业知识；三是完善机关工作流程，加强保密工作，明确部门职责，提高机关工作效率；四是研究制定咨询服务中心发展规划，更好地发挥咨询服务中心作用。

（2）强化国际交流合作

强化国际交流合作，提高工程院的国际影响力。紧紧围绕工程院的重点任务和发展目标，通过请进来、走出去等多种途径，充分利用国际交流合作平台和国际资源；代表中国工程科技界参加相应的国际组织和有关国际学术活动。

（3）提高管理工作水平

通过加强宣传工作，扩大工程科技的社会影响力。扩大与各新闻媒体的联络，加强工程院网络宣传，增加对工程院重要咨询研究成果、重大工程科技贡献、重要学术活动、院士的科技成就和科学精神的宣传力度。

为保障《纲要》顺利实施，还要健全规章制度，强化执行力度，提高管理水平。根据《纲要》制定工程院年度工作要点，确保《纲要》落到实处；加强《纲要》实施情况的督促和检查。

关于报送《中国工程院2010年工作总结及2011年工作要点》的报告

中工发[2011]9号

国务院：

现将《中国工程院2010年工作总结及2011年工作要点》呈上，请审示。

附件：1. 中国工程院2010年工作总结及2011年工作要点

2. 中国工程院2010－2014年度工作纲要(略)

中国工程院

二〇一〇年一月二十六日

附件 1：

中国工程院 2010 年工作总结及 2011 年工作要点

2010 年工作总结

2010 年，中国工程院深入贯彻落实科学发展观，充分发挥院士队伍的群体优势，积极为加快转变经济发展方式服务，各项工作取得显著成效。

一、学习贯彻中央精神，谋划未来发展

全体院士和院机关全体同志认真学习党的十七届五中全会精神和胡锦涛总书记在两院院士大会上的讲话精神，把贯彻落实中央精神作为当前和今后一段时期的重大政治任务。院士们讨论认为，十七届五中全会是在我国经济社会发展进入新时期召开的一次重要会议，对会议强调的"以科学发展为主题，以加快转变经济发展方式为主线"和"加快转变经济发展方式，最根本的是依靠科技的力量，最关键的是提高自主创新能力"，倍感振奋，深受鼓舞，表示要深刻认识加快转变经济发展方式的重要性和紧迫性，深刻认识工程科技在加快转变经济发展方式、推动经济社会又好又快发展中的重要作用，深刻认识工程科技人员所肩负的重大历史使命，积极响应胡锦涛总书记的号召，按照刘延东国务委员的要求，紧密团结和带动全国广大科技工作者，为加快转变经济发展方式勇挑重担、建功立业。工程院机关结合实际工作，组织开展了"学习讲话，建言纲要"系列活动，将思想政治学习、业务素质提升和本职工作结合起来，全面推进工程院各项工作。

为更好地履行工程院的职能，工程院新一届领导集体认真学习领会中央精神，在充分总结过去 16 年工作经验的基础上，经院常务会议和主席团会议多次讨论，研究制定了《中国工程院 2010 - 2014 年度工作纲要》，提出了两个方面、八项重点工作：一方面是建设国家工程科技思想库、充分发挥思想库的重要作用，包括战略咨询、科技服务、学术引领和人才培养等四项重点工作；另一方面是加强院士队伍建设、进一步发挥院士的领军作用，包括院士增选工作、科学道德建设、服务院士工作和发挥院士作用等四项重点工作。工作纲要明确了工程院今后的发展方向和工作目标。

为落实工作纲要，工程院主席团进一步研究制定了《中国工程院 2011 年工作要点》以及各学部、各专门委员会今后四年的工作纲要和 2011 年工作要点。

二、成功举办第十次院士大会

2010 年 6 月 7 日，两院院士大会胜利召开。本次大会的主题是：高举中国特色社会主义伟大旗帜，坚持以邓小平理论和"三个代表"重要思想为指导，深入贯彻落实科学发展观，加强国家科学技术思想库建设，团结和带领全国科技界，为建设创新型国家而努力奋斗。

党中央、国务院对院士大会高度重视。党和国家领导人出席大会，胡锦涛总书记发表重要讲话；刘延东国务委员三次莅临大会并为院士们作了两次重要讲话。中央领导同志的讲话对动员广

大院士和全国科技工作者，具有重大的现实意义和深远的历史意义。

院士大会期间，徐匡迪院长作了工作报告，系统地回顾了工程院四年来的各项工作，总结了工程院在院士队伍建设、思想库建设、院地合作、国际交流和院机关建设等方面所取得的巨大成就和宝贵经验。这些成绩的取得，为进一步推进工程院各项工作奠定了坚实的基础。同时，还进行了院领导班子、院主席团、各学部常委会的换届工作。会议选举产生了主席团和第五届领导集体；选举产生了各学部常委，推选了新一届学部主任和副主任；随后完成了7个专门委员会的换届工作。大会还听取了“中国工程科技中长期发展战略研究”、“院士队伍建设研究”的成果汇报并进行了深入讨论；举办了全院学术报告会和各学部学术报告会。

三、努力开创国家工程科技思想库建设的新局面

建设国家工程科技思想库并发挥思想库的重要作用是工程院的重要使命。工程院按照思想库建设的四项重点，稳健推进各项工作的开展，努力开创思想库建设的新局面。

1. 战略咨询工作扎实推进

战略咨询是工程院的中心任务之一。工程院根据国家战略需求，围绕经济社会发展中的重大关键问题、战略性新兴产业的发展、工程科技发展战略、工程科技人才培养等，组织开展了多层次、多形式的咨询研究，取得一系列重要研究成果，为中央的科学决策提供了重要的支撑，为促进经济社会的科学发展和建设创新型国家作出了贡献。

如《中国环境宏观战略研究》项目，历时三年完成研究任务，取得丰硕成果，温家宝总理作重要批示，李克强副总理先后两次听取项目研究成果的汇报，并给予充分肯定和高度评价；《“十二五”战略性新兴产业发展战略研究》项目，提出了战略性新兴产业的发展思路与目标、发展重点领域与任务、政策建议和若干重大工程专项等，为国家发布《国务院关于加快培育和发展战略性新兴产业的决定》和制定“十二五”规划提供了重要的咨询意见；《三峡工程论证及可行性研究结论的阶段性评估》项目，综合评估认为，三峡工程的论证与兴建，贯彻了科学论证、科学决策、科学建设和科学管理的精髓与理念，三峡工程的建设培养和造就了一大批优秀的工程科技人才和工程管理人才，项目还对三峡工程相关的热点问题进行了科学的分析，提出了需要进一步关注的问题和今后工作的建议；《中国能源中长期发展战略研究》项目，系统地研究了各主要能源的供应能力与发展潜力，提出了我国能源中长期发展的战略思路、目标、重点、路线图，以及政策措施和体制保障建议；《中国工程科技中长期发展战略研究》项目，深入分析了工程科技发展的趋势、机遇与挑战，提出面向2030年的中国工程科技发展战略及需要部署的若干重大工程和关键技术；《中国养殖业可持续发展战略研究》、《我国重大传染病预防与控制战略研究》、《新时期生物安全战略与法律法规研究》、《物联网及其在重要领域的应用》、《中国制造业可持续发展战略研究》等重大咨询项目，均取得了多方面的研究成果，许多研究成果已报送国务院和有关部门，受到有关领导及相关部门的高度重视。

此外，工程院还围绕国家经济建设需要迫切解决的突出问题，动员广大院士积极建言献策，先后针对“玉树地震”、“舟曲泥石流”等重大自然灾害以及“稀土产业发展”等问题，以《院士建议》、《专报》等多种形式，及时向党中央、国务院和有关部委报送数十份建议，为中央科学决策提供了重要支撑。

加强与国务院相关部委的合作，共同开展战略咨询工作。如与国家自然科学基金委员会合作，

设立联合基金，共同组织开展“中国工程科技中长期发展战略研究”；与教育部合作，设立“工程科技人才培养研究”专项，合作开展创新型工程科技人才培养研究；邀请中国科学院路甬祥院长、科技部万钢部长、工信部李毅中部长等部门领导作专题报告，为工程院的战略咨询研究拓展了思路、开阔了视野，取得良好的效果。

“中国煤炭清洁高效可持续开发利用战略研究”、“高产稳产高标准农田建设”等56个咨询项目已批准立项，将于2011年全面启动。“国家工程科技思想库建设研究”重大咨询项目已经启动，旨在系统总结思想库建设的经验，分析思想库的发展趋势和存在的问题，明确思想库的发展战略、发展目标、建设任务以及保障措施，促进思想库建设并更好地发挥思想库的作用。

2. 科技服务工作日益深化

科技服务是工程院发挥思想库作用的重要途径之一，是直接为国民经济服务的有效手段。2010年工程院为部委、行业、地方、军队和企业提供科技服务的工作力度进一步加强，先后与广东、江苏、新疆、湖南、四川、重庆等省区市和中国神华集团、中钢集团等企业签订了合作协议，为促进技术创新和区域经济社会发展发挥了重要的作用。如“新疆可持续发展中水资源战略研究”、“浙江沿海与海岛综合开发战略研究”等，紧密结合地方经济社会发展的实际需求，提出具有战略性的咨询意见和建议；武汉东湖国家自主创新示范区院士行、湖南科技创新院士行、山东钢铁结构调整院士行、安徽马鞍山院士行、江西新余院士行、北京交通院士行等系列活动，为促进地方和企业的技术创新贡献了智慧和力量。

根据刘延东国务委员的批示精神，组织开展了院士工作站的调研，为加强企业院士工作站建设，深入探索产学研结合的有效模式和长效机制，奠定了坚实的基础。

3. 学术引领作用更加凸显

组织高水平的系列学术活动、出版高质量的系列学术成果，是发挥学术引领作用的重要途径。

举办了“中国工程科技论坛十周年座谈会”，刘延东国务委员出席会议并作重要讲话，充分肯定了中国工程科技论坛创办十年来，在引领科技创新、支撑政府决策、培养优秀人才等方面发挥的重要作用，并希望工程院努力将中国工程科技论坛办成国际上有影响的知名学术活动品牌。

围绕工程科技前沿问题，紧密结合我国经济社会发展和国计民生问题，成功举办了“2010汽车自主创新”、“2010年中国城市轨道工程技术”等二十余场工程科技论坛，组织开展了“工程科技中长期发展战略”系列报告会及“能源论坛”、“工程管理”、“医学健康”等各类学术活动两百余场；出版了《中国工程院院士》、《美国工程前沿》以及《中国工程科学》、《Engineering Sciences》、《中国工程科技发展战略研究咨询报告集》、《院士通讯》等著作和刊物，出版质量不断提高。

4. 人才培养工作卓有成效

加强与教育部的合作，积极参与“教育规划纲要”的制定和实施工作：成立了院士指导组，积极推进“卓越工程师教育培养计划”的实施；积极推进高校与研究院所联合培养博士研究生的试点工作，8家研究院所和9所高校参加了首批联合培养试点；全面开展工程教育的研究课题。注重在咨询、学术活动中发现、提携和培养优秀工程科技人才，努力为优秀人才的成长营造良好氛围；顺利完成第八届光华工程科技奖评审工作，27位工程科技专家获奖。

四、院士队伍建设进一步加强

高素质、高水平的院士队伍是中国工程院存在和发展的根本。工程院在院士增选工作、科学道德建设、服务院士工作等方面取得了显著成绩。

1. 完成了“中国工程院院士队伍建设研究”

“中国工程院院士队伍建设研究”项目，在全面总结建院十六年院士队伍建设取得的显著成就的基础上，科学分析工程院院士队伍建设工作面临的机遇和挑战，研究提出了关于院士队伍建设的思考，如科学确定院士增选工作的重要事项、不断完善院士评审选举工作制度、进一步加强院士队伍的科学道德与学风建设等，对今后我院院士队伍建设的各项工作具有重要指导意义。

2. 修订并完善了院士增选政策

根据院士增选工作的需要，进一步加强了制度建设，修订了包括《增选办法》在内的 7 个增选文件，强化了建立科学诚信档案、严厉处罚弄虚作假和各种学术不端行为等举措，从制度上为院士增选工作提供了有效保障。

3. 积极推进科学道德建设

高度重视科学道德建设，大力弘扬科学精神，宣传院士先进事迹，充分发挥院士在促进科研诚信、科学道德和学风建设方面的楷模和引领作用。同时，加强制度建设，进一步规范院士科学道德行为，不断强化院士自律，重视社会监督，认真处理有关针对院士科学道德问题的投诉，相关的工作得到工程科技界和社会的认可。

4. 服务院士的工作更上新台阶

关心院士健康，关心资深院士，支持院士服务中心建设，努力为院士的工作创造良好的条件。以院士医疗健康服务作为重点，积极配合有关部门进一步落实院士医疗保健政策和待遇；积极创造条件，在多家医院开辟了院士就医绿色通道，为百余位院士提供了便利就医条件；组织健康知识系列讲座，受到院士们的广泛欢迎。

五、积极推进国际合作与交流

进一步加强了与瑞典皇家工程院的合作，瑞典国王卡尔十六世·古斯塔夫参加的瑞典皇家工程院考察团应邀来我院访问，习近平副主席会见了瑞典国王一行，刘延东国务委员出席了中国工程院与瑞典皇家工程院工程科技合作谅解备忘录签订仪式，并会见了瑞典国王一行。以合办学术研讨会的方式，先后举办了中法医学研讨会、中日韩工程院圆桌会、中美工程科技研讨会质量管理论坛、中挪全球制造研讨会、中瑞能源效率与节能减排和智能电网等领域研讨会等系列学术活动，取得良好的效果。

积极配合国家外交活动，圆满完成各项任务。如在应对气候变化国际谈判中，工程院多位院士作为中国科技界的代表，参加了联合国气候变化哥本哈根大会和坎昆气候变化会议，介绍了我国在应对全球气候变化方面所作出的努力和取得的巨大成就，为我国参加联合国气候变化谈判贡献了智慧和力量。此外，接待了俄罗斯联邦委员会主席米罗诺夫、古巴国务委员会科技顾问卡斯特罗等到工程院的访问。

六、机关建设取得明显成效

工程院机关队伍在完成工程院各项任务中发挥着重要的组织与协调、桥梁和纽带作用。按照院党组“内强素质、外树形象”的要求和“全心全意地依靠这支队伍，扎扎实实地建设这支队伍”的思路，进一步加强了院机关队伍建设。通过深化干部人事制度改革，进一步完善了干部的选拔任用、交流和轮岗制度，努力建设一支能够适应新形势新任务的高素质干部队伍。紧密围绕工程院的中心任务和重点工作，始终坚持把思想建设放在首位，充分发挥党组织的战斗堡垒作用，积极开展创先争优活动，加强学习型机关建设，组织开展了学习培训和读书交流活动，机关队伍的政治素质、业务水平有了很大的提高。

2011 年工作要点

2011 年是中国共产党成立 90 周年，是“十二五”开局之年。为贯彻十七届五中全会精神和中央领导在两院院士大会上的讲话精神，落实《中国工程院 2010－2014 年度工作纲要》，中国工程院研究制定了 2011 年工作要点。

一、加强院士队伍建设

1. 做好 2011 年院士增选工作：将院士增选作为 2011 年工作的重点，结合我院院士队伍建设研究成果和历次增选工作经验，完善增选政策与办法，按时启动增选工作，认真组织好院士增选工作会议和院士增选两轮全体会议，坚持院士标准，严把入口关，抵制增选过程中的不正之风，保障院士增选工作的顺利圆满完成。

2. 加强院士科学道德建设工作：大力弘扬科学精神，宣传院士典型事迹，重点向中宣部推荐若干有代表性的院士在全国范围广泛宣传，着手筹备为资深院士作传；完善院士科学道德建设的有关规定，明确要求，严格自律，自觉接受社会监督，认真做好投诉信的处理工作；做好完善院士制度、规范学术兼职的调研工作；开展多种形式的文化活动，做好院士书画社的工作。

3. 积极推进院士服务中心建设和医疗服务工作：加强与各地院士服务中心的联系，健全院士服务中心的工作机制，为更好地发挥院士作用创造条件；加强院士医疗服务工作，尽可能为院士就医提供便利条件；配合有关部门，积极推进院士医疗保健政策和待遇的落实。

二、加强国家工程科技思想库建设

4. 开展“国家工程科技思想库建设研究”工作：按照国家工程科技思想库建设的基本框架，组织相关领域的专题调研和综合调研，研究提出思想库建设的初步方案及其管理办法和管理制度初步构想。

5. 做好战略咨询研究工作：坚持以科学发展为主题、以加快转变经济发展方式为主线，围绕战略性新兴产业发展的相关领域和关系国计民生的重点领域，认真做好 32 个延续咨询项目的研究工作、结题工作；认真做好 2011 年新设的 15 个重大咨询项目、24 个重点咨询项目和 17 个一般咨询项目的组织落实工作；做好研究成果的跟踪和出版宣传工作，编辑好《院士建议》，选择若干重大咨询研究成果向国务院汇报；研究制定 2012 年咨询研究项目指南。

6. 完善咨询管理工作体系：建立与新的咨询管理体制相适应的咨询管理支撑体系；组织修订咨询项目经费管理办法和咨询项目管理办法；着手建立相对稳定的咨询专家队伍。

7. 加强合作与科技服务工作：围绕“十二五”开局之年的重大科技需求，积极主动走访相关部委，加强与部委的联系，加强与地方、行业、企业的合作，落实已经签署的各项协议，联合组织“院士行”、专题咨询和学术活动；研究总结并进一步推进有条件的企业建立院士工作站并发挥其重要作用，为促进科学发展和技术创新提供优质的科技服务。

8．组织开展系列学术活动和出版工作：组织“中国工程科技论坛”、学部学术年会等系列学术活动；加强国际交流与合作，拓展国际视野，发挥外籍院士的作用，围绕工程科技发展的重大和前沿问题，邀请国际知名专家，组织召开若干专题高层次国际研讨会；做好出版工作，将重大、前沿学术活动的成果和重大咨询项目成果整理出版为系列出版物；进行“2014 年国际工程科技大会”的有关筹备工作。

9．加强工程科技人才培养的有关工作：开展创新型工程科技人才培养及工程教育方面的研究；积极促进高校与工程研究院所联合培养研究生试点工作；积极参与并促进“卓越工程师教育培养计划”、继续工程教育、工程师制度改革和工程教育专业认证等有关工作；推进设立国家工程科技基金；鼓励院士在本单位及工作团队内对青年科技人员进行科学作风及科研方法的教育与培养；做好光华工程科技奖的提名工作，进一步扩大光华工程科技奖的影响力；加强科普工作，组织院士参加科普活动。

三、加强服务支撑体系建设

10．完善和加强组织体系建设：加强组织体系建设，进一步发挥主席团、院常务会、学部常委会和各专门委员会的职能作用，理顺工作关系，明确部门职责，提高工作效率，形成分工合理、责任到位、科学和谐的矩阵式管理模式。

11．加强机关建设：认真做好十七届五中全会精神的学习贯彻和创先争优活动，推进学习型机关建设、党风廉政建设和反腐败工作；健全机关干部队伍考评、选拔和任用制度；组织专题培训和集中学习，努力提高职工的业务素质和服务水平；加强咨询服务中心建设，进一步发挥咨询服务中心作用。

12．加强信息化和后勤服务：加强网络信息化、档案信息化建设工作，建立并逐步充实咨询专家数据库、咨询研究成果数据库，启动工程科技数字图书馆建设研究的有关工作；加强工程院办公楼的节能环保建设，打造先进的节能示范办公楼。

在新的一年里，工程院将在党中央、国务院的领导下，同全国广大科技工作者一道，为加快转变经济发展方式勇挑重担、建功立业，为祖国的科学发展作出新的更大的贡献！

中国工程院工作规则

（2010年9月5日主席团会议修订并审议通过）

第一章 总 则

一、中国工程院在国务院领导下实行民主集中制的工作制度。为了明确职责，保证工作的民主化、科学化，根据《国务院工作规则》、《中国工程院章程》（以下简称《章程》）和院的工作要求，制定本工作规则。

二、中国工程院工作人员要忠于职守，勤勉廉洁，开拓创新，团结奋斗，提高工作效率，严守国家秘密，保证工作质量。

第二章 领导成员职责

三、中国工程院实行院长负责制，院长负责领导全院工作。

四、副院长协助院长工作。副院长按照分工负责处理分管工作，完成院长委托的其他方面的专项任务。可代表工程院参加有关会议或活动。

五、秘书长、副秘书长协助院长、副院长处理日常事务，负责院机关的工作，主持召开院机关办公会议，并受院长、副院长委托代表工程院参加有关会议或活动。

第三章 会议制度

六、根据《章程》规定和工作需要，设立主席团会议、院常务会议、院长办公会议、学部常务委员会会议、专门委员会会议、院机关办公会议等会议制度。

七、主席团会议。院长作为执行主席主持主席团会议。院长因故不能主持会议时，可委托一位副院长主持。主席团顾问、秘书长、副秘书长列席会议。学部主任因故不能出席会议时，可委托一位副主任出席。根据需要院机关有关部门负责人可应邀列席会议。主席团会议原则上每季度召开一次。

除《章程》中规定的主席团职能外，主席团会议的主要任务是：

（一）按照院士大会的决定，研究确定工程院的工作方针和部署；

（二）审议批准工程院的重大事项；

（三）听取并审议工程院重要工作的进展；

（四）研究落实国务院交办的任务；

（五）研究审议工程院其他重大事项。

主席团会议的议题由以下两种渠道提出，并提交主席团会议审议确定：

（一）院常务会议建议；

（二）三位以上（含三位）主席团成员动议。

主席团会议讨论决定问题时，出席会议的主席团成员人数应超过总人数的1/2，以超过出席人数的1/2表决通过。遇有重大问题需付诸表决时，出席会议的人数应超过总人数的2/3，以超过出席人数的2/3表决通过。列席会议人员无表决权。议题是否属重大问题由与会主席团成员以简单多数表决确定。

主席团会议记录和根据记录整理的会议纪要，是工程院的重要文件和工作依据，应归档保存。每次会议由办公厅专人负责记录，会议记录由秘书长或副秘书长签字后保存。会议纪要由记录人员整理后，经秘书长或副秘书长审核，由执行主席签发。发放范围由秘书长或副秘书长根据会议内容确定。

会务工作由办公厅负责。

八、院常务会议。院常务会议是负责贯彻执行院士大会和主席团会议决议的工作性会议，对主席团负责。院常务会议由院长、副院长、秘书长、副秘书长组成，必要时请学部主任出席。根据需要，院机关各部门负责人可应邀列席会议。会议由院长或由院长委托的副院长主持。主要任务是：

（一）研究决定工程院日常工作中的各项规章制度、管理办法；

（二）协调、决定跨学部的咨询调研工作，审议确定学部提出的咨询课题；

（三）研究决定工程院和各学部开展的重大学术活动；

（四）研究提出院士增选工作中有关办法、细则的建议，研究处理院士增选工作中的重要事项；

（五）研究决定院士队伍建设、院士行、出版、宣传、与地方合作等工作中的重要事项；

（六）审议批准国际交流合作项目及其相关的重要事项；

（七）研究决定各项活动的经费安排；

（八）贯彻执行国务院交办的任务；

（九）提出主席团会议议题的建议；

（十）其他需要研究决定的事项。

院常务会议原则上每两周召开一次，议题由院长确定，会务工作由办公厅负责。会议的记录和纪要，参照主席团会议的规定执行。

九、院长办公会议。院长办公会议由院长或分工的副院长主持召开，研究处理专门问题。院长办公会议不定期召开，会议的议题和参加人员由主持人确定。

会务工作和会议记录由主持人指定，研究决定的重要事项印发会议纪要。

十、学部常务委员会会议。学部常务委员会会议（简称学部常委会议）是研究决定本学部的计划和任务的工作性会议，由学部主任、副主任和学部常务委员组成，必要时可邀请本学部的主席团成员和有关院士出席。学部主任或受主任委托的副主任主持会议，联系学部的院长、副院长和秘书长、副秘书长可根据需要出席会议。机关相关人员列席会议。学部常委会议的主要任务是：

（一）研究贯彻和组织落实主席团会议决议；

（二）研究落实学部全体院士会议、院常务会议、院长办公会议的决议和决定；

（三）研究提出本学部的咨询课题和学术活动；

（四）组织本学部专业范围内的国内外学术活动和咨询调研工作，参与组织交叉学科的学术活动和咨询调研工作；

（五）研究处理本学部院士增选工作中的具体事项；

（六）本学部其他重要事项。

学部常委会议原则上每季度召开一次。会议议题由学部主任确定。表决方式参照主席团会议的规定执行。会议决定的有关事项和具体工作，由机关相关部门办理。

会务工作和会议记录由学部工作局专人负责，会议记录经学部工作局负责人阅核，学部主任审阅后签字保存。会议纪要由记录人员整理，必要时请有关部门会签，经学部工作局负责人阅核后，报学部主任签发，发放范围由学部主任确定。

学部副主任受学部主任委托或按分工召开专题会议，研究处理专门问题。

十一、专门委员会会议。专门委员会对主席团负责，向主席团报告工作并接受指导和监督。

主任委员或受主任委员委托的副主任委员主持召开本委员会会议，会议议题和召开次数由主任委员确定，研究决定的重要事项以会议纪要的形式印发。会议纪要由主任委员签发。

专门委员会设秘书。秘书协助主任委员和副主任委员处理委员会的日常事务，负责会务、会议记录和撰写会议纪要。

十二、机关办公会议。机关办公会议是在院常务会议领导下，负责研究、处理机关重要事项的会议，对重大问题的研究、处理需向院常务会议或党组汇报。

会议由秘书长、副秘书长和机关各部门领导成员组成，必要时请相关人员列席。会议原则上每周召开一次，由秘书长或受秘书长委托的副秘书长主持。

会务工作和会议记录由办公厅负责，研究决定的重要事项形成会议纪要印发。

第四章 离京外出请示报告制度

十三、院长离京出差（出访）或休假，按照要求向国务院报告。副院长、秘书长、副秘书长离京出差（出访）或休假，应向院长报告。经同意后，由办公厅将离京外出的时间、前往地点、联系办法等，及时通报其他院领导。

第五章 公 文 审 批

十四、中国工程院各类公文，应当符合《中国工程院公文处理办法》的规定。

十五、向党中央、国务院呈报的重要“请示”、“报告”，由院长签发。

十六、院领导按分工负责的原则审批公文。重大事项由分管院领导核批后报院长审批。

十七、以中国工程院名义发出的公文，经主办部门负责人和办公厅负责人审核，并由秘书长或副秘书长核签后，报院长或副院长签发。

十八、代表中国工程院并以办公厅名义发出的公文，经主办部门负责人和办公厅负责人审核后，报秘书长或副秘书长签发。

十九、以中国工程院机关各部门名义发出的公函，由各部门负责人审核签发。

二十、机关各部门报送院领导的公文（签报），须经部门负责人审核并由秘书长或副秘书长核签后，报院领导签批。

第六章 附 则

二十一、中国工程院下属机构适用本规则。

二十二、本工作规则由办公厅负责解释。

关于周济、徐匡迪同志职务任免的通知

中委[2010]121 号

各省、自治区、直辖市党委，中央各部委，国家机关各部委党组（党委），解放军各总部、各大单位党委，各人民团体党组：

中央决定：周济同志任中国工程院党组书记，免去徐匡迪同志的中国工程院党组书记职务。

中共中央

2010 年 5 月 28 日

关于周济等6名同志任职的通知

中委[2010]130号

中共国务院党组：

中央批准：周济同志任中国工程院院长，潘云鹤、旭日干、谢克昌、干勇、樊代明同志任中国工程院副院长。请按有关规定办理。

中共中央

2010年6月9日

关于周济等6人任职的通知

国人字[2010]52号

中国工程院:

国务院2010年6月10日决定,任命周济为中国工程院院长,潘云鹤、旭日干、谢克昌、干勇、樊代明为中国工程院副院长。

中华人民共和国国务院
二〇一〇年六月十日

干勇等5名同志职务任免

组任字[2010]75号

中共中国工程院党组：

经研究，干勇、樊代明同志任中国工程院党组成员，免去邬贺铨、刘德培、杜祥琬同志的中国工程院党组成员职务。

中共中央组织部

2010年5月28日

关于聘请中国工程院第五届主席团顾问的通知

中工发[2010]112号

各位院士：

根据《中国工程院章程》的规定，经有关顾问单位推荐，中国工程院第五届主席团第3次会议讨论通过，聘请下列同志为第五届主席团顾问：

张晓强　国家发展与改革委员会副主任

袁贵仁　教育部部长

万　钢　科技部部长

李毅中　工业和信息化部部长

张少春　财政部副部长

黄丹华　国务院国有资产监督管理委员会副主任

路甬祥　中国科学院院长

王伟光　中国社会科学院常务副院长

陈宜瑜　国家自然科学基金委员会主任

邓　楠　中国科学技术协会常务副主席

李安东　总装备部副院长

特此通知。

中国工程院

二〇一〇年十二月二十三日

院　士　大　会

中国工程院第十次院士大会

2010 年 6 月 6－11 日，中国工程院第十次院士大会与中国科学院第十五次院士大会在北京隆重召开，胡锦涛等党和国家领导人出席开幕式。胡锦涛主席在开幕式上作了重要讲话。中国工程院第十次院士大会的主题是：高举中国特色社会主义伟大旗帜，坚持以邓小平理论和“三个代表”重要思想为指导，深入贯彻落实科学发展观，加强国家工程科技思想库建设，团结和带领全国工程技术界，为建设创新型国家而努力奋斗。

来自全国各地的 700 余位院士聚集一堂，总结工作，交流经验，研讨未来。徐匡迪院长为新当选的院士和外籍院士颁发了证书，并作了工作报告。大会讨论了中国工程科技中长期发展战略研究与院士队伍建设研究项目，举行了全院学术报告会和分学部的学术报告会。各学部院士分别听取了学部主任的工作报告，并进行了学部常委会的换届选举。

大会选举产生了新一届主席团和院领导班子，周济院士当选为院长，潘云鹤、旭日干、谢克昌、干勇、樊代明院士当选为副院长。周济院长代表新一届院领导班子在大会闭幕式上作了发言。刘延东国务委员在闭幕式上作了重要讲话，并为第 8 届光华工程科技奖获奖者颁奖，12 位专家获光华工程奖，8 位青年工程科技专家获光华青年奖。

第 10 次院士大会在圆满完成各项议程后于 6 月 11 日闭幕。

在中国工程院第十次院士大会上的工作报告

徐匡迪

（2010 年 6 月 7 日）

各位院士、同志们：

中国工程院第十次院士大会今天隆重开幕了。

党和国家领导同志出席了上午的开幕会，胡锦涛总书记发表了重要讲话，对两院院士和科技界寄予重托与厚望。我作为一名院士、一名科技工作者,和大家一样深受鼓舞,深感工程科技界肩负着重要的历史使命。当前,我国正处于改革发展的关键阶段,我们所面临的机遇和挑战都是前所未有的,工程院正在参与研究制定“十二五”发展规划。在新的历史时期,全体院士要积极响应中央号召,深入贯彻落实科学发展观,大力推进科技创新,促进经济发展方式转变,为实现经济社会的可持续发展做出应有的贡献。

在这次院士大会上,我们非常高兴地看到,经过2009年的增选,又有48位新当选的中国工程院院士和6位中国工程院外籍院士加入到我们的院士队伍,为我们这个大家庭增添了新的生机与活力。在此,我代表中国工程院向你们的到来表示热烈的欢迎!

受主席团委托,现在我向大会做简要工作报告,请予审议。

一、四年来的工作回顾

2006年6月,中国工程院第四届主席团成立伊始,就在总结以往工作经验的基础上,研究制定了《中国工程院2006-2010年度工作纲要》。

四年来,在党中央和国务院的领导和关怀下,我们坚持以科学发展观为指导,继续以院士队伍建设和咨询工作为重点,努力发挥国家工程科技思想库的作用,团结全国广大工程科技工作者,通过全体院士和机关同志的共同努力,在圆满完成“工作纲要”各项任务的同时,还在应对重大自然灾害、国际金融危机等突发事件中,紧急启动应急对策咨询,及时为中央决策提供咨询意见和建议,发挥了重要的作用,受到党中央、国务院和有关部委的高度重视。

此外,院士们在各自的专业领域中也发挥了重要的作用。最近,我们对院士做了一次问卷调查,共发出问卷744份,收回414份,收回率为55.6%。统计结果显示,有85.0%的院士仍在承担和参加科研项目,工作在工程科技事业第一线;许多院士在当选院士后又获得国家重要科技奖项,在近3年内有36.9%的院士获得授权专利发明。很多院士不仅在自己的工作岗位上发挥着重要的领军作用,而且在国家重要发展规划的制定,16个科技重大专项、国家863、973项目研究以及国家三大奖的评审中,发挥了重要作用。

(一) 院士队伍建设成效显著

中国工程院高度重视院士队伍建设,始终将院士队伍建设作为一项基础性的重点工作,常抓不懈,并围绕院士队伍建设开展了专门调查研究和预测分析。通过全体院士多年来的共同努力,院士队伍建设取得显著成效。

第一,院士队伍结构逐步优化

建设一支规模适度、结构优化的院士队伍,是保持院士群体活力的基本要求。在坚持质量和标准的前提下,院士队伍结构正在进一步优化。**首先,学科覆盖面不断提高**。我院院士在53个一级学科的覆盖率已达100%,289个二级学科的覆盖率为76.8%,某些交叉学科和新兴学科也开始有了院士。**其次,新当选院士的年龄结构趋于合理**。高层次工程科技人才成长,需要实践的锻炼和技术的积累,其科技成果的工程应用和验证也需要一定的时间。通过专门的调查研究表明,工程院院士的当选年龄在50—60岁比较合理。2007年,我院新当选院士的平均年龄为60.6岁,较2005年下降1.7岁;2009年新当选院士的平均年龄首次下降到60岁以下,为56.2岁,成为历次增选中当选院士平均年龄最低的一次。**第三,院士的区域和部门分布结构更加广泛**。目前,我们共有753名院士,除海南、澳门外,各省、市、自治区(包括台湾和香港)都有院士。

但我们也应看到，院士学科结构覆盖面虽然有所提高，但资深院士所占的比例不断提高，院士队伍的年龄偏高，平均年龄73.1岁(2010年1月)，发展趋势值得关注。

第二，院士增选工作日趋完善

在总结以往增选工作经验的基础上，通过院主席团、院增选政策委员会和全体院士的共同努力，我院的院士增选工作体系逐步健全，科学、民主、公开的院士增选程序日趋完善，有效保障了院士增选工作的顺利进行。

在院士增选中，一是坚持求真务实的原则，更加突出候选人在工程科技方面的实际成就与贡献，不唯奖、不唯书(著作和论文)，并增加了邀请候选人到会作自我介绍和回答问题的环节；二是坚持民主平等的原则，在增选中，注重充分讨论，充分发扬民主，努力提高院士对候选人成就与贡献、学风与道德等方面的了解与把握，每位院士行使独立的选举权利，每位候选人受到公平的对待；三是坚持公开透明的原则，分层次、分阶段将候选人的基本信息向社会公示、向媒体公布，接受社会监督，并认真处理投诉；四是坚持质量第一的原则，将“2/3当选标准”和“品行端正”写入章程，严把院士入口关，保障当选院士的水平和学风。

经过2007、2009年的两次增选，我院共选举产生81位新院士和9位外籍院士。增选的结果得到了工程科技界乃至社会的广泛认同，维护了院士作为最高荣誉性学术称号的良好声誉。

但院士增选工作受到的干扰有所增加，如候选人或其所在单位“助选”、“拉票”行为以及“集成、包装”现象等，这些都给评审和选举工作增添了难度，应该引起我们足够的重视。

第三，院士科学道德建设不断加强

工程院院士不仅应在工程科学技术方面有很高的造诣，而且要具有良好的学风道德，成为维护科学道德和弘扬优良学风的典范。本着“院士自律、完善制度、弘扬楷模、社会监督”的精神，我院重点开展了四个方面的工作：

一是大力弘扬院士的科学精神和高尚品德。院士的科学精神和高尚品德是我国社会主义现代化建设宝贵的精神财富。4年来，我们通过各种方式，宣传了以侯祥麟院士等为代表的院士先进事迹，出版了《院士自述》(第二卷)和《工程科技的实践者》(两集)，反映了院士为我国工程科技事业的发展孜孜以求的奋斗经历、求真务实的科学精神和无私奉献的高尚品德，为社会特别是工程科技界树立了榜样。

二是加强制度建设。先后修订和完善了《中国工程院院士科学道德行为准则》、《中国工程院院士科学道德行为准则若干自律规定》、《中国工程院院士增选工作中院士行为规范》等文件，并在实际工作中认真贯彻执行。

三是强化院士自律。多次在全体院士大会上都提请全体院士高度重视科学道德建设，加强自律；同时我们还向新当选的院士发出公开信，信中明确指出：每位院士都是中国人民的普通一员，没有任何特殊的权利，只有肩负中华民族振兴与发展的特殊责任；同时提出了8条共勉，并希望院士“把这封信放在案头，记在心头，常阅常新。”

四是自觉接受社会监督。科学道德建设委员会下设办公室，负责日常工作，每年定期召开科学道德建设委员会全体会议，研究和处理有关问题，必要时组成专门小组负责投诉调查；委员会不定期向主席团汇报工作，特殊情况及时提请主席团研究并做出决定；对所有署名投诉人给予复函，通报投诉的调查处理结果。

但是在当前复杂的社会和浮躁的学术环境下，科学道德建设面临挑战，必须引起全体院士的高度重视。要珍惜院士荣誉，保持这一称号的纯洁，不让院士称号变成被可滥用的资源。要注意谦虚谨慎、客观公正、平等待人，保持优良的学风，在工程院带头营造科学民主的学术环境和氛围。

（二）咨询工作成效显著，思想库建设稳步推进

建设国家工程科技思想库，是工程院肩负的重要历史使命，充分体现了党和国家对我们的高度信任和殷切期望。在思想库建设方面，主要工作有以下几个方面：

第一，主动加强与各有关方面的沟通与联系

加强与各界的沟通与联系是思想库建设不可或缺的重要环节。四年来，我院不断加强与中央各部门、地方政府、各级学会与学术组织、大型企业等方面的联系。一方面，我们积极邀请中央和相关部委、省市领导来我院视察、座谈、交流和作学术报告，吴邦国、贾庆林、李克强、朱镕基、刘延东、李源潮、张德江、曾培炎等十几位中央领导先后到我院视察工作并听取汇报。另一方面，我们主动走访相关部委、单位、企业，主动到有关各省市、相关科研院所和企业调研，听取当地院士和地方有关部门的意见和建议。通过以上活动，既增加了社会各界对工程院工作的了解和支持，扩大了工程院的社会影响，又增强了我院对工程科技及经济社会各领域发展动态、发展趋势的认识和把握，从而使我们能够更好地发挥思想库的作用。

第二，积极拓展咨询研究领域

2007－2010 年，我院立项开展的咨询研究项目 128 个；参加咨询研究的院士约有 1300 余人次，专家约有 3500 余人次。研究内容涉及工程科技及经济社会发展的方方面面，重点有三个方面：

一是可持续发展方面的咨询。贯彻科学发展观，实现经济社会的可持续发展是我国重要的战略抉择。四年来，我院组织开展了《区域农业发展战略研究》、《中国能源中长期发展战略研究》、《新疆可持续发展中有关水资源的战略研究》、《中国制造业可持续发展战略研究》、《新时期我国生物安全战略与法规研究》、《中国养殖业可持续发展战略研究》、《三峡工程论证及可行性研究结论的阶段性评估》、《物联网：互联网在重要领域的应用》、《我国重点湖库富营养化控制及其流域经济协调发展模式建议》以及《“十二五”战略性新兴产业发展重点》等一批重要研究项目，取得丰硕的成果，国务院领导多次听取项目研究成果的汇报，一些重要的意见和建议已被中央所采纳。如在“三峡工程论证阶段性评估”项目研究中，我们聘请了相关领域有造诣和较超脱的 37 位院士和近 300 位专家参加了十个评估课题及项目的综合评估工作，院士专家们本着实事求是的科学态度，亲力亲为，不仅对三峡工程原论证及可行性研究的结论进行了客观的评估，而且对三峡工程相关的热点、需要进一步关注的问题等进行了科学的分析，还认真总结了三峡工程建设的基本经验，提出了今后工作的六项建议，受到中央的高度重视。2009 年 7 月，李克强、回良玉副总理受温家宝总理的委托，听取了评估成果的汇报，并给予高度评价。

二是创新能力建设和创新人才培养方面的咨询。加强创新能力建设、培养创新人才是建设创新型国家、提升国际竞争力的重要举措。为此，我院先后组织开展了“工程科技自主创新重大课题调研”、“装备制造业自主创新战略研究”、“创新型工程科技人才培养研究”、“中国工程科技中长期发展战略研究”、“提高我国制造业产品质量”、“产品自主设计能力”等一系列重要咨询研究。在《工程科技自主创新重大课题调研》研究中，共有 99 位各学部的院士和几十位专家参加，形成 7 个分课题的调研报告和综合报告，提出了工程科技自主创新能力建设的若干具体建议，总书记和中央领导同志听取汇报，对研究成果给予充分肯定。在“中国工程科技中长期发展战略研究”项目中，动员了各学部的院士参加，重点围绕我国经济社会发展和建设创新型国家对工程科技的长远需求，开展了面向2030年我国工程科技发展的战略研究,并取得一些重要的阶段性成果。在接下来的全院学术活动中,各学部还将分别报告各自领域的研究成果,充分听取全体院士的意见建议。

三是重大事件应急对策咨询。近年来,我国重大事件频发,严重影响我国经济社会发展和人民生命财产安全。为科学应对,我院紧急启动应急措施,组织院士、专家围绕应对冰雪灾害、地震灾害、国际金融危机、H1N1流感等开展相应的咨询研究,及时形成咨询意见和应对建议,报送党中央、国务院和相关部门,为中央制定应急对策提供了强有力的科技支撑。在应对2008年冰雪灾害咨询研究中,及时研究提出了"电网大面积停电问题应对措施和建议"等4份报告;在应对汶川地震抗震救灾咨询中,我院充分发挥工程院院士的群体和学科交叉优势,及时向中央和有关部门报送了关于"医疗救治工作"、"预防重大疫情发生"及"灾后重建"等若干建议,为中央决策提供了重要的支撑。

第三,丰富了咨询研究的组织形式

目前我院开展的咨询形式主要有三种:一是党中央、国务院交办的重大咨询;二是由工程院和院士提出的主动咨询;三是有关部委、地方和企业的委托咨询。近年来,我院又增加了应急对策咨询、联合咨询及国际合作咨询等多种形式。

在联合组织咨询方面,"江苏沿海综合开发战略研究"项目就是一个很好的例子。该项目由工程院、国家开发银行和江苏省人民政府联合组织,三方共同资助、互派专家、成果共享,取得了良好的效果。2008年5月温家宝总理主持会议听取了项目研究成果的汇报,并做出将江苏沿海开发纳入长三角发展规划、编制江苏沿海发展规划的重要决定。2009年6月,国务院常务会议讨论通过了"江苏沿海发展规划",使其上升为国家战略。项目的这种组织形式,对研究成果的推广应用发挥了重要的作用。参照该项目的有效组织形式,今年工程院又启动了"浙江沿海及海岛开发战略研究"项目。

我们与国家自然科学基金委联合组织开展了《中国工程科技中长期发展战略研究》。该项目双方共同资助、联合组织,其中工程院资助各学部课题组的研究,基金委资助面向全国的公开招标课题研究;最后,两方面的研究成果融为一体,形成综合研究报告。这种组织形式充分发挥了工程院与基金委的各自优势,有利于调动科技界各方面的资源和积极性。此外,我们还与环境保护部、国土资源部联合组织开展了"中国环境宏观战略研究"和"国土资源战略研究"项目,与教育部社科基金合作开展"工程教育"研究专项等。

在国际合作咨询方面,我们重点与瑞典皇家工程院联合组织了"中瑞可再生能源与环境"方面的咨询研究。该项目由双方政府资助、分别组织队伍,定期组织交流、研讨和实地考察,双方互派科技人员到对方进行短期培训,取得了良好的效果。我们还与参与组织了"中美可再生能源大规模发电"方面的研究等。

此外,我们还与发改委、工信部等有关方面合作,围绕节能减排、推动产业升级、促进区域创新和循环经济建设等组织"院士行"等考察调研等活动,发挥了良好的作用。

第四,咨询研究经费有了基本保障

咨询经费是保障咨询活动正常开展的重要基础。4年来,在国务院领导的亲切关怀下,经过积极争取,得到财政部等有关部门的大力支持,我院咨询经费不仅有了较大幅度的增加,而且有了相对稳定的保障。如遇重大研究课题,还可以根据具体情况另外申请专项资金的支持。此外,我们还可以与相关部门联合,获得相关研究经费的联合资助。

第五,咨询研究成果受到各方面的高度关注

随着我院咨询工作的加强,咨询研究成果越来越受到社会各界的重视和关注。首先是党中央、国务院高度重视，多次听取咨询研究成果的汇报，或做重要批示。二是各部委将一些重大决策主动委托我院咨询或邀请我院联合开展咨询研究，如国家"十二五"战略性新兴产业发展重点、应对气候变化等重大决策。三是社会各界特别是工程科技界对我院的咨询意见高度认可，如"能源中长期发展战略研究"项目，除了发改委、国家能源局等领导主动提出参与项目的交流与讨论，还就"十二五"节能减排目标等问题提请项目组进行专题论证，为中央决策提供科学依据。

四年来，我们还组织了工程科技论坛、工程前沿研讨会、国际学术研讨会等各种形式的学术交流活动，每年在百场左右。通过学术平台，不仅研讨相关的科技问题，而且在传播科技知识和科学理念、扩大咨询研究成果的影响等方面发挥了重要的作用。

我们的咨询工作虽然取得了一定成绩，思想库建设工作也在不断推进中，但是与国家经济社会发展的实际需要相比较，仍然存在着一定的差距。如何调动更多的院士参与咨询研究工作、如何加强咨询管理、提高咨询经费的使用效率等方面还有大量的工作要做；咨询工作的体制机制也需要进一步完善。

（三）院地合作不断加强

四年来，我院通过院地合作、技术成果转化、产学研合作活动等形式，院士及其科研团队成为企业技术创新、区域创新能力建设和经济发展方式转变的重要支撑。一是制订了《中国工程院院地合作管理办法》，与深圳、山东、上海等 11 个省区市和空军、工信部、开发行、中钢集团等签订了合作协议，组织开展了一系列的院地合作活动。二是与国家发改委等有关部门联合组织"院士行"活动 20 多次，并积极支持企业建立院士工作站，至 2009 年底，全国已有辽宁、江苏、山东等 20 个省(市)的企业相继建立一批院士工作站，帮助企业解决技术难题，加快经济方式的转变，受到地方、部门和企业的普遍欢迎。三是积极支持各地方院士工作机构的工作。一些地方陆续设立了旨在服务院士、组织院士开展活动的办事机构，有效延伸和丰富了工程院的职能，成为院士工作的重要支撑。如上海院士活动中心，积极凝聚院士、专家智慧，树立"我为院士服务，院士服务社会"的指导思想，组织开展了丰富多彩的咨询与学术活动，特别是院士沙龙等活动，为区域经济发展献计献策，深受院士和当地的欢迎；与山东等地的合作也开展得有声有色。在此，我代表工程院对大力支持这项工作的各省、市、自治区表示衷心感谢。

（四）国际交流与合作不断拓展

近年来，随着我国综合实力的不断提升，国际交流与合作活动有了较大的发展。主要是配合重大决策咨询研究和学术交流等工作，充分发挥院士的作用，更广泛、更务实地开展国际交流与合作。

2008 年，工程院分别与英国皇家工程院、西班牙皇家工程院和巴基斯坦科技部签署了合作协议，与美国国家工程院和挪威技术科学院续签了合作协议，并通过多种形式的活动，拓展了我院与爱尔兰、巴西、秘鲁、冰岛、罗马尼亚等国工程科技组织和机构的关系，与联合国亚太农业工程与机械中心续签了《行政与财务安排协定》。举办中国与英国能源与气候变化研讨会、中国与澳大利亚矿物加工研讨会、中国与挪威可再生能源研讨会、中国与西班牙信息技术双边研讨会等 20 余场学术会议。2009 年重点加强了与国外主要工程院的合作。与美国国家工程院举办首届中美工程前沿研讨会。与瑞典皇家工程科学院共同举办"生命科学讨论会"。与阿根廷工程院、印度工程院、法国医学科学院签署合作谅解备忘录。此外，每年还定期共同举办中日韩工程院圆桌会议。

通过国际交流与合作，我院在国际上的影响也不断增强。

（五）院机关建设稳步推进

围绕工程院的中心工作，进一步加强了院机关的思想建设、组织建设、作风建设和业务能力建设，努力提高机关工作人员的思想道德水平、专业素质、办事能力和交流水平。在院党组领导下，进一步完善了机关人事管理制度，选拔了一批优秀的中青年干部，并根据工作需要对院机关的机构设置进行必要的调整，重点加强了咨询工作力量。推进机关干部院内外轮岗交流，为机关干部的健康成长创造了良好的条件；进一步加强机关信息化建设，建立先进、安全、高效的中国工程院专用网络系统，保障与国务院办公网络系统的正常连接与运行，开发和完善机关办公自动化系统，提高机关办公效率；创建了咨询成果数据库和咨询专家数据库平台，为咨询研究工作提供了信息服务支撑体系；成立咨询服务中心，为我院重大咨询研究提供专业支撑和服务。

针对一些院士就医困难的实际情况，我们积极创造条件，与301医院、阜外医院、肿瘤医院和广安门医院等4家在京医疗单位签订了合作协议，为院士就医提供便捷通道。近三年来，我们已为100多人次的院士联系、落实就医事宜，受到院士和家属的欢迎。

二、几点体会

各位院士、同志们：

以上，我简要汇报了工程院四年来的主要工作。除此之外，还有许多工作，我就不一一汇报了。下面，谈几点体会：

（一）加快经济发展方式转变，工程科技界责无旁贷。

胡锦涛总书记在此次院士大会开幕式上强调指出，转变经济发展方式，科技界肩负着光荣使命。这是党中央对科技界的重托，也是人民的期望，更是提升我国核心竞争力、实现可持续发展的根本之所在。加快经济发展方式的转变，工程科技大有可为。

转变经济发展方式，重点是实现我国经济发展由粗放型向集约型转变、从数量型向质量型转变、由资源消耗型向资源节约型转变、由高碳型向低碳型转变、由单纯追求经济数量的增长向可持续发展转变。所有这些转变，都离不开工程科技的支撑和引领，离不开工程科技自主创新能力提高。因此，提升工程科技自主创新能力是加快经济发展方式转变的重要途径和关键环节。大力推进自主创新，努力突破更多核心关键技术，为加快经济发展方式转变提供强有力科技支撑，工程科技界责无旁贷。

工程院一是继续发挥工程科技思想库作用，集中力量组织开展战略咨询研究；二是继续加强院地合作，为行业、企业和地方经济发展解决实际难题；三是充分发挥院士在工程科技各领域的学术引领作用，积极探索、勇于创新、多出成果、出好成果。

（二）关于工程院的工作

各位院士、同志们：

工程院是我和贺铨、德培、祥琬同志担任行政工作的最后一站，也是我们亲密合作、心情最愉快、备感光荣与责任的一站。我和党组全体同志一样十分珍惜院士们的信任与重托。八年来，尽管我们水平不高、能力有限，但都是尽心尽力去做的，努力不辜负大家的期望，同时在我们与大家一起工作、相处和交往的日子里，常常被院士们的高尚情操和献身精神所感动，学习到你们的高尚品质，受益匪浅。

记得我刚到工程院工作的时候，光亚院长语重心长的对我说：工程院的工作，首先要把院士队伍建设好。宋健院长对我说:匡迪同志回家了！八年过去了,两位老院长感人肺腑的话我始终铭记于心。八年来,我们一班人始终把院士队伍建设、思想库建设和院士之家建设作为重要工作来抓。

为院士建设一个温馨的家是历届院领导努力的方向,也是广大院士们的期望。宋健院长的话一直激励着我,我也一直把工程院当成自己的家。在国务院领导的关心支持下,经过两届院领导班子和广大院士的共同努力,2006 年工程院综合楼建成,2007 年初工程院机关搬进新楼。从此,我们有了一个属于自己的家,办公条件、会议条件得到了大大的改善。

有了良好的基础,我们开始为这个家营造一个温馨环境。一方面,我们从加强院机关干部队伍的思想素质建设入手,内强素质、外树形象,努力提高院机关干部的服务意识、服务水平和业务水平。另一方面,关心和支持资深院士联谊会的活动,为资深院士“老有所为、老有所学、老有所乐”创造必要的条件。同时,支持有条件的省市创建院士活动中心,延伸和丰富工程院的职能,为院士工作提供必要的支撑,为服务地方经济建设创造条件。

几年来,工程院主席团和院领导集体充分发扬民主,密切配合,相互协助,在党中央、国务院领导的关怀下,在社会各界特别是工程科技界的大力支持下,在院机关各位同志的大力协助下,经全体院士的共同努力,圆满完成了各项任务,没有辜负党中央、国务院的重托,没有辜负工程科技界的厚望,为我国经济建设和工程科技的发展做出了应有的贡献。

明天,工程院将选举新一届领导集体。我和贺铨同志、德培同志、祥琬同志已任职两届,按照规定将不再担任工程院的领导职务。在此,我代表本届领导班子向关心、支持我们工作的各位领导、各位院士表示衷心地感谢！向院机关的同志表示衷心地感谢！

我们和大家一同期待着新一届领导集体在院士队伍建设和思想库建设方面取得更大进展,为我国工程科技事业的健康发展、为经济发展方式的转变、为祖国的繁荣昌盛,做出更大的贡献、创造更辉煌的业绩!

最后,预祝大会取得圆满成功,祝各位院士工作顺利、幸福安康。

谢谢大家。

在中国工程院第十次院士大会闭幕式上的讲话

周　济

(2010 年 6 月 11 日)

尊敬的刘延东国务委员、各位院士,同志们:

中国工程院第十次院士大会今天就要结束了。大会期间,胡锦涛总书记发表了重要讲话,中央政治局常委等领导同志出席了开幕式,刘延东国务委员为两院院士作了报告,今天,又莅临工程院的全体院士大会并将做重要讲话。这些都充分体现了党中央、国务院对广大院士的殷切期望和亲切关怀，对中国工程院工作的高度重视和大力支持，我们深受鼓舞，倍感振奋，也由衷地感到使命崇高，责任重大！

根据《中国工程院章程》，这次院士大会进行了院主席团、院领导班子以及各学部常委会的换届选举工作。刚才，中组部常务副部长沈跃跃同志宣布了中央的通知，我代表新一届主席团和领导班子，衷心拥护中央的决定和刘延东国务委员的重要讲话精神，衷心感谢各位院士对我们的信任和厚爱，我们一定尽心尽力，尽职尽责，勤奋工作，决不辜负中央的重托和院士们的期望！

中国工程院成立十六年来，为国家工程科技的发展，为社会主义现代化建设，做出了重要贡献，受到党和政府、社会各界和人民群众的充分肯定和高度评价。这些成绩的取得，归功于党中央、国务院的坚强领导，归功于全体院士和广大工程科技工作者的奋斗和奉献，归功于人民群众的大力支持，也凝聚着朱光亚、宋健、徐匡迪等各位老院长、历届院领导班子及主席团成员的心血和智慧。

过去的八年，是中国工程院开拓进取、科学发展的八年。以匡迪同志为首的第三、第四届主席团以推动工程科技进步为己任，以提高自主创新能力为目标，做了大量卓有成效的工作。特别是徐匡迪院长，殚精竭虑，呕心沥血，以在工程科技界崇高的学术声望和卓越的管理能力，团结和带领院领导班子、主席团和广大院士，充分发挥院士们的集体力量，战略咨询工作开创了大好局面，院士队伍建设取得重大进展，中国工程院的工作迈上了一个新的台阶。在此，我代表新一届主席团和领导班子，代表全体院士，向匡迪同志，向贺铨同志、德培同志、祥琬同志，向上届主席团、领导班子和各学部常委会成员表示衷心的感谢和崇高的敬意！

几天来，院士们都在认真学习和领会胡锦涛总书记的重要讲话精神。大家一致认为，这是在新的历史时期，党和国家对广大科技工作者提出的新任务新要求，对动员两院院士和全国科技人员为加快转变经济发展方式勇挑重担、建功立业，具有十分重要的意义。我们要深刻认识加快转变经济发展方式的重要性和紧迫性，深刻认识工程科技在加快转变经济发展方式中所起的核心和关键作用，深刻认识中国工程院所承担的重要历史使命，积极响应胡锦涛总书记的号召，按照刘延东国务委员提出的明确要求，坚持科技为经济社会发展服务、为人民服务，为加快转变经济发展方式服务，为祖国的现代化建设做出新的贡献。

中国工程院是国家最高荣誉性、咨询性学术机构，是国家工程科学技术思想库。发挥好国家工程科技思想库的作用，完成好中国工程院的历史使命，我们要做好四个方面的工作：一是大力开展战略咨询研究，为国家工程科技创新和发展提供战略性、全局性、前瞻性的咨询意见和建议；二是主动面向国家现代化建设主战场，推动产业技术创新，推动产业结构升级，推动战略性新兴产业发展，推动行业、区域，特别是企业的技术进步；三是积极开展学术活动，发挥学术引领作用；四是悉心培养和提携工程科技人才，特别是拔尖创新人才。

院士队伍建设是中国工程院存在和发展的根本。中国工程院院士代表着我国工程科技界的最高学术水平，肩负着党和人民的重托，享有崇高荣誉，受到全社会广泛尊重。长期以来，院士们作为工程科技战线的领军人物，孜孜以求，敬业奉献，为党和国家做出了重大贡献。我们要进一步加强院士队伍建设，做好三个方面的工作：一是改进和完善院士制度，推行切实可行的增选政策，保持院士队伍高水平、高质量和可持续发展。二是弘扬科学精神，强化科学道德建设，注重院士称号的精神激励作用。三是建设好“院士之家”，关心院士们的工作和生活，全心全意为院士们做好服务。

面向现代化，面向世界，面向未来，我们一定要深入贯彻落实科学发展观，努力学习，扎实工作，充分发扬民主，紧密依靠全体院士，团结和带动全国工程科技人员共同奋斗，为加快转变经济发展方式、为社会主义现代化建设、为中华民族伟大复兴，做出更大的贡献。

谢谢大家

关于印发中国工程院第五届主席团成员名单的通知

中工发[2010]56 号

各位院士：

中国工程院第十次院士大会进行了新一届主席团的换届。按照《中国工程院章程》的有关规定，主席团由本届和上一届院长、副院长，本届各学部主任和各学部提交全体院士选举产生的成员组成。院长为主席团执行主席。

现将中国工程院第五届主席团全体成员名单公布如下：

名誉主席：徐匡迪　宋　健　朱光亚

执行主席：周　济

主席团成员（37 人，按姓氏笔画）：

干　勇　尹伟伦　巴德年　王礼恒　王兴治　王基铭　韦　钰（女）　石玉林　刘德培
旭日干　朱建士　朱高峰　邬贺铨　何继善　张彦仲　李国杰　李培根　杜祥琬
杨胜利　陈克复　周　济　郝吉明　钟南山　唐启升　徐匡迪　殷瑞钰　崔俊芝
曹湘洪　黄伯云　黄其励　谢礼立　谢克昌　雷志栋　樊代明　潘云鹤　薛群基
魏复盛

特此通知。

中国工程院
二〇一〇年六月二十五日

关于印发中国工程院各学部新一届常委会和主任、副主任名单的通知

中工发[2010]58号

各位院士：

在第十次院士大会上，按照《中国工程院章程》和《中国工程院各学部常委会换届选举办法》，各学部进行了学部常委会和主任、副主任的换届选举。经第五届主席团第1次会议审议批准，现将各学部新一届常委会和主任、副主任名单通知如下（各学部名单按姓名拼音排序）：

1. 机械与运载工程学部（15人）

主　任：李培根

副主任：冯培德、王玉明、王哲荣

常　委：冯培德　关　杰　黄瑞松　金东寒　乐嘉陵　李培根　刘怡昕　卢秉恒　钱清泉　谭建荣　王玉明　王哲荣　尹泽勇　曾广商　钟志华

2. 信息与电子工程学部（15人）

主　任：韦钰（女）

副主任：陈良惠　何新贵　刘韵洁

常　委：陈良惠　戴　浩　范滇元　方滨兴　龚惠兴　何新贵　黄培康　刘尚合　刘韵洁　马远良　王天然　韦　钰（女）　邬江兴　张尧学　周寿桓

3. 化工、冶金与材料工程学部（13人）

主　任：曹湘洪

副主任：邱定蕃　舒兴田　屠海令

常　委:曹湘洪　付贤智　高从堦　黄伯云　刘炯天　邱定蕃　舒兴田　屠海令　王一德
吴以成　徐德龙　薛群基　左铁镛

4. 能源与矿业工程学部(15 人)

主　任:黄其励
副主任:彭苏萍　邱爱慈(女)　袁士义
委　员:陈念念　陈毓川　古德生　何多慧　黄其励　康玉柱　彭苏萍　邱爱慈(女)
闻雪友　杨奇逊　袁　亮　袁士义　岳光溪　周守为　朱建士

5. 土木、水利与建筑工程学部(15 人)

主　任:雷志栋
副主任:欧进萍　王梦恕　邹德慈
常　委:黄　卫　雷志栋　马洪琪　欧进萍　王　浩　王景全　王梦恕　王小东　杨秀敏
叶可明　张　杰　张祖勋　郑皆连　周福霖　邹德慈

6. 环境与轻纺工程学部(11 人)

主　任:郝吉明
副主任:蔡道基　陈克复　丁一汇
常　委:蔡道基　陈克复　丁一汇　郝吉明　侯保荣　蒋士成　孟　伟　潘德炉　庞国芳
张全兴　周　翔(女)

7. 农业学部(13 人)

主　任:尹伟伦
副主任:邓秀新　方智远　夏咸柱
常　委:邓秀新　方智远　傅廷栋　盖钧镒　李　宁　刘秀梵　石玉林　宋湛谦
孙九林　夏咸柱　徐　洵(女)　尹伟伦　张齐生

8. 医药卫生学部(15 人)

主　任:杨胜利

副主任:张伯礼(常务) 侯惠民 谢立信

常　委:陈志南 程书钧 高润霖 顾玉东 侯惠民 李兰娟(女) 邱贵兴 沈倍奋(女) 王红阳(女) 谢立信 杨宝峰 杨胜利 张 运 张伯礼 周宏灏

9. 工程管理学部(11人)

主　任:王基铭

副主任:傅志寰 王 安

常　委:傅志寰 何继善 刘 玠 沈荣骏 孙永福 王 安 王陇德 王基铭 袁晴棠(女) 朱高峰 郑南宁

中国工程院

二〇一〇年六月三十日

关于印发中国工程院各专门委员会组成人员名单的通知

中工发[2010]119号

各位院士、院机关各部门:

我院各专门委员会已完成换届相关工作,新一届各专门委员会组成已经中国工程院第五届主席团第二次会议审议通过。现将本届各专门委员会组成人员名单印发你们,请按照各专门委员会职能与职责开展工作。

特此通知。

附件:中国工程院各专门委员会组成人员名单

中国工程院

二〇一〇年十二月二十六日

附件：

中国工程院各专门委员会组成人员名单

院士增选政策委员会

主　任：旭日干

副主任：谢克昌

委　员：王玉明　关　桥　陈良惠　马远良　杜祥琬　彭苏萍　何继善　舒兴田　薛群基　雷志栋　王梦恕　郝吉明　魏复盛　方智远　石玉林　杨胜利　张伯礼　王基铭　朱高峰

秘　书：杨　丽

科学道德建设委员会

主　任：谢克昌

副主任：旭日干　杜祥琬

委　员：王哲荣　何新贵　邱爱慈　曹湘洪　杨秀敏　蔡道基　夏咸柱　高润霖　沈荣骏

秘　书：鲁　瑛

科技合作委员会

主　任：干　勇

副主任：谢克昌

委　员：黄瑞松　刘友梅　邬贺铨　刘韵洁　邓中翰　康玉柱　袁　亮　袁晴棠　孙传尧　叶可明　马洪琪　蒋士成　庞国芳　刘秀梵　宋湛谦　侯惠民　陈志南　刘　玠　孙永福

团体成员单位（40 家）

1．研究院所（14 家，排名不分先后）：

机械科学研究总院
长沙矿冶研究院
北京矿冶研究总院
中国钢研科技集团有限公司（钢铁研究总院）
北京有色金属研究总院
西北有色金属研究院
中国建筑材料科学研究总院
沈阳化工研究院有限公司
中国煤炭科工集团有限公司（煤炭科学研究总院）
中国纺织科学研究院

中国食品发酵工业研究院
电信科学技术研究院(大唐电信科技产业集团)
中国重型机械研究院
上海医药工业研究院

2. 大型企业(26家,排名不分先后):

江南造船(集团)有限责任公司
中国南车股份有限公司
海信集团有限公司
春兰(集团)公司
鞍山钢铁集团公司
唐山钢铁集团有限责任公司
中国石油化工股份有限公司北京燕山分公司
中国石化上海石油化工股份有限公司
兖矿集团有限公司
大庆石油管理局
中国石化集团胜利石油管理局
中国广东核电集团公司
山东鲁北企业集团总公司
中国第一重型机械集团公司
中国第二重型机械集团公司
哈尔滨电气集团公司
潍柴动力股份有限公司
大连机床集团有限责任公司
中国铝业公司
万向集团公司
中兴通讯股份有限公司
上海汽车集团股份有限公司
内蒙古蒙牛乳业(集团)股份有限公司
中国中钢集团公司
研祥智能科技股份有限公司
宝钢集团有限公司

下属分会(3家)

薄板坯连铸连轧技术交流与开发协会
金属矿产资源综合利用技术开发与交流研究会
轻工绿色化学品研究开发促进会(表面活性剂研究开发促进会)

秘　书:杨　丽

学术与出版委员会

主　任:樊代明

副主任:干　勇　刘德培

委　员:王哲荣　谭建荣　邬贺铨　何新贵　李伯虎　袁士义　韩英铎　屠海令　吴以成
邹德慈　崔俊芝　丁一汇　侯保荣　唐启升　傅廷栋　邱贵兴　王红阳　王　安
殷瑞钰　李朋义

秘　书:刘　静　高战军

教育委员会

顾　问:徐匡迪　朱高峰

主　任:潘云鹤

副主任:杜占元　王晓初　谢克昌　樊代明

委　员:钟志华　刘怡昕　韦　钰　李幼平　何多慧　谢和平　徐德龙　付贤智　张祖勋
欧进萍　张全兴　周　翔　孙九林　徐　洵　刘德培　沈倍奋　杨宝峰　郑南宁
王陇德　李培根　顾秉林　吴启迪　怀进鹏　林蕙青　张大良　杨　光　孙建立
邹晓东　石立英　张彦通　袁振国　陈　劲

秘　书:王振海

工程研究院所研究生教育学术委员会

主　任:旭日干

副主任:杜占元　干　勇

委　员:曾广商　张尧学　朱建士　左铁镛　王　浩　潘德炉　邓秀新　李兰娟　何继善
林蕙青　王建国　田志凌　李新亚　杨毅刚　谭志昕　赵　强　王　俊　姚　燕

秘　书:王振海

咨询工作委员会

主　任:潘云鹤

副主任:张少春　干　勇　樊代明　朱道本　邬贺铨

委　员:李培根　冯培德　刘韵洁　王天然　邱定蕃　高从堦　黄其励　周守为　欧进萍
王景全　陈克复　孟　伟　尹伟伦　盖钧镒　程书钧　谢立信　傅志寰　袁晴棠
白玉良　赵　路　宋秋玲

秘　书:安耀辉

[大会学术报告摘要]

制药与生物技术产业——未来20年

尼尔森教授

瑞典皇家工程科学院院长

摘要:尼尔森教授分析了制药产业面临的机遇与挑战,讨论了个人化医药的前景,认为科技的发展已使得以诊断与治疗相结合为特征的个人化医药成为可能,并以例证加以说明。他还介绍了瑞典生命科学产业的现状,以及中国发展制药业的机遇。

对中国绿色、低碳能源战略的探讨

杜祥琬

中国工程院副院长

摘要:本报告是中国工程院“中国能源中长期(2030,2050)发展战略”咨询研究的一个综合汇报。内容包括:能源形势与挑战;我国能源中长期发展战略的指导思想和原则;2050年前我国能源发展阶段的战略定位;我国科学、绿色、低碳能源战略的基本内涵(包括六项战略);科学、绿色、低碳能源战略是经济-环境双赢的战略,也是应对气候变化国家战略的重要组成部分;科学、绿色、低碳能源战略需要强有力的科技支撑,能源战略不仅将催生新的经济增长点,也将推动科技创新和抢占新的战略制高点;本世纪上半叶我国能源发展展望;最后提出了若干实施科学、绿色、低碳能源战略的重大建议。

在软件工程中展现全球领导力

瑞迪教授

美国卡内基·梅隆大学

摘要：本文分析了当前软件工程发展中存在的问题，认为应当向工程化发展，应用典型的工程项目的方法发展软件工程，为软件工程创造集成的在线手册和标准系统，开设教育与培训课程。认为中国工程院可以在这些方面起到独到的领导作用。

纳米技术在调控混凝土性能中的应用

夏苏鲁教授

美国西北大学

摘要：本文介绍了在开发高强度、高性能混凝土过程中纳米技术的应用，详细讨论了有关机理、实验及结果，包括碳纳米管的作用，指出了纳米技术用于提高混凝土性能的前景。

[各学部学术报告目录]

一、机械与运载工程学部

高功率激光切割、焊接加工技术与装备 段正澄
分布式供能技术及其产业化发展 金东寒
适应信息化条件下的水下作战－水中兵器技术发展的新起点 董春鹏
现代战争利剑－巡航导弹 刘永才

二、信息与电子工程学部

深紫外全固态激光(DUV－DPL)技术及应用 许祖彦
网络安全态势介绍 方滨兴
中国半导体产业发展 邓中翰
美军全球信息栅格的演进与启示 于 全
后摩尔时代的数字阵列技术 吴曼青

三、化工、冶金与材料工程学部

高分子聚合物半导体新型光催化材料及其应用研究 付贤智
手性技术和不对称催化氢化反应的工业生产 张生勇
提高高强钢的塑性和韧性 翁宇庆
新型薄涂层技术及其应用前景 周克崧
W/(TiC,ZrC)复合材料的制备、组织、性能及应用 周 玉
关于煤炭利用与节能减排的学习与思考 刘炯天

四、能源与矿业工程学部

煤炭能源低碳化利用及其技术 谢克昌
智能电网的原动力与主要特征 余贻鑫
我国电动力的发展路线问题 杨裕生
CGDS 地质导向钻井系统与工业化应用 苏义脑
海洋能源—我国低碳能源的重要领域 曾恒一
我国快堆技术发展和核能的可持续供应 徐 銤

五、土木、水利与建筑工程学部

新时期以来城市发展的新动向及新问题 邹德慈
海上风电场建设重大工程问题 王景全
国家战略石油地下大型储备库的建设技术 王梦恕
土木工程灾害及其防御 谢礼立

六、农业学部

作物学学科发展形状及方向　戴景瑞
园艺学学科发展形状及方向　方智远
农业工程学科发展形状及方向　汪懋华
农业生态(林学)学科发展形状及方向　尹伟伦
水产学学科发展形状及方向　唐启升
兽医学学科发展形状及方向　陈焕春
畜牧学学科发展形状及方向　李　宁
学科建设与发展　盖钧镒

七、环境与轻纺工程学部

流域水污染控制形状与技术发展　孟　伟
纳滤水处理应用研究形状与发展前景　侯立安
饮用水质污染与风险控制　曲久辉
青藏高原影响与中国区域天气气候灾害　徐祥德
中国食品产业的形状与展望　孙宝国
制革技术形状及发展趋势　石　碧

八、工程管理学部

我国工程管理现状与发展关键问题研究　何继善
对鄂尔多斯煤炭资源开发利用的战略思考　王　安
遥感技术应用与防灾、减灾体系建设　栾恩杰
遵循客观规律,科学指导保健　王陇德

[各学部工作报告]

机械与运载工程学部工作报告

张彦仲

2010 年 6 月

各位院士：

中国工程院第十次院士大会已经开幕了，两年一度的相聚再次到来，借此机会，我代表学部常委会向到会的各位院士、和在 2009 年底新当选的 4 名院士表示最热烈地欢迎和衷心地感谢！

自 2008 年 6 月召开第九次院士大会以来，机械与运载工程学部在院领导的支持和关怀下、在学部常委会的集体领导下、在学部全体院士的积极参与和共同努力下，圆满地完成了院士增选、咨询、学术交流和院士行等各项工作。学部的凝聚力进一步增强、学部的氛围更加团结、民主、和谐。

两年来，学部常委会先后召开了 19 次会议，研究、讨论学部在院士增选、咨询、学术、院士行等方面工作，重要事项都以会议纪要的形式发给了各位院士。本届学部常委会是在 2006 年第八次院士大会由学部院士大会选举产生的。

现在，我代表本届常委会向大家报告两年来学部的主要工作，提请各位院士审议。

一、院士增选工作

院士增选是工程院最基础和最重要的工作之一，是保证院士队伍质量的关键。建设一支高水平、高质量的院士队伍，是工程院做好一切工作、发挥重大作用的基础。

根据《中国工程院章程》中院士增选的有关规定、《中国工程院 2009 年院士增选评审和选举办法》和《中国工程院院士增选工作中院士行为规范》等文件，经学部常委会多次研究，制定了学部 2009 年院士增选第一轮、第二轮评审操作办法。

根据中国工程院有关规定，在本次增选工作中对候选人进行资格审查后，我学部进入第一轮增选评审的实际有效候选人为 49 位，并选出 19 位候选人进入第二轮增选评审。在有效时间内，我学部共收到投诉信 13 封，涉及 9 位候选人。为认真、妥善处理投诉，学部共有 27 位院士参加了投诉核实调查工作，其中，向被投诉人的遴选单位、有关部委发函 2 封，有 22 位院士分别到 7 位候选人单位和应用成果现场进行调查核实，有 20 位院士找候选人本人及署名投诉人谈话。

院士们在增选工作中，自始至终都能全面理解、准确把握和严格坚持院士的标准和条件，公正客观地、认真负责地对待增选，最后选举产生了 4 名新院士，平均年龄为 63.75 岁，并报院增选委员会和院主席团审议通过，他们是：段正澄、董春鹏、金东寒、刘永才。目前，本学部共有 106 位院士，其中资深院士 15 位；院士平均年龄 73.7 岁，其中 80 岁以下院士平均年龄 72.1 岁（年龄计算时间以 12 月 31 日为界）。

此外，在 2009 年院士增选第一轮评审工作中，本学部还配合工程管理学部，对具有机械与运载工程背景的 6 位候选人进行了评审，并圆满地完成了任务。

二、咨询工作

发挥院士群体的智力优势，围绕国民经济和社会发展以及重大工程科技和建设开展咨询研究，是国家赋予中国工程院的主要职能。近几年，中国工程院充分发挥跨部门、高层次、综合性和宏观性的特点，组织院士开展咨询研究，受到了国务院和有关部门的重视或采纳，在国家重大决策中发挥了积极的作用。两年来，我学部的院士在咨询工作方面做了大量的工作，其中，由我学部组织和参与的院级咨询项目 2 项，学部级咨询项目 7 项。

（一）已完成的院级咨询项目

《我国抗灾救灾能力建设和灾后重建策略研究》咨询项目之“救灾机械与运载装备”专题（院级）

根据院里的统一安排，此项目于 2008 年 6 月 10 日紧急启动，于 2008 年 12 月完成专题报告。主要研究救灾机械与运载装备中存在的主要问题及现状，坚持“军民结合、平灾结合”8 字方针，提出目前和将来应采取的措施和建议。组长由张彦仲主任担任，副组长由高金吉、王兴治、杜善义副主任担任，共有学部 26 位院士和 20 位专家参加，下设综合组、机械组、水陆运载组、航空航天组，其中综合组下设“规划组”，主要负责提出关于灾后重建规划方面的研究建议。

（二）正在进行的院级咨询项目

《中国工程科技中长期发展战略研究》咨询项目之“机械与运载工程科技领域专题组”（院级）

根据项目总体安排，机械与运载工程学部承担了 7 个专题研究，分别是：2030 年装备制造工程科技发展战略研究；2030 年汽车工程科技发展战略研究；2030 年船舶及海洋工程装备工程科技发展战略研究；2030 年轨道交通装备工程科技发展战略研究；2030 年民用航空发展战略研究；2030 年民用航天发展战略研究；2030 年综合交通工程科技发展战略研究。7 个专题总体研究由学部主任、副主任任组长、副组长，重大问题由学部常委会讨论确定；目前，共约 103 位院士、专家和优秀中青年专家参加，其中院士 41 位；各课题在研究中，也邀请了其他学部院士和相关专家参与。目前初稿已经完成，需进一步征求意见、修改完善。

另外，根据院级咨询项目的要求，我学部院士还参与了其他多项咨询项目的研究工作，如：《中国工程院院士队伍建设咨询研究》、《“十二五”战略性新兴产业发展重点咨询研究》、《中国制造业可持续发展战略研究》、《提高我国产品自主设计能力的发展战略研究》、《中国工程院学部调整与学科划分调查与研究》等。

（三）已完成的学部级咨询项目

《我国汽车设计制造发展战略与前瞻技术研究》（学部级）

该项目为我学部重点咨询项目，于 2007 年 9 月 28 日召开启动会，由钟志华院士担任组长。项目研究为提高我国汽车设计制造技术的国际竞争力提供可靠的决策咨询，于 2010 年 5 月完成。

该项目基于对汽车技术与产业未来发展的预期,认为:我国汽车产业唯有借势国内汽车产业发展的巨大推力,以前瞻技术为契机,加快建设我国汽车产业自主创新能力,才能实现汽车产业国际竞争力的提升,才能实现汽车与人类社会和谐共处。鉴于此,提出以下建议:1、加强对前瞻性技术的规划与引导;2、加强前瞻性技术研发的产学研合作与推广应用;3、重视前瞻性技术的现实需求;4、正确评价前瞻性技术全生命周期综合绩效;5、加大对创新人才和复合型人才的培养力度。

(四)正在进行的学部级咨询项目

1.《提高我国机械装备产品品质的若干关键共性技术调查研究》(学部级)

该项目于2007年4月11日召开启动会,由陈予恕院士担任组长。项目主要对以下关键共性技术进行调查研究:(1)动力学、振动与控制,稳定性分析及设计技术;(2)疲劳与可靠性分析;(3)故障诊断、健康管理与智能维修决策技术;(4)试验与评估技术,安全分析与风险控制技术。目前正在撰写总报告。

2.《机械产品的数字化设计与制造战略研究》(学部级)

该项目起止日期为2008年8月至2009年12月,由李培根院士任组长,项目将针对机械产品数字化设计制造技术的共性问题开展战略性研讨,研究机械产品数字化设计制造的技术关键和难点,结合具体企业和具体产品开展技术交流,提出今后五年内我国机械产品特别是复杂机械产品的数字化设计与制造的具体目标和任务。目前正在撰写总报告。

3.《我国高能耗机械装备运行状况及节能对策研究》(学部级)

该项目为我学部重点咨询项目,起止时间为2009年5月至2011年5月,由高金吉院士担任组长,主要研究:(1)我国冶金、炼化、特种设备和煤矿等企业中高耗能机械装备的低效运行状况以及导致低效运行的根本原因;(2)现有高耗能机械装备节能减排的研究与应用现状和技术基础;(3)提高我国高耗能机械装备长周期运转效率、改进低效运行状况的政策与对策。

4.《我国未来空中交通管理技术发展的对策研究》(学部级)

该项目为我学部重点咨询项目,起止时间为2009年5月至2010年7月,由张彦仲和冯培德院士担任组长,主要分析预测2025年我国航空运输系统的发展,确定空管系统的能力需求;研究空管核心技术的内涵、发展趋势,确定我国空管技术的发展策略;研究新的空管运行模式,为新技术条件下我国国家空域资源的开发提供支持;并为空管科技产业发展明确方向。

5.《处置恐怖、暴力事件特种装备能力建设咨询研究》(学部级)

该项目为学部级重点咨询项目,起止时间为2010年1月至2011年6月,由王兴治和苏哲子院士担任组长。主要针对我国处置恐怖、暴力事件的能力现状和未来装备需求,结合国内外在非致命杀伤、爆炸物探测与销毁、光电侦探监视等先进技术的发展,从顶层构建我国处置恐怖、暴力事件特种装备体系,并为其提供全面、详实、具有前瞻性的发展对策。

6.《数控制造装备发展战略研究》

该项目起止时间为2010年1月至2010年12月,由卢秉恒院士担任组长。该项目是鉴于卢秉恒院士认为"应对04重大专项十二五规划的实施方案应进行适当调整,十二五的实施对该重大专项的完成有决定性意义"而提出立项申请的。2010年3月16日项目组召开"数控制造装备发展战略论坛",广泛征求了有关院士、专家的意见和建议,计划于2010年5月提交初稿,为国家相关部门决策提供参考。

三、学术工作

两年来，学部的学术活动形式多样、内容丰富，取得了良好的效果，包括举办工程科技论坛、参与和出席其他部门、单位及有关国际会议等，其中主要的学术活动有：

（一）第八十二场工程科技论坛——“汽车设计制造前瞻技术与自主创新”（2008 年 12 月 20 –21 日）

论坛在湖南长沙举办，围绕“国内外汽车设计制造前瞻性技术、发展战略以及提高我国汽车产业自主创新能力建设”主题进行了交流和发言。郭孔辉、钟志华、卢秉恒、范滇元等 4 位院士分别作了主旨报告。16 位专家在大会上作了专题发言，共 150 余人参加了论坛。

（二）第三届世界工程资产管理及智能维修学术会议（2008 年 10 月 28 –30 日）

此国际会议由机械与运载工程学部、中国设备管理协会和美国自然科学基金智能维护系统产学研究中心（IMS）三方共同主办，北京化工大学等承办。大会主席高金吉院士主持了大会开幕式，张彦仲院士、徐滨士院士、王国彪教授、王子镐教授等应邀参加了大会开幕式并向大会致辞祝贺。会议有国内外著名专家学者作了 9 个主题报告。会议期间还成功举办了工程资产管理及智能维修领域的展览。本届学术会议为我国科研和工程技术人员就工程资产管理及智能维修领域提供了一次难得的同国外先进国家的专家、学者交流和学习的机会，它必将进一步推进我国工程资产管理及智能维修等领域科学研究及工程应用的发展。大会共有来自 20 个国家的 320 位代表参会（其中国外代表 115 名、国内代表 205 名）。

（三）第四届世界维修大会（2008 年 11 月 23 –26 日）

大会在海口成功举办，由中国设备管理协会、欧洲国家维修团体联盟、巴西维修协会主办，中国设备管理协会秘书处、海南省设备管理协会、再制造技术国家重点试验室承办。机械与运载工程学部为支持单位之一。大会主题为“设备维修管理的进步、创新及可持续发展”，徐滨士院士任大会执行主席。共有来自 9 个国家的 14 位知名学者作了大会主旨报告，大会设立 8 个分会场，共有来自 30 多个国家和地区的 350 余位代表参会。

（四）2009“产品现代设计与技术创新”论坛（2009 年 9 月 25 –26 日）

该论坛在绍兴市开元名都大酒店举办，由教育部现代设计与制造网上合作研究中心、中国工程院产业工程科技委员会和绍兴市人民政府共同主办，由浙江大学、上海交通大学协办，主题是“全球经济危机与我国企业的技术创新”。来自浙江省企业、政府与高校的 250 余名代表出席了该论坛，邬贺铨副院长、王淀佐等共 10 位院士出席，参会企业共 150 多家。9 月 25 日上午，论坛进行主题报告会，由谢友柏和谭建荣院士主持，邬贺铨副院长、谢友柏院士、谭建荣院士、杭汽集团叶钟副总经理、菲达集团舒英钢董事局主席分别作了报告。9 月 26 日下午，参加论坛的院士、专家与企业代表针对企业相关设计与创新的问题进行了深入地交流与讨论。本次论坛对促进浙江省和绍兴市地方企业的创新与设计能力建设具有积极的推动作用。

四、院士行工作

“浙江台州院士行”于 2008 年 9 月 10 – 12 日在浙江台州举行，由刘大响院士带队，郭孔辉、王浚、王玉明、谭建荣 5 位院士和 3 位专家参加。院士和专家们对企业进行了实地考察，听取了技术难题汇报，举行了技术座谈、现场解答等活动，达成了一些初步合作意向。郭孔辉、谭建荣院士分别作了"面临严峻挑战的汽车自主品牌"、"制造企业产品设计与创新支撑技术"为主题的两场学术报告。来有关企业、单位的近200位专业技术人员、领导听取了报告。

五、其他工作

1. 举办了机械与运载工程学部京津地区院士2009、2010年新春茶话会活动。

2. 2009年1月10日学部召开会议,关于"如何应对国际金融危机挑战"等问题征求了学部院士的意见。

3. 院士建议

(1) 2009年1月7日,柳百成等11位院士提出了《关于成立国务院重大装备领导小组的建议》。

(2) 2009年4月7日,潘健生等5位院士提出了《关于开展超超临界汽轮机高中压转子毛坯件组织与性能基础研究的建议》。

(3) 2009年4月7日,冯培德等4位院士提出了《组建国家直升机救援与探测总队的建议》。

(4) 2009年7月22日,潘健生院士提出了《推行热处理专业化生产中的错误倾向亟待纠正》。

4. 以学部名义支持"第八届全国表面工程学术会议"。

5. 配合完成2008、2009年度的光华奖的评审工作;

6. 完成2009、2010年度何梁何利奖候选人推荐工作。

7. 完成"摩擦学科学与工程应用现状与发展战略研究"咨询项目出版工作。

8. 答复有关部委、部门、专家征求意见和推荐人选等工作。

两年来,党中央、国务院、国家发改委、国家科技部等部委和有关单位、个人多次征求学部院士对相关政策、文件的意见和建议以及推荐人选等重要工作,我学部院士在百忙之中抽出时间,认真负责地对待,为有关单位工作的开展提供了很好的咨询帮助。

9. 参与工信部"高档数控机床与基础制造装备"科技重大专项管理办公室工作。

此外,我学部还有很多院士参与了院里和其他学部的工作,在此就不一一列举了。

以上是第九次院士大会以来学部工作的主要情况汇报。从这两年的学部工作来看,机械与运载工程学部圆满地完成了上述大量的工作,我代表本届常委会向各位院士表示衷心地感谢!虽然本届常委会做了一些工作,也取得了一定成绩,但这主要是在院领导的正确领导下、在学部院士的大力支持下所取得的,也受惠于前几任常委会打下的良好基础。

各位院士,根据《中国工程院章程》制定的各学部常委会换届选举的有关原则及办法的规定,这次院士大会即将选出新的一届常委会组成人员。在此,我提议:对我们学部参加历届院主席团的成员、常委会工作的历届学部常委、各专业委员会成员为工程院工作和学部工作所作的无私奉献,表示衷心的感谢!同时,希望在今后的工作中一如既往的支持学部的工作。

随着国家工程建设的发展和工程院工作的不断深入,学部的任务将更加繁重,需要全体院士投入更多的时间和精力。关于下一步工作安排,将由新一届学部常委酝酿、讨论,以会议纪要的形式发给各位院士。江山代有才人出,长江后浪推前浪。预祝在新一届常委会的带领下,在学部全体院士的共同努力下,我学部的工作做得更加务实、稳健、有深度、有水平、体现学部的文化和风格,为我国促进工程科技事业的发展发挥更大的作用!

本次院士大会,除了按照全院的统一安排进行以外,学部的学术活动有新当选院士学术报告会和专题学术报告会,希望大家积极参与讨论。

祝愿各位院士身体健康、万事如意! 谢谢大家!

信息与电子工程学部工作报告

李国杰

2010 年 6 月

各位院士:

中国工程院第十次院士大会开幕了,两年一次的院士大会又让我们共聚一堂,在此,请允许我代表学部向大家,特别是年事已高的资深院士表示诚挚的问候,向这次新当选的于全、吴曼青、邓中翰院士表示诚挚的祝贺和热烈的欢迎!

我学部黄尚廉院士于 2008 年 7 月 21 日不幸逝世,他对我国工程科学技术的发展和学部的建设做出了重要的贡献。在此,我们对他的离去表示沉痛的哀悼!

(请起立、默哀一分钟)

受学部常委会的委托,我向学部大会做工作报告,提请各位院士审议。

自 2008 年 6 月召开第九次院士大会以来,在学部全体院士的共同努力下,信息与电子工程学部圆满完成了院士增选、咨询和学术交流等各项工作。两年来,学部院士队伍已发展到 108 位,涵盖了信息与电子领域的大部分专业。

(一) 院士增选工作院士

增选是工程院的一项十分重要的基础性工作,社会各界对院士增选十分关注。

根据中国工程院关于院士增选的各项规定、经学部常委会多次研究,制定了学部 2009 年院士增选第一轮、第二轮评审的具体操作办法。在全体院士的共同努力下,经过 2009 年 6 月和 11 月两次评审,从本学部 44 位有效候选人中,选举产生了 3 名新院士,学部增添了新鲜血液,院士的学科专业覆盖面更加广泛。目前,本学部共有 108 位院士,其中有 15 位资深院士。

在 2009 年院士增选第一轮评审工作中,本学部还配合工程管理学部,对具有信息与电子背景的 8 位候选人进行了评审,圆满地完成了任务。

(二) 咨询研究工作

发挥院士群体的智力优势,围绕国民经济和社会发展以及重大工程科技和建设开展咨询研究,是国家赋予中国工程院的主要职能。随着学部院士队伍的壮大,学科专业面的扩展,学部的咨询研究工作在以往工作的基础上又有了进一步地深化和发展。近两年本学部主要开展了以下咨询工作。

（1）“中国工程科技中长期发展战略研究”咨询项目（院级）

中国工程院与国家自然基金委联合启动了“中国工程科技中长期发展战略研究”重大咨询项目，信息学部承担了其中信息与电子工程技术领域专题的研究工作。项目要求提出2020年和2030年前后国家应实施的信息领域重大工程。此项目由刘韵洁院士牵头，分别就未来网络、防灾应急系统、仪器仪表、神经工程（交叉学科）等重大工程项目进行了较深入的战略研究。在学部组织战略研究的同时，还遴选和中期评审了自然科学基金会支持的与信息领域有关的战略研究项目。此项目将于本年内结题。

（2）信息化推动先进文化（学部级）

该课题由李幼平院士负责。李幼平院士近两年做了大量的调查研究，发现文化传播占用大半带宽，广播有能力推送主流文化，建议运用高新技术创新文化生产方式，培育新的文化业态，加快构建传输快捷、覆盖广泛的文化传播系统。近来他为广电总局、工信部等部门做了不少咨询工作，积极推动三网融合，提出了播存结构等许多独特的见解。此课题已结题。

（3）“大力发展计算机仿真技术促进我国节能减排规划与实施”咨询项目（学部级）

该课题由李伯虎院士负责，研究了如何利用大型计算机仿真来分析、评估和预测我国与节能减排有关的工程问题，总结了几个仿真技术用于节能减排的成功案例，提出了提升我国计算机仿真学科，加速仿真人才培养的建议。在研究过程中发表了几篇学术论文。此课题已结题。

（4）“西部地区与信息相关产业的发展与管理问题研究”咨询项目（学部级）

该课题由郑南宁院士负责，该项目对西部信息相关产业进行调研，摸清当前的发展现状和支撑条件，对重点区域做深入分析，探索西部区域的比较优势和竞争优势，寻找发展的关键领域，研究适合西部的发展模式和产业集聚机制，提出了配套的管理策略等的咨询建议。此项目即将结题。

（5）“我国空间安全战略发展研究”咨询项目（学部级）

该课题由陈鲸院士负责，项目主要研究空间活动和空间利用、空间对抗和空间激烈竞争需求，空间系统的安全问题、空间军事对抗等。此项目即将结题。

（6）“关于信息系统安全保密必须从源头上加以治理的措施研究”咨询项目（学部级）

该课题由沈昌祥院士负责，项目主要研究国家重要信息系统的安全保密现状，新形势下安全保密工作面临的主要挑战，从源头治理信息系统安全保密问题的措施和对策分析，提出新形势下信息系统安全保密工作建议。此项目即将结题。

（7）“信息化与工业化融合战略研究”咨询项目（学部级）

该课题由吴澄、孙优贤、王天然院士负责，2009年启动。项目主要研究内容是全面、深入理清信息化与工业化的联系，从技术、经济、文化等方面全方位研究信息化与工业化融合的历史进程、内涵、战略意义、融合形式、推进方法等，提出一系列紧密结合中国国情、操作性强的建设性意见和建议，为国家有关部门制定政策和法规提供参考依据。

（8）“我国下一代机器人技术发展战略研究”咨询项目（学部级）

该课题由徐扬生院士负责，2009年底启动。项目主要研究内容是通过对机器人技术发展史的回顾总结和对世界各国机器人技术研究现状与未来计划的调研评析，结合我国国情，指明我国下一代机器人技术的发展方向与重点突破口，以期为我国机器人学科抓住历史机遇、推动工业生产、拓宽应用范围、加强创新机制，突破发展瓶颈等方面提供建议。此项目还在进行之中。

(9)"关于信息服务业促进我国区域社会经济平衡发展的作用与对策研究"咨询项目(学部级)

该课题由郑南宁院士负责,2010 年初启动。此项目将研究如何加强信息服务业对其他产业的提升作用,就通过发展服务业解决当前国内就业难等问题提出建议。

根据院级咨询项目的要求,我学部院士还参与了其他多项咨询项目的研究工作,如:《中国工程院院士队伍建设咨询研究》、《"十二五"战略性新兴产业发展重点咨询研究》、《中国工程院学部调整与学科划分调查与研究》等。

此外,2007 年启动的咨询课题,"发展自主创新型信息产业的国家重大技术抉择研究"与"可信计算技术和产业发展及相关对策研究",已经完成但还没有办结题手续。

(三)学术交流活动

两年来,学部开展了一些学术活动,得到了全体院士的大力支持与积极配合。主要的活动有以下几项:

1."2008 亚洲仿真会议暨第七届系统仿真与科学计算国际学术会议"

2008 年 10 月 10 – 12 日,在香山饭店召开了由信息与电子工程学部、中国系统仿真学会、中国计算机学会联合主办、北京航空航天大学等承办的"2008 亚洲仿真会议暨第七届系统仿真与科学计算国际学术会议"。李伯虎院士主持,邬贺铨副院长出席了会议并致开幕词。

2."先进集成技术院士论坛"

2008 年 11 月 8 日,在深圳举行了由信息与电子工程学部、中国科学院深圳先进技术研究院、深圳中国工程院院士活动基地联合主办,香港中文大学等协办的"2008 先进集成技术院士论坛暨第二届仪表、自动化与先进集成技术大会"。徐扬生院士主持,吴澄、钟山、王子才、叶声华等院士参加。

3."可信计算技术、应用及产业的发展"工程科技论坛

2008 年 12 月 10 日,在北京交通大学召开了由中国工程院主办,北京交通大学、中国工程院信息与电子工程学部承办的"可信计算技术、应用及产业的发展"工程科技论坛。邬贺铨副院长出席了论坛并致开幕辞,沈昌祥、方滨兴等院士参加。

4.中国深圳 2009 年自动光学检测研讨会

2009 年 5 月 12 – 13 日,在深圳召开了由中国工程院信息与电子工程学部、深圳大学等单位联合主办,北京信息科技大学等单位承办的 2009 年自动光学检测研讨会。叶声华、金国藩、牛憨笨、徐扬生、钟山、周立伟、周寿桓等院士参加。

5.信息技术在应对突发事件中的应用论坛

2009 年 9 月 22 – 26 日,在成都召开了由信息与电子工程学部、航天科工集团二院联合主办,成都信息工程学院等单位承办的"信息技术在应对突发事件中的应用论坛"。钟山、张履谦、杨士中、苏君红、林祥棣、王子才、姜文汉等院士参加。

6.海峡两岸及香港地区仪器科学与技术创新人才培养研讨会

2009 年 10 月 12 – 13 日,在天津滨海新区召开了由信息与电子工程学部、中国仪器仪表学会和天津大学联合主办的"海峡两岸及香港地区仪器科学与技术创新人才培养研讨会"。朱高峰、韦钰、庄松林、叶声华等院士参加。

7. “信息时代的建模与仿真技术”工程科技论坛

2009 年 11 月 6 日，在北京召开了由中国工程院主办、中国系统仿真学会与中国工程院信息与电子工程学部共同承办的“信息时代的建模与仿真技术”工程科技论坛。邬贺铨副院长出席了论坛并致开幕辞，吴澄、汪成为、李德毅、李国杰、张 钹、李伯虎、王子才等院士参加。

8. 可信系统学术研讨会

2009 年 12 月 17 – 19 日，在北京工业大学召开了由信息与电子工程学部、北京工业大学联合主办的“可信系统学术研讨会”，沈昌祥院士出席了会议。

9. “信息技术在军民融合及构建和谐社会中的作用”研讨会

2010 年 5 月 11 – 14 日，在云南省昆明市召开由信息与电子工程学部、云南省科协、航天科工集团二院科技委联合主办的“信息技术在军民融合及构建和谐社会中的作用”研讨会。苏君红、李伯虎、黄培康、叶声华、马远良、杨士中、王子才等院士参加。

（四）答复有关部门、专家意见

两年来，党中央、国务院、国家发改委、科技部等部委和有关单位多次征求学部院士对相关政策、文件的意见，我学部院士在百忙之中抽出时间，认真负责地提出了意见和建议，为领导部门提供了所需要的咨询。

（五）光华工程科技奖评审“光华工程科技奖”的奖励对象为在工程科学技术及管理领域取得突出成绩和重要贡献的中国工程师、科学家。根据评审办法规定，对本学部候选人的评审工作委托学部常委会主持。2010 年 3 月 2 日，针对与信息与电子专业有关的 8 位“工程奖”候选人和 4 位“青年奖”候选人，学部召开常委会，经认真审阅材料、充分讨论和无记名投票选举，产生了 2 位“工程奖”正式候选人和 2 位“青年奖”正式候选人，上报光华工程科技奖理事会。

以上是第九次院士大会以来学部工作的主要情况汇报。两年来信息与电子工程学部圆满地完成了上述工作，我代表本届常委会向各位院士表示衷心地感谢！虽然本届常委会做了一些工作，也取得了一定成绩，但这主要是在院领导的正确领导下、在学部院士的大力支持下所取得的，也受惠于前几任常委会打下的良好基础。

各位院士，根据《中国工程院章程》制定的各学部常委会换届选举的有关原则及办法的规定，这次院士大会即将选出新一届常委会。在此，我提议：对我们学部参加历届院主席团的成员、参加常委会工作的历届学部常委、各专业委员会成员为工程院工作和学部工作所作的努力与奉献，表示衷心的感谢！同时，希望他们在今后的工作中一如既往的支持学部的工作。

关于下一步工作安排，将由新一届学部常委酝酿、讨论，以会议纪要的形式发给各位院士。预祝在新一届常委会的带领下，在学部全体院士的共同努力下，我学部的工作做得更有成效、更有水平，为促进我国工程科技事业的发展发挥更大的作用！

本次院士大会中，除了按照全院的统一安排进行的活动外，学部也安排了学术活动，希望大家积极参加。

祝愿各位院士身体健康、万事如意！谢谢大家！

化工、冶金与材料工程学部工作报告

干　勇

2010 年 6 月

各位院士：

中国工程院第十次院士大会开幕了，两年一次的院士大会又让我们共聚一堂，在此，请允许我代表学部向大家，特别是向 2009 年新当选的付贤智、刘炯天、翁宇庆、张生勇、周克崧、周玉院士表示诚挚的祝贺和热烈的欢迎！希望他们和我们一道，再接再厉，发扬科学求实、开拓创新的精神，谦虚谨慎，不骄不躁，为推动我国科学技术的进步和工程科技事业的发展，弘扬科学精神、树立优良风范贡献自己的力量。

我学部闻立时院士于 2010 年 4 月 6 日不幸逝世，他为我国工程科学技术的发展和学部的建设做出了重要的贡献。在此，我们对他的离去表示沉痛的哀悼！

（请起立、默哀一分钟）

受学部常委会的委托，我向学部大会作工作报告，提请各位院士审议。

一、第九次院士大会以来的工作回顾

自 2008 年 6 月召开第九次院士大会以来，化工、冶金与材料工程学部在院领导的亲切关怀下，在学部常委会的集体领导和学部全体院士的大力支持、积极参与和共同努力下，圆满完成了院士增选、咨询和学术交流等各项工作。两年来，学部通过开展形式多样的活动，加强了学部院士的凝聚力，努力营造了一个团结、民主、和谐的氛围，为学部今后的工作创造了较好的条件。

（一）院士增选工作

中国工程院院士是国家设立的工程科学技术方面的最高学术称号，院士增选是工程院的一项十分重要的基础性工作，社会各界尤其是工程科技界对院士增选十分关注。

根据《中国工程院章程》、《中国工程院院士增选评审和选举办法》和《中国工程院院士增选工作中院士行为规范》等一系列文件的精神和要求，经学部常委会多次研究，制定了学部 2009 年院士增选第一轮、第二轮评审的具体操作办法。在院士增选工作中，院士们都能坚持公正、客观、实事求是和宁缺毋滥的评审原则，全面理解、准确把握和严格坚持院士的标准和条件，以认真负责的科学态度对待增选工作。在全体院士的共同努力下，经过 2009 年 6 月和 10 月两次评审，从本学部 68 位有效候选人中，选举产生了 6 名新院士。目前，本学部共有 95 位院士，院士的学科专业覆盖面更广、更具有代表性，这对今后学部工作的开展和深入都具有十分重要的意义。

在2009年院士增选第一轮评审工作中，本学部还配合工程管理学部，对具有化工、冶金与材料背景的3位候选人进行了评审，圆满地完成了任务。

（二）咨询研究工作

中国工程院作为我国工程科技界的最高荣誉性、咨询性学术机构，充分发挥院士群体作用，参与国家经济建设的重大决策和工程实践，是我们的重要工作。随着学部院士队伍的壮大，学科专业面的扩展，学部的咨询研究工作在以往工作的基础上又有了进一步地深化和滚动发展。

1. 已完成的咨询研究（12项）

1）《工业污染防治战略》（院级），该课题是工程院与环保部共同设立的“中国环境宏观战略研究”项目第三课题的第1专题，由殷瑞钰院士担任专题首席科学家。下设6个分专题和1个综合组：其中，“冶金工业污染防治战略研究”由殷瑞钰院士负责；“石化工业污染防治战略研究”由汪燮卿院士负责；“建材工业污染防治战略研究”由顾真安院士负责。研究成果已上交环保部。2009年3月，项目研究成果在工程院与工信部共同组织的“广东省节能减排咨询活动”期间举行了专场报告会。

2）《我国绿色建材发展战略》（学部级），该项目由顾真安院士负责，有关研究内容在北京、上海、深圳、山东、江苏、湖北等省市的科研单位、学校、企业及建材、建筑行业协会进行了15场次学术研讨和交流。研究成果已寄送至国家发改委、科技部、工信部、住房和城乡建设部、中国建材联合会等部门。

3）《化工、冶金与材料工业领域中CO_2的排放、评估及其对策研究》（学部级），该项目由殷瑞钰、薛群基、金涌3位院士负责，张寿荣、袁晴棠、徐德龙等3位院士和15位专家共21人参与，分为4个组对钢铁、化工、石化、水泥等四个领域进行重点研究。研究报告已报送国务院、外交部、发改委、科技部、工信部、环保部、国家统计局、能源局、钢铁协会等有关单位。

4）《军工关键高强镁合金及钛铝合金的开发、工程化及产业化》（学部级），该项目由陈国良院士负责，研究成果报送发改委、科技部、教育部、中国航天科工集团、中国航空第一集团、中国航空第二集团、工业与信息化部、总装备部、中国兵器物资总公司等相关单位。

5）《工业企业抗震救灾和灾后恢复生产能力建设策略研究》（院级），该专题是我院紧急启动的“我国抗灾救灾能力建设和灾后重建策略研究”咨询项目专题之一，由干勇、徐德龙院士负责，汪燮卿、邱定蕃、陈立泉、欧阳平凯、曹湘洪、唐明述、武 胜、董海山、殷国茂、周光耀、薛群基、张兴栋等院士参与研究。按照院统一要求，专题组在2008年7月报送了灾后重建规划方面的建议，2008年11月提交了专题报告。

6）中国制造业可持续发展战略研究——“中国石化工业可持续发展战略研究”（袁晴棠院士负责）；7）中国制造业可持续发展战略研究——“中国钢铁工业可持续发展战略研究”（张寿荣院士负责）；8）“中国钛合金研究及钛产业发展趋势”，（学部级，周廉院士负责）；9）“中国生物材料研究及产业发展趋势”，（学部级，周廉院士负责）；10）“报废汽车尾气净化器及动力电池中稀有金属资源回收利用对策及战略建议”，（学部级，师昌绪、李恒德、陈立泉院士负责）；11）“报废汽车、电子电器及电池资源再生循环利用技术对策及战略建议”（学部级，师昌绪、李恒德院士负责）；12）“低成本太阳电池和多晶硅材料发展战略”（学部级，陈立泉、闻立时院士负责）等项目均完成研究工作，这些项目的研究成果均报送了有关政府部门，供决策参考。

2. 正在开展的咨询项目(15 项)

目前在研的咨询项目共有 13 项,其中院级 4 项,学部级 8 项,委托咨询 1 项:

1)“矿产资源”项目后续研究——《我国有色稀有金属材料的现状及发展战略》(院级),该课题是《我国矿产资源可持续发展战略研究》项目的后续课题,由李东英、李恒德、王淀佐院士担任顾问,邱定蕃、王礼恒、屠海令院士等负责。分别按“航空航天”、“兵器装备”、“信息和其他高技术”、“核能及新能源”、“相关重大工程和传统产业升级”对有色稀有金属材料的需求分析和预测进行研究。共有两院 13 位院士和近 60 位专家参与项目研究。研究成果将向工程院院常务会议汇报后结题。

2)“中国工程科技中长期发展战略研究”咨询项目之“化工、冶金与材料工程科技领域专题”(院级,干勇、殷瑞钰、汪燮卿、邱定蕃、陈立泉院士负责),该项目是工程院与国家自然科学基金委 2009 年共同设立的重大咨询项目,要求结合我国工程科技各专业领域发展现状,发展水平、发展潜力、与国际领先水平的差距,以及研发中存在的突出问题,对我国工程科技中长期发展趋势做出前瞻性的分析。并提出国家应实施的重大工程,及有关科学技术领域的研发目标、难点和国家应重点支持研发项目建议,为我国工程科技事业的发展提供科学决策的依据。项目研究按学部分设“化工、冶金与材料工程技术领域专题”等八个技术领域专题。专题组先后召开多次会议,学部多位院士及所属团队的专家参与研究。预计 2010 年内完成研究。本次院士大会上,殷瑞钰、屠海令院士代表专题组向全院院士进行了汇报,学部也将安排时间专门研讨,请大家利用这次会议机会,结合自己的专业领域,对项目研究提出意见和建议。

3)“非爆炸且不可还原的农用硝酸铵的研究发展前景与产业政策的研究”,(学部级,汪旭光院士负责);4)“战略金属铍材在我国的可持续发展”(学部级,何季麟院士负责,2010 年完成);5)“钢铁工业主要固体废弃物资源化利用的现状与对策研究”(学部级,殷瑞钰、徐德龙院士负责,2011 年完成);6)“抗疲劳制造与长寿命关键基础构件研究发展”(学部级,赵振业负责,2010 年完成)也在研究过程中,进展顺利。

2010 年立项的咨询项目均已开展研究工作:7)“有色行业 CO_2 排放、评估及其对策研究”(学部级,邱定蕃院士,2010.01—2011.12);8)“中国铝工业中长期发展战略研究”(学部级,刘业翔院士,2010.01—2011.06);9)“有色行业尾矿等大宗固废物资源化技术及综合治理模式”(学部级,左铁镛院士,2010.01—2010.12);10)“高中化学与工程教育与我国社会经济发展优化衔接研究”(学部级,金涌院士等,2010.01—2011.06);11)“十二五”战略性新兴产业发展重点咨询—“新材料产业”(院级,张泽、干勇院士,2010.02—2010.09);12)“十二五”战略性新兴产业发展重点咨询—“高技术与提升基础制造业”(院级,殷瑞钰、袁晴棠、王静康、张寿荣院士,2010.02—2010.09);13)“学部调整和学科划分调查与研究—化工、冶金与材料工程学部”(院级,汪燮卿、曹湘洪、吴以成、干勇院士,2010.01—2011.12);14)“中国工程院院士队伍建设研究”(院级,周济院士,2010.01—2010.09,才鸿年、孙传尧、邱定蕃参加);15)“我国电力及相关行业电工钢产品应用现状及优化发展方向”(钢铁研究总院委托,干勇院士负责,2010 年内完成)。

(三)学术活动

1. 工程科技论坛(6 场)

1)“金融危机下的太阳能产业”(第 83 场),2009 年 3 月 22 日在工程院召开,杜祥琬、师昌绪、梁骏吾、周廉、陈立泉、闻立时、何季麟、何祚庥院士 50 余位专家出席会议。周廉、梁骏吾、闻立时、陈立泉主持会议,14 位专家做了学术报告。

2)“生产生物质燃料的原料与技术”(第 84 场),2009 年 4 月 7—9 日在杭州举行,闵恩泽、李大东、汪燮卿、舒兴田院士等 17 家单位的 150 余位专家、学者参与研讨,8 位专家做了学术报告。

3)“钛合金材料技术发展与应用”(第 92 场),2009 年 11 月 27—29 日在西安举行,周廉院士主持,业内 14 家单位 230 余位专家参与研讨,14 位专家做了学术报告。

4)“中国生物材料研究与产业发展现状及趋势”(第 93 场),2009 年 12 月 10—12 日在工程院举行,周 廉、张兴栋院士担任论坛主席,周济副书记、师昌绪,丁传贤、卢世璧、李恒德、卢秉恒等院士和来自大陆、台湾、香港的 50 多所大学、医院和产业单位的 200 多位专家出席论坛。在为期 2 天的论坛中,共有 43 位专家作学术报告。

5)“航空钛合金技术发展”(第 94 场),2010 年 4 月 7 日在北京举行,由周廉、张彦仲院士发起并担任论坛主席,周济副书记出席论坛并致辞。刘大响、才鸿年、李明、陈一坚、何季麟等 8 位院士和国内涉及航空钛材管理、研究、制备的主要单位相关人员共 100 余位专家出席论坛,8 位专家做了学术报告。

6)“全生命周期的生物质液体燃料可持续发展”(第 95 场),2010 年 4 月 20 日在武夷山举行,汪燮卿、李大东、石元春、曹湘洪、欧阳平凯、舒兴田、魏可镁、付贤智等 8 位院士和 140 余位专家出席论坛,12 位专家做了学术报告。

2. 学术研讨会(6 次)

1)“广东省节能减排的咨询活动”(2009 年 3 月 23—28 日),由工程院与工信部合作开展。王淀佐、殷瑞钰、张寿荣、汪燮卿、徐德龙等院士出席,对广东省工业企业节能减排的综合情况和钢铁、石化、建材领域的节能减排进行调研并提出咨询意见。

2)“2009 年薄板坯连铸连轧国际研讨会”(TSCR 2009)(2009 年 5 月 13—15 日)会议由中国工程院产业工程科技委员会、中国金属学会共同主办。徐匡迪院长为会议发了贺信,殷瑞钰、张寿荣、王国栋等院士与来自 12 个国家的共 282 名代表参加了此次会议(其中国外代表 57 人)。

3)“钢铁工业形势座谈会”(2009 年 6 月 19 日)干勇院士主持会议,徐匡迪院长、殷瑞钰、张寿荣、殷国茂、王国栋等院士和来自武钢、宝钢、鞍钢、首钢、天津钢管集团、钢铁协会、金属学会、发改委等企业、部门的领导围绕我国钢铁工业形势进行了研讨。

4)首届“中国包头·稀土产业发展论坛”(2009 年 8 月 9—11 日)论坛主题为:“中国稀土永磁材料产业链的发展与共赢”。论坛由学部与包头市人民政府、中国稀土学会共同主办。干勇院士担任论坛主席。唐任远、张国成等院士和来自国内稀土学术界、企业界的 700 多人参加了会议。

5)“2009 中国材料研讨会”(2009 年 10 月 14—17 日),地点:苏州,主题“能源与环境材料”。工程院作为支持单位。

6)“钢铁冶金低碳技术”研讨会(2010 年 4 月 13 日),研讨会由学部主办,钢铁研究总院、山东省邹平县人民政府、山东焦化集团有限公司共同承办。干勇院士主持会议,陈蕴博、孙传尧、王国栋、王一德等院士和有关专家、地方领导、企业技术人员共 40 余人参与研讨。

3. 香山会议(2009 年 9 月 8—10 日)

会议由殷瑞钰院士提出建议,殷瑞钰、陆钟武、干勇院士担任执行主席。会议主题是“钢铁制造流程中能源转换机制和能量流网络构建的研究”,来自钢铁企业、设计院、高校、科研等单位的 37 名专家、学者应邀出席了会议。全国人大环资委、工程院、科技部、国家发改委、工业和信息化部、国家自然基金委等单位的领导也应邀参加了本次会议。会议旨在引导我国钢铁界从三个功能作用充分发挥的视角，审视钢铁制造流程中铁素物质流、碳素能量流和质、能在时空上实现耦合匹配与网络化的信息流三者的关系，剖析钢铁制造流程进一步节能减排的潜力，寻求提高其综合竞争力和多方位服务于可持续发展社会的可能性，深入探讨相关理论的建立、技术开发和工程化实施的策略等。

4. 学部第七届学术会议(2009 年 10 月 26—28 日)

会议由学部主办，天津市科委承办，天津大学、南开大学协办，王静康院士担任大会主席。会议设立了一个主会场、分设“化工”、“材料”、“材料化工”、“冶金”四个分会场，两院院士及有关专家作了 102 场精彩的学术报告，对我国冶金、材料与化工等领域的现状与发展战略进行了深入的探讨。徐匡迪、曹健林、何鸣鸿、闵恩泽、师昌绪、殷瑞钰、王静康等共作了七场精彩的大会学术报告。与会的院士、专家在四个分会场共作了 95 场专题学术报告。会议还评选出 11 篇博士生优秀论文。由于报告时间有限，会议以墙报的形式展示了多篇论文。利用本次会议院士、专家比较集中的机会，会议还组织院士、专家与天津市化工、冶金领域的企业开展技术对接活动，为今后院士、专家与相关企业的合作搭建平台，对推动相关企业的技术进步起到积极作用。来自两院的 73 位院士和全国各高等院校、研究院所和企业的化工、冶金与材料领域的老、中、青专家 500 余人参加了会议。

(四)“院士行”活动(1 项)

“石油石化行业创新能力平台研究”院士行(2009 年 5 月—2010 年 5 月)

根据院常务会议意见，由袁晴棠院士负责 2009 年国家发改委下达的“石油石化行业创新能力平台研究”院士行工作。专家组通过对石油石化行业国家工程研究中心和国家工程实验室的书面调研和实地调查，完成了研究报告并报送给国家发改委，为加强和规范国家工程研究中心和国家工程实验室的后续管理提供政策依据。

(五)地方合作(技术咨询)

1. 2009“第八届中国(淄博)新材料技术论坛”(2009 年 9 月 5 - 7 日)

工程院副院长旭日干院士和山东省李兆前副省长等领导出席开幕式。旭副院长和山东省科技厅翟鲁宁厅长还共同为在淄博设立的山东省院士工作站和由化工、冶金与材料学部、山东理工大学共建的“精细化工、催化材料实验室”揭牌。我院汪燮卿、谢友柏、张钟华、沈德忠、蒋亦元、金涌、李龙土、沈寅初、曾苏民、吴慰祖、陈蕴博、俞梦孙、舒兴田、叶声华、侯保荣、陈克复，中科院田波、都有为等共 19 位院士与全国各高等院校、科研院所的 400 余位专家参加了这次活动。

2. “湖南省有色企业院士调研”活动(2009 年 11 月 22 - 25 日)

应湖南省科协的邀请，由邱定蕃、孙传尧院士带队，余永富、张文海、何季麟等院士和专家参加活动，院士、专家共作 7 场学术报告。活动期间调研组与湖南省有色企业专家进行了技术交流并现场考察了相关企业。

(六)答复有关部门、专家意见

两年来，党中央、国务院、国家发改委、国家科技部等部委和有关单位和个人多次征求学部院士对相关政策、文件的意见、建议，我学部院士在百忙之中抽出时间，认真负责地提出了意见和建议，为有关单位工作的开展提供了很好的咨询帮助。

(七)光华工程科技奖评审

“光华工程科技奖”的奖励对象为在工程科学技术及管理领域取得突出成绩和重要贡献的中

国工程师、科学家。奖项分为"成就奖"、"工程奖"和"青年奖","成就奖"从"工程奖"获奖者中产生,不单独提名,由理事会评审。根据评审办法规定,对候选人的评审工作委托学部常委会组织。2010年2月28日,针对与化工、冶金、材料专业有关的5位"工程奖"候选人和5位"青年奖"候选人,学部召开常委扩大会议,经认真审阅材料、充分讨论和无记名投票选举,产生了2位"工程奖"正式候选人和2位"青年奖"正式候选人,并将会议评审结果报请光华工程科技奖理事会审议。

(八)学部常委会换届工作

根据《中国工程院章程》和《中国工程院学部常委会换届选举的有关原则及办法》的规定,学部常委会将在这次院士大会上进行换届选举。2010年2月28日,学部常委扩大会议讨论确定了新一届常委会换届选举原则,并提请学部全体院士推荐常委人选。截止到2010年4月26日,共有56位院士返回了意见。5月17日,学部常委会根据已确定的换届选举原则和院士们的反馈意见,结合学部的具体情况,经过充分讨论、认真酝酿,推选出了13位学部新一届常委正式候选人。在这次院士大会上,将提交学部全体院士选举。

以上,是化工、冶金与材料工程学部两年来工作的简要情况。院士们在自己的工作岗位和领域内做了很多、很出色的工作,为我国工程科技的进步与发展做出了自己的贡献,对学部工作给予了大力支持。在此,我谨代表学部常委会对大家的工作及对学部工作的支持表示由衷的感谢!同时,对院机关工作人员为学部工作付出的辛勤劳动表示感谢!

二、第十次院士大会主要工作

本次院士大会,除完成全院统一安排的活动外,学部学术活动将邀请2009年新当选的6位院士作学术报告,同时围绕院和学部的有关工作开展讨论,希望院士们积极参与,畅所欲言。

三、学部下半年有关工作

今年下半年,学部还将主办、协办或支持的学术活动有"2010中国材料研讨会"、"工程科技论坛——半导体照明工程科技问题"、第二届"中国包头·稀土产业发展论坛"、以"低碳技术与复合材料"为主题的学部第八次学术会议、"减量化轧制技术学术研讨会"、"第七届中国功能材料及其应用学术会议"、"有色金属工业低碳经济及冶炼废气减排学术研讨会"等学术活动;继续开展与淄博的地方合作;组织"二十世纪知名科学家学术成就概览"的编纂工作,希望得到院士们的继续支持。

各位院士,本届常委会自2006年至今的4年里,先后组织(协办)各类学术活动42次;本学部院士负责或作为主要参加完成的咨询项目研究21项,在研项目15个;组织院士行(技术咨询)活动10次;开展与淄博合作4次;召开学部常委会24次、学部主任会议6次。虽然我们尽了最大的努力想做好各项工作,但难免存在不足之处,希望大家提出宝贵的意见和建议。

随着国家工程建设的发展和工程院工作的不断深入,学部的任务将更加繁重,需要全体院士投入更多的时间和精力。相信在学部新一届常委会的组织领导下,有学部全体院士努力和支持,学部的各项工作会做得更好!

最后,感谢各位院士一直以来对学部工作的大力支持,希望大家保重身体,为我国工程科技的发展作出更多、更大的贡献。

谢谢大家!

能源与矿业工程学部工作报告

何继善

2010 年 6 月

各位院士：

中国工程院第十次院士大会开幕了，两年一次的院士大会又让我们共聚一堂，在此，请允许我代表学部向各位院士，特别是向 2009 年由化工、冶金与材料学部转入我学部的谢克昌院士和新当选的岳光溪、于俊崇、万元熙、马永生、袁亮、周守为院士表示诚挚的祝贺和热烈的欢迎！希望我们一道，再接再厉，发扬科学求实、开拓创新的精神，谦虚谨慎，不骄不躁，为推动我国科学技术的进步和工程科技事业的发展，弘扬科学精神、树立优良风范贡献自己的力量。

受学部常委会的委托，我向学部大会做工作报告，提请各位院士审议。

一、工作回顾

自 2008 年 6 月召开第九次院士大会以来，能源与矿业工程学部在院领导的关怀下，在学部常委会的集体领导和学部全体院士的大力支持、积极参与和共同努力下，圆满完成了院士增选、咨询和学术交流等各项工作。两年来，学部通过开展多种形式的工作，加强了学部院士的凝聚力，努力营造了一个团结、民主、和谐的氛围，为学部今后的工作创造了较好的条件。

（一）院士增选工作

中国工程院院士是国家设立的工程科学技术方面的最高学术称号，院士增选是工程院的一项十分重要的基础性工作，社会各界尤其是工程科技界对院士增选十分关注。

关于院士增选工作，学部历届常委会都高度重视，学部常委会根据工程院增选相关文件的精神和要求，经多次讨论、研究，制定了学部 2009 年院士增选第一轮、第二轮评审的具体操作办法。院士们坚持公正、客观、实事求是和宁缺毋滥的评审原则，全面理解、准确把握和严格坚持院士的标准和条件，以认真负责的科学态度对待增选工作。在全体院士的共同努力下，经过 2009 年 6 月和 10 月两次评审，从本学部 51 位有效候选人中，选举产生了 6 名新院士。目前，本学部共有 101 位院士，其中有 15 位资深院士。学部平均年龄 72.8 岁。院士的学科专业覆盖面更广、更具有代表性，这对今后学部工作的开展和深入都具有十分重要的意义。

在 2009 年院士增选第一轮评审工作中，学部还配合工程管理学部，对具有能源与矿业专业背景的 6 位候选人进行了评审，圆满地完成了任务。

（二）咨询研究工作

2010年学部新立项课题3项。截至目前学部共承担或参与13项研究项目，其中院级重大专项咨询课题3项、学部咨询课题10项。

目前已完成课题5项，在研课题8项，总体情况良好。随着学部院士队伍的壮大，学科专业面的扩展，学部的咨询研究工作在以往工作的基础上又有了进一步地深化和发展。研究项目更加紧密联系我国的工程实际，更加突出了前瞻性、战略性和实用性。

1. 已完成的咨询项目

（1）中国油气勘探新区新领域成藏规律和勘探方向研究

该课题由翟光明院士负责，课题通过总结我国近年来新区、新领域勘探成果，总结成藏规律，梳理勘探重点地区，提出了一些新的勘探领域和勘探目标。研究成果对于推动我国新区、新领域的勘探，确保我国油气储量和产量的增长具有现实意义。该课题已结题，项目咨询报告已送国土资源部、中石油、中石化、中国石油勘探开发研究院。

（2）中国利用国外油气资源的战略研究

该课题由童晓光院士负责。通过系统研究国内外石油工业所面临的机遇和挑战，研究如何通过合作或并购获得“权益油”、参与国际石油与金融市场获得安全的“贸易油”、中外合资建设炼厂等多种渠道，确保国内油气产品的稳定供应战略，并提出合理利用国内外两种油气资源的政策建议。该课题已结题，项目咨询报告已送国家能源局、商务部外事司。

（3）紧缺有色金属矿产资源可持续供应评价体系研究

该课题由于润沧院士负责。课题通过对我国紧缺有色金属矿产资源的研究，力求找出我国有色金属资源可供应性的限制因素和薄弱环节，为产业结构调整、市场适应、资金投入重点、政策导向等决策提供科学依据，以推动我国有色金属资源可持续供应能力建设。该课题已结题，项目咨询报告已送国家发展委、国资委、中国有色金属协会。

（4）我国电力体系应对重大自然灾害对策研究

该课题由黄其励院士负责。该课题就我国电力体系所面对的重大自然灾害的种类、特点、危害等进行了详细调研，就我国电力系统的重要架构特性、应对自然灾害能力、灾害危害程度等开展了分析，提出了应对自然灾害的总体策略。课题已结题。

（5）核燃料循环前端与后端技术发展战略研究

该课题由潘自强院士负责。课题重点研究核燃料循环的前端技术与后端技术工艺过程的关键环节，并结合全球资源供应形势、核技术发展方向，对我国的情况进行技术评价、能力分析，探讨切实可行的技术方案，对今后的技术发展方向、重点领域提出决策支持意见与建议。该课题已结题，项目咨询报告正在按照常委会的意见修改整理中。

2. 正在开展的咨询项目

（1）中国能源中长期（2030、2050）发展战略研究

该课题2008年2月正式启动。属于院级重大咨询项目。项目分为节能、煤炭、电力、油气、可再生能源、核电、能源综合7个专题，由徐匡迪院长担任总顾问，杜祥琬副院长担任组长。课题深入研究我国能源中长期发展面临的形式和制约条件，给出战略目标、战略重点和路线图，提出战略科技支撑以及政策措施与体制保障，为我国能源中长期发展提供科学依据。在项目研究过程中，多次与国家能源局和国家能源专家咨询委员会等单位进行沟通和交流，得到了有关部门的充分肯定，为

我国的能源战略提供了有力支撑。同时,依托项目阶段研究成果,开展了"应对气候变化"研究工作,将形成《应对气候变化的建议》,上报国务院,为国家应对气候变化行动目标方案的论证提供了支撑,也为我国参加哥本哈根会议顾问团的工作做出了一份努力。目前,6 个专题组已完成研究报告,综合报告正在进一步修改完善,将于近期定稿。项目研究成果将上报国务院。

(2)"十二五"战略性新兴产业发展重点咨询研究项目——新能源产业课题

今年 4 月,受国家发改委委托,由中国工程院牵头、中国科学院协助组织两院院士及有关专家开展战略性新兴产业发展重点的咨询研究工作。该项咨询研究主要是就"十二五"我国战略性新兴产业若干重点领域的发展提出专题咨询研究报告。研究内容包括产业发展的总体思路、发展重点、技术发展路线图、政策措施,以及相关的工程和专项。能源与矿业学部主要承担新能源产业课题、节能环保产业课题。新能源产业课题由杜祥琬院士负责,黄其励等 8 位院士和中科院多位院士及专家参加。节能环保产业课题由倪维斗院士负责。将于 2010 年 9 月完成。

(3)中国工程科技中长期(2030 年)发展战略研究——能源与矿业工程技术领域专题

该项目是由中国工程院与国家自然科学基金委员会联合设立的重大咨询项目,要求结合我国工程科技各专业领域发展现状,发展水平、发展潜力、与国际领先水平的差距,以及研发中存在的突出问题,对我国工程科技中长期发展趋势做出前瞻性的分析,并提出国家应实施的重大工程,及有关科学技术领域的研发目标、难点和国家应重点支持研发项目建议,为我国工程科技事业的发展提供科学决策的依据。项目研究按学部分设"能源与矿业工程技术领域专题"等八个技术领域专题。专题组先后召开多次会议,落实课题组组成、研究内容等。该专题由何继善院士负责,杜祥琬、苏义脑、陈毓川、于润沧、赵文津等多位院士及所属团队的专家参与研究。将于 2010 年 12 月完成。

(4)我国放射性医疗发展对策研究

该课题是学部 2009 年立项的咨询课题,由胡思得、傅依备院士负责。课题将系统研究放射性核素优选、研制、生产供应,放射性药物研制和临床应用,微型放射源和放射性装置,放射性诊断治疗仪器研制及临床应用等方面的技术问题,同时对我国放射性药物和放射性仪器研制和临床应用的组织、布局和产业化的政策引导等问题进行深入研究。目前课题组已组织召开了多次会议,正在按计划进行。将于 2010 年 8 月完成。

(5)"中国油气勘探新区新领域成藏规律和勘探方向研究"——后续项目研究

该课题是"中国油气勘探新区新领域成藏规律和勘探方向研究"项目的后续研究项目,由翟光明院士负责,2010 年 6 月完成。

2010 年新立项课题:

(6)非动力核技术产业在推动国民经济发展、建立两型社会中的作用(樊明武院士负责,2010 年底完成)。

(7)我国金属矿山安全与环境科技发展前瞻研究(古德生院士负责,2010 年底完成)。

(8)中国电网智能化、柔性化技术发展战略(余贻鑫、韩英铎、黄其励院士负责,2010 年底完成)。

近两年来,学部加强了学部内学科间的交流工作,如组织院士参观秦山核电站,本次院士大会期间还将组织学部院士参观中国原子能科学研究院等。这种交流合作一方面是由于工作的需要。学部承担的跨专业、跨领域、跨部门的宏观咨询和研究项目逐步增多,如中国工程科技中长期发展战略——能源与矿业发展战略等项目,均需要多个学部、多个专业领域的院士一起共同工作。另一方面,是由于学科专业本身发展的需求。随着交叉学科的发展,学科间不断融合和渗透,新知识、新技术不断涌现,各学科专业间也要不断加强互相学习和借鉴,共同发展和提高。从这几年的实践来看,这种学科间的交流确实能提高咨询工作的质量、提高政策建议的宏观性和科学性。参与交流的院士们普遍认为收获很大,积极性很高。今后,学部在工作中要在这方面给予充分的重视,为学科间的学术交流工作开展创造更加便利的条件。

3. 国际合作交流工作

(1) 中－瑞合作可再生能源与环境合作项目

中国工程院与瑞典皇家工程科学院间的中－瑞合作可再生能源与环境合作项目于2004年签署,旨在推动双方在可再生能源和环境领域的合作。杜祥琬副院长和我学部的杨奇逊等院士参加了有关活动。

2009年初,学部组织召开了“中瑞可再生能源与环境”合作项目国内各专题组执笔人会议,最终形成了三个专题咨询报告及“我国可再生能源与环境”专项调研报告集,上报国务院及有关部门。

(2) 中美两国四院(科学院、工程院)可再生能源发电合作项目

该项目自2009年初开始,两国四院的院士和相关专家通过学术讨论、双边互访、起草报告,并多种形式讨论等方式,就两国在发展可再生能源发电所面临的形势、两国资源基础、技术路线、政策、环境和双边合作等方面进行讨论、交流。目前处于合作综合报告的研讨阶段。科学院赵忠贤院士和我学部黄其励院士分别为中方两院的负责人,组织相关专家进行工作。

(三) 学术活动

1. 工程科技论坛

(1) 能源安全与可持续发展工程科技论坛(第78场)

论坛于2008年10月16－17日在上海院士活动中心召开。主要由我学部和上海市能源研究会承办。论坛围绕能源安全与可持续发展这一主题进行了深入的研讨。杜祥琬副院长,薛禹胜、翁史烈、叶奇蓁等院士在论坛上分别作了主旨报告。约160多名专家、学者出席了会议。

(2) “低碳能源”工程科技论坛(第96场)

2010年5月6－7日在上海召开,由上海院士活动中心承办。论坛以“低碳能源”为主题,结合上海特大城市的特色和需求,及上海在能源及能源技术上的产业和学科优势,就上海低碳能源发展和示范进行交流讨论。翁史烈、谢克昌、曾恒一、余贻鑫院士分别作了大会报告。共150名专家学者出席了会议。

2. 学术研讨会

(1) 首届全国铅蓄电池新技术研讨会(2010年4月24－26日,南京)

能源学部与中国电池工业协会共同举办。由杨裕生院士负责。研讨会的召开加深了对铅蓄电池新技术及其应用前景的了解和认识,加强国内铅蓄电池产、学、研的结合,有效地推动铅蓄电池新技术的应用与发展,促进了我国铅蓄电池水平的提高。

(2) 能源与环境的协调生态建设以及碱化土壤改良和荒漠化治理研讨会(2010年6月11日,北京)

能源学部与农业学部共同主办。由徐旭常院士负责。研讨会主要围绕如何推动我国能源与环境的生态建设的可持续发展和基础研究,为能源行业减少污染、农林业增加种植面积、改善农村生

态、发展生物质能源方面进行探讨。

3. “中国工程院/国家能源局能源论坛”

经学部常委会讨论同意并报工程院批准，将于 2010 年 11 月，由中国工程院与国家能源局共同主办“中国工程院/国家能源局能源论坛”。论坛主题是“科技创新促进中国能源可持续发展”。主要探讨我国能源发展战略，研究能源开发与节约、能源安全与应急、能源对外合作等重大问题。苏义脑院士任筹备组组长，倪维斗院士任大会学术委员会主任。会议的会务工作由天津市科学技术信息研究所承担。目前会议已发出了第一轮征文通知，各项筹备准备工作正在紧张进行，届时将邀请学部所有院士参加会议，请院士们积极参与。

（四）院士行工作

学部承担了由发改委委托的“新能源产业创新能力建设研究”专题院士行工作，由杜祥琬副院长负责。根据专题计划，各专题围绕新能源产业发展对创新能力的重大战略需求，结合国家有关规划，在现有课题研究的基础上，先期提出了本领域在自主创新能力建设方面存在的主要问题及工程技术平台方面的 1－2 个项目，并已上报了国家发改委。

（五）光华工程科技奖评审

“光华工程科技奖”的奖励对象为在工程科学技术及管理领域取得突出成绩和重要贡献的中国工程师、科学家。奖项分为“成就奖”、“工程奖”和“青年奖”，“成就奖”从“工程奖”获奖者中产生，不单独提名，由理事会评审。根据评审办法规定，对候选人的评审工作委托学部常委会主持。2010 年 2 月 20 日，针对与能源与矿业专业有关的 9 位“工程奖”候选人和 4 位“青年奖”候选人，学部召开常委扩大会议，经认真审阅材料、充分讨论和无记名投票选举，产生了 2 位“工程奖”正式候选人和 2 位“青年奖”正式候选人，并将会议评审结果报请光华工程科技奖理事会审议。5 月 13 日，理事会召开了会议，我学部 4 位候选人全部通过光华奖的评审，分别获得了“工程奖”和“青年奖”。

（六）学部常委会换届工作

根据《中国工程院章程》和《中国工程院学部常委会换届选举的有关原则及办法》的规定，学部常委会将在本次院士大会上进行换届选举。2010 年 2 月 20 日，学部常委扩大会议讨论确定了新一届常委会换届选举原则，并提请学部全体院士推荐常委人选。到截止时间，共有 42 位院士返回了意见。5 月 5 日，学部常委会根据已确定的换届选举原则和院士们的反馈意见，结合学部的具体情况，经过充分讨论、认真酝酿，推选出了 15 位学部新一届常委正式候选人。其中能源和电气组 4 人，核组 4 人，地质资源组 3 人，矿业组 4 人。常委候选人的平均年龄为 66.5 岁，涵盖了 10 个二级学科。在本次院士大会上，将提交学部全体院士讨论、选举，并由新一届常委会推选产生学部正、副主任。

（七）完成了有关部委向工程院征求意见的工作

除了完成增选工作和各项咨询工作以及日常工作外，能源与矿业工程学部还承担了有关部委向工程院征求意见的工作，如国家发改委征求关于特高压工程有关意见、科技部征求关于国家深海高技术发展专向规划（征求意见稿）意见、国家能源局征求关于成立〈大型油气田及煤层气开发〉国家重大科技专项煤层气管理办公室的意见、国务院法制办公室征求对《中华人民共和国能源法（送审稿）》的意见等。学部院士在百忙之中抽出时间，认真负责地提出了意见和建议，为有关单位工作的开展提供了很好的咨询帮助。

以上是能源与矿业工程学部两年来工作的简要情况。其中还有许多院士参与了有关工作，在此就不一一列举了。院士们在自己的工作岗位和领域内作出了很多、很出色的工作，为我国工程科技的进步与发展做出了自己的贡献，对学部工作给予了大力支持。在此，我谨代表学部常委会对大家的工作及对学部工作的支持表示由衷的感谢！同时，对院机关工作人员为学部工作付出的辛勤劳动表示感谢！

二、第十次院士大会的主要工作

本次院士大会，除完成全院统一安排的活动外，学部学术活动将邀请6位院士、专家作学术报告，并组织本学部院士参观中国原子能科学研究院，希望院士们积极参与。

三、学部下半年有关工作

由中国工程院与国家能源局共同主办的“中国工程院/国家能源局能源论坛”将于今年11月在北京举行。该论坛主要由能源学部承办，希望得到院士们的继续支持，积极参与。

各位院士，本届常委会自2006年至今的4年时间里，先后组织（协办）各类学术活动14次；本学部院士负责或作为主要参加完成的咨询项目研究29项，目前在研项8个；组织院士行（技术咨询）活动4次；参与咨询研究和学术活动的院士60多位。

随着国家工程建设的发展和工程院工作的不断深入，学部的任务将更加繁重，需要全体院士投入更多的时间和精力。相信在学部新一届常委会的组织领导下，学部全体院士努力和支持，学部的各项工作会做得更好！

感谢各位院士一直以来对学部工作的大力支持，希望大家保重身体，为我国工程科技的发展作出更多、更大的贡献。

谢谢大家！

土木、水利与建筑工程学部工作报告

杨秀敏

2010年6月10日

各位院士：

两年一次的院士大会又让我们共聚一堂，在此，请允许我代表学部常委会向大家特别是年事已高的资深院士表示诚挚的问候，向2009年新当选的任南琪、秦顺全、杨永斌、何华武、张建云、钟登华院士表示衷心的祝贺和热烈的欢迎！在这两年里，我们学部有三位院士去世，他们是陈明致院士、张在明院士、徐乾清院士，现在请大家起立，向这三位院士默哀悼念。

两年来，学部全体院士在完成各自工作单位任务的同时，积极参与工程院和学部的各项活动，辛勤耕耘，以国家振兴为己任，为推动工程科学技术发展与创新、国家重大工程项目的建设和咨询、加强学术交流、培养年轻人才等方面作了大量的工作，取得了很大成绩。

下面，我受学部常委会的委托，对学部两年来所做的主要工作做一回顾，并对今后学部工作的开展谈几点体会和建议，请全体院士审议。

一、工作回顾

（一）院士增选和加强院士队伍建设

加强院士队伍建设是工程院及学部建设的基本任务之一。学部经过2009年增选，院士队伍已发展到现在的100位，院士平均年龄现为74.46岁，非资深院士的平均年龄为70.4岁；截止到2010年底资深院士32名；院士学科专业分布已覆盖了5个一级学科、24个二级学科；院士单位所在地区遍及全国19个省区市。

关于2009年增选工作，学部常委会高度重视，多次研究采取措施使之更为完善和规范。为了研究解决增选中出现的问题，学部常委会多次进行专题研究，并反复强调和坚决贯彻执行院道德委员会制定的一系列政策和办法。

2009年院士增选的工作量非常大，学部全体院士都不辞辛苦地承担了学部委托的各项工作。在评审过程中，切实遵循了公正、客观、实事求是和宁缺毋滥的原则，始终严格坚持全面理解、准确把握院士的标准和条件，从全局出发，超脱本系统、本单位、本专业领域的局限性，对所有候选人按照标准和条件进行评审和选举，共同营造畅所欲言的评审气氛，认真负责地发表意见，这些都为本次增选工作的顺利完成提供了保障。

（二）咨询项目的质量有所提高

工程院作为最高荣誉性、咨询性学术机构，充分发挥院士思想库的优势，参与国家经济建设的重大决策和工程实践，为国家重大战略问题提供科学依据，是院及学部的中心工作。两年来，由学部院士牵头开展的咨询项目有18项（见表1），已完成7项；院士建议达12项（见表2）。其中由钱正英等院士负责的“新疆可持续发展中有关水资源的战略研究”、邹德慈院士负责的“我国大城市连绵区规划与建设研究”、陈肇元院士负责的“房屋建筑物安全管理制度与技术标准”、江亿院士负责的“我国建筑节能战略研究”4个咨询项目研究报告以工程院文件上报国务院及有关部委；由朱伯芳、张超然院士负责的“金沙江溪洛渡水电站工程建设中重大技术问题”咨询研究报告已报长江三峡总公司。

咨询工作所取得的成绩是和院士们的辛勤努力、大力支持分不开的，它已经不同程度地在国民经济建设和社会发展中发挥了重要作用。这几年政府对决策的科学化、民主化非常重视，科技咨询也将占有越来越重要的地位，这意味着院士们所承担的责任也将越来越大，希望院士在身体力行的情况下，积极参与工程院的咨询活动，为国家的经济建设作出贡献。为了确保咨询项目按时完成，学部办公室在各项目组组长的领导下，做了大量的组织、协调等服务性工作，筹备组织了各种形式的会议及考察活动。

（三）学术活动

以院士为纽带，开展形式多样的学术活动，为广大工程科技人员创造相互学习和交流的机会，推动工程科技事业的进步和人才的成长，是学部的基本任务之一。两年来，学部按计划组织了13场不同形式的学术活动（见表3），取得了较好的效果。学术活动的开展为提高学部凝聚力，加强交流合作和树立学部良好形象，发挥了一定的作用。

学部常委会对于学术活动的开展不断加强规范化管理，每年年初根据院士的申请，学部常委会讨论确定本年度开展的学术活动，并提出了凡是以学部名义单独或共同组织的学术会议，我们坚持必须有学部的院士主持或参与主持并且必须要有院士到会参加，不允许只是挂名或被借用名义的原则。

在广度和深度上逐步拓展，呈现出系列化、多样化并针对热点问题开展学术活动的发展趋势。

（四）加强科学道德建设

院士不仅应是业务领域的专家，更应是遵守科学道德的模范。当前的社会风尚存在着许多不正之风，这就需要大家自觉抵制这种不良风气的影响，坚持科学道德，接受社会各界监督，维护院士称号的尊严。

对于工程院道德委员会制订的《院士科学道德行为准则》、《院士行为准则若干自律规定》等规定，常委会希望全体院士切实遵照执行，并严格监督和检查。在这里，也希望学部全体院士都能做到严于律己、厚德载物，坚持严格的科学精神和一丝不苟的科学态度，做全国科技工作者科学道德和职业素养方面的典范。

（五）常委会和学部办公室的工作

学部常委在任职期间，能热情负责、努力工作，保证了学部各项活动的顺利开展。两年来，学部常委会共召开8次会议，在本届常委会届满之时，我代表本届常委会向全体院士对学部工作的支持和学部的发展所做出的努力表示感谢，正是你们辛勤的工作，才有我们今天的承前继后和明天的继往开来。

学部办公室是学部开展各项工作和与院士联系的纽带。他们不仅要完成学部本身的工作并为学部的院士服务，而且还承担了院部重大咨询项目的事务性工作，经常加班加点。我这里谨代表我们学部的全体院士向办公室的同志们表示感谢。

（六）关于第十次院士大会准备工作

1. 推选学部新一届常委候选人

根据《中国工程院章程》第六章第25条中“每届学部常委会任期4年，可连续连任一次”。常委年龄要求在任职内不超过80周岁即可，即常委候选人年龄应在76周岁以下。为此，学部向各位院士印发了《新一届学部常委候选人推荐表》及有关材料，根据院士反馈的意见，2010年3月2日、5月20日，学部常委会根据已确定的换届选举原则和院士们的反馈意见，结合学部的具体情况，经过充分讨论、认真酝酿、权衡各种因素，提出了新一届常委正式候选人名单。在这次院士大会上，提交学部全体院士讨论、选举，并由新一届常委会推选产生学部正副主任。

2. 推荐新一届院主席团学部成员

根据《中国工程院章程》及《中国工程院主席团成员选举办法》的规定，主席团由院长、副院长、当然成员、各学部主任和若干名经院士大会直接选举的成员组成。主席团成员将于今年院士大会上换届选举，其中对于经院士大会选举的主席团成员，每次换届至少应更换其中二分之一的人数，并由各学部在广泛听取本学部院士意见的基础上，推荐2名院士为候选人，候选人的年龄要求为任期内不超过80周岁，即应在76周岁以下。学部常委会根据院士们的反馈意见，结合学部的具体情况，经过充分讨论，提出了学部推荐的2名院士为新一届主席团成员正式候选人，在本次院士大会上讨论选举。

3. “中国工程科技光华奖”评审工作

“中国工程科技光华奖”的奖励对象是在工程科学技术及管理领域取得突出成绩和重要贡献的中国工程师、科学家。奖项分为“光华成就奖”、“光华工程奖”和“光华青年奖”。“光华成就奖”从“光华工程奖”获奖者中产生，不单独提名，直接由光华奖理事会评审。根据评审办法规定，对“光华工程奖”和“光华青年奖”候选人的评审工作委托学部常委会主持。2010年在我学部评审的光华工程科技奖候选人7名，青年奖候选人5名，可选出工程奖不超过2名，青年奖1名。学部于2010年3月2日主持召开了评审会，投票表决选出了2位“光华奖”获奖正式候选人和1位“光华青年奖”正式候选人，并提交光华奖理事会审议获得通过。

二、对今后学部工作的建议

今后四年，学部将在新一届常委会的组织下开展工作。回顾和总结两年来的学部工作，有以下几点体会和建议：

（一）进一步加强科学道德建设

在全体院士的努力下，通过加强学风道德建设，院士在弘扬科学精神，维护科学道德，传播科学思想，倡导先进文化，普及科技知识等方面作出了积极贡献，院士群体受到科技界和社会的普遍尊重和关注，但同时对我们也提出了更高的工作和作风等方面的要求。现在学术界也确实存在着严重的浮躁、浮夸和弄虚作假现象，而且还在发展。作为院士，我们就更要努力做实事求是、谦虚严谨、品德高尚的典范，学部常委会要将这项工作放在重要地位，并与大家共勉。这次院士大会期间还要专题讨论院士队伍建设问题，主要内容有：当前在院士队伍建设中存在的主要问题，对于怎样做好院士提出改进的意见和建议；如何把好院士进口关，对院士增选工作的改进意见和建议等。

（二）学部工作既要积极开展，又要量力而行

全体院士的支持和参与是做好学部工作的必要条件。我们既要努力争取和发挥各位院士在学部工作中的作用，但又要考虑到院士的实际情况，必须量力而行，这也是历届常委会传承的经验。对于学部常委，则需要投入更多的时间。

学部的建筑、土木、水利和测绘四个专业在行业领域和专业方面都存在一定的不同，因此除在工作上互相借鉴与支持外，加强各专业的活动，是充分发挥院士群体优势，做好咨询与学术活动等工作的基础。而且随着学部的不断扩大，院士人数不断增加，这种形式还要加强。

（三）进一步加强咨询工作和学术活动

咨询工作和学术活动一直是院和学部的工作重点，在这方面要不断提高质量和实效。坚持“有所为，有所不为”的原则，加强规范化管理。对于工程建设中的重大热点问题，不管是否能被有关部门领导认可，还是要在可能的条件下择要开展适当的活动，反映和表达学部院士的心声。

各位院士，本届学部常委会虽然努力做了一些工作，但肯定存在许多不足之处，希望大家提出宝贵意见和批评建议。

最后，再一次感谢院士们对学部工作的大力支持，谢谢大家！

表1　学部咨询项目一览表

序号	项目名称	负责人	立项时间	完成时间	级别	完成情况
1	新疆可持续发展中有关水资源的战略研究	钱正英	2007	2010	院级	已完成
2	我国大城市连绵区规划与建设研究	邹德慈	2006	2009	学部重点级	已完成
3	B. O. T(建造 - 经营 - 移交)及 P. P. P(公司合作制)项目执行指南	范立础	2007	2009	学部级	已完成
4	我国建筑节能工作战略研究	江　亿	2007	2009	学部级	已完成
5	基于节水防污型社会的水资源供需发展趋势与流域发展格局展望	王　浩	2007	2009	学部级	已完成
6	房屋建筑物安全管理制度与技术标准	陈肇元	2007	2009	学部级	已完成
7	金沙江溪洛渡水电站工程建设中重大技术问题	朱伯芳 张超然	2006	2009	学部级	已完成
8	海上风电场建设重大工程问题研究	王景全	2008	2010	学部级	进行中
9	国家战略石油地下大型储备库的建设技术研究	王梦恕	2008	2010	学部级	进行中
10	促进我国建筑钢结构产业快速、健康发展的技术政策研究	沈祖炎	2009	2011	学部级	进行中
11	城乡统筹与人居环境科学发展	吴良镛	2009	2011	学部级	进行中
12	土木学科现状、发展方向及创新前沿研究	崔俊芝 杨秀敏	2009	2011	学部级	进行中
13	水利学科现状、发展方向及创新前沿研究	韩其为 陈厚群	2009	2011	学部级	进行中
14	全寿命期低碳成本绿色建筑及其政策法规研究	陈肇元 江　亿	2010	2011	学部级	进行中
15	浙江沿海及海岛综合开发战略研究	钱正英	2010	2012	院级	进行中
16	汶川地震工程破坏与对策	欧进萍	2010	2012	院级	进行中
17	北部湾经济区水资源安全保障研究	王　浩	2010	2012	院级	进行中
18	中国工程科技中长期发展战略研究土木领域分课题	杨秀敏 江　亿 陈厚群	2009	2010	院级	进行中

表 2　学部上报院士建议一览表

序号	时间	建议	建议人
1	2008 年 6 月 24 日	关于加快科技创新，大幅提高我国热电联产集中供热系统效率的建议	江亿、杜祥琬等 5 位院士
2	2008 年 11 月 13 日	对交通运输部科学发展的几点建议	谢世楞　刘济舟 郑皆连
3	2008 年 12 月 12 日	关于将"岩土工程"列入国家学科分类中二级学科的建议	张在明 杨秀敏
4	2008 年 12 月 12 日	关于尽快兴建渤海海峡跨海通道的建议	李玶
5	2009 年 7 月 22 日	关于加强海西经济区和谐环境与生态流域(九龙江与闽江)示范研究的建议	卢耀如等
6	2009 年 7 月 22 日	汶川地震灾区恢复重建若干建议	钱七虎等
7	2009 年 9 月 2 日	大力推广吸收式换热的新型热点联产集中供热，实现大幅度建筑节能	江亿等
8	2009 年 11 月 26 日	关于提请将"干空气能"列入我国可再生能源法与可再生能源目录的报告	江亿
9	2009 年 11 月	对中国地震局《国家地震应急预案》的意见和建议	谢礼立
10	2010 年 2 月 21 日	对发改委"关于加快长江等内河水运发展的意见"征求意见稿的建议	梁应辰
11	2010 年 3 月 23 日	关于长江流域水资源综合调度及河口水安全保障的建议	陈吉余、郑守仁、王浩等
12	2010 年 5 月 13 日	重视黄河的长治久安问题	潘家铮、韩其为王浩

表 3　学部主要学术活动一览表

类型	项目名称	负责人	时间	地点	类型	级别	备注
学术会议	2008 年 6 月院士大会以后						
	汶川地震建筑震害分析与重建研讨会	陈肇元	6 月 28 – 29 日	北京	国内会议	学部主办	180 余人 40 个报告
	第 21 届国际摄影测量与遥感大会	刘先林 宁津生	7 月 3 – 11 日	北京	国际会议	学部协办	200 余人 275 场报告
	奥运工程与土木工程科技创新研讨会	杨秀敏	9 月 17 – 18 日	北京	国内会议	学部主办	200 人 15 场报告
	“与微观结构相关的水泥基复合材料耐久性”国际学术会议	孙　伟	10 月 13 – 15 日	南京	国际会议		200 人 19 场报告
	2009 年						
	第五届建筑节能国际学术周	江　亿	3 月 23 – 27 日	清华大学	国际会议	学部主办	13 场报告 200 人参会
	土木工程安全与防灾高层学术论坛	杨秀敏 吕志涛	5 月 21 – 23 日	南京	国内会议	学部主办	21 场报告 200 人参会
	“CSE 09”计算结构工程国际研讨会	崔俊芝	6 月 22 – 24 日	上海	国际会议	学部主办	15 场报告 200 人参会
	海峡两岸土木工程学术交流会	马克俭	9 月 2 – 6 日	贵州大学	国际交流	学部协办	13 场报告 200 人参会
	★第三届水利学术年会—2009 水资源与可持续发展高层论坛	茆　智	9 月 22 – 24 日	武汉大学	国际会议	院主办 学部承办	102 场报告 500 人参会
	★第二届建筑学术年会—2009 中国上海国际建筑科技大会	崔俊芝 马国馨	10 月 15 – 17 日	上海	国际会议	学部主办	24 场报告 200 人参会
	第 11 届国际隔震与消能减震控制学术会议	周福霖	11 月 17 – 20 日	广州大学	国际会议	学部协办	47 场报告 200 人参会
	海上风电场建设重大工程问题研讨会	王景全	11 月 18 – 20 日	上海	工程论坛	院主办 学部承办	13 场报告 150 人参会
	2010 年						
	第六届建筑节能国际学术周	江　亿	3 月 22 – 28 日	清华大学	国际会议	学部主办	

环境与轻纺工程学部工作报告

魏复盛

2010 年 6 月

各位院士：

两年一次的院士大会又让我们共聚一堂，在此，请允许我代表学部常委会向大家特别是年事已高的资深院士表示诚挚的问候，向 2009 年新当选的 6 位院士表示衷心的祝贺和热烈的欢迎！

两年来，学部全体院士在完成各自工作单位任务的同时，积极参与工程院和学部的各项活动，辛勤耕耘，以国家振兴为己任，为推动工程科学技术发展与创新、国家重大工程项目的建设和咨询、加强学术交流、培养年轻人才等方面作了大量的工作，取得了很大成绩。

下面，我受学部常委会的委托，对学部两年来所做的主要工作做一回顾，并对今后学部工作的开展谈几点体会和建议，请全体院士审议。

一、工作回顾

（一）院士增选和加强院士队伍建设

加强院士队伍建设是工程院及学部建设的基本任务之一。学部经过 2009 年增选，院士队伍已发展到现在的 42 位，院士平均年龄现为 71.07 岁；截止到 2010 年 6 月 30 日，资深院士 7 名；院士学科专业分布已覆盖了 7 个一级学科、26 个二级学科；院士单位所在地区遍及全国 11 个省区市。

关于 2009 年增选工作，学部常委会高度重视，多次研究采取措施使之更为完善和规范。为了研究解决增选中出现的问题，学部常委会多次进行专题研究，并反复强调和坚决贯彻执行院道德委员会制定的一系列政策和办法。

2009 年院士增选的工作量非常大，学部全体院士都不辞辛苦地承担了学部委托的各项工作。在评审过程中，切实遵循了公正、客观、实事求是和宁缺毋滥的原则，始终严格坚持全面理解、准确把握院士的标准和条件，从全局出发，超脱本系统、本单位、本专业领域的局限性，对所有候选人按照标准和条件进行评审和选举，共同营造畅所欲言的评审气氛，认真负责地发表意见，这些都为本次增选工作的顺利完成提供了保障。

（二）咨询工作数量和规模有所增长、质量有所提高

工程院作为最高荣誉性、咨询性学术机构，充分发挥院士思想库的优势，参与国家经济建设的重大决策和工程实践，为国家重大战略问题提供科学依据，是院及学部的中心工作。学部自 2006

年成立以来,始终本着"量力而行、滚动发展、突出重点、务求实效"的原则,不断向深度和广度拓展;在咨询项目的立项上,更加注重发挥院士的群体作用,充分体现科学发展观和宏观性、战略性、综合性和前瞻性的要求,紧密围绕当前国民经济、社会事业和工程科技发展中涉及学部专业领域的全局性、紧迫性和方向性的热点及发展战略问题;在咨询项目的实施和上报过程中,进一步加强了跟踪和落实,保证了咨询项目按计划完成和取得实效。

1. 咨询项目

两年来,学部开展的咨询项目有17项(已完成5项,以工程院文件上报国务院有关部委的咨询报告目前有1份),为了确保咨询项目按时完成,学部办公室在各项目组负责院士的领导下,做了大量的组织、协调等服务性工作,筹备组织各种形式的会议及考察活动,详见表1。

2. 院士建议和咨询意见

两年来,受国家有关部委的委托,学部组织院士对部分征求意见稿提出了咨询意见和建议共计8次,同时,结合各自专业领域,院士们主动建言献策,上报院士建议6次,详细见表2。

咨询工作所取得的成绩是和院士们的辛勤努力、大力支持分不开的,它已经不同程度地在国民经济建设和社会发展中发挥了重要作用。新一届政府对决策的科学化、民主化非常重视,科技咨询也将占有越来越重要的地位,这意味着院士们所承担的责任也将越来越大。

(三)开展学术活动

以院士为纽带,开展形式多样的学术活动,为广大工程科技人员创造相互学习和交流的机会,推动工程科技事业的进步和人才的成长,是学部的基本任务之一。两年来,学部按计划组织了8场不同形式的学术活动,详见表3,取得了较好的效果。学术活动的开展为提高学部凝聚力,加强交流合作和树立学部良好形象,发挥了一定的作用。

学部常委会对于学术活动的开展不断加强规范化管理,每年年初根据院士的申请,学部常委会讨论确定本年度开展的学术活动,并提出了凡是以学部名义单独或共同组织的学术会议,我们坚持必须有学部的院士主持或参与主持并且必须要有院士到会参加,不允许只是挂名或被借用名义的原则。

在广度和深度上逐步拓展,呈现出系列化、多样化并针对热点问题开展学术活动的发展趋势。

(四)地方合作及院士行活动

为发挥院士在学科建设、团队培养、科研开发等方面的优势,2年来,学部开展了2项地方合作暨技术咨询和组织参与了2次院士行活动,为促进地方特色产业的发展做出了贡献,详细见表4。

(五)加强科学道德建设

院士不仅应是业务领域的专家,更应是遵守科学道德的模范。当前的社会风尚存在着许多不正之风,这就需要大家自觉抵制这种不良风气的影响,坚持科学道德,接受社会各界监督,维护院士称号的尊严。

对于工程院道德委员会制订的《院士科学道德行为准则》、《院士行为准则若干自律规定》等规定,常委会希望全体院士切实遵照执行,并严格监督和检查。在这里,也希望学部全体院士都能做到严于律己、厚德载物,坚持严格的科学精神和一丝不苟的科学态度,做全国科技工作者科学道德和职业素养方面的典范。

(六)常委会和学部办公室的工作

学部常委在任职期间,能热情负责、努力工作,保证了学部各项活动的顺利开展。两年来,学部常委会共召开10次会议,在本届常委会届满之时,我代表本届常委会向全体院士和历届常委会对学部工作的支持和学部的发展所做出的努力表示感谢,正是你们辛勤的工作,才有我们今天的承前继后和明天的继往开来。

学部办公室是学部开展各项工作和与院士联系的纽带。他们不仅要完成学部本身的工作并为学部的院士服务,而且还承担了院部重大咨询项目的事务性工作,经常加班加点。我这里谨代表我们学部的全体院士向办公室的同志们表示感谢。

(七)关于第十次院士大会准备工作

1. 推选学部新一届常委候选人

根据《中国工程院章程》第六章第25条中“每届学部常委会任期4年,可连续连任一次”。常委年龄要求在任职内不超过80周岁即可,即常委候选人年龄应在76周岁以下。为此,学部向各位院士印发了《新一届学部常委候选人推荐表》及有关材料,根据院士反馈的意见,2010年4月11日学部常委会根据已确定的换届选举原则和院士们的反馈意见,结合学部的具体情况,经过充分讨论、认真酝酿、权衡各种因素,提出了新一届常委正式候选人的建议名单,并将建议名单寄发再次征求学部全体院士意见,根据反馈意见,6月6日召开学部常委会讨论研究,确定提出新一届常委候选人正式名单。在这次院士大会上,提交学部全体院士讨论、选举,并由新一届常委会推选产生学部正副主任。

2. 推荐新一届院主席团学部成员

根据《中国工程院章程》及《中国工程院主席团成员选举办法》的规定,主席团由院长、副院长、当然成员、各学部主任和若干名经院士大会直接选举的成员组成。主席团成员将于今年院士大会上换届选举,其中对于经院士大会选举的主席团成员,每次换届至少应更换其中二分之一的人数,并由各学部在广泛听取本学部院士意见的基础上,推荐2名院士为候选人,候选人的年龄要求为任期内不超过80周岁,即应在76周岁以下。学部常委会根据院士们的反馈意见,结合学部的具体情况,经过充分讨论,提出了学部推荐的2名院士为新一届主席团成员正式候选人,在本次院士大会上讨论选举。

3. “中国工程科技光华奖”评审工作

“中国工程科技光华奖”的奖励对象是在工程科学技术及管理领域取得突出成绩和重要贡献的中国工程师、科学家。奖项分为“光华成就奖”、“光华工程奖”和“光华青年奖”。“光华成就奖”从“光华工程奖”获奖者中产生,不单独提名,直接由光华奖理事会评审。根据评审办法规定,对“光华工程奖”和“光华青年奖”候选人的评审工作委托学部常委会主持。2010年在我学部评审的光华工程科技奖候选人6名,青年奖候选人3名,可选出工程奖、青年奖各2名。学部于2010年3月11日主持召开了评审会,投票表决选出了2位“光华奖”获奖正式候选人和2位“光华青年奖”正式候选人,并提交光华奖理事会审议,最终获工程奖2名、青年奖1名。

二、对今后学部工作的建议

今后四年,学部将在新一届常委会的组织下开展工作。回顾和总结两年来的学部工作,有以下几点体会和建议:

(一)进一步加强科学道德建设

在全体院士的努力下,通过加强学风道德建设,院士在弘扬科学精神,维护科学道德,传播科学思想,倡导先进文化,普及科技知识等方面作出了积极贡献,院士群体受到科技界和社会的普遍尊重和关注,但同时对我们也提出了更高的工作和作风等方面的要求。现在学术界也确实存在着严重的浮躁、浮夸和弄虚作假现象,而且还在发展。作为院士,我们就更要努力做实事求是、谦虚严谨、品德高尚的典范,学部常委会要将这项工作放在重要地位,并与大家共勉。这次院士大会期间还要专题讨论院士队伍建设问题,主要内容有:当前在院士队伍建设中存在的主要问题,对于怎样做好院士提出改进的意见和建议;如何把好院士进口关,对院士增选工作的改进意见和建议等。

(二)学部工作既要积极开展,又要量力而行

全体院士的支持和参与是做好学部工作的必要条件。我们既要努力争取和发挥各位院士在学部工作中的作用,但又要考虑到院士的实际情况,必须量力而行,这也是历届常委会传承的经验。对于学部常委,则需要投入更多的时间。

学部的环境、气象、海洋、轻工和纺织5大学科在行业领域和专业方面都存在一定的不同,因此除在工作上互相借鉴与支持外,加强各专业的活动,是充分发挥院士群体优势,做好咨询与学术活动等工作的基础。而且随着学部的不断扩大,院士人数不断增加,这种形式还要加强。

(三)进一步加强咨询工作和学术活动

咨询工作和学术活动一直是院和学部的工作重点,在这方面要不断提高质量和实效。坚持"有所为,有所不为"的原则,加强规范化管理。对于工程建设中的重大热点问题,不管是否能被有关部门领导认可,还是要在可能的条件下择要开展适当的活动,反映和表达学部院士的心声。

各位院士,本届学部常委会虽然努力做了一些工作,但肯定存在许多不足之处,希望大家提出宝贵意见和批评建议。

最后,再一次感谢院士们对学部工作的大力支持,谢谢大家!

表1 学部承担咨询项目一览表

序号	项目名称	级别	起止时间	完成时间	级别	完成情况
1	我国轻工行业节约资源与保护环境的战略研究	学部重点	2007-2009	陈克复	40万	已完成
2	环渤海地区经济发展与环境保护战略研究	学部一般	2007-2009	王文兴 孙铁珩	20万	已完成
3	大气中SO2、氮氧化物、尘污染物的减排技术与政策咨询	学部一般	2007-2009	郝吉明	20万	已完成
4	我国海洋腐蚀现状调查与防护对策研究	学部一般	2007-2009	侯保荣	10万	已完成
5	气候变化中的关键科学问题及其对适应和减缓对策的影响	学部一般	2007-2009	丁一汇	10万	已完成
6	中国食品安全的现状、问题和对策预调研	学部重点	2009-2010	魏复盛 庞国芳 孙宝国	40万	进行中

续表

序号	项目名称	级别	起止时间	完成时间	级别	完成情况
7	我国气象灾害预警与应急研究	学部重点	2009－2010	李泽椿	30万	进行中
8	环境与轻纺工程学科发展战略研究	学部一般	2009－2010	魏复盛	40万	进行中
9	海洋学科发展现状及前沿发展方向研究	学部一般	2009－2010	侯保荣	20万	进行中
10	气象学科发展现状及前沿发展方向研究	学部一般	2009－2010	许健民	10万	进行中
11	环境科技发展现状及前沿发展方向研究	学部一般	2009－2010	张 懿	10万	进行中
12	轻工业工程学科发展战略研究	学部一般	2009－2010	陈克复	20万	进行中
13	纺织学科发展现状及前沿发展方向研究	学部一般	2009－2010	孙晋良	10万	进行中
14	研究多种生物高分子新纤维工程化产业化前景	学部重点	2010－2011	蒋士成 季国标	80万	新启动
15	我国重大海洋工程设施腐蚀防护技术发展战略研究	学部重点	2010－2011	侯保荣	50万	新启动
16	三峡库区生态环境保护与建设战略咨询研究	学部重点	2010－2011	魏复盛	80万	新启动
17	中国工程科技中长期发展战略研究土木领域分课题	院级委托	2009－2010	张 懿 魏复盛	120万	进行中

表2 院士建议和咨询意见一览表

序号	名称	建议人	时间
1	关于设立国家灾难预防日和国家灾难预防体系的建议	金鉴明、刘鸿亮、王文兴、任阵海、李泽椿、郝吉明、孙铁珩、魏复盛、侯保荣、金翔龙、蔡道基、张全兴	08.06.25上报
2	关于环境保护部《城镇排水与污水处理条例(送审稿)》的征求意见	刘鸿亮	09.08反馈
3	关于国务院三峡办《关于进一步加强三峡工程生态环境建设与保护工作的意见(征求意见稿)》的征求意见	魏复盛	09.08反馈

续表

序号	名称	建议人	时间
4	关于环境保护部关于修订《地表水环境质量标准》的征求意见	魏复盛	09.09 反馈
5	关于环境保护部《土壤环境质量标准》标准修订的征求意见	蔡道基	09.11 反馈
6	对国家发改委《节能环保产业发展规划》(征求意见稿)的意见和建议	张懿、钱易	10. 02 反馈
7	关于环境保护部"糖精工业水污染排放标准"(征求意见稿)的征求意见	孙宝国	10. 03 反馈
8	关于环境保护《无机磷化学工业污染物排放标准》(征求意见稿)的征求意见	张全兴、曲久辉	10. 03 反馈
9	对国家发改委湘江流域重金属污染治理实施方案(送审稿)的征求意见	曲久辉	10. 04 反馈
10	关于建设纺织优势学科创新平台的建议	季国标、梅自强、刘鸿亮、钱易、郁铭芳、周翔、魏复盛、任阵海、孙晋良、蒋士成、姚穆、庞国芳	08.07.16 上报
11	关于挽救绒山羊品种 拯救山羊绒产业的建议	旭日干、刘守仁、季国标、段镇基、周国泰、姚穆、李佩成、向仲怀、石玉林、马宁、彭燕丽、李椿和、张志	08.09.05 上报
12	关于成立"国家海洋防腐蚀工程研究中心"的建议	侯保荣	09.12 上报
13	关于将千岛湖、抚仙湖作为国家战略水资源加以保护的建议	刘鸿亮、金鉴明、张 懿、尹伟伦、唐孝炎	2010,6 上报
14	关于审慎宣传与推广生产"石头纸"的建议	陈克复	2010,7 上报

表 3　学部开展主要学术活动一览表

类型	项目名称	负责人	时间	地点	类型	级别	备注
学术会议	2008 年 6 月以后						
	表面活性剂在节能减排技术中的应用	陈克复	7 月 17 日	威海	工程论坛	院主办 学部承办	100 余人 14 场报告
	首届污染环境修复基准与标准国际研讨会	孙铁珩	7 月 23－24 日	沈阳	国际会议	学部主办	100 余人 25 场报告
	新型化学纤维与产业用纺织品	姚　穆	12 月 16－17 日	绍兴	工程论坛	院主办 学部承办	300 余人 10 场报告
	2009 年						
	2009 中国天然纤维论坛	姚　穆	4 月 14－17 日	云南	国际会议	学部主办	500 余人 32 场报告
	海洋工程结构浪花飞溅区腐蚀与控制学术研讨会	侯保荣	5 月 11－13 日	青岛	工程论坛	院主办 学部承办	200 余人 37 场报告
	生物质化学品的研究及开发	陈克复	8 月 25－27 日	河南	工程论坛	院主办 学部承办	200 余人 27 场报告
	★2009 第四届绿色财富（中国）论坛	魏复盛	8 月 29－30 日	北京	国际会议	联合主办	200 余人 25 场报告
	2010 年						
	全球华人科学家环境论坛	魏复盛 郝吉明	5 月 5－7 日	上海	国际会议	学部主办	1500 余人 50 场报告

表 4　地方合作和院士行活动一览表

名称	时间	地点	级别	参与院士	备注
地方合作					
浙江省工业转型升级系列报告会－纺织产业专题	2009.02.26	绍兴	院主办 学部承办	季国标、姚穆、梅自强、蒋士成、周翔	与工信部、科技部、浙江省共同主办
广东省工业节能减排院士咨询活动	2009.3.24－28	广东	院主办 学部承办	陈克复、魏复盛、季国标、姚穆、周翔	与工信部、广东省政府共同主办

续表

名称	时间	地点	级别	参与院士	备注
院士行活动					
中组部牵头组织的院士专家咨询服务活动	2009.04.16－30	广东、浙江、江苏、河南、安徽、湖南	院承办学部参与	侯保荣、张懿、郝吉明、周翔、孙晋良、姚穆、周国泰	中组部牵头、发改委、人力资源部、农业部、科学院、社科院、银监会等部委共同参与
循环经济专家行活动	2009.04.23	北京	院主办	钱易、张懿	与国家发改委共同主办

农业学部工作报告

管华诗

2010 年 6 月 10 日

各位院士：

两年一次的院士大会又让我们共聚一堂，在此，请允许我代表学部常委会向大家特别是年事已高的资深院士表示诚挚的问候，向 2009 年新当选的 7 位院士表示衷心的祝贺和热烈的欢迎！

两年来，学部全体院士在完成各自工作单位任务的同时，积极参与工程院和学部的各项活动，辛勤耕耘，以国家振兴为己任，为推动工程科学技术发展与创新、国家重大工程项目的建设和咨询、加强学术交流、培养年轻人才等方面作了大量的工作，取得了很大成绩。

下面，我受学部常委会的委托，对学部两年来所做的主要工作做一回顾，并对今后学部工作的开展谈几点体会和建议，请全体院士审议。

一、工作回顾

（一）院士增选和加强院士队伍建设

加强院士队伍建设是工程院及学部建设的基本任务之一。学部经过 2009 年增选，院士队伍已发展到现在的71位，院士平均年龄现为73.88岁；截止到2010年底资深院士20名；院士学科专业分布已覆盖了12个一级学科、32个二级学科；院士单位所在地区遍及全国20个省区市。

关于2009年增选工作，学部常委会高度重视，多次研究采取措施使之更为完善和规范。为了研究解决增选中出现的问题，学部常委会多次进行专题研究，并反复强调和坚决贯彻执行院道德委员会制定的一系列政策和办法。

2009年院士增选的工作量非常大，学部全体院士都不辞辛苦地承担了学部委托的各项工作。在评审过程中，切实遵循了公正、客观、实事求是和宁缺毋滥的原则，始终严格坚持全面理解、准确把握院士的标准和条件，从全局出发，超脱本系统、本单位、本专业领域的局限性，对所有候选人按照标准和条件进行评审和选举，这些都为本次增选工作的顺利完成提供了保障。

（二）咨询项目数量和规模有所增长、质量有所提高

工程院作为最高荣誉性、咨询性学术机构，充分发挥院士思想库的优势，参与国家经济建设的重大决策和工程实践，为国家重大战略问题提供科学依据，是院及学部的中心工作。两年来，学部开展的咨询项目有15项，已完成3项，提交了院士建议6份，详见表1、2、3。为了确保咨询项目按时完成，学部办公室在各项目组组长的领导下，做了大量的组织、协调等服务性工作。

咨询工作所取得的成绩是和院士们的辛勤努力分不开的，它已经不同程度地在国民经济建设和社会发展中发挥了重要作用。

（三）开展学术活动

以院士为纽带，开展形式多样的学术活动，为广大工程科技人员创造相互学习和交流的机会，推动工程科技事业的进步和人才的成长，是学部的基本任务之一。两年来，学部按计划组织了8场学术活动，详见表4。

学部常委会对于学术活动的开展将不断加强规范化管理，每年年初根据院士的申请，学部常委会讨论确定本年度开展的学术活动，并提出了凡是以学部名义单独或共同组织的学术会议，我们坚持必须有学部的院士主持或参与主持并且必须要有院士到会参加，不允许只是挂名或被借用名义的原则。希望各位院士能大力支持学部学术活动的开展，在广度和深度上逐步拓展，争取创建出富有工程院农业学部特色的品牌活动，进一步提高学部凝聚力，加强交流合作，树立学部良好形象。

（四）加强科学道德建设

院士不仅应是业务领域的专家，更应是遵守科学道德的模范。当前的社会风尚存在着许多不正之风，这就需要大家自觉抵制这种不良风气的影响，坚持科学道德，接受社会各界监督，维护院士称号的尊严。

对于工程院道德委员会制订的《院士科学道德行为准则》、《院士行为准则若干自律规定》等规定，常委会希望全体院士切实遵照执行，并严格监督和检查。在这里，也希望学部全体院士都能做到严于律己、厚德载物，坚持严格的科学精神和一丝不苟的科学态度，做全国科技工作者科学道德和职业素养方面的典范。

（五）常委会的工作

学部常委在任职期间，能热情负责、努力工作，保证了学部各项活动的顺利开展。两年来，学部常委会共召开15次会议，在本届常委会届满之时，我代表各位常委向全体院士对学部工作的支持和对学部的发展所做出的努力表示感谢，正是你们辛勤的工作，才有我们今天的承前继后和明天的继往开来。

两年来，学部共印制了8期工作简报。今年年初，我们还根据广大院士的意见，收集整理了各位在2009年的主要业绩，并汇编成简报印发给大家。这些反映学部工作、院士工作的简报，加强了大家对学部工作的了解和关注，增强了各位院士之间的交流和合作，对提高学部凝聚力起到了积极的作用。

（六）关于第十次院士大会准备工作

1. 推选学部新一届常委候选人

根据《中国工程院章程》第六章第25条中“每届学部常委会任期4年，可连选连任一次”。常委年龄要求在任职内不超过80周岁即可，即常委候选人年龄应在76周岁以下。为此，学部向各位院士印发了《第二届常委会委员候选人提名表》及有关材料，根据院士反馈的意见，2010年5月28日学部常委会根据已确定的换届选举原则和院士们的反馈意见，结合学部的具体情况，经过充分讨论、认真酝酿、权衡各种因素，提出了新一届常委正式候选人的建议名单。在这次院士大会上，提交学部全体院士讨论、选举，并由新一届常委会推选产生学部正副主任。

2. 推荐新一届院主席团学部成员

根据《中国工程院章程》及《中国工程院主席团成员选举办法》的规定，主席团由院长、副院长、当然成员、各学部主任和若干名经院士大会直接选举的成员组成。主席团成员将于今年院士大会上换届选举，其中对于经院士大会选举的主席团成员，每次换届至少应更换其中二分之一的人数，并由各学部在广泛听取本学部院士意见的基础上，推荐2名院士为候选人，候选人的年龄要求为任期内不超过80周岁，即应在76周岁以下。学部常委会根据院士们的反馈意见，结合学部的具体情况，经过充分讨论，提出了学部推荐的2名院士为新一届主席团成员正式候选人，在本次院士大会上讨论选举。

3. “中国工程科技光华奖”评审工作

“中国工程科技光华奖”的奖励对象是在工程科学技术及管理领域取得突出成绩和重要贡献的中国工程师、科学家。奖项分为“光华成就奖”、“光华工程奖”和“光华青年奖”。“光华成就奖”从“光华工程奖”获奖者中产生，不单独提名，直接由光华奖理事会评审。根据评审办法规定，对“光华工程奖”和“光华青年奖”候选人的评审工作委托学部常委会主持。2010年在我学部评审的光华工程科技奖候选人4名，青年奖候选人2名，可选出工程奖不超过2名，青年奖1名。学部于2010年3月2日主持召开了评审会，投票表决选出了2位“光华奖”获奖正式候选人和1位“光华青年奖”正式候选人，并提交光华奖理事会审议获得通过。

二、对今后学部工作的建议

今后四年，学部将在新一届常委会的组织下开展工作。回顾和总结两年来的学部工作，有以下几点体会和建议：

（一）进一步加强科学道德建设

在全体院士的努力下，通过加强学风道德建设，院士在弘扬科学精神，维护科学道德，传播科学思想，倡导先进文化，普及科技知识等方面作出了积极贡献，院士群体受到科技界和社会的普遍尊重和关注，但同时对我们也提出了更高的工作和作风等方面的要求。现在学术界也确实存在着严重的浮躁、浮夸和弄虚作假现象。作为院士，我们就更要努力做实事求是、谦虚严谨、品德高尚的典范，学部常委会要将这项工作放在重要地位，并与大家共勉。这次院士大会期间还要专题讨论院士队伍建设问题，主要内容有：当前在院士队伍建设中存在的主要问题，对于怎样做好院士提出改进的意见和建议；如何把好院士进口关，对院士增选工作的改进意见和建议等。

（二）学部工作既要积极开展，又要量力而行

全体院士的支持和参与是做好学部工作的必要条件。我们既要努力争取和发挥各位院士在学部工作中的作用，但又要考虑到院士的实际情况，必须量力而行，这也是历届常委会传承的经验。对于学部常委，则需要投入更多的时间。

学部的各学科领域在行业和专业方面都存在一定的不同，因此除在工作上互相借鉴与支持外，加强各专业的活动，是充分发挥院士群体优势，做好咨询与学术活动等工作的基础。

（三）进一步加强咨询工作和学术活动

咨询工作和学术活动一直是院和学部的工作重点，在这方面要不断提高质量和实效。坚持“有所为，有所不为”的原则，加强规范化管理。

各位院士，本届学部常委会虽然努力做了一些工作，但肯定存在许多不足之处，希望大家提出宝贵意见和批评建议。

最后，再一次感谢院士们对学部工作的大力支持，谢谢大家！

表1　学部主动咨询项目情况

序号	项目名称	负责人	立项时间	完成时间	级别	完成情况
1	南方低温雨雪冰冻的林业灾害与防治对策研究	尹伟伦	2008	2009	学部重点级	已完成
2	西南岩溶地区草地畜牧业咨询项目	任继周	2008	2010	学部级	已完成
3	中国大豆产业和科学技术发展战略的研究	盖钧镒	2008	2010	学部重点级	进行中
4	黄淮海地区农业节水对策及实施半旱地农业可行性研究	山　仑	2008	2010	学部重点级	进行中
5	中国养殖业可持续发展战略研究	旭日干等	2009	2010	院级	进行中
6	作物学学科发展现状及发展方向	戴景瑞	2009	2010	学部级	进行中
7	园艺学学科发展现状及发展方向	方智远	2009	2010	学部级	进行中
8	农业工程学科发展现状及发展方向	汪懋华	2009	2010	学部级	进行中
9	农业生态（林学）学科发展现状及发展方向	尹伟伦	2009	2010	学部级	进行中
10	水产学学科发展现状及发展方向	唐启升	2009	2010	学部级	进行中
11	兽医学学科发展现状及发展方向	陈焕春	2009	2010	学部级	进行中
12	南方双季稻问题调查研究（以湖南为例）	刘更另	2009	2010	学部级	进行中

表2　学部委托咨询项目情况

序号	委托单位	项目名称	负责人	立项时间	完成情况
1	工程院	我国抗灾救灾能力建设和灾后重建策略研究农业领域	戴景瑞	2008 年	已完成
2	工程院	中国工程科技中长期发展战略研究农业领域分课题	管华诗　戴景瑞　方智远	2009 年	进行中
3	工程院	中国工程院学部调整和学科划分调查与研究	管华诗	2010 年	进行中

表3　院士建议

序号	时间	建议	建议人
1	2008 年 9 月 5 日	关于挽救绒山羊品种拯救山羊绒产业的建议	旭日干等
2	2009 年 1 月 6 日	为农民提供岗位和增加收入的紧急建议	石元春
3	2009 年 1 月 7 日	关于加强我国奶牛结核病和布氏杆菌病监测与防控的建议	夏咸柱　陈焕春　刘秀梵等
4	2009 年 2 月 6 日	关于加强宁德市官井洋大黄鱼繁殖保护区建设和优化大黄鱼养殖产业模式的建议	管华诗　唐启升　雷霁霖等
5	2009 年 2 月 13 日	对农业抗旱的建议	山　仑
6	2009 年 6 月 5 日	关于成立国家严重呼吸系统疫病研究中心的建议	夏咸柱等

表4　学部主要学术活动情况

类型	项目名称	负责人	时间	地点	类型	级别	备注
学术会议	2008 年 6 月以后						
	长安大学学术报告会	李佩成	9 月 20 日	陕西	国内会议	学部主办	1000 余人 2 个报告
	西北农林科技大学学术报告会	山　仑	9 月 23 日	陕西	国内会议	学部主办	500 余人 2 个报告
	第 77 场工程科技论坛－水产科技	唐启升	9 月 26－28 日	上海	国内会议	学部承办	260 人 57 个报告
	国家海洋局海洋三所学术报告会	徐　洵	11 月 24 日	福建	国内会议	学部主办	200 人 4 个报告

续表

类型	项目名称	负责人	时间	地点	类型	级别	备注
学术会议	2009 年						
	农业学部在京院士新春座谈会	方智远 戴景瑞	1 月 21 日	工程院	国内会议	学部主办	16 人参会
	香山科学会议第 340 次学术讨论会 –“可持续海水养殖与提高产出质量的科学问题”	唐启升 林浩然 徐　洵	2 月 11 – 13 日	香山饭店	国内会议	学部协办	50 余人 20 场报告
	技术创新与茶产业可持续发展研讨会	陈宗懋	2 月 19 – 20 日	杭州	国内会议	学部主办	80 余人 21 场报告
	2010 年						
	农业学部在京院士新春座谈会	方智远	2 月 15 日	农科院	国内会议	学部主办	10 余人参会

医药卫生学部工作报告

杨胜利

2010 年 6 月 9 日

各位院士：

中国工程院第十次院士大会开幕了，两年一次的院士大会又让我们共聚一堂，在此，请允许我代表学部向各位院士，特别是向 2009 年新当选的廖万清、周良辅、丁健、吴以岭、杨宝峰、付小兵、程京院士表示诚挚的祝贺和热烈的欢迎。很高兴，2009 年选举新增了 7 位院士，从年龄结构来看，年轻的院士越来越多，占的比例越来越高，为医药学部补充了好多新生的、年轻的院士，也为我们开展学部各项工作增加了好多新鲜的血液，让我们对新院士加入这个大家庭鼓掌，再一次表示欢迎。

下面，由我代表学部常委会向学部大会做工作报告，提请各位院士审议。

一、院士增选

2009年中国工程院院士增选,医药卫生学部常委会申请进行了增选试点,主要体现在2个方面,即第一轮评审采取书面评审和会议评审相结合的方式进行。第二轮评审圈选名额增至9名,如候选人都获得三分之二及以上的赞成票,则末位2人提交主席团认定是否当选。最终经过院士投票有7位候选人当选。

本次增选情况现概括如下:

(一)第一轮评审采取书面评审和会议评审相结合进行,从投票结果的对比上印证了书面评审的科学性,从试点效果上得到学部绝大多数院士的肯定。

(二)在会议评审环节,简化对候选人逐一介绍、讨论,发挥院士的自我判断力,有利于形成共识。

(三)在自我介绍和回答问题环节,发挥院士主动性,取消必答问题,鼓励院士自由提问,增进了对候选人的了解和双方的积极互动。

(四)对增选名额进行科学分配,院士科学把关,促进形成对候选人的共识。应在分配名额时,综合考虑如下因素:

1、第一轮评审后形成2/3以上共识度的候选人数额

2、学部现有院士规模、学科分布

3、医药卫生领域学科发展情况

4、国外对医学科学的重视

(五)如何在坚持院士标准条件的前提下,加强对空白、交叉学科及工程科技一线、边远地区候选人的了解,增进共识度,工程院的政策导向很重要,需要深入研究,提出可行的办法。

(六)对于废票的认定虽然只是增选投票环节的一个小问题,但体现了增选工作的科学性,建议工程院能开展有关方面研究。

(七)《工程院章程》并未对候选人被提名年龄和届次加以限定,但工程院增选工作实施办法却对此有严格的规定,在现行增选环境下该项规定是否科学合理值得研究。

二、学术活动

医药卫生学部的学术活动在工程院是比较活跃的,2010年拟举办各类会议38场,包括香山会议、工程科技论坛、医学前沿论坛、国内学术会议、国际学术会议等。

(一)香山会议(1场)

为促进我们国家中医中药的进一步发展,张伯礼、刘德培、王永炎三位院士发起、提出于7月6日~8日在北京香山饭店召开第379次香山会议"中医药基础研究发展战略",会议将邀请中国工程院、中国科学院、国家中医药管理局、世界中医药学会联合会、中国中医科学院、北京大学等30多个单位的近百名专家、学者参加会议,围绕"中医药基础研究发展战略"展开研讨。

(二)工程科技论坛(3场)

1."髋部疾病诊治与相关学科进展高层峰会"定于7月30日~8月1日在内蒙古呼和浩特召开,会议负责人为邱贵兴院士,由中国工程院主办,中国工程院医药卫生学部、中华医学会骨科学分会、中华医学会骨科学分会关节外科学组承办,内蒙古自治区医学会、内蒙古自治区医院、内蒙古医

学院第二附属医院、中华关节外科杂志协办。

2. “长三角数字卫生建设”定于10月22~24日在杭州召开,会议负责人为李兰娟院士和杨胜利院士,由中国工程院主办,中国工程院医药卫生学部、浙江省科学技术协会院士活动中心、上海市中国工程院院士咨询与学术活动中心、浙江数字医疗卫生技术研究院共同承办。

3. “创面修复的新理论与新技术进展——从基础研究到临床应用转化”定于11月13~14日在福州召开,会议负责人为王正国院士和付小兵院士,由中国工程院主办,中国工程院医药卫生学部、第三军医大学大坪医院、解放军总医院附属第一医院共同承办。

(三)医学前沿论坛(8场)

1. 2010医学科学前沿论坛暨第二届中国眼科学基础研究大会/研究生导师论坛,于2010年3月26~28日在山东青岛召开,会议负责人为谢立信院士,谢立信、杨宝峰、杨雄里、付小兵等院士出席会议。谢立信主持会议,20位专家作了学术报告。

2. 海峡两岸医学前沿论坛,于2010年5月7~13日在高雄长庚医院、台北阳明大学举办。杨胜利、郭应禄、庄辉、郑树森院士和相关专家做了报告,会后访问了长庚医院、阳明大学、荣民总医院、振兴医院并做了专题学术交流。

3. 2010年医学科学前沿论坛暨上海第二届骨科转化性研究与前沿技术国际研讨会,定于6月26~28日在上海召开,会议负责人为戴尅戎院士。论坛由中国工程院医药卫生学部、上海交通大学医学院附属第九人民医院、上海市院士咨询与学术活动中心主办,上海交通大学Med-X研究院、世界华裔骨科学会、国际华人骨研学会、中国机械工程学会摩擦学分会、上海市生物医学工程学会、假体医学工程专业委员会协办,教育部数字医学工程研究中心、上海市骨科内植物重点实验室承办。

4. 2010医学科学前沿暨个体化治疗与抗肿瘤药物研究新趋向研讨会,定于8月6日~9日在广州召开,会议负责人为甄永苏院士,将由中国工程院医药卫生学部、广东省药理学会肿瘤药理专业委员会、中国医药生物技术协会单克隆抗体专业委员会主办,中山大学肿瘤防治中心、广东省药理学会承办。

5. 2010医学科学前沿论坛暨全国中青年肾脏病学术交流会,定于9月在北京召开,会议负责人为陈香美院士,由中国工程院医药卫生学部、中华医学会肾脏病学分会主办,中华医学会肾脏病学分会、解放军总医院承办。

6. 2010医学科学前沿暨第三届抗肿瘤靶向药物研究与应用研讨会,定于10月15~19日在成都召开,会议负责人为甄永苏院士、沈倍奋院士,由中国工程院医药卫生学部、中国医药生物技术协会单克隆抗体专业委员会主办,四川大学、四川大学华西医院承办。

7. 2010医学科学前沿论坛暨“特境微生物资源中药物先导化合物的发现”学术研讨会,定于12月在广州召开,会议负责人为姚新生院士,由中国工程院医药卫生学部主办,暨南大学、中科院微生物研究所承办,暨南大学、中科院微生物研究所、医科院北京生物医药技术研究所、华北制药集团、中山大学、军事医学科学院、国家海洋局海洋三所、中国科学院海洋研究所等协办。

8. 2010医学科学前沿暨基础医学学科发展现状及前沿发展方向研讨会,定于12月在深圳召开,会议负责人为程书钧院士,由中国工程院医药卫生学部主办,深圳中国工程院院士基地、医科院肿瘤医院、深圳华大基因研究院承办。

（四）以往未曾举办或较少举办的会议(6场)

2010年,医药卫生学部将召开6场以往未举办过或较少举办的会议,分别是6月下旬胡亚美、张金哲院士负责的、在武汉召开的中国妇儿健康发展促进高峰论坛;9月份吴天一院士负责、在格尔木召开的青藏铁路卫生保障及高原病防治学术讨论会;9月21～22日陈赛娟院士负责的、在上海召开的中法医学科学和公共卫生研讨会;12月份黄志强院士负责的、在北京召开的大医论道论坛;周宏灏院士负责的、在长沙召开的药物警戒与药品安全国际论坛(时间待定),程书钧院士负责的、在长沙召开的健康论谈(时间待定)。

（五）专业学科专题会议(20场)

1. 骨科——3项:5月邱贵兴院士在北京主持召开了中华医学会骨科学分会成立30周年庆典及全国骨科义诊和科普教育活动;9月11～13日卢世璧院士将在太原主持召开第三届全国骨科修复与移植学术研讨会;11月1日～2日邱贵兴院士将在成都主持召开中华医学会第十二届骨科学术会议暨第五届国际COA学术大会。

2. 肝胆——7项:3月25－28日庄辉院士、贾继东教授在北京主持召开了第二十届亚太肝病学会年会;6月29日李载平院士将在上海主持召开"乙肝病毒:临床及从克隆到疫苗"会议;9月9～11日李兰娟院士将在重庆主持召开中华医学会第十一次全国感染病学术会议;9月吴孟超、王红阳院士将在上海主持召开国际肝胆论坛;10月郑树森院士将在杭州主持召开肝胆胰疾病诊治策略高峰论坛;10月下旬闻玉梅院士将在上海主持召开病毒性肝炎的转化性研究论坛;11月闻玉梅院士将在上海主持召开"乙型肝炎研究慢性化、重症化、恶性化的新思路与新途径"会议。

3. 诊断——4项:6月22～24日程京院士将在北京主持召开第一届中国分子诊断技术大会;9月王威琪院士将在上海主持召开2010年超声医学影像论坛;10月黄志强院士将在北京主持召开中国数字外科论坛;10月夏家辉院士将在长沙主持召开建立严重致愚、致残、致死性遗传病的诊断、产前诊断全国网络研讨会。

4. 肿瘤——3项:5月21～23日郝希山、杨胜利院士在上海主持召开了第六届中国肿瘤学术大会;10月曹雪涛、刘新垣院士将在上海主持召开战胜癌症新策略;11月张金哲、胡亚美院士将在北京主持召开儿童肿瘤诊疗规范与国际协作学术交流会。

5. 肾病——2项:5月15～18日刘志红院士在南京主持召开了2010血液净化南京学术论坛,医药卫生学部协办;9月15～18日刘志红院士将在南京主持召开2010年肾脏病南京学术论坛。

6. 心脏——1项:3月30日～4月3日高润霖院士在北京主持召开了2010中国介入心脏病大会,医药卫生学部为主办单位之一。

三、咨询工作

（一）咨询项目

1. 正在结题的学部级咨询项目6项

谢立信负责的我国眼库准入标准技术细节与眼库安全;卢世璧、戴尅戎院士负责的我国骨库准入标准技术细节与骨库安全;刘昌孝院士负责的代谢组学与中药药理学研究;刘德培院士负责的我国重大传染病预防与控制战略研究;张伯礼院士负责的中医药现代化区域发展优势与协调问题研究;周宏灏院士负责的个体化治疗的实施和推广。

2. 在研的学部级项目 11 项

杨胜利院士负责的医药学科发展现状及前沿发展方向；吴天一院士负责的青藏铁路运营期低氧防护及高原病防治的研究；沈倍奋院士负责的生物防御工业的国际发展态势与我国发展战略研究；郝希山院士负责的中国女性乳腺癌筛查效果评估及对策建议；谢立信院士负责的中国感染性角膜病的社会危害和干预策略；侯云德院士负责的我国对甲型 H1N1 流感的防控经验、今后流行趋势及对策建议；刘耀院士负责的国内外戒毒方法的调研和对策；沈渔邨院士负责的探索建立中国的进食障碍三级干预模式问题的研究；杨胜利院士负责的特大城市（以上海为例）人口老龄化与提高老年人口生活质量对策研究；肖培根院士负责的中药资源可持续发展相关问题的研究；卢世璧院士负责的自体干细胞临床应用现状及临床准入标准研究；

3. 在研院级咨询项目 4 项

我国工程科技中长期发展战略研究（医药领域）；关于学部调整和学科划分研究（医药卫生学部领域）；关于我院院士队伍建设研究（分课题二）；生物产业十二五发展战略研究（生物产业）。

（二）院士建议

2010 年，医药卫生学部提出院士建议两份，分别是张伯礼、王永炎、刘昌孝、吴以岭院士提出的“关于扶持和促进大中药产业健康发展的建议”（详见《中国工程院专报》第一期）；王永炎、张伯礼、吴以岭院士提出的关于的“中医药防控甲型 HINI 流感工作建议”报告（中工发［2010］11 号）。

（三）工程院布置工作

2010 年，医药卫生学部完成工程院布置工作 6 项，分别是：

2 月 26 日，沈倍奋院士参加了卫生部举办的实验室生物安全管理工作研讨会议，代表我院参与实验室生物安全管理咨询与指导工作。

4 月 29 日，吴天一、樊代明、卢世璧、邱贵兴、陈香美、赵铠院士参加工程院玉树地震抗震救灾座谈会、提交书面建议，李兰娟院士未能参加会议，提交了书面建议。

5 月 24 日，推荐评选第十二届中国专利奖，根据院领导对《关于评选第十二届中国专利奖的通知》的批示，推荐陈志南院士发明的“抗人肝癌单克隆抗体 HAb18 轻重链可变区基因及其应用”专利参加评选第十二届中国专利奖。

5 月 28 日，根据中组部要求，我院推荐海外高层次人才，程书钧院士推荐 1 位海外华裔专家，上报中组部海外高层次人才信息库。

5 月 29 日，受山东省科技厅委托，山东省科学技术最高奖评审会议在我院举行，甄永苏、巴德年、郭应禄院士应邀参加。

5 月 31 日，程书钧院士参加国家发展改革委员会办公厅关于召开国家重大科技基础设施建设中长期规划编制工作启动会议，代表我院参与规划编制。

四、地方合作

（一）上海工程院院士咨询与学术活动中心

2010 年，医药卫生学部 4 项学术活动将与上海工程院院士咨询与学术活动中心合作召开，分别是 6 月 26 ~ 28 日的 2010 年医学科学前沿论坛暨上海第二届骨科转化性研究与前沿技术国际研讨会、6 月 29 日的“乙肝病毒：临床及从克隆到疫苗”会议、10 月的病毒性肝炎的转化性研究论坛、10 月的战胜癌症新策略会议。

（二）深圳院士中心

2010 年，医药卫生学部的“2010 医学科学前沿论坛暨基础医学学科发展现状及前沿发展方向研讨会议”与深圳院士中心合作召开；此外将邀请 10 位院士及相关专家分别参加“心血管病多普勒超声诊断新进展”等 10 项“2010 年深圳市卫生人口计生系统院士论坛”。

五、学部常委会、主席团成员换届工作

常委会换届是本次会议议题之一，根据《中国工程院章程》和《中国工程院学部常委会换届选举的有关原则及办法》的规定，年初广泛征求了各位院士意见。1 月 24 日、4 月 27 日学部常委会根据院士们的反馈意见，结合学部的具体情况，经过充分讨论、认真酝酿，推选出 15 位院士作为下一届学部常委会的候选委员，提请学部全体院士选举。

此外，医药学部主席团成员也要换届，秦伯益院士和顾健人院士因届满不能连任，两位院士积极参加工程院的各项会议、到会率很高，为学部建设和发展发表了许多战略性的意见，向他们表示感谢。经过征求意见，学部推荐钟南山院士和巴德年院士为下一届主席团成员，提请院士大会候选。

六、学部荣誉

2010 年经工程院推荐，医药卫生学部荣获科技部、中宣部、中国科协主办评选的“全国科普工作先进集体”。

2010 年学部常委会推荐评选的盛志勇院士荣获第八届光华工程科技奖、尚永丰院士（中科院）荣获第八届光华工程科技青年奖。

最后，感谢各位院士一直以来对学部工作的支持，也特别感谢离任的 8 位常委，谢谢大家！

工程管理学部工作报告

王礼恒

2010 年 6 月

各位院士：

两年一次的院士大会让我们再次相聚。首先，请允许我代表学部常委会向大家特别是年事已高的资深院士表示诚挚的问候，向 2009 年新当选的栾恩杰院士、王安院士、王陇德院士表示衷心的祝贺和热烈的欢迎！

今年是工程管理学部成立10周年。10年来，在院领导的正确领导下，在历届常委会和学部全体院士的共同努力下，我们严格遵循成立之初的理念与构想及院里的各项规定，积极稳妥地推进工程管理学部的建设和发展，各项工作取得了较好的成绩，并得到了广泛的认可。在这里我代表学部向院领导以及各位院士的关心和支持表示衷心的感谢！

这些年来，学部各位院士在各自领域里不断取得新的成就和做出新贡献的同时，积极参与工程院和学部的各项工作。大家在推动工程科学技术发展与创新，为国家重大工程建设项目提供咨询，以及开展工程管理理论研究和探索，促进工程管理学科发展，加强学术交流以及培养年轻人才等方面作了大量的工作，取得了良好成绩。

下面，我受学部常委会的委托，对学部两年来主要工作做简要汇报，并对今后学部的工作谈几点体会和建议，请全体院士审议。

一、工作回顾

（一）院士增选和加强院士队伍建设

做好院士增选，加强院士队伍建设是工程院及学部的一项十分重要的基础性工作。2009年增选，全院新增了48位院士，其中工程管理学部3位。目前，我们学部共有44位院士，平均年龄为73.7岁，其中，非资深院士34位，平均年龄为71岁。

关于2009年的增选工作，学部常委会多次开会研究，对增选有关程序反复推敲，并进一步完善了学部增选办法。为做好增选工作，我们坚持在相关背景学部进行第一轮评审，保证了相对于背景学部同等条件的候选人进入第二轮评审。在增选过程中，各位院士严格遵循公正、客观、实事求是的原则，坚持全面理解、准确把握院士的标准和条件，从全局出发，超脱本系统、本单位、本专业领域的局限性，对所有候选人按照标准和条件进行评审和选举，大家认真负责、不辞辛苦，顺利完成了本次增选工作。

（二）咨询工作

中国工程院作为最高荣誉性、咨询性学术机构，充分发挥国家工程科技思想库的作用，参与国家经济建设的重大决策和工程实践，为国家重大战略问题决策提供科技支撑，是院及学部的中心工作。

1. 学部级咨询项目

两年来，学部全体院士开展的咨询项目有14项，其中一项是委托学部的项目（见表1）。

准备结题或者已经形成报告的有以下8项：

（1）由刘源张院士负责的“我国制造业劳动生产率管理的研究”项目研究报告已经基本完成。报告提出，劳动生产率的提高必须有产品质量的提高相配合。只有这样，效率和效益才能兼得。因此生产企业在制定各种定额时，要注意工时、材料、质量定额的协调。如此制定的定额所带来的劳动生产率称为“全劳动生产率”。“预计的”和“实现的”“全劳动生产率”之比可以作为经营管理作用系数以判断经营管理者的水平。报告还提出各种定额的制定标准和“全劳动生产率”的计算方法。

（2）由潘家铮院士与殷瑞钰院士负责的“红水河干流水电梯级开发对生态环境影响的调查研究”咨询项目分为工程效益、生态环境和移民社会三个子课题分别进行研究，目前已经形成了完整的课题报告。课题成果系统地总结了红水河水电梯级开发的基本情况，论述了正面效益和负面影响，对梯级开发中出现的规划、生态环境与移民等问题提出了相关建议；同时从综合规划和专业规划的关系、水电开发与环境保护及移民安置的协调兼顾等方面对我国目前的水电开发提出了战略建议。

（3）由郭重庆院士负责的“中国制造业企业国际化的政策研究”咨询项目已经形成了完整的课题研究报告，报告首先从理论角度阐述了企业实践国际化的经济学背景与意义，然后分析了一些具有代表性国家的国际化道路给我们带来的借鉴意义，最后分析了中国制造业企业国际化的状况和经典案例，并提出了中国制造业的国际化的建议，对我国推进制造业国际化有一定指导意义。

（4）由何继善院士、郭重庆院士负责的“我国工程管理现状与发展关键问题研究”咨询项目旨在推动工程管理理论进步、实践创新及教育改革。研究期间，项目组组织了多次座谈会、实地调研和专题研究，发起并组织“中国工程管理论坛”，积极与教育部沟通、汇报工程管理学科建设有关事宜，加强了学部与全国工程管理界的沟通与交流，推进了工程管理学科的发展。经过三次修改，现在已形成课题报告，报告在现状分析的基础上，对制约我国工程管理发展的瓶颈问题，如工程项目决策、规范化管理、理论体系、人才培养与学科建设等进行深入研究，并提出相关战略建议，将在适当的时候进行评审。

（5）由王基铭院士、袁晴棠院士负责的“石油化工工程建设项目管理模式的机理研究与评价”启动后，按照课题计划，进行了大量的专家调查、统计分析和项目实证调研，分析和研究了石油化工工程建设项目管理的建设过程，研究了项目管理模式及实施方式，研究和揭示了项目管理的作用机理理论，开发构建了石油化工工程建设项目管理绩效评价体系，经过修改已初步形成了课题研究报告。在研究过程中，课题组共召开了 21 次课题组全体会议，对主要内容进行深入研究、反复讨论；同时，十分注重石化工程项目管理经验的采集和提炼，对近 500 位具有较丰富管理经验的石化工程项目管理人员分别在北京、上海和广州召开三次大规模的专家调研座谈会，并进行了问卷调查，采集了 30 多万项数据，涉及 1000 多个项目，还经过不同类型的典型项目的实践验证，力争使本研究成果能够反映石油化工工程建设项目合理的本质规律。项目组估计在今年 7 月底完成课题报告，拟于 8、9 月份举行有关本课题的论坛，以便更广泛地征求专家意见，完善课题成果。本课题的研究成果具有创新性和实践性，对提高石化工程建设项目管理水平有普遍的指导和借鉴作用。

（6）由翟光明院士负责的“高油价下我国的油气勘探战略研究”咨询项目组开展了广泛调研，适时跟踪了解国内外油气资源勘探开发形势的变化、及时聘请有关专家进行阶段成果和我国油气勘探战略研讨。项目主要取得三个方面的成果：一是着重从全球油气资源发展及其勘探新动向的角度跟踪分析其与油价波动的关系；二是综合分析了我国油气资源可持续发展的基础和面临的挑战；三是提出了高油价、大幅度波动情况下我国油气资源勘探发展的 5 项战略。目前项目进入成果整理、结题汇报准备阶段。

（7）由傅志寰院士负责的“交通运输节能问题的研究”咨询项目，各分课题研究基本结束，正在编写总报告，拟于近期结题。目前已取得的成果有：报告分析了典型国家交通运输节能状况及主要经验、我国交通运输节能形势与要求和未来我国 GDP 年均增长速度，并对三次产业结构和客货运量进行预测；报告还分析了产业结构与货物周转量及节能关系，运输结构与交通运输节能关系以及交通运输节能潜力，最后提出了交通节能的政策建议。

（8）由郭重庆院士负责的“服务科学管理工程（SSME）对促进我国转变经济发展方式的研究”咨询项目已经初步形成课题研究报告，报告分析了 SSME 提出的背景、企业界对于服务科学的需求以及初步的实践活动、各国政府对服务科学的政策性支持以及国内外学者主要聚焦的服务科学研究领域，最终提出我国发展服务科学，改变经济增长方式的建议，对我国经济进一步健康发展具有一定指导意义。

以下6个项目正在进展中：

（1）由汪应洛院士负责的“中国服务型制造业的发展战略研究”咨询项目，在深入企业一线调研的基础上，对中国制造业发展服务型制造、进行产品服务系统创新、深化和细化产业分工、建立新型的商业模式和生产组织方式等问题进行了深入系统的研究，提出了服务型制造的理论体系、制造企业发展服务型制造的路径模式和实施模式，向工程院提交院士建议一份，向陕西省人民政府和陕鼓动力集团、陕汽集团等企业提供了政策咨询及企业管理咨询建议，召开了两次工程院工程科技论坛、取得了突出的社会效益和企业效益。

（2）由钱七虎院士负责的“我国城市地下空间综合管理研究”课题组先后赴北京、上海、深圳、杭州等地下空间发展较快、较好的城市进行了实地调研。目前，课题组已完成了大约40万字的初稿，发表了相关论文6篇。下半年，课题组将继续研究完善，并计划于今年底结题。课题主要对城市地下空间开发利用的法规体系、管理体制、规划管理、建设管理、使用管理和信息管理进行了研究，以期为填补我国在城市地下空间开发利用立法、技术标准和优惠政策方面的空白提供支撑。

（3）由殷瑞钰院士负责的“工程演化论研究”课题自启动以来，已经召开了4次课题研讨会。课题组成员就“工程演化论”的概念体系、基本内容、研究方法和研究意义等问题进行了深入的讨论和研究。目前，课题组已经完成了关于“工程演化论”的一般理论、分析框架等问题的分析和探讨。经过多次讨论，《工程演化论》一书的写作提纲也已最后确定。目前各位作者正着手搜集、整理材料，展开撰写工作，其中部分章节已经形成了初稿。

（4）由刘人怀院士负责的“东水西调研究”咨询项目旨在研究解决我国北方缺水的战略性工程，着眼于海水的利用。以期减轻南水北调的压力，彻底解决北方缺水的问题。课题研究工作正在进行中，目前主要是搜集资料，近期将进行实地考察、调研。

（5）由王玉普院士负责的“二氧化碳地下存储及提高石油采收率发展战略研究”课题，立项后开展了温室气体的捕集、资源化利用和存储（CCUS）技术的国内外情报调研工作。课题组还多次召开研讨会议。课题报告正在形成，旨在通过研究，明确CCUS战略研究的目的和意义，阐述二氧化碳地下存储及提高石油采收率一体化技术，最后提出我国CCUS发展战略的构想。

（6）由殷瑞钰院士负责的“大庆油田五十年历史回顾和相关工程哲学研究”课题是由大庆油田委托我学部承担的项目，课题自启动以来，课题组召开了多次课题研讨会，并5次赴大庆油田进行考察和调研，与油田老领导、老职工、职工代表进行座谈。在考察和调研的基础上，圆满完成了阶段性研究工作，撰写论文三篇：《大庆油田管理经验探析》、《大庆文化的再认识》、《对大庆油田发展历程的若干哲学反思》，分别发表在《工程研究》2009年第2期和第3期。今年将按照课题进度计划，完成最后阶段的工作。

2. 院级咨询项目

在开展学部级咨询项目的同时，学部以及部分院士还承担和参与了院级咨询工作，发挥了重要的作用（见表2）。

（1）汶川地震后，工程院紧急启动了《我国抗灾救灾能力建设和灾后重建策略研究》重大咨询专项。课题于2008年5月立项，11月提交咨询报告。期间工程管理分课题组以各种形式组织研讨会和讨论会近20次,并多次开展调研以及问卷调查,经过课题组院士和专家的共同努力,于2008年11月完成报告。研究内容包括“国家汶川地震灾后重建若干问题对策与建议”、“对完善我国应对重大灾害体制、机制若干问题的建议”和“对我国应对重大自然灾害的防灾、抗灾、救灾综合能力建设若干问题的建议”三部分。报告所反映的观点和措施、建议切合实际,可操作性强,为形成综合报告起了重要作用。

(2)“提高我国制造业产品质量途径的研究”院级重大咨询项目,由潘云鹤常务副院长任组长,王礼恒院士任副组长,我学部刘源张院士参加了课题的研究。该项目分设装备制造、电子信息产品制造、化工制品、建筑材料、服装、轻工业六个领域专题组以及两个共性问题研究组,共有10余位院士、150余位专家、50余家单位参与了项目研究。项目组对制造业重点领域产品质量的状况、问题和原因进行了广泛调研和深入分析,并对影响我国制造业产品质量的因素和共性问题进行了系统分析,以科学发展观为指导,借鉴国外先进经验,针对性地提出提高我国制造业产品质量的对策建议。目前项目研究成果的出版工作正在进行中。

(3)“中国制造业可持续发展战略研究”是中国工程院于2008年启动的重大咨询研究项目,由朱高峰院士任项目负责人,包括我学部张寿荣、李京文、袁晴棠在内的12位院士和上百位专家参与了项目研究。项目力求在科学发展观的指导下,对我国制造业肯定成绩,分析问题,理清发展思路,确定发展目标,提出发展措施和政策建议,为制订“十二五”规划和制造业的中长期可持续发展战略提供决策支持。经过一年多的研究工作,形成了十个产业课题研究报告和综合报告。报告及摘要上报国务院后,温家宝总理作了批示:“报告很有价值,可供‘十二五’规划并有关部门参考研究”;张德江副总理、李克强副总理和刘延东国务委员也分别作了批示,请工信部、发改委和科技部领导认真研究。目前项目研究成果的出版工作正在进行中。

(4)工程院于2009年立项开展的“中国工程科技中长期发展战略研究”重大咨询项目,综合组由工程管理学部牵头。主要职责是参与项目的“顶层设计,总体策划,过程控制,界面衔接,综合集成”。综合组下设总体组和工作组。总体组主要负责项目的总体设计、方案制定以及项目的综合集成等,由孙永福、李京文两位院士负责。在学部常委会的组织下,本学部有15位院士参加了项目的研究工作。经过一年多的努力,主要完成了以下工作:① 2009年6月,在各领域提出的课题研究方案基础上,经过反复讨论和研究提出了项目的总体框架建议,为指导各领域课题统一思想、进行领域课题研究框架设计发挥了积极作用。② 组织了联合基金项目指南编制和评审组织工作。③ 研究提出了综合研究报告大纲,并按大纲要求开展综合报告研究与编写工作,目前,基于各领域课题阶段成果,初步完成了综合报告提要版。④ 凝练出跨学部重大问题,组织跨学部院士开展研究,并协调组织了跨学科问题研讨会。⑤ 协助举办了六场“面向2030年工程科技发展系列报告会”取得了良好效果。⑥ 协助组织了两次项目阶段交流会,根据阶段研究进展和院士意见对各领域课题提出了下一步研究的具体建议,较好地推动了项目整体的研究。以上工作是在学部全体院士的支持下,综合组15位院士共同完成的,结题之前,项目依然还有很多的工作要做,希望大家继续努力,支持这项工作。

(5)为了保持院士队伍的健康发展,发挥好院士的作用,我院在2010年开展“院士队伍建设研究”,以便进一步规范、指导今后在院士增选政策、科学道德建设以及为院士服务等方面的工作。我学部王礼恒、朱高峰、何继善、沈荣骏等院士参加了课题研究。课题阶段性成果将在院士大会上汇报。

（6）今年中央提出要加速战略性新兴产业的发展，以推进经济发展方式的转变，同时也是“十二五”规划的编制年。受国家发改委委托，由中国工程院牵头、中国科学院协助组织院士和专家开展关于“十二五”战略性新兴产业发展重点的咨询研究，就我国战略性新兴产业若干重点领域的发展提出专题研究报告。根据院里统一安排，王礼恒院士负责第3课题“航天产业‘十二五’发展战略研究”，朱高峰院士负责第8课题“高技术服务业‘十二五’发展战略研究”，殷瑞钰负责第11个课题“高新技术与提升基础制造业‘十二五’发展战略研究”，学部张寿荣院士、王基铭院士、袁晴棠院士参加了该课题的研究工作。项目于2010年4月启动，经过近两个月的努力，各课题均取得了显著的成果，在项目中期汇报会上获得了肯定。项目将于今年8月底结题。

除了以上咨询工作外，我学部很多院士都参加了院级重大咨询项目的研究工作，充分发挥了工程管理学部在我院咨询工作中的重要作用，在这里就不一一列举了。

3. 咨询意见、院士建议

两年来我们学部的院士共向委托单位提供咨询意见2项，院士建议2项。

咨询工作所取得的成果已在不同程度上发挥了重要作用。希望院士们今后更加积极申报学部级的咨询项目和参与工程院的咨询工作。

（三）学术活动

发挥院士的学术引领作用，开展形式多样的学术活动，为广大工程科技人员创造相互学习和交流的机会，推动工程科技事业的进步和人才的成长，是工程院和学部的基本任务之一。为了保证所开展的学术活动取得更好的效果，学部常委会不断加强对学术活动的规范化管理，每年年初的常委会，都会认真研究院士们提出的活动申请，在充分尊重院士意见的基础上，针对会议主题、组织筹备等有关问题提出完善建议，并列入到学部的工作计划中。两年来，学部按计划组织了12场学术活动（见表4），其中工程管理论坛2场，工程科技论坛2场，其工程前沿论坛1场，国际会议2场，还有一系列的工程哲学宣讲活动，取得了较好的效果。此外，学部还于每年年初召开新春茶话会，为大家增添了团聚和交流的机会，受到了院士们的欢迎。

——工程管理论坛

2007年，由何继善院士发起并具体负责的首届“中国工程管理论坛”在广州召开，引起了学术界、教育界、企业界和工程管理系统等各方面热烈反响。为了进一步深化工程管理研究，加强学术交流，服务工程实践，经过学部常委会研究并报工程院同意，决定今后将中国工程管理论坛办成由我学部发起的、由中国工程院主办的旨在研究我国工程管理理论与实践，探讨我国工程管理现状及发展关键问题的全国性会议。此后，在有关单位的大力协助下，第二届中国工程管理论坛于2008年9月在鄂尔多斯召开，主题为“和谐·创新——建设资源节约型和环境友好型社会与工程管理”，第三届论坛于2009年11月在成都召开，主题为“西部开发与工程管理”。每届论坛都有近20名院士和300多名专家、学者参加，得到了社会各界的热烈响应，对促进我国工程管理的学术交流，推进我国工程管理的科学发展产生了积极作用。

由何继善院士建议，第四届中国工程管理论坛拟于2010年10月在北京召开，论坛主题为“科学发展与工程管理”。本届论坛特别鼓励工作在一线的工程科技工作者参加会议，目前已经发出第一轮征文通知，论坛筹备工作也在积极进行中，欢迎学部全体院士予以大力支持并出席论坛。

——工程科技论坛

① 2009年6月2日，第八十六场工程科技论坛“应对当前金融海啸服务型制造的发展战略”

论坛在工程院举行。论坛由汪应洛院士负责,潘云鹤常务副院长出席论坛并致辞,有11位院士和近百位专家参加了论坛。论坛对服务型制造的理论体系、实施模式、价值创造机理以及产业界的实践进行了深入探讨,为我国企业应对金融危机,推进制造业的产业结构升级,推进经济增长方式的转型提供了理论指导和经验借鉴。

② 2010年5月16-17日,中国工程院第九十七场工程科技论坛"中国特色自主创新道路"在杭州举行,11位院士出席了论坛。本次论坛由许庆瑞院士建议举办。王基铭院士代表学部致辞。包括潘云鹤常务副院长在内的12位院士、专家作了大会报告,36位专家在四个分论坛上作了报告。论坛一方面总结近年来我国在自主创新理论与实践方面所取得的成就,同时对我国进一步提升自主创新能力提出意见和建议。这在当前国家着力于结构调整和产业升级,转变经济发展方式的背景下中具有重要意义。

——工程前沿论坛

2008年7月18-19日,"交通运输网络理论关键问题研究"工程前沿论坛在中国工程院召开。论坛由朱高峰院士建议举办,包括徐匡迪院长在内的12位工程院院士出席了论坛。与会人员就构成综合交通运输体系的网络拓扑结构、物理网、业务网、需求演变规律、供给能力、各种运输方式的优化配置等多个方面进行了探讨,并研讨了构建我国综合交通运输网络理论的发展方向及途径。会议对促进交通运输网络科学的研究,并推动建设综合交通运输网络的理论体系起到了积极的作用。

——国际会议

① 由学部协办的第12届国际城市地下空间联合研究中心年会于2009年11月18-19日在深圳举行,来自世界10多个国家的300多名专家学者围绕"建设地下空间使城市更美好"这一主题进行了深入的交流和探讨。钱七虎院士担任大会主席。本次年会展示了中国地下空间开发利用取得的成就,扩大了中国在世界地下空间学术领域的影响,反映了世界地下空间领域的最新进展,对进一步推动世界地下空间的开发利用起到了积极的作用。

② 2009年12月14-15日,中国工程院和香港城市大学联合举办的"工程发展趋势和相关前沿技术"院士论坛在香港开幕,会议由工程管理学部承办。郭位校长和王基铭院士分别代表香港城市大学和中国工程院致辞。包括中国工程院和美国工程院、澳洲科学院、加拿大工程院的11位院士作了精彩的主题演讲,受到了香港工程科技界及城市大学师生的热烈欢迎。论坛展示了中国及世界工程科技取得的成就和未来的发展趋势,为中西方的工程师及科学家提供了交流的平台,对进一步推动工程科技界的合作起到了积极的作用。在港期间,中央人民政府驻香港特别行政区联络办公室主任彭清华会见了我院代表团成员。

——其他学术会议

为了推进工程哲学的研究在我国的深化与普及,经学部常委会研究决定并报工程院批准,我学部组建了《工程哲学》讲师团,由殷瑞钰院士任团长,赴部分企业、高校宣讲《工程哲学》,并结合实际组织研究与讨论。宣讲团分别于2008年7月、10月、12月赴大庆油田、宝钢集团和中国石化工程建设公司,2009年5月赴中国长江三峡集团公司进行宣讲。宣讲活动受到了上述单位领导和职工的欢迎和肯定。宣讲活动的成功举办一方面肯定了《工程哲学》宣讲活动对工程实践的指导意义,同时也对《工程哲学》的宣讲活动提出了更高的要求,要通过《工程哲学》研究的深化与普及,通过《工程哲学》宣讲活动的不断完善来继续发挥工程哲学对工程实践、培养工程科技人才方面的作用。此外，学部还协办了“第四次全国工程哲学学术年会”。殷瑞钰、王礼恒、汪应洛、张寿荣四位院士出席了会议并作了重要报告。

——新春茶话会

学部于2009年1月14日在中国石油化工集团公司，2010年2月9日在北京航天城分别举办了新春茶话会。在茶话会上，大家畅所欲言，就学部工作、工程管理学科的发展以及学部咨询研究工作等进行讨论，有效地促进了学部工作的开展，增加了学部院士间的交流与友谊。在每次茶话会期间，还安排参观、交流等活动，促进了不同学科领域工程管理经验的交流。

（四）科学道德建设

院士不仅应是业务领域的专家，更应是遵守科学道德的楷模。面对当前社会上出现的各种不良风气，院士们自觉抵制，坚持科学道德，接受社会各界监督，维护院士称号的尊严。

对于工程院道德委员会制订的《院士科学道德行为准则》、《院士行为准则若干自律规定》等规定，希望院士们遵照执行，做到严于律己、厚德载物，坚持严格的科学精神和严谨的科学态度，做科技工作者科学道德和科学精神方面的典范。

（五）学部其它工作

由我学部承担的《二十世纪中国知名科学家学术成就概览・管理学卷》编撰工作，经刘人怀院士建议，学部常委会研究决定，成立了由22位专家组成的编委会。第一次编委会于2009年10月29日在北京会议中心召开。目前，编委会已经整理出候选人名单并收集了部分样稿，完成了初步的修改和编辑工作。编委会拟于院士大会期间召开第二次会议，研究决定管理学卷第一批入选学者、管理学卷的样稿以及学科史和大事记的工作安排等事宜，亦请院士们听会与支持。

（六）学部常委会的工作

两年来，学部共召开常委（扩大）会议20余次，认真研究和组织落实学部工作，保证了学部各项活动的顺利开展。学部常委们在任职期间，对学部及院里有关工作热情负责、无私奉献，投入了大量的时间和精力，对工程管理学部的建设和发展发挥了重要作用。在这里向全体常委表示感谢！同时，也向全体院士和历届常委会对学部工作的支持和学部的发展所做出的努力表示衷心的感谢！

二、对学部工作的体会和建议

工程管理学部自成立以来，无论是社会上还是院士内部曾有一些不同看法。但是，这几年来，学部建设积极稳妥的向前推进，增选工作经受住社会的检验，工程管理理论探索和研究取得重要进展，咨询与学术交流活动积极活跃，我们工程管理学部已逐步被社会和院内其他学部院士所认可。而这些都是在学部全体院士的关心和共同努力下取得的成绩。回顾几年的工作，常委会认为有以下四点体会和建议可供今后参考：

第一，积极稳妥的做好院士增选工作。工程管理学部自成立以来，增选工作一直备受关注。学部在历届常委会的组织下，学部全体院士坚持标准条件，严格把关，客观公正，5次增选共产生了16位工程管理背景的院士，增选的结果得到了广大院士及工程科技界的认可，社会反响是积极的、认可的。

第二，工程管理理论研究工作取得重要进展。工程管理学部的成立标志着工程院在发挥专业学部院士优势的同时，注意到工程管理的重要性。这几年，学部在工程管理理论研究和学科建设方面，做了大量工作，如，“工程哲学”、“工程演化”以及“我国工程管理现状与发展关键问题研究”等咨询项目的研究对于深化对工程管理理论及其规律的认识，对于推进我国工程管理学科的发展具有重要的理论意义，对于目前的大规模的工程实践也具有一定指导意义，并有力的支撑了工程管理学部的建设和发展。

第三，咨询和学术活动积极活跃。几年来，由学部承担和参加的很多具有较强宏观性和战略性的咨询项目，充分发挥了我学部院士多学科、跨部门、跨行业以及具备丰富管理知识与经验的优势，扩大了学部的影响力，得到了广大院士的认可。如，“防灾抗灾救灾管理体系和运行机制及能力体系建设中管理问题研究”咨询报告，为综合报告的形成提供了重要基础，中央领导作了重要批示；工程院去年启动的“中国工程科技中长期发展战略研究”咨询项目，由我学部承担综合组的工作，体现了学部的定位和作用，这项工作的成果将对学部产生重要影响，还希望学部全体院士继续积极参与和支持项目后面的研究工作。

几年来，学部的学术活动更加活跃，主题更加丰富，这对于加强学科间的交流，深化对工程管理理论的认识，对于正确的指导工程实践，对于工程科技人才队伍的培养都具有重要意义。尤其是由我学部发起和组织的工程管理论坛，紧紧围绕当前工程技术和工程管理领域的热点问题，论坛学术和组织工作更加成熟，吸引了工程管理方面的专家、学者的广泛参与，已经成为学部的一项品牌活动。学部学术活动的成功举办，增强了学部的凝聚力，树立学部良好形象。

第四，学部院士相互尊重、相互支持，共同营造了团结和谐的氛围。我们学部各位院士虽然来自不同行业、不同部门、不同地区、不同专业，但是大家相互尊重，相互支持，共同营造了一个团结、合作、和谐的工作环境，学部的发展及所取得的成绩都是与这种和谐相处、团结协作的氛围分不开的。

在取得成绩、不断发展的同时，我们还应看到我们的工作还存在不足，比如，我们的学部还相对弱小，院士队伍发展相对缓慢。加强国家工程科技思想库的建设是我院的重要任务，其中，发挥好工程管理学部的作用是我们的责任，目前我们学部的院士数量、院士的学科分布等还不能完全适应这种要求。随着我国大规模工程建设的开展，必将涌现出一批优秀的工程科技人才，为我们院士队伍的发展提供了后备力量。今后，我们应该尽可能多的将达到院士标准和条件的优秀人才选进院士队伍中来。

另外，我们在发挥京外院士参加咨询和学术活动积极性方面还存在不足；在组织论坛等学术活动中面向一线、企业方面也存在不足，今后还要注意改进。

三、本次院士大会期间学部的相关活动安排

（一）推选产生学部新一届常委会

根据《中国工程院章程》第六章第 25 条中“学部常委会委员任期 4 年，可连选连任一次”。常委年龄要求在任期内不超过 80 周岁（以 2014 年 6 月 30 日为界）。为此，学部向各位院士印发了《工程管理学部常委会换届征求意见表》及有关材料。根据院士反馈的意见，结合学部的具体情况，经过充分酝酿、认真讨论、权衡各种因素，学部常委会决定，新一届学部常委会由 11 人组成，同时提出了新一届常委正式候选人的建议名单。在这次院士大会上，提交学部全体院士选举。产生新一届常委会，并由新一届常委会推选产生学部正、副主任。

（二）推荐新一届院主席团学部成员

根据《中国工程院章程》及《中国工程院主席团成员选举办法》的规定，主席团由本届和上一届院长、副院长、本届各学部主任和若干名经院士大会直接选举的成员组成。主席团成员将于今年院士大会上换届选举，其中对于经院士大会选举的主席团成员，每次换届至少应更换其中二分之一的

人数,并由各学部在广泛听取本学部院士意见的基础上,推荐 2 名院士为候选人,候选人的年龄要求为任期内不超过 80 周岁(以 2014 年 6 月 30 日为界)。学部常委会根据院士们的反馈意见,结合学部的具体情况,经过充分讨论,提出了学部推荐王礼恒院士、殷瑞钰院士为新一届主席团成员正式候选人。

(三)院士大会期间学部学术活动

经学部常委会商议,此次院士大会期间安排了以下学术报告:何继善院士“我国工程管理现状与发展关键问题研究”、王安院士“对鄂尔多斯煤炭资源开发利用的战略思考”、栾恩杰院士“遥感技术应用于防灾、减灾体系建设”、王陇德院士“遵循客观规律,科学指导保健”。请各位院士积极参加!

最后,再一次感谢院士们对学部工作的大力支持和帮助,谢谢大家!

表 1 学部咨询项目

序号	项目名称	时间	负责人	级别	备注
1	我国制造业劳动生产率管理的研究	2005 - 2010	刘源张	学部一般	准备结题
2	红水河干流水电梯级开发对生态环境影响的调查研究	2006 - 2010	潘家铮	学部重点	报告初稿
3	中国制造业企业国际化的政策研究	2006 - 2010	郭重庆	学部重点	结题中
4	我国工程管理现状与发展关键问题研究	2006 - 2010	何继善 郭重庆	学部重点	报告初稿
5	中国服务型制造业的发展战略研究	2008 - 2010	汪应洛	学部重点	在研中
6	城市地下空间综合管理研究	2008 - 2010	钱七虎	学部重点	在研中
7	工程演化研究	2008 - 2010	殷瑞钰	学部重点	在研中
8	石油化工工程建设项目管理机理研究与评价	2008 - 2010	王基铭 袁晴棠	学部重点	报告初稿
9	高油价下中国油气资源战略	2009 - 2011	翟光明	学部重点	报告初稿
10	交通运输节能问题的研究	2009 - 2011	傅志寰	学部重点	报告初稿
11	服务科学管理工程(SSME)对促进我国转变经济发展方式的研究	2009 - 2010	郭重庆	学部重点	报告初稿
12	东水西调工程研究	2009 - 2011	刘人怀	学部一般	在研中
13	二氧化碳地下存储及提高石油采收率发展战略研究	2009 - 2010	王玉普	学部一般	在研中
14	大庆油田五十周年历史回顾和相关工程哲学研究	2009 - 2011	殷瑞钰	委托学部	在研中

表 2　学部受委托项目和参加的院级咨询项目

序号	项目名称	时间	学部负责人或参加人	级别	备注
1	防灾抗灾救灾管理体系和运行机制及能力体系建设中管理问题研究	2008	王礼恒　刘人怀　王基铭等	工程院	已结题
2	提高我国制造业产品质量途径的研究	2008－2010	潘云鹤　王礼恒　刘源张等	工程院	完成报告
3	中国制造业可持续发展战略研究	2008－2010	朱高峰　张寿荣　李京文　袁晴棠等	工程院	完成报告
4	中国工程科技中长期发展战略研究	2009－2011	王礼恒　刘人怀　王基铭等	工程院	在研中
5	中国工程院学部调整和学科划分调查与研究	2010－2011	王礼恒	工程院	在研中
6	中国工程院院士队伍建设研究	2009－2010	王礼恒　沈荣骏	工程院	在研中
7	高技术服务业“十二五”发展战略研究	2010	朱高峰	发改委委托工程院	在研中
8	高新技术与提升基础制造业“十二五”发展战略研究	2010	殷瑞钰　王基铭　张寿荣　袁晴棠	发改委委托工程院	在研中
9	航天产业“十二五”发展战略研究	2010	王礼恒	发改委委托工程院	在研中

表 3　咨询意见、院士建议

	序号	咨询内容	相关院士	时间
咨询意见	1	关于《中华人民共和国统计法(修订草案)》	殷瑞钰	2009 年 1 月
	2	关于《专利法实施条例修订草案(送审稿)》的修改意见	王基铭	2010 年 3 月
院士建议	序号	内容	参与院士	时间
	1	关于设置工程管理硕士(MEM)专业学位的建议	何继善、王礼恒、刘人怀、王基铭、朱高峰、殷瑞钰、郭重庆、傅志寰、陆佑楣、孙永福、李京文、王众托、汪应洛、许庆瑞、沈荣骏、蒋士成、徐滨士、袁晴棠、王玉普、张寿荣、翟光明	2008 年 9 月
	2	“三峡库区”发展低碳经济的战略思考	汪应洛	2010 年 5 月

表 4 学部学术活动一览表

项目名称	负责人	时间	地点	类型	级别	备注
2008 年 7 月以后						
第十次工程前沿研讨会“交通运输网络关键问题研究”	朱高峰	7 月 18－19 日	北京	工程前沿论坛	学部承办	10 个报告 13 位院士 60 位参会代表
中国工程管理论坛·2008	何继善	9 月 5－7 日	鄂尔多斯	工程管理论坛	院主办 学部承办	38 个报告 19 位院士 670 位参会代表
工程哲学讲师团大庆油田报告会	殷瑞钰	7 月 23－25 日	大庆	国内会议	学部主办	13 个报告 9 位院士 500 位参会代表
工程哲学讲师团宝钢集团报告会	殷瑞钰	10 月 20－22 日	上海	国内会议	学部主办	12 个报告 7 位院士 200 位参会代表
工程哲学讲师团中国石化报告会	殷瑞钰	12 月 9 日	北京	国内会议	学部主办	8 个报告 6 位院士 200 位参会代表
2009 年						
“应对国际金融危机挑战，实现经济社会持续稳步发展座谈会”暨工程管理学部新春茶话会	王礼恒	1 月 14 日	北京	国内会议	学部主办	16 位院士
工程哲学三峡报告会	殷瑞钰	5 月 7 日	宜昌	国内会议	学部主办	8 个报告 6 位院士 200 位参会代表
应对当前金融海啸，服务型制造的发展战略	汪应洛	6 月 2 日	北京	工程科技论坛	院主办 学部承办	20 个报告 12 位院士 80 位参会代表
中国工程管理论坛·2009	王基铭 陆佑楣	11 月 11－12 日	成都	工程管理论坛	院主办 学部承办	26 个报告 17 位院士 260 位参会代表
工程哲学年会	殷瑞钰	11 月 13－14 日	成都	国内会议	学部协办	10 个报告 4 位院士 60 位参会代表

续表

项目名称	负责人	时间	地点	类型	级别	备注
第21届国际地下空间联合研究中心年会	钱七虎	11月18－19日	深圳	国际会议	学部协办	41个报告 100位参会代表 3位院士
工程发展趋势和相关前沿技术	王基铭	12月14－15日	香港	国际会议	院主办 学部承办	11个报告 8位工程院院士 350位参会代表
2010年						
工程管理学部新春茶话会	王礼恒	2月9日	北京航天城	国内会议	学部主办	15位院士
中国特色自主创新道路	许庆瑞	5月16－17日	杭州	工程科技论坛	院主办 学部承办	48个报告 12位院士 280位参会代表

会 议 纪 要

【主席团会议纪要】

主席团会议纪要(二十二)

2010 年 4 月 10 日,徐匡迪院长主持召开了第四届主席团第 22 次扩大会议。会议主要内容有:徐匡迪院长代表本届院领导班子作换届工作动员;中组部李建华副部长对院领导班子换届的有关工作作说明;民主推荐第五届院长、副院长候选人;通报"中国工程科技中长期发展战略研究"咨询项目进展情况。

首先,邬贺铨副院长兼秘书长报告了出席会议的人员情况。本次会议主席团成员应到 36 人,实到 27 人,超过应到人数的 2/3,符合对重大事项作出表决的法定人数。宋健、朱光亚、王淀佐、朱高峰、杨胜利、秦伯益、顾健人、管华诗、魏复盛院士因病因事请假。各学部常委应到 101 人,实到 73 人。

一、徐匡迪院长代表院领导班子作换届工作动员

徐匡迪院长说,按照《中国工程院章程》的有关规定,2006 年 6 月经中国工程院第八次院士大会选举,产生了工程院第四届领导班子。到今年 6 月,本届院领导班子 4 年任届期满,在即将召开的第十次院士大会上,将进行换届选举,产生第五届领导班子。为了保证这次换届选举工作顺利进行,今天召开主席团扩大会议,为换届选举做准备,提名院长、副院长候选人。

徐院长指出,党中央、国务院对我院的换届工作非常关心。有关换届选举的办法,经向中央领导同志请示,确定了关于候选人的任职资格和年龄要求,目的是要保持我院的生机和活力。中组部考察组还将直接听取大家的意见和建议,希望各位院士予以支持和配合,院机关也要做好各项服务工作。

徐院长强调,本次换届选举工作对我院以及我国工程科技事业的发展至关重要。即将选举产生的第五届领导集体,正处于我国实施"十二五"《规划纲要》的开局之年,也是实施《国家中长期发展规划纲要》的关键之年,他们将肩负着建设工程科技思想库的重要使命。在新的历史时期,我院的任务将更加繁重,因此,必须高度重视这次换届选举工作,希望大家从工程院和我国工程科技事业的长远发展考虑,从政治思想、学术影响力、组织协调能力、在工程科技领域的威望、学风道德以及身体健康状况等方面全面衡量提名候选人,选出一个能够担当重任的领导班子。他们应该是热爱工程院和工程科技事业,能够热情为大家服务,有奉献精神和年富力强的院士。

徐院长还说,在党中央、国务院的领导下,我院已经走过 16 年的发展历程。工程院历届领导班子为工程院的创建和事业发展作出了重大贡献,本届领导班子也始终得到了大家的支持。在各学部主任、副主任和全体院士的共同努力下,工程院的事业在不断发展,这是全体院士和同志们共同努力的结果。徐院长向各位院士表示衷心的感谢。

二、中组部李建华副部长对院领导班子换届的有关工作作说明

中组部李建华副部长对院领导班子候选人推荐工作的程序、人选条件等作了说明。李建华副部长指出，中国工程院作为我国工程技术界最高荣誉性、咨询性学术机构及国家工程科技思想库，在参与国家重大及关键工程科技项目的决策咨询、促进经济社会发展方面做了大量工作，作出重要贡献，较好发挥了科技支撑作用，取得较大成绩。本次院领导班子换届对进一步贯彻科学发展观及十七届四中全会精神，进一步实施科教兴国与人才强国战略，动员全体院士为促进经济社会又好又快发展作出更大贡献，具有十分重要的意义。党中央高度重视本次院领导班子换届工作，要求要充分发扬民主，广泛听取意见，稳妥做好换届的组织人事工作，希望大家配合工程院党组做好工程院第五届院长、副院长候选人的遴选与考察工作。

李建华副部长提出，院领导班子换届工作要坚持群众路线，推荐出受大家信任和拥戴的候选人。按照《党政领导干部选拔任用工作条例》和《党政工作部门领导班子和领导干部综合考核评价办法》的有关规定，第五届院长、副院长候选人推荐有关工作安排及要求如下：

1. 推荐程序

（1）召开主席团成员、各学部常委参加的民主推荐大会，组织全额定向推荐第五届院长、副院长候选人。对因故不能到会的院士，将通过邮寄选票的方式征求推荐意见。

（2）进行个别谈话，详细听取主席团成员、各学部副主任与常委、部分德高望重院士、院机关局级干部的意见。

（3）根据投票推荐结果和听取各方面意见的情况，酝酿提出第五届院长、副院长候选人初步意见，并到候选人单位深入了解情况。

（4）综合平衡考虑候选人所在学部、学科及单位分布，与院党组协商提出第五届院长、副院长候选人建议意见，报党中央批复后提交今年6月的院士大会进行选举。

2. 候选人条件

根据《中国工程院章程》，中国工程院为国务院直属事业单位，第五届院领导班子职数为1正5副，推荐候选人要坚持德才兼备、以德为先，从实际出发，候选人应符合党中央对干部的有关要求。

（1）必须是中国工程院院士。

（2）政治立场坚定，学术水平高，在工程科技界有较高威望；身体好，有工作热情和奉献精神。

（3）留任的候选人年龄不超过70岁，新任的候选人年龄不超过65岁（到2010年6月）。副院长候选人要相对年轻。

（4）领导班子结构要兼顾学部、学科和所在单位分布，注重考虑推选党外院士及女院士。

3. 选票填写

（1）选票分为院长和副院长候选人民主推荐票，推荐院长候选人1人，副院长候选人不超过5人。

（2）按照《党政领导干部选拔任用工作条例》，为便于分类统计和分析，选票分为A票（主席团成员填写）、B票（学部副主任与常委填写）、C票（院机关局级干部填写），这三种票的内容完全相同。

（3）为便于独立思考，出席本次会议的院士，可在本会场填写，也可在专门设立的填票室填写，投票时间截止到今天上午11点。

李建华副部长最后还指出，工程院领导班子换届是中国工程院及我国工程科技界的大事，做好

推荐和考察工作是中组部的责任,欢迎大家多提宝贵意见。为了充分发扬民主、广泛听取意见和建议,考察组设立了征求意见电话,还在工程院机关设立了意见箱,供大家反映意见。

徐匡迪院长对李建华副部长所作讲话及要求表示赞同,指出本次院领导班子换届的候选人将在民主推荐的基础上集中并综合考虑,4 月下旬或 5 月上旬将再次征询意见,6 月前再召开一次主席团会议,通报候选人推荐的有关情况。

三、民主推荐第五届院长、副院长候选人

参会的主席团成员、各学部副主任与常委、院机关局级干部按照有关程序和要求,进行了民主推荐和投票。

四、通报"中国工程科技中长期发展战略研究"咨询项目进展情况

潘云鹤常务副院长通报了中国工程科技中长期发展战略研究咨询项目有关情况。潘副院长分别介绍了项目背景、研究目标、项目的人员构成和设置情况以及项目进展情况。据通报,该项目研究工作正在顺利进行,自 2009 年 3 月项目正式启动以来,开展了大量工作,取得了较好的阶段性成果,加之参与项目研究的各领域院士及专家人数众多,在社会上产生较大影响。

最后,潘副院长强调了当前项目研究中应注意的几个问题。他指出,目前项目实施基本按照计划进行,但各领域课题研究的深度、广度及进展参差不齐,建议各学部在项目组织和研究过程中要关注如下几个问题:

1. 处理好系统性和突出重点的关系,提出有影响力的重大工程和重大工程科技专项。工程科技前沿问题的分析和预测既要体现前沿性、前瞻性,又要具有很强的针对性,既要考虑国内外的发展趋势和先进水平,又要结合中国的国情,具有可操作性。要处理好研究的系统性与突出重点之间的关系,首先在战略上抓住重点,明确 2030 年国家应该开展哪些重大项目;其次,研究视角具有系统性,对学科未来发展趋势要有一个整体思路,体现研究的宏观性和战略性。此外,不但要关注工程科技,也要关注工程项目,使规划具有鲜明的可操作性。建议各领域课题组研究要对照项目研究框架要求,结合专家在听取汇报时所提意见与建议,对本领域的研究框架做必要的调整,进一步明确研究思路和战略重点,并凝练提出促进国家发展的重大工程, 以体现工程院咨询研究的特色和亮点。另外,建议各学部关注以前的相关咨询研究,将合适的成果纳入到课题中,提高研究的速度与深度。

2. 抓好项目进度。根据项目研究计划安排,今年 4 月 20 日要进行一次中期成果交流,并提出与"十二五"有关的建议;8 月,各领域课题组应综合本领域研究成果及基金项目专题成果,形成领域课题报告初稿;在领域报告基础上,10 月份完成综合报告初稿,12 月广泛征求有关院士、专家和部门的意见,修改、完善形成项目报告送审稿,进一步修改完善后,2011 年 3 月形成汇报稿报送国务院及有关部委。从目前的进展情况来看,离项目应达到的水平还有很大距离,时间也非常紧。各领域课题必须下更大的决心,作更大的努力,抓紧落实。

3. 进一步加强对本项目的领导。各学部要高度重视项目研究,加强对课题研究的领导,充分发挥学部主任的牵头作用和学部常委会的组织协调作用。在依靠课题承担单位的基础上,更要发动更多的院士广泛参与课题研究,确定研究范围,凝练战略重点,增加研究的深度、广度。另外,经院常务会研究,院领导要按照分管学部参加到项目研究中来,及时进行协调,与大家一起解决研究中的问题。同时,下一步要加快综合报告的工作,综合组管理学部的院士也作了分工,加强与各个

领域课题的联络，以便更好地完成项目的综合集成工作。

徐匡迪院长在总结发言中提出三点意见：

1. 要高度重视项目研究工作。他指出，从现在到2030年是我国经济发展方式转变的关键时期，该项目研究不但为我国工程科技中长期发展及“十二五”科技发展规划提供思想库的支撑作用，而且为制订我国工程科技发展项目指南提供了重要参考依据。他号召大家要高度重视和关心该项目，该项目做好了将为我国工程科技发展和经济发展方式转变提供重要理论基础，但工程科技不同于自然科学，其发展瞬息万变，较难预测，因此，项目组成员更应高度重视、认真开展工作，研究成果要体现中国工程院的水平。

2. 请各学部加强对项目的组织领导。目前，各学部的研究不仅内容丰富，而且已经打下了较好的基础，但学部之间研究的深度、广度不尽相同，请各学部加强对本领域研究的组织领导，加大研究力度，保证研究成果质量。

3. 要充分重视跨学部重大工程科技的研究。

徐院长最后强调，要通过大家共同努力，做出实实在在有影响力的研究成果。

主　持：徐匡迪院长

出　席：于　勇　毛二可　王永志　王礼恒　王思敬　石玉林　关　桥　刘鸿亮　刘德培　旭日干　朱建士　邬贺铨　何继善　张彦仲　李大东　李国杰　杜祥琬　杨秀敏　沈国舫　陈厚群　周　济　徐匡迪　殷瑞钰　龚惠兴　谢礼立　潘云鹤　薛群基　各学部副主任、常委，院机关局级干部

请　假：宋　健　朱光亚　王淀佐　朱高峰　杨胜利　秦伯益　顾健人　管华诗　魏复盛

列　席：中组部考察组成员

记　录：易　建

主席团会议纪要（二十三）

第四届主席团第23次会议于2010年4月25日在浙江嘉兴举行，会议由徐匡迪执行主席主持，专门听取并讨论了关于《中国工程院院士队伍建设研究》项目进展情况。

白玉良副秘书长报告了出席会议的人员情况。本次会议应到主席团成员35人，实到28人，超过应到人数的2/3，符合对重大事项作出表决的法定人数。宋健、朱光亚、王永志、王淀佐、刘德培、李大东、管华诗、杨胜利院士因病因事请假。

听取并讨论关于《中国工程院院士队伍建设研究》项目进展情况

首先，周济副书记介绍了《中国工程院院士队伍建设研究》项目进展情况。据汇报，为不断加强院士队伍建设，推进我国工程科技事业发展，更好地完成党中央、国务院赋予我院的重要职责，根

据主席团的决定，经咨询委员会同意设立了该项目，分设5个子课题，共有46位院士、15位专家和院机关有关人员参与了研究工作。该项目自从今年1月启动以来，经过各课题院士、专家认真扎实地工作，目前已初步完成项目中期研究报告。在项目研究过程中，通过调查问卷的形式，征询了院士们的意见。此外，院领导带队先后在北京、武汉、上海、西安、成都等地召开了10次院士座谈会，共有114位院士参加了讨论。在此基础上，形成了项目中期报告（讨论稿），并将根据本次主席团会议讨论意见进一步修改后，拟在今年六月份院士大会上印发给全体院士，由各学部组织讨论、提出建议或意见，进一步修改、完善后形成项目综合报告（审议稿），提交今年九月份的主席团会议进行审议。

白玉良副秘书长向主席团会议汇报了《中国工程院院士队伍建设研究》项目中期报告的详细内容。报告共分五个部分：院士队伍建设工作取得了显著成就；对我院院士队伍现状与发展趋势研究得出的初步结论；值得我们学习和借鉴的外国工程院主要经验和做法；院士队伍建设工作面临的机遇与挑战；关于加强院士队伍建设工作的思考。

主席团会议认为项目组做了很全面、很详细的工作，中期报告肯定了成绩、总结了经验、分析了形势、提出了初步设想，为今后进一步加强院士队伍建设做了基础性工作。会议围绕院士队伍建设进行了充分讨论，提出如下建议或意见：

1. 关于工程科技思想库建设

会议认为，院士队伍建设的根本目的是建设好国家工程科技思想库。中期报告应进一步阐述建设思想库的基本内涵、功能与作用、主要任务等。建议设立专题，对建设思想库进行深化研究。

会议认为，建设思想库应是开放的，以院士为核心，吸收有关部门或单位以及相关领域的知名专家参与，加强与各科技情报单位的联系与合作，建立起信息联络和资料交换的系统。为作好咨询工作，应对已完成的300多个咨询项目的实际效果、有无重复、资料积累情况、涉及的领域、院士参与程度等方面进行总结与分析。应充分调动院士参与咨询工作的积极性，使更多院士特别是京外院士参与咨询工作，同时院士也应加强学习，适应咨询工作的需要。此外，借鉴美国工程院对参加咨询项目的人员签订公正咨询协议、采取“双盲”评估结题成果的做法，保持我院咨询工作的客观中立，并建立咨询项目效果评价体系，特别是要加强咨询的后续评估。

会议认为，战略咨询专家是在实际工作中锻炼成长起来的，我院已有不少院士通过参与国家重大战略咨询，在原专业基础上，知识面得到了拓展，已经成为战略型咨询专家。希望今后有更多的院士参与咨询工作，在承担咨询项目中培养一批战略专家。

2. 关于院士增选工作

会议认为，应积极、慎重地把握好院士增选名额，严把标准、完善办法，坚持公正、公开、公平、公认的增选评审原则。通过不断完善增选办法，保证院士增选质量，用好增选名额。同时，在坚持质量第一的前提下，应注意保持院士队伍有一个相对稳定的规模，吸收年轻有为的工程科技优秀人才，补充到院士队伍中来，这将有利于我院院士队伍的可持续发展，有利于发挥思想库作用。

会议认为，在近一段时期内，80岁以下院士队伍规模减少是我国人才队伍发展历史过程的客观反应。随着经济发展和科技水平提高，经过一段时间后，高水平的人才会在实践中大量成长，院士数量仍会上升。建议分时间段研究院士队伍规模，目前应重点考虑近十年的院士队伍建设。对未来二三十年院士队伍可以预测，不宜设定规模。

3. 其他方面

会议认为，中期报告中不应过于强调院士二级学科覆盖率，不同学部的学科数量和学科覆盖面宽窄不尽相同，对现在24%的二级学科还没有院士，要列出学科清单进行具体分析。

会议还提出，院机关现有工作人员数量太少，增加工作人员数量是必要的，以满足为院士服务、咨询工作等需要。同时，要强化咨询中心的建设，使其充分发挥作用，加强咨询成果整理、积累等工作。

会议建议，应结合我国中长期人才发展规划纲要的颁布实施，就如何完善院士制度、发挥院士称号的精神激励作用、规范院士兼职等问题，建议院科学道德委员会进行研究，提出明确可行的规定。

会议建议，取消"非资深院士"的提法。

主　持：徐匡迪院长

出　席：干　勇　毛二可　王礼恒　王思敬　石玉林　关　桥　刘鸿亮　旭日干　朱建士　朱高峰　邬贺铨　何继善　张彦仲　李国杰　杜祥琬　杨秀敏　沈国舫　陈厚群　周　济　徐匡迪　殷瑞钰　秦伯益　顾健人　龚惠兴　谢礼立　潘云鹤　薛群基　魏复盛

请　假：宋　健　朱光亚　王永志　王淀佐　刘德培　李大东　管华诗　杨胜利

列　席：白玉良

记　录：易　建

主席团会议纪要(二十四)

2010年6月6日，徐匡迪执行主席主持召开了第四届主席团第24次会议。会议主要内容有：审议中国工程院第十次院士大会日程；审议新一届院领导班子候选人有关事项；审议《中国工程院院长、副院长换届选举办法》；审议提交全体院士选举的主席团成员候选人名单的有关情况；审议大会选举的监票人和总监票人名单；审议徐匡迪院长在院士大会上的讲话稿。

邬贺铨副院长兼秘书长报告了出席会议的人员情况。本次会议应到主席团成员36人，实到33人，超过应到人数的2/3，符合对重大事项作出表决的法定人数。宋健、朱光亚、秦伯益院士因病因事请假。

中组部常务副部长沈跃跃同志及有关同志应邀出席会议。

一、审议中国工程院第十次院士大会日程

邬贺铨副院长详细汇报了6月7日至11日在北京会议中心召开的中国工程院第十次院士大会日程及有关会议的议程安排。主席团会议一致通过会议日程和有关安排。

日期	上午 9:00－12:00	下午 14:30－18:00	晚上
6月6日 （星期日）	10:00 两院院士大会新闻通报会 （会议楼三层第19会议室） 院士全天报到	16:00 主席团会议 （会议楼三层第19会议室）	
6月7日 （星期一）	10:00 开幕会:中央领导同志作重要讲话 （人民大会堂）	全体会议 ① 颁发新院士(含外籍)证 ② 徐匡迪院长讲话 ③ 全院学术报告会 （会议楼礼堂）	18:00 院领导等宴请外宾 （九号楼二层餐厅） 19:40 学习中央领导同志讲话座谈会 （九号楼二层第5会议室）
6月8日 （星期二）	全院学术报告 （会议楼礼堂）	全体会议 ① 选举院长、副院长和主席团成员 ② 全院学术报告会 ③ 公布选举结果 （会议楼礼堂）	19:30 放电影 （会议楼礼堂）
6月9日 （星期三）	国务院领导颁发陈嘉庚奖、光华奖并作报告 （会议楼礼堂）	各学部活动地方代表座谈会 （五号楼三层第2会议室）	18:30 光华奖招待会 （紫玉山庄）
6月10日 （星期四）	分学部讨论“我国工程科技中长期战略研究”与“院士队伍建设研究”咨询项目	各学部活动	19:30 医疗保健讲座 （会议楼礼堂） 19:30“加快推进我国基础研究发展”院士座谈会 （会议楼一层第3会议室）
6月11日 （星期五）	全体会议 ① 中组部领导宣读中央关于院长、副院长的任职决定 ② 新一届院领导与大家集体见面 ③ 新当选院长讲话 ④ 国务院领导讲话 （会议楼礼堂） 10:30 新一届主席团会议 （会议楼三层第19会议室）	院士离会	院士离会

二、审议新一届院领导班子候选人有关事项

中组部沈跃跃常务副部长介绍了新一届院领导班子候选人有关情况，详细说明了第五届领导班子换届原则，第五届院长、副院长候选人人选酝酿考察情况和人选情况。

据介绍，党中央、国务院高度重视中国工程院领导班子换届工作。根据中央关于领导班子和干部队伍建设的总体部署以及《中国工程院章程》有关规定，考虑到工程院的实际情况，在广泛听取意见的基础上，经与工程院党组反复协商，并报中央同意，中组部提出第五届领导班子换届原则，从2010年4月起，就新一届领导班子人选进行了酝酿考察。工作过程包括：一是在工程院现领导班子成员，主席团成员，各学部主任、副主任和常委以及院机关局级干部中进行了民主推荐，有149位同志参加；二是与122位同志进行了个别谈话，谈话范围是工程院现领导班子成员，主席团成员，各学部主任、副主任和常委，部分德高望重的老院士及院机关局级干部；三是听取了现任或曾任国家领导人的工程院院士及在工程科技界有较大影响的老院士的意见；四是征求了科技部、教育部、中科院、中国科协、国防科工局和国家自然科学基金委等主席团顾问单位主要负责同志的意见；五是到北京、上海等院士相对集中地区的部分高校和科研院所，进一步征求了32名院士的意见；六是在书面和谈话推荐基础上，研究确定拟新提名的副院长考察人选，并到人选所在地区和单位进行深入考察，还听取了国务院有关部门和解放军总政治部、总后勤部的意见，共谈话60人。在考察期间，还设立了考察组联系电话和征求意见箱，广泛征求意见。

按照换届原则，经过反复酝酿协商，提出了中国工程院第五届院长、副院长候选人人选方案，并报中央审议批准。提名周济同志为第五届院长候选人人选；干勇、旭日干、谢克昌、樊代明、潘云鹤五位同志（按姓氏笔画为序）为第五届副院长候选人人选。从总体上看，拟由这6位同志组成的新一届工程院领导班子结构比较合理，平均年龄62.7岁，比上届同期的63.2岁降低了0.5岁。沈跃跃常务副部长逐一介绍了各位候选人的情况。

沈跃跃常务副部长还对徐匡迪院长和邬贺铨、刘德培、杜祥琬副院长的工作予以高度评价。她指出，徐匡迪院长是大家尊敬的老领导，在主持工程院工作8年以来，团结带领工程院领导班子成员、广大院士和工程科技人员，认真贯彻落实科学发展观，在把握工程科学技术发展方向，参与国家重大工程建设项目的决策咨询，加强创新型工程科技人才队伍建设，促进我国工程科学技术事业发展等方面做了大量卓有成效的工作，在国内外赢得了广泛赞誉。邬贺铨、刘德培、杜祥琬副院长都是我国工程科技界的知名专家，他们在工程院副院长岗位上团结协作，尽心尽力，勤奋工作，为工程院和工程科技事业的发展付出了辛勤的劳动和汗水，作出了贡献，受到了大家的好评。

主席团会议对以徐匡迪同志为院长的第四届院领导班子的工作予以高度赞扬，认为即将组成的新一届院领导班子结构合理，年富力强，一致通过了新一届院领导班子候选人人选，并对中组部同志几个月来的工作表示感谢。

三、审议《中国工程院院长、副院长换届选举办法》

杜祥琬副院长汇报了《中国工程院院长、副院长换届选举办法》。主席团会议审议后予以通过，提出将在会后印发全体院士，并在本次大会的换届选举中予以执行。

四、审议提交全体院士选举的主席团成员候选人名单的有关情况

刘德培副院长汇报了提交全体院士选举的主席团成员候选人的有关情况。据汇报，根据《中国工程院主席团换届选举办法》，各学部常委会经过征求本学部院士意见和酝酿协商等程序后，共提出了18位将提交全体院士选举的主席团成员候选人（每个学部2位），具体名单如下：

机械与运载工程学部：王兴治、张彦仲院士；
信息与电子工程学部：李国杰、朱高峰院士；
化工、冶金与材料工程学部：黄伯云、薛群基院士；
能源与矿业工程学部：何继善、朱建士院士；
土木、水利与建筑工程学部：崔俊芝、谢礼立院士；
环境与轻纺工程学部：陈克复、魏复盛院士；
农业学部：唐启升、石玉林院士；
医药卫生学部：巴德年、钟南山院士；
工程管理学部：王礼恒、殷瑞钰院士。

主席团会议经过审议，一致通过了提交全体院士选举的主席团成员候选人，在6月8日的全体会议上，由全体院士投票选举。

五、审议大会选举的监票人和总监票人名单

邬贺铨副院长汇报了大会选举的监票人和总监票人名单的情况。据汇报，各学部共推荐了18位监票人（每个学部2位），并建议推荐王玉普院士为总监票人。监票人具体名单如下：

机械与运载工程学部：金东寒、谭建荣院士；
信息与电子工程学部：陈左宁、吴曼青院士；
化工、冶金与材料工程学部：刘炯天、周　玉院士；
能源与矿业工程学部：马永生、彭苏萍院士；
土木、水利与建筑工程学部：江　亿、欧进萍院士；
环境与轻纺工程学部：侯宝荣、孙晋良院士；
农业学部：陈焕春、邓秀新院士；
医药卫生学部：付小兵、程　京院士；
工程管理学部：王　安、王玉普院士。

主席团会议经过审议，一致通过了大会选举的监票人和总监票人。

六、审议徐匡迪院长在院士大会上的讲话稿

王振海同志汇报了徐匡迪院长在院士大会上的讲话稿。据汇报，讲话稿分两部分，一是四年来的工作回顾，主要内容有：(1) 院士队伍建设成效显著，(2) 咨询工作成效显著，思想库建设稳步推进，(3) 国际交流与合作不断拓展，(4) 院机关建设稳步推进；二是几点体会。

主席团会议提出主要修改意见有：建议报告中进一步体现工程院的特色，并强调院士的群体作用；“体会”部分的内容要增加带有感情的表述，结构要作适当调整；总结工作时还应包括存在的不足之处；整体内容宜再简洁。

此外，主席团会议重申，“工程管理学部”如简称应规范为“工管学部”。

主　持：徐匡迪执行主席

出　席：干　勇　毛二可　王永志　王礼恒　王思敬　王淀佐　石玉林　关　桥　刘鸿亮　刘德培　旭日干　朱建士　朱高峰　邬贺铨　何继善　张彦仲　李大东　李国杰　杜祥琬　杨秀敏　杨胜利　沈国舫　陈厚群　周　济　徐匡迪　殷瑞钰　顾健人　龚惠兴　谢礼立　管华诗　潘云鹤　薛群基　魏复盛

请　假：宋　健　朱光亚　秦伯益

列　席：白玉良

记　录：宋德雄

主席团会议纪要(一)

2010年6月11日，周济执行主席主持召开了第五届主席团第1次会议。会议主要内容有：审议主席团名誉主席的提议；审议确认各学部常委会组成名单；审议新一届主席团组成成员的报告；讨论《关于认真学习贯彻胡锦涛总书记在两院院士大会上讲话精神的决定》。

白玉良副秘书长报告了出席会议的人员情况。本次会议应到主席团成员37人，实到35人，超过应到人数的2/3，符合对重大事项作出表决的法定人数。朱光亚、韦钰、朱高峰院士因病因事请假。

一、审议主席团名誉主席的提议

周济代表新一届院领导班子宣读了《关于主席团名誉主席的提议》。提议的主要内容是，徐匡迪院长是大家尊敬的老领导，在科技界和社会上享有崇高的威望。他在主持工程院工作期间，团结带领工程院领导班子成员、广大院士和工程科技人员，认真贯彻落实科学发展观，紧紧围绕国家经济社会发展大局，在把握工程科学技术发展方向，参与国家重大工程建设项目的决策咨询，加强创新型工程科技人才队伍建设，促进我国工程科技事业发展等方面做了大量卓有成效的工作，在国内外赢得了广泛赞誉。工程院新一届领导班子联名提议徐匡迪院长为中国工程院第五届主席团名誉主席。朱光亚院长、宋健院长是工程科技界德高望重的专家，也是工程院两位前任院长，他们为工程院的发展做出了不可磨灭的贡献，他们是上一届主席团名誉主席。建议第五届主席团继续请朱光亚院长、宋健院长为主席团名誉主席。

主席团会议一致通过该提议。

二、审议确认各学部常委会组成名单

各学部分别汇报了本学部新一届常委会组成情况。其中:李培根院士代表机械与运载工程学部常委会;受韦钰院士委托,邬贺铨院士代表信息与电子工程学部常委会;曹湘洪院士代表化工、冶金与材料工程学部常委会;黄其励院士代表能源与矿业工程学部常委会;雷志栋院士代表土木、水利与建筑工程学部常委会;郝吉明院士代表环境与轻纺工程学部常委会;尹伟伦院士代表农业学部常委会;杨胜利院士代表医药卫生学部常委会;王基铭院士代表工程管理学部常委会。

主席团会议一致通过各学部常委会组成名单,具体如下(常委以姓氏笔画为序):

1. 机械与运载工程学部(15 人)

主　任:李培根

副主任:王玉明　王哲荣　冯培德

常　委:尹泽勇　王玉明　王哲荣　乐嘉陵　冯培德　卢秉恒　关　杰　刘怡昕　李培根　金东寒　钟志华　钱清泉　黄瑞松　曾广商　谭建荣

2. 信息与电子工程学部(15 人)

主　任:韦　钰

副主任:陈良惠　刘韵洁　何新贵

常　委:马远良　方滨兴　王天然　韦　钰(女)　刘尚合　刘韵洁　邬江兴　何新贵　张尧学　陈良惠　周寿桓　范滇元　黄培康　龚惠兴　戴　浩

3. 化工、冶金与材料工程学部(13 人)

主　任:曹湘洪

副主任:舒兴田　屠海令　邱定蕃

常　委:王一德　付贤智　左铁镛　刘炯天　吴以成　邱定蕃　徐德龙　高从堦　屠海令　曹湘洪　黄伯云　舒兴田　薛群基

4. 能源与矿业工程学部(15 人)

主　任:黄其励

副主任:彭苏萍　邱爱慈　袁士义

常　委:古德生　朱建士　何多慧　杨奇逊　邱爱慈(女)　陈念念　陈毓川
周守为　岳光溪　闻雪友　袁　亮　袁士义　康玉柱　黄其励　彭苏萍

5. 土木、水利与建筑工程学部(15人)

主　任:雷志栋
副主任:邹德慈　欧进萍　王梦恕
常　委:马洪琪　王　浩　王小东　王梦恕　王景全　叶可明　张　杰　张祖勋
杨秀敏　邹德慈　周福霖　欧进萍　郑皆连　黄　卫　雷志栋

6. 环境与轻纺工程学部(11人)

主　任:郝吉明
副主任:陈克复　蔡道基　丁一汇
常　委:丁一汇　张全兴　陈克复　周　翔(女)　孟　伟　庞国芳　侯保荣
郝吉明　蒋士成　蔡道基　潘德炉

7. 农业学部(13人)

主　任:尹伟伦
副主任:方智远　夏咸柱　邓秀新
常　委:尹伟伦　方智远　邓秀新　石玉林　刘秀梵　孙九林　宋湛谦　张齐生
李　宁　夏咸柱　徐　洵(女)　盖钧镒　傅廷栋

8. 医药卫生学部(15人)

主　任:杨胜利
副主任:谢立信　张伯礼(常务)　侯惠民
常　委:王红阳(女)　张　运　张伯礼　李兰娟(女)　杨宝峰　杨胜利　沈倍奋(女)
邱贵兴　陈志南　周宏灏　侯惠民　顾玉东　高润霖　程书钧
谢立信

9. 工程管理学部(11人)

主　任:王基铭

副主任:傅志寰　王　安

常　委:王　安　王陇德　王基铭　刘　玠　孙永福　朱高峰　何继善　沈荣骏
郑南宁　袁晴棠(女)　傅志寰

三、审议新一届主席团组成成员的报告

邬贺铨秘书长汇报了新一届主席团组成成员的报告。据汇报,根据《中国工程院章程》和《中国工程院主席团换届选举办法》,第十次院士大会对主席团进行了换届选举,组成了第五届主席团,由本届和上一届院长、副院长,本届各学部主任和18位经院士大会直接选举的成员组成,任期4年。

主席团会议一致通过新一届主席团组成成员名单,具体如下(以姓氏笔画为序):

学　部	姓　名	专业专长
机械与运载工程学部	王兴治	兵器科学与技术
	张彦仲	航空宇航系统工程与理论
	李培根	机械制造及其自动化
	周　济	机械工程
信息与电子工程学部	韦　钰	电子学
	朱高峰	通信与信息网络技术
	邬贺铨	传输网与光纤通讯
	李国杰	计算机系统结构
	潘云鹤	计算机应用
化工、冶金与材料工程学部	干　勇	冶金
	徐匡迪	钢铁冶金
	曹湘洪	石油化工
	黄伯云	粉末冶金
	薛群基	功能材料
能源与矿业工程学部	朱建士	核科学技术应用
	何继善	地质和矿床探测技术工程
	杜祥琬	应用物理与激光技术
	黄其励	蒸汽工程
	谢克昌	煤化学工程
土木、水利与建筑工程学部	崔俊芝	工程力学
	谢礼立	土木工程抗灾与防护工程

	雷志栋	农田水利工程
环境与轻纺工程学部	陈克复	制浆造纸工程
	郝吉明	环境工程
	魏复盛	环境监测与标准
农业学部	尹伟伦	生物学、森林培育学
	石玉林	土地资源
	旭日干	家畜繁殖生物学与生物技术
	唐启升	渔业资源
医药卫生学部	巴德年	免疫学
	刘德培	医药分子生物学
	杨胜利	生物技术
	钟南山	内科学(呼吸系统病)
	樊代明	消化内科
工程管理学部	王礼恒	机械与运载工程管理
	王基铭	炼油、石油化工与工程管理
	殷瑞钰	钢铁冶金

主席团会议决定,会后院里将发文,将新一届主席团成员名单和各学部常委会名单印发全体院士,并予以公布。

四、讨论《关于认真学习贯彻胡锦涛总书记在两院院士大会上讲话精神的决定》。

周济指出,6月7日上午,党和国家领导人出席两院院士大会开幕会,胡锦涛总书记发表重要讲话,这充分体现了党中央、国务院对全体院士、对全国科技工作者的深切关怀和殷切期望;对两院工作的高度重视和大力支持。几天来,院士们都在认真学习和领会胡锦涛总书记的重要讲话精神。为了进一步深入学习领会和贯彻落实胡总书记重要讲话精神,为工程院下一阶段的工作提供指导,拟作出《关于认真学习贯彻胡锦涛总书记在两院院士大会上讲话精神的决定》。

白玉良汇报了《决定》初稿的主要内容。《决定》拟分三部分,一是认真学习、深刻领会、统一思想、抓好落实;二是切实推进国家工程科技思想库建设;三是大力加强院士队伍建设。

主席团会议进行了讨论,原则通过《决定》初稿,请白玉良同志牵头组织修改,根据会议讨论的精神,进一步完善;委托新一届院常务会议代表主席团审议,通过后将印发全体院士。

最后,周济简要报告了关于下次主席团会议和近期院机关工作的初步安排。他表示,院党组和院机关的同志要按《决定》的要求,带头把学习贯彻胡锦涛总书记重要讲话精神作为一项重要任务,在认真学习、深刻领会讲话精神的基础上,认真谋划工程院今后一个时期的工作思路,扎实推进各项工作的深入开展。近期拟重点做好以下几项工作,希望主席团成员积极参加相关工作,并动员更多院士参与:

一是在充分听取意见的基础上,按照工程院章程等有关规定,及时进行各专门委员会的换届调整工作,提请下次主席团会议审议批准。

二是完善"院士队伍建设课题"研究报告,特别是要根据院士大会期间收集到的意见建议,就有关增选工作、科学道德建设等问题进行深入研究讨论,提出政策建议报主席团会议审议。

三是就国家工程科技思想库建设问题着手前期调研工作。在院士队伍建设课题研究过程中,许多院士就如何进一步发挥好国家工程科技思想库作用提出了不少好的意见,建议设立咨询专题,进行深入研究论证。将按照工程院咨询项目管理的有关规定,就课题的立项宗旨、意义、研究内容、人员组成等问题进一步研究,然后提出立项意见报主席团会议审议。

四是抓紧做好《中国工程科技中长期发展战略研究》咨询报告的修改完善工作。这次院士大会对该课题的设立宗旨和阶段性研究成果给予了高度评价,同时提出了很好的意见建议。要以胡锦涛总书记重要讲话精神为指导,对课题的研究工作进一步作出安排。要充分吸收会议期间各位院士提出的宝贵意见,对有关重大问题还可以安排必要的学术研讨会,进一步深入研究交流。

五是继续做好十二五期间战略性新兴产业发展问题的咨询研究,进一步加强与国家发展改革委的沟通,及时就有关问题交换意见。

主　持:周　济

出　席:干　勇　尹伟伦　巴德年　王礼恒　王兴治　王基铭　石玉林　刘德培　旭日干
朱建士　邬贺铨　何继善　宋　健　张彦仲　李国杰　李培根　杜祥琬　杨胜利
陈克复　周　济　郝吉明　钟南山　唐启升　徐匡迪　殷瑞钰　崔俊芝　曹湘洪
黄伯云　黄其励　谢礼立　谢克昌　雷志栋　樊代明　潘云鹤　薛群基　魏复盛

请　假:朱光亚　韦　钰　朱高峰

列　席:白玉良

记　录:宋德雄

主席团会议纪要(二)

2010 年 9 月 5 日,周济执行主席在江苏省南京市主持召开了第五届主席团第 2 次会议。会议主要内容有:审议《中国工程院 2010 - 2014 年度工作纲要》;审议修订的《中国工程院工作规则》;审议《中国工程院院士队伍建设研究》项目报告;审议各专门委员会换届名单;审议聘请主席团顾问单位名单。

邬贺铨秘书长报告了出席会议的人员情况。本次会议应到主席团成员 39 人,实到 31 人,超过应到人数的 2/3,符合对重大事项作出表决的法定人数。宋健、朱光亚、刘德培、陈克复、郝吉明、殷瑞钰、薛群基、魏复盛院士因病因事请假。

一、审议《中国工程院 2010 -2014 年度工作纲要》

周济院长汇报了《中国工程院 2010 - 2014 年度工作纲要》。据汇报,制定工程院的工作《纲要》,既是《中国工程院章程》的要求,也是历届主席团部署未来几年工作的良好传统。今年院士大会进行了院主席团、院领导班子及各学部常委会的换届,更需要对我院今后四年的工作加强战略研究和宏观思考。为更好地履行我院的职能和任务，贯彻落实中央领导在院士大会上的讲话精神，研究制定了本《纲要》，将作为我院今后四年工作的指南。

制定《纲要》主要有四点考虑：一是贯彻中央领导讲话精神；二是遵循《章程》；三是继承传统、规划未来；四是发扬民主、集思广益。《纲要》起草过程：今年院士大会后，院常务会议部署了制定《纲要》的有关工作，经过广泛发动、精心组织、深入讨论和多方征求意见等环节，不断修改和完善，主要工作有四方面：一是明确分工、组织落实；二是学习讲话，建言纲要；三是党组扩大会议专题研究；四是广泛征求各方意见。《纲要》的主要内容分三大部分：一是发展目标与工作思路：坚持以科学发展观为指导，以发挥国家工程科技思想库作用为主线，以院士队伍建设为核心，动员全体院士和广大科技工作者为加快转变经济发展方式勇挑重担、建功立业，以优异的成绩迎接建院20周年；按照总体谋划、分步实施、重点突破、全面推进的工作思路，通过不懈的努力，完成建设思想库和加强院士队伍建设两个方面的发展任务。二是重点工作：按照两个方面、八项重点进行统筹部署，即建设国家工程科技思想库并充分发挥其重要作用，包括战略咨询、科技服务、学术引领和人才培养4项重点工作；加强院士队伍建设并发挥院士的领军作用，包括院士增选工作、科学道德建设、服务院士工作和发挥院士作用4项重点工作。三是保障措施，包括加强机关队伍建设、强化国际交流合作、提高管理工作水平。

主席团会议对《纲要》进行了认真的讨论，肯定了《纲要》的起草工作，原则通过，并对《纲要》内容及有关工作提出一系列意见。要求工作组根据意见归纳整理后进一步完善《纲要》，经院常务会议审定后印发。最近将尽快启动关于思想库建设的调研工作，进行深入研究和顶层设计。有关意见主要有以下几方面：

1. 思想库建设：

（1）思想库要着眼于长远、开拓新领域，研究如何出思想、有真知灼见、有特色，对决策有积极影响并被采纳；对思想库的内涵实质还需有更深的认识，要对思想库的建设进行系统深入的研究，做好顶层设计和发展规划；要高度重视民生问题，注重提高人民生活质量，突出食品安全、医药卫生、农业等方面的工作，为全面建设小康社会作出贡献；根据我院实际，对当前的工作机制与模式进行改进和完善。在《纲要》中“思想库”第一次出现处，要用“国家工程科学技术思想库”表述。

（2）战略咨询要真正体现出战略性，既要围绕国家和区域的重大关键问题，以产业结构调整优化、资源节约和环境友好、改善民生及提高人民生活质量为重点，还要对各个行业和企业的发展提供科技服务；对突发事件的应急对策咨询要常态化；建议咨询工作委员会和院常务会议定期对国家发展中的重大或瓶颈问题进行研究并组织开展多层次、多形式的战略咨询；要提高咨询成果的质量和影响力，争取做到专家咨询和行政决策的有机结合；推进咨询工作法制建设的工作要尽早着手，理顺院士建议的上报渠道；动员全体院士积极参加咨询活动，鼓励年轻人参与咨询工作，组建老中青相结合的咨询队伍，并建立咨询专家数据库；加强学部和咨询工作的支撑队伍建设，增加工作人员，并加强组织工作；推进国家工程科技数字图书馆建设。

（3）扎实推进院士工作站建设，注重实效，加强与大型企业的对接和依托其建设院士工作站。在有条件的地区建设院士中心，加强对各地院士中心的支持，使院士中心成为承担院地合作任务的中心。

（4）“工程科技论坛”要办成不同学术观点、意见和思想交流碰撞的研讨平台，提倡发扬学术民主和自由；不断提高出版物的质量和水平，加大投入，集中精力办好学术刊物；加强科普和宣传报道工作，扩大我院公众影响力。

（5）工程院应在发现科技领军人才方面发挥作用；强调推动中小学工程科技教育，科技和工程教育是国民素质教育的重要组成部分。

2．院士队伍建设：

（1）四年中有两次增选，建议对增选工作的内容进行强化，研究新方法或改进措施，组织开展相关调研与评估，例如：如何吸收年轻的科技工作者进入院士队伍；对目前全国各行各业科技工作者的代表人物进行调查，更多地掌握候选人的情况。

（2）科学道德建设工作，要强调发挥我院在促进科研诚信、科学道德和学风建设方面的引领作用，突出院士质量是工程院的生命，把好院士入口关。

（3）开展跨领域战略型咨询专家的培养工作，对效果好的咨询项目进行案例分析。

（4）强调进一步发挥外籍院士的作用。

（5）院士个体和工程院系统如何更好地结合起来，如何处理好个人和系统的关系，要强化工程院系统的作用。

3．保障措施：

（1）“宣传工作”可单列为一条，加强对工程科技发展作出重大贡献的院士以及重要咨询成果的宣传报道。

（2）为退职院士争取申请国家有关科研项目的渠道，努力创造退职院士继续发挥作用的平台。

4．文字表述：对个别文字表述再进行反复斟酌和完善，力求表达严谨。

二、审议修订的《中国工程院工作规则》

潘云鹤常务副院长汇报了《中国工程院工作规则》修订情况。据汇报，现行的《规则》是在1998年7月10日由主席团会议审议通过，并在2002年7月8日通过主席团会议修订。随着《中国工程院章程》在2008年10月修订完成，以及我院工作不断与时俱进，新一届领导班子决定对《规则》进行修订。修订工作组根据我院工作实际，参考了《国务院工作规则》以及科技部、教育部、中科院等单位工作规则，多次开会研究讨论，征集了机关各部门的修改意见，形成了《规则》修订讨论稿。工作组提出的修订原则是：“以2008年修订的《中国工程院章程》为依据，为提高工作效率，适应我院发展的新情况、新任务，对《规则》进行修改。考虑到《规则》的连续性和可操作性，可改可不改之处原则上不改，确需修改之处表述力求准确、严谨。在《章程》里表述过的内容，不再在《规则》里赘述。”《规则》修改主要体现在三个方面：一是体例格式的修改，对各个部分按“章”统一排序，统一编排了全文序号；二是增加有关内容，具体增加了“公文审批”和“附则”两章；三是具体文字的修改，根据2008年修订的《章程》和现实情况，对个别文字和段落进行了调整和修改。

主席团会议肯定了《规则》的修订工作，原则通过《规则》修订稿，并提出以下修改意见：研究院士建议上报的程序，进行规范和进一步完善；建议在主席团会议召开之前一个半月将会议的议题通知主席团成员，使大家有所准备；第七条中“临时”动议，应删去“临时”二字，第十条中“列席会议”改为“出席会议”，“学部主任签字后保存”改为“阅改后签字保存”，第十二条中“在党组领导下”改为“在院常务会议领导下”；对个别文字表述再进行斟酌和完善，由院常务会议定稿后印发。

三、审议《中国工程院院士队伍建设研究》项目报告

旭日干副院长汇报了《中国工程院院士队伍建设咨询研究》项目整体进展和第四届主席团第23次会议(乌镇主席团会议)对项目中期报告进行讨论后的修改情况,白玉良同志汇报了具体修改内容。据汇报,课题组根据乌镇主席团会议的意见对课题综合报告和分课题报告进行了修改,在院士大会期间发给全体院士,以学部为单位征求学部的意见,反馈的意见归纳整理后有53条。根据中央领导在院士大会上的讲话精神,课题组吸收这些意见,并结合《中国工程院2010－2014年度工作纲要》,对项目综合报告又进行了多次修改,主要涉及21处。

主席团会议肯定了项目综合报告的修改工作,21处修改内容比较恰当,原则通过。会议提出如下建议:

1. 工程科技思想库建设方面

在报告18页倒11行"提高我院作为国家最高学术机构的影响力,"一句中,建议加上"荣誉性、咨询性"。本页倒10行"四是加快我国工程科技人才队伍的建设。"后面,增加"将人才培养作为工程院的重要任务"一句。本页倒5行"作学术精神和学术道德的楷模"后,增加"和引领作用"。

在报告19页倒3行"院士要立足本职岗位,努力在各自专业领域发挥作用"一句中,建议删去"立足本职岗位",也有院士认为这一条没有必要。在本页倒2行"重大科技研究任务,"一句中,建议把"研究"改为"研发"。

2. 院士增选方面

报告21页正4行"针对转型阶段如何客观评价候选人的新特点,"这个定义应斟酌?建议改为"经济、社会、科技发展的新形势和需求"。在本页倒7行"是我院增选工作中面临的关键问题"一句中,建议把"关键"改为"重要"。

建议在报告23页"6、严肃院士增选工作纪律。"一段中,增加研究如何应对当前"权—奖"挂钩现象的内容,即有权利的领导,在评成果时,往往位于奖励名单的首位。本页"6、严肃院士增选工作纪律。"的标题,用词很严厉,但可操作性不强,建议将"严肃"改为"进一步加强"。

报告12页正2行"我院要维持80岁以下院士现有规模(600名左右),20年后为460名(11页图)";报告21页正7行"在坚持质量第一的前提下,应保持院士队伍有一个相对稳定的规模";报告21页倒10行"对未来二三十年院士队伍可以预测,不宜设定规模";三处表述有些矛盾,应进一步研究。

3. 科学道德和学风建设方面

在报告23页"1、加大力度弘扬院士的科研精神。"一段中,应删去"特别是老院士"这一句。在本页倒2行"如何使院士这一荣誉称号既能体现尊重知识和人才,又不与名利过分挂钩"一句中,应删去"过分"二字。

报告25页正5行,建议删去"以增加科学道德的成本。"的表述,将"以期起到警示作用"改为"以期起到箴言和警示作用"。在本页正9行"发挥我院在促进科技界科研诚信",建议把"科技界科研"改为"科技活动"或删去"科技界"三个字。在本页"5、积极促进我国科技界的科学道德与学风建设"一段中,应强调院士的学风引领作用和增加反对学术腐败的问题。在本页"1、进一步加强院机关建设"一段中,倒5行"抓好院机关和咨询服务中心的队伍建设",建议把"抓好"改为"加强",并删掉"队伍"二字。

在报告26页“2、加强院士工作地方支持系统建设。”标题中，建议把“建设”改为“联系”。

4. 其他方面

双聘院士和院士兼职是两个不同的概念，要把双聘院士和院士兼职区别开来、分别对待。

会议要求课题组根据这些意见对报告进行修改、完善，文字表述再推敲和斟酌，经项目组讨论审定后，报咨询委员会结题。

四、审议各专门委员会换届名单

邬贺铨秘书长汇报了各专门委员会换届名单。据汇报，按照《中国工程院章程》和《中国工程院各专门委员会换届办法》的规定，今年院士大会后，各专门委员会进行了换届工作。根据院党组会议研究确定的院领导分工，提出了新一届各专门委员会主任的建议名单；根据各学部推荐参加各专门委员会的院士名单，提出各专门委员会组成名单，并经2010年第10次院常务会议讨论通过。另外，各委员会根据工作需要聘请的团体成员和非院士成员，有的已提出名单，有的尚未确定，待确定后将提交院常务会议和下次主席团会议审议。新一届各专门委员会主任名单如下：

1. 院士增选政策委员会主任：旭日干
2. 咨询工作委员会主任：潘云鹤
3. 教育委员会主任：潘云鹤
4. 科学道德建设委员会主任：谢克昌
5. 产业工程科技委员会主任：干 勇
6. 学术与出版委员会主任：樊代明
7. 工程研究院所研究生教育学术委员会主任：旭日干

主席团会议通过了新一届专门委会员主任、副主任及组成人员（含团体）名单，提出会后各专门委员会都要召开会议，贯彻落实《纲要》，研究制订今后四年各专门委员会的工作计划。

五、审议聘请主席团顾问单位名单

干勇副院长汇报了聘请主席团顾问单位名单。据汇报，根据《中国工程院章程》规定，主席团可以聘请有关部委负责人为主席团顾问。1994年6月主席团会议曾决定聘请有关科学技术机构和政府部门负责人为主席团顾问。根据2010年第7次院常务会议精神，为了保证工作延续性，建议继续聘请科教部门和经济运行综合管理部门负责人为主席团顾问，建议名单如下：国家发展与改革委员会；教育部；科技部；工业和信息化部；财政部；国务院国有资产监督管理委员会；中国科学院；中国社会科学院；国家自然科学基金委员会；中国科学技术协会。

主席团会议通过了聘请主席团顾问单位的建议名单，建议增加总装备部。本次会议后落实的相关工作：一是拜访有关部委；二是今年底开会，向各顾问单位通报工作情况，听取意见。

最后，周济执行主席报告了将于12月初在北京召开主席团会议的议题：一是讨论明年院士增选工作的有关事项，二是审议2011年工程院工作计划。

主　持：周　济

出　席：干　勇　尹伟伦　巴德年　王礼恒　王兴治　王基铭　韦　钰　石玉林　旭日干
朱建士　朱高峰　邬贺铨　何继善　张彦仲　李国杰　李培根　杜祥琬　杨胜利

周　济　钟南山　唐启升　徐匡迪　崔俊芝　曹湘洪　黄伯云　黄其励　谢礼立
谢克昌　雷志栋　樊代明　潘云鹤

请　假:宋　健　朱光亚　刘德培　陈克复　郝吉明　殷瑞钰　薛群基　魏复盛

列　席:白玉良

记　录:宋德雄

主席团会议纪要(三)

2010 年 12 月 5 日,中国工程院第五届主席团第 3 次会议在北京召开。会议议题有:审议 2011 年中国工程院工作要点;研究 2011 年院士增选工作有关事项;审议关于将院产业工程科技委员会更名为科技合作委员会的建议;审议主席团顾问人选名单和关于调整秘书长人选的建议。

郐贺铨秘书长报告了出席会议的人员情况。本次会议应到主席团成员 39 人,实到 32 人,超过应到人数的 2/3,符合对重大事项作出表决的法定人数。朱光亚、王礼恒、李国杰、杜祥琬、钟南山、崔俊芝、薛群基院士因病因事请假。

一、审议 2011 年中国工程院工作要点

潘云鹤常务副院长汇报了 2011 年中国工程院工作要点(审议稿)。据汇报,根据 11 月 23 日院常务会议的修改意见,修改后的《工作要点》分三部分、共 12 项内容,一是加强院士队伍建设、3 项内容;二是加强国家工程科技思想库建设、6 项内容;三是加强服务支撑体系建设、3 项内容。现提交主席团会议审议。

主席团会议原则同意《工作要点》总体框架和基本内容,并提出以下修改建议。

1. 加强院士队伍建设:在“做好 2011 年院士增选工作”中,删除“如期完成候选人材料验收、评审及公示”的内容,在“严把入口关”之后增加“主动抵制增选过程中的不正之风”的内容;在“加强院士科学道德建设工作”中,说明我院与中科院共同开展“做好完善院士制度、规范学术兼职的调研工作”,增加“开展多种形式的精神文明和文化活动,做好院士书画社的工作”;在“积极推进院士中心建设和医疗服务工作”中,将“院士中心”改为“院士服务中心”。

2. 加强国家工程科技思想库建设:在“做好战略咨询研究工作”中,增加“围绕战略性新兴产业发展的相关领域和关系国计民生的重点领域”和“组织好《院士建议》”的内容;在“加强合作与科技服务工作”中,增加“落实已签署的各项协议”和“院士行”的内容;在“组织开展系列学术活动和出版工作”中,增加“发挥外籍院士作用”的内容;在“加强工程科技人才培养的有关工作”中,增加“推进设立国家工程科技基金;鼓励院士在本单位及工作团队内对青年科技人员进行科学作风及科学方法的教育与培养”和“加强科普工作,组织院士参加科普活动”的内容。

3. 加强服务支撑体系建设:在“加强机关建设”中,增加“加强咨询服务中心建设,进一步发挥

其作用”的内容。

主席团会议提出：围绕落实《工作纲要》和《工作要点》，要高标准开展战略咨询研究，保证咨询工作质量，为国家提出切实可行的咨询意见；切实完成好思想库建设研究项目；促进工程师制度改革和相关认证工作；工程科技数字图书馆的建设内容还要包括工科、农科、医科等方面的博士、硕士论文；建议办“工作简讯”，定期、及时向全体院士通报咨询、学术等工作动态信息。

主席团会议决定，委托院常务会议根据本次会议提出的意见和建议，对《工作要点》进行修改、定稿后印发。

二、研究 2011 年院士增选工作有关事项

旭日干副院长汇报了 2011 年院士增选的有关情况。据汇报，根据《中国工程院章程》规定，为做好 2011 年院士增选工作，保证增选质量，不断加强院士队伍建设，院士增选政策委员会于 9 月 27 日和 11 月 3 日先后召开了两次全体会议。依据第五届主席团第 2 次会议审议通过的我院《院士队伍建设研究》综合报告提出的建议以及主席团会议关于我院院士增选工作的意见，研究确定了《中国工程院院士增选工作实施办法》（以下简称《增选办法》）等有关文件的修改原则和主要内容，对《增选办法》等有关文件的相关条款进行了具体修改和讨论，提出了 2011 年的增选名额建议方案，并把上述工作情况向 11 月 23 日院常务会议作了详细汇报，根据院常务会精神又进一步修改完善。

1. 关于修改《增选办法》等文件的情况。院士增选政策委员会第一次会议确定了 2011 年《增选办法》等有关文件的修改原则：全面体现南京主席团会议提出的保证增选工作质量、用好增选名额等精神；保持增选政策的基本稳定和连续性，以及各文件间相互衔接与呼应，使增选工作更加规范；通过此次对《增选办法》等有关文件的修改与完善，使其表述更加严谨、确切，方便院士阅读和掌握，有利操作。第一次会议还确定了《增选办法》等有关文件修改中涉及的主要内容：一是，探索提高共识度和有效利用增选名额的措施；二是，扩大有效候选人材料的公示范围；三是，鼓励促进学科协调发展；四是，加大对“拉票”、“助选”行为的处罚力度；五是，对逾期投诉不予受理。此外，根据实际情况和平时院士的意见，对《增选办法》等有关文件中个别内容（非原则性）进行修改，对文字表述进行斟酌与推敲。

11 月 3 日增选政策委员会第二次全体会议：听取了《增选办法》等 7 个增选文件修改情况的汇报与修改稿的说明，原则同意对增选文件相关条款修改和补充的内容；同时，研究确定了增选总名额和名额分配的建议方案；另外，还讨论并原则同意医药卫生学部第一轮进行书面评审的建议。

增选委员会第二次会议对于是否上网公布有效候选人《提名书》中反映候选人成就和贡献的材料都进行了深入讨论与全面分析，与会多数委员认为采取此作法，既增加了保密工作的难度，又为恶意投诉甚至诬告提供了便利条件，一旦公布后果难以控制，因此需要特别慎重考虑。增选委员会会议建议提交主席团会议进一步研究。

第二次增选委员会议后，学部工作局根据与会委员提出的意见，对《增选办法》等 7 个增选文件又进行了认真修改，形成了修改文件讨论稿。11 月 23 日院常务会议原则同意对《增选办法》等 7 个增选文件（讨论稿）的修改内容，并提出了进一步修改与完善的建议。根据《章程》规定，《增选办法》和《外籍院士增选办法》再经修改后形成的审议稿，需提交主席团会议审议。白玉良同志对有关文件修改情况作了汇报说明。

主席团会议研究讨论,原则通过《增选办法》和《外籍院士增选办法》审议稿,并提出了修改建议:

第十九条,关于在工程院网站公布有效候选人《提名书》材料,经过综合权衡利弊,不宜上网,可在有效候选人所在单位内网公布;第二十一条,“逾期投诉不予受理”改为“逾期投诉原则上不予受理”;第二十二条,“通信评审报主席团备案”改为“报主席团批准”;第二十四条,关于对第二轮候选人进行考察问题,改为由各学部常委会根据本学部实际情况研究决定是否进行考察;第二十六条,删去“用好增选名额”一句;第二十九条、第三十条和第三十二条,关于涉及违规处理的内容,建议再斟酌;第三十二条中,仍采用原句“任何单位和个人不得通过不正当方式为被提名人当选院士进行活动”的表述。

主席团会议决定,委托院常务会议根据本次会议的意见,对《增选办法》相关条款内容进行修改,对文字表述进一步推敲后定稿印发。

2. 关于2011年增选名额的建议方案。增选政策委员会第二次会议根据我院《院士队伍建设研究》综合报告得出的建议和主席团会议对院士后备人才队伍状况的基本估价,参考调查问卷结果,研究确定了增选总名额和名额分配原则。建议2011年增选总名额仍保持60名,分配方案仍延续2009年的做法,即:第一轮增选参考名额为59名,环境与轻纺工程学部和工程管理学部各5名,其余学部均为7名;第二轮院士增选名额的分配原则是在第一轮分配名额的基础上,依据各学部的实际情况,由增选政策委员会提出剩余1个机动名额的分配建议,报主席团会议审定。11月23日院常务会议同意增选总名额和名额分配的建议方案,并提交主席团会议审定。

主席团会议充分肯定了增选政策委员会所做的工作,并通过了2011年院士增选名额分配方案的建议。会议提出,要采取必要措施,提高共识度,用好增选名额。

3. 杨胜利院士汇报了2011年院士增选医药卫生学部第一轮实行书面评审的事项。据汇报,医药卫生学部在2009年院士增选第一轮评审中试行了书面评审与会议评审相结合的做法,在增选后总结试点工作征求学部院士意见时,绝大多数院士都赞同这种方式,认为书面评审保证了每位院士在会前对候选人材料有充分的时间审阅,有利于对候选人成就贡献进行客观、独立的判断,且与会议评审结果高度一致。为此建议:医药卫生学部在2011年院士增选第一轮采取书面评审,并制定了先专业组、再学部书面评审的具体办法。现提交主席团会议审议。

主席团会议原则同意医药卫生学部2011年院士增选第一轮采取书面评审方式的试点。

三、审议关于将院产业工程科技委员会更名为科技合作委员会的建议

干勇副院长汇报了关于将产业工程科技委员会更名为科技合作委员会的建议。据汇报,根据11月23日院常务会议精神,建议将我院产业工程科技委员会更名为科技合作委员会,提交主席团会议审议。更名后,科技合作委员会的组成不变,职能在产业工程科技委员会职能的基础上,纳入我院与地方、部委、军队、企业等方面的合作和院士行组织、院士工作站指导等内容。委员会设立秘书处作为日常办事机构,秘书处设在学部工作局综合处。

主席团会议同意将产业工程科技委员会更名为科技合作委员会。会议提出:更名后的科技合作委员会增加了与地方合作的内容,委员会的组成成员要作相应调整;对委员会《工作规则》有关内容再进一步修改;与各地的合作要根据我院和各地实际情况量力而行。

四、审议主席团顾问人选名单和关于调整秘书长人选的建议

周济院长汇报了关于主席团顾问人选名单的有关情况。据汇报,根据第五届主席团第 2 次会议的决定,通过向有关单位发函征求意见,有关部委推荐主席团顾问名单如下:

国家发展与改革委员会	张晓强	副主任
教育部	袁贵仁	部长
科技部	万 钢	部长
工业和信息化部	李毅中	部长
财政部	张少春	副部长
国务院国有资产监督管理委员会	黄丹华	副主任
中国科学院	路甬祥	院长
中国社会科学院	王伟光	常务副院长
国家自然科学基金委员会	陈宜瑜	主任
中国科学技术协会	邓 楠	常务副主席
总装备部	李安东	副部长

主席团会议审议通过了主席团顾问人选名单,并提出今后每年召开一次顾问会议,通报工程院工作情况,听取意见或建议。

周济院长代表院党组汇报了关于调整秘书长人选的建议。据汇报,邬贺铨同志因先后担任国家信息化专家咨询委员会副主任、国家下一代互联网专家委员会主任、国家重大科技 03 专项总师、中国通信标准化协会副理事长等工作,任务非常繁重,本人多次提出,请求辞去所担任的秘书长一职。

考虑到机关工作的需要,按照《干部选拔任用工作条例》规定进行民主推荐和考察的基础上,院党组经认真研究,建议由白玉良同志担任秘书长一职。

白玉良同志是 2000 年我院在北京市范围内,面向社会公开选拔的学部工作局负责人。2001 年起,该同志担任工程院副秘书长至今,其间,先后兼任学部工作局局长、政策研究室主任、院咨询服务中心主任等职。白玉良同志政治立场坚定,党性观念较强,在工程院工作期间,体现了较高的政策、业务水平,具有较强的组织协调能力和工作能力,是秘书长的合适人选。

根据《中国工程院章程》规定,工程院秘书长可由非院士担任,由院长提名,经主席团通过后任命。为此,提名白玉良同志任秘书长。

主席团会议通过举手表决,一致通过了提名白玉良同志担任工程院秘书长职务的建议。根据干部任免有关规定,将在一定范围进行公示,并报中组部备案,之后将正式任职。

主席团会议充分肯定了贺铨同志的工作。在担任中国工程院副院长八年期间,贺铨同志为做好工程院工作付出了极大的努力,付出了心血和智慧,作出了很大的贡献。自 2009 年 6 月兼任秘书长以来,很好地履行了秘书长的职责,机关各项工作有了很大进步,取得了很大成绩。他紧密围绕工程院的中心工作,认真细致地抓好机关建设,充分调动了机关同志的积极性,大大提高了机关工作的水平,使机关精神面貌焕然一新,也为做好工程院各种工作任务提供了坚强的保障。主席团会议对贺铨同志卓有成效的工作表示衷心感谢。

主　持:周　济

出　席:于　勇　尹伟伦　巴德年　王兴治　王基铭　韦　钰　石玉林　刘德培　旭日干
朱建士　朱高峰　邬贺铨　何继善　宋　健　张彦仲　李培根　杨胜利　陈克复
周　济　郝吉明　唐启升　徐匡迪　殷瑞钰　曹湘洪　黄伯云　黄其励　谢礼立
谢克昌　雷志栋　樊代明　潘云鹤　魏复盛

请　假:朱光亚　王礼恒　李国杰　杜祥琬　钟南山　崔俊芝　薛群基

列　席:白玉良

记　录:宋德雄

【院常务会议纪要】

院常务会议纪要(五十五)

2010年1月6日,受徐匡迪院长委托,潘云鹤常务副院长主持召开2010年第1次院常务会议。会议议题有:通报有关情况;听取关于今年两院院士大会有关情况的汇报。

一、通报有关情况

1. 旭日干副院长通报出席中央农村工作会议情况。据通报,中央农村工作会议于2009年12月27-28日在北京举行,回良玉副总理出席会议并作了重要讲话。会议认真贯彻党的十七大和十七届三中、四中全会以及中央经济工作会议精神,系统总结2009年农业农村工作,重点研究加大统筹城乡发展力度、进一步夯实农业农村发展基础的政策措施,全面部署2010年的农业农村工作。会议讨论了《中共中央、国务院关于加大统筹城乡发展力度,进一步夯实农业农村发展基础的若干意见(讨论稿)》。会议强调,要进一步增强责任感、紧迫感、使命感,着力在经济发展方式转变和经济结构调整中继续加强农业基础,在统筹城乡发展中继续加快农村经济社会发展,在保障和改善民生中继续增进农民福祉。会议还强调,2010年中央指导农业农村工作的文件,以加大统筹城乡发展力度、进一步夯实农业农村发展基础为主题。会议提出了2010年农业农村工作的重点任务:毫不松懈抓好主要农产品生产供给;持之以恒增强农业发展支撑能力;千方百计促进农民多渠道就业;下大力气推进农村公共事业发展;坚定不移深化农村改革。

2. 受刘德培副院长委托,易建同志通报中央人才工作协调小组会议情况。据通报,2009年12月23日,中央人才工作协调小组召开第24次会议,李源潮同志主持会议。会议审议了5个文件,各成员单位提出的修改、补充建议主要有七个方面:一是要抓好人才团队工作,要强调团队精神;二是要拓宽发现人才的视野,把发现人才和支持人才的政策结合起来;三是要加强做好人才信息库建设工作;四是加强中小企业经营管理人才的建设;五是加强农村适用人才、特别是农村带头人建设工作;六是对建设人才基地工作要充分利用现有支持创新企业和高新企业的税收政策,这些政策对创新人才吸纳和培养同样适用,主要是用好和落实;七是要重视党外高级人才队伍的建设,为统战工作储备人才。李源潮同志要求,各单位要把落实《中央人才工作协调小组关于贯彻落实党的十七届四中全会精神进一步做好人才工作的意见》与已印发的《国家中长期人才发展规划纲要(2009-2020)》结合起来,研究提出本单位实施人才纲要的措施,报中央人才工作协调小组办公室。

二、听取关于今年两院院士大会有关情况的汇报

白玉良同志受邬贺铨副院长委托,汇报了今年两院召开院士大会有关情况。据汇报,按惯例,

今年我院将召开第十次院士大会、中科院将召开第十五次院士大会,并由我院承办大会期间两院共性的重大活动。为筹备好大会的各项工作,确保大会圆满成功,提请院常务会议审议有关安排:1. 由办公厅起草邀请党中央和国务院领导出席重大活动的文件,本月底前分别报送;办公厅负责联系我院会议地点(中科院会议地点定在京西宾馆);与中科院沟通两院院士大会共性活动的安排等;与中办、国办联系共性活动的具体方案等;与学部工作局共同提出主席团换届方案;筹备颁发光华工程科技奖。2. 下次常务会议讨论党中央和国务院领导重要讲话框架内容、院领导讲话的主要内容,并由政策研究室负责起草。3. 由机关党委负责接待中组部考察组等事宜。4. 由学部工作局负责院士大会的学术报告和各学部学术报告安排,并提出学术报告的人选;与办公厅共同筹备颁发新当选院士牌;负责汇总各学部常委会提出的换届方案。5. 由国际合作局邀请外籍院士,并征求所在学部意见后提出外籍院士作报告的人选;与办公厅共同筹备颁发新当选外籍院士牌。6. 由各专门委员会提出换届方案。

院常务会议原则同意所提的院士大会安排建议。会议指出,今年的院士大会很重要,又适逢我院换届,会议内容很丰富,筹备工作涉及到各个部门,要予以认真准备、精心组织。会议对有关事项提出以下意见:(1) 根据《中国工程院章程》规定,今年院士大会时间初定在 2010 年 5 月 31 日 –6 月 5 日召开(5 月 31 日报到),具体会期以中办确定的日期为准;会议日程再进一步细化,安排好各项活动;我院会议地点定在北京会议中心,两院共性活动地点在人民大会堂,要安排好交通。(2) 将由我院起草的党中央和国务院领导重要讲话等要确定主题,具有新意、有亮点,与时俱进,对工程科技界有指导作用,讲话提纲拟定后再进行专题讨论。(3) 拟邀请在院士大会作报告的外籍院士人选要综合平衡,既要考虑国家地区分布,又要考虑学科分布,由国际合作局联系和邀请;建议邀请有关国家(美国、日本、韩国、瑞典、俄罗斯、英国等)工程院院长参会。(4) 鉴于此次会议议题多、任务重,各专门委员会换届事项,待选举出新的主席团、院领导班子和各学部常委会后,在第 3 季度进行换届。

主　持:潘云鹤
出　席:徐匡迪　周　济　邬贺铨　杜祥琬　旭日干　白玉良　石立英
请　假:刘德培
列　席:董庆九　谢冰玉　谷　珏　程家怡　康金城　李仁涵　高中琪　徐　进　郗小林　王振海
记　录:易　建

院常务会议纪要(五十六)

2010 年 1 月 22 日,受徐匡迪院长委托,潘云鹤常务副院长主持召开 2010 年第 2 次院常务会议。会议议题有:听取《中国工程院各学部常委会换届选举办法》和《中国工程院各专门委员会换届选举办法》的汇报；听取迎新春活动安排的汇报；听取增加院士就医医院的汇报；通报情况。

一、听取《中国工程院各学部常委会换届选举办法》和《中国工程院各专门委员会换届选举办法》的汇报

李仁涵同志汇报了《中国工程院各学部常委会换届选举办法》和《中国工程院各专门委员会换届选举办法》修改的建议。据汇报，关于学部常委会换届办法，建议在第一段中增加“每届”，在第四部分中增加“换届选举年”；关于专门委员会换届办法，建议增加“委员会当选届数”。

院常务会议原则同意关于学部常委会换届办法的建议，同意环境学部常委会组成人员由本届9名常委增加到下届11名，并指出本届农业学部常委会委员和环境学部常委会委员的到届时间，如有在原农业环境与轻纺学部任期的，应一并计算。关于专门委员会换届办法，院常务会议提出，委员任期不宜提按届换选，部分资深院士也可聘请为专门委员会顾问。

二、听取迎新春活动安排的汇报

董庆九同志汇报了迎新春活动的安排。据汇报，拟于1月30日下午在国家大剧院音乐厅举办院士专场音乐会，演出曲目为中外知名电影插曲。建议请政研室起草一个新春贺词，印在节目单上；演出结束后请院领导登台接见演员并合影。

院常务会议同意音乐会的时间与地点安排，提出以下意见：京外院士可先安排到我院休息；根据音乐风格对演出曲目顺序再进行综合平衡和适当调整；院领导在演出前在国家大剧院会见演出乐团与音乐家等，演出结束后以我院名义向全体演出人员送花篮。

三、听取增加院士就医医院的汇报

白玉良同志汇报了增加院士就医医院的情况。据汇报，根据院士建议，为进一步做好院士医疗工作，特别是为院士在中医院就医提供便利条件，我院拟选择中国中医科学院广安门医院作为院士医疗的第四家合作医院。近日已与该医院交换了意见，拟于春节前由白玉良同志代表我院与广安门医院签署合作协议，特提请院常务会议审议。

院常务会议原则同意我院与广安门医院签署合作协议，并指出要与京外院士所在单位沟通，妥善解决京外院士在广安门医院就医的医药费报销问题。

四、通报情况

1. 潘云鹤常务副院长通报了国务院常务会议和教育规划会议的情况。

2. 白玉良同志通报了全国安全生产会议的情况。

3. 谢冰玉同志通报了全国财政工作会议的情况。院常务会议指出，今后要进一步严格管理咨询项目经费，研究改革拨款方式。

院常务会议还要求各部门尽快提交2009年部门总结，以便汇总起草我院2009年工作总结和安排院机关总结会。

主　持：潘云鹤

出　席：徐匡迪　周　济　邬贺铨　旭日干　白玉良　石立英

请　假：杜祥琬　刘德培

列　席：董庆九　谢冰玉　谷　珏　程家怡　康金城　李仁涵　高中琪　徐　进　郗小林
　　　　王振海

记　录：易　建

院常务会议纪要（五十七）

2010年2月8日，受徐匡迪院长委托，潘云鹤常务副院长主持召开2010年第3次院常务会议。会议议题有：通报重要情况；听取2009年度院机关工作总结会议安排的汇报；听取开展“‘十二五’战略性新兴产业发展重点咨询研究”项目的汇报；听取院士填写《中国工程院院士登记表》的汇报；听取筹备第14届东亚工程院圆桌会议和第二届中美工程前沿研讨会的汇报；听取出席“工程发展趋势和相关前沿技术论坛”的汇报；听取我院加入科技部、财政部等部委成立产学研结合领导小组的汇报；听取春节期间保密安全、值班安排等情况汇报。

一、通报重要情况

1. 周济副书记传达了中央领导在“省部级主要领导干部贯彻落实科学发展观、加快经济发展方式转变专题研讨班”上的重要讲话精神。据传达，在为期5天的研讨班上，胡锦涛总书记指出，要把加快经济发展方式转变作为深入贯彻落实科学发展观的战略举措和重要目标，并强调转变经济发展方式，关键是要在加快进程和见实效上下功夫，根本出路在于自主创新。温家宝总理指出，发展科技、教育和文化事业，全面提高人的素质，是转变经济发展方式、实现可持续发展的关键。李克强副总理指出，我国已进入只有调整经济结构才能促进持续发展的重要时期，要按照加快经济发展方式转变的总体要求，切实增强经济结构调整的紧迫感。习近平副主席指出，深入贯彻落实科学发展观、加快经济发展方式转变，必须加强和改进党对经济工作的领导。

院常务会议讨论后，一致认为此次研讨班非常重要，一定要深入学习、认真贯彻中央领导的讲话精神，采取措施大力推进工程科技创新，在转变经济发展方式中有所作为。

2. 周济副书记传达了中纪委第5次全体会议精神。据传达，胡锦涛总书记在会上作了重要讲话并指出，当前要重点抓好四方面工作：第一，加强对中央关于推动科学发展重大决策部署执行情况的监督检查；第二，加强对领导干部的教育监督；第三，认真解决损害群众利益的问题和群众反映强烈的突出问题；第四，坚决查处违纪违法案件。胡总书记强调，反腐倡廉制度建设是惩治和预防腐败体系建设的重要内容，是加强反腐倡廉建设的紧迫任务，为此要进一步加强反腐倡廉教育制度建设、监督制度建设、预防制度建设和惩治制度建设。

3. 潘云鹤常务副院长、旭副院长分别通报了出席国务院“教育中长期发展纲要”座谈会有关情况。

4. 杜祥琬副院长通报了对台工作会议的情况。

二、听取2009年度院机关工作总结会议安排的汇报

邬贺铨副院长汇报了院机关2009年度工作总结会议安排的情况。据汇报,总结会议将于2月9日召开,院机关各部门、机关党委分别汇报2009年工作,宣布2009年度考核评优结果,院领导讲话。

院常务会议同意总结会议的安排。

三、听取开展"'十二五'战略性新兴产业发展重点咨询研究"项目的汇报

白玉良同志汇报了开展"'十二五'战略性新兴产业发展重点咨询研究"项目的有关情况。据汇报,近日国家发改委致函我院与中科院,委托我院牵头、中科院协助组织两院院士及有关专家开展"'十二五'战略性新兴产业发展重点咨询研究"工作。根据邬贺铨副院长批示,政策研究室和学部工作局提出组织该项研究的工作方案建议:一是成立项目领导小组,由徐匡迪院长任组长,我院和中科院各1位院领导任副组长,有关领导和院士为成员;二是按来函划分的11个研究领域拟成立相应课题组并确定课题牵头人;三是成立项目办公室,由邬贺铨副院长任主任,我院与中科院有关同志任副主任和成员。拟于2月与中科院协商工作方案,3月初启动项目,9月底完成项目研究报告,报送国家发改委。

院常务会议原则同意开展此项研究的工作方案,具体组织工作由学部工作局牵头、政策研究室协助,并与中科院沟通,协商项目领导小组及项目办公室组建事宜,并请中科院推荐相关院士作为相关课题的牵头人或参加人;与国家发改委协商对部分研究领域的内容进行适当调整,减少领域间交叉;请各学部推荐参加相关课题组研究的院士和专家。

高中琪同志汇报了国家发改委召开的战略性新兴产业总体思路研究工作协调小组第一次会议的情况。据汇报,本次会议主要是研究部署《国务院关于加快培育战略性新兴产业的决定》和《战略性新兴产发展"十二五"规划》的起草工作。目前已成立起协调小组和起草小组。

四、听取院士填写《中国工程院院士登记表》的汇报

白玉良同志汇报了请院士填写《中国工程院院士登记表》的情况。据汇报,按中组部要求,经院领导同意以我院名义向全体院士发通知,请院士填写《登记表》,同时提交电子版。鉴于港、澳、台地区院士的特殊性,建议采取删除《登记表》中个别内容后进行填写。收齐《登记表》后统一报中组部,同时我院存档保留。

院常务会议同意填写《登记表》的安排。会议提出,港、澳、台地区的院士由学部工作局代填《登记表》。

五、听取筹备第14届东亚工程院圆桌会议和第二届中美工程前沿研讨会的汇报

康金城同志汇报了筹备第14届东亚工程院圆桌会议和第二届中美工程前沿研讨会的事宜。据汇报,东亚工程院圆桌会议将于2010年10月在西安召开,由西安建筑科技大学承办,现已草拟圆桌会议前的学术研讨会主题:循环经济中的工程技术、低碳建设和低碳照明。会议的初步安排:1. 确定一位院领导作为圆桌会议的中方负责人;2. 建议请西安建筑科技大学校长徐德龙院士担任学术研讨会中方负责人,推荐中方报告人和学术委员会成员,报请院领导审批;3. 由国际合作局

负责与日韩两国工程院工作层面联络协商，确定圆桌会议初步议程后报请院领导审批。以上提请院常务会议审议。

另据汇报，第二届中美工程前沿研讨会（CAFOE）将于2011年3月在美国加州举办。为筹办好本次会议，拟参照第一次CAFOE的模式，于会前组织召开“中国工程前沿研讨会2010”，以选拔出优秀工程科技人员作为第二届CAFOE参会人选，建议于今年院士大会召开前召开该研讨会。

院常务会议原则同意两个会议的安排，请国际合作局进行筹备工作。请办公厅尽快与中办联系，确定院士大会召开的时间，以便确定“中国工程前沿研讨会2010”的召开日期。

六、听取“工程发展趋势和相关前沿技术论坛”的汇报

康金城同志汇报了出席“工程发展趋势和相关前沿技术论坛”的有关情况。据汇报，该论坛由香港城市大学和我院联合主办，2009年12月14－15日在香港城市大学举行，我院沈荣骏等6位院士和5位外国专家学者在论坛上作专题报告，有近350人参加了会议，论坛取得圆满成功。中央人民政府驻香港特别行政区联络办公室向我院表示，希望我院今后继续利用院士群体优势，更多地参与、促进同香港工程科技界和高教界的交流与合作。

七、听取我院加入科技部、财政部等部委成立产学研结合领导小组事宜的汇报

董庆九同志汇报了我院加入科技部、财政部、教育部等部委成立产学研结合领导小组的有关事宜。据汇报，几部委成立的产学研结合领导小组邀请我院参加，并推荐1名院领导作为领导小组成员。

院常务会议同意我院参加该领导小组，并推荐邬贺铨副院长作为领导小组成员。

八、听取春节期间保密安全、值班安排等情况汇报

谢冰玉同志汇报了春节期间保密安全、值班安排等情况。据汇报，春节前将组织保密及安全检查，现已排好节日值班表，对职工生活及大楼安全等也都作了相应安排。

院常务会议指出，要为节日值班人员提供较好伙食；务必做好大楼各方面安全保卫工作，尤其是要做好防火工作，切实消除安全隐患。

主　持：潘云鹤
出　席：徐匡迪　周　济　邬贺铨　杜祥琬　刘德培　旭日干　白玉良
请　假：石立英
列　席：董庆九　谢冰玉　谷　珏　程家怡　康金城　高中琪　徐　进
记　录：易　建

院常务会议纪要(五十八)

2010年3月10日,受徐匡迪院长委托,潘云鹤常务副院长主持召开2010年第4次院常务会议。会议议题有:听取《工程科技中长期战略研究》项目进展情况的汇报;听取《中国工程院2009年年鉴》编辑工作的汇报;听取起草院士大会领导讲话提纲的汇报;听取参加科技口部门会商会议情况的汇报;通报情况。

一、听取《工程科技中长期战略研究》项目进展情况的汇报

王礼恒、王基铭、李京文院士汇报了《工程科技中长期战略研究》项目进展的情况。据汇报,该项目基本按照总体计划安排进行,做了大量工作,取得了较好阶段性成果,但各领域课题研究进展与深度参差不齐,还存在以下共性问题:各学部对项目研究的要求认识不一致,部分领域的研究框架或内容与项目总体要求差异较大;有的学部重视程度不够,院士参与度不够广泛,组织工作亟待加强;多学科交叉综合性问题的研究不够充分。该项目研究成果要代表我院的水平,体现我国工程科技界的最高水准,为进一步推进项目的研究与组织工作,特提出以下建议:加强院领导对项目研究的直接领导,建议院领导按所在学部和专业领域分工负责,直接指导相关领域的研究工作;加强各学部主任对课题的组织协调,明确学部主任是领域课题的第一责任人,吸收本学部更多的院士参与;进一步明确各领域研究思路、战略重点和目标,领域报告中应包括对本领域整体战略的分析,覆盖本领域的关键工程科技问题;注重跨学部交叉问题研究的组织协调。

院常务会议进行了认真讨论,肯定了项目组的工作和对存在问题的分析,原则同意所提建议,指出要进一步抓紧和加强研究与组织工作,并提出以下意见:按照院领导联系学部的分工,负责指导和重点推进相关领域的研究工作;要吸收更多的院士参加项目研究;在4月10日将召开的第四届主席团第22次扩大会议上再次进行项目研究的总动员,明确各学部责任人,强调要加强交叉研究;在6月的院士大会上安排各学部阶段性研究成果交流,组织全体院士进行讨论。

二、听取《中国工程院2009年年鉴》编辑工作的汇报

高中琪同志汇报了《中国工程院2009年年鉴》编辑工作的情况。据汇报,年鉴编委会在审议编辑内容时,认为咨询研究报告可能有涉密内容,主席团、院常务会议、各专门委员会会议纪要和院士建议的少数内容也不适合对外公开,建议做适当调整。为保证年鉴的完整性和延续性,拟建议:编纂条目仍与往年相同,其中咨询报告只列题目,不再刊印具体内容;"院士建议"和"会议纪要"请相关部门把关,个别不宜公开的,只列条目,省略内容;按往年惯例,国家领导人讲话只收编已公开发表过的内容。

院常务会议同意以上所提建议,由年鉴编委会负责审查,避免发生泄密问题。

三、听取起草院士大会领导讲话提纲的汇报

王振海同志汇报了起草院士大会领导讲话提纲的工作情况。据汇报，国务院领导讲话稿题目为“为加快建设创新型国家提供强大的科技支撑”，共三部分：一是当前我国科技工作的新进展；二是科技发展与创新型国家建设任务异常艰巨（主要分析存在问题）；三是未来国家科技发展的新政策和新思路。徐院长在院士大会上的讲话分为四部分：一是过去四年的工作；二是增强院士在工程科技界的引领作用，以民族发展为己任，服务国家经济社会建设；三是抓住机遇，乘势而上，进一步完善思想库建设；四是结束语。

院常务会议讨论后对国务院领导的讲话稿提纲提出以下意见：讲话稿主旨应与近期国家的大政方针相吻合，重点强调科技在加快转变经济发展方式中的作用；第二部分对存在问题的分析可略去；讲话稿内容要兼顾两院情况，再细化和深化提纲框架；可与科技部等有关部门沟通，进一步完善讲话稿内容；对个别措辞要再斟酌，务求表述准确恰当。院常务会议提出在进一步理解徐院长的想法和思路后，再起草徐院长在院士大会上的讲话。

四、听取参加科技口部门会商会议情况的汇报

王振海同志汇报了参加科技口部门会商会议的情况。据汇报，3 月 1 日召开科技口部门会商会议，我院潘云鹤常务副院长及教育部、中科院、国家自然科学基金委和中国科协等部门领导出席。会议内容主要有三项：一是关于国家“十二五”科技规划编制的工作安排，将组建规划的领导小组、专家咨询组和规划起草组；二是关于共同举办“十一五”重大科技成就展的工作安排，拟于 2011 年 3 月在北京展览馆（或国际会议中心）举办，将成立筹备领导小组和展览办公室；三是关于《关于加快国家高技术产业开发区发展的意见（代拟稿）》的起草情况。

院常务会议同意我院参与“十二五”科技规划编制和“十一五”重大科技成就展的相关工作，并提出以下意见：我院应在“十一五”重大科技成就展中设立展区，展示我院重大咨询项目、院士行、院地合作、院士工作站等成果；同科技部进行沟通，建议做好成就展的顶层设计，避免与建国 60 周年成就展中科技展示部分的重复，还要与国家发改委可能将举办的相关成就展有所区别，突出展示科技进步的特色。

五、通报情况

1. 邬贺铨副院长通报出席《中钢集团公司考察》发布会的情况。

2. 王振海同志通报应对气候变化科学技术问题座谈会的情况。据通报，该会议由杜祥琬副院长主持召开，国家发改委、国务院发展研究中心、中国气象局、国家海洋局、中科院、社科院、有关高校参加会议。会议认为，我院非常有必要开展应对气候变化科学技术问题方面的研究，研究内容包括：一是科学认识气候变化及其影响问题；二是国内应对气候变化的战略问题；三是国际谈判策略问题。会上杜副院长对下一步工作进行了部署。

此外，邬贺铨副院长建议，可参照中科院有关做法，向外籍院士发院士证，院常务会议同意此建议，由国际合作局承办。

主　持：潘云鹤

出　席:徐匡迪　周　济　邬贺铨　旭日干　白玉良
请　假:杜祥琬　刘德培
列　席:董庆九　谷　珏　谢冰玉　程家怡　徐　进　高中琪　康金城　王振海　郗小林
记　录:易　建

院常务会议纪要(五十九)

2010年4月21日,受徐匡迪院长委托,潘云鹤常务副院长主持召开2010年第5次院常务会议。会议议题有:讨论《中国工程院院士队伍建设》研究项目报告初稿;审议我院是否加入财政部改革试点单位的事宜;听取关于2010年两院院士大会筹备情况的汇报;听取院士大会学术活动安排建议的汇报;听取院士大会宣传工作安排的汇报;听取东盟工程院与我院合作事宜的汇报;通报情况。

一、讨论《中国工程院院士队伍建设》研究项目报告初稿

周济副书记与谢冰玉同志汇报了《中国工程院院士队伍建设》研究项目报告初稿。据汇报,该项目分设5个子课题,共有46位院士、15位专家和院机关有关人员参与了相关课题研究。院领导带队先后在北京、武汉、上海、西安、成都等地召开了10次院士座谈会,有114位院士参加了座谈讨论。项目启动3个月以来,5个子课题进行了卓有成效的工作,分别完成了初步专题研究报告,综合组经过汇总整理形成项目报告初稿,报告共分五个部分:一是院士队伍建设工作取得了显著成就;二是对我国工程科技队伍和我院院士队伍现状与发展趋势研究得出的重要观点和基本结论;三是外国工程院值得学习和借鉴的主要经验和做法;四是院士队伍建设工作面临的机遇与挑战;五是关于加强院士队伍建设工作的思考。现将报告初稿提交本次常务会议讨论。

院常务会议充分肯定了项目研究阶段性成果,并提出以下意见:报告部分内容要与中组部实施的人才纲要相呼应;报告中关于加强院士队伍科学道德建设的问题可从正面提出具体要求或措施,当前院士队伍年龄变化趋势是历史形成的,应客观对待,征求科学道德建设委员会和院士增选政策委员会意见;对报告中个别内容表述要再斟酌、力求准确表达。请项目组修改后,提交近期第四届主席团第23次会议讨论。

二、审议我院是否加入财政部改革试点单位的事宜

谷珏同志和张如义同志汇报了我院被列入参加财政部改革试点单位的事宜。据汇报,最近财政部来文,拟将我院列为定员定额管理试点单位,是否列入试点提请院常务会议审定。

院常务会议对财政部拟将我院列为试点单位表示支持,并指出:我院对财政部有关要求予以配合,是否参加试点要从我院实际情况出发,由院财务部门对相关情况进行更详细了解后再定。

三、听取关于2010年两院院士大会筹备情况的汇报

易建同志汇报了关于2010年两院院士大会筹备的情况。据汇报，今年2月初，我院与中国科学院联合发文，向党中央、国务院请示，拟于6月7－11日在北京召开两院院士大会，恳请胡锦涛总书记、温家宝总理、刘延东国务委员等中央领导出席两院院士大会开幕会，并分别向两院院士作报告。两院请示上报后，经多次与中办联系，答复是：因今年重大外事安排尚未完全确定，突发事件多，对两院会议日期仍在沟通协调中，请两院初步按上报的日期进行会议筹备工作，一旦会期确定后，立即告知两院。国办会议处答复是一切服从中办安排。4月20日，我院与中科院召开了两院院士大会筹备工作第一次协调会，商讨了以下主要事宜：(1) 建议在会议报到当天上午召开两院院士大会联合记者通气会，届时我院出席领导建议为邬贺铨副院长，中科院为李静海副院长。(2) 大会开幕会地点定在人民大会堂，由我院负责起草大会主持词、开幕词，其中，徐匡迪院长致开幕词，中科院路甬祥院长主持。(3) 温总理报告会地点建议在京西宾馆（主持人：徐匡迪院长），刘延东国务委员报告会地点建议在北京会议中心（主持人：路甬祥院长），具体地点将以国办安排为准。(4) 拟邀请中央、国家机关部委及所属单位等参加大会开幕会。经双方协商，其他组织承办工作按照惯例进行。本次院士大会具体日程安排如下：

日期	上午	下午	晚
6月6日（星期天）	院士全天报到	各学部常委会 16:00 主席团会议	18:30 院领导等宴请外宾
6月7日（星期一）	10:00 开幕会中央领导同志讲话 （人民大会堂）	全体会议 1、颁发新院士（含外籍）证 2、徐匡迪院长讲话 3、全院学术报告会	19:30 学习中央领导同志讲话座谈会
6月8日（星期二）	9:00 温家宝总理作报告 （京西宾馆）	全体会议 1. 选举院长、副院长和主席团成员 2. 全院学术报告会 3. 公布选举结果	19:30 文艺活动
6月9日（星期三）	9:00 刘延东国务委员颁发光华奖、陈嘉庚奖并作报告 （北京会议中心）	分学部座谈中长期规划与院士队伍建设	18:30 光华奖招待会
6月10日（星期四）	各学部主任报告 各学部常委会换届选举 推荐各专门委员会成员	各学部学术活动	19:30 医疗保健讲座

续表

日期	上午	下午	晚
6月11日 (星期五)	全体会议 宣布院长、副院长任职通知 全院学术报告	各学部学术活动	16:00 主席团会议
6月12日 (星期六)	院士离会		

院常务会议原则同意院士大会筹备安排，细化会议日程，请邬贺铨副院长出席新闻通气会。

四、听取院士大会学术活动安排建议的汇报

谢冰玉同志汇报了院士大会学术活动安排的建议。据汇报，学部工作局局务会研究，并与政策研究室、国际合作局进行了沟通，院士大会全院学术报告会和学部学术活动安排情况如下：(1) 总体要求：突出宏观性、交叉性、学术性，结合当前热点问题。(2) 拟安排中国工程科技中长期发展战略项目各课题报告、中国工程院院士队伍建设研究阶段报告、外籍院士报告等15个报告。(3) 拟安排两天时间，建议将各学部的学术活动安排在大会日程的最后一天，以方便各学部根据需要灵活掌握增减会期。

院常务会议提出以下意见：中国工程院院士队伍建设项目报告征求意见稿，印发给全体院士，不安排在大会上报告；6月7日下午的学术报告，安排外籍院士作报告，内容包括信息技术、生命科学、土木工程等方面，并尽量邀请瑞典皇家工程院院长作报告；安排中长期发展战略项目8个课题进行报告和杜副院长作能源方面的报告，使之主题更集中、更优化，争取用一天半完成（三个半天）。

五、听取院士大会宣传工作安排的汇报

董庆九同志汇报了院士大会宣传工作安排的建议。据汇报，为了做好今年院士大会的宣传工作，进一步扩大我院对外影响，积极宣传我院近年来的重点工作，办公厅特制订了宣传工作计划，主要有：(1) 着力抓好重大典型的宣传。(2) 加大对全院重大咨询活动、咨询项目的宣传。(3) 配合做好老科学家学术成长资料采集工程。(4) 以今年院士大会宣传为契机，推动新闻宣传工作。

院常务会议同意院士大会宣传工作有关安排，提出要加强对光华工程科技奖及近几年新当选院士的宣传。

六、听取东盟工程院与我院合作事宜的汇报

程家怡同志汇报了东盟工程院拟与我院合作的事宜。据汇报，东盟工程院拟于5月24日访问我院，希望与我院签署合作谅解备忘录，并提出拟与我院探讨的合作议题和项目：(1) 研发适于提升亚洲儿童创新能力、引发他们对科技创新兴趣的教材；协助东盟+中国(10+1)对落后乡村地区消除贫困和可持续发展的计划；研讨10+1各国未来科技和可持续发展方向等。(2) 于2011年在湄公河流域其中的一国联合举办第一届国际水资源大会。(3) 在中国或东盟的其中一国，轮流举

行两院的常年对话会或圆桌会议。(4) 为10+1各国的人民或企业,协助寻求和推荐研发工程科技创新项目的合作对象。

考虑到东盟工程院与我院相互了解还不多,结合我院对外合作的实际情况,与东盟工程院的合作遵循务实合作与量力而行的原则,国际合作局建议如下:(1) 此次接待东盟工程院来访时,彼此介绍各自的情况,增进相互了解。(2) 此次暂不签合作谅解备忘录,可在其来访前,与该院联系,表示我院在务实合作和量力而行的基础上与该院发展关系的意愿。(3) 可考虑在2011年在我国与东盟合作较多的省份(如广西、云南)联合举办一次学术研讨会,主题可由双方商定。(4) 我院可与东盟工程院加强多种形式的交流,关于对话会或圆桌会,可根据双方的实际情况,个案讨论。(5) 对于东盟工程院建议中的第一、四项,我院可探讨参与这两项内容的合适方式,但不适合列为我院单独与东盟工程院的合作项目。(6) 考虑到国际河流问题的复杂性,我院作为学术单位不便与东盟工程院联合举办第一届国际水资源大会。

院常务会议同意上述与东盟工程院合作的建议,并提出要基于循序渐进的原则,对东盟工程院所提第一、二、四项建议,都可以适当方式参与,但不列为单独合作事项。还可邀请东盟工程院作为观察员参加中日韩工程院圆桌会议。

此外,程家怡同志还汇报了波兰科学院拟与我院进行合作事项。最近,波兰科学院通过徐滨士院士向我院发来邮件,表示希望与我院联合建立中波科学家与工程师对话中心,建议该中心的主要活动包括:交流双方研究成果、组织专家互访及讲座、合作组织研讨会、联合培养博士研究生、联合申请国际合作项目等,建议该中心经费由两国支持。

院常务会议认为,考虑到我院实际情况,建议可依托徐滨士院士所在的北京工业大学与波兰方面建立波方提议的合作机构,经费由依托单位承担,我院将积极支持院士与波方开展相关合作。

七、通报情况

1. 周济副书记通报了中央学习实践科学发展观总结大会情况。4月6日上午,全党深入学习实践科学发展观活动总结大会隆重举行。中共中央总书记、国家主席、中央军委主席胡锦涛在大会上发表重要讲话,他强调,要坚持把党的执政能力建设和先进性建设作为主线,以解决影响和制约科学发展的突出问题为重点,把开展学习实践科学发展观活动的成功经验和有效做法运用到经常性工作中去,不断提高党的建设科学化水平,为推动科学发展提供坚强保证。大会由中共中央政治局常委习近平主持。胡总书记的讲话共分三个部分:一是学习实践活动扎实有效,取得丰硕成果;二是学习实践活动积累了丰富经验,为深入贯彻科学发展观提供了重要启示;三是以改革创新精神加强党的建设,为深入贯彻落实科学发展观提供坚强保证。习近平在主持会议时指出,要把学习贯彻讲话精神落实到扎实做好今年工作上来,进一步做好经济社会发展各项工作;落实到做好新形势下党的建设工作上来,不断提高党的建设科学化水平;落实到做好学习实践科学发展观活动后续工作中来,进一步巩固学习实践活动成果。各级党组织要坚持从实际出发,把在党的基层组织和党员中深入开展创先争优活动抓实抓好、抓出成效。

院常务会议认为,胡总书记的讲话很重要,各支部要认真组织学习,要把总书记讲话与我院"深入学习实践科学发展观整改落实方案"对照,抓好落实工作。

2. 周济副书记传达了国务院廉政会议精神。3月23日,国务院召开第三次廉政工作会议,中共中央政治局常委、国务院总理温家宝在会上发表重要讲话,国务委员兼国务院秘书长马凯主持会议。

温总理指出，今年我国改革发展稳定任务十分繁重，各级政府要认真落实中央关于反腐倡廉的各项部署，标本兼治、综合治理、惩防并举、注重预防，以重点领域和关键环节为突破口，加强制度建设，强化对行政权力运行的监督和制约，推动反腐倡廉取得新成效。

温总理提出今年要重点抓好七方面工作：一是强化政府投资项目和公共资金监管；二是完善财政预算制度，推进预算公开透明；三是加强国有企业和国有金融机构反腐倡廉建设；四是加强行政程序的制度建设；五是加强政风建设；六是加强领导干部廉洁自律；七是坚决查办违纪违法案件。

温总理强调，各地区、各部门、各单位要切实加强领导，狠抓工作落实。严格执行党风廉政建设责任制，加强对反腐倡廉各项制度落实情况的监督检查。

3. 邬贺铨副院长通报了陪同贾庆林主席考察湖北期间希望工程院研究的有关事项。贾主席希望，我院能在促进湖北省数控机床和光谷发展等方面多做些工作，还要在促进战略性新兴产业发展方面作出更多贡献。

邬贺铨副院长还通报了国务院领导关于抗震救灾批示精神。院常务会议指出，要马上召开抗震救灾座谈会，就应对地震灾害，提高建筑标准和伤员救治等事项进行研讨。

4. 杜祥琬副院长通报国务院常务会议听取知识创新工程汇报有关情况，通报中瑞可再生能源与环境项目济南研讨会情况和第八届中美工程技术研讨会“质量管理论坛”情况。

5. 旭日干副院长通报京沪高铁领导小组会议情况。

主　持：潘云鹤
出　席：徐匡迪　周　济　邬贺铨　刘德培　杜祥琬　旭日干　白玉良
列　席：董庆九　谷　珏　谢冰玉　程家怡　徐　进　高中琪　康金城　王振海　郗小林
记　录：易　建

院常务会议纪要(六十)

2010年5月12日，徐匡迪院长主持召开2010年第6次院常务会议。会议议题有：听取起草胡锦涛总书记讲话的汇报；听取起草刘延东国务委员报告的汇报；听取主席团换届工作情况的汇报；听取院士大会筹备工作情况的汇报；通报情况。

一、听取起草胡锦涛总书记讲话的汇报

高中琪同志汇报了起草胡锦涛总书记讲话的情况。据汇报，政研室起草了总书记讲话的素材稿，共分三大部分：一是当前经济社会发展阶段以及面临的历史任务；二是转变经济发展方式，科技界肩负着光荣使命；三是科技界应成为弘扬和践行科学精神的先锋。

院常务会议充分肯定了总书记讲话(素材稿)的准备工作,同意其总体基本框架和篇幅长度,原则同意基本内容,并提出以下意见:

1. 讲话稿要紧扣践行科学发展观,围绕“科技对加快经济发展方式转变的支撑作用”这一主线,与总书记在“省部级主要领导干部深入贯彻落实科学发展观加快经济发展方式转变专题研讨班”上的讲话精神一致。

2. 第一、三部分的主旨要更明确,第一部分要强调当前转变经济发展方式的紧迫性与必要性;第二部分进一步突出加快经济发展方式转变要依靠科技进步,要针对两院院士提出要求,例如希望院士为培养人才发挥更多的作用,此外,新能源等对未来经济社会发展有重要影响,应增加相关的内容;第三部分的主题要更有针对性,要提“发扬科学民主”。

3. 对一些无出处、无把握的提法要慎重,对科技方面的提法或概念务求准确,经得起推敲。

4. 对个别文字要反复斟酌、引用要准确,全篇文稿逻辑要严密、表述确切,科技方面的素材要丰富。

5. 可适当增加“科技惠及民生”方面的内容。

6. 建议与中央政研室有关同志再进行沟通和交换意见;必要时可请石立英同志对文稿提些建议。

二、听取起草刘延东国务委员报告的汇报

王振海同志汇报了起草刘延东国务委员报告的情况。据汇报,刘延东国务委员报告的素材稿共分五大部分:一是世界科技发展的新趋势;二是选准主攻方向,以科技创新支撑经济发展方式转变;三是抓紧人才培养,加快推进创新型科技队伍建设;四是深化体制改革,加快促进科技与经济紧密结合;五是对院士的几点期望和要求。

院常务会议充分肯定了刘延东国务委员报告(素材稿)的准备工作,提出以下意见:

1. 报告宜侧重从分管科教的国务院领导的角度出发,内容以介绍相关进展情况为主,从正面强调有关工作,针对两院院士稍做指示和要求;语言风格宜朴实、亲切,体现对广大院士的尊重;篇幅长度宜再精简,到 30 页以内,删除“深化体制改革,加快促进科技与经济紧密结合”的内容。

2. 各个一级标题下的二级标题要突出重点,详略有方,重点提最新的内容,过去提过的内容可进行概述。

3. 有些提法和内容值得商榷,表述要实事求是、恰如其分,相关内容要准确、严密、前后呼应,有关数据要核实,应与国家有关部门的数据一致。

4. 举例时要综合权衡,如举院士的例子要公信度高些,科技成果方面的举例要全面一些,可进行综合概括。

5. 回顾已取得的成就时要进一步突出工程科技在经济发展方式转变中的作用。

三、听取主席团换届工作情况的汇报

谢冰玉同志汇报了主席团换届工作的情况。根据《中国工程院主席团换届选举办法》(2006 年 3 月 31 日主席团会议审议通过)的有关规定,“主席团由本届和上一届院长、副院长、本届各学部主任和若干名经院士大会直接选举的成员组成。经院士大会选举的主席团成员,任期 4 年,可连选连任一次,每次至少应更换其中二分之一的人数。”提出本届主席团成员,已连任两届,或再任一届年

龄将超过80周岁(1936年6月30日之前出生)院士,将不再提名作为第五届主席团候选人名单。建议各学部推荐2名院士作为院士大会选举的主席团候选人,提交下次主席团会议审议。

院常务会议原则同意所提建议,请学部工作局进一步核实,提出方案,提交下一次主席团会议审议。

四、听取院士大会筹备工作情况的汇报

易建同志汇报了院士大会筹备工作的情况。据汇报,目前中办同意两院仍按上报时间筹备。目前已起草了院士大会期间有关党和国家领导的活动安排方案,并提出相关工作分工的建议。

院常务会议原则同意院士大会相关工作分工,提出以下意见:6月6日晚院领导宴请外籍院士改为6月7日晚举行,时间安排宜紧凑;6月9日下午"分学部座谈中长期规划与院士队伍建设"与6月11日上午"全院学术报告"互换。具体分工以最终调整为准。

院士大会相关工作任务

日期		活动	工作任务	备注
6.6 周日	下午 16:00	主席团会议 (徐院长主持)	起草会议通知、主持词	办公厅准备
6.7 周一	上午 10:00	大会开幕,中央领导作报告,徐院长致开幕词,路甬祥院长主持	起草中央领导报告、开幕词、主持词	政研室准备
	下午 14:30	1. 颁发新当选院士的院士证(包括外籍院士)(周副书记、潘副院长主持) 2. 徐院长作报告 3. 全院学术报告	1. 起草主持词 2. 起草报告 3. 起草主持词	1. 学部工作局准备 2. 政研室准备 3. 国际合作局准备
	晚上 18:00	院领导宴请外宾		国际合作局准备
	晚上 19:40	学习总书记讲话座谈会(周副书记主持)	院领导、部分院士参加 新闻单位记者参加	办公厅、学部工作局通知、报道

续表

日期		活动	工作任务	备注
6.8 周二	上午 9:00	国务院领导作报告(徐院长主持)	起草主持词	政研室准备
	下午 14:30	全体会议(刘副院长、杜副院长主持) 1. 选举院长、副院长和主席团成员(中组部领导介绍新一届院领导候选人、刘副院长介绍主席团候选人) 2. 全院学术报告 3. 宣布选举结果	1. 起草主持词 2. 起草主持词	1. 办公厅准备 2. 学部工作局准备
6.9 周三	上午 9:00	国务院主管领导作报告(路甬祥院长主持)	起草报告、主持词	政研室准备
	下午 14:30	全院学术报告(邬副院长、旭副院长主持)	起草主持词	学部工作局准备
	晚上 18:30	光华工程科技奖招待会		奖励办公室准备
6.10 周四	全天	各学部活动(学术报告、讨论等)		
	晚上 19:30	医疗保健讲座(刘副院长主持)		
6.11 周五	上午 9:00	分学部座谈工程科技中长期战略与院士队伍建设	收集讨论意见	学部工作局、政研室负责
	下午 14:30	全体会议(徐院长主持) 1. 中组部宣布院长、副院长任职通知 2. 新当选院长致闭幕词	1. 起草主持词 2. 起草闭幕词	1. 办公厅准备 2. 政研室准备
	16:00	主席团会议(新当选院长主持)	起草会议通知、主持词	办公厅准备

五、通报情况

1. 周济副书记通报了国务院节能减排电视电话会议精神。5 月 5 日,国务院召开全国节能减排工作电视电话会议,动员和部署加强节能减排工作。国务院总理温家宝作了重要讲话,国务院副总理李克强主持会议。

温总理强调,要切实把节能减排作为加强宏观调控、调整经济结构、转变发展方式的重要任务,本着对国家、对人民、对历史高度负责的精神,下更大的决心,花更大的气力,做更大的努力,确保实现“十一五”节能减排目标。

温总理指出,坚持资源节约和环境保护的基本国策,事关人民群众切身利益和中华民族生存发展。国务院先后作出了一系列重大部署,各地区、各部门开展了卓有成效的工作,“十一五”前四年全国单位国内生产总值能耗累计下降 14.38%,但完成“十一五”降低 20% 左右的目标仍然十分艰巨。确保实现“十一五”节能减排目标,是各级政府必须向人民兑现的庄严承诺,是落实科学发展观、转变经济发展方式的紧迫任务,是我国应对全球气候变化的实际行动,无论面临多大的困难,我们的承诺不能改变,决心不能动摇,工作不能减弱。

温总理强调,要坚持节能与发展相促进,开发与节约相协调,政府调控和市场机制相结合,综合运用经济、法律、技术和必要的行政手段,抓好节能减排工作,确保实现“十一五”节能减排目标。

2. 潘云鹤常务副院长通报了国务院常务会议审议“国家中长期教育规划纲要”有关精神。5 月 5 日,国务院总理温家宝主持召开国务院常务会议,审议并通过《国家中长期教育改革和发展规划纲要(2010-2020 年)》。

3. 潘云鹤常务副院长和康金城同志通报了国家发改委“战略性新兴产业发展思路研究部际协调小组”会议情况。

主　持:徐匡迪
出　席:周　济　潘云鹤　邬贺铨　刘德培　杜祥琬　旭日干　白玉良
列　席:谷　珏　易　建　谢冰玉　程家怡　徐　进　高中琪　康金城　王振海　郗小林
记　录:易　建

【院常务会议纪要】

院常务会议纪要(一)

2010 年 6 月 22 日,周济院长主持召开 2010 年第 7 次院常务会议。会议议题有:审议学习贯彻胡锦涛总书记讲话的决定;传达会议精神;审议关于制订《中国工程院 2010 - 2014 年工作纲要》的工作安排建议;审议关于修订《中国工程院工作规则》的工作安排建议;审议关于聘请主席团顾问的工作安排建议;通报院领导工作分工等。

一、审议学习贯彻胡锦涛总书记讲话的决定

白玉良同志汇报了学习贯彻胡锦涛总书记在两院院士大会上讲话的决定。据汇报,根据第五届主席团第 1 次会议对《决定》的修改意见,政策研究室进行了修改。机关党委也起草了针对院机关的学习总书记讲话决定,并已行文下发。

院常务会议对《决定》讨论后,提出以下修改意见:要增加强调学习胡锦涛总书记讲话重要性的内容;对第二和第三部分的内容再进行充实,如增加"发挥科技领军和学术引领作用"及"为地方服务"的内容等;对文字及用语再予以斟酌。对《决定》再进行修改、完善,经院领导审定后印发全体院士。

二、传达会议精神

周济院长传达了新疆工作会议有关精神。中共中央、国务院召开的新疆工作座谈会 5 月 17 日至 19 日在北京举行。中共中央总书记、国家主席、中央军委主席胡锦涛在会上发表重要讲话,强调做好新形势下新疆工作,是提高新疆各族群众生活水平、实现全面建设小康社会目标的必然要求,是深入实施西部大开发战略、培育新的经济增长点、拓展我国经济发展空间的战略选择,是我国实施互利共赢开放战略、发展全方位对外开放格局的重要部署,是加强民族团结、维护祖国统一、确保边疆长治久安的迫切要求。加快建设繁荣富裕和谐稳定的社会主义新疆,是全党全国各族人民的共同意志,是全体中华儿女的共同责任。全党全国必须充分认识做好新疆工作对党和国家工作全局的重大意义,深刻理解邓小平同志"两个大局"战略思想和中央西部大开发战略决策的重大意义,切实做好新形势下新疆工作,把新疆经济社会发展搞上去,把新疆长治久安工作搞扎实,推进新疆跨越式发展和长治久安,不断开创新疆工作新局面。

院常务会议提出,广大院士近年来围绕新疆有关工作开展的咨询对中央制订相关战略发挥了积极作用,今后我院要坚决贯彻中央的决策部署,继续重视新疆的战略咨询工作,深化与新疆的战略合作,为促进新疆的科技创新和经济发展作出更多、更大贡献。

三、审议关于制订《中国工程院 2010－2014 年工作纲要》的工作安排建议

白玉良同志汇报了关于制订《中国工程院 2010－2014 年工作纲要》的工作安排建议。据汇报，根据以往做法，在新院领导班子成立之后，组织制订未来四年的院工作纲要，主要是为今后的工作明确方向与目标。目前，院领导班子换届完毕，为了深入贯彻胡锦涛总书记在两院院士大会上讲话的精神，进一步加强院士队伍建设，强化国家工程科技思想库的工作，根据院党组会议精神，建议近期着手制订《中国工程院 2010－2014 年工作纲要》。

院常务会议决定，由周济院长牵头负责此项工作。要认真总结我院成立 16 年来的工作，将院士队伍建设和国家工程科技思想库建设作为纲要的主要内容。由机关各部门提出工作思路、设想、主要目标和重点内容的文字材料，政策研究室负责汇总并起草初稿。纲要经院常务会议讨论后再提交主席团会议审议通过。

四、审议关于修订《中国工程院工作规则》的工作安排建议

白玉良同志汇报了关于修订《中国工程院工作规则》的工作安排建议。据汇报，《中国工程院工作规则》对院领导成员职责、会议制度等院基本工作规则进行了明确规定，旨在规范办事程序、提高工作效率、保证工作质量。最初在 1998 年 7 月 10 日的主席团会议上审议通过了该《规则》，并在 2002 年 7 月 8 日的主席团会议上对该《规则》进行了修订。最近院领导班子进行了换届，为了进一步保证我院工作按规则进行，院领导建议根据新的情况对《中国工程院工作规则》进行修订，以满足我院今后一段时间的工作需要。

院常务会议决定，请潘云鹤常务副院长牵头负责此项工作，以办公厅为主负责组织落实《规则》的修订工作，经院常务会议讨论后再提交主席团会议审议通过。

五、审议关于聘请主席团顾问的工作安排建议

白玉良同志汇报了关于聘请主席团顾问的工作安排建议。据汇报，根据《中国工程院章程》规定，主席团可以聘请有关部委负责人为主席团顾问。在 1994 年 6 月召开的一次主席团会议上，通过了《关于聘请中国工程院主席团顾问的决定》。

根据我院实际情况，为了保证工作延续性，以及与有关部委保持良好的交流与沟通，院领导建议继续做好聘请主席团顾问的工作。

院常务会议原则同意继续聘请相关单位负责人为主席团顾问，请办公厅牵头对拟聘请的顾问单位提出初步建议，报院领导同意后，提交主席团会议审议通过。

六、通报院领导工作分工

周济院长通报了院领导工作分工情况。按照《中国工程院章程》和《中国工程院工作规则》，院长负责领导全院工作。副院长协助院长工作，按照工作分工处理分管工作。结合上一届院领导班子的工作分工，为尽量保持工程院各项工作的连续性，提出新一届院领导的工作分工如下：

周　济（院长、党组书记）：主持党组和负责领导中国工程院全面工作。联系机械与运载工程学部。

潘云鹤（常务副院长、党组副书记）：协助主持中国工程院常务工作。与谢克昌副院长共同负

责外事工作。负责咨询工作委员会(主任委员)、教育委员会(主任委员)工作。联系信息与电子工程学部及土木、水利与建筑工程学部。

旭日干(副院长、党组成员):负责院士增选政策委员会(主任委员)、科学道德建设委员会(副主任委员)、工程研究院所研究生教育学术委员会(主任委员)工作。联系环境与轻纺工程学部及农业学部。

谢克昌(副院长):与潘云鹤副院长共同负责外事工作。负责科学道德建设委员会(主任委员)、院士增选政策委员会(副主任委员)、教育委员会(副主任委员)、产业工程科技委员会(副主任委员)工作。联系能源与矿业工程学部。

干　勇(副院长、党组成员):负责机关党建工作。负责产业工程科技委员会(主任委员)、咨询工作委员会(副主任委员)、学术与出版委员会(副主任委员)、工程研究院所研究生教育学术委员员会(副主任委员)工作。联系化工、冶金与材料工程学部。

樊代明(副院长、党组成员):负责学术与出版委员会(主任委员)、咨询工作委员会(副主任委员)、教育委员会(副主任委员)工作。联系医药卫生学部及工程管理学部。

主　持:周　济
出　席:潘云鹤　旭日干　谢克昌　干　勇　樊代明　白玉良
请　假:邬贺铨
列　席:董庆九　谷　珏　李仁涵　易　建　谢冰玉　阮宝君　杨　丽　徐　进　郑晓光　高中琪　王振海　郗小林
记　录:宋德雄

院常务会议纪要(二)

2010年7月6日,周济院长主持召开2010年第8次院常务会议。会议议题有:传达西部大开发工作会议精神;学习讨论刘延东国务委员在院士大会上的讲话;讨论制订《中国工程院2010－2014年工作纲要》事宜;研究7月份我院重点工作;研究我院专门委员会换届有关问题;通报情况。

一、传达西部大开发工作会议精神

旭日干副院长传达了7月5日至6日中共中央、国务院召开西部大开发工作会议的精神。中共中央总书记、国家主席、中央军委主席胡锦涛在会上发表重要讲话。胡锦涛强调,深入实施西部大开发战略是实现全面建设小康社会宏伟目标的重要任务,事关各族群众福祉,事关我国改革开放和社会主义现代化建设全局,事关国家长治久安,事关中华民族伟大复兴。今后10年是全面建设小康社会的关键时期,也是深入推进西部大开发承前启后的关键时期。全党全国一定要从大局出发,深刻认识深入实施西部大开发战略的重要性和紧迫性,奋力将西部大开发推向深入,努力建设经济繁荣、社会进步、生活安定、民族团结、山川秀美的西部地区,为实现全面建设小康社会奋斗目标、实现中华民族伟大复兴作出新的更大的贡献。

胡锦涛强调,新形势下深入实施西部大开发战略,必须高举中国特色社会主义伟大旗帜,以邓小平理论和"三个代表"重要思想为指导,深入贯彻落实科学发展观,进一步解放思想、开拓创新,进一步加大投入、强化支持,以增强自我发展能力为主线,以改善民生为核心,以科技进步和人才开发为支撑,更加注重基础设施建设,着力提升发展保障能力;更加注重生态环境保护,着力建设美好家园和国家生态安全屏障;更加注重经济结构调整和自主创新,着力推进特色优势产业发展;更加注重社会事业发展,着力促进基本公共服务均等化和民生改善;更加注重优化区域布局,着力培育新的经济增长极;更加注重体制机制创新,着力扩大对内对外开放,推动西部地区经济又好又快发展和社会和谐稳定,努力实现全面建设小康社会奋斗目标。

院常务会议认为,实施西部大开发战略是党中央、国务院的重大部署,这次工作会议非常重要,我院要坚决贯彻会议精神。过去10年,我院组织院士对西部有关省、区、市大开发中的重大问题进行了咨询,取得较好效果,今后我院要按照中央的战略部署继续为西部地区的发展再作新贡献。

二、学习讨论刘延东国务委员在院士大会上的讲话

院常务会议对刘延东国务委员在院士大会上的讲话进行了学习讨论。大家一致认为,刘延东国务委员的讲话对我院今后的工作具有重要指导意义,讲话充分肯定了我院成立16年来取得的成绩,高度评价了上一届领导集体的工作,对新一届领导集体提出殷切期望和明确要求。我院要继续深入学习领会讲话精神,充分发挥好院士的群体作用,建设好国家工程科技思想库,进一步提升我院各项工作的水平。

会议还结合学习讲话讨论了关于学习胡锦涛总书记在两院院士大会上讲话的文章。《求是》杂志最近向周济院长约稿,主题是学习胡锦涛总书记在两院院士大会上的讲话。周院长概要介绍了文章初稿的主要内容:(1) 加快转变经济发展方式是推动科技创新的重大历史机遇;(2) 工程科技界在加快转变经济发展方式中肩负重大历史使命;(3) 中国工程院要为加快转变经济发展方式多做贡献。院常务会议对文章初稿进行了讨论,认为这是宣传我院对经济社会发展所作贡献的契机,文章按三部分构思比较恰当,内容论述比较充实,重点比较突出。院常务会议建议:进一步突出工程科技在加快转变经济发展方式中的作用;围绕工程科技界所肩负重大使命,进一步强化和充实我院的相关工作内容。

三、讨论制订《中国工程院2010－2014年工作纲要》事宜

白玉良同志汇报了《中国工程院2010－2014年工作纲要》的组织结构和工作计划,以及修订《中国工程院工作规则》的方案。董庆九同志代表办公厅,阮宝君同志代表学部工作局,程家怡同志代表国际合作局,康金城同志代表政策研究室和咨询服务中心分别汇报了对制订《工作纲要》的思路和想法、指导思想和方针、主要目标和任务。

院常务会议原则通过了《工作纲要》组织结构和工作计划及修订《工作规则》的方案,充分肯定了各部门对《工作纲要》的建议及考虑,对我院思考和谋划制订好《工作纲要》非常重要。院常务会议进行了充分讨论,并提出以下意见:要以总书记在两院院士大会上的讲话为指导,在更高的起点

上谋划好《工作纲要》总体思路，明确指导思想、方针、原则、目标、任务和举措，成为对未来四年工作的指导性文件。例如：工程科技思想库建设方面，如何充分发挥院士群体作用、集思广益；咨询工作方面，如何提高咨询工作质量；院士队伍建设方面，如何提高增选质量；科学道德建设方面，如何加强规范和自律；院士贡献的宣传方面，如何正确引导社会舆论；学术交流方面，如何扩大我院国内外的影响力；机关建设方面，如何更好地为院士服务；等等。

四、研究7月份我院重点工作安排

白玉良同志汇报了7月份我院重点工作安排。据汇报，经征求机关各部门意见，我院7月重点工作有：党组务虚会；制订《工作纲要》；修订《工作规则》；专门委员会换届；“工程科技中长期发展战略研究”基金课题终期检查。

院常务会议提出，今后要形成工作惯例，在每月20号左右，机关各部门提出下月重点工作，由办公厅进行汇总和梳理后，提交院常务会议审定，确定该月全院重点工作。重点工作牵头部门下月初向常务会议汇报完成情况。院常务会议提出，7月份全院重点工作增加“编制我院2011年财政‘一上’预算”内容。

五、研究我院专门委员会换届有关问题

谢冰玉同志汇报了我院专门委员会换届有关情况。据汇报，建议本次仍按2006年主席团通过的《各专门委员会换届办法》进行换届，各专门委员会人数宜作出原则规定，各委员会秘书原则上由处级干部兼任。

院常务会议讨论决定：同意按2006年主席团会议审议通过的《中国工程院各专门委员会换届办法》进行换届；各学部向每个专门委员会推荐院士人数原则上为1－2位，由各委员会根据其实际工作需要并参照目前的组成情况确定；各委员会的秘书原则上由处级干部兼任，但要确定一位局级干部分管此项工作。

六、通报情况

1. 阮宝君同志汇报了中钢集团委托我院对OLED项目论证工作协调会有关情况。
2. 谢冰玉同志汇报了宁波市拟与我院开展合作的有关情况。

主　持：周　济
出　席：旭日干　谢克昌　干　勇　樊代明　白玉良
请　假：潘云鹤　邬贺铨
列　席：董庆九　谷　珏　李仁涵　易　建　谢冰玉　阮宝君　程家怡　徐　进　康金城　王振海　郗小林
记　录：张文韬

院常务会议纪要(三)

2010年7月20日,周济院长主持召开2010年第9次院常务会议。会议议题有:传达学习全国教育工作会议精神;传达刘延东国务委员关于我院近期工作安排的批示精神;研究“中国工程科技中长期发展战略研究”项目有关事项;研究我院与广东省签署院省合作协议事项。

一、传达学习全国教育工作会议精神

樊代明副院长传达了7月13日至14日中共中央、国务院召开的全国教育工作会议精神。据汇报,中共中央总书记、国家主席、中央军委主席胡锦涛出席会议并发表重要讲话,强调指出:大力发展教育事业是全面建设小康社会、加快推进社会主义现代化、实现中华民族伟大复兴的必由之路。全党全国要积极行动起来,坚持育人为本,以改革创新为动力,以促进公平为重点,以提高质量为核心,推动教育事业在新的历史起点上科学发展,加快从教育大国向教育强国、从人力资源大国向人力资源强国迈进,为中华民族伟大复兴和人类文明进步作出更大贡献。

温家宝总理在讲话中强调,推进教育事业改革和发展是一项长期而艰巨的任务。《国家中长期教育改革和发展规划纲要(2010－2020)》(以下简称《纲要》)的制定和实施只是一个新的起点。实现教育科学发展,根本出路在改革创新。要解放思想,实事求是,敢于冲破传统观念和体制机制的束缚,允许和鼓励各地进行探索和试验,通过改革创新使教育发展更加符合时代发展的潮流,更加符合建设中国特色社会主义对人才的需要,更加符合广大人民群众对教育的殷切期望。

院常务会议认为,本次会议十分重要,《纲要》对我国教育事业的发展将起到里程碑性的作用。常务会议指出,我院在《纲要》的制订中参加了很多工作,今后要认真学习贯彻此次会议精神,为培养创新型工程科技人才作出积极的贡献。请院教育委员会、工程研究院所研究生教育学术委员会就具体落实《纲要》进行专题研究和部署。

二、传达刘延东国务委员关于我院近期工作安排的批示精神

周济院长传达了刘延东国务委员关于我院近期工作安排的批示精神。延东同志批示的主要内容是:“工程院党组在两院院士大会后的传达学习部署很及时、有力。希望工程院新一届领导班子认真学习胡锦涛总书记讲话精神,继往开来,开拓进取,团结依靠广大院士,更好地发挥工程院学术引领的战略咨询作用,为我国现代化建设作出新贡献!”

院常务会议对批示进行了认真学习,深受鼓舞和启发。常务会议指出,批示对我院工作很有指导意义。在今后具体工作中要认真贯彻落实,近期要重点做好工作纲要的起草工作。

三、研究"中国工程科技中长期发展战略研究"项目有关事项

王礼恒院士代表"中国工程科技中长期发展战略研究"项目组汇报了项目研究的有关事项，主要内容有：项目研究进展情况、综合报告提要、当前面临的压力、存在的问题、进一步加强对项目领导和组织协调的建议。项目综合报告共分七部分，即：世界工程科技发展大趋势；我国经济社会发展对工程科技的战略需求；工程科技发展的战略定位与目标；重要领域工程科技发展战略；重大工程及其关键工程科技问题；重大工程科技专项建议；措施建议。目前，项目研究存在的问题主要有：对大趋势、大思路的把握尚显不足；部分领域研究的战略性、覆盖性仍不足，缺乏对领域战略的整体描述；对重大工程、重大工程科技专项的理解不一、凝练不够。

由于此项目涉及所有学部，组织协调任务较重，最近院领导班子和各学部常委会换届完毕，为保证按时按质完成项目研究任务，提出以下建议，请院常务会议研究：

1．请上一届院领导继续按联系的学部和专业领域分工负责，直接指导并参与相关领域的研究工作，加强课题研究的组织落实。新一届院领导加强对课题的领导和统筹，同时按联系的学部和专业领域分工负责，直接指导并督促相关领域的研究工作，并进一步促进各学部相关研究之间的交流，加强对跨学部问题的指导。

2．为进一步加强各领域课题研究的组织落实，保证延续性，建议各课题组按照原有分工继续负责，各学部新一届常委会加强对领域课题的领导，组织深入的讨论，使各领域的研究更加深入，真正提出本领域的若干关键问题和建议。

3．加强对各领域课题的过程控制。项目综合组根据目前各领域研究情况和各位院士的意见，进一步明确对各领域课题的研究要求。请各领域课题按照研究要求，调整、补充、凝练和完善研究内容。在此基础上，建议安排一次对各领域课题研究报告初稿的评估，通过深入交流和评估，提出有针对性的改进建议。

院常务会议原则同意项目综合报告的基本框架，充分肯定了项目组所做的大量工作，并提出以下意见：

1．项目研究要进一步体现工程科技特色，加强凝练、突出重点，发挥我院建设工程科技思想库的战略优势，充分体现院士群体作用，集思广益，重点做好对重大工程科技专项的凝练。研究报告中有关战略性新兴产业的内容还要再充实和加强。

2．新一届院领导按联系的学部和专业领域分工负责，与上届院领导一起，积极参与、指导并督促相关领域的研究工作，加强对课题的领导和统筹，同时进一步促进和加强各学部相关研究之间的交流。在本次常务会后请各位院领导对项目综合报告提要进行修改。

3．课题报告是综合报告的基础，各学部要进一步高度重视和加强组织，保证工作顺利延续，动员更多院士参与，对课题报告再进行认真补充和提炼。各课题组负责人要按照原有分工善始善终地组织好项目研究和报告的修改完善工作，各学部主任作为本学部第一责任人，要积极参加到课题组的研究工作中，做好组织协调工作。

4．项目总体组和各课题组要加强交流，在项目召开会议时可邀请各课题报告执笔人参加，以利于沟通和衔接。项目总体组要将综合报告提要发给各课题组，请课题组进行对照、补充和修改。

5．结合项目进展，可邀请国际相关领域的知名专家，开展国内外学术交流，吸收国际前沿战略思想，提升项目研究水平。

6. 项目综合报告有关结构、提法还要再斟酌,务求逻辑清晰,层次分明,表述准确、严谨。

会议决定,请总体组根据会议精神对综合报告提要进一步修改后提交近期召开的党组扩大会议讨论研究。

四、研究我院与广东省签署院省合作协议事项

谢冰玉同志汇报了我院与广东省签署院省合作协议事项。据汇报,教育部、科技部和广东省于2005年9月启动了省、部联合推进产学研结合工作。最近,广东省邀请我院和工信部一同参与推进产学研结合工作,并提出为建立更加紧密的合作关系,希望与我院签署产学研合作协议。

院常务会议原则同意我院与广东省签订合作协议。常务会议提出要对协议再进行修改和完善,形成正式协议文本,并积极推进与广东省的合作。

院常务会议还议定,经商江苏省同意,我院第五届主席团第2次会议拟于9月5-6日在南京举行。由院办与江苏省联系筹备会议事宜。

主　持:周　济

出　席:潘云鹤　旭日干　谢克昌　干　勇　樊代明　邬贺铨　白玉良

列　席:董庆九　谷　珏　易　建　谢冰玉　杨　丽　程家怡　徐　进　康金城　王振海　郗小林

记　录:宋德雄

院常务会议纪要(四)

2010年8月24日,周济院长主持召开2010年第10次院常务会议。会议议题有:汇报《中国工程院2010—2014年工作纲要》制订相关情况;汇报《中国工程院工作规则》修订情况;审议聘请主席团顾问单位名单;汇报第五届主席团第2次会议筹备情况;通报7—8月份重点工作完成情况和9月份重点工作安排;审议各专门委员会换届名单;研究我院与江苏省签署院省合作协议事项;通报情况。

一、汇报《中国工程院2010—2014年工作纲要》制订相关情况

王振海同志汇报了《中国工程院2010—2014年工作纲要》制订情况。据汇报,政策研究室根据党组扩大会议精神,对《纲要》初稿作了进一步修改,并书面发给全体主席团成员征求意见。《纲要》分三大部分:一是发展目标与工作思路:坚持以科学发展观为指导,以发挥国家工程科技思想库作用为主线,以院士队伍建设为核心,动员全体院士和广大科技工作者为加快转变经济发展方式勇挑重担、建功立业,以优异的成绩迎接建院20周年。按照系统谋划、分步实施、重点突破、全面推

进的工作思路,通过不懈的努力,完成两个方面的发展任务;二是重点工作,按照建设思想库和加强院士队伍建设两个方面、八项重点进行统筹部署;三是保障措施,包括加强机关队伍建设、强化国际交流合作、提高管理工作水平。目前收到的主席团成员反馈意见主要有:文字表述方面的修改66处,内容上的补充6处,没有结构上的修改意见和建议。此外,石玉林院士还书面提供了《关于建设国家工程科技思想库的几点建议》。

院常务会议肯定了《纲要》的起草工作,同意其总体框架和基本内容,并提出以下意见:在"保障措施"中"加强机关队伍建设"部分中增加"加强保密"的内容;起草组根据有关修改意见对文字表述再进行仔细斟酌和推敲,力求准确、精练,提交主席团会议审议。

二、汇报《中国工程院工作规则》修订情况

董庆九同志和宋德雄同志汇报了《中国工程院工作规则》修订情况。据汇报,修订工作组根据我院工作实际,参考了《国务院工作规则》以及科技部、教育部、中科院等单位工作规则,多次开会研究讨论,征集了机关各部门的修改意见,形成了《规则》修订讨论稿。工作组提出的修订原则是:"以2008年修订的《中国工程院章程》为依据,为提高工作效率,适应我院发展的新情况、新任务,对《规则》进行修改。考虑到《规则》的连续性和可操作性,可改可不改之处原则上不改,确需修改之处表述力求准确、严谨。"《规则》修改主要体现在三个方面:一是体例格式的修改,对各个部分按"章"统一排序,统一编排了全文序号;二是增加有关内容,具体增加了"公文审批"和"附则"两章;三是具体文字的修改,根据2008年修订的《章程》和现实情况,对个别文字和段落进行了调整和修改。

院常务会议肯定了《规则》的修订工作,同意确定的修改原则和编排顺序,以及部分增加的内容和表述,进一步完善后提交主席团会议审议。

三、审议聘请主席团顾问单位名单

白玉良同志汇报了聘请主席团顾问单位的建议名单。据汇报,根据上次常务会议的安排和《章程》的规定,结合我院工作实际和以往聘请情况,建议聘请科教部门和经济运行综合管理部门的负责人为主席团顾问,建议名单如下:国家发展与改革委员会;教育部;科技部;工业和信息化部;财政部;国务院国有资产监督管理委员会;中国科学院;中国社会科学院;国家自然科学基金委员会;中国科学技术协会。

院常务会议通过了聘请主席团顾问单位的建议名单,提交主席团会议审议。

四、汇报第五届主席团第2次会议筹备情况

白玉良同志汇报了第五届主席团第2次会议筹备情况。据汇报,经与江苏省联系、协商,会议地点定在南京紫金山庄会议中心,会议三个主要活动:一是9月5日全天主席团会议;二是会后与江苏省政府签署院省合作协议;三是9月6日全天考察。提请院常务会议审议的主要事项有:建议会议经费原则上由我院承担,由院办作出预算;建议机关参会人员原则为各部门1名局级干部、涉及会议议题的有关人员以及会务有关人员。

院常务会议原则同意第五届主席团第2次会议的有关安排和建议,提出在签署院省合作协议前请江苏省领导介绍江苏省经济社会发展及技术创新情况。

五、通报7—8月份重点工作完成情况和9月份重点工作安排

谷珏同志汇报了党组务虚会情况,易建同志汇报了财务工作情况,安耀辉同志汇报了"中国工程科技中长期发展战略研究"课题中期检查情况。白玉良同志汇报了9月份重点工作安排。据汇报,9月重点工作有:召开主席团会议;各专门委员会换届,并召开工作会议;拜访有关部委;与江苏省政府、新疆自治区政府、新疆生产建设兵团签署院地合作协议。

院常务会议提出:争取财政部支持的相关工作要抓紧落实;在樊副院长的领导下,由学部工作局牵头,对工程科技论坛10周年的总结与宣传筹备工作在9月可先开展。

六、审议各专门委员会换届名单

谢冰玉同志汇报了各专门委员会换届名单。据汇报,根据院领导的分工,经各学部推荐,提出新一届各专门委员会组成人员的建议名单,并建议:(1) 根据院领导意见,上一届院领导退下来后,按照原来的分工,原来是主任的,担任一届专门委员会副主任;原来是副主任的,担任一届委员;(2) 各专门委员会可根据工作需要设少量非院士委员和团体成员,具体由各专门委员会研究并报院常务会审议;(3) 专门委员会成员任届期内如因工作需要进行个别调整,由专门委员会研究并报院常务会议审议。

院常务会议原则通过各专门委员会换届建议名单,并提出以下意见:为更好地开展咨询工作,在咨询工作委员会中增加财政部有关领导和人员;为保证工作延续性,按照《各专门委员会换届办法》,参考上一届专门委员会组成人员名单,对换届建议名单进行个别调整;各专门委员会主任建议名单提交主席团会议审议,副主任和委员建议名单报主席团会议备案。

七、研究我院与江苏省签署院省合作协议事项

谢冰玉同志汇报了我院与江苏省政府签署院省合作协议书的主要内容。据汇报,协议书包括开展决策咨询、组织学术活动、加强合作研究与开发、推进提升企业自主创新能力、建立合作工作机制等内容。提请院常务会议审定。

院常务会议原则同意我院与江苏省政府签署合作协议书内容,并提出以下意见:合作协议应设定期限,建议江苏省建立工程院院士活动中心,为院士专家在江苏省开展学术活动和相关工作提供服务。此项工作由学部工作局办理。

八、通报情况

1. 潘云鹤常务副院长通报了参加CAETS会议有关情况。院常务会议指出,要加强我院代表中国工程科技界参加有关国际组织和国际学术活动的工作力度。

2. 谷珏同志通报了中央人才工作协调小组第28次会议精神,汇报了科技部组织召开的创新人才推进计划部际协调会议的情况。据汇报,科技部对下一步工作安排提出三点建议:一是成立部际工作小组,由科技部万钢部长和李学勇副部长任组长,领导并组织该计划实施。下设办公室,由科技部政策法规司具体负责。二是开展联合调研,围绕科学家工作室、科技领军人才等重点任务深入调研,计划9月底前完成;三是制定实施方案,计划10月底完成。要求我院确定一位院领导作为创新人才推进计划工作小组成员,确定一位司局级干部作为办公室联系人。

院常务会议决定，请潘云鹤常务副院长作为工作小组成员，王振海同志为工作小组办公室联系人。

此外，院常务会议研究决定，请干勇副院长担任院保密委员会主任职务，负责院保密工作。

主　持：周　济
出　席：潘云鹤　旭日干　谢克昌　干　勇　樊代明　白玉良
请　假：邬贺铨
列　席：董庆九　谷　珏　易　建　谢冰玉　杨　丽　程家怡　徐　进　康金城　王振海　郗小林　安耀辉
记　录：宋德雄

院常务会议纪要（五）

2010 年 9 月 14 日，周济院长主持召开 2010 年第 11 次院常务会议。会议议题有：听取《中国工程院 2010 - 2014 年度工作纲要》修改情况汇报；听取《中国工程院工作规则》修改情况汇报；研究走访有关部门的工作安排及汇报材料等事宜；研究讨论“中国工程科技论坛 10 周年座谈会”工作方案；听取“中国工程前沿青年研讨会”筹备情况汇报；听取我院与国家开发银行合作情况汇报；听取“湖南科技论坛院士行”及院士书画社活动准备情况的汇报；通报有关情况。

一、听取《中国工程院 2010 - 2014 年度工作纲要》修改情况汇报

王振海同志汇报了《中国工程院 2010 - 2014 年度工作纲要》修改情况。据汇报，第五届主席团第 2 次会议原则通过《纲要》审议稿，工作组根据会议讨论提出的有关意见，专门召开会议，进行了修改。

院常务会议通过了《纲要》修订稿，并提出对个别文字和语句再进一步完善，定稿后印发全体院士。会议要求，院机关要研究制订我院明年工作要点，提交下一次主席团会议审议；各学部和专门委员会要根据《纲要》的总体安排研究提出今后四年的工作计划及明年的工作要点。

二、听取《中国工程院工作规则》修改情况汇报

董庆九同志汇报了《中国工程院工作规则》修改情况。据汇报，第五届主席团第 2 次会议原则通过《工作规则》审议稿，根据会议提出的意见，工作组又对其中 5 处文字进行了修改。

院常务会议通过了《工作规则》修订稿，会议要求定稿后印发机关各部门。

随后，董庆九同志汇报了院士提出通过机要公文交换渠道上报建议的事项。据汇报，最近连续收到多份院士提出的建议，要求通过机要公文交换渠道直接上报中央领导同志。经向中办和国办

机要部门咨询，回复是以院士个人或院士联名的建议原则上不属于机要交换的范围。因此，建议这类院士建议主要应通过我院《院士建议》形式，按其规定的程序上报。

会议通过讨论，原则同意办公厅提出的意见。会议要求，要改进和完善《院士建议》上报工作，提高工作效率，对于紧急事项，应简化程序，及时上报中央领导同志。

三、研究走访有关部门的工作安排及汇报材料等事宜

董庆九同志和宋德雄同志汇报了走访有关部门的工作安排及汇报材料等事宜。据汇报，根据最近与有关部门联系的结果，初定于 9 月 16 日和 17 日上午，分别走访财政部和中国科协。办公厅已起草了《中国工程院工作情况汇报》文字稿，分为四部分：一是基本情况介绍；二是院士队伍建设；三是工程科技思想库建设工作；四是下一步工作设想。

院常务会议同意近期走访财政部和中国科协的有关安排，在走访时就聘请主席团顾问单位进行沟通。原则同意《中国工程院工作情况汇报》基本框架和内容，提出此材料作为基本素材稿提供给待走访的部门，标题改为“情况介绍”，对整体文字再进一步理顺和完善。

四、研究讨论“中国工程科技论坛 10 周年座谈会”工作方案

谢冰玉同志汇报了“中国工程科技论坛 10 周年座谈会”工作方案，包括座谈会的目的意义、会议议程、规模、时间与地点、会务组织等。据汇报，座谈会本着“传承、创新与发展”的宗旨，“隆重、热烈、俭朴、务实”的原则，拟于 10 月下旬召开，规模为 50 - 60 人，时间为半天，拟邀请中央领导同志出席并讲话。建议学部工作局负责工作方案、联系参会院士、各学部典型论坛推荐、会议资料准备等工作；办公厅负责宣传和中央领导接待、会场布置、住宿与交通等会务工作；政策研究室负责起草中央领导同志讲话。

院常务会议原则通过座谈会工作方案，并提出以下意见：工程科技论坛要真正成为学术争鸣的论坛，发挥学术引领的作用，提高质量，提升层次，突出特色，形成品牌；认真研究座谈会要发挥的作用，并在相关工作中予以考虑，要求做好各项筹备工作，办好会议；会议日期以中央有关领导同志的时间为准，在起草中央领导讲话中体现将工程科技论坛办成品牌的思想；樊代明副院长的讲话不仅要总结过去的经验，而且更要面向未来，体现工程科技论坛下一步的发展思路和设想；加强宣传，在会议召开之前举行新闻通气会；会议时间 2 小时为宜。

五、听取“中国工程前沿青年研讨会”筹备情况汇报

受钟志华院士委托，程家怡同志汇报了“中国工程前沿青年研讨会”筹备情况。据汇报，本次研讨会是为选拔参加 2011 年 3 月第二届“中美工程前沿研讨会”的青年专家。研讨会将于 9 月 17 日召开，有四个主题：无线技术；生物衍生工程；先进车辆与移动性；海洋工程。目前邀请到 73 位青年专家、32 位评委（12 位为我院院士）。

院常务会议提出以下意见：我院今后还将与瑞典等有关国家的工程院合作举办学术活动，“中国工程前沿青年研讨会”要进一步明确定位。该研讨会要作为工程院学术活动的一个重要组成部分，一方面要研讨工程科技的前沿问题，发挥学术引领作用，另一方面培养选拔优秀的青年工程科技人才，为这些活动储备人才；今后组织类似研讨会应与学部工作局合作，充分发挥各学部的作用，邀请更多的优秀青年专家参与，提高研讨会的质量，体现中国工程科技的水平；今后研讨会选定主

题时，我方应根据我国经济、科技发展的需求，发挥主导作用，尽可能选定我方关心的主题。

六、听取我院与国家开发银行合作情况汇报

康金城同志汇报了我院与国家开发银行（以下简称“国开行”）合作情况，包括已开展的工作、存在问题和下一段工作计划。据汇报，根据我院去年与国开行签署的合作协议，目前主要开展了以下五方面工作：专家咨询服务；数据库共享；咨询研究成果共享；参与咨询课题；其他方面。总体合作进展顺利，但还存在一些问题。请院常务会议研究确定一位院领导牵头我院与国开行的合作事宜。

院常务会议指出，与国开行的合作是个重要尝试，可探讨为企业、地方和行业提供服务的形式，并探讨与纵向合作相结合的运作方式，有关具体问题再专门研究。会议确定由干勇副院长牵头我院与国开行的合作事宜。

七、听取“湖南科技论坛院士行”及院士书画社活动准备情况的汇报

易建同志汇报了“湖南科技论坛院士行”及院士书画社活动有关情况。据汇报，应湖南省的邀请，中国工程院、中共湖南省委、湖南省人民政府将共同举办“湖南科技论坛院士行”活动，拟于10月14－17日在长沙等地举行。其间的主要活动有：论坛开幕式暨主题报告会；分会场活动；书画联谊和摄影活动；参观考察等。另根据柳百成等院士建议，拟在近期开展“歌颂祖国 爱我中华”院士摄影活动。将选取部分优秀作品制作成2011年挂历，赠送全体院士；在《院士通讯》及我院网站选登；向有关刊物推荐。

院常务会议原则同意“湖南科技论坛院士行”及院士书画社活动有关安排，并强调“湖南科技论坛院士行”是院省合作的重要活动，要组织安排好。

八、通报情况

1. 旭日干副院长通报了参加深圳特区建立三十周年庆祝活动有关情况。

受旭副院长委托，谢冰玉同志通报了全国国土规划前期研究和纲要编制工作领导小组第一次会议有关情况。

受旭副院长委托，宋德雄同志通报了参加青海绿色经济高峰论坛有关情况。

受旭副院长委托，阮宝君同志通报了“改进完善院士制度”部际协调组第一次会议有关情况。据通报，根据中组部《关于印发〈中央人才工作协调小组实施国家中长期人才发展规划纲要（2010－2020）任务分工方案〉的通知》，“改进完善院士制度，注重院士称号精神激励作用，规范院士学术兼职”作为一项重点任务由中科院与工程院、教育部、科技部共同完成。四部门联合成立了部际协调组、研究总体组和工作组，要求我院：在一周内推荐9位院士参加，推荐院士要有广泛代表性，最好有1－2位资深院士；承担部分工作经费。院常务会议提出以下意见：此项工作可与我院已进行的“院士队伍建设”相结合，动员参加过相关调研和工作的院士参与。我院已形成的“院士队伍建设”研究报告可将相关内容提供给“改进完善院士制度”工作机构。

2. 干勇副院长通报了全国依法行政工作会议、国务院第125次常务会议有关内容。

主　持：周　济

出　席:潘云鹤　旭日干　干　勇　樊代明　白玉良
请　假:谢克昌　邬贺铨
列　席:董庆九　谷　珏　易　建　谢冰玉　阮宝君　程家怡　徐　进　康金城　王振海
郗小林　安耀辉
记　录:宋德雄

院常务会议纪要(六)

2010年9月28日,周济院长主持召开2010年第12次院常务会议。会议议题有:小结9月份重点工作,通报10月份重点工作安排;关于接待瑞典皇家技术考察团有关安排的情况汇报;关于第14届东亚工程院圆桌会议相关活动安排的情况汇报。

一、小结9月份重点工作,通报10月份重点工作安排

董庆九同志汇报了主席团会议召开情况及拜访有关部委情况;谢冰玉同志汇报了各专门委员会换届情况,以及与江苏省政府、新疆自治区政府、新疆建设兵团签署院地合作协议情况。

董庆九同志汇报了10月份重点工作安排。据汇报,10月重点工作有:拜访有关部委;各专门委员会召开工作会议,研究制定今后4年工作计划;工程科技论坛创办10周年座谈会;"工程科技中长期发展战略研究"项目会议;工程管理论坛暨工程管理学部成立十周年活动;"湖南科技论坛院士行"暨院士书画社活动;武汉东湖高新区建设国家自主创新示范区院士行活动;中日韩工程院圆桌会议。

院常务会议原则同意10月份重点工作安排,并提出以下意见:增选工作是明年的重要工作,增加"研究讨论明年增选政策等重要事项"为10月份重点工作;今后各部门的重点工作应根据院里整体安排,结合本部门工作实际,在报分管院领导同意后,由办公厅汇总,提交院常务会议审议。

二、关于接待瑞典皇家技术考察团有关安排的情况汇报

徐进同志汇报了关于接待瑞典皇家技术考察团有关安排的情况。据汇报,我院邀请瑞典皇家技术考察团于11月8-13日访问我国并签署我院与瑞典皇家工程科学院合作谅解备忘录,拟邀请中央有关领导同志会见代表团并出席有关活动。因接待费用由瑞典使馆和我院共同承担,本次瑞典代表团来访属预算外外交事项,今年外事经费不足,建议由院其他经费支持,保证接待工作顺利完成;建议办公厅等相关部门予以协作。

院常务会议原则同意有关接待安排,并提出以下意见:尽快协调安排中央领导同志会见外宾事宜;根据实际情况拟订经费预算方案和来源,报财政部审批;办公厅等相关部门予以协作。

三、关于第14届东亚工程院圆桌会议相关活动安排的情况汇报

徐进同志汇报了关于第14届东亚工程院圆桌会议相关活动安排的情况。据汇报,14届东亚工程院圆桌会议将于10月12－15日在西安召开,由我院主办,西安建筑科技大学承办。本届会议的主题是“循环经济中的工程技术”,并分“低碳建设”、“低碳建筑材料”、“低碳照明”3个分专题,中日韩三国共作12个学术报告。

院常务会议原则同意有关活动安排。

院常务会议还决定,下次常务会议将于10月19日召开。

主　持:周　济
出　席:潘云鹤　旭日干　干　勇　樊代明
请　假:谢克昌　邬贺铨　白玉良
列　席:董庆九　谷　珏　易　建　谢冰玉　杨　丽　徐　进　康金城　王振海　郗小林
记　录:宋德雄

院常务会议纪要(七)

2010年10月19日,周济院长主持召开2010年第13次院常务会议。会议议题有:传达学习十七届五中全会精神;汇报“我国有色稀有金属材料的现状及发展战略”研究成果;汇报“国家工程科技思想库建设”咨询课题有关情况;审议《中国工程院涉密计算机管理规定》;汇报“工程科技论坛10周年座谈会”筹备工作情况;审议《中国工程院与湖南省人民政府科技合作协议》。

一、传达学习十七届五中全会精神

潘云鹤常务副院长传达了十七届五中全会精神。院常务会议讨论、交流了学习体会,并就深入学习贯彻全会精神进行了部署。

院常务会议认为,党的十七届五中全会深刻分析了今后一个时期我国经济社会发展所面临的复杂的国内外环境,指出我国发展仍处于可以大有作为的重要战略机遇期,明确提出了“十二五”规划的指导思想、基本要求、奋斗目标、主要任务、重大举措,对于夺取全面建设小康社会新胜利,推进中国特色社会主义伟大事业,具有十分重要的意义。院常务会议提出,坚决拥护中央提出的以科学发展为主题,以加快转变经济发展方式为主线的发展思路。中国工程院要发挥工程科技思想库作用,结合国家重大工程建设提升科学技术水平,为加快转变经济发展方式提供科技支撑。

院常务会议指出,深入学习贯彻落实党的十七届五中全会精神是当前和今后一段时期中国工程院的重大政治任务。中国工程院作为我国工程科技界最高荣誉性、咨询性学术机构,全体工程院

院士、院机关干部要以深入学习、贯彻、落实党的十七届五中全会精神为动力,努力为加快转变经济发展方式勇挑重担、建功立业。

院常务会议要求,贯彻落实党的十七届五中全会精神要与实施《中国工程院 2010 - 2014 年度工作纲要》结合起来,着重抓好两方面的工作:

一是着力抓好国家工程科技思想库建设。要牢牢把握时代脉搏,密切结合实际,充分发挥院士群体跨学科、跨领域的综合性优势,针对我国工程科技领域重大、关键性问题组织院士开展咨询研究,为党和政府提供高水平的决策参考,特别要为推动"十二五"规划的组织实施,促进国家和社会发展作贡献。

二是继续加强院士队伍建设。要进一步健全、完善院士增选规则,严把院士入口关,努力建设一支规模适度、结构合理、与社会经济发展相适应的院士队伍,发挥院士作为科技领军人物的作用。注重院士科学道德建设,健全院士科学道德行为规范,加强自律,大力弘扬院士的科学精神,充分发挥院士称号的精神激励作用,加强对院士及院士成就的综合宣传。

院常务会议强调,要深刻认识加快转变经济发展方式中科技支撑的重要作用,进一步解放思想、实事求是、与时俱进、开拓创新,为完成"十二五"时期经济社会发展目标任务而奋斗。

二、汇报"我国有色稀有金属材料的现状及发展战略"研究成果

屠海令院士汇报了"我国有色稀有金属材料的现状及发展战略"研究成果。据汇报,项目总报告分为四部分:一是有色金属材料的战略地位;二是有色稀有金属材料的发展现状;三是我国有色稀有金属材料的重点发展领域;四是发展我国有色金属材料的对策与建议。

院常务会议充分肯定了项目研究成果,提出以下意见:结合十七届五中全会有关精神对研究报告再进一步完善,对相关分类再进行调整,使报告层次更清晰,逻辑性更强;对策与建议要有高度,对有色金属产业发展的规划与管理体制的改革要增强紧迫性,对有色金属技术创新体系建设要提出明确的建议;对优先发展的 30 项材料和技术再进一步梳理和归纳,提出当前和未来的发展重点。

三、汇报"国家工程科技思想库建设"咨询课题有关情况

王振海同志汇报了"国家工程科技思想库建设"咨询课题有关情况。据汇报,根据《中国工程院 2010—2014 年度工作纲要》,将启动《国家工程科学技术思想库建设研究》咨询项目。项目研究工作拟分设五个课题组和项目总体组:(1) 工程院咨询工作总结与发展研究课题。建议潘云鹤常务副院长牵头,政策研究室协助,学部工作局、办公厅、咨询服务中心配合。(2) 工程院科技合作总结与发展研究课题。建议干勇副院长牵头,学部工作局协助。(3) 工程院学术工作总结与发展研究课题。建议樊代明副院长牵头,学部工作局协助,政策研究室、国际合作局配合。(4) 工程院在工程科技人才培养中的作用研究课题。建议潘云鹤常务副院长牵头,政策研究室、咨询服务中心协助。(5) 国外主要国家工程科技思想库研究课题。建议谢克昌副院长牵头,国际合作局协助。(6) 国家工程科技思想库建设研究总体组。建议周济院长、旭日干副院长牵头,政策研究室、学部工作局、办公厅、国际合作局、咨询服务中心协助。

项目总体时间安排:2010 年 10 月—2012 年 6 月。总经费 400 万元,每个课题组 60 万元,综合组 100 万元。

建议聘请徐匡迪、宋健、钱正英院士担任项目顾问。

院常务会议认为该项目非常重要,原则同意项目研究的课题设置和有关安排,并提出以下意见:各专门委员会都要参加相关课题组;12 月初举行项目启动会,每个课题组汇报项目研究安排计划。

四、审议《中国工程院涉密计算机管理规定》

白玉良同志汇报了《中国工程院涉密计算机管理规定》。根据中央保密委员会和国家保密局的要求与有关规定,加强对我院涉密计算机的管理,结合我院工作实际,院保密委员会制订了《中国工程院涉密计算机管理规定》,共有十四条,提交院常务会议审议。

院常务会议审议通过该规定。

五、汇报"工程科技论坛 10 周年座谈会"筹备工作情况

谢冰玉同志汇报了"工程科技论坛 10 周年座谈会"筹备工作情况。据汇报,会议主要议程有:(1) 樊代明副院长介绍十年百场论坛概况;(2) 典型论坛的院士代表发言;(3) 老领导发言(宋健、徐匡迪);(4) 中央领导同志讲话。

院常务会议原则同意会议筹备的有关安排,提出要集中力量开好此次会议,举行日期仍以中央领导同志时间为准。

王振海同志汇报了延东同志讲话素材稿。据汇报,素材稿主要内容有三部分:一是工程院作为国家工程科技思想库,要继续发挥好"工程科技论坛"等学术活动的引领作用;二是要不断提高学术活动质量和水平;三是要继续发挥学术活动发现、提携和培养人才的作用。

院常务会议原则同意素材稿总体框架和基本内容,请各位院领导提出书面意见,由政策研究室汇总完善。

六、审议《中国工程院与湖南省人民政府科技合作协议》

杨丽同志汇报了《中国工程院与湖南省人民政府科技合作协议》。据汇报,湖南省人民政府与我院经过协商,决定建立务求实效的科技合作关系,拟在 10 月 24 – 27 日举行的"2010 年湖南科技论坛院士行"活动期间与湖南省人民政府签署该合作协议。

院常务会议原则通过协议内容,请学部工作局再进一步完善。

主　持:周　济
出　席:潘云鹤　谢克昌　干　勇　樊代明　邬贺铨　白玉良
请　假:旭日干
列　席:董庆九　谷　珏　易　建　谢冰玉　杨　丽　程家怡　徐　进　康金城　王振海　郗小林
记　录:宋德雄

院常务会议纪要(八)

2010年11月2日,周济院长主持召开2010年第14次院常务会议。会议议题有:小结10月份重点工作,通报11月份重点工作安排;各部门汇报关于2011年工作要点的思考和建议;关于设立"院地合作委员会"的有关问题。

一、小结10月份重点工作,通报11月份重点工作安排

根据10月份全院重点工作安排,各部门分别进行小结:董庆九同志汇报了10月拜访有关部委情况,以及"湖南科技论坛院士行"暨院士书画社活动情况;阮宝君同志汇报了相关专门委员会召开工作会议情况、工程管理论坛暨工程管理学部成立十周年活动情况,以及武汉东湖国家自主创新示范区院士行活动情况;徐进同志汇报了中日韩工程院圆桌会议情况;王振海同志汇报了相关专门委员会召开工作会议情况,以及"工程科技中长期发展战略研究"项目会议情况。

白玉良同志汇报了11月份重点工作安排。建议的11月重点工作有:组织举办中国工程院/国家能源局能源论坛;组团参加第十二届深圳高交会(主办生物产业发展和仪器仪表两场论坛);召开中国工程院、深圳市人民政府第六次合作委员会会议;接待瑞典皇家技术考察团;2011年中国工程院工作要点起草工作;咨询工作委员会第一次会议及2011年咨询项目评审的有关工作;学术与出版委员会第一次会议的有关工作;"浙江沿海"项目综合组会议。

院常务会议原则同意11月份重点工作安排,提出还要增加以下内容:院士增选政策委员会与科学道德建设委员会工作会议,由学部工作局牵头。11月还要做好以下工作:筹备第五届主席团第3次会议,由办公厅牵头;起草并向中央党建工作领导小组上报我院2010年落实党建工作任务情况和全年工作总结、起草并向中央人才工作协调小组上报我院参与2010年推进人才工作计划情况和年度工作总结、上报我院纪检工作和落实中央关于《中国共产党党员领导干部廉洁从政若干准则》情况汇报,由机关党委牵头。

二、各部门汇报关于2011年工作要点的思考和建议

办公厅、机关党委、学部工作局、国际合作局、政策研究室、咨询服务中心分别汇报了关于2011年工作要点的思考和建议。

院常务会议讨论了机关各部门和机关党委对2011年工作要点的思考和建议,提出以下意见:制订工作要点时要从我院全局角度出发,相互协调和补充;我院2011年工作要点由政策研究室负责汇总和起草,经下次院常务会议审议和修改后,提交12月初主席团会议审议。机关各部门、机关党委和各专门委员会根据院2011年工作要点分别制订详细的2011工作计划。制订工作要点时要统筹考虑以下几方面:

1. 为适应我院咨询研究工作的新形势与新任务，应积极探索开展咨询研究工作的新模式、新方法。在咨询研究过程中，应考虑将咨询活动与学术活动、国际合作更好地结合；积极探索与部委、地方开展咨询合作方式与方法；如何动员和组织更多院士及专家参与咨询研究；机关各部门之间要在开展咨询研究工作时加强交流与协作；政策研究室与咨询服务中心要进一步理顺关系，切实加强咨询服务工作；要对咨询服务中心的定位、运行机制与体制进行认真研究；政策研究室、咨询服务中心共同建立健全咨询专家库。

2. 从提升我院学术影响力的角度出发，应集中力量办好重大的学术活动。针对国计民生、科学发展等方面的重大学术问题开展交流与讨论。同时与国际合作有机结合，提高质量，扩大影响，办出品牌。

3. 为了充分发挥我院作为最高咨询性学术机构的作用，我院应围绕经济社会发展的重大或热点、难点工程科技问题，组织召开一些座谈会，广泛听取院士意见，形成我院对有关问题的意见和建议。在院领导参加国务院或有关部委相关专题会议时，能更好地代表我院发表意见，更好地发挥我院的作用。

4. 着眼于进一步提高我院国际合作与交流的层次与水平，邀请国际同行的顶级专家，召开研讨会，为咨询工作奠定良好的基础。

三、关于设立“院地合作委员会”的有关问题

阮宝君同志汇报了关于设立“院地合作委员会”的工作建议。据汇报，近年来，我院院地合作工作取得了显著成绩，也面临一些困难与问题。为加强对院地合作工作的领导，规范和完善院地合作工作，为院地合作提供强有力的组织支撑，进一步开拓我院院地合作工作新局面，建议成立院地合作工作委员会，与产业工程科技委员会的职能与任务有所区分、各有侧重，共设一个秘书处。

院常务会议经过讨论，提出以下意见：进一步加强院地合作工作是《中国工程院2010－2014年度工作纲要》的一项重要工作，也是贯彻胡锦涛总书记在两院院士大会上重要讲话和十七届五中全会精神的具体体现，对于动员和组织院士们积极参加国家的现代化建设，为加快转变经济发展方式勇挑重担、建功立业具有重要作用。为进一步统筹资源、整合力量，提高效率，突出院地合作中的工程科技特色，更好地为产业工程科技创新服务，可不新成立院地合作委员会，将产业工程科技委员会更名为科技合作委员会，统筹负责这方面工作。会议责成学部工作局尽快提出具体意见提交主席团会议审议。

此外，院常务会议研究决定，下一次院常务会议定在11月23日召开，主要议题是审议院士增选有关文件并讨论2011年院工作要点（草案）。

主　持：周　济
出　席：潘云鹤　旭日干　干　勇　樊代明　白玉良
请　假：谢克昌　邬贺铨
列　席：董庆九　谷　珏　阮宝君　杨　丽　程家怡　徐　进　康金城　王振海　安耀辉
记　录：宋德雄

院常务会议纪要(九)

2010年11月23日,2010年第15次工程院常务会议召开。会议议题有:讨论2011年中国工程院工作要点(草案);研究2011年院士增选办法等文件修改事项;研究2011年院士增选名额分配方案的建议;研究2011年院士增选医药卫生学部第一轮书面评审事宜;关于将院产业工程科技委员会更名为科技合作委员会的汇报;关于财务工作有关情况的汇报;关于2011年咨询研究项目立项等有关情况的汇报;关于"国家工程科技思想库建设"咨询项目情况的汇报;通报情况。

一、讨论2011年中国工程院工作要点(草案)

王振海同志汇报了2011年中国工程院工作要点(草案)。据汇报,《工作要点》分三部分,一是加强院士队伍建设;二是加强国家工程科技思想库建设;三是加强服务支撑体系建设。

院常务会议原则同意《工作要点》总体框架和基本内容,提出以下修改意见:明年《工作要点》应紧紧围绕加快转变经济发展方式的主线,与"十二五"国家总体部署相结合,增加为国家"十二五"开局之年进行咨询服务的相关内容。院常务会议决定,由政策研究室进一步修改,文字和相关表述力求精练和准确。请干勇副院长、邬贺铨秘书长、白玉良副秘书长审核把关,于12月5日主席团会议前发给全体主席团成员征求意见,并提交主席团会议审议。

二、研究2011年院士增选办法等文件修改事项

旭日干副院长汇报了2011年院士增选有关文件的修改情况。据汇报,院士增选政策委员会于9月27日和11月3日分别召开了全体会议。研究确定的增选名额和名额分配原则是:根据主席团会议对院士后备人才队伍状况的基本估价,参考调查问卷结果,建议2011年增选名额仍为60名,按照2009年名额分配的做法确定各学部的增选名额。

院士增选政策委员会确定2011年《增选办法》等有关文件的修改原则是:全面体现南京主席团会议提出的保证增选工作质量、用好增选名额等精神;保持增选政策的基本稳定和连续性,以及各文件间更好地衔接与相互呼应,使增选工作更加规范;通过此次对《增选办法》等有关文件的修改与完善,使其表述更加严谨、确切,方便院士阅读和掌握,利于实际操作。

院士增选政策委员会确定了《增选办法》等有关文件修改中涉及的主要内容:一是,探索提高共识度和有效利用增选名额的措施;二是,取消年龄超过70周岁被提名人仅限1次的规定;三是,扩大有效候选人材料的公示范围;四是,鼓励促进学科平衡发展;五是,加大对"拉票"、"助选"行为的处罚力度;六是,对逾期投诉不予受理。此外,根据实际情况和平时院士的意见,对《增选办法》等有关文件中个别内容(非原则性)进行修改,对个别文字表述进行斟酌与推敲。

学部工作局根据院士增选政策委员会会议确定的修改原则和内容,完成了《增选办法》等7个

增选文件的修改稿(初稿)。院士增选政策委员会对于是否上网公布《提名书》中反映候选人成就和贡献的材料进行了深入讨论,与会多数委员认为采取此做法,既增加了保密工作的难度,又为恶意投诉甚至诬告提供了便利条件,一旦公布后果难以控制,因此需要特别慎重考虑,建议提交主席团会议进一步研究。

白玉良同志汇报了《增选办法》和《外籍院士增选办法》的具体修改内容,阮宝君同志汇报了《中国工程院院士增选工作中院士行为规范》等其他增选文件的修改内容。

院常务会议原则通过2011年增选名额和名额分配原则、《增选办法》等有关文件的修改原则和主要修改内容,对《增选办法》的修改提出以下意见:第十九条关于是否上网公布有效候选人《提名书》的相关内容,要综合权衡和认真研究,探讨合适和有效的方式;第二十条中增加在候选人工作单位内网上公布《提名书》等材料;第二十四条关于对第二轮候选人进行全部考察的相关内容,建议去掉"全部"两字;第三十二条关于对相关单位或个人"助选"、"拉票"等予以处罚的相关内容,再进行推敲,使表述更严谨;对个别文字再进行斟酌;根据此次院常务会议意见将《增选办法》修改后提交12月5日主席团会议研究和审议。院常务会议审议通过了《中国工程院院士增选工作中院士行为规范》等5个增选文件的修改内容,并提出以下意见:5个文件的相关修改内容要与主席团会议通过的《增选办法》保持一致,对体例格式进行规范和统一,对个别文字表述再进一步完善。

三、研究2011年院士增选名额分配方案的建议

阮宝君同志汇报了2011年院士增选名额分配方案。据汇报,建议2011年增选名额仍为60名,分配方案仍延续2009年的做法,即:第一轮增选参考名额为59名,环境与轻纺工程学部和工程管理学部各5名,其余学部均为7名;第二轮院士增选名额的分配原则是在第一轮分配名额的基础上,依据各学部的实际情况,由增选政策委员会提出剩余1个机动名额的分配建议,报主席团会议审定。

院常务会议通过2011年院士增选名额分配方案的建议,同意提交12月5日主席团会议审议。

四、研究2011年院士增选医药卫生学部第一轮书面评审事宜

阮宝君同志汇报了2011年院士增选医药卫生学部第一轮实行书面评审的事项。据汇报,医药卫生学部在2009年院士增选第一轮评审中试行了书面评审与会议评审相结合的做法,在增选后总结试点工作征求学部院士意见时,绝大多数院士都赞同这种方式,认为书面评审保证了每位院士在会前对候选人材料有充分的时间审阅,有利于对候选人成就贡献进行客观、独立的判断,且与会议评审结果高度一致。为此医药卫生学部建议:在2011年院士增选第一轮评审时该学部不再举行会议评审,只实行书面评审。

院常务会议原则同意医药卫生学部2011年院士增选时对第一轮评审采取书面评审方式进行试点,报主席团会议审议,并要求对《增选办法》中相关条文进一步研究。

五、关于将院产业工程科技委员会更名为科技合作委员会的汇报

阮宝君同志汇报了将院产业工程科技委员会更名为科技合作委员会的事项。据汇报,根据2010年第14次院常务会议精神,建议将我院产业工程科技委员会更名为科技合作委员会。更名

后，科技合作委员会的组成不变，职能在产业工程科技委员会职能的基础上，纳入我院与地方、部委、军队等方面的合作和院士行组织、院士工作站指导等内容。

院常务会议同意将院产业工程科技委员会更名为科技合作委员会，对科技合作委员会的工作任务、组织机构等具体事项再详细研究，请干勇副院长负责，由学部工作局具体落实，并提交12月5日主席团会议审议。

六、关于财务工作有关情况的汇报

易建同志汇报了财务工作有关情况，主要内容有：2010年1－10月预算执行情况；我院2011年“一下”预算控制数和“二上”准备情况；《院士科技咨询专项经费管理办法》工作进展情况。

院常务会议充分肯定了办公厅对财务工作所做的工作，提出今年重点抓好咨询经费管理相关工作，明年进一步研究和争取申请相关专项经费与开支科目等事宜。

七、关于2011年咨询研究项目立项等有关情况的汇报

安耀辉同志汇报了2011年咨询研究项目立项等有关情况，主要内容有：咨询工作委员会审议通过的2011年咨询研究项目；2011年咨询研究经费的初步匡算；关于下拨经费的安排；请财务专家对2011年项目经费预算进行核定事项等。据汇报。咨询工作委员会于11月4日召开会议，审议了我院2011年申报的咨询研究项目，对有关项目研究期限和内容等提出了修改意见。共批准设立15个重大项目（包括准备单独向财政部申请经费的5个项目），24个重点项目，17个一般项目，合计56个项目。会议还研究确定了我院2011年咨询研究项目研究期限和经费安排的原则：重大项目研究期限原则上不超过2年，学部重点项目原则上不超过1.5年，学部一般项目原则上为1年；重大项目总经费原则上不超过400万，学部重点项目总经费原则上不超过80万，学部一般项目总经费原则上不超过30万。为做好项目管理工作，建议将项目过程管理与经费管理并行管理：(1) 所有项目均由项目负责人负责组织研究班子和管理班子，政策研究室今后只负责项目的过程管理，办公厅负责经费管理，不在具体项目中承担任务；(2) 任务书由工程院统一与项目或课题组签订，并下达批复到依托单位，院财务部门依据批复和任务书，统一下拨经费。

院常务会议原则同意2011年咨询研究项目立项等安排、项目和经费管理的建议，强调要做好咨询研究项目经费的规范管理。

八、关于“国家工程科技思想库建设”咨询项目情况的汇报

白玉良同志汇报了“国家工程科技思想库建设”咨询项目有关情况。据汇报，根据2010年第13次院常务会议精神，已开始落实成立课题组的各项工作，并已起草项目总体研究方案初稿。

院常务会议决定，将在12月6日上午召开“国家工程科技思想库建设”咨询项目启动会，请项目组全体成员参加。请各分课题组尽快落实课题组副组长和成员等课题组织工作；拟定项目总体研究方案和分课题研究方案，在项目启动会上进行汇报。

九、通报情况

旭日干副院长通报了我院与捷克工程院和瑞士工程科学院签署合作协议有关情况。

主　持:周　济
出　席:潘云鹤　旭日干　干　勇　樊代明　邬贺铨　白玉良
请　假:谢克昌
列　席:董庆九　谷　珏　易　建　阮宝君　杨　丽　程家怡　徐　进　郑晓光　康金城　王振海　郗小林　安耀辉
记　录:宋德雄

院常务会议纪要(十)

2010 年 12 月 7 日,召开中国工程院 2010 年第 16 次院常务会议。会议议题有:小结 11 月份重点工作,通报 12 月份重点工作安排;审定 2011 年工作要点;审定院士增选办法;关于修订医药卫生学部学科分类相关内容的汇报;关于潘云鹤常务副院长率团访问香港情况的汇报;通报情况。

一、小结 11 月份重点工作,通报 12 月份重点工作安排

根据 11 月份全院重点工作安排,各部门分别进行小结:

易建同志汇报了第五届主席团第 3 次会议有关情况;

谢冰玉同志汇报了组织举办中国工程院/国家能源局能源论坛情况,组团参加第十二届深圳高交会(主办生物产业发展和仪器仪表两场论坛)情况,召开中国工程院、深圳市人民政府第六次合作委员会会议情况,学术与出版委员会第一次会议的有关工作情况,以及院士增选政策委员会与科学道德建设委员会工作会议情况;

徐进同志汇报了接待瑞典皇家技术考察团情况;

王振海同志汇报了 2011 年中国工程院工作要点起草工作情况,咨询工作委员会第一次会议及 2011 年咨询项目评审的有关工作情况,以及"浙江沿海"项目综合组会议情况。

白玉良同志汇报了 12 月份重点工作安排。建议的 12 月重点工作有:国家工程科技思想库项目课题启动工作会;各专门委员会和机关各部门制订 2011 年工作计划;2011 年两院院士增选工作会议;院地合作工作会议及科技合作委员会第一次会议;"北京交通院士行"活动;工程研究院所与高校联合培养工作座谈会;三峡阶段性评估项目结题及评估报告首发式。

院常务会议原则同意 12 月份重点工作安排,提出以下意见:要重视国家工程科技思想库项目的各项工作;各专门委员会和机关各部门制订 2011 年工作计划的工作应尽早启动;对"北京交通院士行"活动要认真准备,事先组织参加的院士召开座谈会,请白玉良秘书长和学部工作局负责落实。

二、审定 2011 年工作要点

王振海同志汇报了根据 12 月 5 日主席团会议意见对《中国工程院 2011 年工作要点》的修改情况。据汇报,第五届主席团第 3 次会议上 14 位主席团成员和未能出席会议的王礼恒院士等对《工作要点》共提出 40 余条修改意见和建议,《工作要点》起草组对这些意见和建议逐一进行了认真研究,并对有关文字分别进行修改。

院常务会议通过根据 12 月 5 日主席团会议意见修改的《工作要点》,并要求《工作要点》起草组向提出意见或建议的主席团成员反馈相关修改情况。

三、审定院士增选办法

白玉良同志汇报了根据 12 月 5 日主席团会议意见对《中国工程院院士增选工作实施办法》的修改情况。据汇报,根据第五届主席团第 3 次会议有关意见,对《增选办法》的第十九、二十四、二十六、三十、三十二等 10 条进行了相应修改。

院常务会议原则通过根据 12 月 5 日主席团会议意见修改的《增选办法》,并提出以下修改意见:第二十条中"对本学部第二轮候选人是否全部进行考察,考察所采取的方式和内容由学部常委会研究决定"修改为"对本学部第二轮候选人进行考察的对象、考察方式和内容由学部常委会研究决定";第二十条中"为提高对正式候选人的共识度"修改为"为提高增选质量"。

四、关于修订医药卫生学部学科分类相关内容的汇报

谢冰玉同志汇报了关于修订医药卫生学部学科分类相关内容的有关情况。据汇报,10 月 25 日,医药卫生学部常委会召开会议,对医药卫生学部现有学科划分及院士学科分布情况进行了研究,同时参考教育部、基金委等部门的学科划分标准,结合工程院医药卫生学部的学科发展现状,对现有的学科进行分析,认为现有学科划分基本合理,也基本符合学科发展的现状,但有些学科常年空白,有些学科划分过细或涵盖不全,有些学科用词不够科学准确。在充分讨论的基础上提出了学科调整意见,并征求了涉及到的院士意见,形成调整建议。

院常务会议赞成医药卫生学部积极主动开展调整工作,同时提出了以下意见:院里正在进行"学部调整与学科划分调查研究"项目,将对各学部的学科划分进行统筹考虑与研究,为利于统一开展工作,将医药卫生学部学科分类修订纳入到该项目的相关工作中,今后合适时候一并调整。

五、关于潘云鹤常务副院长率团访问香港情况的汇报

徐进同志汇报了潘云鹤常务副院长率团访问香港的有关情况。据汇报,潘副院长率团于 11 月 30 日—12 月 4 日赴香港出席太平洋邻里协会 2010 年香港年会暨联合会,会议主题是"从数字内容到知识优势"。潘副院长在会议上作了题为"数字图书馆的发展趋势"主旨报告,与大陆及港澳台两岸四地图书馆馆长会面交流。会议就推动两岸四地中华传统文化的数字化建设达成初步共识,并商议为整合两岸四地的信息化资源积极开展合作。

六、通报情况

旭日干副院长通报了国务院第 134 次常务会议、济宁国家高新技术产业开发区建设动员大会、

中科院国家数学与交叉科学中心成立仪式等有关情况。

此外,院常务会议决定,第17次院常务会议将在12月21日召开。

主　持:周　济

出　席:潘云鹤　旭日干　谢克昌　樊代明　白玉良

请　假:干　勇　邬贺铨

列　席:谷　珏　易　建　谢冰玉　徐　进　康金城　王振海　郗小林

记　录:宋德雄

院常务会议纪要(十一)

2010年12月21日,召开中国工程院2010年第17次院常务会议。会议议题有:传达中央经济工作会议精神;关于《增选办法》再修改情况的汇报;关于七个专门委员会2011年工作计划和办公厅、国际合作局2011年工作计划的汇报;关于科技合作委员会会议安排和干勇副院长工作报告的汇报;关于中办加强涉密工作座谈会情况的汇报。

一、传达中央经济工作会议精神

周济院长传达了中央经济工作会议精神。中央经济工作会议于12月5日至7日在北京举行。胡锦涛总书记在会上发表重要讲话,全面分析了当前国际国内经济形势,深刻阐述了加快经济发展方式转变的重要性和紧迫性,明确提出了明年经济工作的总体要求、重要原则、主要任务。会议提出,明年经济工作的总体要求是:全面贯彻党的十七大和十七届三中、四中、五中全会精神,以邓小平理论和"三个代表"重要思想为指导,深入贯彻落实科学发展观,保持宏观经济政策的连续性和稳定性,继续实施积极的财政政策和适度宽松的货币政策,根据新形势新情况着力提高政策的针对性和灵活性,特别是要更加注重提高经济增长质量和效益,更加注重推动经济发展方式转变和经济结构调整,更加注重推进改革开放和自主创新、增强经济增长活力和动力,更加注重改善民生、保持社会和谐稳定,更加注重统筹国内国际两个大局,努力实现经济平稳较快发展。

院常务会议认为:我院要把中央经济工作会议精神贯彻落实在战略咨询、科技服务等方面,认真做好明年的各项工作。

二、关于《增选办法》再修改情况的汇报

阮宝君同志汇报了在12月5日主席团会议审议后对《增选办法》又进行修改的情况。主要有三处:一是建议恢复"对70周岁以上候选人仅限提名一次"的规定;二是建议"中国科协提名"改为"全国性学会提名";三是建议恢复"对遴选部门报送60岁以下候选人比例进行限制"的规定。

院常务会议同意上述三处修改，并要求书面通报主席团成员及征询意见。

三、关于七个专门委员会 2011 年工作计划和办公厅、国际合作局 2011 年工作计划的汇报

谢冰玉同志汇报了科学道德建设委员会 2011 年工作计划；白玉良同志汇报了学术与出版委员会 2011 年工作计划；阮宝君同志汇报了院士增选政策委员会、科技合作委员会 2011 年工作计划；王振海同志汇报了咨询工作委员会、教育委员会、工程研究院所研究生教育学术委员会 2011 年工作计划；董庆九同志汇报了 2011 年办公厅工作计划；程家怡同志汇报了 2011 年国际合作局工作计划。

院常务会议肯定了七个专门委员会及办公厅、国际合作局 2011 年工作计划，认真分析了明年我院工作的新形势、新任务，提出以下意见：为提高我院工作质量和水平，重点加强工作的计划性和全局统筹性，在充分继承我院优良传统的基础上，进一步加强工作的规范化与制度化，机关各部门都要不断创新工作思路、改进工作方式；科学道德建设委员会 2011 年工作计划中，应加强“弘扬科学精神”的内容，由科学道德建设委员会牵头，办公厅参加，争取联合中宣部、财政部、中国科协等有关部门，加大对院士科学精神的正面宣传力度；咨询工作委员会 2011 年工作计划中，还要增加“中国工程科技中长期发展战略研究”项目有关内容；办公厅 2011 年工作计划中，要把咨询项目及学术活动等全院数据库信息系统及工程科技数字图书馆建设工作作为重中之重，做好统一设计与管理，加强对各部门工作的统筹协调；各专门委员会秘书处和办公厅、国际合作局对 2011 年工作计划再进行梳理和修改，使内容更精练、重点更突出、条理更清晰，经分管院领导审定后，于 2010 年底前汇编印发各学部。

四、关于科技合作委员会会议安排和干勇副院长工作报告的汇报

阮宝君同志汇报了院地合作工作座谈会、科技合作委员会会议安排及干勇副院长的工作报告。

院常务会议同意两个会议的安排，并提出以下意见：请学部工作局对工作报告进行修改和压缩，再经干勇副院长审定；将“国家工程科技思想库建设”研究项目中“科技合作分课题”的调研作为院地合作工作座谈会的内容之一进行讨论。

五、关于中办加强涉密工作座谈会情况的汇报

易建同志汇报了加强涉密工作座谈会的情况。据汇报，12 月 14 日中央办公厅召开会议，通报了近期发生的涉密事件，传达了中央领导同志的批示精神和应采取的防范措施。

院常务会议提出，我院有关咨询项目信息量大而且有些数据敏感，做好涉密信息资料管理非常重要，在今后的工作中，加强对咨询项目的保密管理。

此外，院常务会议决定，2011 年第 1 次院常务会议将在 1 月 4 日下午召开。

主　持：周　济
出　席：潘云鹤　旭日干　干　勇　樊代明　白玉良
请　假：谢克昌　邬贺铨
列　席：董庆九　谷　珏　易　建　谢冰玉　阮宝君　杨　丽　程家怡　徐　进　康金城　王振海　郗小林　安耀辉
记　录：宋德雄

【院长办公会议纪要】

院长办公会议纪要(一)

2010 年 9 月 15 日,干勇副院长召开会议,专题听取各部门关于预算执行情况汇报;研究部署 9 到 12 月的预算执行工作;研究清账工作;研究建立咨询项目库工作等。

一、关于各部门预算执行情况。

首先,财务处张如义同志简要通报了 9 月 6 日财政部教科文司赵路司长关于中央教科文系统预算执行情况及要求的讲话主要精神。董庆九同志、谢冰玉同志、程家怡同志、康金城同志、王振海同志等分别汇报了本部门今年预算执行情况。

会议认为,今年我院预算执行情况已发生重大改变,1 到 8 月执行率为 64.8%,在教科文部门预算执行居中,已经逐步扭转被动局面。今年以来院领导高度重视财务工作,先后多次听取财务工作汇报,并采取了一系列有效措施,机关各部门积极配合,各项目组、课题组也付出了辛勤工作。总之,成绩来之不易,是我们大家共同努力的结果。

会议要求,各部门在今年后几个月要继续高度重视预算执行,不可松懈。通过抓预算执行,提高大家对预算工作的认识,把预算科学化、精细化作为预算执行工作的基础,要不断总结预算管理工作存在的问题,以便改进我们的预算执行工作。机关各部门要计划好、安排好 9 到 12 月的工作,为今年预算执行工作上台阶努力。

二、研究清账工作。

易建同志汇报了我院目前财务应清账的情况。据汇报,截止 2010 年 8 月底,我院应收账款 5,528 万元,其中:2009 年底前应收款 3,378 万元;2010 年初以来应收款 2,150 万元。特别是 2009 年以前形成的长时间未结账的款项,涉及 21 个经手人,共 118 项,时间最早的有 2002 年款项尚未清账。根据财政部的要求,各部门要加大对长期未结款项的结转、结余工作力度,并将预算工作与结转、结余工作结合起来。为此,建议我院继续做好清理工作,力争在年底前完成 2009 年前的应收账款的清账工作。

会议认为,我院非常重视清账工作。去年邬副院长和谢冰玉同志领导清理小组做了大量工作,特别是基本清理完成了重大咨询项目的尾款工作。但清账工作任务还很重,各部门要高度重视,积极清理。办公厅要及时提供具体的应收账款明细,列明具体的事项、拨入单位、经办人、时间、金额。各部门要落实到责任人,各局负责人抓总。会议原则上同意对 2009 年以前的账项清理工作,学部工作局负责的项目本次具体账目的经办人由现在负责联系学部的人员为主,原经手人协助。其他咨询项目由研究室负责，相关部门配合。

会议要求，此次清账工作要在2010年10月31日之前完成。对于已结题，或超出预算执行期间未支出的，要及时收回；对于单位解散、合并、课题负责人变动等特殊情况要及时报告，单独研究处理。

另，咨询服务中心应收账款2,958万元。咨询服务中心要专题研究，提出预算执行实施方案，报院领导。

三、关于建立咨询项目库工作进展情况。

政策研究室王振海同志汇报。

会议认为，这项工作很重要，关系到我院明年经费管理体制机制改变，必须下工夫做好、做实。政研室和咨询服务中心要组织力量，在原有咨询项目库的基础上充实、完善，重点是2011年预算中咨询项目，要细化到具体项目（或课题）和具体承担单位。要把这项工作作为我院建设工程科技思想库的一个组成部分。

最后，干勇副院长再次强调了预算工作的重要性：制定预算要科学化、精细化，执行预算要刚性化、程序化，不可随意修改预算。另外还就治理“小金库”问题，向机关各部门进行了强调。干副院长指出：在全国范围内深入开展“小金库”治理工作，是中央着眼于完善社会主义市场经济体制、推进党风廉政建设和反腐败工作作出的一项重要决策部署。2009年主要是治理党政机关和事业单位的“小金库”问题，中央发布了《关于深入开展“小金库”治理工作的意见》（中办发[2009]18号），中纪委、监察部、财政部、审计署联合发布了《关于在党政机关和事业单位开展“小金库”专项治理工作的实施办法》（中纪发[2009]7号）。我院党组对治理“小金库”高度重视，由邬贺铨副院长牵头成立了领导小组，在办公厅设了“办公室”，2009年进行了自查自纠，未发现“小金库”。治理“小金库”是一项长期的工作，2010年要按“中治办”的要求继续抓治理“小金库”问题不放松，要从建立长效机制上下工夫。我院是“零”申报单位，但是不能放松管理，机关各部门要高度重视，坚决杜绝“小金库”。

主　持：干　勇
出　席：董庆九　易　建　谢冰玉　程家怡　徐　进　康金城　王振海　杨　丽　安耀辉
列　席：张如义　王成俊　徐海燕　刘　畅　宗玉生　周杏娟

【专门委员会会议纪要】

院士增选政策委员会会议纪要

（2010 年第 1 期）

2010 年 9 月 27 日上午，旭日干副院长在 219 会议室主持召开了第五届主席团院士增选政策委员会第一次会议，会议通报了中国工程院院士增选政策委员会换届情况，讨论了中国工程院院士增选政策委员会工作规则，研究了 2011 年院士增选文件修订方案和 2011 年院士增选工作安排。现将有关内容纪要如下：

一、通报中国工程院院士增选政策委员会换届情况

院士增选政策委员会主任旭日干副院长介绍了委员会换届情况。委员会是根据《中国工程院章程》的有关规定和《中国工程院各专门委员会换届办法》的要求，其中委员会主任、副主任人选由院常务会议提出、院士成员由各学部常委会推荐并经院常务会议讨论通过，最后经 9 月 4 日院主席团会议审议批准。新一届院士增选政策委员会由主任旭日干、副主任谢克昌以及各学部院士共计 21 人组成。其中 6 人是上一届委员会成员，15 人为新任成员。

二、讨论中国工程院院士增选政策委员会工作规则

学部工作局阮宝君副局长就中国工程院院士增选政策委员会工作规则（一下简称《工作规则》）进行了汇报。会议认为，制定《工作规则》十分必要，是开展我院院士增选政策委员会工作的基本依据。会议指出，《工作规则》中对委员会的职能描述不够准确，涵盖了委员会职能之外的工作内容，如，院士制度完善。会议建议，将委员会主任、副主任人选“由工程院领导担任”改为由院常务会议提名。会议还提出，院士增选是工程院的常态工作，两年一次，技术性很强，要保持政策的连续性。建议，院内负责该项工作的秘书长或副秘书长作为委员会的当然成员。

三、讨论 2011 年院士增选文件修订方案

旭日干副院长介绍了 2011 年院士增选文件修订方案。据介绍，2011 年我院院士增选有关文件修订的基本原则是：根据主席团审议通过的我院《院士队伍建设研究》综合报告得出的基本结论和原则建议以及主席团会议关于我院院士增选工作的意见为指导，以保持增选政策的基本稳定和连续性为前提，力图通过此次增选文件修改，使有关文件在内容上和操作上更加有利于保证增选工

作的质量、用好增选名额、增选工作更加规范，并使文件表述更加清晰、准确方便院士阅读和掌握。增选文件修订方案内容包括：拟修改的主要内容、需要修订和审议的增选文件目录、修改工作程序和完成时限等五个部分。会议重点对拟修改的主要内容进行了热烈讨论。原则赞成目前提出的拟修订部分的内容。对增选名额确定和名额分配，有的委员提出了不同的意见和建议。有的委员还提出，从2011年起，工程管理学部院士候选人由工程管理学部院士进行评审选举。会议认为，该提议应由工程管理学部向院常务会议提出申请。

四、讨论2011年院士增选有关工作安排

学部工作局阮宝君副局长就2011年院士增选工作安排进行了说明。增选工作从现在开始到明年底，主要分增选工作筹备、院士候选人材料验收及公示、第一轮评审及后续工作、投诉信调查处理、第二轮评审选举及后续工作5个阶段。会议对工作计划个别时间进行了调整，同时建议在第二轮评审结束后，增加一次委员会会议，总结和通报有关情况。会议原则同意增选工作的计划安排。

周济院长在会议要结束时的讲话中指出：增选委员会是几个委员会当中最重要的委员会，《工程院2010－2014年的工作纲要》中明确提出，今后四年我院工作主要是两个方面：第一是进一步建设好国家的工程科技思想库，并且发挥好思想库的作用；第二是加强院士队伍建设，并且发挥好院士的作用。在院士队伍建设工作当中，增选工作是主要的工作，增选工作是大家最关心的一件事情，也是社会最关心的事情。增选直接关系到我们队伍建设质量，要把好入口关。朱光亚老院长曾嘱托徐匡迪院长：一定要把队伍建设好。今天大家讨论很热烈，说明大家都在认真思考。我们的目标都是一致的，就是要把队伍建设好。有些问题我们还要进一步统一思想，要统一到我们的目标上来。那就是第一要保证质量；第二要吸收一些杰出的候选人进入院士队伍；第三要保持工作和谐，把事情做扎实。

最后，会议认为，增选政策委员会的工作非常重要，责任重大而光荣，大家一定要增强责任意识，积极参与委员会的各项活动；要团结一致齐心协力，以严谨负责的工作态度履行委员会职责。

附件：1、中国工程院院士增选政策委员会工作规则
2、2011年院士增选文件修订方案
3、2011年院士增选有关工作的安排

出　席：周　济　王玉明　关　桥　陈良惠　彭苏萍　舒兴田　雷志栋　王梦恕　郝吉明　魏复盛　石玉林　张伯礼　朱高峰
请　假：谢克昌　马远良　杜祥琬　何继善　薛群基　方智远　杨胜利　王基铭
列　席：学部工作局有关人员
记　录：杨　丽

附件一：

中国工程院院士增选政策委员会工作规则

（送审稿）

中国工程院院士增选政策委员会（以下简称委员会），是我院根据《中国工程院章程》的规定，由主席团批准设立的常设专门委员会。

委员会的职能：中国工程院和增选有关的增选政策、增选实施办法等重要文件起草的责任机构；是院士增选日常工作实施的指导机构。委员会对主席团负责，报告工作情况并接受领导和监督，同时接受院常务会议的指导。

委员会的任务：

1、研究落实院士大会、主席团会议、院常务会议决议和决定。

2、根据院士增选工作的实际需要，主动开展调查研究，提出改进完善院士增选的工作规划和有关政策办法和工作建议。

3、根据主席团和院常务会关于院士增选工作的有关意见、决议，研究提出具体可操作的实施办法或工作规则等，并组织实施。

4、加强与全体院士的联系，不定期组织有关座谈或其他形式的调查研究，收集和反馈院士对中国工程院院士增选工作的意见和建议。

5、加强对各学部和学部工作局与增选有关的各项工作的督促检查，及时提出增选年度工作方案和时间进度的安排、工作要求等，加强具体工作的指导。

6、加强与国内外相关增选工作机构的联系和合作，组织开展工作交流，学习和借鉴国内外有关机构的经验和作法。

委员会的组成：

1、委员会设主任委员和副主任委员。主任和副主任委员由院常务会议提名，主席团审定。

2、委员会中院士成员由各学部常委会推荐。工程院分管院士增选工作的秘书长或副秘书长为委员会的当然成员。

3、委员会成员与主席团同步换届。委员会成员任期4年，可连选连任一届，个别成员因特殊情况不能继续履行职务，可由其所在学部提出补充替换人选并向主席团会议报告。

4、委员会设秘书1人，秘书协助主任委员和副主任委员处理委员会日常事务，负责会务、会议记录和撰写会议纪要。

委员会会议制度：

1、主任委员或受托副主任委员主持召开本委员会会议，会议议题和召开次数由主任委员确定，研究决定的重要事项以会议纪要的形式印发。会议纪要由主持会议的主任委员或副主任委员审核、签发。

2、会议出席人数超过委员会成员的二分之一，可召开会议并作出决议；超过出席成员人数的二分之一，表决有效。根据需要，委员会可吸收有关院士参加工作。院机关有关负责人及工作人员列席会议。

附件二：

2011年院士增选文件修订方案

2011年我院院士增选有关文件修订的基本原则是：根据主席团审议通过的我院《院士队伍建设研究》综合报告得出的基本结论和原则建议以及主席团会议关于我院院士增选工作的意见为指导，以保持增选政策的基本稳定和连续性为前提，力图通过此次增选文件修改，使有关文件在内容上和操作上更加有利于保证增选工作的质量、用好增选名额、增选工作更加规范，并使文件表述更加清晰、准确方便院士阅读和掌握。

拟修改的主要内容如下：

根据《院士队伍建设研究》项目的研究结论和主席团会议关于院士队伍建设和院士增选工作的有关意见，拟从如下几个方面对涉及的和院士增选有关文件进行修改：

1、关于院士增选名额的确定。增选名额确定为多少取决于对院士后备人才队伍数量、整体质量和水平、学风道德和品行行为状况的基本估价。调查显示，认为增选名额60名较合适的院士占67.9%，认为70名合适的院士占21.0%。因此，建议2011年增选名额维持60名不变。

2、关于院士增选名额的分配。建议各学部第二轮增选名额的确定不再采取以往基本平均分配的做法，具体是在第二轮增选评审与选举名额分配过程中，参考第一轮评审通过的进入第二轮候选人最终获得的赞成票情况决定每个学部的增选名额。

3、关于探索提高共识度和有效利用增选名额。在增选名额确定的情况下，允许各学部通过具体的增选程序和操作措施，有效保证增选质量和利用名额。例如，鼓励各学部通过学术交流、研发合作、咨询研究等活动，加深院士对候选人的了解；鼓励第一轮会议前将材料发给院士或增加通讯评审环节、对进入二轮候选人全部考察、增加预投票等相关尝试。

4、关于提名年龄和次数限制。《增选办法》中规定："年龄超过70周岁的被提名人，须经其专业所在学部至少6位院士提名，方为有效，成为正式候选人。这样的提名对候选人仅限1次"。有院士认为科学院没有仅限1次的规定，建议我院对这一规定加以研究。

5、建议扩大对有效候选人材料的公示范围。为防止个别候选人在提名材料中出现"集成"、"包装"等问题，有院士建议从下一次院士增选年度起，在遵守保密规定的前提下，将我院候选人提名书中反映成就、贡献、水平的材料上网公布，通过社会特别是同行的监督保证当选院士质量。调查显示，70.8%的院士支持这一做法。

6、建议鼓励促进学科平衡发展。调查显示，大多数院士赞同加强平衡院士学科分布的工作，以克服或避免“马太效应”现象，促进学科协调发展。建议鼓励部分学部采取措施进行平衡学科、优化院士分布的尝试，促进没有院士或院士数额较少的二级学科及二级学科中的综合学科、交叉学科、边缘学科的平衡发展。

7、建议增加关于“拉票”、“助选”行为的处罚规定。项目组调查显示，目前个别单位和个人存在不同形式的“拉票”、“助选”等不当行为，引起院士普遍反感。建议在有关办法中，增加对此类行为的相关处罚具体规定。

8、对逾期投诉不予处理。为维护正常增选工作秩序，保护被投诉人合法权益，建议修改投诉信处理办法，对逾期投诉不予处理。此外，调查过程中要与投诉人和被投诉人见面，听取两方面的陈述和解释。

9、工程管理学部候选人由工程管理学部院士进行评审选举。

附件三：

2011 年院士增选有关工作的安排

一、增选工作筹备(2010 年 9—12 月)

1、9 月 27 日，召开增选政策委员会 2010 年第一次会议，主要议题有：通报增选政策委员会换届情况；研究讨论增选政策委员会工作规则；研究讨论 2011 年院士增选有关文件修订工作方案；研究讨论 2010 年年底前及 2011 年院士增选工作安排(包括流程图)。会议由学部综合处负责筹备。

2、9 月 27 日至 10 月中旬，进行 2011 年院士增选有关文件修改，提出修订草案。由学部工作局负责相关文件的修改。

3、10 月中旬前，对经过修改、完善的 2011 年院士增选候选人提名系统进行正式验收。由学部综合处负责。

4、10 月下旬，召开增选政策委员会 2010 年第二次会议(拟在外地召开)，主要议题有：研究提出 2011 年院士增选第一轮评审名额分配初步方案；审议中国工程院院士增选有关文件修订草案；发文单位清单；2011 年增选会议日程安排；以及候选人材料的公示项目等文件。由学部综合处负责。

5、10 月下旬至 11 月下旬，向各学部主任、主席团成员征求对增选政策委员会第二次会议审议通过的中国工程院院士增选有关文件修订草案。由学部综合处负责。

6、11 月下旬或 12 月初，提交主席团会议审议以下增选工作议题：审定 2011 年院士增选第一轮评审名额分配初步方案；审议中国工程院院士增选有关文件修订草案(包括增选工作办法，遴选、提名院士候选人的通知等)；发文单位清单；2011 年增选会议日程安排；候选人材料的公示项目等。由学部综合处负责。

7、12 月底前，正式向院士和各地方、国家有关部门印发遴选、提名院士候选人的通知和增选工作办法等文件，向院士印发提名外籍院士候选人的通知及其相关文件。由学部综合处负责。

8、12月底前，召开2011年中国工程院院士增选工作情况媒体通报会，正式启动我院2011年院士增选工作。通报会主要议题：旭日干副院长在院士增选工作情况通报会上的讲话。学部综合处负责起草，媒体通报会筹备由办公厅宣传处负责。

9、12月底前，会同中国科学院院士工作局召开2011年院士增选工作会。旭日干副院长在增选工作会议上《关于中国工程院2011年院士增选有关问题的说明》。由学部综合处负责起草。

二、院士候选人材料验收及公示(2011年1—6月)

1、1月1日—4月25日，各地方和部门遴选院士候选人、院士提名院士候选人。同时，学部工作局进行院士候选人提名材料验收和形式审查工作。4月20日为省、自治区、直辖市遴选候选人材料接收截止日期，4月25日为部委遴选、院士提名候选人材料接收截止日期。

2、1月1日—5月30日，学部工作局进行外籍院士候选人提名材料验收和形式审查工作。

3、5月10日—6月20日，在有效候选人的工作单位和部门进行材料公示。同时，工程院将有效候选人名单和有关信息在有关媒体公布。由学部工作局综合处、办公厅宣传处、信息中心负责。

4、6月10日前，学部工作局向院士寄送有效候选人基本信息和3000字简介。进行书面评审的学部自行确定寄送时间。

三、第一轮评审及后续工作(2011年6—7月)

1、6月26日－7月1日(26日报到)，召开院士增选第一轮评审会议。

26日下午提交主席团会议审议增选工作主要议题有：审议周院长讲话(通报全院重要工作事项、增选工作动员和要求)；审议旭日干副院长对有效候选人情况及增选政策、办法有关问题的说明等事项。

27日上午，全体院士大会，主要议题有：周院长在第一轮增选会议上的讲话；旭日干副院长关于有效候选人情况及增选政策、办法修订情况的说明。

27日下午至7月1日，各学部进行第一轮评审。

7月1日下午提交主席团会议审议增选工作主要议题有：各学部第一轮选举结果等。会议材料由政策研究室和学部工作局分别准备，院机关负责会议组织工作。

2、7月10日前，在《光明日报》、《科技日报》、《科学时报》和中国工程院网站上公布进入第二轮评审的候选人名单及相关材料。由学部工作局综合处、办公厅宣传处、信息中心负责。

3、7月10日，召开2011年院士增选政策委员会第一次会议，讨论各学部第一轮评审情况，研究讨论各学部增选名额分配方案，研究第二轮增选与选举有关问题及其意见等。会议材料由学部工作局准备。

4、7月15日前，向院常务会议汇报各学部第一轮评审情况和第二轮增选与选举有关问题的意见建议。审议第二轮评审会议的时间和地点。会议材料由学部工作局准备。

5、7月20日前，学部工作局综合处收集整理公示反馈信息情况，并将汇总情况报送院领导，公示反馈的信息内容需要做调查处理的按照投诉信处理办法进行登记和办理。

6、7月20日前，各学部向进入第二轮的候选人发出到会介绍情况的通知。通知由学部工作局起草，报旭副院长审定后发出。

7、8月15日前，学部工作局将外籍院士候选人征求意见情况汇总，分送各学部主任和院领导。

四、投诉信调查处理(2011 年 8 月 15 日 -10 月 15 日)

1、8 月 15 日,投诉信受理截止。8 月 20 日投诉信登记整理工作结束,分别送交相关学部。由学部工作局综合处作好移交登记。

2、8 月 31 日前,各学部分别召开常委会,研究投诉信处理问题,安排投诉调查和候选人考察工作。具体安排经学部工作局报院领导。由学部工作局一处、二处负责各学部常委会的准备工作。

超过投诉截止时间(8 月 15 日,以当地邮戳为准)的投诉信,由学部工作局综合处登记保存,不予处理。

3、9 月下旬或 10 月上旬,提交主席团会议审议增选工作主要议题有:通报进入第二轮评审候选人的投诉情况;审议增选政策委员会提出的各学部第二轮增选名额分配方案;评审并投票确定外籍院士正式候选人(会前各学部常委会要对所属领域的外籍院士候选人提出排序意见);研究第二轮评审和选举的相关问题。会议材料由学部综合处负责,会务工作由办公厅负责。

4、8 月 15 日—10 月 15 日,各学部进行投诉信调查处理和进入第二轮候选人的考察工作。由学部工作局或机关有关人员协助工作。

5、10 月 20 日前,各学部召开学部常委会,研究审定对候选人投诉信的处理意见和相关候选人的考察情况。

五、第二轮评审、选举及后续工作(2011 年 10 月底—12 月底)

1、10 月 28 日 -11 月 4 日,召开第二论评审与选举会议。

10 月 28 日 -31 日(28 日报到),工程管理学部开始第二轮评审。由学部工作局二处负责会务工作。

10 月 30 日—11 月 4 日,其他学部召开第二论评审与选举会议(30 日报到)。

10 月 30 日上午,召开全体会议,主要议题有:周院长讲话(动员和要求),旭日干副院长通报进入第二轮候选人情况、投诉调查处理情况等并对第二轮有关评审选举事宜进行说明,进行外籍院士选举。

11 月 4 日下午提交主席团会议审议各学部选举结果。

会议材料由研究室、学部工作局负责,院机关负责会议组织工作。

2、11 月 30 日前,学部工作局综合处正式行文将第二轮评审选举结果报国务院备案。

3、12 月中旬,召开 2011 年院士增选结果新闻通报会,正式向媒体公布增选结果。同时,向各地方、部门和新当选院士本人及单位发送当选通知、《致新当选院士的一封信》和《致遴选部门和候选人所在单位的信》。学部综合处负责起草旭日干副院长通报稿,办公厅宣传处负责会务工作。

4、12 月底前,学部工作局综合处通知相关省、自治区、直辖市、部委和有关院士取回候选人附件材料。

中国工程院2011年增选工作日程安排

（流程图）

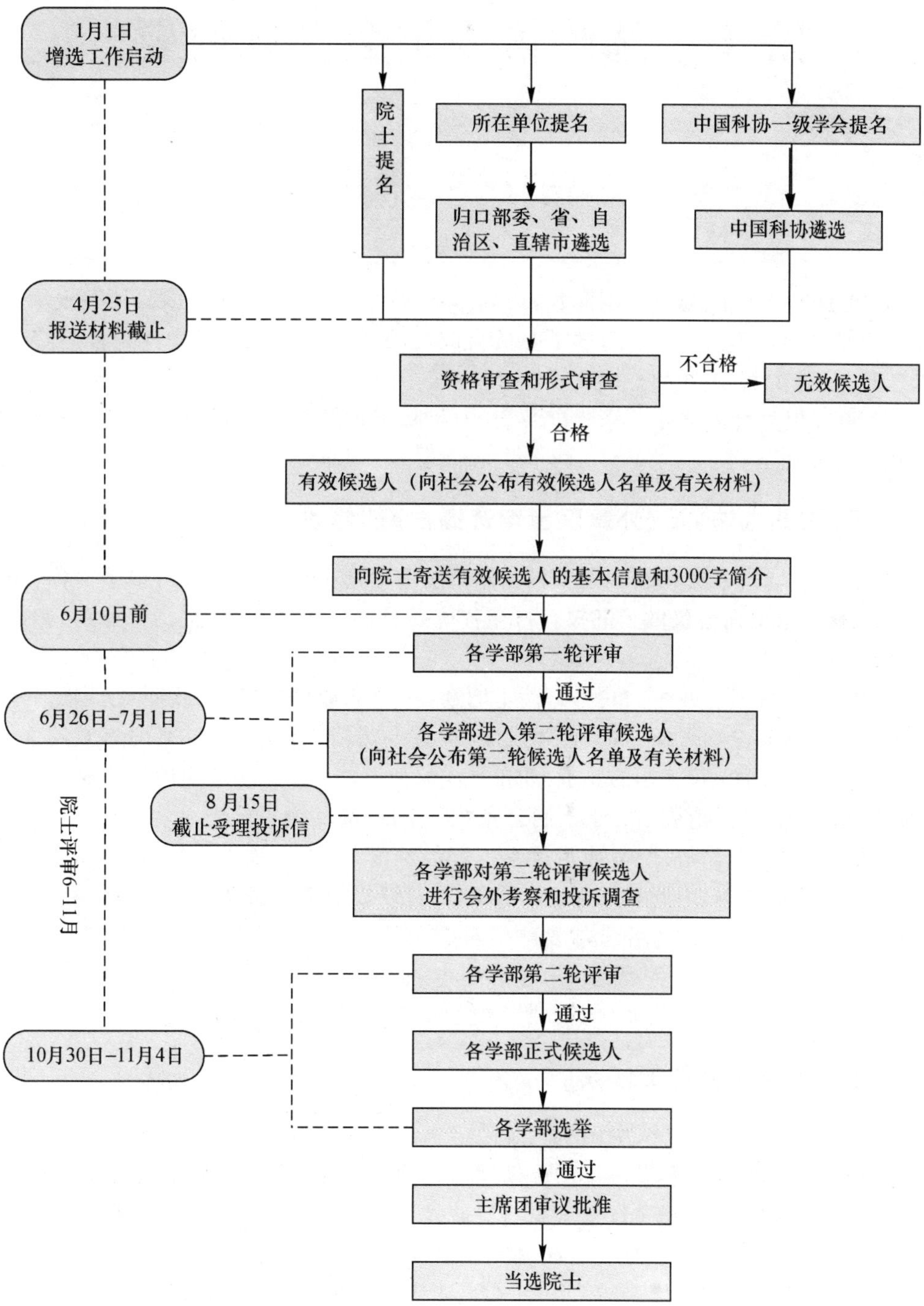

院士增选政策委员会会议纪要

（2010 年第 2 期）

2010 年 11 月 3 日上午，旭日干副院长在 218 会议室主持召开了第五届主席团院士增选政策委员会第二次会议。会议实到 14 人，超过了委员会成员的二分之一，根据《中国工程院院士增选政策委员会工作规则》的规定，可以作出决议。会议对《中国工程院院士增选工作实施办法》（以下简称《增选办法》）等相关增选文件的修改以及 2011 年院士增选名额分配方案的建议进行了讨论。现将有关内容纪要如下：

一、关于《增选办法》及《外籍院士增选办法》的修改

白玉良同志就《增选办法》和《中国工程院外籍院士增选工作实施办法》（以下简称《外籍院士增选办法》）的修改情况向会议做了汇报。与会各位委员都发表了意见，提出了建议，归纳出如下结论：

1、会议原则同意《增选办法》和《外籍院士增选办法》修改的内容，一致同意《增选办法》中对进入第二轮候选人进行全面考察的意见，并强调《增选办法》的修改中要体现对有效候选人《提名书》材料在本人所在基层单位公示的要求，并在具体的公示办法中进一步明确相关规定。

2、对于《增选办法》讨论稿中关于上网公布《提名书》中反映候选人成就和贡献的材料部分，与会多数委员认为采取此作法，既增加了保密工作的难度，又为恶意投诉甚至诬告提供了便利条件，一旦公布后果难以控制，因此需要特别慎重考虑，建议提交主席团会议进一步研究。

3、与会有的委员提出取消《增选办法》中“对于台湾地区的院士候选人，必须提供支持‘一个中国’原则的申明。”的规定，多数委员认为应保留。

会议同意上述两个增选文件进一步修改后提交主席团审议。

二、关于其他增选文件的修改

学部工作局阮宝君副局长就《中国工程院院士增选工作中院士行为规范》、《中国工程院院士增选中的保密规定》、《中国工程院院士增选投诉信处理办法》、《中国工程院院士增选候选人材料公示办法》、《中国工程院院士增选候选人材料验收及汇总的有关规定》等增选文件的拟修改情况向会议进行了汇报。

会议经讨论原则同意相关增选文件修改内容，对于涉及是否上网公布候选人《提名书》材料的内容，待主席团会议对《增选办法》的修改审议通过后再作统一修改，保持一致性。

三、关于2011年院士增选名额分配方案的建议

阮宝君副局长向会议汇报了2011年院士增选名额分配方案的建议，即：2011年增选名额仍为60名，分配方案仍延续2009年的做法，第一轮增选参考名额为59名，环境与轻纺工程学部和工程管理学部各5名，其余学部均为7名；第二轮院士增选名额的分配原则是在第一轮分配名额的基础上，依据各学部的实际情况，由增选政策委员会提出剩余1个机动名额的分配建议，报主席团审定。会议一致同意此项建议，并提交主席团会议研究决定。

四、其他事项

会议讨论了工程管理学部可否单独组织第一轮评审的问题。会议认为，鉴于工程管理学部的院士专业背景跨度大，仍需要各学部对其候选人进行把关，目前单独进行第一轮评审的时机尚未成熟，建议暂不宜改变。

出　席：旭日干　谢克昌　王玉明　马远良　杜祥琬　彭苏萍　何继善　舒兴田　陈厚群　郝吉明　魏复盛　方智远　张伯礼　袁晴棠
请　假：关　桥　陈良惠　薛群基　雷志栋　王梦恕　石玉林　杨胜利　王基铭　朱高峰
列　席：学部工作局有关人员
记　录：潘　刚

第四届咨询工作委员会第一次会议纪要

2010年11月4日，中国工程院第四届工程咨询工作委员会第一次会议在工程院316会议室召开。会议由咨询工作委员会主任委员、中国工程院常务副院长潘云鹤主持。主要议题为：通报咨询工作委员会换届工作情况；讨论本届委员会工作计划和2011年工作要点；通报中国工程院咨询经费管理办法修订情况；评审2011年中国工程院咨询研究项目。中国工程院院长周济，中国工程院副院长干勇，中国工程院秘书长邬贺铨，中国科学院咨询工作委员会主任朱道本，以及新一届委员会委员和有关同志出席会议。

一、周济院长到会讲话

周济院长首先充分肯定了中国工程院建院十六年来开展咨询研究取得的辉煌成绩，并向第三届咨询工作委员会的工作表示感谢。今年院士大会之后，新一届领导班子迅速组织力量研究制定《中国工程院2010－2014年度工作纲要》。按照纲要规定，今后四年，中国工程院将按照"两个方面、八项重点"统筹部署，即：围绕国家工程科技思想库建设，重点抓好战略咨询、科技服务、学术引

领和人才培养;围绕加强院士队伍建设,重点抓好:院士增选工作、科学道德建设、服务院士工作和发挥院士作用。做好科技战略咨询、服务国家重大决策,是建设国家工程科技思想库工作的核心内容,也是今后中国工程院工作的核心任务。作为中国工程院负责咨询工作的专门委员会,咨询工作委员会肩负着重要使命。

今年年底之前,中国工程院将在前期开展院士队伍建设咨询研究的基础上启动《国家工程科技思想库建设研究》咨询项目,全面总结工程院建设国家工程科技思想库的历史经验,积极借鉴世界各国著名思想库建设的先进经验,科学推动对今后思想库建设的各项工作。咨询项目专门设置了"工程院咨询工作总结与发展研究课题",一方面系统总结过去咨询工作的成绩和问题,另一方面科学规划今后咨询工作的发展。

围绕国家工程科技思想库建设,新一届咨询工作委员会今后的中心任务有两项:一是继续推进全院常规的咨询工作顺利开展;二是积极参与到思想库建设调研工作中,为工程院战略咨询研究工作的健康发展建言献策。要坚持以科学发展观为指导,认真做好咨询项目选题立项工作,把真正具有全局性和战略性意义的咨询题目提出来开展研究;要加强和完善咨询队伍建设,依托各项咨询课题的开展,逐步建立起以院士为核心、吸纳高校、科研机构及学术协会的各方面专家广泛参与,再加上相应的支撑保障队伍在内的咨询团队;要不断改进和完善咨询工作制度,保障各项咨询工作顺利推进。今后工程院的咨询经费管理制度将会做出重大调整,以调动各方面力量积极参与咨询研究,此项工作得到了财政部的大力支持。同时,还要积极争取将工程院的咨询研究项目列入到国家相应的科研评估体系中,使之在全国范围内能够产生更广泛的影响。

二、潘云鹤主任委员通报委员会换届情况

潘云鹤主任委员对上一届委员会的工作做了简要回顾,并给予充分肯定和感谢。今年院士大会之后,按照《中国工程院章程》和《中国工程院各专门委员会换届办法》的规定,咨询工作委员会于今年 9 月进行了换届,经有关方面推荐并报主席团会议审议通过,产生了新一届委员会。委员共有 27 人,其中工程院院士 23 人,科学院院士 1 人,工程院副秘书长 1 人,财政部科教文司有关领导同志 2 人。周济院长为到会委员颁发聘书。

第四届咨询工作委员会组成名单如下:

主　任:潘云鹤

副主任:张少春　干　勇　樊代明　朱道本　邬贺铨

委　员:李培根　冯德培　王天然　刘韵洁　高从堦　邱定蕃　周守为　黄其励　欧进萍　王景全　陈克复　孟　伟　盖钧镒　尹伟伦　谢立信　程书钧　傅志寰　袁晴棠　白玉良　宋秋玲　赵　路

三、讨论本届委员会工作计划和 2011 年工作要点

干勇副主任委员介绍了咨询工作委员会今后四年的工作计划以及 2011 年的工作要点。与会委员进行了认真讨论,原则同意今后四年的工作计划及 2011 年工作要点,并提出如下意见和建议:

1、关于委员会会议安排。今后四年,咨询工作委员会每年至少要召开两次工作会议:一次以研讨制定年度咨询选题指南为主;一次以评审年度咨询课题立项为主。同时,还要根据实际需求,不定期召开相关专题工作会议。

2、关于咨询研究项目选题。工程院要充分利用自身相对独立和超脱的地位，立足国家发展的战略高度，提出更为全面、尖锐和深刻的咨询研究题目。要进一步做好自上而下的委托咨询选题与自下而上的主动咨询选题的相互结合，尤其要加强工程院在战略层面的统筹协调，加强工程院领导与党和国家领导人的沟通协调，主动了解国家需求，做好咨询选题工作。要进一步做好短期咨询选题与长期咨询选题的相互结合，尽快建立一批与工程院职能定位相匹配的、稳定的、持续的长期咨询研究选题，坚持重点方向、稳定支持。各学部也要在主动咨询中建立起相对稳定的研究选题方向，做持续跟踪研究。要进一步做好重大咨询项目选题与一般咨询项目选题的相互结合，尤其是要加强重大项目的研究选题工作。要进一步加强与政府相关部委合作，共同推进咨询研究选题，同时也要把国家及相关部门的实际需求及时传达给院士，引导广大院士参与咨询选题。今后要按年度制定和发布选题立项指南，指导院士开展咨询研究选题。

3、关于咨询研究队伍建设。要进一步明确成为工程院咨询研究专家的基本标准和要求，广泛吸纳学科领域专家、行业领域专家、政府主管部门专家、学术团体专家参与咨询研究。要争取建立起以院士为核心、联合各学科领域专家广泛参与的、相对稳定的咨询研究团队，同时也要逐步建立以院机关，特别是咨询服务中心为基础，并与专业学会、大专院校、科研院所、科技情报单位有机联系的咨询服务支撑队伍。要积极尝试灵活采用多种形式和方式，如固定委托研究单位、流动编制等，推进工程院咨询研究团队建设。

4、关于动员院士参与咨询研究工作。院士参与咨询研究的程度和深度，直接影响着工程院咨询研究成果的水平和质量。从目前的实际情况来看，院士咨询研究的参与度仍然不够，有影响的战略咨询专家较少。与会委员建议，要进一步加大教育和引导力度，在全体院士中树立作为工程科技思想库成员使命感和责任感的观念，提高对开展咨询研究工作重要性的认识，增强主动性和创造性，把参与咨询研究当作自己的权利与义务，争取更多的院士参与到咨询研究工作中来。明年的工程院工作报告中，要专门对此作出强调。

5、关于加强与科学院的合作。科学院在咨询研究工作中积累起了丰富的经验，今后要进一步加强两院在咨询研究方面的合作，共同推进国家科技思想库体系的建设事业。

四、通报工程院咨询经费管理办法修订情况

财政部教科文司副巡视员宋秋玲同志代表财政部，就工程院经费管理问题在会上做了发言。工程院的咨询研究工作在国家重大战略决策中发挥了重要作用，财政部对此非常重视，并在相应的研究经费方面给予了充分保障。今后，财政部将结合工程院咨询研究的实际特点，按照工程院咨询研究工作的规律性，本着有利于做好工程院咨询工作、有利于财政预算执行的宗旨，积极做好咨询经费管理制度改革，大力支持工程院各项咨询研究工作的开展。

中国工程院办公厅副主任易建同志通报了工程院咨询经费管理办法修改情况。为适应国家工程科技思想库建设的实际需求，鼓励更多的院士和专家参与到工程院咨询工作中来，在财政部的指导下，工程院对原有咨询经费管理和使用办法做出了重大调整，在保留“院士科技咨询专项经费”科目的前提下，由以前的“报账制”改为“委托制”，即由研究单位统一到工程院报账的经费管理办法，改为工程院委托并监督研究单位开展财务管理，同时，在保留工程院经费管理主体地位不变的情况下，将经费管理由以前的工程院一级管理，改为工程院和研究单位二级管理，工程院将建立咨询经费专管员制度，全程监督审计咨询经费使用。此外，咨询经费的使用范围也有所调整。为做好

经费管理改革,目前需要做的工作主要包括:一是修改现有的咨询经费管理办法,二是尽快制定相应的咨询经费专管员管理办法及实施细则,三是建立咨询项目库。经费管理办法将在报财政部核准之后,正式颁布实施。

五、评审2011年工程院咨询研究项目

咨询工作委员会秘书安耀辉同志通报了2011年工程院咨询研究项目申请立项情况、评审分工安排及项目评审原则。截止到2010年10月底,共收到52份立项申请书,其中,申请重大项目27项,申请学部重点项目17项,一般项目8项。

按照中国工程院咨询项目评审管理办法,本次评审工作按照学部将评审专家分成两组,对各项申报材料逐项进行认真评议,并进行广泛讨论,最终评审选出10项重大项目,评审出学部重点项目24项,学部一般项目17项。详见附表。

六、2011年项目立项后续工作安排

我院2011年咨询研究项目要试行新的咨询经费管理办法,经费可下拨至项目(课题)负责人所依托单位,有修订立项书和与依托单位签订任务书的要求。为此,会议就2011年立项的后续工作安排如下:

第一,请各项目负责人根据会议提出的意见与建议修改立项申请书,2010年11月30 S前交政策研究室咨询工作处。

第二,请各项目负责人填写项目(课题)任务书,2010年11月30日前交政策研究室咨询工作处。其中,重大项目做好项目分解,可下设若干课题,并确定好各课题负责人、经费安排和预算、用款计划等,工程院直接与下设各课题签订任务书;学部重点项目、一般项目由于经费不多,工程院只与项目依托单位签订任务书。

第三,请办公厅在二上报财政部截至'时间前,请财务专家对项目(课题)的经费预算进行核定。

出席会议:周　济　潘云鹤　干　勇　朱道本　邬贺铨　李培根　冯德培　王天然
屠海令(代高从堦委员)　周守为　欧进萍　王景全　陈克复　孟　伟
盖钧镒　谢立信　傅志寰　袁晴棠　邱爱慈(代黄其励委员)　白玉良
宋秋玲　易　建

列　　席:阮宝君　安耀辉　张如义　王　澍　宗玉生　金　言　延建林

记　　录:延建林

附表

2011年咨询研究项目汇总表

序号	题目	提出人	批准项目级别
1	国家工程科学技术思想库建设研究	院领导	重大
2	我国工程科技人才成长若干重大问题研究	院领导	重大
3	国际工程科技中长期发展趋势调研	院领导	重大
4	中国工业化中后期过渡阶产生共性技术支撑体系研究	院领导	重大
5	中国煤炭清洁高效可持续开发利用战略研究	院领导	重大
6	十亿亩高产稳产高标准农田建设	院领导	重大
7	建设中国工程院数字国科书馆调研和实施方案设计论证研究	院领导	重大
8	高端医疗装备发展战略研究	卢秉恒	重大
9	我国“城市矿山”综合开发应用战略研究	左铁镛、题昌绪、李恒德	重大
10	我国南海维护权与南海资源开发战略研究	周守为、吴友生	重大
11	建设中国工程院全风险管理体系的战略与对策	钱七虎	重大
12	我国重点行业清洁生产技术评估与发展战略研究	孟伟、刘鸿亮	重大
13	应对气候变化的科学技术问题研究	杜祥琬	重大
14	森林能源发展战略研究	王涛	重大
15	中法新发传染病比较研究	齐德培、陈赛娟	重大
16	高端轴承发展战略研究	段正澄、卢秉恒	学部重点
17	信息服务领域新兴产业的发展问题研究	郑南宁	学部重点
18	空间信息网(SIN)的构建研究	杨士中	学部重点
19	工业自动化促进节能、降耗、减排	陈优贤、吴澄、王天然	学部重点

续表

序号	题目	提出人	批准项目级别
20	爆炸物品安全管控形势及其流向跟踪、溯源及安检技术与装备发展动态与相关政策研究	汪旭光	学部重点
21	特殊钢在先进装备制造业应用中的战略研究	翁宇庆、刘玠、陈蕴博	学部重点
22	我国创新型人才培养的问题与对策(教育项目)	师昌绪、金国藩、杨福愉	学部重点
23	中国航空材料研发现状及建议	周廉、张彦仲	学部重点
24	膜技术应用现状及充分发挥其在资源、环境、能源等领域作用的策略和建议	徐南平、高从	学部重点
25	天然气水合物开采方法研究	金庆焕	学部重点
26	中美煤炭清洁高效技术可持续发展	谢克昌	学部重点
27	中美四院合作开展智能电网咨询	余贻鑫、黄其	学部重点
28	不同发电能源温室气体排放的关键问题研究	潘自强	学部重点
29	地铁工程公共安全技术评估和对策研究	周丰峻、施仲衡、黄卫	学部重点
30	核电站隔震保护技术的研究	周福霖	学部重点
31	统筹城乡发展、建设宜居环境相关问题研究	吴良镛	学部重点
32	当代中国建筑设计现状及发展研究	程泰宁	学部重点
33	环渤海地区经济发展与环境保护战略研究	王文兴	学部重点
34	长三角地区大气灰霾特征与控制途径及政策研究	郝吉明	学部重点
35	农田土壤中毒害污染物风险评估、污染控制与生态修复	孙铁珩	学部重点
36	轻工表面活性剂安全性信息化平台建设研究	陈克复	学部重点
37	防旱确保粮食及农村供水安全战略研究	李佩成、山仑	学部重点
38	提高粮食综合生产能力与保障国家粮食安全若干战略问题研究	刘兴土、陈温福	学部重点
39	严重致愚、致残、致死性遗传病诊断与产前诊断网络的建设	夏家辉	学部重点

续表

序号	题目	提出人	批准项目级别
40	中国人群体表慢性愈合创面发生规律与早期防控的前瞻性研究	付小兵、王正国	学部重点
41	关于发挥院士科学普及作用的探讨	朱能鸿	学部一般
42	破坏性创新理论和实践研究	倪光南、张庆忠、续俊旗	学部一般
43	金属材料全生命周期环境特性和节能减排特性研究	王国栋、左铁镛	学部一般
44	中国动力煤筛分、洗选调 查与技术、经济分析	徐旭常	学部一般
45	经济发展方式转变与工程管理的多学科综合研究	王浩	学部一般
46	中国测绘工程学科发展研究	宁津生	学部一般
47	我国建筑节能现状研究和与发达国家的比较	江亿	学部一般
48	工业尾气排放除尘及有害物质分解关键材料及技术工程化战略研究	姚穆	学部一般
49	我国防腐涂料现状和发展战略研究	侯保荣	学部一般
50	受放射性沾染饮用水安全保障与应急系统论证研究	侯立安	学部一般
51	气候变化预测的能力和不确定性分析	丁一汇	学部一般
52	制革行业集中生产发展模式调研	石碧	学部一般
53	中国麻业资源开发利用战略研究	季国标、姚穆	学部一般
54	青年人性传播疾病及相关防护策略	廖万清	学部一般
55	我国大学生心理健康现状及对策研究	陈赛娟	学部一般
56	我国转化医学发展战略研究	杨胜利	学部一般

第四届科学道德建设委员会第七次会议纪要

2010 年 1 月 19 日下午，中国工程院第四届科学道德建设委员会第七次(扩大)会议在工程院召开，杜祥琬主任委员主持了会议。院科学道德建设委员会委员以及《中国工程院院士队伍建设研究》项目中的“院士科学道德建设研究”课题组部分成员出席了会议。会议主要通报并研究了 2009 年下半年针对院士的投诉信处理情况，并提出了几个需要院士会后认真思考的问题。纪要如下：

一、2009 年下半年投诉信处理工作

(一) 投诉受理总体情况

2009 年下半年，科学道德建设委员会继续完成 2009 年上半年及以前对 2 位院士投诉信的调查处理工作；同时新收到 8 封投诉信，其中 6 封署名、2 封匿名，还有 1 条媒体反映，共涉及 7 位院士。

经调查了解，不属实投诉 2 位；正在由所在单位调查核实 3 位；等待科技奖励办回复 1 位；重复过去的投诉，不再调查 2 位；需研究 1 位。

此外，在 2009 年新当选院士名单公布之前，道德委员会与增选委员会一起调查澄清了针对 3 位新当选院士的反映。

(二) 对有关投诉的研究结果

会议同意已完成的投诉处理工作，并重点讨论了针对一位院士的投诉调查情况。经过认真研究，会议认为目前获得的证据尚不足以做出准确的判断，需要继续开展取证工作，下次开会再做研究。

二、其他通报事项

会议还通报了科研诚信建设联席会议第三次工作会议情况、我院向国务院报送“关于呈报科学道德建设有关情况的报告”、十部委“关于印发《关于加强我国科研诚信建设意见》的通知”以及我院在即将召开的由国家领导人主持的科研诚信座谈会上的发言。

三、需要认真思考的问题

会议要求与会院士针对一些重大问题进行认真思考，作为下次会议的重点研究事项，具体如下：

1、对涉嫌有学风问题的论文的委托核查工作以及如何建立第三方调核机制；

2、结合我院正在进行的《院士队伍建设研究项目》，对《中国工程院院士科学道德行为准则》及《中国工程院院士科学道德行为准则若干自律规定》提出修改建议；

3、如何建立院士的科研诚信档案。

出　席:杜祥琬　旭日干　潘家铮　孙传尧　谢礼立　许健民　方智远　庄　辉　秦伯益　马伟明　谢和平
请　假:胡启恒　王兴治　何新贵　何继善　管华诗　沈荣骏
列　席:李仁涵　鲁　瑛　唐海英
记　录:唐海英

第五届科学道德建设委员会第一次扩大会议纪要

2010 年 11 月 3 日,中国工程院第五届科学道德建设委员会第一次扩大会议在工程院召开,谢克昌主任委员主持了会议。会议主要议题:审定《中国工程院院士队伍建设》研究项目第五分课题“院士科学道德与学风建设”研究报告;通报第五届科学道德建设委员会换届情况;报告第四届科学道德委员会工作情况;审定 2010 年上半年有关投诉处理情况;研究我院科学道德建设有关文件规定的修订工作等事宜。周济院长和第四、第五两届委员参加了会议,“院士科学道德与学风建设”课题组专家参加了第一议题的会议。现纪要如下:

一、审定《中国工程院院士队伍建设》咨询项目第五课题“院士科学道德与学风建设”研究报告(审定稿)

《中国工程院院士队伍建设》咨询项目第五课题“院士科学道德与学风建设”研究报告(讨论稿)经 6 月份院士大会期间征求全体院士意见后,进行了补充修改,提出审定稿,提交会议讨论。杜祥琬副主任委员报告了课题研究报告的修改过程和修改内容。会议经讨论,对研究报告(审定稿)给予了充分肯定,认为再增加院士积极参加科普活动的表述后,即可按时上交项目组。

二、通报第五届科学道德建设委员会换届情况

白玉良副秘书长报告了第五届科学道德建设委员会换届情况。根据《中国工程院章程》的有关规定和《中国工程院各专门委员会换届办法》的要求,在院统一部署下,今年科学道德建设委员会和其他六个专门委员会一起进行了换届。其中委员会主任、副主任名单由院常务会提出;各学部院士成员由学部常委会推荐并经院常务会讨论通过。2010 年 9 月 5 日,主席团会议审定通过新一届科学道德建设委员会名单。新一届委员会由主任谢克昌院士、副主任旭日干院士、杜祥琬院士以及各学部推荐的院士共 12 位组成,其中 4 位是上一届委员会委员,8 位是新任委员。

周济院长在会上作了重要讲话。周院长对《中国工程院 2010—2014 年度工作纲要》中两个方

面、八项重点工作任务向与会院士做了简要介绍。他强调，院士队伍建设是一个根本性建设。院士队伍建设有更深层次的作用，就是引领整个社会的风气。成立中国工程院，一是要更好地发挥院士的作用，促进工程科技的发展；二是要发挥院士在学术和科学道德方面的引领作用。人才资源是第一资源。院士队伍建设要抓好两个环节，一是增选环节，这个关一定要把好；二是把院士的队伍建设好。经过一年的“院士队伍建设”课题研究工作，大家形成一个共识，即在院士队伍建设中，科学道德和科学精神建设是最重要的。随着形势的发展，道德委员会的任务将会更严峻。

周济院长讲话后，向新一届科学道德建设委员会主任、副主任、委员颁发了聘书。

三、报告第四届科学道德建设委员会工作情况

杜祥琬副主任委员报告了第四届科学道德建设委员会工作情况。与会院士一致认为第四届道德委员会做了大量的工作，对工程院的院士队伍科学道德建设以及推动科技界的科研诚信建设做出了积极贡献，对新一届道德委员会的工作也是很好的启示。

四、审定 2010 年上半年有关投诉信处理情况

2010 年上半年，科学道德建设委员会先后完成对 2010 年以前投诉信（涉及 5 位院士）的调查处理工作。同时新收到 11 封投诉信(7 封署名、4 封匿名)，共涉及 11 位院士。经调查了解，不属实投诉 3 位；正在调查核实 4 位；其他 9 位（不属于科学道德问题 2 位；对历史同类问题重复投诉 2 位；兼职问题 2 位，建议通过法律途径解决 1 位、暂缓处理 1 位；对久远问题投诉不便调查 1 位）。会议原则同意对投诉信的处理过程及处理结果，同时建议今后对院士的投诉，要注意分清情况，慎重与其主管部门联系。

五、研究我院科学道德建设有关文件规定的修订工作

加强制度建设是院士科学道德建设的重要工作。完善制度规定是“院士科学道德与学风建设”课题研究结束后的后续工作。会议认为，《中国工程院科学道德建设委员会的职能及工作制度》、《中国工程院院士科学道德行为准则》、《中国工程院院士科学道德行为准则若干自律规定》、《中国工程院关于涉及院士科学道德问题投诉件的处理规定》的修改需要反复斟酌，请道德办会后将这些制度的修订讨论稿发给与会院士，请各位院士提出修改意见后，反馈给道德办汇总。再择机召开修订工作座谈会，听取院士的意见，讨论审定相关的规章制度。

最后，谢克昌副院长讲话。他说，中国工程院从成立伊始就十分注重院士队伍的科学道德建设。从时任副院长潘家铮担任第一届科学道德建设委员会主任开始，历经十六年的不懈努力，院士们“不仅在工程科学技术方面有很高的造诣，而且具有良好的学风道德，堪称维护科学道德和弘扬优良学风的典范，在社会各界享有良好的声誉”。在总体情况良好的形势下，我们还要清醒地看到在科学道德建设方面正面临着不可忽视的问题与挑战。做好院士队伍的科学道德建设，责任重大。我们要按照道德委员会“院士自律、完善制度、弘扬楷模、社会监督”的方针，在院主席团的领导下积极地开展工作，不辜负院领导对我们的希望，不辜负全国科技工作者对我们的希望，不辜负人民对我们的希望。谢主任还对新一届委员提出了具体要求。

出席人员：周　济　谢克昌　旭日干　杜祥琬　王玉明（代王哲荣委员）

童志鹏(代何新贵委员)　舒兴田(代曹湘洪委员)　邱爱慈
崔俊芝(代杨秀敏委员)　蔡道基　夏咸柱　高润霖　何继善
许健民　秦伯益　谢和平　李　彦　徐玖平　白玉良　谢冰玉

请　　假:潘家铮　胡启恒　王哲荣　王兴治　何新贵　曹湘洪　孙传尧　杨秀敏　谢礼立
管华诗　庄　辉　邓中翰　沈荣骏　马伟明

列　　席:鲁　瑛

记　　录:鲁　瑛

学术与出版委员会会议纪要

(2010 年第 1 期)

2010 年 12 月 4 日,中国工程院第二届学术与出版委员会 2010 年第一次会议在工程院召开。会议由学术与出版委员会主任、中国工程院副院长樊代明主持。主要议题为:通报学术与出版委员会换届工作情况;审定中国工程院学术与出版委员会 2010－2014 年工作规划;审定中国工程院学术活动管理办法(修订稿);讨论 2011 年学术活动与出版工作计划;讨论有关出版物编委会换届事宜;审定“中国工程院学术活动发展研究课题”工作方案。中国工程院院长周济,中国工程院副院长、学术与出版委员会副主任干勇,以及新一届委员会委员和有关同志出席会议。会议纪要如下:

一、周济院长作重要讲话

周济院长向新一届学术与出版委员会委员颁发证书并作了重要讲话,对我院以往在学术与出版方面所做的工作给予了充分肯定。他指出:工程院作为工程科技界的最高荣誉性、咨询性学术机构,肩负着学术引领的重要使命。在工程院成立十六年中,我院共组织开展各类学术活动 1000 多次,参与的科技人员超过 8 万多人次。学术活动的专业、行业领域涉及到我院所涵盖工程科技领域的 100 多个学科,中国工程科技论坛、学部学术年会、工程前沿研讨会、医学科学前沿等,产生了良好的效果,为工程科技界的学术交流与合作提供了良好的平台;在国内外工程科技领域产生了十分积极的影响;为传播科学知识、促进科技进步及培养工程科技人才方面发挥了重要作用,极大地促进了我国工程科学技术的创新和发展。举办学术活动已经成为工程院重要的经常性的基础工作。

出版工作作为中国工程院咨询研究工作的重要组成部分,在建设国家工程科技思想库方面发挥了不可替代的重要作用。我院的出版工作,一方面反映了工程院院士的智慧,同时也是我国工程科技最新成果和我院组织的咨询研究、学术活动成果的体现。十几年来,我院与高等教育出版社等出版机构合作,出版了一系列在工程科技界具有广泛影响的出版物,如《中国工程院院士》大型画册、《中国工程科学》杂志等，为弘扬院士的科学精神、传播工程科技成就做出了重大贡献。工程院的出版工作，加强了我院与国外工程院的交流与合作，推动了我国工程科技领域的学术交流和人才培养。

周济院长指出，根据胡锦涛总书记在两院院士大会讲话中提出的建设国家工程科技思想库的要求，在刚刚颁布的《中国工程院 2010－2014 年度工作纲要》明确提出，今后工程院要围绕国家工程科技思想库建设和院士队伍建设两个方面开展八项重点工作，学术引领是工程院工作中非常重要的方面，整个工程科技界怎么更好的发展，在学术方面可以做很多的工作，学术引领工作应摆在更加突出的位置上。

周济院长最后强调，从工程院的整体工作来讲，学术与出版委员会起了非常重要的作用，肩负着我院整体学术引领方面的重任，学术活动和学术出版，各个学部都要积极参加进来，委员会的工作职能也要进一步的加强。委员会是由各学部推荐的院士组成，希望各位委员做好委员会和各个学部之间的桥梁工作。把委员会的工作真正做好，还得依靠广大院士和广大科技工作者、专家，依靠各个学部，因此希望建立起这样一种矩阵式的高效率的管理模式，各位委员的担子非常之重，要真正建成国家工程科技思想库，真正成为中国工程科技方面最高的荣誉性、咨询性的学术机构，学术与出版委员会任重而道远。

二、樊代明主任委员通报委员会换届情况

樊代明主任委员对上一届委员会的工作表示充分肯定和感谢，并通报委员会换届情况。按照工程院和委员会章程规定，经过学部和上一届委员会推荐，并报院主席团会议审定，产生了第二届学术与出版委员会，共有 23 名委员。第二届学术与出版委员会组成名单如下：

主　任：樊代明

副主任：干　勇　刘德培

委　员：王哲荣　谭建荣　邬贺铨　何新贵　李伯虎　袁士义　韩英铎　屠海令　吴以成　邹德慈　崔俊芝　丁一汇　侯保荣　唐启升　傅廷栋　邱贵兴　王红阳　王　安　殷瑞钰　李朋义

三、审定学术与出版委员会 2010－2014 年工作规划

委员会经过认真讨论，原则同意学术与出版委员会今后四年的工作规划，工作规划具体如下：

1、主要任务

今后四年，学术与出版委员会的主要任务是统筹管理全院的学术活动和出版工作；结合当前正面临着制定和实施“十二五”规划、加快转变经济发展方式的紧迫任务，积极组织并鼓励全体院士开展高水平和具有品牌性的学术活动，为工程科技界的学术交流与合作提供良好的平台，为传播科学知识、促进工程科技创新和发展及培养工程科技人才发挥重要作用，充分发挥工程院在工程科技领域的学术引领作用和地位，动员全体院士和广大科技工作者为加快转变经济发展方式勇挑重担、建功立业，以优异的成绩迎接建院 20 周年。

2、工作计划

今后四年，学术与出版委员会的主要任务集中在提升学术活动、加强出版工作、积极开展科普

宣传和筹划“2014 国际工程科技大会”等四个方面。

四、审定“中国工程院学术活动管理办法”(修订稿)

为了适应工程院发展的形势,贯彻落实胡总书记的讲话精神,更好地发挥学术引领作用,会议对原“中国工程院学术活动管理办法”,进行了认真讨论,并提出了部分修改意见。会议原则上通过了修订稿,并决定由秘书处在会后根据会议讨论意见进一步整理并报主管院领导审定。

五、审定2011 年学术活动计划

为更好的制定2011 年学术活动计划,秘书处已于2010 年10 月向各学部寄发了关于征集2011 年学术活动的通知。截止 12 月 1 日,共计 72 项,其中工程科技论坛 15 项、学部学术年会 5 项。同时,高战军处长代表秘书处还向委员会介绍了关于学术活动经费安排的建议方案。委员会进行了认真讨论,对于我院学术活动及经费安排等事宜形成了如下决议:

1、2011 年学部级学术活动经费安排

根据工程院 2011 年经费预算,分给 2011 年学术活动专项经费共计 360 万,各学部分配经费额度为 40 万(其中学部学术年会 20 万,工程科技论坛 20 万)。具体到每个学术活动的经费安排,由各学部常委会审议确定,学术与出版委员会不作具体安排。另外,根据以往经验,每年各学部还会有计划外申报的新的学部级学术活动,也由各学部常委会审议确定,经费使用安排在 40 万额度内调配。

2、2011 年重大学术活动及经费安排

为了更好地发挥学术引领作用,提升学术活动的质量并扩大影响,我院有必要每年举办少量重大学术活动。学术与出版委员会将从各学部上报的 2011 年学术活动计划中审议提出 3 – 4 项重大学术活动。

鉴于 2011 年全院学术活动专项经费已作了安排,经学术与出版委员会审议通过或提出的重大学术活动,可通过主管院领导审批、寻求赞助、或以咨询项目申报的形式等办法解决其经费问题,不占用各学部的经费额度。

3、关于请各学部常委会审核上报“2011 年学术活动计划”事宜

由于换届、本次委员会会议召开的比较晚等原因,院士提交的学术活动建议大多未经各学部常委会研究审核,鉴于上述原因,会议研究决定,根据“中国工程院学术活动管理办法”的有关规定,请各学部常委会对各自学部院士提交的2011 年的学术活动建议进行审核,提出意见,于2010 年12 底前报送学术与出版委员会进一步审核、备案。会后,请秘书处做好相关工作。

4、关于举办“国际工程科技发展战略高端研讨会”事宜

为了积极推动举办工程科技领域高层次的世界顶级专家的座谈研讨,提升我院学术活动水平和国际影响力,加强国际间的学术交流与合作,充分发挥学术引领作用,经委员会研究决定,请各学部立足 2030 年国家中长期发展战略,研究提出具有战略性、前瞻性学术活动 1 – 2 场,我院于 2011 年共计举办 10 场。其中邀请的外国专家最好是该领域世界公认的顶级学术权威,人数要求在 5 – 10 人范围内;国内专家要求院士牵头,邀请国内相应领域的权威专家,对应的 5 – 10 人。会议规模为小型、国际顶级水平的研讨会,研讨的题目自由广泛,可专题讨论,也可座谈沙龙。会后,请秘书处通知各学部研究提出,并将申报表于 2010 年 12 底前提交。

六、审定 2011 年出版工作计划

出版秘书刘静处长汇报了 2011 年出版工作计划。出版物是反映我院各项工作的窗口，也是我院建设国家工程科技思想库的重要组成部分。出版工作要紧密结合我院的学术会议、咨询项目、院士队伍建设等方面的任务开展工作。

1、加强学术活动的出版

工程院作为学术机构，组织开展很多学术活动，对重大的、热点的、前沿的学术活动要做好后期的出版工作，既记录了我们的工作，又向社会展示了工程院形象。计划从 2011 年起每年出版一本全院的学术活动文集。经费从学术活动经费中预留。

2、加强咨询工作的出版

咨询工作是我院的主要工作，有很多关系国计民生和社会发展的重大咨询项目，应将其整理出版为系列出版物，为领导决策和社会服务。计划每年出版一本咨询工作文集。经费从咨询工作中预留。

3、加强对院士的宣传

工程院院士是我国工程科技界的宝贵财富，他们的精神风貌、道德情操和科学思维方法，对我国工程科技发展和社会进步具有重要作用。加强与院士所在单位的联系，计划出版系列宣传院士的出版物。

4、调整现有出版物的出版

由于稿源的问题，结合我院开展的大量学术活动，《中国科学技术前沿》不再单独出版，改为出版全院的学术活动文集。

鉴于当前我国的信息渠道十分畅通，院士和专家均有较高的外语水平，以介绍美国工程院工程前沿研讨会为主要内容的《美国工程前沿》一书从 2011 年起将不再翻译和出版。请各位院士登陆美国工程院网站直接阅读。

今后我们每年保障出版三种出版物：学术活动文集、咨询工作文集和反映全院性工作和活动的《中国工程院年鉴》。根据院领导的指示和院士的要求，出版一些不定期出版物：《中国工程院院士》画册、院士文库和国际沙龙等。

七、学术著作资助出版评审委员会换届名单

主　任：樊代明

副主任：李朋义　刘德培

委　员：谭建荣　何新贵　袁士义　屠海令　邹德慈　丁一汇　侯保荣　傅廷栋　王红阳　殷瑞钰　白玉良　吴　向　王国祥

秘　书：刘　静

八、审定“中国工程院学术活动发展研究课题”工作方案

谢冰玉副局长介绍了“国家工程科技思想库建设”第三分课题“中国工程院学术活动发展研究课题”工作建议方案，委员会进行了认真讨论，原则同意项目工作方案，项目设置具体如下：

（一）顾问组：

干勇、邬贺铨、殷瑞钰、张彦仲、李国杰、钟南山

（二）专家组

组　长：樊代明

副组长：邱贵兴　李朋义（兼总执笔人）

1、"对我院建院十六年以来学术活动的总体回顾"专题组

组　长：李伯虎

副组长：王哲荣　吴以成

联络员：左家和　丁养兵　王晓俊　范桂梅

2、"我院学术活动及其管理工作中的主要问题"专题组

组　长：唐启升

副组长：崔俊芝　侯保荣

联络员：罗莎莎　张　健

3、"关于加强我院学术工作及其管理的政策建议"专题组

组　长：邱贵兴

副组长：韩英铎　王　安

联络员：李冬梅　王爱红　于泽华

（三）工作组

组　　长：谢冰玉

副 组 长：王国祥

成　　员：刘　静　高战军　左家和　李冬梅　赵　宇　李燕红　李　光　康延清　张黎黎等

总联络员：张　健

会议最后，樊代明主任做了会议总结，他指出，第二届学术与出版委员会第一次会议召开的非常成功，周院长代表中国工程院对委员会的工作做了重要指示，会议审议原则通过了本届委员会2010－2014年工作规划，审议通过了中国工程院学术活动管理办法，审议确定了2011年的学术和出版工作计划，研究审定了中国工程院学术活动发展研究课题工作方案，各位委员还就如何进一步做好委员会工作提出了许多积极和富有建设性的意见与建议，会后委员会秘书处要认真汲取各方的意见和建议，尽快完善工作计划，并积极做好落实工作计划的各项准备工作。

出　席：周　济　干　勇　樊代明　邬贺铨　王哲荣　李伯虎　袁士义　韩英铎　吴以成　唐启升　傅廷栋　邱贵兴　王　安　李朋义　雷志栋（代土木学部委员）

请　假：刘德培　谭建荣　何新贵　屠海令　邹德慈　崔俊芝　丁一汇　侯保荣　殷瑞钰

列　席：白玉良　谢冰玉　王振海　刘　静　高战军

记　录：张　健

第四届教育委员会第一次会议纪要

2010年10月20日，中国工程院第四届工程教育委员会第一次会议在工程院316会议室召开。会议由教育委员会主任委员、中国工程院常务副院长潘云鹤主持。主要议题为：通报教育委员会换届工作情况；讨论本届委员会工作计划和咨询项目安排情况；综合评审教育部人文社会科学研究项目“工程科技人才培养研究”专项课题申报材料。全国政协副主席、中国工程院主席团名誉主席徐匡迪，中国工程院院长周济，教育委员会副主任委员、中国工程院副院长谢克昌、樊代明，以及新一届委员会委员和有关同志出席会议。

一、周济院长作重要讲话

周济院长到会作了重要讲话，并对历届教育委员会的工作给予了充分肯定。他指出，我国要实现科学发展，要加快经济发展方式转变，要建设创新型国家和全面建设小康社会，归根结底还要依靠科技进步和人才培养。今年两院院士大会上，胡锦涛总书记动员广大院士和全国科技工作者，要在加快经济发展方式转变中，勇挑重担、建功立业。教育委员会要紧紧抓住历史赋予我们的机遇，顺势而为、加快发展，积极推动各项工作再上新台阶。

刚刚颁布的《中国工程院2010－2014年度工作纲要》明确提出，今后工程院要围绕国家工程科技思想库建设和院士队伍建设两个方面八项重点工作，不断加强各专门委员会的工作。教育委员会要充分利用这个契机，认真做好自身发展规划，加强宏观思考和战略研究，围绕国家工程科技人才培养的实际需求，很好地谋划发展、规划未来。要围绕人才培养，充分发挥教育委员会调研、咨询、协调、沟通的作用，为政府相关部门提供好的政策建议，主动促进工程教育与经济建设的联系，大力推动工程科技人才培养事业不断前进。要大胆创新工作体制机制，主动寻找工作抓手，想方设法把教育界、科技界和产业界的各种力量集合起来，为我国工程科技人才培养事业科学发展共同出谋划策，为推进我国创新性工程科技人才培养，服务创新型国家建设再立新功，不断开创教育委员会工作新局面。

二、潘云鹤主任委员通报委员会换届情况

潘云鹤主任委员对上一届委员会的工作表示充分肯定和感谢，并通报委员会换届情况。按照工程院和委员会章程规定，经过学部和上一届委员会推荐，并报院主席团会议审定，产生了第四届教育委员会，共有36名委员。周济院长为到会委员颁发聘书。第四届教育委员会组成名单如下：

主　任：潘云鹤

副主任：陈　希　王晓初　谢克昌　樊代明

委　员：钟志华　刘怡昕　韦　钰　李幼平　何多慧　谢和平　徐德龙　付贤智　张祖勋

欧进萍　张全兴　周　翔　孙九林　徐　洵　刘德培　沈倍奋　杨宝峰　郑南宁
王陇德　李培根　顾秉林　吴启迪　怀进鹏　林蕙青　张大良　杨　光　邹晓东
石立英　张彦通　袁振国　陈　劲

三、讨论工作计划和咨询项目安排

谢克昌副主任委员介绍了教育委员会今后四年工作计划,以及2010－2012年中国工程院工程科技人才培养咨询研究项目“我国工程科技人才成长若干重大问题研究”的建议方案。与会人员进行了认真讨论,原则同意教育委员会今后四年的工作计划及咨询项目安排,并提出如下意见和建议:

1、今后四年,教育委员会将集中围绕咨询研究、人才培养、学术交流和科普宣传四个方面的工作任务,继续加强与教育界、科技界和产业界的联系,主动配合相关部门推进教育体制改革和创新人才培养体系建设,积极扩大影响,为新时期创新型工程科技人才培养做出更大贡献。

2、教育委员会要不断创新和完善工作体制机制,继续探索和推动与相关高校及研究机构建立基于咨询研究项目的动态合作关系,不断增强教育委员会工程科技人才培养咨询研究队伍活力,大大提升咨询研究工作水平,为国家工程科技人才培养多出主意、出好主意。

3、“我国工程科技人才成长若干重大问题研究”重大咨询项目设五个专题研究:一是“院校工程教育工程性与创新性问题研究”,建议与教育部“工程科技人才培养研究”专项课题研究结合起来开展;二是“工程研究院所与高校合作培养研究生问题研究”,建议由中国工程院工程研究院所研究生教育学术委员会承担;三是“工程科技人才继续教育问题研究”,建议由王晓初委员(人力资源与社会保障部副部长)牵头组织;四是“国外工程科技人才培养及政策措施研究”,建议由邹晓东委员(浙江大学党委副书记)负责;五是“《中国工程科技人才发展报告》(暂定名)”,建议由怀进鹏委员(北京航空航天大学校长)负责。各位委员可以自由选择参加各个课题的研究工作。

4、与会委员建议:(1)要加强教育委员会内部沟通协调,围绕工程科技人才培养,定期组织开展专题研讨活动;(2)要加强与国资委沟通,推动大型国有企业建立工程院校学生实习实践基地;(3)要研究新时期高校工程科技人才培养中,如何加强理想信念教育、实践训练、创新思维、动手能力训练。委员提出的这些重要问题,将在今后咨询及专项研究中予以集中考虑。

5、为进一步推动各项工作顺利开展,教育委员会决定在今年年底之前再专门召开一次会议,集中讨论明年工作安排和咨询研究各项课题任务的具体落实。

四、“工程科技人才培养研究”专项课题综合评审

“工程科技人才培养研究”专项课题是经中国工程院建议,由教育部从2010年开始设置的人文社会科学研究专项,主要资助高等学校教师及研究人员开展工程科技人才培养基础研究。项目设置重大项目、重点项目和一般项目三类,由教育部社科司和中国工程院教育委员会联合组织实施。

2010年专项课题共设置2个重大项目,3个重点项目和7个一般项目招标方向。其中,2个重大项目和2个重点项目,分别委托清华大学、华中科技大学、西安建筑科技大学和浙江大学承担,其余项目在今年4月份公开发布招标。公开招标项目共接收174份申报材料,形式审查合格并进入初审阶段的材料共有147份。

教育委员会已于10月19日组织完成专项课题初审工作。由14位教育委员会委员和9位特邀专家组成的评审专家组，首先听取了委托项目的课题汇报并进行评议，提出意见和建议；随后分成三组，按照《教育部人文社会科学研究“工程科技人才培养研究”专项项目评审办法（试行）》对公开申报材料进行逐项审查，选出34份申报材料进入综合评审。

在本次会议上，教育委员会秘书王振海同志汇报了专项课题相关情况及委托项目初审结果，付贤智委员、徐德龙委员、何多慧委员分别汇报了各初审专家小组的评审意见。与会委员经过充分讨论，同意4个委托项目的立项申请和初审意见，并投票选出2010年度资助的1个重点项目和20个一般项目。2010年度专项课题评审结果由秘书处汇总后，报教育部社科司核准公示。

出席会议：徐匡迪　周　济　朱高峰　潘云鹤　谢克昌　樊代明　李培根　李幼平
怀进鹏　何多慧　徐德龙　刘怡昕　付贤智　张祖勋　张全兴　周　翔
徐　洵　邹晓东　石立英　陈　劲　李茂国（代张大良委员）
徐青森（代杨光委员）

评审专家：潘云鹤　樊代明　刘德培　刘怡昕　胡启恒　付贤智　李幼平　李培根
徐德龙　张全兴　何多慧　徐　洵　邹晓东　石立英　陈　劲　王沛民
郑志明　雷　庆　刘献君　姜嘉乐　林　健　袁本涛　李茂国

列　　席：王振海　安耀辉　孔寒冰　刘　玮　延建林

记　　录：延建林

第二届工程研究院所研究生教育学术委员会第一次会纪要

2010年9月25日上午，中国工程院第二届工程研究院所研究生教育学术委员会第一次会议在中国工程院218会议室召开。会议主要议题为：通报研究生教育学术委员会的换届情况；听取上一届委员会工作总结并讨论本届委员会工作计划；听取教育部关于高校与研究院所联合培养博士工作情况的介绍。会议由中国工程院干勇副院长主持，周济院长、旭日干副院长、新一届委员会委员和秘书处成员出席了会议。

周院长在会上作了重要讲话。他首先肯定了上届委员会的工作，并对新一届委员会工作提出了希望：集中精力，把高校与工程研究院所联合培养博士研究生的工作继续做下去，做大，做实。他指出，开展高校与工程研究院所联合培养博士生工作，是工程科技界和教育界主动适应经济发展方式转变、主动服务创新型国家和人力资源强国建设而推动的一项改革。其实质就是，按照教育和人才成长规律,将高校与工程院所双方优势结合起来,深化研究生教育体制改革,提高研究生培养质量,探索创新型工程科技人才培养道路,加快高层次拔尖创新人才培养步伐;是贯彻落实《国家中长期人才发展规划纲要》、《国家中长期教育改革和发展规划纲要》以及《中国工程院 2010 - 2014 年度工作纲要》的重要内容。联合培养试点工作要认真总结经验,同时要继续扩大试点的规模和范围,不断克服困难,将工作深入下去。

旭日干副院长通报了委员会换届情况,周济院长为第二届工程研究院所研究生教育学术委员会各位委员颁发了聘书。按照工程院和委员会章程规定,经过学部和上一届委员会推荐,经院主席团会议批准,产生了新一届的工程研究院所研究生教育学术委员会。新一届委员会组成如下:

主　任:旭日干

副主任:陈　希　干　勇

委　员:曾广商　张尧学　左铁镛　朱建士　王　浩　潘德炉　邓秀新　李兰娟　何继善　林蕙青　王建国　田志凌　李新亚　杨毅刚　谭志昕　赵　强　王　俊　姚　燕

秘书处:王振海　任增林　郑　义　宋　浩　刘　玮　延建林

(陈希同志因刚调离,希望教育部再推荐一位分管部领导)

旭日干主任委员汇报了第一届委员会的工作情况,教育部林蕙青助理介绍了高校 - 工程研究院所联合培养博士试点工作情况,王振海同志介绍了第二届委员会工作计划(讨论稿)的内容。会议对上一届委员会工作给予了充分肯定,对 2010 年联合培养博士试点工作进展顺利表示满意,并对本届委员会工作计划和近期工作安排展开了热烈的讨论,并提出了相应的意见和建议,主要内容如下:

1、会议原则同意工作计划,赞同将高校与工程研究院所联合培养研究生作为本届委员会工作的主线。

2、会议认为,联合培养研究生要密切结合国家需求,重点在培养质量,核心是培养创新能力,特别是培养拔尖创新人才,要注重培养模式的探索、关注海洋等战略领域创新型工程科技人才的培养。委员会要充分发挥桥梁与纽带作用,围绕国家发展的需要,把工作重点放在调查研究上。通过调查研究,能够及早发现联合培养中存在的问题,分析问题,总结经验,提出对策建议,为国家和教育主管部门科学决策提供有力的支撑。

3、建议在工作计划中,增加联合培养试点工作的目标。如:经过 4 年联合培养试点工作的探索,逐渐解决联合培养中存在的问题和矛盾,促进建立联合培养的长效机制,走上规范化道路,使联合培养成为国家创新型工程科技人才培养的重要途径之一;通过努力,树立联合培养的品牌,吸引更多优秀生源参加联合培养等。

4、委员会在调研的基础上,与教育部联合组织召开联合培养博士生试点工作座谈会,总结工作经验,提出下一年度联合培养研究生的建议。同时加强对工程研究院所的学科建设指导工作,促进科研院所研究生教育管理人员的学习交流等。

5、来自研究院所的委员对今后联合培养工作提出了一些希望关注和解决的问题,如:(1)机械研究总院目前的博士点是机械设计及理论,但实际真正较强的专业是材料科学与工程,科研实力雄厚,承担的国家大型项目众多。如果单独申请增加博士点有困难,希望在联合培养方面有所突破。若在材料科学与工程方面能招生,对国家行业发展和高层次人才培养都有好处;(2)中国钢铁研究总院希望今后对应的联合培养的高校能够增加,不限于目前北科大和东北大学两家;(3)中国工程物理研究院希望在去年的基础上再增加北大、清华两所联合高校;(4)中国纺织科学研究院希望扩大试点范围，建议至少每个行业都应该有一个院所参加，建议对纺织行业的重要性予以充分考虑；(5) 中国建材科学研究院表示愿积极参与联合培养工作并愿意承担相关软课题研究。

会议的最后，旭日干副院长进行了小结，并要求秘书处根据本次会议讨论情况重新整理本届委员会工作计划，之后再发给各位委员，各位委员对修改稿再行提意见和建议，反馈汇总后形成定稿。近期要围绕明年联合培养试点扩大立即开展调研、准备工作。

出　席：周　济　旭日干　干　勇　冯培德(代曾广商)
李国杰(代张尧学)　曹湘洪(代左铁镛)　朱建士　陈肇元(代王浩)
潘德炉　石玉林(代邓秀新)　李兰娟　林蕙青
王建国　田志凌　李新亚　杨毅刚
谭志昕　赵　强　袁　冰(代王俊)
姚　燕

列　席：郑　义　宋　浩　冯春兰　李开占　王振海　刘　玮　延建林

记　录：刘　玮

科技合作委员会会议纪要

(2010 年第 1 期)

2010 年 12 月 27 日上午，中国工程院第一届科技合作委员会第一次会议在沪召开，周济院长、谢克昌副院长及科技合作委员会有关院士委员和团体成员单位代表出席了会议。会议由科技合作委员会主任干勇副院长主持，会议审议通过了《中国工程院科技合作委员会工作规则》、《中国工程院 2011－2014 年科技合作工作规划》、《中国工程院 2011 年科技合作计划》，为科技合作委员会委员和成员单位颁发了聘书，讨论了中国工程院今后科技合作工作相关重要事项，周济院长在会上作了重要讲话。现将会议主要内容纪要如下：

一、对产业委员会更名为科技合作委员会进行说明

干勇副院长对产业工程科技委员会更名为科技合作委员会的前期情况进行了说明。他说，为了加强中国工程院与地方、国家部门、军队、企业、高校、科研单位合作工作的指导，经院常务会议研究，主席团会议审议，决定将我院产业工程科技委员会更名为科技合作委员会。更名后，科技合作委员会的职能在产业工程科技委员会基础上进一步扩大，主要是将针对地方、国家部门、军队、企业等发展需求，开展科技合作；同时增加开展“院士行”、指导院士工作站建设等内容。委员会秘书处

设在学部工作局综合处,作为日常事务机构。

二、审议吸收新成员单位及颁发聘书

会议就宝钢集团有限公司申请参加中国工程院科技合作委员会的请求进行了审议,会议同意吸收宝钢集团有限公司作为科技合作委员会团体成员,王喆同志为联系代表。

周济院长亲自为第一届科技合作委员会院士委员及团体成员单位颁发了聘书。

三、审议《中国工程院科技合作委员会工作规则》、《中国工程院2011－2014年科技合作工作规划》和《中国工程院2011年科技合作计划》

会议对《中国工程院科技合作委员会工作规则》、《中国工程院2011－2014年科技合作工作规划》和《中国工程院2011年科技合作计划》进行了审议。会议对上述文件开展了热烈讨论,提出了一些具体修改意见。会议要求对上述文件进行修改后,发各位委员及成员单位再征求一次意见后汇总修订后印发。

四、讨论科技合作工作

会议围绕如何发挥科技合作委员会作用,推动工程院科技合作工作、如何更好地组织开展"院士行"活动、如何扎实推进"院士工作站"工作以及如何充分发挥院士地方联络机构的作用等进行了讨论。与会院士和团体成员代表积极发言,并对今后的科技合作工作达成以下共识:

1、充分认识科技合作在我院工程科技思想库建设中特殊的地位和作用。科技合作工作是我院适应新时期党和国家的需要,更好发挥思想库作用的重要工作内容;是有效汇集院士集体智慧资源,为提高行业、企业、国防事业创新能力服务,为国家部委、部队、企业及地方科技、经济、社会发展服务的重要渠道;是体现我院全面工作实现整体提升、组织架构实现完整布局的重要标志之一。

2、深入理解开展科技服务是合作双方长期和共同发展的迫切需求。当前,我国社会主义现代化事业正面临着关键的历史发展机遇和严峻的国际形势挑战,国家、地方和各有关部门要求我院在完成工程科技界最高咨询学术机构使命的同时,对进一步扩展和深化科技合作、在国家各个层面发挥思想库作用也提出了更高的要求并寄予了更大的期望。我院也迫切需要通过科技服务,有效组织起以院士为代表的全国工程科技人才大军,为我国工程科技事业的全面和均衡发展贡献力量。

3、科技合作委员会在推动科技合作工作中肩负重要使命。会议指出,委员会要充分担负起院主席团赋予的职能,积极和主动的组织发挥院士专家智力资源和企业团体成员行业领军作用,为地方、部委、部队及企业提供深入有效的科技服务,包括服务于来自国内各个方面的专业、行业和领域的科技需求,以及在科技产业发展过程中共性问题的研究和解决。

4、要充分发挥院士地方联络机构的桥梁纽带作用。院士地方联络机构是我院长期顺利开展各项合作活动的重要保障,是我院及时、准确跟踪全国科技、经济和社会发展动态的有效渠道,应尽快形成我院在全国的科技合作与院士服务机构网络柔性布局,推动院士专家团队的科研成果向更多的产业实体进行输送和转化。

5、要进一步探索和创新科技合作的有效形式,提高科技合作效果。要紧密结合地方、国家部门、军队及企业的特点和需求,积极探索包括科学组织宏观战略决策咨询、"院士行"、建设企业院士工作站等在内的合作模式,在坚持"积极合作、突出重点、务求实效、稳步发展"原则的基础上,使科技合作工作迈上新台阶。

五、院领导讲话精神

谢克昌副院长作了科技合作委员会会议总结发言。他指出:第一、要根据委员会的宗旨,继续扩充委员会成员队伍,完善组织形式和组织机构;第二,根据委员会的任务,进一步修改和完善工作规划和工作计划;第三,根据会议讨论意见,做好科技合作委员会工作的整体设计,要突出重点,以典型性、代表性的合作和服务,体现国家的重大战略和重大需求;第四,科技合作要充分体现我院战略咨询、科技服务、学术引领、人才培养的工作重点,参与和推动国家工程科技思想库的建设;第五,具体工作的开展要以合作需求为引导,以科学规划和顶层设计为统帅,以院士地方联络机构为依托,通过重大项目的带动,做好科技服务工作。

周济院长在合作委员会上发表了重要讲话。周院长首先简要介绍了工程院制定的2010－2014年度工作纲要中两个方面八项重点工作的主要内容。周院长说,当前,从中央到地方、从东部到西部,全国上下都形成高度共识:加快转变经济发展方式、实现科学发展刻不容缓。如何依靠科技进步和技术创新加快转变经济发展方式、破解发展中的难题、引领地方乃至区域经济社会的全面协调可持续发展,已经成为各地方、行业和企业高度关注的重要问题。在当前的形势下,地方经济社会发展对于科技进步和技术创新的需求,显得更加迫切。需求是强大的动力,这为做好新时期我院科技合作工作提供难得的机遇和广阔的空间,同时也给科技合作工作提出了更高的要求。

周院长指出,科技合作是我院发挥国家工程科技思想库作用,服务地方、国家部门、部队和企业科技发展的重要途径。面对当前的新形势、新任务、新要求,我们要更加积极地行动起来,带着深厚的感情,拿出真知灼见,从国家战略的高度,结合各方面的特点和实际需求,切实推进科技服务工作,努力为加快转变经济发展方式、实现科学发展做出新贡献。

周院长要求委员会进一步思考如何完善和发展我院科技合作工作,如何发挥院士专家的智力资源优势,如何发挥领军行业和企业联盟的产业龙头作用,为我院2011年开展的思想库建设研究项目,特别是将来的政策和措施建议方面提供思路,同我院其他几个专门委员会一起,同我院全体院士和机关工作人员一起,为国家建设好工程科技领域最高的荣誉性、学术性咨询机构,为我国的产业发展和加速现代化进程做出应有的贡献。

主　　持:干　勇

出席委员:周　济　谢克昌　邬贺铨　王淀佐　黄瑞松　刘友梅　康玉柱　袁　亮　孙传尧　叶可明　蒋士成　刘秀梵　宋湛谦　刘　玠

请假委员:刘韵洁　邓中翰　袁晴棠　马洪琪　庞国芳　侯惠民　陈志南　孙永福

出席成员单位:(排名不分先后)

机械科学研究总院
长沙矿冶研究院
北京矿冶研究总院
中国钢研科技集团有限公司(钢铁研究总院)
西北有色金属研究院
中国建筑材料科学研究总院

沈阳化工研究院有限公司
中国煤炭科工集团有限公司(煤炭科学研究总院)
中国食品发酵工业研究院
中国重型机械研究院
上海医药工业研究院
江南造船(集团)有限责任公司
中国南车股份有限公司
海信集团有限公司
春兰(集团)公司
唐山钢铁集团有限责任公司
兖矿集团有限公司
大庆石油管理局
中国广东核电集团公司
山东鲁北企业集团总公司
中国第一重型机械集团公司
潍柴动力股份有限公司
大连机床集团有限责任公司
中兴通讯股份有限公司
上海汽车集团股份有限公司
内蒙古蒙牛乳业(集团)股份有限公司
中国中钢集团公司
研祥智能科技股份有限公司
宝钢集团有限公司

请假成员单位:(排名不分先后)

北京有色金属研究总院
中国纺织科学研究院
电信科学技术研究院(大唐电信科技产业集团)
鞍山钢铁集团公司
中国石油化工股份有限公司北京燕山分公司
中国石化上海石油化工股份有限公司
中国石化集团胜利石油管理局
中国第二重型机械集团公司
哈尔滨电气集团公司
中国铝业公司
万向集团公司

列　　席:工程院学部工作局、政策研究室有关人员
记　　录:李　光

【其他】

中国科学院　中国工程院
资深院士联谊会理事会会议纪要

第七次会议

时　间:2010 年 3 月 30 日
地　点:北京香山饭店一层蕴香厅
主持人:师昌绪
出　席:师昌绪　卢良恕　张树政　於崇文　梁思礼　戴元本　王　夔　杨福愉　冯叔瑜　王文兴　张金哲　童志鹏　沈允钢(特邀)　李静海　曹效业　周德进
请　假:王绶琯　徐光宪　柯　俊　翟光明
列　席:吴晓东　刘春杰　鲁　瑛　王元晶　张　恒　盛海涛　胡　筠　黄文艳
记　录:向　岚

会议听取了资深院士联谊会理事会秘书处关于 2009 年工作的总结,讨论了 2010 年重点工作和资深院士宣传工作、新中国重大科技事件整理工作、增补副会长等。中国科学院副院长李静海院士、主席团秘书长曹效业同志参加会议并讲了话。

一、关于 2009 年工作总结

会议对联谊会组织开展的系列活动,如召开“科研诚信问题专题研讨会”、“生态环境的改善有赖于治沙技术的开发和推广专题研讨会”、举办“科学与中国—天地人大讲堂”科普报告、西部地区两院资深院士联谊活动、与中学生面对面交流、考察地震灾区、参观有关企业等活动取得的效果进行了充分肯定。会议认为,这些活动既发挥了资深院士学术造诣高、经验丰富的优势,又结合了社会各方面的需求,符合资深院士的特点,要继续坚持下去。

二、研究关于 2010 年工作计划

会议讨论通过了 2010 年的工作计划,重点工作包括:

1、组织开展资深院士联谊会“三农”问题专题研讨会

“三农问题与农民致富之道”咨询项目于 2009 年立项,目前已召开了 4 次研讨会,做了比较充分的调研工作。鉴于问题的重要性和复杂性,为更全面、深入的开展有关问题的研究,应再组织召

开一次研讨会，重点听取农业领域院士的意见，进一步整理和研究吸纳院士们的意见，对相关内容进一步完善，争取在2010年夏季完成总报告。

2、组织召开资深院士联谊会科学诚信问题专题研讨会

应中国工程院的邀请，配合“中国工程院院士队伍建设”咨询项目研究，围绕“院士科学道德建设研究”这一两院共性问题进行研讨并提出相关建议。

3、举办健康讲座

面向资深院士们的需求，继续举办健康知识讲座，开展保健咨询活动，切实为资深院士的身心健康做好服务工作。

4、组织开展资深院士与中学生“面对面”活动

关注青少年健康成长和智力开发，开展资深院士与中学生“面对面”活动是一项值得长期坚持的工作，2010年将要进一步做好这项工作。

5、组织参观与休假

结合“三农”项目提出的治沙和发展草地农业的建议，组织到草原参观、休假，并讨论确立2011年将开展的咨询研究项目。会上，有提议开展针对教育改革的咨询。会后，4月8日，两位新当选的副会长与秘书处进一步研究2010年工作时，建议将科学教育问题列为理事会下一个咨询课题。

6、组织资深院士参观2010年上海世博会

2010年世界博览会在中国上海举行，这是首次由中国举办的世界博览会，也将是世界博览会史上规模最大的一次盛会。计划于10月份，组织资深院士参观上海世博会。

三、关于资深院士宣传和整理新中国重大科技事件

中国工程院同志通报了中国科协拟开展的对“老科学家学术成长资料采集工程”的有关情况。师昌绪会长特别强调，资深院士写自传，不是自吹自擂，而是一种历史责任和社会责任。资深院士写自传越早越好。资深院士的科学精神是宝贵的财富，有责任把这种科学精神传承给下一代人。会议建议在媒体上宣传资深院士的事迹，鼓励资深院士积极为《院士传记》、《工程科技的实践者》撰稿。会上，提议围绕新中国重大科技事件开展资料挖掘和分析研究工作。

四、增补副会长

现在两院资深院士的规模已达到390人，近两年还将以较快的速度继续增加。为加强资深院士联谊会的工作，更好地发挥资深院士联谊会的作用，需要增补两名副会长来分担联谊会的工作。根据师昌绪会长的提议，本着资深院士中“较年轻”、热心资深院士工作、在京、身体健康的原则，会议增补中国科学院杨福愉院士和中国工程院金国藩院士为两院资深院士联谊会的副会长。

中国科学院副院长李静海院士在会上作了发言。他强调，资深院士联谊会在师昌绪会长的领导下发展得很好，举办了许多有意义的活动。资深院士是国家的宝贵财富，为国家做出了巨大贡献，有着丰富的人生阅历和科研经验，应该通过撰写《传记》等形式把宝贵的经验留传下来，同时要充分发挥资深院士的作用，在教育、科研、学风道德建设和咨询等方面做出贡献。资深院士的数量近年来增加较快，要更好地发挥好作用。李静海副院长还介绍了有关方面对院士医疗、养老等问题的关注。他表示中国科学院今后会更加重视并进一步加强有关资深院士方面的工作，提供有力支持。

中国工程院副院长杜祥琬院士在参加此前一天召开的两院资深院士联谊会“三农”问题专题研讨会时，也做了发言。他认为，两院资深院士联谊会2009年开展的活动既十分有意义，又适合资深院士自身的特点。他希望资深院士联谊会能为工程院院士队伍建设课题召开一次专题座谈会，对新增选副会长表示赞同和支持，并表示中国工程院会一如既往地继续支持资深院士联谊会的活动。

中国科学院主席团秘书长曹效业同志在会上发言。他强调，科学史料的搜集和整理工作很重要，建议围绕新中国大的科学事件来组织写作，把新中国成立以来科学史上发生的重要历史事件做一个梳理，以填补我国科技发展史上的空白。他表态，中国科学院会立项并拨经费支持这项工作，为写作者配备专业的科学史研究人员做助手，为传记的写作提供历史参考依据。他提出，资深院士虽然年事已高，但在科学界有着崇高的声望，要充分发挥资深院士在学术指导和学术引领方面的作用。

咨询工作

【咨询报告】

2010 年上报咨询报告目录

1. 房屋建筑安全管理制度与技术标准咨询项目报告
2. 中医药防控甲型 H1N1 流感工作建议
3. 中国制造业可持续发展战略研究报告
4. 大气中 SO_2、NO_X、可吸入颗粒物减排技术与政策咨询报告
5. 关于玉树抗震救灾、灾后重建若干建议的报告
6. 建设国家地壳应力应变观测台网报告
7. 持续发挥国家工程实验室行业辐射和公益性作用政策研究报告
8. 西南岩溶地区草地畜牧业的咨询研究报告
9. 中国能源中长期发展战略研究报告
10. 关于抗击洪涝、地质灾害若干建议的报告
11. 关于促进稀土产业健康发展的建议报告
12. 我国眼库准入标准技术细节与眼库安全报告
13. 我国重大传染病预防与控制战略研究报告
14. 抗疲劳制造与长寿命关键基础构件研究发展报告
15. 关于晋东南—南阳—荆门交流特高压试验示范工程扩建项目咨询评估意见
16. 黄淮海地区农业节水对策及实施半旱地农业可行性研究报告
17. 我国有色稀有金属材料的形状及发展战略报告

2010年咨询研究结题项目统计表

序号	项目名称	负责人	级别	立项时间
1	中国东部危机矿山深部及外围找矿	裴荣富	能源	2004.3
2	中国中东部老矿山(危机矿山)合理勘查、开发模拟与矿山转制及矿城问题研究	裴荣富	能源	2005.1
3	果树可持续发展战略研究	束怀瑞	农业	2006.1
4	南方低温雨雪冰冻的林业灾害与防治对策研究	尹伟伦	农业	2008.5
5	提高我国制造业产品质量途径的研究	潘云鹤、王礼恒	专项	2008.6
6	“推进自主创新、建设创新型国家”十二五规划	邬贺铨	重大	2009.11
7	我国城市化进程中的可持续发展战略研究	徐匡迪	专项(土木)	2002.4
8	我国有色稀有金属材料的现状及发展战略研究(矿产资源后续)	邱定蕃	能源	2007.1
9	报废汽车、电子电器及电池资源再生循环利用技术对策及战略建议	师昌绪、李恒德	化工	2007.5
10	低成本太阳电池和多晶硅材料发展战略	陈立泉、闻立时	化工	2007.5
11	PPP(公私合作制)项目导则(结题题目改为BOT及PPP项目执行指南)	范立础、沈祖炎、董石麟	土木	2007.5
12	西南岩溶地区草地畜牧业咨询项目	任继周	农业	2008.6
13	报废汽车尾气净化器及动力电池中贵金属资源回收利用技术对策及战略建议	师昌绪、李恒德	化工	2008.6
14	黄淮海地区农业节水对策及实施半旱地农业可行性研究	山 仑	农业	2008.6
15	三农问题与农民致富之道	师昌绪	资深院士联谊会	2009.7
16	中国石油天然气新区新领域勘探方向研究	翟光明	能源	2007.5
17	中国环境宏观战略研究	徐匡迪	专项	2007.3

【咨询项目管理】

关于印发《中国工程院咨询研究经费管理办法》的通知

中工发[2010]39号

各学部、各专门委员会、机关各部门、咨询服务中心：

为进一步规范我院咨询研究经费的管理，根据国家有关规定，结合我院实际情况，对原《中国工程院咨询项目经费管理办法》进行了修订，并已经院常委会议审议通过。

现将《中国工程院咨询研究经费管理办法》印发，请各部门遵照执行，原《中国工程院咨询项目经费管理办法》同时废止。

特此通知。

附件：《中国工程院咨询研究经费管理办法》

中国工程院
二〇一〇年四月七日

附件：

中国工程院咨询研究经费管理办法

第一条 为规范国家财政拨款的咨询研究经费管理，提高经费使用效率，保证咨询工作的有效运行，根据国家有关财务制度的规定，结合中国工程院咨询研究工作的实际情况，制定本办法。

第二条 中国工程院咨询工作委员会负责制订咨询研究工作的目标、任务和计划，审查项目立项及经费预算。院常务会议负责审批项目立项及经费预算。办公厅负责经费预算的申报和执行情况的监督。咨询服务中心对工程院所委托的项目负责组织管理和经费预算的执行。

第三条 项目经费开支范围主要包括：

1. 会议费:在项目研究过程中组织开展学术研讨、咨询项目协调及其他课题活动所发生的会议费用。开支标准按照《中央国家机关会议管理办法》执行。

2. 差旅费:在项目研究过程中开展科学考察、业务调研、学术交流等所发生的差旅费用。开支标准按照《中央国家机关和事业单位差旅费管理办法》执行。

3. 专家咨询费:支付给直接参加项目研究工作的院士、专家的费用。

4. 劳务费:在项目研究过程中支付给项目组成员中没有工资性收入的相关人员(如在校研究生)和项目组临时聘用人员等的劳务性费用。

5. 出国考察费:重大项目研究人员出国考察的费用。重大项目确需安排出国考察,须由中国工程院审批,严格掌握。相关费用支出按照国家有关规定执行。

6. 资料、印刷及出版费:收集、购买、加工项目研究所需的各种资料及出版项目研究成果所发生的费用。研究报告的出版要严格控制,确需出版的由中国工程院统一管理,出版社的选择要按招标等程序,费用严格控制。

7. 设备使用费:项目承担单位为项目研究提供的现有设备及水电消耗等所需费用,金额应控制在代管经费的5%以内。

8. 管理费:项目组织实施和经费预算执行单位发生的组织管理费用。中国工程院咨询服务中心是对受委托的项目组织实施和经费预算执行的责任单位,可按项目总经费的8%提取管理费。

9. 其它费用:项目在研究过程中发生的除上述费用之外的其他支出。

第四条 咨询研究经费必须专款专用,严格按规定使用,不得弄虚作假、截留、挪用和挤占等。不得用于支付各种罚款、捐款、赞助、投资等。不得列支设备购置、外拨协作费。不得用于国家规定禁止的其他支出。

第五条 项目申请者填写《中国工程院咨询研究项目立项申请书》时,咨询研究经费预算内容按本办法分年度编写,并保证经费预算的真实性和合理性。

第六条 咨询研究经费预算编制工作与项目立项申报工作同期进行,咨询工作委员会在对项目立项进行评审时,应同时对经费预算进行审查并汇总编制年度经费预算计划,经院常务会议批准后上报财政部。

第七条 在财政部下达我院咨询研究经费预算控制数后,咨询工作委员会根据控制数调整经费预算,经院常务会议研究批准后再次上报财政部。

第八条 为保证咨询研究项目工作的开展,咨询工作委员会可在财政部预算控制数内,于上年年底向财政部申请预拨预算年度的部分经费,安排项目及时启动。在财政部正式下达咨询研究经费预算后,将项目经费安排到位。

第九条 建立咨询研究经费预算执行进度通报、约谈制度。每年上半年通报1次,下半年每月通报1次。对预算执行不力的项目,要加强监督,问题严重的将影响今后申报新的研究项目。

第十条 项目研究报告完成后应在两个月内办理经费报销手续,超过规定时间将冻结经费,并按结余资金处理。如确需延长研究时间,须报院咨询工作委员会批准并在规定时间内完成。

第十一条 当年安排的项目未启动或结题后形成的结余资金,经咨询工作委员会审批后,应在当年8月底前进行重新安排。以前年度形成的结余资金,按财政部结余资金有关规定处理。

第十二条 咨询研究经费的使用情况接受国家审计监督。对于不按规定使用项目经费的，按国家有关规定严肃处理。

第十三条 咨询服务中心依据本办法制订项目经费管理实施细则。

第十四条 本办法自公布之日起执行，2005 年 8 月通过的《中国工程院咨询项目经费管理办法》同时废止。中国工程院以往公布的项目经费有关办法，凡与本办法不一致的，以本办法为准。

第十五条 本办法由中国工程院咨询工作委员会和办公厅负责解释。

关于中国工程院 2010 年咨询研究项目第一批立项及经费安排的通知

中工发[2010]5 号

院各学部、各专门委员会、机关各部门、咨询服务中心：

按照国家财政部批复我院的 2010 年院士科技咨询经费的额度，根据《中国工程院咨询研究项目管理办法》、《中国工程院咨询项目经费管理办法》有关规定，经院咨询工作委员会审议，并报院常务会议批准，我院 2010 年咨询研究项目第一批经费共安排 3222.74 万元，其中重大专项新立项 6 个，接转 2 个，共安排经费 2387.74 万元；学部咨询研究项目新立项 17 个，接转 9 个，共安排经费 835 万元。（详见附表）

根据院常务会议决定，从 2010 年起安排的咨询研究项目经费将全部委托咨询服务中心负责管理。请各相关部门及时办理委托手续，并严格按照国家有关规定和《中国工程院咨询项目经费管理办法》，做好项目经费保障和监管工作。

经研究，由政策研究室和咨询服务中心负责重大专项的组织实施，由学部工作局负责学部咨询研究项目的组织实施。各项目组要合理使用经费，坚持节俭原则、专款专用。要严格按照《中国工程院咨询研究项目管理办法》，做好咨询研究工作，按计划完成咨询研究报告。

特此通知。

附件：中国工程院 2010 年咨询研究项目第一批立项及经费安排表

中国工程院

二〇一〇年一月二十二日

附件：

中国工程院2010年咨询研究项目第一批立项及经费安排表

表1 重大专项

序号	名称	负责人	编号	立项时间	完成时间	2010年经费安排（万元）	备注
1	提高我国产品自主设计能力的发展战略研究	谭建荣	2010－ZD－1	2010.1	2011.12	100	
2	“物联网：互联网在重要领域的应用”战略研究	邬贺铨	2010－ZD－2	2010.1	2011.1	800	
3	黄河三角洲及渤海湾滨海地区综合开发的战略研究	钱正英　沈国舫　石玉林等	2010－ZD－3	2010.1	2012.1	500	
4	汶川地震工程破坏与对策	欧进萍	2010－ZD－4	2010.1	2011.12	250	
5	北部湾经济区水资源安全保障研究	王　浩	2010－ZD－5	2010.1	2011.12	50	
6	处置恐怖、暴力事件特种装备能力建设咨询研究	王兴治　苏哲子	2010－ZD－6	2010.1	2011.6	50	
7	中国养殖业可持续发展战略研究	旭日干　张桃林　管华诗　李　宁　陈焕春	2009－ZD－02	2009.1	2010.12	300	09年已安排500万元
8	我国重点湖库富营养化控制及其流域经济协调发展模式建议	刘鸿亮	2009－ZD－03	2009.5	2010.9	337.74	09年已安排200万元
总计						2387.74	

表 2　学部咨询研究项目

序号	名称	负责人	承担部门	项目类别	编号	立项时间	完成时间	2010 年经费安排（万元）	备注
1	数控制造装备发展战略研究	卢秉恒	机械学部	学部重点	2010 – XZ – 1	2009.11	2010.5	50	2009 年未安排经费
2	关于信息服务业促进我国区域社会经济平衡发展的作用与对策研究	郑南宁	信息学部	学部重点	2010 – XZ – 2	2010.1	2011.1	25	
3	有色行业 CO_2 排放、评估及对策研究	邱定蕃 张国成 戴永年	化工学部	学部重点	2010 – XZ – 3	2010.1	2011.12	25	
4	中国铝工业中长期发展战略研究	刘业翔	化工学部	学部重点	2010 – XZ – 4	2010.1	2011.6	35	
5	有色行业尾矿等大宗固废物资源化技术及综合治理模式	左铁镛	化工学部	学部重点	2010 – XZ – 5	2010.1	2010.12	50	
6	“高中化学与工程”教育与我国社会经济发展优化衔接研究	金　涌 谢克昌 袁渭康 王静康 欧阳平凯	化工学部	学部重点	2010 – XZ – 6	2010.1	2011.6	30	
7	中国电网智能化、柔性化技术发展战略	黄其励 余贻鑫	能源学部	学部重点	2010 – XZ – 7	2010.1	2010.12	70	
8	非动力核技术产业在推动国民经济发展、建立两型社会中的作用	樊明武	能源学部	学部重点	2010 – XZ – 8	2010.1	2010.12	50	
9	我国金属矿山安全与环境科技发展前瞻研究	古德生	能源学部	学部重点	2010 – XZ – 9	2010.1	2011.7	50	

续表

序号	名称	负责人	承担部门	项目类别	编号	立项时间	完成时间	2010年经费安排（万元）	备注
10	全寿命期低碳低成本绿色建筑及其政策法规研究	江亿等	土木学部	学部重点	2010－XZ－10	2010.1	2011.12	20	
11	研究多种生物高分子新纤维（绿色、环保、可持续发展的）工程化、产业化前景	季国标	环境学部	学部重点	2010－XZ－11	2010.1	2011.12	40	
12	我国重大海洋工程设施腐蚀防护技术发展战略研究	侯保荣	环境学部	学部重点	2010－XZ－12	2010.1	2011.12	25	
13	国内外戒毒方法的调研和对策	刘　耀	医药学部	学部重点	2010－XZ－13	2010.1	2010.12	20	
14	探索建立中国的进食障碍三级干预模式问题的研究	沈渔邨	医药学部	学部重点	2010－XZ－14	2010.1	2010.12	20	
15	特大城市（以上海为例）人口老龄化与提高老年人口生活质量对策研究	杨胜利	医药学部	学部重点	2010－XZ－15	2010.1	2010.12	40	
16	中药资源可持续发展相关问题的研究	肖培根	医药学部	学部重点	2010－XZ－16	2010.1	2010.12	30	
17	自体干细胞临床应用现状及临床准入标准研究	卢世璧	医药学部	学部重点	2010－XZ－17	2010.1	2010.12	30	
18	我国未来空中交通管理技术发展的对策研究	张彦仲 冯培德	机械学部	学部重点	2009－XZ－04	2009.5	2010.6	20	2009年已安排30万元
19	中国石油天然气新区新领域勘探方向研究	翟光明	能源学部	学部重点	2009－XZ－15	2009.7	2010.7	35	2009年已安排15万元

续表

序号	名称	负责人	承担部门	项目类别	编号	立项时间	完成时间	2010 年经费安排（万元）	备注
20	中国食品安全的现状、问题和对策预调研	魏复盛	环境学部	学部重点	2009 - XZ - 08	2009.5	2010.5	10	2009 年已安排 40 万元
21	海洋学科发展现状及前沿发展方向研究	侯保荣	环境学部	学部一般	2009 - XY - 06	2009.5	2010.12	10	2009 年已安排 10 万元
22	轻工业工程学科发展战略研究	陈克复	环境学部	学部一般	2009 - XY - 09	2009.5	2010.7	10	2009 年已安排 10 万元
23	作物科学应对气候变化的对策和措施	官春云	农业学部	学部重点	2009 - XZ - 09	2009.5	2011.5	20	2009 年已安排 20 万元
24	中国感染性角膜病的社会危害和干预策略研究	谢立信	医药学部	学部重点	2009 - XZ - 16	2009.7	2011.6	80	2009 年已安排 70 万元
25	青藏铁路运营期低氧防护及高原病防治的研究	吴天一	医药学部	学部重点	2009 - XZ - 10	2009.5	2011.5	30	2009 年已安排 40 万元
26	交通运输节能问题的研究	傅志寰	工管学部	学部重点	2009 - XZ - 12	2009.5	2011.5	10	2009 年已安排 15 万元
总计								835	

关于中国工程院2010年咨询研究项目第二批立项及经费安排的通知

中工发[2010]37号

院各学部、各专门委员会、机关各部门、咨询服务中心：

根据《中国工程院咨询研究项目管理办法》、《中国工程院咨询项目经费管理办法》有关规定，经院咨询工作委员会函审，并报院领导批准，我院2010年第二批咨询研究经费可用额度为954万元，其中重大专项新立2个，接转经费1个，可用经费额度为574万元；学部重点项目新立1个，接转经费2个，可用经费额度为380万元。（详见附表）

经有关项目负责人申请，并报院领导批准，同意将原“黄河三角洲及渤海湾滨海地区综合开发的战略研究”项目（负责人为钱正英、沈国舫、石玉林院士等，2010年立项）题目改为“浙江省沿海及海岛综合开发战略研究”，将原“‘物联网：互联网在重要领域的应用’战略研究”项目（负责人为邬贺铨院士，2010年立项）题目改为“物联网及其在重要领域的应用”。

根据院常务会议决定，从2010年起安排的咨询研究经费将委托咨询服务中心负责管理。请各相关部门及时办理委托手续，并严格按照国家有关规定和《中国工程院咨询项目经费管理办法》，做好项目经费保障和监管工作。

各项目组要合理使用经费，坚持节俭原则、专款专用。要严格按照《中国工程院咨询研究项目管理办法》，做好咨询研究工作，按计划完成咨询研究报告。

特此通知。

附件：中国工程院2010年咨询研究项目第二批立项及经费安排表

中国工程院

二〇一〇年四月七日

附件：

中国工程院2010年咨询研究项目第二批立项及经费安排表

序号	名称	负责人	承担部门	项目类别	编号	研究时间	2010年经费可用额度（万元）	备注
1	咨询研究项目预调研与研讨	郭孔辉 苏君红 张　懿 等19位院士	学术与出版委员会	重大专项	2010－ZD－7	批准之日起1年	224	
2	我国工程科技人才成长若干重大问题研究	周　济	教育委员会	重大专项	2010－ZD－8	批准之日起2年	300	
3	我国重点湖库富营养化控制及其流域经济协调发展模式建议	刘鸿亮	政策研究室	重大专项	2009－ZD－03	2009年5月—2010年9月	50	接转经费
4	三峡库区生态环境保护与建设战略咨询研究	魏复盛	环境学部	学部重点	2010－XZ－18	2010年4月—2011年4月	60	
5	中国工程院院士队伍可持续发展研究	周　济 旭日干 杜祥琬	学部工作局	学部重点	2009－XZ－15	2009年12月—2010年10月	270	接转经费
6	中国工程院学部调整调查与研究	潘云鹤 旭日干 杜祥琬	学部工作局	学部重点	2009－XZ－16	2009年12月—2011年12月	50	接转经费
共计							954	

关于2009年有关项目增设和追加经费的通知

中工发[2010]2号

院各学部、各专门委员会、机关各部门：

按照国家财政部批复我院的2009年院士科技咨询经费额度，经院常务会议提议和咨询工作委员会函审，并报院领导批准，我院2009年增设"'推进自主创新、建设创新型国家'十二五规划"、"中国工程院院士队伍可持续发展研究"、"中国工程院学部调整调查与研究"3个咨询研究项目，2009年共安排经费95万元；经咨询工作委员会函审，并报院领导批准，追加"我国重点湖泊富营养化控制及其流域经济协调发展战略研究"项目2009年经费50万元，详见附件。

院各部门要严格按照国家有关规定和《中国工程院咨询项目经费管理办法》，做好项目经费保障和监管工作。

各项目组要合理使用经费，坚持节俭原则、专款专用。要严格按照《中国工程院咨询研究项目管理办法》，做好咨询研究工作，按计划完成咨询研究报告。

附件：2009年增设和追加经费项目安排表

中国工程院

二〇一〇年一月八日

附件：

2009年增设和追加经费项目安排表

序号	名称	负责人	承担部门	研究时间	09年经费安排	备注
1	"推进自主创新、建设创新型国家"十二五规划	邬贺铨	政策研究室	2009年11月—2010年3月	45万元	增设
2	中国工程院院士队伍可持续发展研究	周济 旭日干 杜祥琬	学部工作局	2009年12月—2010年10月	30万元（启动经费）	增设

续表

序号	名称	负责人	承担部门	研究时间	09 年经费安排	备注
3	中国工程院学部调整调查与研究	潘云鹤 旭日干 杜祥琬	学部工作局	2009 年 12 月—2011 年 12 月	20 万元（启动经费）	增设
4	我国重点湖泊富营养化控制及其流域经济协调发展战略研究	刘鸿亮	重大专项	2009 年 5 月—2010 年 9 月	50 万元	追加经费
共计					145 万元	

关于紧急立项“物联网发展战略研究”咨询研究项目的通知

中工发[2010]6 号

办公厅、政策研究室：

受国家发展和改革委员会高技术司委托，请我院开展有关规划前的先期研究，现同意启动。由于暂没有经费支持，并且我院开展的“‘推进自主创新、建设创新型国家’十二五规划”项目已完成，暂定该项目结余经费 219175.97 元用于此项目的启动经费，其余经费视研究情况再定。

请项目组严格按照国家有关规定和《中国工程院咨询项目经费管理办法》合理使用经费，坚持节俭原则、专款专用。要严格按照《中国工程院咨询研究项目管理办法》，做好咨询研究工作，按计划完成咨询研究报告。

附件：“物联网发展战略规划研究”立项申请书（略）

中国工程院

二〇一〇年一月二十二日

【院士建议】

关于长江流域水资源综合调度及河口水安全保障的建议

陈吉余　翁史烈　郑守仁　王　浩　沈允钢　曹文宣　王光谦

一、长江流域水资源综合调度的重要意义

长江流域蕴藏我国约1/3的水资源，是我国水资源配置的战略水源地、实施能源战略和改善我国北方生态与环境的重要支撑点。然而，最近的迹象表明，**长江在全球升温背景下、特枯水情事件在增加，加之人类活动的强烈影响，很可能出现局部水资源短缺、生态系统明显退化的危机**。特别是一旦遭遇特枯水情，势必造成上游提前蓄水、中游截水、下游无序引水、河口区咸潮上溯提前，届时**长江沿岸可能出现"抢水、争水与夺水"、上海咸潮入侵等问题**。

因此，如何实现长江水资源的科学配置、合理调度，使水利工程应对长江出现旱年及枯季严重缺水时段能蓄洪补枯，**保障长江径流过程基本稳定，实现上游蓄水安全、中游拦水安全以及下游引水安全和上海供水安全**。全面促进长江流域人水和谐，不仅是长江流域、也是全国经济社会可持续发展的重要支撑，具有非常重要的战略意义。

二、长江流域水资源综合开发的主要问题

长江水资源丰沛，但长江水资源在时空分布上并不平衡，其中70%的径流是在汛期(5~9月)注入河口。**水资源在时空上分配不均一的特征，是长江流域水资源综合开发与调度不可回避的重要问题所在。**

1. 上游水资源的配置和调度需要进一步优化

流域水利水电工程特别是上游梯级水库的建设，为长江流域供水、灌溉、发电及航运等发挥了重要作用。长江上游已建、在建和待建的水库形成梯级链，约贮蓄1700余亿立方米的水量，其调节库容亦近1000亿立方米，其中三峡水利枢纽调节库容为165亿立方米。然而，这些水库贮存的水量已占宜昌径流量的20%多，**故三峡蓄水应与长江中下游同期供水、航运、生态相协调。同时，梯级水库的蓄水时间基本集中在洪季末期，特别是在特旱年份，甚至可能会出现因提前蓄水导致三峡水库无法蓄满之虞**。因此，**如何让上游水资源实现利用最优化和水库蓄水最优化调度是需要迫切研究的问题。**

2．中游控湖工程调度与水资源配置需统筹安排

洞庭湖和鄱阳湖是长江中游径流的主要补给来源。近年来，为解决湖南、江西两省的经济进一步发展、对水资源的需求量持续提高，与连年干旱、湖南和江西段的长江水位下降的矛盾，湖南在湘江修建低坝工程，并**着手开展洞庭湖出口控制工程的研究，江西规划在鄱阳湖出口修建控湖工程**。由于两湖拦截水量的时间基本出现在汛末期，有可能出现上游水库枯季蓄水发电导致中下游水量降低的现象。如**调度不当，将进一步加剧中下游水位降低、水量减少，由此严重影响中下游的取水、航运和灌溉。洞庭湖与鄱阳湖还是长江流域最大的两片湿地所在，两湖蓄水亦将对湖泊湿地的生态功能产生影响。**

3．上海城市供水安全与河口生态安全面临严峻挑战

长江径流自大通站进入徐六泾的**500公里河段区域引水能力已提升至超过20000立方米每秒**，而枯水季大通多年平均流量（1950～2009年）仅为16660立方米每秒，加之城市需水量日趋增加，**遇到特枯年份或特枯时段，河口咸潮入侵很可能比**2006年**更甚。大通"避让流量"为**10000**立方米每秒，难以满足下游江段需水，更毋庸说河口城市的供水安全以及河口湿地生态与环境的保护与可持续发展。此外河口还面临海平面上升的威胁，海平面上升带来的影响尚不确定，对其不能掉以轻心**。因此，上海的供水安全仍然存在严峻挑战。

三、长江流域水资源综合调度的战略思考

长江应在我国水资源配置战略格局中发挥主导作用，实现水资源的最优化利用和调度。我们针对长江目前供水安全现状提出三个基本观点和几点建议。

三个基本观点：

1．建立长江防旱保水减灾体系

长江多年来一直贯彻以防洪为主的"治江"目标，已建立长江防洪减灾体系，**但应对旱灾的能力建设仍未与防洪同样受到重视**。"洪涝一线，干旱一片"，2006年出现长江上游特旱、2009年长江中游再次出现特旱，沿岸经济和社会的发展受到挑战。**受全球变暖影响，极端干旱事件频发，长江在考虑建立防洪减灾体系的同时，应尽早将防旱体系纳入议程，制定应对极端干旱事件的流域水资源战略措施和方针。**

2．流域水利工程需统筹管理，综合调度

由于长江上游水库蓄水时间主要安排在洪季末期，各个水库无序蓄水、提前蓄水，可能导致位居末端的三峡水库不能如期蓄满水。同时长江中游的控湖工程，又将在很大程度上截留进入干流的水量。因此，长江中上游大量水资源被贮蓄，导致枯季大通流量的显著降低，加之下游引水能力加强，河口咸潮入侵力度很可能会加强。因此，**长江流域无论是上游还是中游、抑或中下游的蓄水、截水或无序引水行为，都是牵一发而动全身，影响整个流域的供水安全。必须实施对上游梯级水库的调蓄统筹安排、中游水利工程的合理配置以及下游引水工程的控制，使水利建设真正做到水尽其用，发挥其能的功效。**

3．保障湿地生态需水及其生态系统健康

长江流域分布广泛的湿地，包括长江沿岸洲滩、洞庭湖和鄱阳湖的两大湖泊湿地以及河口潮滩湿地，这些湿地不仅具有重要的净化功能，也是国家2020年单位**GDP**碳减排40～45%的重要支撑。**目前，长江流域的水资源开发和调度没有将沿岸湿地的生态需水纳入范畴，同时也没有考虑流**

域径流的洪枯调蓄对湿地独特生态体系的影响。因此，在长江流域水资源的规划中应统筹考虑城乡生活、工业、农业和保证生态与环境用水，实现水资源的合理配置。

几点建议：

1. 研究制定长江流域最严格的水资源管理制度。划定水量、水质和用水效率三条红线，保障长江下游及河口的供水安全。

2. 上游梯级水库调度方案应实施有序蓄水，在蓄水和补枯时间给予调度，建立长江流域水资源管理一体化模式；从根本上解决上游蓄水、中下游需水以及河口城市供水的水资源供需矛盾；

3. 平原区蓄水工程应将对河口水安全的影响纳入考虑范畴，建议针对洞庭湖及鄱阳湖控湖工程对上海城市供水安全的影响进行专题研究；

4. 建议对大通"避让流量"10000 立方米每秒予以重新论证和规划；上游、中游以及下游水资源开发与调度对河口水资源的影响需进行系统研究；并建议对流域干旱水情下，保障上海城市供水安全，立足河口，以水资源综合调度与开发对河口水安全影响进行专项论证。

5. 建议国家设立"长江流域水资源综合调度及其对下游与河口水安全的影响"专项研究。

建议人：

陈吉余　中国工程院院士
港口、水道、海岸及近海工程
华东师范大学
翁史烈　中国工程院院士
热能动力工程
上海交通大学
郑守仁　中国工程院院士
水工结构工程
长江水利委员会
王　浩　中国工程院院士
水文学与水资源
中国水利水电科学研究院
沈允钢　中国科学院院士
植物生化、光合作用
中科院上海生命科学院
曹文宣　中国科学院院士
鱼类生物学
中科院水生生物研究所
王光谦　中国科学院院士
水力学、河流动力学
清华大学

"三峡库区"发展低碳经济的战略思考

汪应洛

随着2009年三峡大坝主体工程的全面竣工以及三峡电力机组的顺利投产,涉及高达124.55万人总体搬迁任务的完成,标志着我国三峡工程建设已基本完成。但三峡成库后沿岸上百座大中小城市不断排放的生活污水,两三亿只畜禽每天的排泄物以及农药化肥的使用,再加上工业和航运污染的治理不力等,使三峡水库的水质和生态环境恶化。这说明移民安稳致富、库区社会经济发展、生态环境建设已逐渐成为三峡库区后续工作的主题,是"后三峡时代"需要长期关注的重点和核心问题。如何在不影响三峡库区经济发展的前提下实现"低碳生活"、"低碳出行"、"低碳消费"等生活方式的转变,是库区人民发展致富并发展低碳经济所面临的重要挑战。

低碳经济是点点滴滴汇集起来的,任何节能的、防治污染的、环境友好的行为,都是对低碳经济的贡献。低碳不仅是企业清洁生产和产品结构调整等行为,更应成为一项符合时代潮流的生活方式。三峡库区如何在二氧化碳排放方面做出巨大贡献,是目前急需思考的重大战略问题。

一、大力发展旅游产业,培育低碳旅游产业群

三峡库区自然风景和人文景观以及人均耕地少、工业竞争力弱的资源特点,决定旅游业将成为库区脱贫致富的战略性支柱产业。把低碳旅游业培育作为三峡库区第一支柱产业,使其发挥先导产业和富民产业的作用,发挥环境友好型和资源节约性的生态产业优势,承担起富民安邦的使命。同时降低对能源消费的依赖形成以旅游业为主的低碳产业群。

有效规划库区旅游资源 首先,整合渝鄂库区资源,统筹三峡景区,统一规划和营销库区景区,规避目前各自为政的不利现状;其次,在项目引导资金、贴息贷款、税费减免、土地调整等方面实施旅游产业发展政策激励机制;第三,大力发展旅游商品、特色产业,让库区旅游资源相对匮乏的移民区县也享受到发展旅游业所带来的好处;第四,合理评估库区客流容量的限制,规避旅游旺季来临库区人满为患、垃圾遍地、库区水质严重污染的不利后果,加强库区卫生监测,提高环境治理力度以及调整经济发展模式。

打造库区低碳交通走廊 随着太阳能游艇、氢能燃料电池等技术的逐渐成熟,努力减少以燃油发动机为动力的水上交通工具,用无污染的机动旅游船替代现有的燃油机动船,进行旅游线路上一县一停,充分利用低电价的政策进行夜间充电,应用先进技术解决旅游船舶造成的生活污水、生活垃圾问题,不仅在运行动力成本方面具有竞争力,旅游交通服务将有可能实现较少的碳排放,甚至是零排放,打造三峡库区低碳交通走廊。

营销库区特色文化产品 首先，依托国家级文化、自然遗产地，打造有代表性的精品景区；其次，在妥善保护自然生态、原居环境和历史文化遗存的前提下，合理利用民族村寨、古村古镇，建设特色景观旅游村镇，规范发展“农家乐”、“渔家乐”、休闲农庄等旅游产品，实施乡村旅游富民工程。第三，传承与开发库区优秀少数民族传统医药、民族手工制造的特色小商品；最后，推出具有地方特色和民族特色的演艺、节庆等文化旅游产品。深挖库区文化内涵，使旅游商品蕴含文化创意，旅游餐饮突出健康，旅游经营服务体现休闲、人文特质等。

二、适宜发展低碳种植业，搭建国内碳交易市场

为促进三峡库区移民安稳致富、经济社会的可持续发展，以三峡库区资源优势为依托，因地制宜积极发展适宜库区种植的经济作物，发挥可以吸纳就业等优势。

适宜发展经济作物 如茶叶、柑桔、板栗、食用菌、笋用竹、龙眼、榨菜、高山玫瑰以及众多其他特色花卉等。以高山玫瑰为例，如果能够实现在库区不同海拔地带、不同土壤条件下开展高山玫瑰引种栽植试验，配套以苗圃基地及产业化开发示范项目，结合三峡库区沿江绿化带和三峡旅游景观带的建设，协同库区旅游业，不仅可以实现峡江两岸漫山遍野的鲜花，形成绚丽迷人的新景观，在实现种植规模和产业规模的基础上将成为移民增收新的增长点。

挖掘碳汇种植潜力 增加碳汇有三个领域：森林、耕地以及草地，但森林碳汇是最有效的固碳方式。三峡库区林地占47%以上，通过再造林、减少毁林建立农林复合系统来增强森林碳汇潜力巨大。在适宜大面积造林地区开展造林碳汇的试点项目，同时积极寻求三峡库区造林碳汇项目的国际谈判。

搭建国内碳交易市场 充分利用我国节能减排与低碳经济发展政策的协同关系，搭建公开、公平、公正的专业性三峡碳交易平台，使我国履行低碳发展的企业、产业甚至个人或地区从减排中得到最大程度的实惠。通过 CDM 机制为三峡库区造林项目吸引投资，通过市场实现森林生态效益价值补偿。

三、完善农村沼气工程，引导库区低碳生活理念

发展库区低碳经济，因地制宜、因时制宜地推行沼气工程，宣传和倡导可再生能源的消费模式，同时实施相应的激励政策。

首先，搞好农村沼气建设，利用沼气这一可再生的清洁能源，替代薪柴等传统生物质能源及煤气等商品能源，减少薪柴使用量，优化农村能源消费结构，保护森林资源、生态环境，促进生态经济发展。

其次，发展农村沼气，吸纳厕所、猪圈所产生的污染物，对废弃物进行无害化处理，把环境卫生问题解决在家居、庭院和街区之内。

最后，充分利用沼渣、沼液这些优质高效的有机肥料替代传统的化肥、农药，增加土壤有机质改良土壤，积极推进有机农业发展，维护农业生态系统平衡作用。

总之 三峡库区低碳经济的实现是一项复杂的系统工程。维护和提升长江三峡世界级品牌，不仅需要政府多措并举，更需要库区群众的大力配合，探索建立库区生态安全的长效机制迫在眉睫。

建议人：
汪应洛　中国工程院院士
机械与运载工程管理
西安交通大学

重视黄河的长治久安问题

潘家铮　韩其为　王　浩

一、治黄是中华民族的神圣义务

黄河是中国的母亲河，黄河流域是中华文明的摇篮。但黄河的水旱灾害又十分频繁严重，黄河又被称为中国的忧患。新中国建立以来，治黄已取得巨大成就：数千公里大堤加高培厚；60 年来年年安澜；开发黄河水资源，支持了两岸广大地区的发展；小浪底水利枢纽的建成投产，调水调沙效果显著，等等。但问题并未彻底解决，新问题不断出现。例如：黄河水资源过度利用，近于枯竭；河道水情发生很大变化，洪水期形成不了大的洪峰，冲沙能力减低；下游河床愈积愈高，中水河槽平滩流量大减，出现“二级悬河”，而且还在不断发展，再遇历史大洪水后果难料；等等。现在，依靠小浪底水库减淤冲沙。但库容有限，已进入中后期拦沙运行，所以要修建古贤枢纽，继续减淤冲沙。水库拦淤的期限毕竟有限，黄河如何才能做到长治久安？这恐怕是每个中国人都关心的大问题。如果说：黄河的长治久安是全民族的头号神圣任务，恐怕并不为过。

二、黄河问题的本质

黄河的复杂性在泥沙，治黄的关键在于科学地认识和处理泥沙问题。黄河发源后流经中游黄土高原地区，不断把黄土带到下游，黄淮海大平原就是黄河搬运泥沙所形成的。黄河在她所造成的平原上“游荡”，最终进入大海，所谓黄河河道都是人们因势筑堤、制约引导黄水而成；泥沙的淤积，河床不断抬高，形成悬河是必然的。不适当的“开发”，更加剧了形势的恶化。我们现在要进行较彻底的治理，必须使下游河道中泥沙逐渐趋于进出平衡，河床不再持续淤高，防洪也就有了底牌。为此，下游要有一条断面合理、河势稳定的河道，具有足够大的输沙能力，能满足防洪的要求。要达到这一目标，不能指望依靠单一措施，一蹴而就，必须全面深入研究，理清各种因素，采取综合措施，治本治标兼施，远期近期结合，开源节流并重，上游下游统筹，局部服从大局，近期服从长远，制订出一个统揽全局的长期综合规划，并在实施中动态调整，才能最终达到长治久安的目标。留给我们的时间不多了，我们应该有紧迫感！

三、现在是制定治黄长远规划的时候

我们认为现在到了从近期治理走向考虑长治久安问题的时候了，理由如下：

(1) 作为拦沙减淤主力的小浪底水库，已进入后期拦沙运行阶段，只剩下古贤和碛口水库，没有更多王牌了；

(2) 五十多年来已积累了丰富和宝贵的经验与教训，有条件在此基础上综合归纳出一个科学的对策；

(3) 科技水平迅速提高，使以前认为不可行的某些设想和措施，逐步在技术上可行；

(4) 通过以小浪底水库为主力的八年调水调沙的实践，不仅大大改善了900公里河道，而且揭示了调水调沙在一定条件下有可排走全部来沙的巨大潜力。

(5) 国家经济实力有了极大增长，有力量也有责任来拯救母亲河。

四、几条原则性设想

这里我们只能提几条原则性设想，供决策参考：

1. 坚持不懈地搞水土保持和沟壑治理工程，减少入黄泥沙

早期每年平均入黄泥沙是16亿吨，近年已减到每年6亿吨，其中多年来进行的水土保持和沟壑治理起了重要作用（据黄委会估计，水保减少入黄泥沙4亿吨），但水保工作未能按规划全面实施。减少入黄泥沙是釜底抽薪之举，从根本上缓解问题。必须痛下决心，坚持不懈，全面治理，以愚公移山的精神，整治40多万平方公里的水土流失面积。对会引起水土流失的坡耕田，要下决心改为梯田或退耕还草（林），对裸露的坡面，要尽一切可能进行植被覆盖，对排沙的沟壑，都建沟道坝拦沙，对排粗沙的小支流，更要下决心下本钱治理。把最终进入黄河的泥沙量减到最低限度，且基本上是细沙。为此需要用一点水，应该耗用。

2. 继续修建骨干枢纽，拦沙放淤

三门峡、小浪底、古贤、碛口四大拦沙骨干枢纽，三门峡已建多年，拦沙库容已淤满，小浪底已运行十多年，剩有50多亿方拦沙库容，约可拦沙70亿吨。古贤有130亿方拦沙库容，连同剩下的碛口水库共能拦沙300亿吨，以上共可拦沙370亿吨；另外，小北干流和温孟滩区各可放淤100亿吨，共200亿吨，这就是我们手中所有的王牌。我们应按规划兴建骨干枢纽，实施拦沙放淤计划。古贤早建更有利，可与小浪底、三门峡联合调度，发挥最大效益。几座水库联合调度运行的效果要优于接续修建单座水库（1加1大于2）。通过兴建骨干枢纽和大量放淤，希望至少能给我们赢得百年以上的时间。

3. 充分发挥调水调沙潜力，尽可能减缓下游河道淤积

再大的拦沙库容终要淤满，只留下有限的调节库容，所以建库后必须科学运行，尽可能把泄到下游河道的泥沙排到外海，延缓河床升高，塑造稳定的河道。

要调水冲沙，一要库容，二要水量，三要科学的调度方案和相应的工程设施。库容由骨干枢纽提供，水量在近期内从黄河自身取得。黄河水量有限，上下游、左右岸都要发展，矛盾怎么解决？原则上讲，各地区继续发展所需水量主要应从经济结构改变和节水中来（特别是农业节水），从污水回用、雨水洪水利用中来，从南水北调中、东线实施后黄河水量重分配中来，而不能挤占冲沙水量。还要通过科学研究，最大限度提高冲沙效率。以后则需从长江上游调一点水。从全局看，黄河的水

量既要保证两岸生产生活高速发展之需，又要“维持黄河健康生命”，确实不够。建议通过深入论证，确定一个合理可行、各方能接受的西线调水量和实施方案。现在先做前期工作，在适当时候实施，使黄河每年都有必要的、最低的水量。

科学调度，必须先后建成古贤和碛口枢纽，完成中下游水沙调控体系，针对黄河水沙不搭配的特点，通过调水调沙，改变水沙过程，减缓水库淤积，加大下游河道输沙能力。

4．充分利用采沙、挖沙、疏浚手段，解决泥沙平衡问题

采取各种措施后，如果黄河下游仍然有一定淤积，可以挖走。把一些关键部位（如驼峰部位、畸形河段和黄河河口部位）挖深拓宽，就能影响整个冲沙格局。二级悬河严重河段更是疏浚重点。今后研究河道泥沙运动，应该把主动疏浚的因素考虑进去，寻找最优的天然冲刷加人工疏浚的配合模式。而且泥沙也是资源，可以用来固堤、造地，作为建筑材料。总之，我们最终要做到河道中泥沙进出平衡，河床不再淤高。

五、控制必要的平滩流量，塑造主槽稳定的下游河道

治沙、调水、疏浚……是治本之举。当前最急迫的事就是塑造一条稳定的下游河道和解决好滩地利用问题。黄河的特性之一是“大水出好河”。因此要调控必要的平滩流量，保证主槽过水面积；同时要施以控导工程，减少主流摆动，以达到稳定河道的目的。

黄河下游是地上悬河，依靠两岸大堤保护，中间有一条河槽，两者之间为广阔的滩地。黄河两岸大堤相距甚远，有的地方宽达十多公里以上。两岸人民就利用滩地生活耕种，现在耕地达数百万亩，人口达 189 万，并自发修建生产堤保护。几十年来，随着黄河水沙关系不断失调，河槽不断淤高，生产堤随之加高，形成二级悬河，滩地生产与科学泄洪冲沙矛盾严重。下游河床究应如何整治，滩地应如何利用，是最现实的问题。

现在有“宽河”和“窄河”两派意见。前者主张维持现有河宽，加固两岸大堤，取消生产堤，洪水来时就上滩，洪水消落时水流归槽，恢复原有淤滩刷槽格局，解决二级悬河问题。后者认为，当前水沙形势与几十年前完全不同，可以加高加固生产堤或建新堤代替大堤，即所谓窄河，以求高效排沙，解放滩地。

鉴于今后在黄河流域尤其在“三花区间”发生特大暴雨的可能性不能排除，黄河一旦溃口甚至改道，后果不堪设想，防洪仍应考虑防御特大洪水。在认识尚未一致前，较稳妥的做法还是以黄河大堤作最后防线，加高培厚到标准断面，留有足够的淤沙余地。滩地科学化利用（只作农耕用，工矿企业建在大堤外），分段整理生产堤，规定拦洪频率，结合上游水库的调水调沙操作，分批漫滩分洪。有规划地建设群众居住、交通、避洪设施，确保安全。制定漫滩后的补偿政策，减少群众损失。与此同时，进行稳定河势和提高冲沙效率的研究试验与工程建设。总之，以宽河方案为后盾，探索窄河方案的可行性，避免争论不休无所作为。

六、建议

（1）尽早编制和审定黄河中游的治沙和水土保持规划，由国家投入，全面实施，坚持不懈，务底于成。这是关系治黄的根本大计，必须是体现国家意志的国家行为。

（2）建设黄河长期水沙调控体系，尽快批准修建古贤枢纽，与小浪底、三门峡联合调度。审批小北干流放淤规划，启动小北干流大规模放淤工程，实施最优的水沙调度，赢得百年以上的稳定期。

（3）改造和建设下游滩区，实施科学利用，有计划迁移农民，改变农民身份，减少滩区农民，并实施洪水保险和补偿政策，解除滩区生产和防洪调沙间的尖锐矛盾。与此同时，探索修建稳定下流河道和提高冲沙效率的工程措施，塑造稳定的、有合理泄量的中水河槽。

（4）继续进行西线调水工程的前期工作，不要使工作中断、资料散失、人员断档。

（5）全面开展挖沙疏浚方案和设备的分析、研究与试制。

至于全流域的经济转轨和节水治污更是当务之急，万事之本，必须落实，纳入所有地区的发展建设规划中，贯彻执行，严格监督管理。

建议人：

潘家铮　中国工程院院士
　　　　水利水电工程
　　　　国家电网公司
韩其为　中国工程院院士
　　　　水力学与河流动力学
　　　　中国水利水电科学研究院
王　浩　中国工程院院士
　　　　水文学与水资源
　　　　中国水利水电第八工程局

关于将千岛湖、抚仙湖作为国家战略水资源加以保护的建议

刘鸿亮　金鉴明　张　懿　尹伟伦　唐孝炎

2009年末至今，云南、贵州、广西、重庆、四川等地的干旱，严重影响了人民的生产生活，尤其是水资源总量居全国第三位的云南省发生自有气象记录以来最严重的秋、冬连旱，部分地区旱情升级为百年一遇，已经造成全省人畜饮水严重困难。华东地区的社会经济快速发展导致的水质性缺水问题日益严重，再次为数量不多的优质水资源的保护敲响了警钟！

千岛湖和抚仙湖是我国少见的蓄水量大水质较好的淡水湖泊，分别处于沪宁杭经济发达地区和云南省主要经济发展区，是两地区人民生活和经济建设重要的保障之一。

千岛湖是浙江省杭州地区最大的淡水湖泊，集防洪、发电、饮用、养殖、航运、旅游和工农业用水等多种功能于一体，同时也是浙江省重要的优质饮用水水源地和华东地区重要的战略储备水源。

库容量 178.4 亿 m^3，年平均入库水量为 94.5 亿 m^3，年平均出境水量为 91.7 亿 m^3，占浙江省水资源的 18.7%。近年来，由于上游来水污染等原因，千岛湖局部水域污染严重，氮磷浓度有上升趋势，生态系统逐步退化。

抚仙湖位于云南省玉溪市境内，距昆明 60 多 km，是全国最大的深水型淡水湖泊，湖面积 216.6 km^2，湖水平均深度为 87 m，总蓄水量 206 亿 m^3，占全国淡水湖泊总蓄水量的 9.16%。抚仙湖水质总体保持一类，水资源储备上具有重要的战略地位。但近二十多年来，入湖河流污染迅速加重，总体上抚仙湖水质呈下降趋势。流域开发与湖泊保护之间的矛盾日趋突显，狭小的流域面积与抚仙湖较低的水环境承载力难以承受流域人类活动剧增的影响，使抚仙湖水环境面临严重挑战。

在我国湖泊环境污染问题越来越严重，对流域饮用水安全和人体健康造成极大威胁的形势下，保护水质为二类水的千岛湖和水质为一类水的抚仙湖，对于两个区域的水源安全和应急供水具有重要的战略意义。此外，在污染初期进行防范相比于先污染后治理具有事半功倍的效果，这也是贯彻和落实科学发展观、倡导生态文明的体现。

我们建议：

1. 稳定保持千岛湖二类水质和抚仙湖一类水质目标

将千岛湖和抚仙湖作为国家战略水资源加以保护的主要目标是稳定保持千岛湖二类水质和抚仙湖一类水质，建议环保部、科技部和发改委等部门将千岛湖和抚仙湖的保护和治理列入国家相关重大研究计划；国家和地方政府加大对千岛湖和抚仙湖水污染防治的资金投入，从政策和技术等方面给予支持和倾斜；千岛湖和抚仙湖流域实施更严格的产业发展准入制度和污染物排放监控制度，保护好两湖的重要战略淡水资源。

2. 开展两湖流域基于水环境承载力的经济协调发展试点

正确处理两湖流域经济发展与水环境保护的关系是两湖水质稳定保持的核心问题。应尽快从两湖水体生态系统健康的角度出发，核算两湖流域的水环境承载力，优化经济增长的方式，使水环境质量持续改善和经济社会可持续发展协调起来，构建基于水环境承载力的流域经济社会优化发展模式，形成良性互动和循环。建议环境保护部和两省在两湖流域开展基于水环境承载力的经济协调发展试点，从牺牲湖泊流域环境换取经济增长转向以保护湖泊环境优化流域经济增长，从而达到两湖水环境保护与经济发展的双重目标，同时，也可为我国的湖泊保护提供重要借鉴。

3. 将氮、磷纳入两湖流域总量控制指标

两湖水体中氮磷营养物水平持续增加，初级生产力近年呈明显的上升趋势，按当前的发展趋势，两湖将会很快进入富营养化阶段，存在水华爆发的风险。而目前我国的污染物总量控制指标以控制有机污染为主，没有考虑引起湖泊富营养化的营养盐指标（如总氮、总磷），总氮和总磷水质指标的改善，无法通过有机物排放量约束来体现，这也是造成湖泊富营养化持续加重的主要原因之一。建议国家环保部在"十二五"期间首先在两湖流域实施氮、磷污染物总量控制，控制住两湖水体的富营养化趋势。

4. 尽快启动千岛湖流域上游生态补偿

建议国家发改委、财政部和环保部协调尽快启动千岛湖流域上下游生态补偿，以"千岛湖水质恢复到二类标准、控制千岛湖富营养化"为目的，尽快区分流域上下游责任，通过生态补偿提高上游安徽来水水质。

按安徽水环境功能区划，安徽省新安江来水应达到安徽省水环境功能区划制定的水质目标—

二类水标准。

第一阶段：跨界断面达到河流二类水标准（氨氮 0.5，总磷 0.1）。按一级补偿标准给安徽省补偿。

第二阶段：跨界断面达到湖库二类水的标准（总氮 0.2，总磷 0.025）指标，按二级补偿标准给安徽省补偿。

建议人：

刘鸿亮　中国工程院院士
水污染防治
中国环境科学研究院
金鉴明　中国工程院院士
环境生态保护与修复
环境保护部
张　懿　中国工程院院士
环境区域污染控制原理与技术
中国科学院过程工程研究所
尹伟伦　中国工程院院士
森林培育
北京林业大学
唐孝炎　中国工程院院士
环境区域污染 控制原理与技术
北京大学

关于审慎宣传与推广生产“石头纸”的建议

陈克复　余贻骥

近几个月来，社会上及不少媒体都在讨论或报道所谓的“石头纸”，根据我们的考证，宣传并推广生产“石头纸”是与国家提倡要重视节能减排降耗相违背，与发展循环经济相违背，不符合科学发展观。因此，我们建议要审慎宣传与推广生产“石头纸”，其理由如下：

1．原料问题

根据考证，目前所宣传报道的所谓“石头纸”的主要原料是碳酸钙及高分子聚合物，并利用特殊工艺处理，采用与生产塑料薄膜一样的挤出或吹制成型，是典型的塑料薄膜加工技术。目前，高分子聚合物是以短缺不可再生的石油作为原料基础，而现代造纸业是以植物纤维这种可再生的植物资源为原料，而且用后可以重复造纸。想用短缺不可再生的石油原料为基础的“石头纸”替代以可再生的植物纤维纸，对于我国目前近9000万吨的纸产品消费量来说，显然是不现实的。

2. 污染问题

由石油原料生产高分子聚合物过程中其污染问题也并不见得比比现代植物原料制浆解决得更好，更重要的是，由碳酸钙及高分子聚合物这两种原料生产的所谓“石头纸”在使用之后，无法回收降解，将会产生比塑料制品更加严重的污染。将之宣传为环保产品，也是不符合事实的，带有很大欺骗性。

3. 产品性能问题

传统的植物纤维纸，是由单根植物纤维相互键合交织组成的网络状多孔性薄片结构，具有良好的吸收性、透气性、印刷性、经水泡能再成纸浆，自然条件下也易于降解等诸多优良特点，而这些重要特点都是气密性的塑料薄膜所不具备的，因而在性能方面，这种所谓“石头纸”也并不能真正替代传统植物纤维纸。

4. 冠名问题

从原料到制造方法都明明是加入了大量碳酸钙作为填充料的塑料薄膜，为什么要将塑料行业的这种产品冠以造纸行业感到怪诞的纸品（石头纸）名称呢？大概是为了引起轰动效应。鉴于国家目前对造纸节能减排的重视，社会上有些人看到一些老小草浆厂乱排污的情况，认为“造纸”等于“污染”，因此，利用社会及各级部门要尽快解决造纸对环境影响的迫切心情，就把这种以不可再生资源为原料、生产过程中产生污染、产品不可降解的薄膜冠以“石头纸”名称，以引起政府和社会的注视。

5. 技术问题

我国造纸业近些年不断进步，高新技术改造传统行业进展迅速，已逐步发展为现代造纸业。不单以可再生植物资源（木材、芦苇、竹、农业秸秆、蔗渣等）为原料，还以用后的废纸为原料，易于回收降解。现代技术促使生产过程对环境的污染越来越轻，我国造纸业所用纤维原料60%以上为废纸，这种产业是其他行业无法比拟的。至于将碳酸钙用作造纸行业的填充料历史也很悠久，目前的纸制品最高的已用到接近20%的比例。因此，配用碳酸钙作为纸的配料已不是新方法，更不是创新。

6. 对植物纤维纸的回收利用产生影响的问题

这种“石头纸”使用以后，在社会上将会很快流入植物纤维纸的废纸中，因为它不可降解也不能回用，因此对我国废纸的回收利用将产生非常不利的影响，会阻碍我国废纸高效回收和高效利用。

综上所述，当前这股想用实质为塑料薄膜的“石头纸”来替代植物纤维纸的宣传，是违反科学的。我们建议要审慎、必要时希望控制对所谓“石头纸”的宣传和不经科学论证的项目立项。

建议人：

陈克复　中国工程院院士
　　　　制浆造纸工程

华南理工大学
余贻骥　教授级高工
制浆造纸工程
中国造纸协会，中国轻工业联合会

转变发展方式，促进油菜产业发展

官春云

一、我国油菜生产的大体情况

油菜是我国主要油料作物，常年播种面积近 7000 千公顷，总产 1200 多万吨，单产 1800 公斤/公顷。面积、总产居世界首位，单产高于世界平均水平。菜籽油是我国主要食用油，占全国食用植物油消费总量 40% 以上。油菜饼粕是食用蛋白质源和饲料；菜苔是风味可口的蔬菜；此外油菜在医药、化工、铸钢等方面有重要用途。油菜花期长，开花成片，可以美化环境，促进旅游业的发展。

表 1　2008 年我国油菜播种面积面积大于 400 千公顷以上省的总产和单产

	播种面积（千公顷）	总产量（吨）	每公顷产量（千克）
全国总计	6 593.70	12 101 661	1 835.3
江　苏	454.51	128 060	2 482.0
安　徽	670.41	402 685	2 092.3
江　西	486.3 5	16 281	1 061
湖　北	1 089.60	2 148 900	1 972.2
湖　南	827.6 0	1 099 327	1 328.3
四　川	886.21	894 167	2 137.4
贵　州	412.80	603 845	1 462.8

二、我国油菜生产存在的主要问题

1. 冬油菜覆盖率较小。

尽管我国冬油菜种植面积有1亿多亩，居世界首位，但是从我国宜种冬油菜面积来看还很不够，有1.5亿亩左右冬闲田没有被利用。要提高油菜总产，一是提高播种面积，二是提高单产。两者比较而言，前者对提高油菜总产来得更快。近20年来，我国油菜亩产水平仅提高7.5kg，而扩种一亩油菜至少提高50kg以上。

2. 油菜的单位面积产量和产油量较低，影响综合效益

我国油菜籽平均单产比欧洲平均产量要低20－50%，表明我国油菜产量还有较大潜力。

我国油菜籽含油量已有一定的提高，现在长江流域多数品种含油量已超过42%，但就整体水平而言，与加、澳、欧洲品种还存在2－5个百分点的差距。

3. 种植油菜的成本较高

我国油菜生产一般为传统人工操作，每亩需要12－14个工，用工费用占生产成本的60%以上。而加拿大等国油菜生产全程机械化，亩用工量不到1个，澳大利亚劳力成本不到3%。

我国油菜生产化肥施用较多，如每亩施纯氮10－15kg，纯磷3－5kg。而澳大利亚一般每亩施纯氮3－7公斤，纯磷1－1.5公斤。肥料的过量使用，不但增加生产成本，而且造成生态环境的恶化。

4. 油菜品质仍需进一步提高

国外实现双低后，食用油要求进一步降低饱和脂肪酸和亚麻酸含量，提高油酸含量，使油菜成为有市场竞争力的食用油。高油酸、低亚麻酸的菜油价格比普通双低品种的菜油价格高40%。现在加拿大、德国等已育成油酸含量超过80%、亚麻酸含量为2－3%的杂交种。

我国在这方面的工作起步较迟，现在已经取得较好进展。

三、转变发展方式，促进油菜产业发展的主要内容

1. 在抓提高油菜单产同时，积极扩大油菜面积

扩大油菜面积主要是充分利用南方冬闲田发展油菜生产。充分利用每年约1/3的光、温、水、土自然资源。

另一方面是发展北方冬油菜生产。现在我国已育成适宜在我国北方冬油菜区种植的冬油菜品种，使冬油菜的分布从北纬40度北移至北纬50度左右，预计北方冬油菜种植可以扩大到1000多万亩。

2. 大力推广冬油菜的机械栽培，尽量减少手工操作

使用机械可代替手工劳动，能够降低成本，提高劳动生产率，把农村劳动力大量解放出来。如我们推广的“机播机收，适度管理”栽培模式种植油菜，采用2BYD－6型油菜浅耕直播联合播种机，一次作业能完成浅耕、灭茬、播种、施肥、开沟、覆土6个工序，每天可播40多亩。采用4YC－200油菜联合收割机一次作业完成割倒、脱粒、清选、秸秆还田4个工序，每天可收割40亩。每亩用工仅2－3个，成本300元左右，而油菜亩产可达150公斤左右，纯收入可达300元以上。

3. 选育和推广油菜高产、优质、适于不同生态条件的抗性强（特别是抗灾力强）、适于机械栽培的油菜新品种

当前我国双低油菜品种面积已达90%左右，杂交油菜占60%以上，种子含油量40%以上，但

是品种的区域适应性，特别是抗灾能力还不够强，今后需进一步提高品种的综合性能，选育和推广适应于不同生态条件的抗性强（特别是抗旱、抗寒、抗极端高低温力强）、高产（比现有品种增产15%以上具有高光效理想株型的杂交品种）、优质（含油量45%以上，油酸含量80%左右）、适于机械栽培的油菜新品种。

4. 大力发展油菜的规模化和标准化栽培

现代农业的一个重要标志是实现规模化和标准化生产，只有规模化才能够大量使用机械，才能大幅度提高劳动生产率。只有标准化才能保证油菜增产和优质及其产品安全。在机械栽培的基础上还应积极开展数字油菜栽培研究，逐步实现油菜的精准栽培。

5. 狠抓油菜产品的精深加工，不断提高附加值

目前我国油菜产品加工多停留在粗加工阶段，缺乏深加工，影响油菜产品加工增值。目前我国油菜加工增值率仅40－60%，而发达国家加工增值率达200－400%。

油菜深加工主要是为了将菜油中甾醇、磷脂、维生素和单个脂肪酸，菜粕中精蛋白、植酸、多糖、多酚、单宁、维生素E等都分离出来，大大提高产品附加值。如当前采用的冷榨和利用水酶法分离油脂和蛋白等成分，是一种较先进的工艺方法。采用该方法可使菜籽油提取率≥91%，菜籽油质量优于GBl536—2004标准；菜籽蛋白提取率≥90%，纯度≥60%，且赖氨酸非油性营养物质保存完好；植酸提取率≥60%。

此外，根据当前国内油脂市场原料与加工及食用油供应的70%以上被几家跨国粮商控制，对我国植物油市场埋下了安全隐患。今后除限制外资无限扩张，应加大对国内油料种植支持力度，加强食用油储备外，主要是要大力扶持民族油脂企业的发展。

建议人：

官春云　中国工程院院士
作物遗传育种
湖南农业大学

关于我国能源发展战略的几点建议

潘　垣　程时杰　樊明武　张勇传　崔　崑　杨叔子　熊有伦　段正澄

长期以来，我国经济的高速增长是建立在高能耗的经济结构和高排放、高污染的能源结构之上。而在相当长的未来，我国能源需求还将持续较快增长。由于能源供应、机制、经济、技术等种种不易改变的制约因素和其长期运转的巨大惯性,要从根本上实现对上述两个结构的调整,费时必然很长,正所谓积重难返。但我们又必须面对,迎难而上。这是一个相当长的艰难转型期。为了确保高速发展的经济和社会持续而平稳地运转,在未来 10 ~ 20 年的能源发展战略中必须留有充分余地,安排可靠后备措施。为此,特提出如下几项建议和对策。

一、利用风能和太阳能支持煤富氧燃烧发电,实现大规模低成本减排 CO_2

在现有已经提出的各种能源战略方案中,受减排指标的约束,都是先将核电、水电和天然气测满算足,然后再规划煤炭消费量,并加以限量控制。愿望是好的,但裕度太小。我们认为,从资源、技术、经济性三者考虑,仍必须将以煤为主的能源结构作为最重要的后备选择,关键在于解决好煤炭利用的清洁、高效两大难题。对此,我们提出如下解决方案。

充分利用电网不易接受的风电或后半夜电力负荷低谷时的风电来制备储存氧气,用于支持富氧燃烧的燃煤电站运转,以便于大规模低成本收集燃煤发电产生的 CO_2,再通过油田驱油、农林业大棚增强光合效应、与电解氢合成甲烷等资源化利用或地质埋藏、深海埋藏等途径消纳 CO_2,从而形成新型 CCS 系统(图 1)。如此集成,既可实现大规模减排 CO_2,又不降低燃煤电站效率。测算表明,300 MW 富氧燃烧的燃煤机组配上 50 MW 的风电机组,即可在实现大规模碳捕获的同时实现全依靠风电补偿制氧所需要的能耗,从而不增加煤炭消耗量和运行成本。对于地处蒙、宁、晋北、陕北、河西走廊和新疆吐哈盆地的我国煤电基地,不仅煤炭资源丰富,风能和太阳能资源也很丰富,非常适合本方案实施。

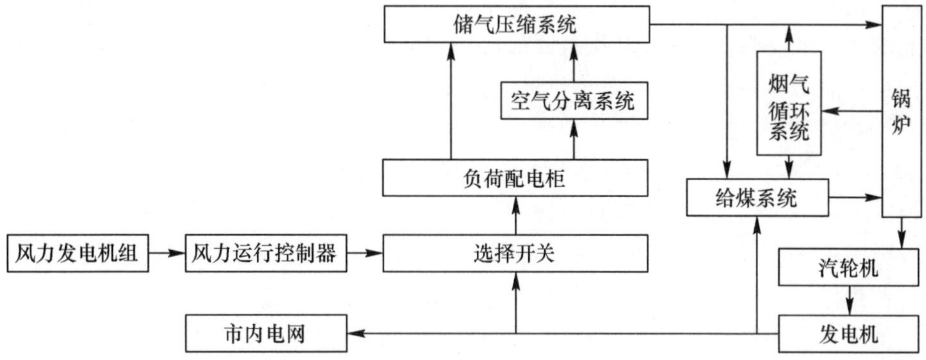

图 1　风能与碳捕获复合低碳发电系统

此外,上述地区荒漠土地广阔,日照充足,采用技术成熟、经济合理的太阳能聚光蓄热系统来加热锅炉给水,部分取代汽轮机回热抽汽,可明显降低发电煤耗(图 2)。经计算,替代 300 MW 燃煤发电机组的一个高压加热器的抽汽,即可实现每度电节约 14 克标煤,年约节煤 1 万多吨,减排 2 万多吨 CO_2。

综合上述新型 CCS 系统和太阳能加热器,能实现大规模减排和有效利用风能和太阳能,可支持未来 10 ~ 20 年国家总体能源发展战略,并使经济结构调整和新能源研发得以从容进行。

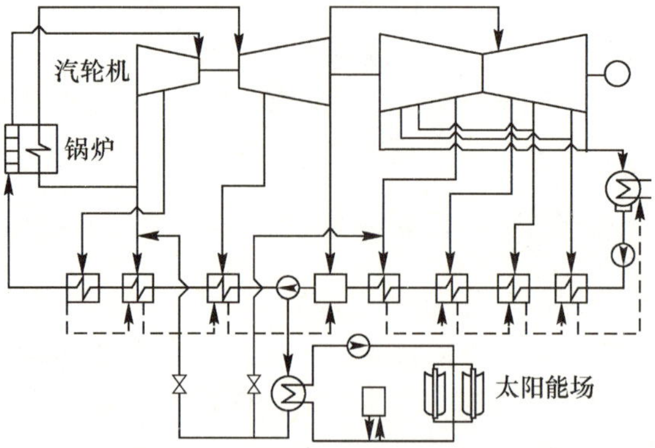

图 2　太阳能加热器替换燃煤发电机组回热抽汽

二、按照可再生能源固有特性和我国实际国情加快太阳能蓄热发电技术的自主研发和产业化

以风能、太阳能为主体的可再生能源，其固有的波动性、间歇性、反昼夜反季节性和随机性，使之难于直接大规模并网利用，而这种劣质特性在我国尤为突出。我国属典型大陆性季风气候，风能和太阳能主要分布在西部和华北北部，不仅波动性、间歇性、反季节性远超欧美，并网难度更大，还必须长距离向中、东部负荷中心输电。这就决定了要大规模开发我国的风能和太阳能，必须首先解决大规模储能技术。在可预见的未来，只有抽水蓄能和热蓄能具有大规模开发的技术经济性。虽然抽水蓄能的技术经济性更优越，但我国西部和华北北部属干旱、半干旱地区，严重缺水，不具备大规模开发抽水蓄能的水资源条件。而汽轮机乏汽的空冷技术已经成熟，对水资源的要求很低。因此，只有太阳能热蓄能发电技术是符合大规模开发和并网的唯一选择。达到一定规模的太阳能蓄热发电，还可通过其对负荷的峰谷调控能力，支持风电大规模并网利用。

要从根本上调整、优化我国的能源结构，必须发展风能和太阳能。从世界发展趋势，低碳经济兴起和应对国际碳税壁垒威胁考虑，也必须发展风能和太阳能。鉴于太阳能资源远超过风能，又具有可大规模蓄热储能特性，加快太阳能蓄热发电技术研发当成为我们必然选择。

我国是世界上太阳能最丰富的国家之一，特别是青藏高原的中北部广袤地区，由于地处中低纬度，又具有世界屋脊称号的高海拔地势，使其拥有世界少有的稳定而高值的太阳能辐射强度。其次，南疆、甘肃河西走廊、宁夏、蒙西一线也属于辐射高值区。这些地区干燥少雨，不仅太阳辐射强度高，且年辐射总量大，丰富优质的资源为发展太阳能蓄热发电提供了可靠的保障。唯一不足的是需要将巨大的太阳能电力通过输电线向中、东部长距离传输。但特高压直流输电技术已日臻成熟，可当此重任，我国是世界上已经掌握这一技术的国家。

种种条件均已具备，应尽快作出部署。

三、对大、中型企业首先是高能耗产业的能源系统进行智能改造，以加快节能优先战略的实施

我国目前的产业结构，二产约占 48.6%，但却消耗了整个能源的 70%，而重化工业又占去了其中的 70%。也就是说，重化工业几乎消耗了全国能耗的一半。改变现状的根本出路是调整产业结

构，逐步压缩二产比重，特别是重化工业，加快第三产业的发展，但这是一个贯穿于工业化乃至现代化的冗长过程。在这一过程中，只有通过采用先进理念和技术，改造二产能源系统，促进节能减排，实现全系统增效。

近年，美欧倡导智能电网，我国也随之跟进。国家电网公司提出坚强智能电网概念，少数大城市也开始在局部配电网进行智能化试点。但是，从我国国情出发，工业企业是用电、耗能大户，只有抓大头，才能快见效。要从企业的生产全过程入手，紧密联系产品工艺流向，对驱动工艺全过程的各种能量流（如电力流和热力流）和信息流进行综合优化配置、调度和调控，同时提高各能量转换环节的效率，回收工艺过程中的余热、废热，从全系统实现节能、减排、增效。整个改造过程不会有大的伤筋动骨，也无须巨大投资，关键在于企业领导的水平和决心。政府除号召外，更应善于动员组织所辖地区的科研院所和高等院校参与，给予企业以支持配合。先从典型耗能大户入手，成功后逐步推广，相信 10 年之内必能大见成效。

四、设立相关重大专项，促进科学能源战略的实施

综合上述几点建议，加快大规模开发可再生能源才是造福后代的百年大计、千年大计。要实现可再生能源规模化发展，必须同时解决大规模蓄能技术。为此，特建议国家追加设立一个重大专项“规模化太阳能蓄热发电及其与风力发电联合输电系统”。

建议人：

潘　垣　中国工程院院士
核能工程
华中科技大学

程时杰　中国科学院院士
电力系统及其自动化
华中科技大学

樊明武　中国工程院院士
核科学技术应用
华中科技大学

张勇传　中国工程院院士
水电工程
华中科技大学

崔　崑　中国工程院院士
金属材料
华中科技大学

杨叔子　中国科学院院士
机械工程
华中科技大学

熊有伦　中国科学院院士
机械工程

华中科技大学
段正澄 中国工程院院士
机械制造与自动化
华中科技大学

关于加强我国地热资源开发利用的建议

多 吉

地热资源是一种潜力巨大的清洁可再生新能源。地热能不但用来发电,还在工业加工、洗涤、生活供暖以及种植业、养殖业、旅游业、医疗等方面有着极其广泛的用途,具有利用成本低、工艺简便、对环境污染小、安全、可靠、清洁、不受季节气候变化的影响等诸多优点。

2010年世界地热大会倡导世界各国开发利用绿色环保的地热能。大会主题为:地热能,改变世界的能源。其闭幕式上签署的《巴厘宣言》宣称:“能源是人类基本的和持续的需求”,“气候变化必须得到很好的控制,而必须以合理的价格向不断增长的人口提供能源”,“地热能是唯一不受天气、季节变化影响的可再生能源”,“地热能技术已相当成熟,并且不断在改善”。

人类文明离不开能源,社会经济快速发展更离不开能源,而大量化石能源的使用又造成气候的恶化。解决这一矛盾,开发利用地热资源是明智的选择。

一、我国地热资源开发利用现状

我国地热资源丰富,与其他矿产资源一样,地热资源在我国分布是不均匀的,有其自身的分布特征和规律。我国高温地热资源主要受我国东部环太平洋地热带和我国西部地中海—喜马拉雅地热带这两大全球性地热带的控制和影响。环太平洋地热带通过我国台湾省,我国大陆的东部接近该地热带,台湾、广东、福建等地分布有大量温泉。地中海—喜马拉雅地热带通过我国西藏并延伸至云南省,西藏、云南、四川西部有大量的高温地热显示区,如间歇喷泉、沸泉等。我国内陆地区广泛分布有丰富的中、低温地热资源,多集中分布于大型中生代、新生代沉积盆地和中、小型断陷盆地内。

我国各地开发利用地热资源的水平参差不一。地热发电以西藏羊八井地热电站为标志,其他如西藏朗久地热电站、那曲地热电站、台湾清水地热电站、土场地热电站、广东丰顺县邓屋地热电站、湖南宁乡县灰汤地热电站等因各种原因已关闭,羊八井地热电站因设备老化、所利用的浅层地热资源萎缩而致使其出力下降,这些地热电站的运行在我国的地热发电中积累了丰富的资料和宝贵的经验。中、低温地热资源(包括发电尾水)一般用于地热资源直接利用,主要用于地热取暖、温室种植等,北京、天津、咸阳等地开发利用地热资源的水平居全国前列。热泵技术的发展使可利用的地热资源温度更低、可利用的资源范围更广,利用热泵技术不仅在冬季可以供暖,而且在夏季可以制冷,热效率可达 3 ~4。

二十世纪七十年代,我国地质部部长李四光号召全国“把开采热水与采煤、石油放在同等地位”,全国掀起了开发地热资源的高潮,培养了一批地热人才,我国地热开发利用技术得到了发展。二十世纪八十年代后期,随着我国经济结构转型,我国地热业逐渐冷落,人才转型或流失。二十世纪九十年代中期开始,市场经济下的开发商热衷于投资地热开发,尤其是房地产与地热供暖综合开发项目。随着《可再生能源法》的实施,一些企业有意投资地热发电项目,由于针对地热发电的优惠政策如上网电价补贴等迟迟未出台,现基本处于等待、观望状态。

二、对我国地热资源开发利用的建议

1. 政策法规支持

地热能作为可再生新型能源,《可再生能源法》中对其有明确定位,其开发利用毋容质疑应得到国家政策的优惠和保护,鼓励开发。因此,地热投资商、地热勘查研究队伍和地热开发企业都应从地热开发中受益,人才和队伍都应得到持续发展。

开发利用地热资源,可有效地实现节能减排、节约资源和保护环境。据统计,地热发电的利用效率可达 72%,地热资源直接利用的利用效率为 27%。相比风能、太阳能等其他可再生能源,地热发电具有很高的利用效率。增加我国地热发电的装机容量,既可以改善人民生活水平,促进经济发展,又可以在温室气体减排的国际谈判中争取话语权。

建议参照其他可再生能源发电的上网电价补贴,给予地热发电上网电价补贴,以鼓励和吸引更多的企业和资金投入到地热发电项目中来。

2. 国家财政资金支持

与其他矿产资源一样,地热资源蕴藏在地壳内,其在地表可能以温泉等形式出露,也可能在地表无热显示。作为开发地热资源设计的依据,必须要了解地热资源在某一地区的分布情况,详细勘查地热田中地热资源的蕴藏量、储藏形式以及地热流体性状等,这些是地热地质调(勘)查的工作内容。众所周知,地质勘查工作具有高风险、高回报等特点。为降低风险,建议由国家地质调查主管部门逐年安排地热地质调查项目,像其他基础地质调查工作一样,使地热地质调查工作走入常态运行轨道,由国家财政支持地热地质基础调查工作,每年安排一定资金量的地热地质调查项目。这样既保证了地热地质调查工作的连续性,又保证了地热人才的连续性。

目前国际上地热能利用技术已相当成熟,并且不断在改善。我国多所大学、科研院所致力于地热能利用技术的研究和开发,取得了丰硕的成果,有些研究成果在国际上处于领先水平。但针对不同类型、不同规模的地热资源,其开发利用形式和方式既有可对比性,又有各自的特点,地热资源开发利用各环节的基础研究工作应同步进行。建议由国家科技主管部门安排地热资源开发利用基础研究项目,设立地热科研重点实验室,为我国地热资源开发利用提供科技保障,创立我国地热资源开发利用自主品牌,培养地热科技人才。

3. 合理开发地热资源

地热资源属矿产资源,地热流体既包含了其作为能源资源的热能,又包含了其从地壳深部携带上来的有用元素,当其有用元素含量达到了工业指标要求时,可对其进行综合开发。

地热资源有其自身的特点，其蕴藏量、储藏形式、所处的地质环境、地热流体的组分等，决定了开发利用规模和形式。地热资源开发利用要因地制宜。首先应开展详细的地热地质勘查工作，根据勘查成果合理制定开发利用方案，在详细论证的基础上对地热资源进行开发利用，在开发利用过程中定期进行监测，确保项目长久、可持续运转。

建议人：

多　吉　中国工程院院士
矿产资源和地质勘查
西藏自治区地质矿产勘查开发局

从BP墨西哥湾事故看深海油气田开发

周守为

发生在美国墨西哥湾的“深海地平线”钻井平台爆炸及原油泄漏事故，共造成17人受伤、11人失踪。该事件发生后，举世震惊，引发了国际社会对深海钻井平台生产安全的担忧。时至今日，距事故发生后58天，尽管各方采取了各种堵漏措施，但漏油一直没能得到有效地控制，灾难还在不断地蔓延。该事件已成为国内外媒体广泛关注的热点，同时也为我国深海油气田的勘探开发和安全生产带来了诸多反思。

一、事件的发生不应延缓人类走向深海的步伐

深海通常是指水深大于300米的海域，深海油气田勘探开发是一个高科技、高风险、高投入的新型产业，近10年来，全球超过1亿吨储量以上的重大油气发现60%—70%在海上，其中一半以上在深海，深海已经成为并将继续成为全球油气资源接替的主要领域。我国南海深海区面积达到70万平方公里（传统疆界内），油气资源总量预计达570亿吨。深海除了蕴藏着丰富的石油和天然气资源外，还有储量更为巨大的天然气水合物和其他矿产资源。目前，我国深海油气田的勘探开发还处于起步阶段，2006年11月在南海1500米水深处发现的LW3－1气田揭开了我国深海油气田开发的序幕，继LW3－1之后，我们又不断发现LW29－1、LW34－2等新深海气田，LW3－1的开发工程正在稳步进行，该气田有望于2013年建成投产。中国海油计划2015年至2020年在我国南海建成5000万吨的油气生产能力，即建成我国的“深海大庆”。

通过对美国民意和世界石油工业专家们的调查，大多数一致认为：此次墨西哥湾深海钻井平台爆炸事故只是全球海洋石油工业发展历程中的个案，它将促使石油公司执行更加严格的行业标准，

但不会改变世界海洋石油工业的总体发展趋势和延缓人类走向深海的步伐。

二、深海油气田勘探开发虽是高科技但已属成熟技术

深海油气田勘探开发技术是一个很复杂的系统工程,世界上没有任何一个国家或公司可以独揽所有的深海油气田勘探开发技术。这些技术需要由油公司、油田技术服务公司、钻井船公司综合协同作战。迄今为止,全球共有28个深海盆地有油气发现,其中在生产的油气田共42个,在建设的油气田共37个。目前,全球深海区已钻探井数超过1340口,年产油气总量约为6.3亿吨油当量,这为人类的能源安全做出了巨大的贡献。全世界的石油工业通过近30年的努力,已具备在2000多米水深进行油气田勘探、开发、生产、管理和维修的能力,尽管深海油气田开发过程中高科技密集,需各专业配合协调作战,但上述技术已是成熟技术。只要使用的油气生产装备达到设计的标准和规范,只要操作人员严格按照设计要求和操作程序,发生海底井喷的事故是绝对可以杜绝的。如果油气田的海底井口失去控制发生井喷,全世界还没有成熟的技术可以在短时间内予以控制。因此,防范此类事故的重点应该放在现有成熟技术的使用和严格的管理上。至于如果发生大面积的漏油事故之后,对于漏油的回收,各国的做法不太一致,但漏油回收的技术是成熟的,只是具体的做法和组织形式不同而已。

三、对我国深海油气田安全生产的反思和建议

1. 深海油气田的勘探开发作业是多学科、多工种的密切配合,一个操作工人的低级错误或是几个低级错误的叠加就可能导致重大的灾难性事故发生。因此,要求各石油公司要按照已有的标准和规范苦练“内功”,并在油气田的基础管理上狠下功夫,严格执行设计标准、规范和作业程序。

2. 我国的深海油气田勘探开发刚刚揭开序幕,深海将成为我国能源接替的重要领域之一。鉴于其高风险、高科技的行业特点,根据国际惯例,建议国家给予政策和税收上的优惠。

3. 采用本质安全技术、杜绝海底井喷事故发生。即当钻井平台发生重大事故(爆炸、倒塌、翻沉)时,这种本质安全技术能使海底的防喷器不需任何人为的操作就能自动关闭。即使钻井平台完全损失,但也能杜绝因海底井喷导致的环境污染事故发生。中国海油正在我国建造的3000米深海钻井船已在全球首次采用这项技术。

4. 发展深海装备和深海维修技术

人类在深海海底维修作业与人类在太空行走一样,属“高难技术”,由于在深海的海底要承受巨大的海水压力,所以目前人类依靠深海常压潜水装置在海底能够自由活动并工作的深度仅为800米,我国现有技术仅能实现300米水深(深潜器虽能载人到3000米水深,但人不能出舱自由作业),在复杂的海底、复杂的作业仅靠水下机器人很难完成,只有水下机器人与潜水员配合作业才能准确完成。因此,要研究能够使潜水员潜水深度从目前的800米增加到1500米至3000米的技术,提高深海作业能力和事故救援能力。这项技术的成功对深海油气田勘探开发和海洋环保安全具有重要意义,同时对我国国防和军事的意义更为重大。

5. 建立海洋溢油应急响应体系

墨西哥湾漏油事件发生后,当地媒体对美国政府针对溢油的响应能力进行了强烈的批评和质疑。中国海油从2001年开始通过近10年的时间,陆续投资10亿元已初步建立起包括由七个沿海基地和158座海上生产平台组成的我国沿海溢油应急响应体系,而在世界其他国家这种应急溢油

响应体系均是由政府主导并出资建立。目前，我国每年海上有4.5亿吨的油品在运输和5000万吨的原油在生产，发生溢油的风险极大，相比而言，中国海油的溢油应急响应体系能力远远不够。因此，建议建立以政府为主导、政企结合的溢油应急响应体系并与领海相邻国家建立共同溢油应急响应体系及强有力的组织管理系统。

6. 建立海洋环保基金

我国有300万平方公里的海域，随着经济社会的发展，海洋突发事件和海上无主漂油事件正在逐步增加，百年一遇的台风和环保风险也日益加大，极端气候也时常出现。以南海为例，过去每年的台风次数平均在5—7个，最近5年，每年台风的次数在11—13个，这对海洋生态环境已造成巨大的威胁。海洋生态的保护和修复，成本非常巨大，一旦发生灾难性的破坏，只有通过海洋环保基金来解决。建议采取政府和企业联合出资的办法来建立海洋环保基金。

建议人：

周守为 中国工程院院士
石油和天然气工程
中国海洋石油总公司

切实加强矿产资源勘查的建议

徐匡迪 殷瑞钰 何继善 李东英 邱中建 胡见义 童晓光
潘自强 王思敬 卢耀如 康玉柱 曾恒一 金庆焕 多 吉
马永生 钱鸣高 彭苏萍 谢和平 陈毓川 常印佛 汤中立
郑绵平 裴荣富 赵文津 沈其韩 肖序常 许志琴 杨文采

矿产资源是国家经济与社会发展的物质基础。随着我国经济的快速发展，对矿产资源需求的快速增长，一些重要矿产资源的供应相对短缺已经成为经济发展的瓶颈。去年李副总理对此问题先后有多次指示，已明确提出"主要立足国内保障资源供应"，"加大国内勘查开发力度，寻求找矿的重大突破，着力增加地质储量，提高我国矿产资源的自给程度"。为此，我们就当前国内的实际情况，就此问题提出以下建议：

一、提高矿产资源自给程度具备物质基础

我国成矿地质条件好，世界三大成矿域交汇于我国境内，我国西部广大地区及深部（500m以

下)地质工作程度低,因此,矿产资源找矿潜力很大,只要切实加强矿产勘查,地质找矿的重大突破、提高矿产资源自给程度是可以实现的。

二、切实加大矿产勘查力度

为落实去年八月李副总理关于“加大国内资源勘查力度”的指示,国土资源部与财政部已确定三年内(2010-2012年)每年130亿实施“地质矿产保障工程”,其中地质矿产调查、勘查费用50亿,矿山环境治理40亿,矿产综合利用30亿及支持境外勘查10亿。地质矿产调查勘查的50亿中,包括基础地质、环境地质工作,实际用于矿产资源调查勘查的费用不到30亿。因此,在130亿中,国内矿产勘查的投入仅占四分之一。没有体现切实加强矿产勘查的精神。为此,建议适当调整投向比例,上调国内矿产勘查经费占总经费的二分之一,60亿以上,下调矿山环境治理及综合利用费用至各占20亿以下。或由财政另增矿产勘查费用。

三、国家投入矿产勘查工作,目前需要做到普查阶段

矿产勘查的关键阶段是普查,是实现找矿突破的基础。做到普查阶段降低了找矿风险,有利于吸引社会资金投入接替勘查,亦有助于矿业市场的发展。在目前我国矿业市场尚不发育的条件下,国家投入找矿工作到普查,是加强、加快矿产勘查的关键所在。过去10多年国家投入的地质大调查专项,矿产勘查是做到预查阶段,而社会资金又很少投入普查工作,因此,全国普查工作严重削弱,可供进一步矿产勘查的基地日益紧张,历史教训应当吸取。在矿产普查工作中应充分发挥国有地勘队伍找矿主力军的作用,由他们承担国家出资的勘查工作。考虑到地勘单位企业化转制的改革需要,走勘查——开发一体化道路,逐步建立地质勘查矿业公司,实践证明是一条可行的路径。

因此,建议,在一段时期内(至少在“十二五”期间),国家投入取得的勘查成果,拨给国有地勘单位,作为转制的资本,并继续扶持其进行勘探,甚至开采,实现企业化。像当年石油部转制为油气公司时,国家给予的条件。这样,既达到国家得到矿产资源,又实现了国有地勘单位转制改革的目的。我们认为,这是国家对国有地勘单位应负的责任,亦是国家对国有地勘单位几十年来对国家所作巨大贡献的回报。

四、建立中央勘查风险基金,鼓励社会各界参与国内、外矿产勘查工作

国家急需矿产资源,因此,找矿风险较大的初期阶段,国家可采取减少找矿单位风险,来鼓励社会各界进行风险勘查的政策,可行的办法就是用建立矿产勘查风险基金支持找矿单位(这也是一些资本主义国家常用的办法)。找到矿,找矿单位返回国家投入的勘查资金的全部或部分,矿权归找矿单位;找不到矿,国家承担风险。这样,肯定能充分调动找矿单位的找矿积极性,促进找矿的重大突破。

考虑到已建立的中央地质勘查基金,建议对已有基金作适当的调整,改变其投资性质(风险共担,利益共享)为风险基金,亦相应修改基金条例及管理办法。

目前阶段,中央矿产勘查风险基金应面向全社会,支持在国内及国外进行矿产风险勘查的项目。勘查工作做到普查。

五、调整矿产管理的某些条列

1、调整初始探矿权的招拍挂，自2003年国土资源部发文对探矿权实行招标、拍卖，挂牌。至今，已有不少省、区实施，我们认为初始探矿权不宜搞招拍挂，仍应维持执行原来的申请、审批、登记取得探矿权的规定。因为，初始探矿权不同于土地，初始探矿区，尚不知是否有矿，定不了价，无法拍卖。应支持公民风险找矿，同等条件，先申请者经审查批准，可登记取得探矿权，这是国际惯例。初始探矿权招拍挂已造成的不良后果是，出高价者取得探矿权，而国有地勘单位由于缺乏经济条件得不到探矿权，失去了申请探矿的权利，为了生存，只能为老板们探矿打工。因此，建议尽快调整初始探矿权招拍挂的政策，恢复申请、审批、登记的规定。

2、调整矿产资源有偿使用费收取办法。资源有偿使用，是维护国家对资源的所有权，因此收取资源使用费是合理的，但收取时间建议调整到开采利用资源时，按实际使用资源量收取。目前是探明资源储量经审批备案后，按量收取。已造成的弊病是不少找矿单位，找到矿既高兴，又犯愁，找矿已花钱，找到矿又要花钱，找到大矿交大钱。因此，较普遍出现找到矿不报，大矿小报，或找矿慢慢来的情况。我们认为，找到矿是好事，应采取鼓励措施，探明的资源储量在未开采使用前，不收取资源使用费。开采使用时，按使用量收取，这样有利于调动找矿单位的找矿积极性，亦切合实际。

六、切实加强地质工作领导，加快国家地质队伍建设

地质工作是国家经济社会发展的重要基础性工作，其重要性及工作范围绝不亚于海洋、测绘等工作，需要有一个归口部门，统一领导。国土资源部于1999年成立中国地质调查局，2004年国务院提升其为副部级单位，授予部署和组织实施全国基础性、公益性地质调查和战略性矿产勘查工作，领导国家地质队伍的职责。但至今，职责不到位。为此，为加强对全国地质工作的领导，建议授予中国地质调查局国家局的职责。全国地质矿产调查、勘查地质工作归口中国地质调查局统一领导，负责编制、部署和组织实施全国地质工作计划，在财政部设立独立的地质勘查科目。地调局直属队伍需尽快定编、扩充，建设精干的3万人左右的国家地质“野战军”队伍，并进行基地建设，改变十余年来6000多人原地踏步的被动局面。中国地调局逐步建立起与各省、区地调院的业务领导关系，与各地勘局紧密的业务关系。使全国地质工作健康、稳定的发展。

我们殷切希望中央能考虑与采纳上述建议，如有不妥之处，请批评指正。

建议人：

徐匡迪 中国工程院院士
钢铁冶金
中国工程院

殷瑞钰 中国工程院院士
钢铁冶金
钢铁研究总院

何继善 中国工程院院士
地质与矿床探测技术工程
中南大学

李东英　中国工程院院士
　　　　有色金属冶金
　　　　原国家有色金属工业局
邱中建　中国工程院院士
　　　　油气资源与勘察
　　　　中国石油天然气集团公司
胡见义　中国工程院院士
　　　　油气资源与勘察
　　　　中国石油勘探开发科学研究院
童晓光　中国工程院院士
　　　　油气资源与勘探
　　　　中国石油天然气勘查开发公司
潘自强　中国工程院院士
　　　　核安全、防护和环境
　　　　中国核工业集团公司
王思敬　中国工程院院士
　　　　矿山水文地质和工程地质
　　　　中国科学院地质与地球物理研究所
卢耀如　中国工程院院士
　　　　工程地质与水文地质
　　　　中国地质科学院
康玉柱　中国工程院院士
　　　　油气资源与勘察
　　　　中国石化石油勘探开发研究院
曾恒一　中国工程院院士
　　　　油气资源与勘探
　　　　中国海洋石油总公司
金庆焕　中国工程院院士
　　　　油气资源与勘探
　　　　广州海洋地质调查局
多　吉　中国工程院院士
　　　　矿产资源和地质勘查
　　　　西藏地质矿产勘查开发局
马永生　中国工程院院士
　　　　油气资源与勘探
　　　　中国石油化工股份有限公司
钱鸣高　中国工程院院士
　　　　煤炭开发

中国矿业大学
彭苏萍　中国工程院院士
地质与矿产探测
中国矿业大学
谢和平　中国工程院院士
煤炭开发
四川大学
陈毓川　中国工程院院士
矿产资源和地质勘查
中国地质科学院
常印佛　中国工程院
矿产资源和地质勘查
安徽省国土资源厅
汤中立　中国工程院院士
矿产资源和地质勘查
长安大学
郑绵平　中国工程院院士
矿产资源和地质勘查
中国地质科学院
裴荣富　中国工程院院士
矿产资源和地质勘查
中国地质科学院矿产资源研究所
赵文津　中国工程院院士
地质与矿产探测
中国地质科学院
沈其韩　中国科学院院士
前寒武纪地质与变质岩
中国地质科学院地质研究所
肖序常　中国科学院院士
构造地质
中国地质科学院地质研究所
许志琴　中国科学院院士
构造地质
中国地质科学院地质研究所
杨文采　中国科学院院士
地球物理
中国地质科学院地质所

关于尽快查清水库大坝下是否存在强震发生断层的建议

李　玶

我国已建成的大、中型水库大坝有2000多座，若包括小型水库，则多达8.6万座。有些坝兴建较早或规模较小，当时没有进行地震安全性评价，而现行的地震安全性评价也没有考虑强震发生断层存在的因素。如果水库大坝下存在强震发生断层，在地震发生时将因强震破坏而发生溃坝，严重威胁到人民群众生命和财产安全。当前，核查水库大坝下有无强震发生断层，并采取必要的防范措施是一项重要而紧迫的任务。

一、强震发生断层对大坝安全存在严重威胁

强震发生断层是指未来数十年、数百年内，可能发生强震（M≥6）的断层。该断层在地面上呈一定宽度的条带，宽从数米到数十米，甚至达数百米；长从数十公里到数百公里，甚至上千公里；深从数公里到数十公里，甚至切穿地壳。当发生强震时，断层内外破坏程度差异很大，断层内在极震区，根据强震发生断层内外，地震烈度的陡增、陡降可达2～3°或更多，所引起的建筑物破坏程度的差异，也就十分明显。在断层内建筑物将在地震中荡然无存，而断层外，则因地震烈度陡降，建筑物损坏相对轻微，二者界限分明。

值得庆幸的是，唐山地震时离唐山市不远的陡河水库，不在这次地震的发震断层上；汶川地震时附近最大的紫坪埔水库，相距发震断层也有数公里（有人说是10余公里）。若两个水库坝址位于强震发生断层上，地震时大坝溃决，唐山市区更将变为一片汪洋大海，汶川地区除了沿龙门山断裂带的城、乡外，成都平原亦会是一片泽国。震灾中幸存的人，还将再遭灭顶之灾，灾情的严重更是不堪设想。

想到这些，我真是不寒而栗，急切恳请水利部、地震局等领导部门责成所属有关单位，对大坝下是否存在强震发生断层进行认真的审查和鉴定。若有，则应采取必要的防范措施。就目前而言，采取防范措施的时间、人力成本和所需费用较之救灾花费，乃是九牛一毛。

二、用概率法评价一个地区的地震危险性存在严重不足

自1958年以来，地质、地震学家应用大地构造、新构造、古地震、历史地震和现代地震等多方面的基础材料，用概率方法评估一个地区的地震危险性。水电工程师就根据所提出的地震参数来进行设计，但实践证明，收效甚微，如：唐山地区地震烈度定的是Ⅵ°，而实际上是Ⅹ°或更大；昆仑山口

西地震烈度定的是Ⅶ°而实际上达Ⅹ°之多;汶川地区定的地震烈度为Ⅶ°,实际上则为Ⅺ°。所定的基本烈度与实际情况相差甚大,究其原因是当前所用的烈度区划图和地震动参数区划图的编图是以潜在震源区为基础而划定的,其地质、地球物理和地震等各方面的素材都是不太确定的,诸如:活断层的时限,有的定为1万年以来,有的定为10万年或15万年以来;至于活断层的具体分布地点,常因人而异,具体分布地点常有分歧;重、磁梯级带所反映的活断层,长、宽达数公里,不清楚哪里是活断层的具体位置;古地震、历史地震记录中如“某某地区地震,房屋尽毁……”,显然,它的发震地点、震级大小,都是不太确定的。

当前已有“强震发生断层”的认识,我们不应再用概率法作为主导方法来评定一个地区的地震危险性。当今的规范,是根据上文中不太确定的素材,用概率法结合所掌握的极震区地震波峰值加速度分布规律,而计算出一个地点未来可能面临的地震动峰值加速度,这仅是一个期望值,是冒一定风险的。概率方法在复杂多变的自然环境中应用范围有限,它仅仅适用在基本条件相差不大、数量很多、符合一定统计分布的情况应用,才能发挥一定作用,而水库大坝所处的地质、水文、人文、气候条件相差悬殊,实践表明,应用概率法于重大灾害方面的效果不佳,更不能以此作为设计的依据。查清水库大坝下有无强震发生断层,就是改用确定性方法的具体体现。

三、建议尽快核查水库大坝所在是否有强震发生断层

以往的安全评价工作,只考虑一个地区的基本烈度和地震动参数,而没有考虑强震发生断层的有无。故而,尽快核查水库大坝下面有无强震发生断层是十分重要的。

由于强震发生断层,使岩石高度破碎疏松,易被水流冲刷,常常形成洼地、峡谷,成为修建水库大坝的有利地段。而选在这些地段筑坝,就恰好面临着强震破坏的危险。我国拥有数千座大、中型水坝和数万座小型水坝,又是一个强震多发的国家,尤其是西部地区、东部沿海和东南沿海,难免有位于强震发生断层上的可能性。

目前,很多可能位于强震发生断层上的大坝面临着强震破坏的危险。例如:四川冕宁的锦屏山雅砻江普斯罗沟大坝,高305米,蓄水70亿立方米,坝址可能就位于强震发生断层上,雅砻江大河湾东西两支河道,应均为近场潜在震源,万一发生强震,大坝溃决,所引起的灾难是不堪设想的。大坝下游,百余公里有雅砻江锦屏二级水电站,该电站的巨型输水隧洞的进、出口,就位于两条强震发生断层上,二级电站下游约170公里又有二滩水电站,二滩电站下游约50公里为攀枝花市。对以上电站和城市,可能遭受的次生灾害,也应有一定的防范措施。

有鉴于上述的潜在危险,我们建议应该采取以下措施:

1、组织专业鉴定小组,查清重要的大、中型水库坝址下是否存在强震发生断层;

2、若有强震发生断层的存在,则应采取下列措施:

a. 建立预警系统,万一溃坝,应及时发出警报,让人们有时间逃生,运行的设备也有时间采取防范措施;

b. 在相应的危险区,也就是洪水泛滥区,最好不要有居民区和工业区。另外,还应建设紧急撤离的交通网络。

建议人:

李　玶　中国工程院院士

地震构造
中国地震局地质研究所

对三峡工程试验性蓄水运行有关问题的建议

潘家铮　梁应辰　陈厚群　张超然　郑守仁

根据1993年7月国家批准的《长江三峡水利枢纽初步设计报告（枢纽工程）》（以下简称《初步设计》），三峡工程采用一级开发，一次建成，分期蓄水，连续移民的建设方案。《初步设计》将分期蓄水划分为三期：2003年蓄水位135米，进入围堰挡水发电期；2007年蓄水位156米，进入初期蓄水运行期；2009年工程完工，具备蓄水至正常运行水位175米的条件。从初期蓄水过渡到正常运行的历时，可根据移民安置情况、库尾泥沙淤积实际观测成果以及重庆港泥沙淤积影响等情况，届时相机确定，暂定6年，即2013年进入正常蓄水运行期。每年汛后10月1日开始蓄水，10月底或11月初蓄至175米，枯水期向坝下游补水，至次年汛前，水库水位消落至防洪限制水位145米，预留防洪库容221.5亿立方米，发挥防洪作用。

三峡工程开工后进展顺利，2008年大坝、电站厂房、船闸完建，左、右岸电站26台机组全部投产，较《初步设计》工期提前一年具备蓄水至175米的条件；在移民方面，12座县城和114座集镇迁建完成，搬迁安置移民124多万人，有关专项均经主管部门组织验收，亦可满足水库蓄水至175米要求。

三峡工程经国务院批准，2006年汛末蓄水至156米，提前一年进入初期蓄水运行期；2008年汛末进行试验性蓄水，当年坝前最高水位达172.8米。期间国务院三峡工程建设委员会办公室组织有关省市、部门和单位对库区地震、地质灾害、生态与水环境、泥沙冲淤、城镇居民点住房及交通道路桥梁等设施进行周密的监测，对枢纽建筑物进行安全监测及水轮发电机组试验。监测证实：所有枢纽建筑物运行正常、安全；水库区地震99.9%都是小于3级的微震和极微震，实测最大震级4.1级，小于设计预测的5.5级；试验性蓄水中所出现的问题均在《初步设计》预计之内，符合水库蓄水的一般规律。

2009年汛末三峡工程继续进行试验性蓄水，并经国家批准于9月15日开始。但由于2009年9月～10月长江上游来流量偏小，下游湖南、江西等省旱情严重，为缓解干旱情势，三峡工程加大下泄流量，至11月上旬，三峡水库最高蓄水位仅达171.4米，此后水库水位均匀下降，在今年6月上旬降至防洪限制水位。

鉴于三峡工程试验性蓄水已进行二年，但均未达到175米，未能充分发挥三峡工程综合效益和深入检验正常蓄水运行中可能出现的问题。为此，我们经研究后，提出如下建议：

（一）三峡工程试验性蓄水运行期可定为五年

根据现有资料，三峡水库库尾泥沙淤积影响和库区移民搬迁已不成为制约水库蓄水至175米的条件，主要应注意库区地质灾害和生态与环境问题。水库蓄水后一般经历3至5年的水位涨落循环，库岸可趋于稳定；对生态、水环境和坝下河道冲刷的影响则需要长期观测研究。因此，我们建议可明确三峡工程的试验性蓄水期为5年，2013年进入正常蓄水位175米运行，与《初步设计》暂定的时间相同。

（二）通过试验性蓄水期的试验研究，解决一些重要问题

由于三峡上游已建成不少大中型水库，都要在汛后蓄水，所以近年来三峡汛末和汛后流量较多年平均值大有减少。如仍按初步设计规定在汛后蓄水，三峡水库很难蓄满至正常蓄水位，另外，初步设计规定在整个汛期内库水位均需控制在防洪限制水位，这些都将严重影响三峡工程的综合效益和对下游的供水。为此，水利部已提出《三峡水库优化调度方案》，在保证防洪和工程安全的前提下，对防洪限制水位的浮动和起蓄时间做了适当规定，并经国家批准执行。

为了更充分地发挥三峡工程综合效益和提高水库满蓄率，我们建议今后三年试验性蓄水期内，在遵照上述《优化调度方案》的原则上，进一步进行优化调度的试验研究。即：根据宜昌水文站130多年实测水文资料分析，汛期（6月至9月）可分为汛初、主汛期、汛末三个时段，各时段的防洪限制水位可视坝上下游的水情、气象预报的雨情以及下游沙市和城陵矶水位，适当上浮数米；起蓄时间、控制下泄流量和控制蓄水位均可有些灵活性。大体上9月底可按蓄水至160～162米控制，约为水库总蓄水量的一半。10月可适当加大下泄流量以满足下游地区需求，同时保证水库在10月底或11月初蓄水至175米。具体数值可由三峡集团公司会同设计部门在保证防洪和工程安全前提下研究提出，报水利部及国家防办批准。在试验性蓄水运行期，每年对防洪限制水位变动和蓄水过程中的问题进行分析总结，不断调整完善，为编制“三峡工程正常蓄水运行期调度规程”提供技术支撑。

（三）试验性蓄水运行期内要加强各项监测及试验研究工作

在试验性蓄水运行期间，需加强对枢纽建筑物、金属结构和水轮发电机组运行的监测和试验，加强对库区地震、库岸稳定、生态与水环境、库末河段和回水变动区泥沙冲淤、城镇居民点住房及交通设施安全、坝下游河道冲刷及崩岸等项目的监测。工程设计和有关单位应编制《三峡水库试验性蓄水运行期监测及试验研究工作大纲》，报主管部门组织专家评审后实施，并及时进行总结分析，不断完善监测项目及试验研究内容。

在以上各项工作中，库区地质灾害的监测、防治和预警工作尤为重点，要建立长效机制，并制定应急预案及防范措施。2008年和2009年试验性蓄水期间出现险情地段的居民要尽早组织搬迁。

（四）试验性蓄水运行期要强化库区生态环境保护力度

三峡水库水质如被污染，后果不堪设想，应抓紧在试验性蓄水期间，采取一切必要措施严格控制和治理库区各类污染源。开展水华控制技术研究，加快库区周边防护林和生态屏障建设，减小三峡工程投运后对库区生态与环境的不利影响。

（五）试验性蓄水运行期所需费用可从增发电量收入中解决

和初期蓄水位156米运行相比，三峡电站在在试验性蓄水期间，每年可多发电量一百多亿千瓦时（如能蓄到175米，每年平均可增发147亿千瓦时）。建议提取部分增发电量收益，解决各项监测和试验研究、灾害防治与补偿、生态环境保护、坝下游河势控制和河道治理及堤岸加固等所需费用,列入发电成本。

2013 年三峡工程进入正常蓄水运行期后,上游干支流有一批大中型水利水电工程建成运行,三峡水库将与之联合调度运行,预计三峡电站每年可增发电量 30～50 亿千瓦时,建议提取部分收益,列入发电成本,建立长效机制,解决三峡工程正常运行期各项监测试验研究经费和库区及坝下游引发问题的补偿费用。

以上建议,供领导参考。

建议人:

潘家铮　中国工程院院士
水利水电工程
国家电网公司

梁应辰　中国工程院院士
航运及港口工程
交通部

陈厚群　中国工程院院士
水工结构工程
中国水利水电科学研究院

张超然　中国工程院院士
水利水电工程
中国长江三峡集团公司

郑守仁　中国工程院院士
水工结构工程
水利部长江水利委员会

关于推进我国海上风电又好又快发展的思考和建议

王景全　钱七虎　黄其励　杨秀敏　卢耀如　谢世楞　欧进萍　张超然
薛禹胜　杨裕生　曹楚生　孙　伟　李崇银　伍荣生　张建云　秦顺全
周丰峻　贺德馨　钮新强　顾为东　缪国平　李华军　刘　琦　王长洲

2010 年被风电业界普遍视为我国海上风电大发展的元年,风电下海的序幕将由此拉开。在此关键时刻，面对我国海上风电的发展建设新形势以及前期存在的一些问题，我们要特别强调**认清形势，科学发展，注重质量，稳步推进**。不盲目为商机、政绩所左右，不轻率为市场畸形发展所困扰，不要不顾条件一哄而下海，不要一步到位搞死资源。要**多些责任使命意识和创新理念，强化机制约束和行政管控，确保我国海上风电有序开发、规范建设和持续发展**。对此，我们在经历长达两年多的“海上风电场建设重大工程问题研究”这一咨询研究的基础上，提出一些有关的思考和建议。

一、我国发展海上风电具有重大长远战略利益，应予高度重视，加大支持力度；我国发展海上风电场面临严峻挑战，应予科学应对，切忌浮躁冒进。

（一）发展海上风电，对于确保我国减排总体目标的实现，推进新能源快速发展，有效突破沿海经济发达地区能源与环境发展瓶颈，以及开发新产业，拉动经济新增长，具有重大长远战略利益和重大发展潜力，应予以高度重视，并加大政策支持力度。坚持以市场规则和计划调控，科学规划指导我国海上风电发展进程，制定比发展陆上风电更大力度的激励政策，引导产业健康发展，确保有竞争力、有基础的风电企业、能源企业（不论是国营还是私营都应适应准入门槛）承担海上风电项目，确保在坚持创新和技术进步的基础上，项目早期不亏本，后期有较丰厚赢利，从而形成海上风电发展良好的投资环境，带给我国海上风电健康发展的强大动力。

（二）我国海上风电发展面临重大机遇，同时也伴随严峻挑战。挑战主要来自技术难度大、工程风险高、建设成本昂贵、建设能力严重不足以及诸多发展瓶颈制约（风电间歇性、不稳定性对电网和用户的冲击等方面严重制约海上风电的发展）。只有坚持科学发展观，在突破关键技术、掌握核心技术，有效规避工程风险，逐步降低风电成本，大力提高风电效能和建设能力的基础上，海上风电建设工程才能得到稳步健康的发展，并在提供清洁能源、保护生态环境上发挥重要作用。海上风电是新事物，其技术远未成熟。包括风电在内的新能源相对于传统能源，其历史地位由补充能源到一定程度替代能源再到主流能源，要经历一个长达数十年甚至上百年的漫长发展时期，发展海上风电不能急功近利，不能急躁冒进。

二、我国海上风电的发展，必须坚持科学发展理念，坚持高起点上的理性、有序发展，坚持创新和特色结合的跨越式、可持续发展。

通过技术引进和开展国际合作，迅速缩小差距，提高竞争能力，可以直接在别人现有成就上开创自己的海上风电发展局面，实现海上风电高起点发展。引进不等于消化吸收，合作不等于全盘转让，只有在消化吸收上作努力，在再创新上下功夫，因而掌握了关键技术、核心技术，才能根据变化了的环境和复杂的条件制定新的技术标准和产品认证体系，设计研制出性能优、效率高、可靠性好的新产品，满足我国海上风电发展的需求。

海上风电坚持理性和有序发展必须抓坚持风电整机设备生产、配套设备生产厂家的准入门槛，抓海上风电设备研发制造及海上风电场建设的自主创新能力和建设能力的提升，抓核心技术掌握和产品质量保证；必须抓海上风电发展规划的科学性、系统性和前瞻性，抓规划的权威性和落实的严肃性，对突破规划的行为，必须认真论证、严格审批。

为了促进海上风电的健康发展，我们应始终关注海上风电机组及相关技术的快节奏更新换代，不要形成一种风机产品打天下、一种技术长久统治风电场的局面。一个大型风电场建起来就是在长达 20 年（机组）、50 年（基础工程）里，凝固了一片能源海域，冻结了一代技术。建设应循序渐进，不要求一步到位，为此审批决策应当十分慎重。往往一项重大技术创新，会带来产业的一次飞跃。在建设海上风电场时，一定要体现和促进技术进步，分阶段、跳跃式、可持续发展。坚持试验先行，并确保后建的风电场一定要比先期建设的风电场有更大的进步、更高的技术含量；分期建设的同一个大型风电场，后期工程应优于前期。不断通过工程反馈和深化研究取得进步，实现海上风电可持续发展。

三、发展海上风电，规划、建设好海上风电场是根本，为此，建议：

（一）规划海上风电项目必须首先查清拟建风电场海域的风能资源情况。当前测风技术、风能资源评估理论还在发展完善中，全国已树测风塔400余座，但设置在海上的数量较少，其中严格按规范要求设置的海上测风塔数量更少，测风时间也很短，不足以反映风能资源的真实情况。这种情况对“量体裁衣”设计或选型风机、科学规划风电场、确保风电场高效率、高效益运行并准确估算风电产能十分不利。因此发展海上风电必须立足于认真查清海上风能资源，加强海上测风塔建设和风能资源资料的收集、积累、分析与评估以及风电机组运行情况的后评估。

（二）海上风电建设项目中，风电场规模化是降低成本的重要途径。对于大规模的风电场，设计建设必须体现循序渐进，不应强调一步建设到位，以免造成当下的技术长期冻结大片风能丰富的海域，不能随着技术的发展进步，取得更大的效益。海上风电场规划设计不可恣意滥用海域面积从而浪费风能资源，应将气象学科与风能工程学科紧密结合，最大限度科学合理利用海域面积。审批大规模的海上风电项目必须体现理性、有序发展及可持续发展的科学理念，坚持小步快走，切忌盲目浮躁上大项目。

（三）创造条件把前期风电技术多渠道引进、重复建设的风电技术“八国联军”局面转化为我国风电设备研发、风电产业开发的繁荣局面。通过产业的水平及垂向兼并重组，造就品牌企业。海上风电不应过多强调风机装机容量增长成绩统计，而应强调风电实际产能及合理消纳（并网、非并网）增长的评比。海上风电不应鼓励风电场高速发展和大幅度突破国家规划，而应强调可再生能源国家规划的权威性、科学性，避免盲目上装机容量及盲目建风电场，致使一大批风机效能低下、故障率高，出力情况不良，同时又有相当数量的风机因不能并网而闲置，造成重大损失和浪费的现象在海上风电建设中出现。

（四）理顺海上风电发展机制，出台国家级的有关标准，提高风电设备的电网友好性、可控性和安全性，制定合理的海上风电电价，整合风能资源地区、风电设备生产厂家、电网公司、海上施工公司的利益分配和合作体制；进一步加强国家海上风电技术研发中心的建设，加快设计标准制定及认证体系的建立、完善工作；调动各方面的积极性，引导海上风电科学发展，以确保运用于海上风电场风机的质量和产出效益。

（五）当前技术条件下海上风电场建设成本是陆上的二倍，维护费用是陆上的七至八倍。所有在陆上风电场中出现的小问题，都会成为海上风电场的大问题，应尽量把问题解决在陆上，应尽可能把更多的工程前期准备工作完成在陆上，尤其是海上风电场的风电机组设计选型，其性能及可靠性应严格进行产品认证。应用于海上的风机不仅应进行风机对特定海域的海洋化设计，提高其效能、可靠性及可维修性，而且应将风机在相应海域条件下进行充分的规范化的试验检验考核，没有经过严格检验考核的风机，绝不能用于海上风电场。

（六）海上风电涉及多个学科的技术，在引进技术的同时，必须搞好产学研结合研究攻关，组织好多学科、跨学科融合协作形成强大的技术支撑，充分发挥产业协会学术交流平台的重要作用。以海上风电基础工程为例，涉及海洋环境、气象条件、地质构造，涉及高性能材料、高性能结构、精细化设计、现代化施工、专用化设施、信息化管理、全寿命维护，没有跨学科协作攻关是不行的。

（七）海上风电场涉及国防军事行动及航运、渔业、经济活动较多，制定开发规划及风电场选址要充分考虑贯彻国防要求，周密关照各类功能区的需求。一个海域的资源和能源是多方面的，不能只盯住风能一项，应多方兼顾，和谐发展，同时保护好生态环境。风电场应急抢修、救援设备开发可以和军事装备及航运打捞救护海事装备结合，军地结合、多渠道整合提高海上技术保障能力和效率。

（八）海上风电场全寿命设计及全程认证体系的建立应给予充分的重视。风电场的建设，必须有前期规划的牢固基础，中期的严格认证以及后期改造打算，直到拆除的设计安排，在从项目启动到寿命终结的几十年中，体现可持续发展要求。

（九）全球气候变暖，气象条件异常，台风发生的频率增大，强度增高，行进路径也变得诡异，一些没发生过台风的海域也遭遇了强台风袭击，使得海上风电场建设工程对台风袭击应作慎重考虑，特别要深入研究台风微气象及其对海上工程结构物作用的原理，落实海上风电机组防台风技术保证及安全对策。

（十）解决滩涂风电场施工及深海、远海风电场浮式基础问题需求迫切、难度大，应受到特别关注。滩涂因为水浅、水位不断变化及软基等因素，使风电场基础工程建设、风机运输进场及吊装作业必须依赖特种运输施工装备及技术措施，应抓紧开发；浮式基础的深海固定技术及浮式基础在风、浪、流作用下的运动对风机工作的影响分析应作为科技攻关课题展开早期研究；与浮式基础配套使用的垂直轴、大功率风机应加快开发。

（十一）海上风电为适应风机大型化、风电场规模化的发展趋势，在充分研究强大智能电网及上规模的高效蓄能技术（新型蓄能电池、抽水蓄能等）确保风电安全并网的同时，还要重视海上风电电能利用途径的多元化，如直供海岛和用户，直接供应特殊产业的发展（如电解铝、制氢、海水淡化、制氯碱等），尤其是远海深水建设风电站，可依此建立海上生产平台，改送电上岸为送产品上岸。

（十二）重视海上风电技术及管理人才培养，特别强调对我国现有102个风机整机制造企业及240个风电场的相关技术信息收集及反馈研究，在关心风机研发一线技术人员的同时，还要特别强调对风电场调试、维修、管理技术人员的培养。风电场管理及技术人员工作环境艰苦、作风过硬、理论联系实际好，他们之中的优秀分子应早日充实到风机设备设计研发队伍中去，充实到风电场设计队伍中去，使他们对我国海上风电的发展作出更大贡献。

（十三）我国的海岛多达6000多个，在海岛上尤其是无人居住海岛上运用大功率风机和分布式供电系统消纳海上风电的发电量，是开发海上风电的重要途径。

（十四）海上风电场建设与海洋能发电场建设综合考虑，促进各种储能技术综合应用发展，努力将海上风能、海洋能、太阳能等统一开发，建成海上新能源综合基地。

"十二五"是我国能源体系转型的关键期，打好海上风电攻坚战，积极稳妥、又好又快的发展我国海上风电，对于促进我国能源的结构、"颜色"、质量都发生革命性的变革将发挥重大作用。

建议人：

王景全　中国工程院院士
　　　　渡河海工程
　　　　解放军理工大学
钱七虎　中国工程院院士
　　　　地下工程与隧道工程
　　　　总参军事科学技术委员会
黄其励　中国工程院院士
　　　　热能动力工程
　　　　东北电网有限公司
杨秀敏　中国工程院院士
　　　　土木工程抗灾与防护工程
　　　　总参谋部工程兵第四设计研究院
卢耀如　中国工程院院士
　　　　工程地质与水文地质
　　　　中国地质科学院
谢世楞　中国工程院院士
　　　　港口、水道、海岸及近海工程
　　　　中交第一航务工程勘察设计院
欧进萍　中国工程院院士
　　　　结构工程
　　　　大连理工大学
张超然　中国工程院院士
　　　　水利水电工程
　　　　中国长江三峡工程开发总公司
薛禹胜　中国工程院院士
　　　　电气工程
　　　　国网电力科学研究院
杨裕生　中国工程院院士
　　　　核科学技术应用
　　　　总装备部防化研究院
曹楚生　中国工程院院士
　　　　水利水电工程
　　　　天津大学
孙　伟　中国工程院院士
　　　　土木工程材料
　　　　东南大学
李崇银　中国科学院院士

天气动力学
解放军理工大学
伍荣生　中国科学院院士
大气科学、天气动力学
南京大学
张建云　中国工程院院士
水文学与水资源
南京水利科学研究院
秦顺全　中国工程院院士
桥梁工程
中铁大桥局集团有限公司
周丰峻　中国工程院院士
土木工程抗灾与防护工程
总参谋部工程兵第四设计研究院
贺德馨　研究员
风能
中国可再生能源学会
钮新强　研究员
水利工程
长江勘测规划设计研究院
顾为东　研究员
新能源
江苏省宏观经济研究院
缪国平　教授
船舶与海洋工程
上海交通大学
李华军　教授
海洋工程
中国海洋大学
刘　琦　高工
风力发电
上海电气风电设备有限公司
王长洲　高工
海洋工程
中船集团山海关船厂

我国麻疹疫苗安全有效强化免疫工作绝不可忽视

侯云德　赵　铠　刘德培　曾　毅　李兰娟　韩启德　庄　辉
巴德年　王陇德　俞永新　钟南山　杨胜利　张伯礼　桑国卫

近日,我们从网络上看到少数人质疑甚至攻击麻疹疫苗强化免疫活动,感到十分震惊。作为长期从事公共卫生工作,尤其专门从事疫苗研发和应用的专家,我们有责任将有关看法和建议陈述如下:

一、麻疹疫苗强化免疫十分必要

接种疫苗是传染病防治的核心措施,也是最经济有效的技术。科学广泛地使用疫苗预防传染病,是我国今天卫生成就的重要原因。长期以来,党和政府重视此项工作,历届国家领导同志多次参加疫苗接种活动。

麻疹是迄今发现传染力最强的传染病。1959 年我国近千万人患麻疹,30 万因此死亡。1978 年开始实施计划免疫,麻疹逐年发病下降,80 年代后麻疹年报告发病数 5 至 12 万,较实施前下降了 99%。进入新世纪以来,我国仍是世界上麻疹发病最多的国家。2009 年报告病例 52461 例,死亡 39 例。2010 年 1～8 月份,全国报告麻疹发病 36000 多例,死亡 25 例。这与我国目前国际地位和形象很不相符。

从我国疫情监测情况看,小年龄组是麻疹发病的重点人群,15 岁以下麻疹病例占总病例数的 70%;近年来各地不断出现麻疹疫情,流动人口较多的经济发达地区也难幸免。这就是对适龄儿童强化免疫的主要原因。

2002 年美国、加拿大、墨西哥、巴西、古巴等美洲国家消除了麻疹。2006 年世界卫生组织西太平洋地区 37 个国家和地区共同确定 2012 年消除麻疹的目标,我国做出承诺并制订了《2006～2012 年全国消除麻疹行动计划》,提出常规免疫与强化免疫相结合的综合性策略。本次强化免疫策略是国际上通行的做法,即无论有无患病史和接种史,均接种 1 剂麻疹疫苗。

二、我国麻疹疫苗安全有效

本次强化免疫使用的疫苗全部是我国自主产品,所用毒株是 1960 年上海麻疹流行期间从一名 2 岁男孩血液分离的。在原代人胚肾细胞传 33 代,人羊膜细胞传 39 代,鸡胚细胞传 10 代后,经过临床试验后,1965 年卫生部批准生产,1991 年在荷兰国立公共卫生和环境保护研究所(中国疫苗项目)纯化并经中国药品生物制品检定所确认,进一步提高了其安全性。2009 年国家麻疹实验室完成了我国麻疹疫苗株的全基因组序列测定和分析，并与其他国家进行对比分析，结果证实我国麻疹疫苗与其他国家疫苗株没有发生重组，也不含其他国家疫苗株的基因成分。相关研究已经发表在2009年医学病毒学杂志（J. Med. Virology）。

我国麻疹疫苗已使用44年，接种超过10亿剂次，是异常反应发生率最低的疫苗，安全性非常好。此次强化免疫所用麻疹疫苗，全部产自我国中国生物技术集团公司下属的北京天坛生物制品有限公司、上海、武汉、兰州生物制品研究所，由中央财政安排疫苗采购经费，各省统一招标采购，逐级供应。事实上，我国从未进口过麻疹疫苗。我们认为，当前有些不知情的人对我国麻疹疫苗毒株和生产提出种种质疑，可以理解。但是，在互联网上不科学、毫无根据地宣传而引发群众疑虑的做法，是十分令人担心的。

三、麻疹疫苗强化免疫方案科学可行

麻疹传染性极强，人群接种率超过95%，才能阻断麻疹病毒传播；麻疹平均潜伏期为10天，在小于潜伏期内各地同步完成接种工作，才能尽量减少因人口流动导致接种遗漏，建立起人群免疫屏障，阻断麻疹病毒传播的效果最好。国内外实践表明，凡小规模或步骤不统一的麻疹强化免疫或单一的查漏补种措施，效果都不好。2004年以来，我国先后有27个省份开展过麻疹强化免疫活动，多数省都在10天内完成接种工作并取得了一定的积极效果。

我国消灭脊髓灰质炎就是采取常规免疫与强化免疫相结合的策略。1993年卫生部曾组织开展全国消灭脊髓灰质炎强化免疫活动，2～3天内就有7400多万儿童接种了疫苗，对于这种短时间大规模的强化免疫活动是有经验的，这也是我国制度优势的体现。此外，国外有大量开展麻疹强化免疫的例子。2000年以来，全球共有136个国家和地区开展了407次麻疹疫苗强化免疫活动，大约接种13亿剂次。美洲区41个国家有39个国家进行了麻疹疫苗强化免疫活动，并每隔4年强化1次。

我们了解到，为开展此次麻疹疫苗强化免疫，卫生等部门事先做了许多工作。2006年以来，我们中有多位专家和国内外其他专家多次参与讨论了我国消除麻疹的方案。2009年初，经多轮次讨论并结合我国疫苗生产能力，形成了本次全国麻疹疫苗强化免疫方案，并由卫生部今年7月发布。今年以来，各部门各地方都安排了相关宣传活动，世界卫生组织总干事陈冯富珍专程来华出席我国消除麻疹启动会议，各地方随后开始逐级培训、分发疫苗、宣传知识和社会动员等工作。

四、一定要排除干扰并坚持完成麻疹强化免疫活动

从卫生部获悉，截至9月14日，全国已完成5327万接种，工作进展尚顺利。俗话讲：行百里，半九十。我们认为，后期工作是组织实施的工作重点和难点，要加大工作力度，千万不可半途而废。当前的任务是加强宣传，对有些流言蜚语要积极应对和解释。不然会对当前的强化免疫活动带来负面影响，若任其发展，必会对几代人努力建立起的以国家免疫规划为基础的公共卫生事业产生难以估量的损失。目前，基层工作的同志已付出很多，他们很努力、很辛苦，目前发生的情况会挫伤他们的积极性，我们对此感到十分忧心。我们坚信科学必将战胜谬误、事实会戳穿谣言。我们愿意站出来多做工作；同时也衷心期盼领导同志高度重视这个问题，采取有力措施，加大宣传力度，营造良好的社会氛围，关心和支持麻疹疫苗强化免疫活动，务求本次活动达到预期目的。

建议人：

侯云德　中国工程院院士
　　　　医学微生物学
　　　　中国疾病预防控制中心病毒病预防控制所
赵　铠　中国工程院院士
　　　　医学微生物学
　　　　北京生物制品研究所
刘德培　中国工程院院士
　　　　医学生物化学与分子生物学
　　　　中国工程院、中国医学科学院
曾　毅　中国科学院院士
　　　　病毒肿瘤
　　　　中国疾病预防控制中心疾病预防控制所
李兰娟　中国工程院院士
　　　　感染性疾病与传染病学
　　　　浙江大学医学院附属第一医院
韩启德　中国科学院院士
　　　　心血管病理生理
　　　　全国人大常委会、北京大学医学部
庄　辉　中国工程院院士
　　　　医学微生物学
　　　　北京大学医学部基础医学院
巴德年　中国工程院院士
　　　　免疫学
　　　　中国医学科学院
王陇德　中国工程院院士
　　　　医药卫生工程管理
　　　　中华预防医学会
俞永新　中国工程院院士
　　　　医学微生物学
　　　　中国药品生物制品检定所
钟南山　中国工程院院士
　　　　内科学
　　　　广州呼吸疾病研究所广州医学院
杨胜利　中国工程院院士
　　　　生物技术
　　　　中国科学院上海生命科学院
张伯礼　中国工程院院士

中医内科医学
天津中医药大学
桑国卫 中国工程院院士
药理学
全国人大常委会

关于将“信息安全”设置为一级学科的建议

潘云鹤 邬贺铨 金怡濂 李国杰 何新贵 刘韵洁 沈昌祥 魏正耀 周仲义
郭光灿 蔡吉人 陈俊亮 方滨兴 周炯槃 于 全 戴 浩 怀进鹏 倪光南
高庆狮 林永年 张效祥 黄民强 李伯虎 吴慰祖 刘经南 李德毅 邬江兴
高 峻 何德全 杨元喜 陈俊勇 李德仁 王家耀 宁津生 许厚泽 魏子卿

学科目录修订应以国家人才需求为依据，优先支持与国家重大战略需求相关学科。信息安全事关国家安全和社会稳定，加强信息安全学科建设和人才培养是当务之急，将“信息安全”设置为一级学科是国家重大的战略需求。

当前，国际上围绕信息安全的斗争愈演愈烈，夺取信息安全控制权是战略制高点。去年美国奥巴马政府把加强信息安全作为振兴美国经济繁荣和国家安全的重大战略，并成立网络司令部，同时把加强信息安全教育和人才队伍培养列为保障网络空间安全战略的重点，以此来确保美国控制全球信息的绝对优势。

信息安全人才培养是我国信息安全保障体系建设的基础和先决条件，信息安全学科建设则是高层次创新型信息安全人才培养的关键。信息安全人才培养是一个完整的社会系统工程，只有在一级学科目录规范下，才能按学士、硕士、博士成体系地培养国家需要的全方位人才。目前我们国家由于没有信息安全一级学科，出现了挂靠在计算机、通信和数学等其他一级学科下开展信息安全硕士和博士培养的混乱局面。由于各学科基础不同，方向各异，严重影响了信息安全人才的有序培养，导致信息安全人才总量和结构远不能满足需求，复合型人才和专门人才严重缺乏。这样下去将严重影响我国信息安全自主创新能力，制约信息安全事业和产业的发展，导致核心竞争力下降，难以应对国际敌对势力的挑战，在国际竞争中将处于极为被动的局面。

将信息安全列为一级学科建设的要求在国家“十一五”信息安全规划中已明确提出，但因国家未进行统一学科目录修订，未能落实。为了满足国家对信息安全人才的迫切需求，各学校和科研机构开展了不同层次的专业教学和学科建设。2007 年教育部把信息安全专业列为一级学科专业目录，成立了高等学校信息安全类专业教学指导委员会。目前全国有70多所高校设立了信息安全类专业，在其他学科挂靠的博士点有20多个，并建立了信息安全国家重点实验室、工程实验室和多个省部级重点实验室，已经形成了以密码学为支撑的网络安全、信息系统安全、内容安全和信息对抗等多层次的学科体系，为信息安全学科建设积累了丰富经验。2009年下半年，一大批高校和科研院所提出了将"信息安全"设置为一级学科的申请，充分论证了信息安全学科建设的紧迫性、学科自身理论基础独立完备性、科学技术系统性以及与其他学科综合交叉和相互促进的关系。目前信息安全学科已形成较完整的理论与工程技术体系，课程体系明确，将信息安全设置为一级学科的条件已经完全具备。

为此，鉴于信息安全的极端重要性和人才培养的紧迫性，**我们建议国家有关部门采取有效措施，将"信息安全"设置为一级学科。**

建议人：

潘云鹤　中国工程院院士
计算机应用技术
中国工程院

邬贺铨　中国工程院院士
通信与信息网络技术
中国工程院、电信科学技术研究院

金怡濂　中国工程院院士
计算机系统结构
总参谋部第五十八研究所

李国杰　中国工程院院士
计算机系统结构
中国科学院计算技术研究所

何新贵　中国工程院院士
计算机软件与理论
北京大学

刘韵洁　中国工程院院士
通信与信息网络技术
中国联合通信有限公司

沈昌祥　中国工程院院士
计算机应用技术
海军计算技术研究所

魏正耀　中国工程院院士
信息安全技术
总参谋部第五十八研究所

周仲义　中国工程院院士
信号处理技术

解放军总参谋部
郭光灿 中国科学院院士
光学
中国科学技术大学量子信息实验室
蔡吉人 中国工程院院士
信息安全技术
北京电子技术研究所
陈俊亮 中国工程院院士、中国科学院院士
通信与信息网络技术
北京邮电大学
方滨兴 中国工程院院士
信息安全技术
北京邮电大学
周炯槃 中国工程院院士
通信与信息网络技术
北京邮电大学
于　全 中国工程院院士
通信与信息网络技术
总参谋部第六十一研究所
戴　浩 中国工程院院士
计算机应用技术
总参谋部第六十一研究所
怀进鹏 中国科学院院士
计算机软件
北京航空航天大学
倪光南 中国工程院院士
计算机应用技术
中国科学院计算技术研究所
高庆狮 中国科学院院士
计算机科学与技术
北京科技大学智能、语言与计算机科学研究所
林永年 中国工程院院士
信息安全技术
总参谋部第五十一研究所
张效祥 中国科学院院士
计算机
总参谋部第五十八研究所
黄民强 中国科学院院士

密码学
总参谋部第五十八研究所
李伯虎 中国工程院院士
计算机应用技术
中国航天科工集团公司第二研究所
吴慰祖 中国工程院院士
精细化工
总参谋部第五十五研究所
刘经南 中国工程院院士
大地测量与测量工程
武汉大学
李德毅 中国工程院院士
人工智能
总参谋部第六十一研究所
邬江兴 中国工程院院士
通信与信息网络技术
解放军信息工程大学
高　峻 中国科学院院士
地图学与地理信息系统
解放军信息工程大学
何德全 中国工程院院士
信息安全技术
信息产业部电子科技委中国电子学会
杨元喜 中国科学院院士
大地测量
总参测绘局机关
陈俊勇 中国科学院院士
大地测量学
国家测绘局
李德仁 中国工程院院士、中国科学院院士
遥感技术
武汉大学
王家耀 中国工程院院士
地图制图与地理信息工程
解放军信息工程大学
宁津生 中国工程院院士
大地测量与测量工程
武汉大学

许厚泽　中国科学院院士
　　　　大地测量、地球物理
　　　　中科院测量与地球物理研究所
魏子卿　中国工程院院士
　　　　遥感技术
　　　　西安测绘研究所

关于加快羌塘盆地油气资源勘探步伐的建议

多　吉　赵文津　邱中建　郑绵平　马永生　顾心怿　童晓光
汤中立　康玉柱　陈毓川　黄其励

西藏羌塘盆地是我国陆上面积最大、勘探程度很低的大型含油气盆地，古生代、中生代、新生代分别形成了多套生、储、盖组合，发育三叠系碎屑岩和侏罗系碳酸盐岩等不同时代的海相烃源岩。地表发现油气苗约 200 处，出露大型古油藏 1 处，显示羌塘盆地具有很好的生油条件。李四光先生也曾强调这一地区的找油前景。然而，由于青藏高原新生代构造运动的强烈破坏作用，导致很多专家怀疑甚至否定羌塘盆地油气资源的勘探前景。

最新地质调查与专题研究表明，羌塘盆地尽管经历了复杂地质过程及强烈构造变形的改造，现今仍然保存有大量的油气资源。羌塘盆地新生代早期广泛发育逆冲推覆构造运动，逆冲推覆构造既可导致断层上盘的烃源岩及油气藏发生暴露与破坏，同时对断层下盘的油气资源具有封存作用。青藏高原新生代晚期发育多期古大湖，形成了厚度超过 150 米的湖相沉积，对羌塘盆地的油气资源具有保护作用。另外，新生代晚期羌塘盆地发育厚达百余米的冻土层，有利于形成大规模的天然气水合物。

根据中国石油天然气集团公司“青藏高原石油地质综合评价与勘探目标研究”有关成果，羌塘盆地海相烃源岩中新生代经历了 2 期生烃，形成了约 53 亿吨的油气资源量。综合考虑青藏高原不同时期地质构造对油气资源的影响，尤其新生代逆冲推覆等构造对油气资源的破坏作用，基于现有观测资料，粗略估算羌塘盆地保有油气资源总量超过 30 亿吨。

近年来的地震勘探资料显示，羌塘盆地存在很多深凹陷，如龙尾错凹陷、万安湖凹陷、白滩湖凹陷等，其中发育有良好的构造圈闭与储油构造。近期对侏罗系烃源岩实施浅层钻探，发现多层厚度超过 10 米的油砂，最厚油砂的单层厚度达 54 米，部分层位渗出液态原油；野外观测还发现厚层油页岩、膏盐沉积盖层与含油盐丘构造，指示羌塘盆地油气显示活跃，具有形成大型油气藏的地质条件和资源潜力。

鉴于羌塘盆地具有良好的油气资源勘探前景，建议：

1、国家组织实施羌塘盆地油气资源勘探专项，加大资金投入与勘查力度，实现羌塘盆地油气资源勘探的重大突破，提高我国油气资源自给能力；

2、加强组织协调，统筹不同部门与各类专业力量，加快羌塘盆地油气资源勘探步伐；西藏自治区人民政府与国土资源部等相关部门联合组成领导小组，共同组织协调羌塘盆地油气资源勘查工作。

建议人：

多　吉　中国工程院院士
矿产资源和地质勘查
西藏自治区地质矿产勘查开发局

赵文津　中国工程院院士
地质与矿产探测
中国地质科学院

邱中建　中国工程院院士
油气资源与勘查
中国石油天然气集团公司

郑绵平　中国工程院院士
矿产资源和地质勘查
中国地质科学院

马永生　中国工程院院士
油气资源与勘探
中国石油化工股份有限公司

顾心怿　中国工程院院士
石油天然气工程
胜利石油管理局机关

童晓光　中国工程院院士
油气资源与勘查
中国石油天然气勘探开发公司

汤中立　中国工程院院士
矿产资源与地质勘查
长安大学

康玉柱　中国工程院院士
油气资源与勘探
中石化石油勘探开发研究院

陈毓川　中国工程院院士
矿产资源和地质勘查
中国地质科学院

黄其励　中国工程院院士
热能动力工程
东北电网有限公司

关于加强对宠物业管理的建议

夏咸柱　张改平　陈焕春　刘秀梵　贾敬敦　秦　川　韦海涛　杨松涛

一、宠物与“宠物热”

宠物(pet)是人们为观赏、娱乐或陪伴而豢养,并受到人们宠爱的犬、猫、鸟、鱼等动物。宠物数量的增多和宠物业的发展与社会经济发展水平提高密切相关。改革开放以来,随着我国人民物质生活和文化生活水平的提高,人们对健康和生活质量有了新的理解与追求。对健康的理解已从“无病即健康”的观念,发展为除了“生理健康”,还包括“心理健康”、“道德健康”和“社会适应健康”等层面的健康。生活质量提高的表现在除了“吃得饱,穿得暖”外,还应拥有丰富、健康的精神和文化生活。在关注健康和追求生活质量的过程中,人们发现,发达国家所崇尚的饲养宠物的确在维护人类心理健康和丰富人类精神文化生活方面具有特殊的作用。如:宠物可以缓解人们紧张工作和生活所造成的精神压力;排解空巢老人的孤独和寂寞;增强儿童的爱心和责任感;甚至对儿童的自闭症和成人的抑郁症也有一定的缓解和促进康复作用。近些年来,在我国宠物也逐渐广为人们所接受、青睐和豢养,不知不觉的走进了人们的家庭,进入了人们的生活,出现了遍布全国的“宠物热”。

二、宠物经济与产业

“宠物热”带动了我国宠物业和宠物经济的快速发展。首先,促进了宠物养殖业和销售业的发展,不同规模的宠物养殖场和交易市场在各地相继出现,宠物品种不断增加,宠物“档次”不断提高。据不完全统计,现全国养犬达1.5亿只,养猫5000~6000万只,观赏鱼和观赏鸟的数量更多。其次,为解决宠物“衣、食、住、行”和“生、老、病、死”所需的宠物药品、食品、用品等的制造业、流通业与宠物诊疗、美容、保健、寄养、保险等服务业和保障业,也如雨后春笋得到了迅速发展。全国从事宠物相关产业人员已超过100万,年营业额已达150亿元人民币,并仍以每年15%速度在递增,呈现出迅猛发展的态势,随着经济发展和社会进步将会进一步发展。但是,与发达国家相比,我国的宠物经济和宠物业发展还相对“滞后”。如美国2/3的家庭拥有1只以上的宠物,每年花在宠物身上的费用达359亿美元。宠物业的产值2007年和2008年分别达430亿美元和500亿美元。而我国就连消费水平很高的上海市，人均花在宠物身上的钱每年只有300元，全国的宠物业年产值也只有150亿元人民币。而且，就宠物药品和宠物食品市场而言，多半是国产无品牌的低端产品，高端和中端的宠物产品市场几乎全部被发达国家的产品所垄断。如宠物药品市场基本被美国富道、法国维克和荷兰英特威等国际跨国大公司的品牌产品所统治；宠物食品则被美国玛氏公司的宝路狗粮、伟嘉猫粮、法国“皇家”、美国的“爱慕思”和“希尔斯”等品牌产品所占领；我国自己研发的品牌宠物药品和食品几乎完全或缺。可见我国的宠物经济和宠物业与发达国家还有较大差距，尚存很大的发展空间，需要我们加以高度关注和积极开发。

三、存在问题与建议

1. 加强教育，科学管理。

事物都是一分为二的，宠物在维护人类精神健康、丰富人类文化生活的同时，也给社会带来诸多负面影响。首先是环境和公共卫生问题：一些宠物爱好者忽视对宠物的管理和责任感，无视宠物吠叫侵扰邻舍；外出遛放任其随处便溺污染环境。有些城区市民违规放养大型宠物，威胁他人人身安全。亦有宠物主人因某种原因对所养宠物失去兴趣，随意将其丢弃，使其成为沦落街头的流浪动物，对环境和他人的人身安全构成威胁。不少业主缺乏对人兽共患病（如结核、布鲁氏菌病、狂犬病、弓形虫病等）应有的防控意识和相关知识，成为直接影响公共卫生的隐患。凡此种种弊端，根源在于一些宠物业主的素质不高、责任感不强、缺乏相关知识和疏于社会教育与科学管理。

为此，建议将宠物豢养列入全民教育范畴，明确主管部门，加强宣传教育，普及相关知识，科学制定宠物饲养管理的法律与法规，从政策层面上保障我国宠物业的健康发展。

2. 依靠科技，保障发展。

如前所述，当前我国的宠物市场，无论是宠物本身还是为宠物服务的宠物食品、药品、用品和保健品生产，其中高端市场几乎全都被国外跨国公司所占据，其根本原因是由于国内宠物业起步较晚，而且多半为个人自发行为，缺少有关部门特别是科技部门的关注和支持。如国内名贵宠物品种的培育，不是根据宠物固有的遗传学特性和国际公认的标准，在专业专家指导下，有计划地进行选种选育，而是按照个人的兴趣和所谓新标准进行品种繁育，其结果自然难以获得公认；宠物食品、药品的研发也缺少国家层面的科研资金投入，一些单位和个人往往采取“短、平、快”的方式简单的跟踪仿制，而缺少实质性的创新和高水平的研究。此外，国内对宠物药品、食品和用品等的审批缺少相应规定，以致获批的国产宠物用制品寥寥无几，而且水准较低，难以与国外同类产品相竞争。

为此，建议国家重视宠物医学研究，加大对宠物品种繁育、品牌药品、品牌食品、品牌用品及医疗器械和生物制品等的研发投资力度，制定相应的审批程序，使之尽快进军国际市场，促进消费，拉动相关经济，从科技层面上支持和推进我国宠物业的健康发展。

3. 加强宠物疫病免疫与监测，保障公共卫生安全

宠物疫病特别是人兽共患病严重危害着宠物健康和公共卫生安全。如：狂犬病疫情在我国持续存在，并重新呈现连续快速增长的趋势，南方和东部地区的狂犬病疫情居高不下，既往发病率较低的中原和华北地区疫情也急剧上升。宠物疫病特别是狂犬病疫情持续高发，其主要原因在于传染源数量庞大，宠物疫病检测和免疫监测不力，免疫接种率低，特别是农村地区，无法形成有效的免疫保护屏障。目前，国内宠物疫病检测和免疫监测技术相对落后，并且没有引起足够的重视。疫苗市场主要是犬猫疫苗，其他宠物疫苗匮乏，且以进口疫苗占主导地位，国产疫苗品种有限，同时疫苗

生产与使用也缺乏有效监管,疫苗质量良莠不齐。另一方面,宠物疫苗市场上缺乏合法注册的疫病抗体免疫检测试剂,无法对宠物疫苗免疫抗体水平进行实时检测和监测,导致临床兽医和相关人员只能按程序进行接种和免疫,而无法明确疫苗免疫效果。

为此,建议加强宠物疫苗研发与生产,系统开展疫苗质量监测技术和免疫抗体检测技术研究,建立疫苗质量监控体系和免疫抗体监测体系,有力保障宠物疫苗质量安全和免疫效果,为宠物疫病防控提供有力技术支撑,切实保障宠物健康与公共卫生安全。

4. 加强宠物医学教育,重视人才培养

宠物业的快速发展需要大批高水平的相关人才。我国的宠物业起步较晚,尚未有专门的宠物医学教育,宠物医学人才只能通过动物医学教育培养或由动物医学人才半路出家转变而来,宠物诊疗水平参差不齐,相关产业从业人员素质偏低,成为制约我国宠物业走向世界前列的重要因素。

为此,建议政府加大经费投入,重视相关人才培养。从教师开始,加强理论联系实际,进行宠物医疗人才培养,对有条件的动物医学院、系,与有关科研和企业联合,开办宠物医学再教育培训班,培训宠物诊疗专业人员及相关从业人员,全面提高宠物从业人员素质和水平,为我国宠物业健康发展提供合格人才。

总之,宠物及宠物业的发展有需求,有市场。政府应该顺应其发展,主动作为,制定相关政策,正确引导,科学管理,保障我国宠物经济和宠物业健康发展。

建议人:

夏咸柱　中国工程院院士
预防兽医学
解放军军事医学科学院军事兽医研究所

张改平　中国工程院院士
预防兽医学
河南省农业科学研究院

陈焕春　中国工程院院士
预防兽医学
华中农业大学

刘秀梵　中国工程院院士
预防兽医学
扬州大学兽医学院

贾敬敦　主任
农业机械化及其自动化
中国农村技术开发中心

秦　川　教授、所长
动物病理学
中国医学科学院实验动物研究所

韦海涛　站长
预防兽医学

北京市畜牧兽医总站
杨松涛 研究员
预防兽医学
解放军军事医学科学院
军事兽医研究所

关于建筑工程恢复应用木结构的建议
重新认识采用木结构的意义与已具备的条件

沈世钊 陈肇元 张齐生 吕志涛 周福霖 樊承谋 王有为
方东平 何敏娟 叶克林 王永维 梁 坦 肖 岩 刘伟庆
杨学兵 祝恩淳 杨 军

在钢材、混凝土、砌体、木材等各种建筑材料中，唯有木材具有自然界再生、吸碳、节能等环境友好特征。在哥本哈根气候大会上，我国政府庄严承诺，要实现“到2020年单位国内生产总值二氧化碳排放比2005年下降40%—45%”的目标。在这种国际大背景下，同时也为我国本身的可持续发展需要，建筑工程作为消耗天然资源和排放二氧化碳的大户，重新认识木结构的价值再次进入了人们的视野。

我国有数千年的木构建筑历史，一直到上世纪50年代末，国内民用建筑的屋盖仍多采用木结构承重，公共食堂等的大跨度木结构也不少见。60年代以后，可用于建筑结构的木材采伐殆尽，以致木结构逐渐失去建筑工程中的应有地位；于是大专院校停开木结构课程，科研设计部门中原有的木结构专业科技人员改弦易辙，我国的木结构学科已无形消亡数十年。

我们认为，恢复木结构在我国的应用，目前已具备条件，为此提出以下建议供审议：

1）我国自加入世界贸易组织后，已陆续进口原木、成品木构件和成套轻型木结构住宅。国家现已积累巨额外汇，似**可大量进口原木，在国内建厂，加工生产成品木构件并逐步推广木结构**；这样既能解决木材来源，增加新的就业岗位，又能为贸易平衡做出一定贡献。我国的外汇有不少是以破坏国土资源和环境为代价换来的，现在难以购回发达国家的关键高科技，有时反而成为对方进行遏制的借口。用外汇换木材，减少建筑行业的国土资源损耗，也是合乎情理的。

北美和欧洲的多个行业协会现已看中木结构在中国的应用价值，这些国家的木材生长量已高于采伐量，他们与我国合作推广木结构的积极性很高，包括教育合作、标准编制等方面。但是目前外资在国内建造的低层木结构房屋，都是从外国进口的成品木结构构件，运到中国境内后再装配成房屋，价格很贵，只能为少数富人服务，也很难大量推广。

要在我国推广使用木结构房屋，采用木构件取代建筑结构中的部分混凝土或钢结构构件，降低整个建筑业的能耗和碳排放，从长远看又能促进我国森林建设的发展，并使木结构能为普通百姓服务，我们必须结合国情，借鉴国外先进科技，争取在不长的时期内逐步走向自力更生、自立为主的健康发展道路。

2）在我国停止采用木结构的半个世纪内，国际上的木结构生产应用技术已取得了长足发展。我们的传统认识是：木材虽然强度高、自重轻，但易燃烧、易腐朽、易蛀蚀。不过科技的发展已逐步克服了这些缺陷，现代木结构的构件经过耐火、防腐、防蛀处理后，其耐火极限已能优于一般钢结构和预应力混凝土结构。同样重要的是，现代木结构构件已发展为大批量工业化生产的木质复合结构材，完全不同于过去那样的简单锯材。这些木质复合结构材以单板、单板条、长刨花等基本构成单元进行科学合理的结构设计和复合制成各种用途的结构材及结构构件。同时，还与塑料、金属复合生产出了木塑复合材料、结构绝缘板等木结构房屋建造用的结构板材及构件。**木质复合结构材的发展促进了木结构房屋的现代化建造技术的发展**。实践证明，采用木质复合结构材为主要承重构件可以建成多层和大跨房屋。2004 年日本建成的一幢木结构房屋达 5 层，2007 年瑞士建成的达 6 层，2008 年德国柏林建成的一幢达 7 层，2009 年英国伦敦建成的一幢达 9 层。一些国家的建筑结构技术规范已放宽了对木结构住房建筑的高度限制，如美国加州和日本的木建筑房屋可增至 5 层，加拿大可达 6 层；美国的一个大学体育馆，屋盖采用复合木材建成的筒拱，跨度达到 122 米。**现代木结构房屋继承了传统木结构优良的抗震能力，还具有良好的保温和隔音性能，构件的截面承载力能与一般的钢筋混凝土结构构件媲美。**

以胶合层积梁、定向刨花板和复合木质工字梁等为代表的现代木构件制品大大提高了原木的利用率，以往在原木和锯材构件中难以避免并严重影响到构件承载能力的木节、斜纹等疵病，均可通过锯切、胶结等工序淡化。通过这种现代工艺，过去不能在结构中得到采用的速生木材（由于材质较差）能加工成为合格的结构用材。**结合我国当前国情，速生木材的利用应予重视**。国内大量种植的速生人工林，部分已达砍伐期。古语说：一年之计，莫如树谷，十年之计，莫如树木；速生木只需十年左右的时间就能成材。

与木材相似，竹材通过现代加工工艺也能成为高强度的建筑结构用材，同样值得重视；与速生木材相比，竹材的成长速度更快。

3）为推广应用现代木、竹结构，建议政府有关领导部门能首先组织召开的一次工程科技论坛，在此基础上制定逐步恢复推广现代木、竹结构（特别是木结构）计划，包括原材料供应、生产和人员培养；资助科研单位开展现代木结构的研究；完善现代木结构的生产、设计与施工的规范、标准（包括建筑防火规范关于木结构的有关规定）；选择有条件的高校恢复木结构学科的专业方向；向广大公众宣传现代木结构的环境友好性。

建议人：

沈世钊　中国工程院院士
结构工程
哈尔滨工业大学教授

陈肇元　中国工程院院士
结构工程

清华大学教授
张齐生　中国工程院院士
木材科学与技术
南京林业大学教授
吕志涛　中国工程院院士
结构工程
东南大学
周福霖　中国工程院院士
土木工程抗灾与防护工程
广州大学
樊承谋　教授
木结构和纤维混凝土
哈尔滨工业大学
王有为　研究员
绿色建筑与建筑节能
中国建筑科学研究院
方东平　教授
结构工程
清华大学
何敏娟　教授
结构工程
同济大学
叶克林　研究员
人造板加工与人造板工艺
中国林业科学研究院木材工业研究所
王永维　研究员
建筑结构
四川省建筑科学研究院
梁　坦　研究员
结构工程
四川省建筑科学研究院
肖　岩　教授
结构工程
湖南大学
刘伟庆　教授
结构工程
南京工业大学
杨学兵　研究员

建筑结构
中国建筑西南设计研究院

祝恩淳 教授
薄壳结构及木结构
哈尔滨工业大学

杨 军 副教授
结构工程
清华大学

关于加强城市地质环境工作及开展其综合建设效应研究的建议

卢耀如 王思敬 张宗祜 常印佛 孙 钧 周干峙 李焯芬 郑颖人
宋振骐 袁道先 郑守仁 王 浩 王梦恕 何华武 王景全 周丰峻
葛修润 项海帆 范立础 沈祖炎 王秉忱 黄润秋 殷跃平 岳中琦
万 力 石建省 周志芳 王恩志 巫锡勇 金 淮 高建国 阎长虹
胡新丽 朱合华 张永双 王 清 熊康宁

2010 年上海世博会的口号是“城市让生活更美好”(Better city, Better life)。的确，随着经济与科技的发展，城市特别是大都市，让人们感受到现代生活的美好。但是另一方面，要保障城市的美好生活与可持续发展，必须保有良好的地质环境。目前，我国有近 70% 的城市受到与地质环境密切相关的各种灾害威胁，今后随着城市化的发展，将有八个以上的城市人口达到 1000～2000 万，近百个城市的人口将达到 100 万至几百万，城市地质环境问题应受到持续的关注。

为此，在上海召开世博会之际，有近 350 多位有关地质、水利、建筑、能源、铁道、交通与环境等方面的院士、专家，共同交流了加强城市地质环境的有关认识。首先肯定了我国城市迅速发展、城市化已达 45% 的骄人成就，但另一方面也深感到，需要从地质环境上保障城市安全与可持续发展。

一、地质环境影响城市安全与可持续发展的五个方面问题

1．从地质环境上关注水资源安全

地表水和地下水都是宝贵的水资源，但是我国有近 2/3 的城市是依靠地下水资源，也有在大城市上游或临近傍江河地带修建供水水库。过量的抽取地下水造成地面沉积、地面塌陷、地裂缝等地

质灾害，而地表水库供水也存在水质突发性污染与堤坝受超常暴雨突发性损坏的隐患，对城市用水及城市安全造成威胁，特别要关注的是综合抗旱、防治洪涝及应急水资源的安全问题。

2. 从地质环境上看新能源开发与能源安全

我国目前近50% 的石油资源依靠国外进口，若提高到90天的储备量，需建设许多储油设施。今年大连新港地表输油管线爆炸，危及油罐，幸好抢救及时未酿成重大灾难。因此，在地质条件许可的地带，应修建地下水封油库，以保障城市安全。我国尚有1/10城市为矿山城市，主要是煤炭能源存在安全问题也是深值重视的。对于风能、太阳能及地热能开发，也需从地质环境上予以探索科学的开发利用。

3. 与地质环境密切相关的自然灾害的防灾减灾

我国自然灾害较多，在灾害间存在着灾害链。例如，气象灾害，特别是洪、旱、冰雪灾的发生发展，都与地质环境密切相关，而且通过诱发的地质灾害，造成更大的破坏与伤亡；地震也是通过诱发山体滑坡等灾害，造成更大的灾难。

自然灾害是不可避免的，但我们应当从切断灾害链上着手，避免诱发严重地质灾害，造成更大人民生命和财产损失。

4. 从地质环境上考虑工程建筑基础安全

大都市林立的高楼大厦以及各种工程建设、市内地表及地下交通、邻近城市群间交通网络安全等，都与地质环境密切相关。特别是近些年来，城市轨道交通的大量兴建，问题显得更为突出。因此，应特别注意极端条件下地下空间开拓的安全，以及诱发的不良地质环境效应。

5. 地质环境与地质生态系统的安全和人民健康

不同的地质环境，为不同的生态系统提供基础条件，使当地的岩、土、水、气、洞及相应的生物活动构成特定的生态系统。不同的生态系统，对所居住人民的身体健康具有不同的影响，涉及人民的健康。地质环境与生态安全，是涉及以人为本的根本问题。因此，需要节能减排，防止污水灌入地下含水层，并进行垃圾分类处理。

上述五个方面的地质环境问题又与城市安全和可持续发展有密切关系。我们必须用科学发展观来对待城市的发展与相应的地质环境问题。并不是“人有多大胆，城市就有多大发展”，也不是“一个工程今日建成了，就是成功了”。地质环境效应是一个长期作用过程，需要高度重视不良的影响和长期产生的效应。

二、针对城市地质环境工作的几项重大措施的建议

针对上述五个方面的城市环境问题，应当注意采取相应的措施。

1. 坚持科学发展观，从地质环境上合理规划城市的发展

城市应依据地质条件及已有的人文状况做好规划。建议大城市从地质环境上，从兴利防灾两方面，进一步修订补充原有的规划。根据自然条件，特别是地质环境而界定城市的规模与质量。城市不要越大越好，从地质环境上更好地界定城市群的范围，以达到相应的协调与和谐。

2. 合理与正确进行大型工程建设

大型工程应安排一定的时间与经费，按设计程序认真进行与地质环境（包括水文地质、工程地质）有关的勘测研究工作。目前，很多大型轨道交通、城际铁路及城市内各种建设，因时间急迫，匆匆上马施工，没有足够的时间进行地质环境方面的深入调查研究，结果造成不同的损失或留下隐

患。各种大工程应严格按照国家审批手续办理，不能以当地领导意志和当地财力许可作为工程匆匆上马的依据。大的工程，最好分别由不同的勘测单位、设计部门、施工队伍三部分分隔进行，对其地质环境及地质灾害做出评估，以确保结论的科学性和客观性。

3. 恢复与建立有关学科，大力培养有关地质环境及地质灾害方面的相关人才

建议迅速恢复水文地质、工程地质和环境地质方面的专业，大力培养有关专业人才，包括地质灾害方面的调查研究和监测人才，以适应国家的急需并满足长远建设需求。目前，国际上仍是非常重视水文地质和工程地质，并有相应国际学术团体，经常交流。我国几年前只据少数人员的偏见，就取消了这些学科，造成很大损失。恢复这些学科，将有助于加强有关城市地质环境及地质灾害防治方面人才的培养。

三、积极开展城市地质环境与地质灾害研究

我国六百多个城市，规模不同，所处的自然条件也存在很大的差异，中国承受印度洋板块、太平洋板块的运动影响，以及东南季风与西北寒流的影响，在东西南北中各部位的自然条件都有很大差别，相应的地质环境与地质灾害也有不同的情况。虽然，以往对城市地质环境也曾进行了不少工作，但尚缺乏系统深入的研究，特别是城市大量建设与发展，尚缺乏综合探索研究，在工程建设与城市迅速发展对城市地质环境已造成的复合效应方面尚缺乏科学的认识。在经历汶川、玉树和舟曲三大灾害后，应当深入总结与提高认识。应当说，今后发生灾害还会很多，人们不可能完全阻止自然灾害的发生，但应当避免今后城市出现不应发生的重大灾害损失。

为此，建议开展中国城市地质环境与建设发展综合效应研究，以总结城市发展的经验。建议课题研究的中心内容是：

① 不同区域典型城市地质环境的基本特征与主要灾害链问题；

② 不同区域典型城市发展的综合地质环境效应；

③ 不同区域典型城市地质灾害的危险度评判与分级；

④ 典型城市发展及其防灾减灾的途径及措施；

⑤ 对城市构成威胁的灾害链的预警预报系统研制。

我们希望国家能加大投入以进行有关城市地质环境及地质灾害调查、研究和治理方面的工作。目前，应首先支持开展城市地质环境与地质灾害的调查研究及城市地质环境适宜性评价，特别是对地质环境问题相对多的城市进行重点研究，达到防灾减灾之目的。开展这方面课题是极其迫切、急需的，将为今后国家更好地发展提供相应的科学依据。建议由中国工程院和国土资源部合作，并请水利部、住房与城乡建设部、环境保护部、教育部等参加，共同进行此项研究工作。

建议人：

卢耀如　中国工程院院士
工程地质与水文地质
同济大学

王思敬　中国工程院院士
矿山水文地质与工程地质
中国科学院地质与地球物理研究所

张宗祜　中国工程院院士、中国科学院院士
矿山水文地质与工程地质
中国地质科学院水文地质环境地质研究所

常印佛　中国工程院院士、中国科学院院士
矿产资源和地质勘查
安徽省国土资源厅

孙　钧　中国科学院院士
岩土力学与工程、地下建筑工程
同济大学

周干峙　中国工程院院士、中国科学院院士
城市规划
住房和城乡建设部

李焯芬　中国工程院院士
矿山水文地质和工程地质
香港大学

郑颖人　中国工程院院士
岩土工程
解放军后勤工程学院

宋振骐　中国科学院院士
采矿工程
山东科技大学

袁道先　中国科学院院士
水文地质、工程地质、岩溶学
中国地质科学院岩溶地质研究所

郑守仁　中国工程院院士
水工结构工程
长江水利委员会

王　浩　中国工程院院士
水文学与水资源
中国水利水电研究院

王梦恕　中国工程院院士
岩土工程
北京交通大学

何华武　中国工程院院士
道路与铁路工程
铁道部

王景全　中国工程院院士
桥梁工程

解放军理工大学
周丰峻　中国工程院院士
土木工程抗灾与防护工程
总参工程兵第四设计研究院
葛修润　中国工程院院士
岩土工程
上海交通大学
项海帆　中国工程院院士
桥梁工程
同济大学
范立础　中国工程院院士
桥梁工程
同济大学
沈祖炎　中国工程院院士
结构工程
同济大学
王秉忱　勘察大师
水文地质与环境地质
住建部建设环境工程技术中心
黄润秋　教授
工程地质
成都理工大学
殷跃平　教授、副总工
水文地质环境地质
中国地质调查局
岳中琦　副教授
土木工程
香港大学
万　力　教授
水文地质及工程地质
中国地质大学
石建省　研究员
水文地质及工程地质
中国地质科学院水文地质环境地质研究所
周志芳　教授
水文地质及工程地质
河海大学
王恩志　教授

水文地质及工程地质
清华大学水利水电工程设计研究所

巫锡勇　教授、系主任
工程地质
西南交通大学

金　淮　教高
城建设计
北京城建勘测设计研究院有限责任公司

高建国　研究员
地震灾害和综合自然灾害
中国地震局地质研究所

阎长虹　教授
水文地质及工程地质
南京大学地球科学与工程学院

胡新丽　教授
工程地质
中国地质大学(武汉)工程学院

朱合华　教授
土木工程
同济大学土木工程学院

张永双　研究员
水文地质及工程地质
中国地质科学院地质力学研究所

王　清　教授
岩土工程
吉林大学

熊康宁　教授
自然地理
贵州师范大学

关于联合培养应采取联合授予学位的建议

朱建士　胡思得　王淀佐　屠海令　干　勇

今年试点开展的高等学校和工程科研院所联合培养博士研究生（以下简称联合培养）工作是贯彻落实《国家中长期教育改革和发展规划纲要（2010－2020年）》、创新人才培养体制的重要举措。

为了解联合培养工作的推进情况，我们对参与联合培养的有关工程科研院所进行了调研。总体来说，相关高等学校与工程科研院所正在按照教育部制定的《高等学校和科研机构开展联合培养博士研究生工作暂行办法》（教研〔2009〕5号）积极开展工作，目前首届联合培养博士研究生招生工作已经结束，培养方案和培养计划也基本确定。

在调研中，有关工程科研院所研究生教育管理部门普遍反映：由于《高等学校和科研机构开展联合培养博士研究生工作暂行办法》规定联合培养博士研究生的学位授予工作由高等学校负责，有关工程科研院所学位评定委员会和博士生导师对此持有异议，原因如下：

一、既然是联合培养，就应该从招生、培养、学位授位等全过程体现出联合培养的性质。

二、联合培养是为了更好的整合国家研究生教育资源，充分发挥高等学校在课程教学和工程科研院所在科研实践方面的优势，加强高层次拔尖创新人才培养，因此，联合培养博士研究生的论文工作以结合工程科研院所承担的国家重大科研项目进行更有利于上述目的的实现。既然论文工作主要在工程科研院所进行，而工程科研院所研究生教育主要以培养应用型创新科技人才为主，与高等学校在人才培养的目标和要求上还是有所区别的。如果全部按照有关高等学校的学位授予条件，将难以体现联合培养的目的。

三、有关工程科研院所开展博士研究生教育已有二十多年的历史，为有关领域培养了大量合格高层次人才，研究生教育工作已经积累了丰富的实践经验。如果联合培养博士研究生的学位授予工作仅由高等学校负责，将对工程科研院所现有的学位评定委员会的作用有所影响。

四、从现有的国家有关部门的评价考核办法来看，无论是学科建设、重点实验室建设还是人才培养等，如果工程科研院所不能参与联合培养博士研究生的学位授予工作，即使在联合培养中做了再多的工作，也很难在相关的考核评价中得到客观公正的反映，势必影响有关单位和导师参与联合培养的积极性。

在此，建议联合培养应采取联合授予学位的办法，确保《国家中长期教育改革和发展规划纲要（2010－2020年）》有关创新人才培养体制的重要举措能得到顺利有效地推进。

建议人：

朱建士　中国工程院院士
核科学技术应用
北京应用物理与计算机数学研究所

胡思得　中国工程院院士
核科学技术应用
中国工程物理研究院

王淀佐　中国工程院院士、中国科学院院士
矿物加工
中国工程院、北京有色金属研究总院

屠海令　中国工程院院士
功能材料
北京有色金属研究总院

干　勇　中国工程院院士
钢铁冶金
中国工程院、钢铁研究总院

优化两个布局，提高行业标准 促进经济增长方式转变

王　安　何继善　王基铭

十七届五中全会确定，“十二五”期间我国以科学发展为主题，以加快转变经济发展方式为主线，促进经济长期平稳较快发展和社会和谐稳定。为此，提出如下建议：

一、优化两个布局

（一）工业布局

我国能源资源呈“西富东贫”分布，而消费则“东多西少”，能源生产与消费呈逆向分布，目前，每年跨省区调运的能源总量在10亿吨标准煤以上，其中煤炭调运量占全国煤炭产量比重的近60%，电煤运输比重更高，按电煤外运口径测算，输电比例远低于输煤。以“三西”为例，2006年输煤和输电比例为20:1，输煤输电比例明显不合理。反映出国家工业布局和地区产业结构失调严重，因而成为制约我国经济社会可持续发展的重大问题和主要矛盾之一。

注重优化工业布局和城乡布局,是调整经济结构、转变增长方式、优化产业结构、提振内需、促进就业和降低能耗的重要前提。

一要统筹东西部能源生产和消费的关系。加大西部能源就地消费的比重,积极推动煤炭高效清洁发展,发展煤基替代等新兴化工产业,加快西部地区工业化进程,扭转“能源长征”的局面,降低国民经济单位耗能。以煤电及煤化工替代石油燃料及石油化工,不但有利于国家能源安全战略和能源结构的优化,而且将深刻影响经济增长方式的变革。发展西部工业,对促进西部地区发展,缩小东西部差距,拉动内需,化解社会矛盾具有深远意义。

二要统筹区域经济与地方经济的关系。目前以“行政区经济”为主体的管理体制,难免造成各地区局限于自身资源条件和发展要求来发展工业经济,缺乏关照全局的战略性安排,容易导致局部结构优化而大局失衡、局部发展加快而整体失调。西部地区的工业布局要结合主体功能区的建设,打破行政区域界限,以循环经济为基础,集中布置,以大型工业园区建设为单位,走延伸产业链、多联产的发展道路,推动产业升级,实现西部资源开发和综合利用的规模化、集约化和专业化。

为规划好、建设好西部工业体系,实现可持续发展,建议建立西部能源工业建设的主导决策指标体系和约束指标体系,指导该地区工业布局与产业结构。

1. 主导指标体系主要是指经济指标体系和单位能耗指标体系。

经济指标体系:建立数学分析模型,确定相关因素的边界条件,模拟分析地区工业布局和开发模式的经济性,设定工业布局与产业结构的临界值。

单位能耗指标体系:控制工业布局、建设规模、产业形态及技术工艺的合理性、先进性。

2. 约束指标体系主要是指水资源指标体系和环境指标体系。

水资源指标体系:用来约束地区资源开发和利用的总体规模和强度。

环境指标体系:用来约束环境总体容量承载能力范围内的产业构成和建设规模。

此外,针对目前中部地区资源开发强度过大的现实,应平衡好中部资源和西部资源的开发力度,适当压缩以山西、陕西、内蒙等省区为主的中西部地区资源开发强度,为后续发展留有余地。积极开发西部地区的资源,国家通过运输通道、基础设施建设以及税费等方面的扶持,积极为新疆煤炭资源的开发和利用创造条件。

(二)城乡布局

目前,我国城镇化率为46%,东西部发展不平衡,东部以及东北部地区明显快于中西部地区,东北地区城镇化率为58%,东部为56%,中部40.9%,西部则只有38.3%。城镇化水平低已成为经济社会发展的制约。处理好城乡布局,对缓减一、二线城市的人口压力,提振内需,增加农村高校学生就业,改善民生,化解我国城乡二元结构的矛盾,保证经济社会健康和谐发展意义深远。

一要统筹协调工业发展以及资源开发和城镇化建设的关系。以工业化促进城镇化,以城镇化推动工业化。未来的十年正是西部大开发和西部城镇化建设的关键时期,在资源开发过程中要坚持产业向基地集中、工业向园区集中、人口向城镇集中的发展思路。

二要统筹城镇化和社会主义新农村建设。科学规划,优化布局,合理定位,提高标准,避免低水平建设,实现可持续发展。新农村建设要综合考虑移民搬迁和安置,集中规划移民区,以减少基础设施投入,同时让出大批土地发展现代农业;完善农村金融、税收政策,推进农业的规模化和产业化,保证粮食安全,适度发展生物能源。解放大量压覆矿产资源以利开发。配套完善好新农村医疗卫生、教育文化等设施和体系,快速提升农牧民物质文化生活水平。

二、提高行业标准

我国不少行业标准长期滞后科学技术发展的步伐，有的标龄超过了10年以上，与目前新技术、新工艺的发展相脱节，制约了生产力的发展。煤炭、化工、冶金、制造、建筑等行业标准管理弱化，标准体系不健全，标准偏低，与国际先进水平存在较大差距，往往导致项目建成之时就是落后淘汰之日，造成大量资源的浪费。

提高行业标准是提升产业水平、转变经济增长方式最有效的驱动力。提高标准将推进企业的创新能力，使高新技术快速转化为现实生产力。提高标准将提高企业与产品的准入门槛，促进产业结构调整和技术升级，改善市场环境，改善安全生产。国家行政主管部门和行业协会应加强行业标准管理，增强行业标准的先进性、适用性和时效性，及时吸收和推广国际先进的管理与技术标准，鼓励优秀的企业创新标准，主导标准建设。

建议人：

王　安　中国工程院院士
能源与矿业工程管理
中国中煤能源集团公司
何继善　中国工程院院士
地质与矿产探测
中南大学
王基铭　中国工程院院士
化工、冶金与材料工程管理
中国石油化工股份有限公司

关于将东北虎保护纳入国家可持续发展战略优先领域的建议

马建章　刘兴土　王　涛　李文华

自然环境和生物多样性保护是经济和社会可持续发展的基础保障，也是实现中央提出的“包容性发展”的重要部分。特别是濒危物种，不仅是珍贵的遗传基因库，也是环境及生态系统质量的重要标志之一，其种群的可持续生存和有效保护对健康生态系统的存在和维持更是意义深远，是对中国乃至全球生态安全的重大贡献。

中国是虎的起源地,也是全球虎亚种分布最多的国家。虎是生物圈中位于生态金字塔和食物链顶端的代表性大型食肉动物之一,作为全球生物多样性保护和可持续发展的标志性旗舰物种和保护伞物种,在维持健康自然生态系统功能、特别是森林生态系统功能方面,扮演着不可替代的重要角色,已引起国际社会以及虎分布国家政府的高度重视。虎在中国悠久的历史文化中也占有重要一席,是生态保护和历史文化传承的重要载体。

目前全球野生虎已濒临灭绝,8 个虎亚种中已经有 3 个亚种相继灭绝,野生华南虎在过去 30 多年已不见踪迹。现存的 4 个亚种,都呈现数量和分布区域急剧下降的趋势。20 世纪初全世界尚有野生虎近 10 万只,25 年前有 7000 只,现在仅剩 3200 只左右。目前,野生虎所占据的栖息地面积仅占 20 世纪初的 7% 。全球野生虎的保护迫在眉睫,急需采取紧急性的保护和拯救。

中国分布有多个虎亚种,其中最具恢复希望的是东北虎(Panthera tigris altaica)。上世纪 50 年代,野生东北虎在中国东北林区仍生存有近 200 只,俄罗斯分布约 30 – 40 只。而现在中国境内分布的种群数量减少到仅约 20 只,俄罗斯却由于保护得力,种群数量达到 500 只左右。目前,中国东北地区仍保存有大面积森林,这些天然林依然拥有适宜于东北虎栖息、繁衍与生存的自然条件,而且东北林区的东北虎小种群与俄罗斯远东地区的大种群相邻,两国边境林区存在着东北虎跨境迁移的“生态廊道”,为中国境内野生东北虎种群恢复提供了良好条件。因此,东北虎是目前中国最值得保护且最有可能取得保护成效的“中国虎”。

2010 年是中国传统虎年,国际目光聚焦中国,聚焦中国的虎保护!中国作为世界大国和虎分布大国,肩负着东北虎保护的全球使命和责任,努力保护好这一全球濒危物种和其生存景观,无疑具有十分重要的现实意义和长远的历史意义。

我国野生东北虎保护已经取得了一些进展,但与实现恢复东北虎可自我维持种群仍任重而道远。**我们建议将东北虎的保护提高到国家生态安全的高度,纳入到国家可持续发展战略,为此提出如下建议:**

1、将东北虎保护纳入国家可持续发展战略的优先领域,制定长期保护规划;

2、以国家和有关省主体功能区建设为契机,划定东北虎保护优先区,并在保护优先区内建立大面积的东北虎自然保护区,以作为保护的核心区域;

3、东北虎保护优先区采取可行的保护措施,对确定的东北虎栖息地和潜在分布区实施“东北虎友好型森林管理”模式;

4、创建中俄跨国界自然保护区,建立中俄间、吉林与黑龙江两省现有与潜在东北虎分布区间的“生态廊道”,实现东北虎无障碍迁徙和扩散,以促进中国境内东北虎种群的逐步恢复;

5、积极探讨从俄罗斯远东地区向长白山区东北虎保护优先区引入野生东北虎繁育家族的可行性,实施东北虎猎物快速恢复和引进措施,以缩短东北虎的恢复时限。

我们相信,对东北虎保护实施国家可持续发展战略,通过长期努力,采取系统性的工程和保护措施,才有可能看到东北虎保护美好愿景的实现,为全球虎的保护事业做出贡献,为子孙传承下这一神奇而美丽的物种。

建议人:

马建章　中国工程院院士
　　　　野生动植物保护与利用

东北林业大学野生动物资源学院
刘兴土　中国工程院院士
湿地生态学
中国科学院东北地理与农业生态研究所
王　涛　中国工程院院士
森林培育
中国林科院林业研究所
李文华　中国工程院院士
森林生态学
中国科学院地理科学与资源研究所

关于抢救乌梁素海湿地的建议

旭日干　刘鸿亮　刘兴土　孟　伟　王　浩　尹伟伦　金鉴明
张　懿　王光谦　赵进东

乌梁素海位于内蒙古巴彦淖尔市境内，水域面积293平方公里，是全球范围内同纬度最大的湿地、荒漠半荒漠化地区极为少见的具有生物多样性和生态多功能性的大型草型湖泊，是我国西北地区最重要的生态屏障，也是黄河内蒙古段的凌汛期滞洪库，对维系黄河水系安全有着不可替代的作用。

近年来，由于补给水量不断下降，乌梁素海水质恶化，底泥淤积加重，富营养化、沼泽化趋势明显，其生态功能逐步消退，流域生态环境安全面临严峻挑战。目前，乌梁素海日益严重的水生态环境问题引起了党和国家领导人以及国内外专家学者的高度关注。

2009年8月，全国政协人口资源环境委员会组成调研组深入乌梁素海开展了专题调研，12月向中办和国办报送了《关于将乌梁素海湿地作为加强民族团结的国家重点生态工程项目的调研报告》，建议中央把乌梁素海湿地保护和发展提升为国家重点生态工程项目。2010年1月上旬，中共中央政治局常委、全国政协主席贾庆林作了“抢救乌梁素海及周边湿地”的重要批示；中共中央政治局常委、国务院副总理李克强作了“促进乌梁素海环境综合整治、生态建设和可持续发展”的重要批示。同年5月份，国家发改委牵头协调22个部委共同研究，起草并向国务院上报了《国家发展改革委关于乌梁素海湿地保护与发展有关问题的报告》，温家宝总理、贾庆林主席、李克强副总理和国务院其他领导同志对报告进行了圈阅。贾庆林主席在政协办公厅的呈批件上再次作了重要批示：“国务院有关部门对政协的《调研报告》十分重视，提出了很好的意见。发改委的报告待国务院批准后，请政协人资环委继续跟踪调研，协助内蒙古和有关部门落实报告各项任务”。

按照国家发改委的要求，地方政府委托国家级单位编制了《乌梁素海综合治理规划》，并委托中国国际工程咨询公司对规划进行了咨询和评估。目前，该规划已正式上报国家发改委。12 月 13 日，为了广泛听取专家学者对乌梁素海综合治理的建议，国家林业局湿地办和地方政府在北京组织召开了“乌梁素海湿地国家重点生态工程项目高层研讨会”，与会专家学者对乌梁素海的生态环境保护和治理进行了深入的研讨，更加清晰地诊断出乌梁素海生态环境存在的关键问题，进一步突出了抢救乌梁素海的紧迫性。在 12 月刚刚闭幕的中央经济工作会议上，中央再次强调明年要进一步重视湿地保护和关注森林、草原工作，乌梁素海湿地生态治理面临着难得的重要历史机遇。

鉴于当前乌梁素海急需解决的生态环境关键问题，我们认为，按照“生态补水、控源减污、修复治理、资源利用、持续发展”的思路，应从以下几个方面加快乌梁素海综合治理的进程：

1、用环境优化经济发展，最大程度地实现结构调整和源头减排。深刻分析认识乌梁素海生态环境与流域经济社会发展之间的关系，统筹水环境容量、水体承载力和流域经济社会发展等要素，按照乌梁素海水环境承载力进行容量总量控制，并按照分区贡献进行科学削减和有效分配；根据清洁生产和循环经济理念进行产业结构调整及布局优化，实现环境优化和经济发展。同时，加快现有的各城镇和园区的污水处理厂工艺设备的升级改造，使出水达到国家一级 A 排放标准并再生回用，从源头控制污染物的排放，达到强化减排的目标。

2、统筹水量、水质和水生态之间的关系，合理利用和保护水资源。保持乌梁素海生态需水量平衡是其生态环境保护的基本条件，也是水生态系统健康的重要保障，落实“抢救”乌梁素海必须首先确保乌梁素海生态需水。

3、加强过程减排、水土保持和流域生态建设，恢复清水产流机制。通过构建湖滨带、缓冲带体系，强化乌梁素海周边区域水土流失控制；完善人工湿地及生态渠道建设，形成完整的土地处理系统，使地表径流成为清水，进入乌梁素海。

4、推进底泥环保疏浚和水生植物产业化综合利用，合理削减内源污染负荷，改善生境条件。通过底泥环保疏浚等一系列内源治理措施，实现乌梁素海生态的全面改善。

鉴于乌梁素海湿地处于民族自治区的特殊地位，以及在我国北方生态系统中的特殊作用，建议：

1、把乌梁素海湿地生态综合治理上升到国家层面统筹考虑，将中咨公司已评估通过的《乌梁素海综合治理规划》纳入国家“十二五”发展规划，并在国家重大科技规划中设置相关研究课题，支撑规划尽快组织实施。

2、尽快立项实施黄河内蒙古乌梁素海分凌减灾补水通道工程，实现黄河凌汛分水减灾与生态补水的双赢。

建议人：

旭日干　中国工程院院士
动物遗传育种与繁殖
中国工程院
刘鸿亮　中国工程院院士
水污染防治

中国环境科学研究院
刘兴土 中国工程院院士
湿地生态学
中国科学院东北地理与农业生态所
孟　伟 中国工程院院士
环境区域污染控制原理与技术
中国环境科学研究院
王　浩 中国工程院院士
水文学与水资源
中国水利水电科学院
尹伟伦 中国工程院院士
森林培育
北京林业大学
金鉴明 中国工程院院士
环境生态保护与修复
环境保护部
张　懿 中国工程院院士
环境区域污染控制原理与技术
中国科学院过程工程研究所
王光谦 中国科学院院士
水力学及河流动力学
清华大学
赵进东 中国科学院院士
植物生理学
中国科学院水生生物研究所

学 术 活 动

【中国工程科技论坛】

航空钛合金技术发展(第94场)

2010年4月7日,工程科技论坛第94场"航空钛合金技术发展论坛"在北京举行。论坛由周廉、张彦仲院士发起并担任论坛主席,化工、冶金与材料工程学部、机械与运载工程学部、中航工业技术基础研究院、中航工业北京航空材料研究院共同承办。周济副书记出席论坛并致辞。刘大响、才鸿年、李明、陈一坚、何季麟等8位院士和国内负责飞机/发动机设计与制造主要院所(公司)的技术负责及政府有关主管部门领导和管理人员,以及国内涉及航空钛材研究制备的主要单位相关人员共100余位专家出席论坛。与会专家就世界钛会筹备、大型飞机专项、先进飞机和发动机选材、航空钛合金技术等作综述性和专题报告,并针对这些问题及国内航空钛合金的应用现状、发展需求进行深入的交流讨论。周廉、张彦仲院士与黄旭、杨智等专家作了学术报告。

会议认为:我国一系列关于飞机和航空发动机的重大计划使航空钛合金材料与应用技术面临历史性机遇与挑战,航空钛合金的技术已经成为新一代飞机开发的支撑环节,本次材料技术论坛有飞机及发动机设计部门、制造厂家及材料研发与制备单位共同参加,是一种非常有效的沟通途径。论坛将进一步促进航空用钛合金技术发展,加强国内航空钛合金材料研制、工程化应用与产业发展,创新性基础研究和人才培养,满足航空器和国民经济对航空钛合金的需求。

(王晓俊)

全生命周期的生物质液体燃料可持续发展(第95场)

2010年4月20－22日,工程科技论坛第95场"全生命周期的生物质液体燃料可持续发展"在武夷山举行。论坛由曹湘洪、石元春、汪燮卿、李大东院士建议并负责,化工、冶金与材料工程学部与福州大学共同承办。汪燮卿院士主持会议,李大东等8位院士和来自福州大学、石油化工科学研究院、中国农业大学、北京化工大学、清华大学、浙江工业大学、中粮集团生化能源事业部等15个单位的140余位专家出席论坛。

曹湘洪、石元春、欧阳平凯、舒兴田、付贤智院士和有关专家共作了12个学术报告。会议深入探讨了被广泛关注的生物质液体燃料的全生命周期问题，研讨了分子筛催化在生物质制取化学品、酶催化生产生物柴油及微生物油脂、生物柴油生产过程的能耗、CO_2养藻以及藻类高值化利用、甜高粱乙醇－1.5代生物燃料技术创新和生命周期评价、生命周期评价对生物柴油工艺开发的作用等内容。会议研讨了全面评价生物质燃料对石油燃料的可替代性，探讨生物柴油、燃料乙醇等路线的全生命周期分析方法，通过产学研界的充分交流，为相关领域的研究、甚至决策提供参考。论坛选择生物柴油和生物乙醇在我国经过多年的发展，相对成熟。以此为例进行全生命周期的分析，更易理解和具有普遍意义。

（左家和）

低碳能源（第96场）

2010年5月6日，工程科技论坛第96场“低碳能源”在上海召开。此次论坛是中国工程院主办、能源与矿业工程学部和上海院士中心共同承办，论坛由学部主任何继善院士和上海院士中心主任翁史烈院士共同主持。古德生等十五位院士以及相关领域的专家、企业家及政府部门负责人100余人出席论坛。

论坛以“低碳能源”为主题，围绕常规能源清洁利用、新能源开发利用、上海低碳经济和发展转型、如何发展低碳能源，如何充分利用能源开发、转化和终端使用等各环节的节能减排潜力及技术关键点等内容作报告。同时结合上海特大城市的特色和需求，及上海在能源及能源技术上的产业和学科优势，就上海低碳能源发展和示范进行交流讨论。与会专家一致认为，尽管我国发展低碳经济短期内面临严峻的挑战，但长远来看，这无疑也为我国经济增长方式转变带来巨大的机遇。作为低碳经济的一个重要基础，大力发展低碳能源，降低单位GDP的能耗水平，不仅是我国城市绿色发展道路的保证，也将为应对全球气候变化做出贡献。论坛上，与会专家结合我国能源结构面临的主要问题，提出了有我国特色的低碳能源发展道路，主要包含四个方面：一是煤的清洁高效利用；二是能源结构多样化，可再生能源由辅助走向主流；三是提高能源系统总效率（含采集、转化、终端利用效率）；四是主动节能降耗。当前，“转方式”已经成为上海各方面工作推进的重中之重。

（王爱红）

中国特色自主创新道路(第97场)

2010年5月16－17日,由中国工程院主办,工程管理学部与浙江大学管理学院承办的中国工程院第97场工程科技论坛“中国特色自主创新道路”在浙江大学举行。潘云鹤常务副院长、王基铭等13位中国工程院院士及来自国内外知名大学及研究机构的高级专家、省市有关部门的领导、企业家代表、浙江大学管理学院师生近300人参加了本次论坛。论坛由许庆瑞院士主持。浙江大学党委张曦书记、工程管理学部副主任王基铭院士分别致辞。

潘云鹤常务副院长、朱高峰院士、王众托院士、汪应洛院士、刘源张院士、海尔集团喻子达执行副总裁、铁道部郑健总规划师还分别作了题为“物联网所蕴藏的创新空间”、“技术创新和电信发展”、“大力发展系统集成创新,加速自主创新步伐”、“服务创新推动制造业,产业结构优化”、“创新,创新什么?”、“海尔自主创新之路”、“我国高速铁路自主创新之路”的报告。

此次论坛还设立了四个分论坛,分别从国家、区域/产业、企业及产学研合作创新层面上,对于如何走中国特色自主创新道路、实施自主创新战略开展了理论与实践探索。

(于泽华)

促进我国经济转型的服务科学(第98场)

2010年6月18日,工程科技论坛第98场“促进我国经济转型的服务科学”(SSME)在同济大学举行。论坛由中国工程院主办、工程管理学部、同济大学经济与管理学院联合承办,郭重庆教授主持,王基铭院士致辞。王众托、汪应洛、郭重庆院士和中国研究院副院长黄莹分别作了“充分发挥信息与知识服务在发展服务业中的作用”“发展服务性制造,转变经济发展方式”,“服务转型一个世界性的趋势”,“网络对于服务管理、运营和创新的挑战与机遇”的主题报告 。

分论坛上,院士及国内外服务科学领域的专家学者就“服务行为与需求管理”、“服务运营管理”、“服务创新和质量管理”等主题进行了进一步探讨。

本次论坛总结我国在服务科学理论和实践方面所取得的成就,探索我国进一步建设和推进服务科学管理工程(SSME)这一新兴学科的策略,并提出我国利用服务科学管理工程(SSME)促进经济发展转型的政策建议。

（于泽华）

半导体照明材料的工程科技问题（第99场）

2010年6月28—30日，第99场工程科技论坛“半导体照明材料的工程科技问题”在大连举办。本论坛由陈立泉、屠海令、吴以成院士发起，由化工、冶金与材料工程学部与国家半导体照明工程研发及产业联盟和大连市科技局共同承办。陈立泉、陈良惠院士担任会议主席，工程院张国成、周克崧、沈德忠、李龙土、赵连城、桑凤亭院士，中国科学院郑有炓院士和来自清华大学、南京大学、哈尔滨工业大学等多所高校及中科院物理研究所，北京有色金属研究总院、中科院半导体所、广州有色金属研究院、中材集团人工晶体研究院、中色（宁夏）东方集团等多家科研院所及中国兵器装备集团、路明集团、厦门华联、江西晶能光电、上海蓝宝光电、江苏南大光电、有研稀土新材料等多家领域内领先企业的技术专家共50余人出席论坛。

半导体照明是继白炽灯、荧光灯之后照明光源的又一次革命，半导体照明技术发展迅速、应用领域广泛、产业带动性强、节能潜力大，被各国公认为最有发展前景的高效照明产业。近几年，世界上半导体照明产业发展迅速，我国也具备了较好的研发基础，初步形成了完整的产业链，并在下游集成应用方面具有一定的优势。随着我国产业结构调整、发展方式转变进程的加快，半导体照明节能产业作为节能减排的主要途径和转变发展方式、培育新的经济增长点的主要选择之一，迎来了新的发展机遇期。但是半导体产业也面临着专利和核心技术缺乏、产业整体水平较低、标准和检测体系尚未建立、产业资源不集聚、产业链发展不均衡、市场环境不健全、低水平盲目投资现象严重等急需解决的问题。

2004年3月，陈良惠、邬贺铨等14位工程院院士曾提出“发展固态照明 改善生活质量 节约电力资源”的院士建议，建议“将固态照明的研发列入国家科技中长期规划重大专项，用15年时间（2020年前），加强固态照明的研发和生产，推动绿色照明运动……”该建议受到国家发改委、科技部等政府有关部门的高度重视，相继出台了一系列政策和措施支持固态照明技术研发与产业发展。到2009年，国内从事固态照明研发、生产的企业已有近4000家，行业总产值827亿元；应用产品种类规模处国际前列，42英寸LED背光液晶电视销售万台、开发出汽车前照灯样灯、奥运会开幕式及水立方等应用开创了世界景观照明史的里程碑。

与会院士、专家围绕半导体照明的核心技术研究、专业性的高端人才培养、半导体照明产业的资源整合等方面进行了深入研讨，同时对“十二五”国家半导体照明发展战略以及半导体照明发展中存在的问题与解决办法进行了热烈的互动交流。论坛内容涵盖了中国半导体照明产业发展趋势及战略、当前半导体LED照明材料面临的科学技术问题、固态照明用新型发光材料、硅衬底LED照明技术进展、高效蓝光材料ZnO的研究进展、OLED照明技术的发展现状与前景、半导体照明中荧光粉之重要性及发展思路与策略、纳米科技在发光二极管中的应用、UVLED 激发的白光照明进展共 10 个主题。

会议认为:半导体照明产业的发展到了很关键的时候,本次论坛进一步明确半导体照明产业发展方向和目标,对指导产业的发展具有重要的现实意义。会议建议政府有关部门继续加大支持力度,推动半导体照明产业发展;积极培育和扶持具有自主知识产权的核心技术,对重点企业给予重点支持;优化科技管理体制,允许创新失败。

(左家和　朱君星)

轻工重点行业节约资源与保护环境的技术研究及开发(第 100 场)

2010 年 7 月 13 日,中国工程院第 100 场工程科技论坛在大连工业大学召开。本届论坛由中国工程院主办,中国工程院环境与轻纺工程学部、中国工程院产业工程科技委员会轻工绿色化学品研究开发促进会、大连工业大学、中国轻工业联合会轻工表面活性剂应用研究分会、北京工商大学共同承办。本届论坛以“轻工重点行业节约资源与保护环境的技术研究及开发”为主题,旨在积极促进我国轻工重点行业技术创新,推广应用先进技术,提高资源利用率,调整经济结构,转变发展方式,促进可持续发展。刘德培院士致辞。论坛由陈克复院士担任主席,石碧院士、江南大学校长陈坚、大连工业大学副校长安庆大、华南理工大学副校长邱学青、陕西科技大学副校长马建中担任执行主席。大连工业大学朱蓓薇教授、江南大学陈坚教授、华南理工大学瞿金平教授、中国发酵工业协会石维忱理事长分别在论坛上做了专题报告。来自中国轻工业联合会、国内相关院校、科研院所及企业的有关领导和专家、学者共计 120 余人参加了本次论坛。

此次论坛为期三天,论坛围绕轻工行业清洁生产技术,废弃物减量化、资源化利用与安全处置,发展循环经济的共性技术研究,综合治污与废弃物循环利用技术,轻工绿色化学品的研究及应用技术,特种功能表面活性剂的研究及应用技术,轻工化学品的生物降解性及安全性研究,生物质基化学品的研究及应用技术,绿色化学品的评价标准研究等热点问题,邀请了在轻工重点行业从事节约资源与保护环境的技术研究及开发方面最具代表性的院士及中青年专家,发表了主题报告并进行了充分研讨。论坛不仅为我国工程技术领域中青年科技工作者展示其最新科技成果搭建了技术交流平台,同时为企业寻求技术支持与合作提供了帮助。与会多家企业代表纷纷抓住机会,与专家学者就技术合作等问题展开了深入探讨。

(张　健)

髋部疾病诊治与相关学科进展高层峰会(第101场)

2010年7月31日-8月1日,由医药卫生学部、中华医学会骨科学分会承办,内蒙古自治区医学会、内蒙古自治区医院、内蒙古医学院第二附属医院、中华关节外科杂志(电子版)协办的第101场工程科技论坛-"髋部疾病诊治与相关学科进展高峰会"在呼和浩特召开。樊代明副院长出席会议并致辞,内蒙古自治区主席巴特尔、中华医学会吴明江副会长、刘德培、杨胜利、邱贵兴、王澍寰、戴尅戎、卢世璧院士以及内蒙古自治区各地的骨科医生200多人及其他16个省市的200多骨科医生参会,并参与互动讨论。

樊代明等院士先后就《三千年生命科学的进与退》、《骨关节炎与表观遗传学》、《转化医学的现状与未来》、《努力成为临床医学家》、《从个体化人工关节的发展看医工结合》、《如何培养创新人才》等题目进行了演讲,会议分设THA翻修、复杂初次THA、THA并发症、髋关节表面置换、髋部骨折等专题,30余名关节外科领域的专家针对髋关节外科和相关学科的临床诊治与科研方面做了22场学术专题报告、并参与了3个典型病例讨论。此外,论坛期间还举办了骨科大手术静脉血栓防治和髋关节置换技术进展两场卫星会。

(李冬梅)

耐高温纤维产业用纺织品及滤袋(第102场)

2010年8月4日-5日,工程科技论坛第102场"耐高温纤维产业用纺织品及滤袋"在江苏省南京市。会议由姚穆院士主持,季国标院士致开幕词,出席会议学部工作局、有关院士及国家工业和信息化部、中国产业用纺织品协会、中国环境保护协会、陕西省产业用纺织品工程技术研究中心、江苏省二噁英烟气分解与除尘工程技术中心等单位专家出席会议。到会科研院所、企业单位42个,共计110余人。

会议特邀报告15个,特邀报告系统介绍了钢铁厂、火电厂高温尾气烟尘过滤滤袋的高性能纤维(特别是聚苯硫醚、聚四氟乙烯、聚酰亚胺)的关键技术与纤维性能特点及其分析测试研究,高性能纤维生产产业用滤袋纺织品加工设备及工艺关键技术及重要控制参数,滤袋设计、缝制加工设备及工艺关键技术，火力发电厂、钢铁厂使用滤袋除尘设计、安装、运行的经验、教训、效果及运行情况的总结。

会议经过讨论形成了以下建议：

（一）对钢铁厂、火力发电厂的高温烟尘尾气采用耐高温滤尘袋系统过滤分离技术已经成熟，建议设立专项建设五十个钢铁厂、火力发电厂、耐高温纤维生产厂、滤袋生产厂、有关技术服务系统的示范基地的计划，请国家发展与改革委员会、科技部、环境与保护部、工业和信息化部等联合或分别建立专项资金资助。

（二）请科技部、工业和信息化部对聚四氟乙烯复合长丝、聚酰亚胺纤维给予支持，尽快完善并产业化。

（三）由于滤袋性能考核测试不可能全部在制成滤袋后进行，建议要建立滤袋用纺织品的标准体系（包括产品的考核指标、测试方法、性能要求，及名词术语等）。

通过总结，本场论坛重要特点是加强了工程院同工信部、发改委等职能管理部门的合作，为大力促进管、产、学、研、用的结合提供了交流平台。

（张　健）

纺织产业领域新材料开发和生态制造关键科学与技术战略研究（第103场）

2010年8月23日，由中国工程院主办、中国工程院环境与轻纺工程学部和上海市中国工程院院士咨询与学术活动中心共同承办、东华大学、上海大学和上海市纺织科学研究院协办的“第103场工程科技论坛——纺织产业领域新材料开发和生态制造关键科学与技术战略研究”在沪召开。副院长樊代明、上海市科委副巡视员施强华、上海市经信委副主任陈跃华、上海大学副校长汪敏、东华大学副校长俞建勇出席论坛并讲话。季国标等10余位院士以及来自沪上相关领域专家80余人出席论坛。

论坛突出展示了国内纺织工程科技从规划到研究和应用的进展情况，特别反映了学科交叉对纺织产业自身发展的积极作用。论坛邀请了上海大学孙晋良院士、中国化纤工业协会郑植艺会长、中国产业用纺织品行业协会李陵申副理事长、东华大学朱美芳教授等13位院士专家作主题报告。与会专家认为，我国纺织产业有诸多其他国家难以比拟的优势，如全球市场占有率高、原材料丰富、产业链完整等，但在装备、信息化程度、环境保护等方面与国外先进水平还存在明显差距，特别是一些功能性材料目前还严重依赖进口。总体上，我国纺织产业还处在低加工、低附加值生产的粗放式增长阶段，核心和关键技术的竞争力不强，距世界纺织强国尚有距离。本次论坛的召开，对上海新型纺织产业的发展将起到很好的参考和借鉴作用。

（张　健　汪　洋）

宠物与人类健康(第104场)

9月18日,中国工程院第104场工程科技论坛——“宠物与人类健康”论坛在北京召开。夏咸柱院士担任大会主席,旭日干副院长出席会议并致辞。来自科技部、农业部、公安部、林业局、军队系统、有关行业协会、科研院所的代表、专家150余人参加了此次论坛。

随着社会进步、经济发展和人们生活水平的提高,宠物饲养出现了快速大众化、平民化、多样化趋势。宠物日益成为与人类朝夕相处的生活伴侣,以宠物食品、宠物医院、宠物美容、宠物保险等为代表的宠物产业已悄然兴起。日益发展的宠物及其产业在舒缓现代人压力,给予精神寄托的同时,也带来了新的人畜共患病、公共环境卫生等一系列的健康问题,成为现代社会面临的重大课题。

本次论坛以“同一世界、同一健康”为主题,共征集了近50篇学术论文,经学术委员会讨论评议,评选出18篇优秀论文,由中国工程院农业学部颁发了优秀论文证书。论坛以综合报告、专题报告、书面报告和讨论相结合的方式重点交流了国内外宠物业发展的现状,宠物对人类生活的积极影响与社会问题,宠物资源的保护、开发与管理问题等。会议召开的同时,以《中国比较医学杂志》(专辑)的形式正式出版了论坛文集,并形成“关于保障我国宠物业健康发展”的院士建议,提交给工程院。

通过一天的交流研讨,与会者一致通过了论坛宣言。宣言指出,在大力发展医疗卫生事业的同时,我们必须树立营养健康、动物健康、环境健康三位一体的多角度、全方位的现代健康新理念。按照“同一世界、同一健康”的思想,努力提高营养健康水平,以宠物健康为新的关注点高度重视动物健康,以人居、社区环境为重点营造健康生态环境,建立起现代健康新模式。让人类在享受美食、享受美好环境、享受与动物和谐相处乐趣的同时,远离食物源疾病、人畜共患病等的威胁,共享健康生活。

针对宠物与人类健康,论坛呼吁:(1) 以人为本,关爱动物,善待动物,将它们作为人类的朋友,重视动物福利,营造人与动物,特别是宠物和谐相处的良好社会氛围。(2) 重视宠物产业发展,制订产业发展政策和管理制度,促进宠物豢养和产业健康发展。(3) 珍爱生态环境,自觉进行垃圾处理及宠物粪便处理,提高人们的公共环境健康道德素养。(4) 重视宠物产业科技创新,加强宠物与人类健康之间关系以及宠物育种、繁殖、豢养、食品、医疗等科技问题研究,防控宠物疫病,维护人类与宠物健康。(5) 充分发挥宠物协会、宠物学校等机构团体的作用,大力发展和宣传宠物相关文化,普及宠物科技知识,提高宠物豢养与管理水平。

(罗莎莎)

六大农作物强优势杂交种的创制与应用（第105场）

10月26－27日，由农业学部和中国农科院棉花所承办的中国工程院第105场工程科技论坛—“六大农作物强优势杂交种的创制与应用”在河南安阳召开。旭日干副院长、傅廷栋、官春云、朱英国、盖钧镒、刘旭、谢华安等院士及有关学者专家350余人出席了会议。工程院、科技部、农业部、河南省政府、安阳市政府、中国农科院有关领导出席了论坛开幕式并致辞。

随着人口的不断增加、耕地的不断减少以及国外产品的不断冲击，我国粮食生产的前景不容乐观，如不及时采取应对措施，将直接影响新农村建设进程和面临粮食安全危机。要从根本上解决这些危机，根据我国人多地少的基本国情，增加农作物种植面积并不现实。因此，提高各种农作物单产成为解决问题的关键，而杂种优势利用是提高单产最有效的科技手段。随着现代生物技术和强优势杂交种理论与技术的迅猛发展，以强优势杂交种创制为核心，有机结合现代生物技术手段，发挥我国作物杂种优势利用整体领先的原创性优势，加快培育一批突破性优良作物新品种，对保障国家粮食安全、保护生态环境和促进农民增收具有重要意义。

为了促进六大农作物强优势理论与应用经验交流，加快研究与应用推广的速度，袁隆平、戴景瑞、傅廷栋和朱英国等院士建议召开此次论坛。论坛共举行报告43场，其中主题报告7场，分组报告36场。主题报告主要围绕我国水稻、油菜、玉米、大豆、棉花、小麦等六大农作物的强优势研究与进展、现状与问题进行了阐述，并提出了杂交品种培育与杂交种生产过程中存在的关键问题，为进一步深入研究和广泛利用农作物杂种优势指明了方向。专家们提出的独特观点与见解对于强优势材料的发掘和创制、强优势杂交品种的培育和应用等具有重要的指导意义。

（罗莎莎）

现代测绘科学技术与信息化社会的可持续发展（第106场）

2010年11月1日至3日，工程科技论坛第106场“现代测绘科学技术与信息化社会的可持续发展”在武汉召开。会议开幕式由宁津生院士主持并致开幕词，国家测绘局副局长、中国测绘学会理事长李维森，武汉大学常务副校长李清泉，中国工程院土木、水利与建筑工程学部常委王景全院士到会致词。14 位院士和来自高校、企事业单位的 100 余位专家参加了会议。

论坛作了特邀报告 28 个，系统介绍了现代测绘科学技术新进展、现代土木水利建筑工程进展及其测绘技术需求以及全球环境变化与灾害监测、数字城市与信息化社会方面的最新进展，介绍了以地理信息数据获取实时化、处理自动化、产品智能化、服务网络化和应用社会化为标志的信息化测绘体系建设所取得的新成果。

（高战军）

载人登月与深空探测（第 107 场）

2010 年 11 月 5 日，由中国工程院主办，工程管理学部和机械与运载工程学部、中国空间技术研究院承办的工程科技论坛第 107 场“载人登月与深空探测”在中国空间技术研究院会展中心召开。

主席团名誉主席徐匡迪院士和周济院长担任本次论坛的主席并讲话。31 名中科院院士和工程院院士及来自全国的 200 多名专家学者和各界人士参加了论坛。

论坛共精选了来自 26 家单位的 47 篇学术论文出版成文集进行交流。所收录的论文内容涵盖载人登月和深空探测领域的方案设计、总体规划、轨道设计、控制与推进、控制、制导与导航、返回再入以及测控与通信等方面。

论坛上共有 10 位专家、学者发表了主题演讲。演讲内容涉及我国深空探测的成就及展望，国际深空探测的发展态势、载人登月的作用和意义、科学目标、发展路线以及重型火箭运载、载人深空探测探测器技术途径、测控通信、航天员与环控生保技术和轨道转移等方面。

此次论坛让与会代表更深入地了解了当前国际上载人登月和深空探测的发展状况，清晰明了了载人登月和深空探测对我们社会发展的作用和意义，深刻地认识了我国实施载人登月的必要性、技术途径、发展路线、科学目标和相关关键技术的发展与突破，也让大家充分感受到了我国深空探测领域发展的不平凡历程和伟大成就，明确了未来发展的方向。

（于泽华　王晓俊）

创面修复的新理论与新技术进展—从基础研究到临床应用转化(第 108 场)

2010 年 11 月 12 日 ~14 日,工程科技论坛第 108 场—“创面修复的新理论与新技术进展—从基础研究到临床应用转化”在福州市召开。医药卫生学部王正国院士担任大会主席、付小兵院士担任会议主持,来自国内各大医院、研究院所的 80 余位组织修复与再生研究领域专家参会。

本次论坛围绕转化医学、医学成果转化、干细胞研究、临床创面修复治疗中心建设等 4 个主题展开,王正国院士、付小兵院士作了述评报告,韩忠朝等 7 位教授作了专题报告。

王正国院士向大家介绍了转化医学的概念及其在创面修复研究中的新进展,强调在进行基础研究时,一定要考虑到转化应用,缩小基础与临床的鸿沟,并呼吁政府对转化医学给予更多支持。**付小兵院士**认为,医学科技成果转化需要树立“融合与转化”意识,加大研究投入,协调科研人员、企业生产者、临床医生和患者的平衡关系,加强不同学科、专业间的融合,了解转化内在因素,抓住关键环节,获得实际效果。**姚敏教授**将其在美国哈佛大学 Wellman 光化学研究中心实验室进行的伤口修复研究工作进行了介绍。**韩忠朝教授**探讨了干细胞的作用机制,安全性评价和临床试验方案;同时报告了伤口治疗中心的建设和存在的问题,主要是软件方面和人员配置问题。**沈振亚教授**介绍了其课题组利用干细胞治疗心肌梗塞患者的临床试验研究,发现在心梗四周后采用骨髓间充质干细胞进行细胞移植,同时联合抗炎治疗能够在临床上取得较好的疗效。**蒋建新教授**认为成体干细胞(adult stem cells,ASCs)具有自身来源、用前不需预分化以及在一定条件下不需要体外扩增等优点,ASCs 对受损的内脏器官均有不同程度的修复作用,是胚胎干细胞理想的替代细胞。**胡大海教授**认为干细胞基础研究的深入为创面处理,尤其是探索解决大面积深度烧伤创面修复的疑难问题,提供了新的途径和契机。**刘先成教授**介绍了使用红光光照治疗大面积创面的治疗方法。认为红光治疗对慢性创面愈合具有十分显著的疗效,应用红光治疗可极大增强细胞代谢、显著改善肌肉萎缩,加快伤口愈合等,是一种新兴的伤口修复方法。**于瑛教授**回顾了敷料在创面治疗中应用的历史,通过比较各种不同的敷料,强调临床医生要根据伤口的类型和时期,选择相应的敷料,并指出了未来敷料的发展方向。

这次工程科技论坛的召开,对创面修复的新理论、新技术和新方法进行了系统总结,有助于新理论与新技术迅速转化为临床治疗性应用。

(李冬梅)

碳汇渔业与渔业低碳技术(第 109 场)

11 月 19 日 -20 日,由中国工程院主办,农业学部和中国水产科学院共同承办的第 109 场工程科技论坛—碳汇渔业与渔业低碳技术在北京召开。潘云鹤副院长,出席论坛并讲话。农业学部唐启升、沈国舫、管华诗、赵法箴、麦康森等院士及来自全国相关领域的高等院校、科研机构、龙头企业的 260 多名专家学者参加了本次论坛。

开幕式后,本次论坛主席—唐启升院士首先作了题为"碳汇渔业与又好又快发展渔业"的主题报告,深入分析了渔业碳汇形成的过程和机制,提出了低碳渔业发展中亟待解决的技术难题,对进一步丰富和发展碳汇渔业理论体系、技术方法和应用前景,推进渔业低碳经济的发展具有重要的指导意义。40 余位专家围绕"水生生态系统碳循环特征与生物固碳机制"、"渔业生物碳汇过程与评价技术"、"海水高效低碳养殖技术"、"淡水高效低碳养殖技术"、"海洋牧场与生态礁构建技术"、"绿色安全饲料与加工低碳技术"、"渔业装备与节能减排技术"等 7 个专题作学术报告。

渔业为二氧化碳减排做出重大贡献。大型藻类通过光合作用将海水中的溶解无机碳转化为有机碳,贝类通过促进生长的方式使用海洋碳,我国浅海贝藻养殖不仅为人类社会提供了大量优质、健康的蓝色海洋食物,同时又能对减排大气二氧化碳做出贡献,是一种双赢的人类生产活动。

我国是率先提出渔业碳汇概念和倡导发展碳汇渔业的国家,"碳汇渔业与渔业低碳技术"工程科技论坛的举办,体现了我国推进节能减排、坚持走低碳发展之路的信心和勇气,也展示了我国水产科研界在该前沿领域超前的研究理念和优秀的研究成果,必将对提高渔业应对气候变化能力,加快转变发展方式,实现中国从渔业大国向渔业强国转变起到积极的推动作用。

(罗莎莎)

数字化设计与自主创新(第 110 场)

11 月 22 日,工程科技论坛第 110 场"数字化设计与自主创新"在华中科技大学召开。论坛由中国工程院主办,机械与运载工程学部和华中科技大学共同承办。周济院长、机械与运载学部主任李培根校长、华中科技大学副校长杨勇和邵新宇出席了论坛。论坛由段正澄院士主持。黄旭华等

13 位院士出席论坛,来自研究机构和高校的代表共计 300 余人参加了本次论坛。

周济院长作了《关于用数控技术创新一代机械产品的思考》报告,他希望有组织、有计划地推进数控技术在各行各业机械产品创新中的应用,通过开发高端数控平台去改造和提升各种机械产品的水平,实现中国机械产品的全面创新升代。顾国彪院士在《自主创新引领高新技术产业》报告中指出,企业是投资的主体,要遵从科学观,产、学、研、用要实质性地结合,提升企业创新力,重振民族创新自信心,迎接国际金融危机和经济衰退后的新技术革命。陈予恕院士作了《机械动力学故障的非线性诊断原理及其应用》报告,系统地介绍了机械动力学故障的诊断原理,并通过工程实践表明,非线性动力学诊断原理和技术是十分有效的,能够取得显著的经济效益。柳百成院士作了《先进铸造及凝固过程多学科多尺度建模与仿真》报告,他强调,建模与仿真是数字化设计与制造的核心技术,数字化铸造成形制造的发展趋势是高精度、高效率、多尺度、多学科、全过程建模与仿真。要加大对“建模与仿真”共性技术的投入。郭重庆作了《服务型制造:中国制造业能级提升的新机遇》报告,介绍了颠覆创新、越界创新、反向创新、整合创新,他指出,服务创新是价值创造的源泉。唐任远院士在永磁风力发电机的技术进展报告中指出,加速研发和生产有自主知识产权的永磁风力发电机,既为低碳经济、发展可再生能源作贡献,又可以占领国际市场。刘人怀院士作了《关注世界科技创新态势,大力推动产学研合作创新》报告,朱能鸿院士作了《卫星望远镜设计》报告,关桥院士作了《大飞机制造工程中的特种焊接/连接技术》报告。

相关领域专家代表在论坛上报告了各自的研究成果。论坛上 9 位院士和 7 位专家所作的 16 个高水平学术报告从不同角度和层面,围绕着数字化设计与自主创新这一主题进行了深入的分析和探索,并提出了许多宝贵的意见和建议。

李培根主任作了大会总结,数字化的问题远不只是设计和制造,从宏观到微观,都需要数字化模拟和仿真,要把智能的概念真正地融入到数字化技术中,去控制我们的机器,实现我们的工艺目标。数字化技术应用于并行协同组织,将大大提升管理效率。不要把创新仅仅看作一个纯粹技术的创新,要思考如何从市场需求获得灵感、加强服务的理念,这些同样需要数字化技术的帮助。

(王晓俊)

智慧城市和数字家庭技术产业发展趋势(第 111 场)

11 月 30 日,由中国工程院主办,信息与电子工程学部、广州市科信局、中国工程院院士广州咨询活动中心共同承办的“智慧城市和数字家庭技术产业发展趋势”工程科技论坛在广州召开。刘人怀院士出席了论坛并致开幕辞,孙玉、刘韵洁院士以及来自有关单位的专家,高校的专家学者 250 余人出席论坛。

论坛主题是探讨智慧城市和数字家庭技术产业发展趋势。刘韵洁、孙玉院士及两位专家分别作了“数字城市与物联网”、“家庭网络和多业务平台研究进展”、“广州互动电视研制和试点进展”、“家庭网络和多业务平台芯片设计”等学术报告。通过特邀报告、主要研究项目的进展和应用报告以及交流讨论等形式，探讨智慧城市和数字家庭技术产业发展趋势，推动我国在该领域技术研究、应用与产业化的发展、提高国际竞争力。

此次论坛，进一步扩大和加强了信息产业，特别是数字家庭技术的学术交流，提升了工程科技人员的学术水平，院士、专家在论坛上提出的前瞻性和热点性问题，引起了与会代表的高度重视，论坛对促进中国数字家庭技术产业的发展有着积极的意义。

（范桂梅）

数字医疗的应用趋势(第112场)

2010年12月11日－12日，由中国工程院主办，医药卫生学部、浙江数字医疗卫生技术研究院及我中心共同承办的第112场工程科技论坛——数字医疗的应用趋势在杭州召开。郛贺铨等9位院士专家做主旨报告，来自国内各省市医疗机构和卫生管理部门的百余位专家出席论坛。

数字医疗是一门集医学、信息学、电子学、机械工程学、医政管理学等专业的交叉学科。二十一世纪医学以人类的健康为主要研究方向，发展以预防、预测、个性化和参与性为主的4P医学模式。要真正实现从治疗为主向预防为主的转变，数字医疗技术的运用不可或缺。院士专家们在报告中提出，我国数字医疗的发展要紧扣医药卫生体制改革需求，加快建设惠及全体居民的基本医疗卫生服务体系，形成以居民个人电子健康档案、电子病历为基础的城乡社区与医院双向转诊，远程诊疗、教育和健康咨询等综合性服务的应用系统。通过物联网等新型的数字通信技术，突破医疗信息孤岛、整合医疗资源、优化服务流程、提高医疗质量和服务水平、提高就医效率、降低医疗费用，从而缓解“看病难、看病贵”问题。

（汪洋）

2010 中国汽车自主创新(第 113 场)

2010 年 12 月 25－26 日,工程科技论坛第 111 场“2010 中国汽车自主创新”在重庆市召开,论坛由中国工程院、重庆市人民政府和中国汽车工程学会共同主办,机械与运载工程学部和中国汽车工程学会等 11 家单位共同承办。1200 人出席。周济院长、樊代明副院长和重庆市副市长童小平出席了会议。论坛的主题是“创新政产学研金相结合机制,促进汽车自主创新跨越发展”。论坛围绕安全、节能、减排等涉及国计民生的问题,探讨如何在前期自主创新成就的基础上,开展“十二五”期间的汽车自主创新,实现我国汽车跨越式发展,加快汽车发展方式转变,从而促进我国经济和社会发展方式的转变。

本次论坛设 1 个主会场,1 个院士论坛和 20 个主题分会场,包括 3 个主旨报告、8 个大会报告和 170 个主题报告,其中包括 20 多位院士和有关主管部门的领导作报告和讲话。论坛形成了促进汽车创新的框架建议,包括“十二五”和中长期汽车科技发展规划纲要建议等。

2010 年中国工程科技论坛统计表

序号	名称及主题	负责院士	时间	地点	参加人数		报告个数		听众人数
					院士	专家	院士	专家	
1	航空钛合金技术发展论坛(第 94 场)	周　廉 张彦仲	4.7	北京	8	6	2	6	100
2	全生命周期的生物质液体燃料可持续发展论坛(第 95 场)	汪燮卿	4.20－22	武夷山	10	20	5	10	140
3	低碳能源论坛(第 96 场)	翁史烈	5.6	上海	20		4		100
4	中国特色自主创新道路论坛(第 97 场)	许庆瑞	5.16－17	杭州	12	80	6	42	300

续表

序号	名称及主题	负责院士	时间	地点	参加人数		报告个数		听众人数
					院士	专家	院士	专家	
5	促进我国经济转型的服务科学(SSME)论坛(第98场)	郭重庆	6.18–19	上海	8	20	3	19	200
6	半导体照明材料的工程科技问题论坛(第99场)	陈立泉 屠海令 吴以成	6.28–30	大连	9	8	2	8	40
7	轻工重点行业节约资源环境的技术研究及开发论坛(第100场)	陈克复	7.12–15	大连	2	150	1	15	300
8	髋部疾病诊治与相关学科进展高层峰会论坛(第101场)	邱贵兴	7.30–8.1	呼和浩特	7	150	6	22	400
9	耐高温纤维产业用纺织品及滤袋论坛(第102场)	姚　穆 季国标	8.4–6	南京	3	50	2	20	200
10	纺织产业领域新材料开发和生态制造关键科学与技术(第103场)	孙晋良	8.23–24	上海	15	30	3	6	100
11	宠物与人类健康(第104场)	夏咸柱	9.18	北京	2	150	2	18	150
12	六大作物强优势杂交种的创制与应用(第105场)	傅廷栋	10.26–27	安阳	7	360	4	39	360
13	现代测绘科学技术与信息化社会的可持续发展高层论坛(第106场)	宁津生	11.1–3	武汉	14	100	8	20	180
14	载人登月与深空探测(第107场)	王礼恒 戚发轫	11.5	北京	31	6	5	6	220
15	创面修复的新理论与新技术进展–从基础研究到临床应用转化(第108场)	王正国 付小兵	11.12–14	福州	2	80	2	5	100
16	碳汇渔业与渔业低碳技术(第109场)	唐启升	11.19–20	北京	6	260	2	40	260
17	数字化设计与自主创新论坛(第110场)	段正澄 李培根	11.22	武汉	14	7	9	7	300

续表

序号	名称及主题	负责院士	时间	地点	参加人数		报告个数		听众人数
					院士	专家	院士	专家	
18	智慧城市和数字家庭技术产业发展趋势论坛(第111场)	孙　玉	11.30	广州	3	2	2	2	250
19	数字医疗技术的应用趋势论坛(第112场)	李兰娟 杨胜利	12.11－12	上海	9	100	9	30	100
20	2010中国汽车自主创新论坛(第113场)	钟志华	12.25－26	重庆	20	16	8	16	1200

【论坛十周年座谈会】

在中国工程科技论坛十周年座谈会上的发言

樊代明

（2010 年 12 月 6 日）

尊敬的延东国务委员、万钢副主席、宋健、匡迪名誉主席，各位院士，各位领导：

今天我们在这里召开中国工程院工程科技论坛十周年工作座谈会，既是对十年百场工程科技论坛的一次回顾和总结，也是为谋求工程科技论坛创新发展的一次研讨和咨询，可以说是我院工程科技论坛发展历程中的一个里程碑，承前启后、意义重大。我们非常荣幸的邀请到了中共中央政治局委员、国务委员刘延东同志亲临指导，这已经是延东委员在百忙之中，今年第三次莅临我院指导工作，充分体现了党和国家领导对工程院各项工作的重视和支持，也使此次纪念活动具有更为深远的意义。稍后，延东委员还要做重要指示，我们将认真学习贯彻落实。根据安排，首先由我向大家简要汇报十年来工程科技论坛的发展情况，谈一谈对工程科技论坛的认识和体会，谈一谈对进一步加强工程科技论坛工作的思考。

为了促进我国工程科学技术事业的发展，给工程科技人才提供学术交流的舞台，从 2000 年举办第一场"工程科技论坛"开始，十年来，我们先后在北京、上海、天津等 21 个地市，组织了 111 场工程科技论坛，内容涉及机械与运载，信息与电子，能源与矿业，环境与轻纺，化工、冶金与材料，土木、水利与建筑，农业，医药卫生，以及工程管理等 18 个专业领域，参与院士专家千余人，论坛受众人数过万人。十年来，我们始终坚持"促进工程科技领域中重大的方向性、前沿性问题的研究，提高我国工程科技创新能力和管理水平；推动多学科之间的交流，促进新兴、边缘与交叉学科的发展，提出新的经济增长点，为经济建设服务；为工程科技界的专家，特别是青年科技人才提供舞台，鼓励优秀人才成长"的宗旨，力求做到高站位、高起点、高层次、高水平，在长期的探索和实践中，不断拓展和丰富论坛的内涵和活动方式，不断发挥和放大论坛的辐射和带动作用。经过十年的不辍实践，逐步形成了一个能够体现和代表国家工程科技水平的高端学术品牌，一个能够推动和引领国家工程科技发展的高端学术阵地，一个能够发现和培养青年工程科技人才的高端学术平台。

十年的创新发展，工程科技论坛在不断探索中逐步形成了自身鲜明的特点。一是紧扣科技活跃领域，紧跟科技前沿问题，把握科技发展方向，突出科技创新能力，充分体现了工程科技界最高学术机构的定位。二是紧密结合我国社会和经济重点发展战略，反映国计民生的热点焦点问题，凝聚智囊团合力，发挥思想库作用，有效实现了最高咨询机构的职能。三是努力搭建民主开放的学术交流平台和才华展示舞台，致力充当后备科技人才成长的推手，弘扬提携后进的作风，鼓励自我展现的意识，进一步保证了论坛强大的吸引力和鲜活的生命力。四是积极促进不同领域的知识渗透和科技融合，催生孵化新兴学科，加速培育新兴产业和经济增长点，推动各专业纵向发展和横向交叉，有机高效的整合了院士专家的智力资源。

十年的努力实践，如果说中国工程科技论坛能够获得科技界和社会上的普遍好评，能够形成一定的学术品牌影响，能够取得一些成果、收到一定成效的话，那么，这些成绩的取得，主要得益于各级领导的高度重视、各个部门的鼎力合作以及广大院士专家的广泛积极参与，这是工程科技论坛稳中渐进、逐步成熟的先决基础；得益于各学部常委会精心设计规划及相关工作人员辛勤劳动和全方位服务，这是工程科技论坛突出宗旨、彰显成效的必要条件；得益于承办方细心组织策划及相关单位大力支持协助，这是工程科技论坛形成规模、提高影响的重要保证。

面向未来，随着国家科技发展十二五规划的制定与实施，特别是针对“十二五”我国发展战略性新兴产业的需求，中国工程科技论坛也将履行新的使命和任务。中国工程院 2010 - 2014 年工作纲要中，围绕学术活动特别是工程科技论坛这一重要载体，提出了新的发展要求。我们的工程科技论坛将在以下四个方面进一步的完善与提升：

一、要“聚焦”前沿热点，进一步加强论坛的引领和辐射效应。我们将继续紧扣社会热点和科技前沿问题，始终坚持工程科技论坛既定的基本宗旨，以国家经济社会发展的现实需要为指导，以工程科技的前沿攻关、重大问题解决为牵引，根据不同学部和不同学科的特点，突出国际性、前沿性和应用性，关注有望成为战略性新兴产业的领域，既体现特色，又兼顾共性，力求小、精、尖，避免高、大、全，力争实现推动一批工程科技专业的创新发展，带动一大批社会产业的跨越发展，发现和培养一大批青年科技人才的目的，辐射和引领不同专业、不同地域和不同层次工程科技水平的共同提高，从而不断促进中国工程科技事业的整体发展。努力在聚焦、引领和辐射的过程中，不断扩大论坛的规模、打造论坛的特色品牌，为论坛的健康持续发展奠定基础。

二、要“聚集”发展力量，进一步提升论坛的影响力和吸引力。要进一步解放思想、开阔视野，只要有利于工程科技论坛的健康发展，只要有利于论坛的宗旨弘扬和主题拓展的发展力量，我们都可以积极吸纳整合。在保持工程院学术高端性的前提下，广泛联系和邀请一些主流行业、大型企业、综合高校、重点院所共同承办或协办，形成优势互补、资源共享的合作机制，为更多的科技事业单位提供发展的高层次平台，不断提升论坛的影响力和吸引力。

三、要“聚合”学术思想，进一步营造民主、活跃的学术环境。切磋成良玉，相击出灵光。工程科技论坛是一个学术论坛，因此必须始终致力营造自由、严谨，开放、求实的学术研讨氛围，努力形成百家争鸣、百花齐放的生动局面，努力实现学术交流、思想交锋、形成共识、解决问题的目的。要进一步深入思考如何完善学术交流平台的机制措施，力求做到规避权威、广开言论、鼓励互动、聚合思想，切实使论坛成为孵化创新思想、催生新兴学科、扩展科技视野、深化科学认识、弘扬学术民主的重要阵地；努力把工程科技论坛打造成为中国工程科技界最具权威、最具前瞻、最具活力、最具先进性的学术高地。

四、要“聚变”论坛成果，进一步加强对学术成果的总结提炼。论坛的目的是通过交流碰撞提升学术水平、解决现实问题。因此对于论坛产生的积极成果要及时地总结、归纳、提炼和宣传，通过“广而告之”，实现广而思之、广而研之，最终“广而用之”的目的。我们要以这次座谈会为契机，进一步深入研究如何完善与工程院最高学术机构相匹配的论坛发展机制，总结经验，改进不足，不断提高全局性、前瞻性战略规划和顶层设计的能力，不断加强运行机制、组织程序、管理规定和成果宣传等制度体系建设，保证论坛层次的高端性、论坛成果的广泛应用性。

古人说十年磨一剑，应该说工程科技论坛这把学术宝剑还没有完全展示出它的锋利和光芒。我们应该珍惜当前国际、国内的大好形势，在党中央、国务院的正确领导下，在各级领导的大力支持下，在相关单位和兄弟部门的密切配合下，在全体院士和全院同志的共同努力下，中国工程科技论坛一定能够登上一个更高的台阶，引领未来，为中国工程科技创新和发展做出更大贡献。

中国工程科技论坛十周年：承前启后的里程碑

编者按：

12 月 6 日，中国工程科技论坛十周年座谈会在京举行。中共中央政治局委员、国务委员刘延东出席座谈会并讲话 。围绕十年来的历程及未来发展，中国工程院院长周济，中国工程院主席团名誉主席徐匡迪，中国工程院副院长樊代明，中国工程院院士沈国舫、朱高峰、殷瑞钰、范守善和陈君石等也作了精彩发言。

作为中国工程院最富学术影响力的品牌活动之一，中国工程科技论坛十周年是其发展历程中一个重要的里程碑，承前启后、意义重大。中国工程科技论坛十周年座谈会，既是对十年百场工程科技论坛的一次回顾和总结，也是为谋求工程科技论坛创新发展的一次研讨和咨询。为了让读者有更多的了解，现将座谈会上的一些精彩内容摘要如下。

让社会更多的人了解新领域新热点

中国工程院院士　殷瑞钰

工程哲学是 21 世纪以来国际上研究的新领域、关注的新热点，我国哲学界、工程界、教育界比较早地研究了这个新方向。自 2004 年以来，中国工程院先后组织了有关院士和自然辩证法研究会的哲学家合作开展了一系列以工程哲学为主题的理论研究和学术活动。

在合作研究的同时，中国工程院先后举行了 3 场工程科技论坛。2004 年 12 月在京举办的“工程哲学”论坛（工程科技论坛第 33 场）。此次论坛旨在向学界介绍工程哲学的研究与发展，让社会更多的人了解工程哲学、关注工程哲学，指出工程是直接生产力、现实生产力，工程活动是经济建设的主战场。工程的特征是“集成与构建”，这有别于科学和技术。工程将直接与自然、社会、人发生联系，工程改变着世界。深入认识工程活动的本质和发展规律十分必要。在这次会议上，院士、专家们一致呼吁要重视工程哲学研究，落实科学发展观。2005 年 9 月在上海举办的“科学发展观与工程哲学”论坛（工程科技论坛第 39 场）。时任院长徐匡迪院士出席会议并作了重要讲话。此次论坛旨在提高工程界哲学思维的能力和素质，促进工程哲学的发展，普及工程哲学的思想，树立工程的新理念。2007 年 7 月，在西安举办了“工程哲学与和谐社会建设”论坛（工程科技论坛第 64

场)。论坛期间,经过三年研究撰写的《工程哲学》一书举行了首发式。

中国工程院开展的一系列以工程哲学为主题的学术活动,一方面在工程哲学的学科建设方面取得了开创性进展,在工程界和哲学界产生了较大的反响,为此,中国自然辩证法研究会也给予高度重视,专门成立了工程哲学委员会,每两年有一次全国性的学术活动,推动了工程哲学的研究;另一方面,中国工程院工程管理学部组织的多次以工程哲学为主题的论坛和研讨会,积累了大量的工程哲学研究成果,并在有关院士、专家近三年的潜心研究下,于 2007 年 7 月出版了《工程哲学》一书。该书为我国的工程活动、工程管理的理念和工程建设提供了科学的认识论、方法论,为切实搞好各种工程特别是重大工程具有一定的指导意义。

面向公众的科技论坛能产生巨大影响

中国工程院院士　范守善

今天有机会参加中国工程科技论坛十周年座谈会感到非常荣幸。十年前纳米材料与技术论坛的热烈气氛记忆犹新,会后我们每个报告人都收到了许多来信、来电,深深感受到面向公众的科技论坛所产生的巨大影响。也就在那一年,我们九位报告人中的五位联合其他几位学者组成一个团队,承担了国家"973"项目,十年后的今天我们仍然在一个团队之中,所承担的第二期"973"项目上个月刚刚通过验收。

2000 年以来,各国纳米研究计划的实践和纳米科技研究的进展使人们进一步认识到纳米科技是未来技术的重要源泉之一。信息、能源、材料、环境和生物医学领域都把纳米科技作为未来科学突破和技术创新的重要源头和突破口。

未来的 10 ~ 20 年将是纳米科技成果产业化的关键时期。从 2005 年起,先进国家对纳米科技研究的安排都突出了以满足国家重大需求为目标的应用研究,毫无疑问,纳米科技是提升国家未来竞争力的重要手段。

我国的纳米科技研究发展迅速,整体研究水平已进入世界先进行列,部分方向的研究成果居国际前沿。

我国在纳米领域发表的 SCI 论文数量已进入世界前列,2009 年论文总数已超过美国,高水平的论文数量和年度平均被引用率也处于世界前五名的行列。我国申请或获得授权的国内专利数量有了显著增长。据统计,到 2007 年 4 月已达到 7900 多件,申请和授权的专利数已处世界前列。

我国纳米科技研究领域的国际影响日益增强,国际学术交流非常活跃,与主要的发达国家都有双边和多边的定期学术会议,国际媒体对我国纳米科技的成果给予了广泛的关注和报道。

我国已先后建设了一批纳米科技研究机构和研究平台,有国家级、地方及学术界和产业合办等多种形式,形成了具有国际影响的研究团队。

结合中国工程院重大咨询项目成果开展论坛活动

中国工程院院士　沈国舫

我想谈谈组织"中国的水问题"论坛的体会。"中国的水问题"论坛先后组织了两次(第 4 场、第 23 场)。论坛的特点是结合中国工程院重大咨询项目的研究成果开展活动。这样既可以使我们的研究成果得以广泛宣传,又可通过论坛深化其研究成果。

在 2000 年 9 月举行的第 4 场工程科技论坛是在"中国可持续发展水资源战略研究"项目取得重大研究成果的基础上组织的。1998 年肆虐全国的大洪水,给我国社会经济带来了重大的损失。与此同时,由钱正英、张光斗主持的"中国可持续发展水资源战略研究"咨询项目启动。该项目以

“中国可持续发展水资源战略研究”为总项目，经过一年多的紧张工作，提出了9个专题报告，在专题研究成果的基础上，经项目综合组反复研讨和重点考察，提出《中国可持续发展水资源战略研究》综合报告，并于2000年7月11日在中南海向温家宝同志及有关部委负责人作了汇报。温家宝同志对项目研究成果给予充分肯定。钱正英在报告会的开始，对“中国可持续发展水资源战略研究”项目进行了概括性的介绍。

在2003年4月，我们又举办了第23场工程科技论坛西北地区水资源配置、生态环境建设和可持续发展战略论坛。举办该论坛的背景是在中央确定“西部大开发”的战略，各方面行动积极，但在实际工作中，生态环境建设与经济社会的用水矛盾如何解决，西北地区有限的水资源能否支持社会经济的可持续发展等问题，仍存在着各种不同的看法和做法。再加上近年来的北方地区干旱严重，沙尘暴加重，更引起许多议论和忧虑。为此，我院又及时组织了“西北水资源”咨询项目。

论坛上，潘家铮等10位院士专家分别就西北水资源的供需发展趋势、西北自然环境演变及发展趋势、西北地区的生态环境建设区域配置与需水量、西北土地荒漠化及水土资源利用、农牧业可持续发展与节水战略、西北地区城镇发展及水务对策、西北矿产资源开发的用水对策、西北地区能源工业用水对策、西北水环境防污减灾、西北水资源开发利用重大工程布局等方面作了专题报告。水利部、西北6个省区以及国内相关学术机构的领导与专家，共400余人出席了论坛。与会人员对论坛反应十分热烈。该论坛对于转变观念，澄清思想误区，统一思想认识，正确处理“西部大开发”中人与自然的关系，解决经济社会发展与生态环境建设的矛盾等方面起到了积极的作用。

回顾总结水问题论坛的经验，我认为，结合我院重大咨询项目的研究成果开展论坛是一种很好的形式，是建设工程科技思想库的重要内容，有利于促进工程科技领域中重大的方向性、前沿性问题的研究，推动多学科之间的交流，有利于发挥我院学术引领作用，履行好中国工程院作为工程科技界最高荣誉性、咨询性学术机构的职责。

论坛传播了科学的声音

中国工程院院士　陈君石

各位领导，各位院士，我来汇报一下2006年9月举行的第50场工程科技论坛“中国食品安全问题”。

当时，食品安全问题成为广大消费者关注的热点，然而，无论是政府部门、企业、媒体或消费者对于我国的食品安全现状和发展趋势都缺少客观、科学和正确的了解，以致在消费者中造成一定程度的食品安全“恐慌”。因此，在此次论坛上，我国的食品安全状况究竟如何，我国的主要食品安全问题是什么及有何特点，该如何科学地看待我国当前的食品安全问题等话题，成为论坛的焦点问题。

本次论坛邀请的14位食品安全领域的专家所做作告内容全面，覆盖了从农田到餐桌的整个食物链，以及各种化学性和微生物性食品危害，还抓住了关系国计民生、产业发展的热点问题，与国家的产业方针、政策紧密相连，通过权威专家在食品安全问题各方面的专题报告和讨论，以及在报告中由相关部门和专业人员提供的科学信息和数据，使与会者更科学和客观地了解了食品安全问题的情况。

总的说来，这次论坛有这样几个特点：一是用专家的报告澄清一些认识上的误解。比如食品当中有各种各样的危害，这是普遍存在的。从政府层面解决食品安全问题是控制它的风险，而不是消除危害，消除危害是不可能的，我们要把风险控制到可接受的程度。比如消费者普遍关心的是食品当中存在的化学性污染，像农药残留、兽药残留、重金属以及环境污染物等等，而对真正的第一号食品安全问题，即由致命性微生物引起的食源性疾病反而被忽视。在全世界都公认食源性疾病是最重要的食品安全问题时，我国消费者对此没有给予太多的重视，为此我们试图在论坛上传播一些正确的、科学的声音。

二是论坛的报告内容比较全面。14 个报告从农田到餐桌反映了整个过程，包括农业方面的农药残留和兽药残留，包括公共卫生领域的食源性疾病和食品添加剂，包括农业部门的转基因，以及进出口的食品安全监管和贸易的发展等等。我们还专门请了一位媒体专家来谈如何进行食品安全风险的信息交流问题。

三是注重产生广泛的影响。论坛能产生的影响也就是参加会议的 150 多人。我们觉得请了这么多专家来作报告和讨论是不容易的，所以在论坛结束以后我们根据现场的记录，请了一些媒体整理成为通俗易懂的科普文章，在中国工程院资助下由中国协和医科大学出版社出版了一本科普专著《食品安全的挑战：问题、认识和办法》，受到社会各界的关注与欢迎，对国家制定政策起到了咨询的作用，对公众提供了权威的科普宣传，成果显著。

工程科技论坛要突出“论”字

中国工程院主席团名誉主席　徐匡迪

十年来，中国工程科技论坛紧密结合我国经济和社会发展的战略重点，紧紧把握工程科技发展方向和前沿问题，积极推动不同专业领域的交叉融合，有效整合院士专家的智力资源，充分利用中国工程院最高学术机构的定位优势，设立并不断加强、完善了工程科技论坛，为实现中国工程院最高咨询机构职能搭建了有效的平台。论坛充分发挥了结合国情、适度超前的学术引领作用，对国家工程科学技术思想库的建设和推动我国工程技术水平的提高以及培养和引导中青年拔尖创新人才的健康成长起到了积极的促进作用，产生了良好的社会影响，可以说工程科技论坛已经成为中国工程院最富学术影响力的品牌活动之一。

借此机会，就工程科技论坛工作，谈两点希望。

其一，继续结合国情，关注前沿，大力开展引领性、导向性的学术交流活动。

中国工程院作为国家工程科技界最高学术机构，其基本任务之一，就是要为传播工程科技前沿知识，促进科技进步以及培养中青年工程科技人才服务。大力开展以院士为主体、吸引广大工程科技人员参与的高水平学术活动，是工程院最基础、最经常的工作，通过搭建工程科技论坛这一平台，可以为加强工程科技界的学术交流与合作，促进咨询研究等工作，起到积极的作用。

高水平学术活动，应当始终以国家经济和社会发展重大战略为主题，紧扣社会热点和科技前沿问题，充分发挥工程院最高学术机构的学术引领作用，为促进工程科技的整体发展和高水平工程科技学术活动的健康持续发展奠定基础。目前，工程院的学术活动已呈现系列化、多样化、品牌性的良好势头，并已成为各学部工作的重要组成部分。以中国工程科技论坛为代表的高水平学术活动，对于加强工程科技工作具有重要的引领作用，值得大力总结和完善。

其二，加强战略思考，强化顶层设计，扩大影响，注重效果，形成良好的学术交流氛围。

在组织开展高水平工程科技学术论坛时，要加强战略思考，强化顶层设计。充分发挥工程院学术与出版委员会的指导和领导作用。要整合院内外优势资源，结合咨询项目研究，有目的、有重点地选择若干关键热点问题作为论坛主题。坚持“有所为，有所不为”，加强运行机制、组织程序、管理办法等制度建设。保证学术活动的针对性、时效性，提高学术活动组织规范和实际效果。

有着十年历程、举办过百场的中国工程科技论坛，已经成为工程院一个具有相当影响力的学术交流品牌活动，这对于工程科技发展和年轻专家的成长产生了良好的推动作用。要在学术民主的前提下，在宽松开放的学术研讨氛围和百家争鸣的互动中，切实起到孵化创新思想、催生新兴学科、扩展科技视野、深化科学认识的作用。工程科技论坛应不同于一般科普性、专业性的学术报告会，要突出一个"论"字，鼓励青年才俊积极参与、踊跃发言，激发创新思想，发挥学术争鸣的科学精神。同时要提倡开放式办论坛，鼓励和相关部委、地方、企业、研究院所、高校及各专业学会联合举办，做到优势互补、资源共享，形成论坛的优秀人才聚集效果，始终站在工程科技的前沿、针对国家战略需求，贴近经济建设主战场。

论坛让不同意见的代表共同讨论

中国工程院院士　朱高峰

各位领导，各位院士，我汇报一下"第三代移动通信"论坛的情况。该论坛于2001年5月10日举行，有十多位工程院院士和来自有关部委、科研机构、高校及企业的260位代表参加。

该论坛举行的背景是，第三代移动通信(3G)技术在国际上刚刚兴起。中国的3G道路如何选择，将面临什么问题，是全社会都在关心的重大问题，各方面都有很多议论。

在这样的形势下，中国工程院信息与电子学部经过认真研究，决定就3G的发展状况、各种制式的技术特点及我国的3G发展战略问题，组织一次工程科技论坛，国内有关开发机构、设备制造厂家和运营商会聚一堂，各抒己见，以期对我国3G的发展有所助益。

此次论坛共有8位专家作了主题报告，分别介绍了我国在第三代移动通信方面的研究进展和第三代移动通信的关键技术，比较了第三代移动通信几种标准及其发展，分析了第三代移动通信发展策略，提出了发展我国移动通信产业的建议。从这8个报告中，可以了解到运营商、研发单位和设备制造厂家对我国3G发展道路的设想和采取的具体行动，对大家有所启发，对推动我国移动通信技术的发展产生了积极的促进作用。

该论坛有如下特点：第一，比较早期地介入。尽管当时各方持有不同的意见，但没有机构把大家集中起来一起讨论各种意见，听到3G的人很多，但到底是怎么回事不是很清楚。我们的论坛在国内第一次把有关方面的专家和官员都集中到一块，早期介入，早期关注。

第二，广泛参与。科技界和产业界紧密结合，一起讨论这个问题。这个项目是有一定代表性的高技术项目，也是高技术产业化的项目，离开产业界是不行的，因此科研单位、大学、产业界和政府官员共同参与，一起讨论这个问题。

第三，全面介绍。我们没有偏向哪一个方面，国外的系统和国内的系统都介绍了，都充分地发表意见。

第四，通过讨论明确了一个方针，即在开放前提下的自主创新。我们不封闭，但要坚持自主创新，或者说坚持"以我为主"的国际化。信息产业的发展一定要走国际化的道路，但要是"以我为主"的国际化。

十年历程是工程科技界致力技术创新的历程

中国工程院院长　周济

在全国各界深入学习贯彻党的十七届五中全会精神的形势下，今天，我们在中国工程院举行"纪念中国工程科技论坛创办十周年座谈会"，具有重要的意义。

中国工程科技论坛自2000年创办以来，积极促进工程科技领域中重大的方向性、前沿性问题的研究，提高我国工程科技创新能力和管理水平；推动多学科之间的交流，促进新兴、边缘与交叉学科的发展，提出新的经济增长点，为经济建设服务；为工程科技界的专家，特别是青年科技人才提供讲台，激励优秀人才的成长，到2010年已举办论坛逾百场。

十年历程，百场论坛。回顾中国工程科技论坛的发展历程，有500多位院士、1000多位青年科技专家、20000多位工程科技人员参加了论坛；论坛主题紧密围绕国家经济社会发展和工程科技前沿，充分发挥了学术引领作用。

应该说"中国工程科技论坛"10年的历程，是工程科技界致力于技术创新大力进取的历程，是引领工程科技领域取得辉煌成就的历程，是工程技术成为推动社会经济发展的直接动力的历程。

今后，我们将按照党的十七届五中全会精神和中央领导提出的要求，积极开展高水平学术活动，充分发挥学术引领作用，为推动我国工程科技创新，为加快转变经济发展方式、实现中华民族的伟大复兴作出新的更大贡献。

"十二五"期间工程科技论坛要"四聚"

中国工程院副院长　樊代明

为了促进我国工程科学技术事业的发展，为工程科技人才提供学术交流的舞台，从2000年举办第一场工程科技论坛开始，十年来，我们先后在北京、上海、天津等21个地市，组织了111场工程科技论坛，内容涉及机械与运载，信息与电子，能源与矿业，环境与轻纺，化工、冶金与材料，土木、水利与建筑，农业，医药卫生，以及工程管理等18个专业领域，参与院士专家千余人，论坛受众人数过万人。

十年的创新发展，工程科技论坛在不断探索中逐步形成了自身鲜明的特点。一是紧扣科技活跃领域，紧跟科技前沿问题，把握科技发展方向，突出科技创新能力，充分体现了工程科技界最高学术机构的定位。二是紧密结合我国社会和经济重点发展战略，反映国计民生的热点焦点问题，凝聚智囊团合力，发挥思想库作用，有效实现了最高咨询机构的职能。三是努力搭建民主开放的学术交流平台和才华展示舞台，致力充当后备科技人才成长的推手，弘扬提携后进的作风，鼓励自我展现的意识，进一步保证了论坛强大的吸引力和鲜活的生命力。四是积极促进不同领域的知识渗透和科技融合，催生孵化新兴学科，加速培育新兴产业和经济增长点，推动各专业纵向发展和横向交叉，有机高效地整合了院士专家的智力资源。

面向未来，随着国家科技发展"十二五"规划的制定与实施，特别是针对"十二五"我国发展战略性新兴产业的需求，中国工程科技论坛也将履行新的使命和任务。中国工程院2010~2014年工作纲要中，围绕学术活动特别是工程科技论坛这一重要载体，提出了新的发展要求。我们的工程科技论坛将在以下四个方面进一步完善与提升：

一是要"聚焦"前沿热点，进一步加强论坛的引领和辐射效应。我们将继续紧扣社会热点和科技前沿问题，始终坚持工程科技论坛既定的基本宗旨，以国家经济社会发展的现实需要为指导，以工程科技的前沿攻关、重大问题解决为牵引，根据不同学部和不同学科的特点，突出国际性、前沿性和应用性，关注有望成为战略性新兴产业的领域，既体现特色，又兼顾共性，力求小、精、尖，避免高、大、全，力争实现推动一批工程科技专业的创新发展，带动一大批社会产业的跨越发展，发现和培养一大批青年科技人才的目的，辐射和引领不同专业、不同地域和不同层次工程科技水平的共同提高，从而不断促进中国工程科技事业的整体发展，努力在聚焦、引领和辐射的过程中，不断扩大论坛的规模、打造论坛的特色品牌，为论坛的健康持续发展奠定基础。

二是要“聚集”发展力量，进一步提升论坛的影响力和吸引力。要进一步解放思想、开阔视野，只要有利于工程科技论坛的健康发展，只要有利于论坛的宗旨弘扬和主题拓展的发展力量，我们都可以积极吸纳整合。在保持工程院学术高端性的前提下，广泛联系和邀请一些主流行业、大型企业、综合高校、重点院所共同承办或协办，形成优势互补、资源共享的合作机制，为更多的科技事业单位提供发展的高层次平台，不断提升论坛的影响力和吸引力。

三是要“聚合”学术思想，进一步营造民主、活跃的学术环境。切磋成良玉，相击出灵光。工程科技论坛是一个学术论坛，因此必须始终致力营造自由、严谨，开放、求实的学术研讨氛围，努力形成百家争鸣、百花齐放的生动局面，努力实现学术交流、思想交锋、形成共识、解决问题的目的。要进一步深入思考如何完善学术交流平台的机制措施，力求做到规避权威、广开言论、鼓励互动、聚合思想，切实使论坛成为孵化创新思想、催生新兴学科、扩展科技视野、深化科学认识、弘扬学术民主的重要阵地；努力把工程科技论坛打造成为中国工程科技界最具权威、最具前瞻、最具活力、最具先进性的学术高地。

四是要“聚变”论坛成果，进一步加强对学术成果的总结提炼。论坛的目的是通过交流碰撞提升学术水平、解决现实问题。因此对于论坛产生的积极成果要及时地总结、归纳、提炼和宣传，通过“广而告之”，实现广而思之、广而研之，最终“广而用之”的目的。

中国工程院百场工程科技论坛汇总简表

场次	论坛题目	承办学部	时间	地点	负责院士
1	生物芯片技术	医药学部	2000.01.06	北京	侯云德
2	中国可持续发展核电战略研讨	能源学部	2000.04.25	北京	周永茂
3	纳米材料与技术	化工学部	2000.08.29	北京	师昌绪
4	中国的水问题	土木学部	2000.09.27	北京	钱正英
5	新世纪光电子技术的展望	信息学部	2000.11.30	北京	龚惠兴
6	中国空间技术的成就与展望	机械学部	2001.02.06	北京	闵桂荣 吴有生
7	城市环境问题及其对策	农业、轻纺与环境	2001.03.28	北京	钱　易
8	第三代移动通信	信息学部	2001.05.10	北京	吴佑寿

续表

场次	论坛题目	承办学部	时间	地点	负责院士
9	现代测控技术与信息技术在土木工程中的应用	土木学部	2001.05.23	北京	陈　厚
10	微创外科新概念	医药学部	2001.10.14－16	上海	汤钊猷
11	我国环境友好汽车燃料的现状与展望——迎奥运和 WTO 的挑战	化工学部	2001.10.26	北京	侯祥麟 徐承恩
12	土木结构工程安全性与耐久性	土木学部	2001.11.17－18	清华大学	陈肇元
13	重大工程项目管理模式研讨	管理学部	2001.12.07	北京	郭重庆
14	防御生物恐怖行动	医药学部	2001.12.10	北京	沈倍奋
15	燃烧源可吸入颗粒物的环境问题	能源学部	2001.12.13	北京	徐旭常
16	下一代网	信息学部	2002.3.17	北京	邬贺铨
17	我国工程教育的改革与发展	教育委员会	2002.5.21	北京	朱高峰
18	海洛因复吸机理和医学防护	医药学部	2002.6.1	北京	秦伯益
19	面向 21 世纪的农业生物技术	农业学部	2002.8.12	北京	范云六
20	项目管理研讨	管理学部	2002.8.12	北京	何继善
21	航空工程科技论坛	机械学部	2002.10.29	北京	顾诵芬 刘大响
22	混凝土工程耐久性与耐久性设计	土木学部	2002.11.29	北京	陈肇元
23	西北地区水资源配置生态环境建设和可持续发展	土木学部	2003.4.11	北京	钱正英
24	3G 论坛	信息学部	2003.8.21	北京	邬贺铨
25	抗微生物疫苗新思路与新进展 同期举办了器官移植进展研讨会	医药学部	2003.10.17－18	上海	王玉国
26	循环经济与可持续发展	农业学部	2004.6	深圳	钱　易
27	现代生物医学	医药学部	2004.5.15	上海	杨胜利
28	摩擦学工程科技论坛——润滑应用技术	机械学部	2004.6.20	上海	翁史烈 谢友柏 薛群基
29	地下空间开发与施工技术	土木学部	2004.6.26－28	北京	钱七虎

续表

场次	论坛题目	承办学部	时间	地点	负责院士
30	动物生殖生物学技术	农业学部	2004.9.19		旭日干
31	可再生能源发展	能源学部	2004.9.20	北京	黄其励
32	中国综合交通运输发展战略	管理学部	2004.10.22	北京	殷瑞钰
33	工程哲学	管理学部	2004.11.26	北京	殷瑞钰
34	网络计算机 NC 产业化	信息学部	2004.11.20	深圳	李国杰
35	生物质经济新时代	农业学部	2005.1.28	人民大会堂	石元春
36	“生态环境建设与水土保持”青年论坛	农业学部	2005.3.29	林业大学	沈国舫
37	稀土产业发展	化工学部	2005.4.18－20	包头	周　廉
38	我国大型建筑工程设计的发展方向	土木学部	2005.5.23	清华大学	陈肇元
39	科学发展观与工程哲学	管理学部	2005.9.26－28	上海	殷瑞钰
40	汽车节能技术及新能源汽车发展	机械学部	2005.10.27	北京京丰	张彦仲 郭孔辉 汪燮卿 张小虞
41	舰船装备技术发展	机械学部	2005.11.23	北京	潘镜芙 陆建勋 吴有生 马远良 徐玉如
42	极低频探地工程技术进展	信息学部	2005.11.26	北京	陆建勋
43	物理学与可持续发展	能源学部	2005.11.25	北航.北理工	杜祥琬
44	长三角清洁能源	能源学部	2005.11.25－26	上海	翁史烈
45	海洋腐蚀与控制工程	环境与轻纺	2006.6.14－18	青岛	侯保荣
46	硅材料研究与硅产业发展	化工	2006.6.14－16	西安	陈立泉
47	节约型制造	机械	2006.6.28－29	北京	张彦仲 柳百成

续表

场次	论坛题目	承办学部	时间	地点	负责院士
48	分子聚集体化学的工程应用	环境与轻纺	2006.8.2	青岛	张高勇
49	中国空间技术的发展与应用	管理	2006.8.22－23	北京	王礼恒
50	中国食品安全问题论坛	医药	2006.9.7	北京	陈君石
51	钢铁冶金技术的国际新进展	化工	2006.9.19	北京	干　勇
52	高原医学与青藏铁路卫生保健	医药	2006.10.9－12	西宁	吴天一
53	网格技术、应用及产业的发展	信息	2006.10.24	北航	李伯虎
54	复合材料技术与应用可持续发展	化工与机械	2006.10.27	北航	杜善义
55	三峡工程建设技术与管理	管理	2006.10 月底	宜昌	陆佑楣
56	兵器科技创新论坛	机械	2006.11.17－18	北京	王兴治 王哲荣 苏哲子 苏君红 才鸿年
57	中国燃汽轮机的发展道路	能源	2006.11.15	上海	翁史烈
58	工业自动化的发展	信息	2007.4.17	沈阳	王天然
59	重大工程全寿命机制探讨——工程风险与保险	土木	2007.4.26	上海	范立础
60	烧伤与创(战)伤研究中的几个热点问题	医药	2007.5.9－10	重庆	王正国
61	核技术应用	能源	2007.5.30－31	成都	胡思得
62	青岛海湾大桥防腐蚀技术研讨会	环境	2007.6.15－16	青岛	侯保荣
63	造纸化学品的工程应用	环境	2007.7.21－22	杭州	陈克复
64	工程哲学与和谐社会建设	工管	2007.7.24	西安	殷瑞钰
65	哺乳动物生殖生物技术青年科学家国际论坛	农业	2007.8.28－31	呼和浩特	旭日干
66	中国空间探测	信息	2007.8.15－16	北京	姜景山
67	新形式下工程教育的改革与发展	咨询处	2007.9.24－25	上海	郑南宁

续表

场次	论坛题目	承办学部	时间	地点	负责院士
68	岩溶地区生态恢复和草地畜牧业发展	农业	2007.11.28－29	南宁	任继周
69	装备制造业自主创新	机械	2007.11.3	北京	张彦仲
70	房屋建筑物质量与安全管理制度的发展与创新	土木	2008.04.19－20	北京	陈肇元
71	信息技术的创新和发展	信息	2008.05.14	西安	郑南宁
72	生态健康	工管	2008.05.09－11	宜昌	沈荣骏
73	节能、减排、清洁生产——钛硅分子筛应用技术	化工	2008.05.20－21	杭州	汪燮卿 舒兴田
74	四川地震灾后重建中的工程建设问题	土木	2008.05.28	北京	杨秀敏
75	发展服务型制造、促进中国制造转型	工管	2008.06.21	西安	汪应洛
76	表面活性剂在节能减排技术中的应用	环境	2008.07.16－18	威海	陈克复
77	现代渔业与可持续发展	农业	2008.09.26－28	上海	唐启升
78	长三角能源安全与可持续发展	能源	2008.10.16－17	上海	翁史烈
79	可信计算技术、应用及产业的发展	信息	2008.12.05	北京交大	沈昌祥
80	再生医学	医药	2008.12.12	西安	王正国
81	新型化学纤维与产业用纺织品	环境	2008.12.16－17	绍兴	姚　穆
82	汽车设计制造前瞻技术与自主创新	机械	2008.12.20－21	长沙	钟志华
83	金融危机下的太阳能产业	化工	2009.03.22	北京	陈立泉 闻立时
84	生产生物质燃料的原料与技术	化工	2009.04.07－09	杭州	汪燮卿
85	海洋工程结构浪花飞溅区腐蚀与控制	环境	2009.05.12－15	青岛	侯保荣
86	应对当前金融海啸，服务型制造的发展战略	工管	2009.06.02	北京	汪应洛

续表

场次	论坛题目	承办学部	时间	地点	负责院士
87	膝关节外科高层峰会	医药	2009.07.24–26	大连	邱贵兴 裴福兴 赵德伟
88	生物质化学品与表面活性剂的研究及开发	环境	2009.08.26–28	河南焦作	陈克复
89	肿瘤防控战略高层论坛	医药	2009.09.28–30	天津	杨胜利 郝希山
90	信息时代的建模与仿真技术	信息	2009.11.6	北京	王子才
91	我国海上风电场建设重大工程问题研究	土木	2009.11.18–20	上海	王景全
92	钛合金材料技术发展与应用	化工	2009.11.27–29	西安	周　廉
93	中国生物材料研究与产业发展现状及趋势	化工	2009.12.11–12	北京	周　廉 张兴栋
94	航空钛合金技术发展	化工机械	2010.04.07	北京	周　廉 张彦仲
95	全生命周期的生物质液体燃料可持续发展	化工	2010.04.20–22	武夷山	曹湘洪 石元春 汪燮卿 李大东
96	低碳能源	能源	2010.05.05–07	上海	翁史烈
97	中国特色自主创新道路	管理	2010.05.15–17	杭州	许庆瑞
98	促进我国经济转型的服务科学(SSME)	管理	2010.06.18–19	上海	郭重庆
99	半导体照明材料的工程科技问题	化工	2010.06.28–30	大连	陈立泉
100	轻工重点行业节约资源与保护环境的技术研究开发	环境	2010.07.12–15	大连	陈克复
101	髋关节疾病诊治与相关学科进展	医药		呼和浩特	邱贵兴

2010年学术活动统计表

序号	名称及主题	负责院士	时间	地点	类型	级别	参加人数		报告个数		听众人数
							院士	专家	院士	专家	
机械与运载工程学部											
1	汽车自主开发中的关键技术暨三代（改）高机动军用越野车开发研讨会	郭孔辉	2010.6.12－14	武汉	学术会议	学部级	5	60	2	5	
2	2030年中国工程科技中长期发展战略研究——航空电子专题研讨会	张彦仲	2010.9.10－12	上海	学术会议	学部级	7	70		6	
3	高端装备制造中的轴承技术及产业发展高层研讨会	卢秉恒	2010.10.11－12	大连	学术会议	学部级	7	70	1	5	
信息与电子工程学部											
1	“信息技术在军民融合及构建和谐社会中的作用”学术研讨会	苏君红	2010.05.11－14	昆明	研讨会		7	4	7	4	200
2	“传感器和芯片在物联网中的应用及面临的挑战”研讨会	陈左宁	2010.09.25－26	无锡	研讨会		22	2	2	2	100
3	“精密测量与先进制造”研讨会	叶声华	2010.10.20	武汉	研讨会		6	10	6		100
4	“机器人与智能信息系统”院士论坛	徐扬生	2010.11.16	深圳	研讨会		7	6	2		250

续表

序号	名称及主题	负责院士	时间	地点	类型	级别	参加人数		报告个数		听众人数
							院士	专家	院士	专家	
化工、冶金与材料工程学部											
1	西安新材料论坛	周　廉	2010.03.18	西安	论坛	10	50	4			
2	2010中国材料研讨会	黄伯云	2010.06.19-21	长沙		10	1400				
3	第二届“中国包头·稀土产业发展论坛”	干　勇	2010.08.07-10	包头		2	300	1	10		
4	低碳技术与复合材料	周　玉	2010.08.22-25	哈尔滨		49	150	13	38		
5	稀土座谈会	干　勇	2010.09.20	北京		6	5				
6	第七届中国功能材料及其应用学术会议	黄伯云	2010.10.15-18	长沙							
7	中国石油学会第六届石油炼制学术年会	李大东	2010.10.20-22	北京		10	370	4	10		
8	生物产业发展论坛	欧阳平凯	2010.11.17	深圳		2	3	1	3		
9	低成本、减量化轧制技术学术研讨会	王国栋	2010.11.19-20	沈阳		6	240	3			
10	有色金属工业低碳经济及冶炼废气减排学术研讨会	邱定蕃	2010.12.06-08	南京		4	120	2	11		
11	《材料延寿》编委会	干　勇	2010.12.12-13	北京							
12	新一代冶金钢铁流程专家座谈会	徐匡迪	2010.12.22	北京		4	8				

续表

序号	名称及主题	负责院士	时间	地点	类型	级别	参加人数		报告个数		听众人数
							院士	专家	院士	专家	
能源与矿业工程学部											
	首届全国铅蓄电池新技术研讨会	杨裕生	2010.4.24－26	南京	学术会议	学部级	1		1	14	200
	能源与环境的协调生态建设－以及碱化土壤改良和荒漠化治理研讨会”	徐旭常 李佩成	2010.6.11	北京	学术会议	学部级	2		2		80
	中国工程院/国家能源局能源论坛”	苏义脑	2010.11.18－19	北京	学术会议	院级	56		27	64	600
	塔里木盆地及邻区新领域油气资源战略调查和勘探开发研讨会”	翟光明	2010.10.21－23	乌鲁木齐	学术会议	学部级	3		－	－	20
	第二届中国能源科学家论坛	倪维斗	2010.10.18－19	江苏徐州	学术会议	学部级	6		6		
土木、水利与建筑工程学部											
1	“院士中交行”座谈会	杨秀敏	1.23－24	北京	国内会议	学部主办	19	20	2	1	50
2	“第六届清华大学建筑节能周”	江　亿	3.22－28	北京	国内会议	学部主办	2	50	2	9	200
3	第一届建筑结构抗倒塌学术研讨会	陈肇元	6.5－6	北京	国内会议	学部主办	9	70	6	10	100
4	2010年城市地质环境与可持续发展论坛	卢耀如	8.23－26	上海	国内会议	共同主办	19	290	8	68	308
5	土木学科现状、发展及前沿战略研讨会	崔俊芝	8.26－29	南昌	国内会议	学部主办	4	20	2	6	30

续表

序号	名称及主题	负责院士	时间	地点	类型	级别	参加人数		报告个数		听众人数
							院士	专家	院士	专家	
6	第一届土木工程高层论坛学术年会	欧进萍	9.18－20	大连	国内会议	共同主办	12	120	6	28	130
7	第二届工程废弃物资源化与应用研究国际会议暨第二届中国再生混凝土研究与应用学术交流会	土木工程学会	10.13－15	上海	国际会议	共同主办	1	60	/	50	150
8	水利学科现状、发展及前沿战略研讨会	韩其为	10.19	北京	国内会议	学部主办	9	15	4	5	30
9	2010 流域水安全与重大工程安全高层论坛	吴中如	10.29－3131	南京	国内会议	共同主办	12	100	10	10	400
10	中国土木工程学会第十四届年会暨隧道及地下工程分会第十六届年会	王梦恕	11.5－6	长沙	国内会议	共同主办	3	50	3	20	420
11	第五届全国防震减灾工程学术研讨会	周福森	11.27－29	武汉	国内会议	共同主办	1	100	1	68	200
14	二氧化碳地下存储及资源化利用(CCSU)高层论坛	王梦恕	12.14—15	北京	国内会议	学部主办	3	100	3	110	110
15	学部网站建设研讨会	杨秀敏	12.20－22	西安	国内会议	学部主办	/	20	/	4	20
16	2010 中国城市轨道工程技术论坛	王梦恕	12..25－27	重庆	国内会议	共同主办	12	118	7	12	260
17	土木工程院士专家系列讲座	邹德慈 周丰峻	12.30	南京	国内会议	共同主办	5	20	2	/	200

续表

序号	名称及主题	负责院士	时间	地点	类型	级别	参加人数		报告个数		听众人数
							院士	专家	院士	专家	
环境与轻纺工程学部											
1	环境学部在京院士新春座谈会	魏复盛	1.28	北京	国内会议	学部主办	15	10	/	3	50
2	中国环境工程科技中长期发展战略高端论坛	张　懿	6.12－13	北京	国内会议	学部主办	7	20	7	15	100
3	生物高分子新纤维及生化原料产业化、工程化战略论坛	蒋士成 季国标	10.15	长春	国内会议	学部主办	6	60	3	30	300
4	“过滤材料的生产、技术创新及其应用”高层论坛	姚　穆	12.23－24	福建	国内会议	学部主办	1	20	1	8	200
农业学部											
1	农业学部在京院士新春座谈会	方智远	2.5	北京	国内会议	学部主办	12	2		1	20
2	“中国工程院农业学部学科建设与发展”研讨会	盖钧镒	6.9	北京	国内会议	学部主办	60		8		60
3	“能源与环境的协调生态建设－碱化土壤改良和荒漠化治理”研讨会	李佩成	6.11	北京	国内会议	共同主办	10	30	2	6	100
4	第一届全国鲆鲽类产业可持续发展研讨会	雷霁霖	9.2－4	青岛	国内会议	学部支持	3	50	2	48	230
5	中国园艺学会2010年度学术研讨会	方智远	9.27－28	沈阳	国内会议	共同主办	4	50	/	10	300
6	第14届全国小麦栽培科学学术研讨会	于振文	11.18－19	合肥	国内会议	共同主办	3	50	2	49	300
7	“东北商品粮基地可持续增粮战略”学术讨论会	刘兴土	11.30－12.1	长春	国内会议	共同主办	7	10	5	9	70

续表

序号	名称及主题	负责院士	时间	地点	类型	级别	参加人数		报告个数		听众人数
							院士	专家	院士	专家	
医药卫生学部											
1	2010 医学科学前沿论坛暨第二届中国眼科学基础研究大会/研究生导师论坛	谢立信	3.26－28	青岛	医学前沿论坛	共同主办	5	20	5	20	300
2	海峡两岸医学前沿论坛	张心湜 陈肇隆	5.7－13	高雄	两岸会议	共同主办	5	3	5	3	200
3	全国骨科义诊和科普教育活动	邱贵兴	5.10－15	国内	国内会议	共同主办	6	381	2	1	511
4	血液净化南京学术论坛	刘志红	5.16－18	南京	国内会议	协办	2	26	1	20	540
5	第六届中国肿瘤学术大会	郝希山 杨胜利	5.21－23	上海	国内会议	主办	15	200	9	200	3000
6	第一届中国分子诊断技术大会	程　京	6.22－24	北京	国内会议	主办	7	30	7	30	800
7	中国妇儿健康发展促进高峰论坛	胡亚美 张金哲	6.25－27	武汉	国内会议	主办	5	15	4	15	200
8	2010 年医学科学前沿论坛暨上海第二届骨科转化性研究与前沿技术国际研讨会	戴尅戎	6.26－28	上海	医学前沿论坛	主办	5	90	1	2	330
9	乙肝病毒:临床及克隆到疫苗	李载平	6.29	上海	国内会议	主办	4	6	0	6	150
10	中医药基础研究发展战略	张伯礼 刘德培 王永炎	7.6－8	北京	香山会议	院主办 学部协办	3	80	3	0	80
11	深圳“医学院士论坛”报告	赵　铠	8.31	深圳	国内会议	主办	1	40	1	1	200

续表

序号	名称及主题	负责院士	时间	地点	类型	级别	参加人数		报告个数		听众人数
							院士	专家	院士	专家	
12	2010医学科学前沿论坛暨全国中青年肾脏病学术交流会	陈香美	9.7－9	北京	医学前沿论坛	主办	4	40	4	35	300
13	上海转化医学高峰论坛	杨胜利	9.8	上海	国内会议	主办	5	60	3	2	300
14	第三届全国骨科修复与移植学术研讨会	卢世璧	9.10－12	太原	国内会议	主办	2	50	2	11	300
15	青藏铁路卫生保障及高原病防治学术讨论会	吴天一	9.15－17	格尔木	国内会议	主办	1	20	1	11	50
16	2010年肾脏病南京学术论坛	刘志红	9.15－18	南京	国内会议	协办	4	40	4	35	300
17	肝胆胰疾病诊治策略高峰论坛	郑树森	9.16－17	杭州	国内会议	主办	5	2	5	11	200
18	中芬老龄化论坛——科技与健康老龄化	杨胜利	10.15	上海	国内会议	主办	2	80	0	5	10
19	乙型肝炎研究慢性化、重症化、恶性化的新思路与新途径	闻玉梅	10.15－16	上海	国内会议	主办	5	80	3	7	100
20	2010年超声医学影像论坛	王威琪	10.15－17	上海	国内会议	主办	4	30	0	9	150
21	2010医学科学前沿暨第三届抗肿瘤靶向药物研究与应用研讨会	甄永苏 沈倍奋	10.15－18	成都	医学前沿论坛	主办	3	30	3	23	200
22	健康论谈	俞梦孙 程书钧 夏家辉	10.17－22	长沙	国内会议	主办	10	63	3	4	300

续表

序号	名称及主题	负责院士	时间	地点	类型	级别	参加人数		报告个数		听众人数
							院士	专家	院士	专家	
23	组织再生中的转化医学问题——基础研究与临床应用的激烈碰撞	付小兵 王正国	10.20－22	北京	香山会议	院主办 学部协办	6	50	4	0	70
24	建立严重致愚、致残、致死性遗传病的诊断、产前诊断全国网络研讨会	夏家辉	11.4－7	长沙	国内会议	主办	1	145	1	2	150
25	中华医学会第十二届骨科学术会议暨第五届国际 COA 学术大会	邱贵兴	11.10－14	北京	国内会议	主办	4	200	4	100	10000
26	中华医学会第十一次全国感染病学术会议	李兰娟	11.11－13	重庆	国内会议	主办	8	40	6	12	300
27	2010 医学科学前沿暨国际肝胆论坛	吴孟超 王红阳	11.12－14	上海	医学前沿论坛	主办	4	200	3	10	50
28	第五届器官移植	郑树森	11.25－27	济南	国内会议	主办	5	100	4	40	400
29	2010 医学科学前沿暨国际药物警戒与药品安全	周宏灏	11.31	长沙	医学前沿论坛	主办	1	20	1	4	157
30	2010 医学科学前沿论坛暨“特境微生物资源中药物先导化合物的发现”学术研讨会	姚新生	12.2－4	广州	医学前沿论坛	主办	4	50	4	29	200
31	2010 医学科学前沿暨人类基因组与发育－免疫－肿瘤研究现状与前沿发展方向研讨会	程书钧	12.2－4	深圳	医学前沿论坛	主办	4	30	1	5	40
32	转化医学院士讲座论坛	杨胜利	12.14－21	香港 深圳	院级学术	主办	5	30	5	0	200

续表

序号	名称及主题	负责院士	时间	地点	类型	级别	参加人数		报告个数		听众人数
							院士	专家	院士	专家	
工程管理学部											
1	工程管理学部新春座谈会	王礼恒 沈荣骏	2.9	北京	国内会议	主办	15				
2	油气勘探开发战略及提高采收率发展略研讨暨项目结题评审会	翟光明 王玉普	7.16 – 18	乌审旗	国内会议	主办	13	29	3	1	10
3	“石油化工工程建设项目管理机理研究与评价”项目成果结题汇报及研讨会	王基铭 袁晴棠	8.27	工程院	国内会议	主办	20	80	2	3	100
4	中国公共卫生安全的现状、挑战与对策思考	王陇德	9.26	深圳	专题讲座	主办	1	10	1	1	200
5	中国工程管理论坛·2010暨工程管理学部成立10周年庆祝大会	王基铭 何继善	10.11 – 13	北京	工程管理论坛	承办	43	200	8	31	300
医疗保健系列报告会											
1	三千年生命科学进与退	樊代明	9.14	北京	国内会议	院主办	40		1		120
2	肾脏衰老的机制与老年人肾脏保健	樊代明	11.2	北京	国内会议	院主办	15		1		80
3	消化系统保健	樊代明	12.7	北京	国内会议	院主办	15		1		80

国际交流与合作

【概况】

2010年重要出访团组

1. 3月,邬贺铨副院长等2人赴香港出席香港下一代互联网学会成立仪式并进行学术交流。

2. 3月,徐匡迪院长等4人赴香港出席名誉资深会员证书授予仪式,并在"科技与国家发展"学术研讨会上发表演讲。

3. 3月,白玉良副秘书长随中钢集团公司赴澳大利亚、南非进行矿业开发技术考察。

4. 5月,沈国舫院士赴加拿大参加"国合会"学术研讨会。

5. 5月,杨胜利院士等10人赴台湾与台湾医学界进行学术交流。

6. 6月,徐滨士院士等9人赴挪威参加"全球制造的战略与研发"研讨会。

7. 6月,杜祥琬院士等2人赴莫斯科参加"全球化下的能源"国际科技大会。

8. 6月,刘德培院士等2人赴英国出席"太平洋健康峰会",并参加英国皇家工程院举办的中、英、美三国工程院关于合成生物学讨论会。

9. 6月,潘云鹤常务副院长等4人赴丹麦出席国际工程与技术科学院理事会(CAETS)年会并顺访法国、比利时。

10. 9月,刘德培院士赴英国出席"第17届血红蛋白转换会议"。

11. 9月,王淀佐院士等3人赴澳大利亚出席第25届国际矿物加工大会(IMPC2010)。

12. 9月,徐匡迪名誉主席等4人赴新加坡出席淡马锡年会,并于会后赴美访问。

13. 10月,宋健名誉主席等6人赴俄罗斯出席"空间科学节"国际科学会议。

14. 10月,杜祥琬院士赴马来西亚出席国际能源大会(2010IEC)并顺访新加坡。

15. 10月,旭日干副院长等4人赴捷克、瑞士访问,并与捷克工程院和瑞士工程科学院续签两院合作谅解备忘录。

16. 10月,邬贺铨秘书长赴香港出席"资讯及通讯科技"研讨会。

17. 11月,邬贺铨秘书长赴阿拉伯联合酋长国出席世界经济论坛迪拜峰会。

18. 11月,周济院长等4人赴澳大利亚出席澳大利亚技术科学与工程院(ATSE)年会。

19. 11月,徐匡迪名誉主席等3人赴卢森堡、德国出席"环球中国商务会议"和"第四届汉堡峰会"。

20. 12月,潘云鹤常务副院长等5人赴香港出席香港城市大学与太平洋邻里协会2010年会。

21. 12月,杜祥琬院士等2人赴墨西哥坎昆出席联合国气候变化框架公约第16次缔约方会议,并顺访美国。

22. 12月,杨胜利院士等10人赴香港中文大学执行院士访校计划。

2010 年接待来访团组

三月

1. 2 日,杜祥琬副院长接受了俄罗斯新闻中心的采访。

2. 18 日,杜祥琬副院长在工程院会见了法国电力研发部主任,法国工程院院士 Yves Bamberger。

3. 25 日,周济副书记在工程院会见了来访的剑桥大学教授 Prof. Mike Gregory CBE 和剑桥大学高级政策研究员 Dr. Eoin O'Sullivan。

四月

4. 16 日,周济副书记在工程院会见了英国剑桥大学校长 Alison Robert 教授。

5. 27 日,王淀佐院士在工程院会见了国际矿物加工大会 IMPC 主席赛瑞尔·奥康纳 Cyril O'Conner 教授。

6. 28 日,杜祥琬副院长在工程院会见了波兰科学院霍辛斯基院士。

五月

7. 18 日,徐匡迪院长、潘云鹤常务副院长在工程院会见了瑞典驻华大使(林川大使)Mr. Mikael Lindstrom,瑞典驻华使馆公使 Mr. Mattias Lentz,和瑞典驻华使馆新任科技参赞 Dr. Carl Jeding。

8. 18 日,潘云鹤常务副院长在工程院会见了英国苏塞克斯大学工程与设计学院院长,英国皇家工程院院士 Bernard Weiss 教授和英国苏塞克斯大学工程与设计学院生物医学工程系主任 Wei Wang 博士。

9. 20 日,徐匡迪院长在工程院会见了瑞典皇家工程科学院院长尼尔森教授,瑞典驻华使馆原科技参赞马格努斯·白瑞楠博士,瑞典驻华使馆新任科技参赞卡尔·捷丁博士。

10. 20 日,徐匡迪院长在工程院会见了中德对话论坛德方主席兼莱茵集团监事会主席布劳恩教授。

11. 21 日,徐匡迪院长在工程院会见美国阿拉巴马大学冶金系主任瑞迪博士。

12. 24 日,邬贺铨副院长在工程院会见了世界经济论坛未来移动通讯全球议程理事会 Marcus 先生和贺勤女士。

13. 26 日,徐匡迪院长在工程院会见了新加坡淡马锡中国首席代表陈庆荣。

14. 29 日,刘德培副院长会见了我院外籍院士、法国医学科学院院士雅克·康(Jacques

Caen）教授。

15. 31日，徐匡迪院长在工程院会见了中美交流基金会第四批美国媒体团。

六月

16. 2日，周济副书记在工程院会见了美国纽约大学理工分校校监张钟浚博士 David Chang。

17. 3日，徐匡迪院长、周济副书记、潘云鹤常务副院长、杜祥琬副院长在工程院会见了美国工程院院士、麻省理工学院陈刚教授和美国工程院院士、美国能源部先进能源研究计划署主任阿伦·马强达博士。

18. 22日，徐匡迪名誉主席、周济院长在工程院会见了麻省理工学院校长苏珊·霍克菲尔德教授，麻省理工学院副教务长菲利普·库利教授和麻省理工学院电脑科学和人工智能实验室主任维克多·苏教授。

19. 22日，徐匡迪名誉主席在工程院会见了芝加哥中国经济发展委员会执行总监 Elizabeth Harrington 女士。

20. 23日，潘云鹤常务副院长在工程院会见了英国工程技术学会首席执行官 Nigel Fine 先生，英国工程技术学会国际部主管 Mike Morrissey 先生和英国工程技术学会中国区总监 Alan Bai 先生。

21. 24日，徐匡迪名誉主席在工程院会见了瑞典驻华商会副会长白石桦先生（大龙）。

七月

22. 9日，周济院长在工程院会见了美国堪萨斯大学校长 Leo E. Morton 先生和美国亨利布劳克商学及公共管理学院院长陈丁琦博士。

23. 21日，周济院长在工程院会见了美国工程院 David C. Wisler 博士。

24. 29日，潘云鹤常务副院长在工程院会见了爱尔兰工程院原院长（2002－2003）、爱尔兰工程师学会原会长（2000－2001）、英国皇家工程院院士、德国工程院院士 Prof. Gerry Byrne。

八月

25. 5日，杜祥琬院士在工程院会见了瑞典皇家科学院、瑞典皇家工程科学院两院院士 Marcus Aldén 教授。

26. 20日，杜祥琬院士在工程院会见了俄罗斯联邦驻华大使馆科技参赞甘申先生和新任参赞布尔伽琴科。

27. 27日，徐匡迪名誉主席在工程院会见了瑞典乌普萨拉大学化学系主任 Leif Hammarstrom 教授。

九月

28. 1日，徐匡迪名誉主席在工程院会见了中美交流基金会媒体团，中国人民外交学会副会长陈永龙会见时在座。

29. 3日，周济院长在工程院会见了美国巴特尔研究院总裁兼首席执行官 Jeffery Wadsworth 博士，巴特尔研究院风险投资公司总裁 Mort Collins 和 360 知识产权公司总裁、董事长 Glenn Kline。

30. 8日,周济院长在工程院会见了印度工程院院长 Dr. Prem Shanker Goel。

31. 8日,周济院长在工程院会见了瑞典皇家工程科学院院长尼尔森教授和瑞典驻华使馆原科技参赞白瑞楠博士。

32. 15日,中国网多语部采访杜祥琬院士。

33. 15日,徐匡迪名誉主席在工程院会见了香港城市大学校长,我院外籍院士郭位和香港城市大学专业教育规划及机构发展总监何兆炜。

34. 16日,周济院长在工程院会见了瑞士联邦材料科学院董事会成员、达沃斯世界资源论坛主席、瑞士工程院专家 Dr. Xaver Edelmann,瑞士工程院秘书长 Dr. Rolf Huegli 和瑞士工程院董事会成员、外委会主任 Dr. Arthur Ruf。

35. 20日,周济院长在上海会见了法国医学科学院院长 Roger Henrion,法国国家卫生评估机构主席 Laurent Degos,法国驻沪副总领事 Rodolphe Richard 和法国医学科学院 Jacques Caen 先生。

36. 28日,宋健名誉主席在工程院会见了俄罗斯鲍曼大学校长阿列克桑德罗洛夫和俄罗斯鲍曼大学副校长科尔舒诺夫。

十月

37. 10日,周济院长在工程院会见了古巴国务委员会科技顾问菲德尔.卡斯特罗.迪斯亚.巴拉特博士和古巴共和国驻华大使 Mr. Carlos Miguel Pereira Hernández 等。

38. 19日,宋健和徐匡迪名誉主席、周济院长、潘云鹤常务副院长在工程院接待了到访的俄罗斯联邦委员会主席米罗诺夫率领的代表团一行,王淀佐、杜祥琬、沈国舫等院士会见时在座。

十一月

39. 7－13日,应工程院邀请,瑞典皇家工程科学院代表团来我国访问,瑞典国王卡尔十六世·古斯塔夫作为代表团成员来访。

40. 8日,习近平副主席在人民大会堂新疆厅会见瑞典国王卡尔十六世·古斯塔夫及瑞典皇家工程科学院代表团主要成员。徐匡迪名誉主席、周济院长、潘云鹤常务副院长、谢克昌副院长等会见时在座。

41. 9日,刘延东国务委员在工程院出席中瑞两院合作谅解备忘录签署仪式和欢迎瑞典国王及瑞典皇家工程科学院代表团招待酒会,宋健和徐匡迪名誉主席、周济院长、潘云鹤常务副院长、旭日干副院长、谢克昌副院长、邬贺铨秘书长等参加了上述活动。

42. 23日,杜祥琬院士在工程院会见了新加坡国立大学副校长 Seeram Ramakrishna 教授。

十二月

43. 21日,中国网俄文版采访王淀佐院士,了解中国新材料产业的发展现状及中俄新材料领域的合作情况。

【出访报告】

访问俄罗斯工作报告

2010年6月17日至24日，应俄罗斯科工联第一副主席西采夫先生和俄罗斯科学院远东分院院长谢尔基延科院士的邀请，工程院杜祥琬副院长率团出席了在克拉斯诺亚尔斯克举行的“全球化下的能源”国际科技大会，并赴远东访问了俄罗斯科学院远东分院及其主要研究机构。杜副院长率团出席“全球化下的能源”国际科技大会的活动，也是中俄友好、和平与发展委员会学术交流分委会2010年工作计划内的一项活动。此次出访活动在俄方细致安排和我驻哈巴罗夫斯克总领馆的大力协助下取得了成功、达到了既定的目标。

一、出访概况

由俄罗斯科工联、克拉斯诺亚尔斯克州政府、俄罗斯西伯利亚联邦大学共同主办的“全球化下的能源”国际科技大会于2010年6月16日至18日在克拉斯诺亚尔斯克举行。来自俄罗斯、德国、捷克、以色列、爱沙尼亚、乌克兰、哈萨克斯坦等国的专家学者近300人与会。由于航班安排的原因，工程院代表团未能出席6月16日的大会开幕式。17日和18日进行的是分会，18日晚安排的是大会闭幕式。大会共设六个分会场，主题分别是：21世纪的能源效率技术和生态安全技术；超大城市生活保障系统的能效；地球的能源储备；俄罗斯燃料能源体系的现实问题和能源需求；能源的开采与远距离运输问题；高速流体力学。杜副院长作为大会组委会的副主席，主持了“地球的能源储备”分会。在大会的闭幕式上，杜副院长作了题为“面向低碳经济——中国可持续发展所需绿色能源的三个概念”的大会报告。在闭幕式上，大会主席还宣读了俄联邦总统梅德韦杰夫给大会发来的贺信。俄总统在信中强调能源高效开采、运输和利用技术，能源体系的技术可靠性和生态安全等问题十分重要，希望大会能就此为政府提供咨询建议。大会组委会责成相关专家认真总结，形成建议上报。

参加大会后，工程院代表团经哈巴罗夫斯克转机，前往位于彼得罗巴甫洛夫斯克的俄罗斯科学院远东分院堪察加科研中心。

在堪察加的几天里，代表团首先访问了俄罗斯科学院宇宙物理研究与无线电波传播研究所。所长莎弗佐夫教授和副所长鲍格丹诺夫教授介绍了该所的主要工作。宇宙物理研究与无线电波传播研究所是1987年成立的，主要的研究内容是太阳－地球联系的本质和磁层－电离层扰动；太阳、气旋和地震活动条件下的地球物理过程；无线电波的传播；发展利用无线电物理、声学、光学方法研究自然环境；地震的电磁和声学预报等。该所还拥有5个天文台和2个考察站。

随后，代表团访问了火山学与地震学研究所，所长格尔杰耶夫院士接待了代表团。火山学与地震学研究所是2003年由原火山学研究所和火山地质与地球化学研究所合并而成，主要任务是对洋、陆板块边界的火山学、地震学和地质力学进行基础和实践应用研究。研究所现有工作人员333人，其中科研人员144人；每年发表论文200多篇。

代表团还参观了俄罗斯科学院地球物理服务局的堪察加分局，切勃罗夫局长介绍了该服务局近年来在地震学和地球物理领域的科研进展以及对周边地区地震不间断监测情况。

最后，代表团访问了地质工艺科研中心。该中心主任特鲁欣教授、副主任帕什克维奇教授等向中方代表团介绍了中心的最新研究情况：利用地热系统节能和制氢，远东地区镍的开采，硫化矿的生物堆浸方面的研究。

经堪察加科研中心安排，在该中心地质专家的陪同下，代表团还实地考察了堪察加地区周边火山地质地貌。

6月23日，代表团来到位于符拉迪沃斯托克的俄罗斯科学院远东分院院部。远东分院第一副院长汉丘克院士、副院长库利钦院士等与杜副院长进行了会谈。首先，汉丘克副院长介绍了远东分院的最新情况。该院下设6个科研中心，34个科研机构，现有科研人员2355人，院士和通讯院士38名。2009年的保障经费为35.2亿卢布（1美元约30卢布），国际合作经费8.44亿卢布。主要研究方向为：海洋学、水文物理和水化学；海洋微生物学、生物多样性和生态安全；构造地质学、地球力学和矿床成因论；人工智能机器人系统；自然灾害的长期预测；核废料处理工艺；太平洋区域碳氢资源的评估；信息技术和纳米技术。在国际合作方面，2009年，远东分院共执行双边合作项目73项，其中3项是与中国的合作，排在前列的分别是美国（21项）、日本（18项）和欧洲（11项）；共接待来访外宾553人次；出访586人次。随后，杜副院长介绍了工程院的基本情况和近年来开展的主要咨询项目、学术与国际交流活动。来自远东分院海洋技术问题研究所的谢勃托副所长介绍了该所自上世纪70年代以来，水下机器人的研究成果与最新进展。我沈阳自动化研究所从1991年就开始与该所合作研制6000米自治水下机器人。1996年“CR－01”型通过“863”智能机器人主题专家组验收，使我国一举进入世界上拥有该项尖端技术与产品的少数国家行列。

6月24日，代表团访问了自动化与过程控制研究所和太平洋海洋学研究所。在自动化所，库利钦所长、萨拉宁副所长、苏波尼亚副所长等向我代表团介绍了该所的基本情况。自动化所现有320名工作人员，主要研究方向是：连续介质力学的数学问题和过程控制；利用激光和光学法研究物质基本属性；信息保障技术的理论与实践问题；硅基微结构材料的物理研究和新型半导体材料与器件。杜副院长还参观了该所的主要实验室。

太平洋海洋学研究所所长阿库利切夫院士介绍了该所的主要工作，并把主要的实验室介绍给代表团参观。该所现有600多名工作人员，其中280名科研人员，主要研究方向是：海洋的水文物理、水化学和水生生物学的系统研究；太平洋地质学、地球物理和地球化学的研究及其矿藏；大洋和大气研究的新方法和技术手段，海洋数据库的创建和分析。

二、体会与建议

1、远东地区地处俄罗斯边陲，经济发展相对落后，科研条件与设备更新较慢，研究的整体先进性一般，但是特点突出。堪察加半岛是世界上火山分布最密集的地区，因此围绕火山学、地震学的研究所、科研中心、观测站等密集分布。如，火山学与地震学研究所就在火山脚下，地球物理服务局堪察加分局也位于此。有这样的学术机构和地震监测部门的存在，除科研的便利外，也为当地人民的正常生活注入了镇定剂。符拉迪沃斯托克位于太平洋沿岸，远东分院的多个研究所就沿海岸分布，地理位置优越、环境优美。海洋学研究、水下机器人的研究都有明显的特色。同时，这些研究所把基础性研究和应用研究有机结合起来，重视科学技术的公益性服务。例如，提出“地球物理服务”的概念，并使之常规化、制度化，把地球物理的规律性研究，用于指导和服务于城镇的基础设施建设和居民生活，不以“挣钱”为目的，也值得我们从科学管理与政策的角度研究和思考。

2、我应特别加强与远东科研机构的合作与交流。俄联邦政府十分重视远东的稳定与发展，为此，远东地区的工资待遇要相对高一些。据了解，自动化与过程控制研究所科研人员的平均年龄43岁，平均工资为每月62000卢布（约2000多美元）。同时，美、日、韩也对此战略要地十分重视。在远东分院总部了解到，该院对外合作的首要国家就是美、日、欧，而与中国的合作项目数量甚至排在韩国、越南之后，仅仅勉强与我国台湾地区相当（这一点特别要从战略高度引起有关部门的重视）。“中国代表团大多来签署个协议就走了，之后也就没有什么联系了”，俄方这样评价中国人的访问。还有就是中国科研机构的诚信问题。在短短几天的访问中，已经听到几次俄罗斯专家对与中方合作中经费的支付和知识产权保护等方面的抱怨。这说明我们在对待与远东开展合作方面存在片面性，急功近利的思想较为严重。建议抓住远东地缘的特点，在海洋学、火山学、地震学等其特色领域，与其开展长期的合作。特别是在基础研究领域，俄罗斯专家学者坚持几十年如一日的观测和数据积累，甘于“寂寞”的精神还是带来不少的成果。同西方的合作固然重要，对俄远东和西伯利亚这样的近邻也应给以应有的重视。

3、在此次访问中，着重了解了远东分院的经费来源与构成。其经费主渠道依然靠前苏联时期的经费划拨体系，纵向与横向的项目经费也主要是经审批分配来的，而不是争来的，研究人员“跑”经费的意识基本没有。在我们看来，这种体制缺乏市场竞争的机制，也缺乏活力，但是该体制却能够保障研究人员的科研时间与精力，工作也比较踏实。相比我国，科研人员为争取项目和经费所耗去的时间和精力过多了。两者的相互借鉴，或许对缓解现阶段国内科研机构的浮躁情绪有益。

工程院访问俄罗斯代表团
2010年7月

附：代表团成员名单

1、杜祥琬，中国工程院副院长

2、官　键，工程院国际合作局一处处长

赴挪威技术科学院共同举办“全球制造的战略与研发”研讨会

应挪威技术科学院的邀请，中国工程院代表团在徐滨士院士的率领下，赴挪威参加了“全球制造的战略与研发”研讨会。

研讨会于2010年6月15－16日在挪威首都奥斯陆附近的工业园Raufoss举行。此次研讨会是中挪两院联合举办的第二次研讨会。中挪双方近30名专家和政府代表与会。

挪威技术科学院院长Kjell Arne Ingebrigtsen教授和中国工程院国际合作局程家怡副局长分别在开幕式致辞。中挪双方通过16个报告，就再制造领域的合作交换了意见。其中我院徐滨士院士、柳百成院士、卢秉恒院士分别作了大会主旨报告。

通过圆桌讨论，与会代表建议今后在以下领域进行进一步探讨：制造科学与模型、全球制造战略、可持续及节能制造、回收与再制造、智能制造系统、关键制造技术、创新管理、机器与过程的诊断与维护、制造的教育与培训等。

会议期间，代表团一行还参观了Raufoss的两家汽车配件工厂。代表团对挪威工厂的创新管理模式和产品全生命周期的制造工艺、低碳节能表示赞赏，认为对中国的生产制造有借鉴之处。

此次研讨会的召开丰富了中挪两院的合作内容，使双方探讨的合作从制造、再制造领域扩展到技术和管理创新、节能和低碳等领域的合作。

（王小文）

赴英国参加学术会议总结

2010年6月20日至25日，我院原副院长刘德培院士赴英国伦敦，参加了中、英、美三国“合成生物学”六方合作讨论会、“医学研究组织领导人会议”（HIROs）以及“太平洋卫生峰会”第六届年会。此外，还应邀在“个性医学论坛”上发表了午餐讲演。

“合成生物学”六方合作讨论会由中国工程院、中国科学院、英国皇家工程院、英国皇家学会、美国国家工程院、美国国家科学院六个组织参加，主要讨论在“合成生物学”这一新兴领域开展交流与合作的计划。中国科学院赵国屏院士、施蕴渝院士等也参加了会议。经过讨论，六方决定于2011年至2012年初分别在中、英、美三国各举办一次“合成生物学”研讨会，分别就“合成生物学”中的技术、商业化以及管理等方面的议题开展交流。

“太平洋卫生峰会”于2005年开始举办。每年6月，由科技、政策、工业、医疗和公共卫生领域的高层决策者参加，讨论如何有效利用科学的进展并结合适当政策，确保更健康的未来。2010年峰会的主题是“母婴健康”。世界卫生组织(WHO)总干事陈冯富珍女士也应邀到会讲话。

“医学研究组织领导人会议”由17个国家的医学研究资助机构的领导人参加，主要就医学研究的政策开展讨论。

赴英代表团

出席CAETS年会及顺访法国、比利时总结

以潘云鹤常务副院长为团长的中国工程院代表团2010年6月28-30日参加了在丹麦首都哥本哈根举行的国际工程与技术科学院理事会(CAETS)年会及学术研讨会。会后，代表团顺访了位于法国南部的欧洲著名产学研结合的成功范例——索菲亚-安蒂波利斯科技园区。此外，代表团还访问了位于比利时首都布鲁塞尔的欧盟总部，了解了欧盟数字化议程的有关情况，并与欧盟信息社会与媒体总司探讨了双方在社会信息化方面进行合作的机会。现将有关情况报告如下：

一、CAETS理事会及学术研讨会

(一) 学术研讨会

7月29日，首先进行了为期一天的CAETS学术研讨会。

本次研讨会的主题是“**可持续粮食体系**(Sustainable Food Systems)”。丹麦政府发展合作部长、前欧盟主管农业的副主席出席会议开幕式并致词。会议组委会邀请了包括世界银行副行长、国际粮食政策研究所所长、国际有机农业研究所所长以及美国康奈尔大学等相关学术机构这一领域的世界著名专家参会。专家们就“2050年的粮食形势展望”、“粮食生产体系的改革”、“对粮食加工及供应环节的反思”以及“致力于经济上的激励机制和全过程成本考虑”等几个专题作了学术报告。报告者的演讲精彩，与会者的提问踊跃。比较有创新的是，会议组织者发给与会者每人一个电子反馈器，对主持人和报告人的问题进行投票，也可通过反馈器进行提问，从而及时地了解了大家的反应，也更增加了互动的气氛。

(二) CAETS理事会会议

7月30，召开了CAETS理事会会议。会议通过了CAETS

2011年预算，通过了新选举的董事会成员，并通过了关于修改CAETS章程有关条款的决定。我代表团向会议通报了上届大会CAETS声明的散发情况。潘云鹤常务副院长还在关于“**当今的工**

程教育”专题讨论当中，就创新型工程科技人才的培养作了主题发言。美国国家工程院院长、德国科学与工程院、印度国家工程院的领导也作了主题发言。最后，与会代表还一致通过了关于可持续粮食体系的 CAETS 声明。

完成的会议诸议题中，与我院相关事项包括：

1、按轮序，我院将担任 2012 和 2013 年度 CAETS 董事会成员，2011 年 CAETS 会议前需提供 CAE 董事人选；

2、此次理事会通过决议，对 CAETS 章程进行了修改。具体为：自 2012 年起，将奇数年的 CAETS 理事会加大会（Convocation）制度取消，改成每年一次的理事会加学术研讨会（Symposium，一天）。如希望举办较长时间的研讨会（最长两天半），需提前两年向 CAETS 理事会报告；

3、依轮值顺序，我院将于 2015 年担任 CAETS 理事会主席单位，并负责组织当年的理事会会议和学术研讨会。之前的 2011 – 2014 年度依次为墨西哥、瑞士、匈牙利和瑞典。

（三）会议期间与兄弟工程院的接触

在 CAETS 会议期间，潘副院长分别与**美国、瑞典、英国、德国、印度、捷克、日本及韩国**等工程院的领导进行了接触，就双方的交流与合作事宜交换了意见。与美国、瑞典、英国工程院领导主要是交换现有合作项目的进展及即将进行的重要双边访问活动。如中美工程前沿研讨会的情况；瑞典皇家技术考察团（国王参团）的访华；以研讨会为开端的中、英、美三国六院在合成生物学工程技术领域的合作。

通过此次接触新启动的双边合作活动包括：

1、与德国科学与工程院（ACATECH）的合作 理事会会议期间，潘副院长与 ACATECH 的执行董事、欧洲应用科学、技术与工程理事会（Euro – Case）副主席 Prof. Reiner Kopp 进行了交谈，德方对开展与 CAE 的合作有着积极意愿。acatech 在德国工程科技的发展中起着十分重要的作用。同时，ACATECH 也是 Euro – Case 一系列活动的重要倡导和推动者。潘副院长表示：在发展工程科技，促进国家经济发展方面，德国是一个非常成功的国家。与 ACATECH 合作，并逐步建立起与 Euro – Case 的交流合作关系是中国工程院重要的国际合作目标之一。

两院领导人同意，确定双方感兴趣的领域，如：**数字图书馆**，充分利用双方的资源和平台，特别是利用好**欧盟框架计划**这一平台，促进合作项目的开展。双方商定，在 ACATECH 领导人今年 9 月份访华时，将拜访中国工程院，双方将就有关事项进一步磋商，并签署一个框架性合作协议。

2、与印度国家工程院（INAE）的合作 在理事会会议期间，INAE 副院长 Baldev Jaj 博士主动找到潘副院长，希望就两院项目合作事宜进行探讨，以使双方的合作进一步深入。此外，2012 年是印度国家工程院建院 25 周年。印方也希望用印中两国工程院的深入合作成果纪念该院成立 25 周年。我代表团对印度工程院的合作意愿给予了积极的回应。潘副院长建议在社会信息化方面进行合作，具体项目首先选择“**数字图书馆**”，在这方面双方都有比较好的基础。印方完全同意。希望会后双方首先在工作层面就项目建议进行沟通，创造条件使合作项目顺利开展。

3、与捷克工程院的合作 会议期间，潘副院长在与捷克工程院院长交谈中，捷方提出：鉴于现有中捷两院的合作协议已到期，希望能续签两院的合作协议。潘副院长表示：同意捷方的建议，希望双方创造条件尽快完成协议的续签。

4、与日、韩工程院的合作 CAETS 会议期间，中、日、韩三国工程院的领导就 2011 年东亚圆桌会议的主题进行了讨论，并确定为数字创新（Digital Innovation）。

在丹麦完成 CAETS 会议任务的同时,潘副院长还应我驻丹麦大使谢杭生的邀请,为使馆同志作了题为"**物联网蕴藏的创新空间**"的讲座。使馆同志反映:潘院长用通俗易懂的语言,帮助使馆同志了解了物联网的基本概念及相关知识,以及这一新兴领域对创新和国家经济发展的重要意义。

二、访问法国索菲亚 - 安蒂波利斯科技园区

位于法国尼斯附近的索菲亚 - 安蒂波利斯科技园区是法

国政府对现有科研体制进行现代化改革,以实现产学研相结合目标所作的成功尝试之一。经过三十多年的努力,目前已成为法国最具国际化的地区,在 25 公里平方公里的范围内,聚集了来自世界 70 多个国家的 1300 家高科技公司和研发型企业,拥有科技人员 2.7 万名。今天,索菲亚 - 安蒂波利斯已成为欧洲最负盛名的科技园区。

代表团参观的是科技园区内一个教学科研联合体—EURECOM,以及一个软件开发公司 Altran Praxis。

1、访问 EURECOM。EURECOM 最初是由法国巴黎技术大学、意大利都灵科技大学、芬兰赫尔辛基技术大学和挪威科技大学等多所大学合作建立的一所教学机构。而与 EURECOM 结成联盟(EURECOM Consortium)的企业有 ST 微电子、日立、夏普、思科、BMW 等国际大公司。EURECOM 所从事的研发领域属于索菲亚科技园区中 7 个**竞争力集群之一的"安全通讯解决方案"**。主要的研究方向是:**1、网络与安全;2、多媒体通讯;3、移动通讯**,等等。

在教学方面,EURECOM 只提供硕士和博士生课程。学校课程的设置除了学科发展的需要外,也考虑了结盟企业的技术发展需求。在这里学习的学生优势在于与工业界的紧密联系,以及由这种联系所培育、激发出来的知识运用和创新的良好环境。学生完成课程后都要到这些国际大公司中实习六个月,不仅得到了解决实际问题的锻炼和工作经验,同时也使自己的就业前景十分光明。

潘副院长高度评价了 EURECOM 的教学模式对提高工程、技术教育质量,培养创新型工程科技人才的积极意义。并希望 EUROCOM 与中国大学的产学研基地进行交流。

2、访问科技园区内的软件研发公司 ALTRAN PRAXIS。这是一家专门提供"**危急情况处理解决方案**"的软件公司。他们所面向的危急情况包括了汽车和飞机的操纵系统失灵等。据介绍,在索菲亚科技园区中,这类属于"**生产(工业)服务业**"的软件研发公司很多。潘副院长表示,生产服务业在中国有广阔的市场,但中国从事这方面研发的软件公司还较少,希望 **AlTRAN PRAXIS** 到中国发展,公司领导也表达了与中国企业合作的积极意向。

三、访问欧盟信息社会与媒体总司

近年来,欧洲在社会信息化方面取得了较大的进展。特别是在金融危机发生后,欧盟更加重视 **ICT** 的广泛应用,并欲借助于数字化来提振欧洲经济。事实上,欧盟对后危机时代已有战略思考和部署。2010 年 3 月 3 日,欧盟委员会出台了"**欧洲 2020—智慧、可持续及全面发展战略(EUROPE 2020—A Strategy for Smart, Sustainable and inclusive Growth)**";2010 年 5 月,由专门成立的工作组向欧洲理事会提交了"**欧洲 2030 计划—挑战与机遇(PROJECT EUROPE 2030—CHALLENGES AND OPPORTUNITIES)**"的研究报告,此研究的启动是在 2007 年;2010 年 5 月 19 日,欧盟委员会出台了"**欧洲数字化议程(A DIGITAL AGENDA FOR EUROPE)**"并报欧洲议会,现已获得欧洲议会的批准。

为了解欧洲数字化议程的有关情况及实施计划，探讨未来中国工程院与欧盟的合作，代表团访问了位于比利时布鲁塞尔的欧盟总部，潘副院长一行与欧盟信息社会与媒体总司副总司长Peltomaki博士以及主管中印事务的Hummarlund先生等进行了会谈。经过磋商，双方同意，在下述三个方面深入交流，探讨合作。

1、数字图书馆(Digital Libraries)；

2、共同举办ICT技术应用研讨会(Joint Conference on ICT Deployment in the Wider Economy)；

3、数字城市/智慧城市(Digital Cities/Smart Cities)访问后形成了会谈纪要。

中国工程院代表团
2010年7月14日

附：代表团成员名单

团长：潘云鹤　中国工程院常务副院长

团员：郑晓光　工程院国际合作局 局长助理

宋德雄　工程院办公厅院长办公室主任

徐海燕　工程院国际合作局 副调研员

访问俄罗斯总结

2010年10月7日至12日，应俄罗斯科学院(RAS)邀请，中国工程院主席团名誉主席、中华环保联合会主席宋健率团赴俄罗斯科学院空间研究所、俄罗斯科学院生物医学问题研究所和俄罗斯科学院西伯利亚分院湖沼研究所进行了学术访问。此次访问在我国驻俄罗斯大使馆、驻伊尔库茨克总领事馆的大力协助和俄方的精心安排下取得了成功。

一、访问俄罗斯科学院空间研究所

2010年10月8日上午，代表团首先访问了俄罗斯科学院空间研究所。空间研究所所长捷洛内·列夫·马特维耶维奇教授向代表团介绍了空间研究所的发展历程及大事记，双方就中俄空间科技的发展与合作进行了交流。俄方表示，在航空航天领域二十世纪是俄美之间的竞争，而二十一世纪将是美国与亚洲国家特别是与中国、日本、韩国等之间的竞争。宋健院士表示，中国近年来在科技方面的投入逐年增加，取得了一些成果，但俄罗斯有着良好的基础，其空间科技一直走在世界的前沿。特别是俄罗斯科学院空间研究所在航天科技方面有着举足轻重的作用。中俄的友好关系为中俄科技合作尤其是航空航天领域的合作奠定了良好的基础，相信今后中俄将会在这一领域进一步合作，取得更加丰硕的成果。

随后，在空间研究所所长的陪同下代表团参观了空间研究所成就展展厅。空间所有关专家重点介绍了其在遥感监测、俄罗斯联邦空间计划及火星卫星“弗布斯”等项目的成果。遥感监测专家根据遥感卫片解译成果介绍了俄罗斯植物分布及特点、俄罗斯森林1950年－2000年间的动态变化过程。详细介绍了2010年俄罗斯干旱及森林大火情况。根据监测结果，今年夏天的干旱将导致俄罗斯粮食收成减产三分之一。海洋遥感监测专家介绍了从遥感监测的海洋污染现状，并用实例介绍了石油污染对黑海的影响及扩散面积。专家表示，由遥感监测可以分析森林大火、海洋石油污染等的污染源及其起因，分析污染扩散距离及面积，并及时提出相关防范措施，最大限度减少经济损失和环境污染。

空间研究所学术秘书和学术秘书扎哈洛夫·亚历山大·瓦林吉诺维奇教授介绍了俄罗斯联邦空间计划“弗布斯”项目及“导航观测图像显示系统”等，代表团还参观了月球车、外星球表层取样器等航空航天相关仪器及设备。

二、访问俄罗斯科学院生物医学问题研究所（参观“火星－500”项目）

10月8日下午，宋健院士率团访问了俄罗斯科学院生物医学问题研究所（IBMP）。常务副所长阿洛夫·阿列克·伊格力耶维奇、主管外事副所长别拉孔斯基·马尔克·萨姆伊洛维奇、生物医学问题专家阿尔西波夫·弗拉基米尔·弗拉基米拉维奇、超稳定性生理控制研究部主任及“火星－500”模拟实验项目负责人莫鲁科夫·巴里斯·弗拉吉米拉维奇参加了会谈。火星－500项目中方支援小组孙海鹏、吕柯也陪同代表团访问。

首先，俄方对宋健代表团的到来表示欢迎，俄方表示，中国航天技术发展很快，并且发展到了新的水平，俄方一直关注着中国的进步。俄中有着兄弟般的情谊，这为俄中合作开拓了广阔的前景，俄方很高兴能与中方就具体领域进行专家交流和相互参加学术研讨会。在火星－500项目试验中，很高兴有中方专家参与该项目，目前工作进展顺利。随后火星－500项目负责人莫鲁科夫就火星－500项目做了详细的介绍。

宋健院士表示，首先感谢俄方的热情接待，俄方在载人航天领域一直处于主导地位，特别是近几年，俄罗斯在本领域又恢复了活力。航天试验是个漫长的过程，火星－500是空间科技的一个里程碑。中方很高兴能参与其中。中方的507所是唯一一个载人航天研究所，能与俄方建立密切的联系，可以使中方向俄方学习很多航空航天知识及经验。宋健还表示，与俄方合作，中方很有信心。

接着，代表团参观了“火星－500”模拟太空实验设备。该实验设施位于俄罗斯科学院生物医学问题研究所院内的一座4－5层楼高的建筑物内。该实验是由俄罗斯组织、欧盟参与的国际大型模拟载人太空飞行试验，是多个部分组成的地面模拟实验飞行试验。模拟从飞船发射、飞向火星、登陆火星到返回地球全过程。设计时间520天，前250天模拟飞往火星、中间30天登陆火星、最后240天返回地球，志愿者模拟飞往火星、绕火星飞行、登陆火星和返回地球等全过程。本实验分为三个阶段，在每个阶段，全部志愿者宇航员生活和工作仅限于模型航天器内。不能和外部直接交流，信息传递往返需40分钟。实验过程中，实验人员不能从外界获取消耗品。参加实验的人员均为志愿者，且来自不同的国家，来自我国的中国航天员科研训练中心宇航员教员王跃入选。

志愿者在长期密闭环境下的耐受能力会发生变化。从生理上来说，可能免疫力下降；从心理上说，志愿者可能出现焦虑、紧张情绪等。这些特点都会造成很重的任务负荷。“火星－500”试验主要包括两项任务，一是考察长期密闭环境下被试人员健康状态及工作能力状况；二是观察长期密闭环境下被测人员的心理变化情况。合理资源配备也是此次实验的内容之一。

在实验舱监视室俄方专家给代表团详细介绍了实验舱的环境：模拟实验舱面积共计550立方米，试验舱由生活舱（单人卧室、厨房餐厅）、公共活动舱（客厅、健身房、浴室、卫生间等）、医疗舱、火星着陆舱模拟器和轻型充气火星表面模拟舱组成。实验舱里面还有蔬菜温室，队员闲暇之余可以培植蔬菜。在监视室参观实验舱内部环境的时候，舱内是午休时间，仅看到一位志愿者在公共活动舱工作。

目前，该项目进展顺利，我国志愿者王跃与所在团队其他成员关系融洽。王跃在学习英语和俄语的同时教其他队员中文，传播中国文化。俄方亲切称他为“瓦尼亚”（王跃的俄语名字）。

三、访问俄罗斯科学院远东分院湖沼所

10月11日下午，代表团在中国驻伊尔库茨克总领事郭敏和副总领事罗徽等陪同下对俄罗斯科学院远东分院湖沼所进行了访问，湖沼所所长米哈伊尔·亚历山大洛维奇·格拉乔夫、学术秘书杰姆斯卡雅·塔玛拉·伊万诺娃等出席了座谈。

首先，湖沼所所长米哈伊尔·亚历山大洛维奇·格拉乔夫介绍了湖沼所的情况。湖沼研究所组建于贝加尔湖沼基地（1928年10月1日）。这是科学院在西伯利亚设立的第一个科研机构。湖沼研究所第一任所长是嘎拉吉。该研究所是一个跨学科综合研究贝加尔湖及其西伯利亚其他水体的科研机构。研究所主要科研方向“湖沼学（淡水生物学）：形成机理，生物多样性，演变过程，水库和陆地水系发展的现状和预测”。研究贝加尔湖生态系统的演化规律、贝加尔湖沉积物、东西伯利亚古气候；水生物垂直水交换和水文物理因素影响的机制；动植物的生物多样性；贝加尔湖生物亲缘关系及其和外界种的互相关系；贝加尔湖水体、湖底沉积物、生物体的化学成分；有毒物质在营养链的迁移路径；贝加尔湖周边大气气溶胶组成；重点开发和引进新的方法和仪器。研究所拥有科研船队和收集贝加尔湖生物、水体和水底沉积物样本所必需的设备。俄方表示，贝加尔湖是个做科学实验的天然试验场，该所与中方同行相互了解不多，希望与中方探讨合作，特别希望在深水机器人探测方面开展合作研究和交流。随团访问的使馆科技处龚惠平公参表示，科技处将向中国海洋研究所和深水探测器设计单位702所介绍有关情况并转达俄方的合作意愿。

四、参观贝加尔湖博物馆及贝加尔湖

10月12日，代表团在中国驻俄罗斯大使馆龚惠平公参、中国驻伊尔库茨克总领事馆有关同志的陪同下参观了贝加尔湖博物馆和考察了贝加尔湖的生态环境，看到了许多贝加尔湖特有物种。

贝加尔湖位于俄罗斯伊尔库茨克州及布里亚特共和国境内。湖型呈新月形，全长636公里，平均宽48公里，最宽处79.4公里，面积3.15万平方公里。平均深度758米，最深处1630多米。湖面海拔456米。

贝加尔湖形成于新生代中新世，已有2500－3000万年，属于断层湖，沿岸地震频繁，流域面积56万平方公里，有336条河流注入，其中最大的河为色楞格河，从湖中流出的仅有安加拉河，往北流入北极海。贝加尔湖最大的岛是奥尔洪岛，位于湖中心。贝加尔湖湖水清澈，透明度可达40米，湖水矿质和盐分含量很少。该湖流域拥有淡水总量2.3万立方千米。

贝加尔湖景观奇特，湖内物种丰富，湖中有植物600种，水生动物1200种，其中一半以上物种为贝加尔湖特有的，著名的贝加尔鲟和贝加尔海豹为世界上唯一的淡水鲟和海豹。贝加尔湖中有

约50种鱼类，分属7科，在贝加尔湖里数量最多的鱼是贝湖鱼，是贝加尔湖特有物种，隶属杜父亚目贝湖科胎生属，由母鱼直接产下仔鱼。这种鱼体裸露无鳞，是一种半透明的鱼，脂肪含量47%左右。贝湖鱼占贝加尔湖鱼总量的70%，是许多水生动物的主要食物来源，作为湖内生态食物链中的重要一环，它对保持湖区的生态平衡起着重要的作用。

五、结束语

此次访问，代表团对俄方在航空航天和水环境研究方面的印象深刻。俄罗斯无论是航空航天技术，还是自然环境保护，都有许多值得我们学习的地方，此次访问加深了双方的相互了解，对未来合作大有裨益。

在俄罗斯访问期间，我国驻俄罗斯大使馆和驻伊尔库茨克总领馆对代表团的来访十分重视。在莫斯科访问期间，李辉大使宴请了代表团，并到机场为代表团送行。在伊尔库茨克期间，郭敏总领事、罗徽副总领事到机场迎送并参加了代表团在伊尔库茨克的主要活动。大使馆龚惠平公参全程陪同代表团参加了所有访问活动。在此谨向我驻俄罗斯大使馆和驻伊尔库茨克总领事馆表示感谢。

（访俄代表团）

访问美国、新加坡

2010年9月23日至10月2日，中国工程院主席团名誉主席徐匡迪院士应邀赴美，在斯坦福大学、乔治敦大学等地发表讲演，介绍中国近期的能源政策和发展，受到了热烈欢迎。徐主席在美期间，还会见了美国会议员以及基辛格、舒尔茨等前政要，参观了在斯坦福的国家加速器实验室、访问了美国东西方研究所等，广泛开展工作。徐匡迪主席还应邀访问了新加坡，参加了“新加坡全球对话”、“圣淘沙圆桌讨论会”、淡马锡集团国际董事会会议等活动，与澳大利亚前总理霍华德、美国佛罗里达州前州长杰夫·布什等进行了交流和讨论。访问取得了圆满成功。

（程家怡）

访问澳大利亚总结

2010年9月5至9月10日，作为国际矿物加工大会理事会成员，王淀佐院士应邀参加了在澳大利亚布里斯班举行的第25届国际矿物加工大会。国际矿物加工大会是国际矿物加工领域规模最大、影响最广的一个大型的国际学术组织，成员主要由世界各国选矿界权威人士组成，每两到三年举办一次。2008年在中国北京成功举办，目前已举办了24届。

此次会议由澳大利亚矿业联合会主办，大约有来自世界各地的1000多人选矿领域的专家和学者参加了会议，其中中国代表团近80人参加了这届会议。大会一共设四个会场，有近200位学者作了大会主题报告和短报告，近200位学者张贴了论文海报。

9月5日下午，王院士参加了国家矿物加工大会理事会会议，国际矿物加工理事会主席Cyril O' Connor教授主持会议。会议听取了2008年北京第24届国际矿物加工大会的会议总结，听取了2012年在准备在印度召开的26届国际矿物加工大会的准备工作通报。会议另一个关键议题是2015年第27届国际矿物加工大会主办方的申请。参加申请的有俄罗斯和智利两个国家，经过答辩并经全体理事会成员投票选举，理事会一直同意第27届国家矿物加工大会主办权由智利主办。一同参加理事会的中方代表还有中国工程院孙传尧院士，孙院士也是国际矿物加工理事会委员。

9月6日，国际矿物加工大会正式开幕，本届大会主席，澳大利亚工程院院长Robin Batterham教授致欢迎词。中国科学院副院长，中国科学院李静海院士做主题报告，中南大学胡岳华副校长也作了铝土矿浮选脱硅的主题报告。

在9月8日晚的会议上，大会按照惯例颁发了终身成就奖。中国科学院、中国工程院两院院士王淀佐教授荣获国际矿物加工大会终身成就奖。该奖旨在奖励在世界范围内为矿物加工业做出杰出贡献的科学家。王淀佐院士是首位获得该奖的中国人，之前总共有6位科学家获此殊荣。此次与王淀佐院士同期获奖的还有来自澳大利亚的国际矿物加工领域著名专家Alban Lynch教授。国家矿物加工理事会主席Cyril O' Connor教授和前主席，中国工程院外籍院士Forsberg教授对王淀佐院士获得终身成就奖表示热烈的祝贺。

9月9日上午，王淀佐院士作了题为“浮选药剂分子结构和性能研究”的终身成就奖特邀报告，报告得到了与会学者的高度关注。

赴澳代表团

赴捷克、瑞士团组报告

为促进我院与欧洲国家工程科技组织间的科技合作，发挥我院的决策咨询和科技引领作用，应捷克工程院和瑞士工程科学院的邀请，旭日干副院长于2010年10月17日至22日率我院代表团访问了捷克和瑞士。

一、与两国工程院达成共识，顺利续签合作谅解备忘录

中捷瑞三国工程院都是国际工程与技术科学院理事会（CAETS）成员，一直有着良好的合作关系。在CAETS年会上，代表团成员经常会面和交流情况。

2000年我院王淀佐副院长曾率代表团访问捷克，并与捷克工程院签署了为期三年的工程科技合作协议。今年10月18日，旭副院长与捷克工程院院长皮特·祖拉教授（Petr Zuna），续签了两院工程技术合作谅解备忘录。双方高度评价了两院开展的科技合作所取得的成就，就今后在工程教育及中国新兴重点科技领域继续加强合作达成共识。双方均认为今后4年开展合作的优先领域可包括：新能源与环境、先进制造业、工程教育和信息通讯技术。为落实具体合作事宜，中方邀请捷克工程院组团2011年访华，并共同举办以“工程教育”为主题的小型研讨会。

2000年11月潘家铮副院长代表我院与瑞士工程科学院签署过工程科技合作协议，该协议于2003年到期；2003年10月，朱高峰副院长代表我院与瑞士工程科学院签署过科学技术合作备忘录，该备忘录于2006年到期。今年10月20日，旭副院长与瑞士工程科学院院长丹德利尔克教授（René Dandliker）续签了两院合作谅解备忘录。旭副院长表示，我院将积极组团参加由瑞方主办的“2011年达沃斯世界资源论坛”，并在论坛后由中瑞两院共同举办以“可持续发展”为主题的研讨会，以促进中瑞双方在资源研究与开发方面的深入合作；同时建议在2012年后，每年举办一次专题研讨会，主要议题为能源、环境、交通、通讯、工程教育等，地点可以分别在中国或瑞士；双方同意还将适时就“建筑节能”为主题组织讨论会。

二、技术参观及交流活动

10月18日，旭副院长率代表团访问了捷克工业和贸易部（Ministry of Industry and Trade of the Czech Republic）并会见了捷克工业和贸易部非欧洲国家司司长洛伦兹（Vlastmil Lorenz）和工业研究开发司司长斯蒂哈（Matin Sticha）。洛伦兹司长指出，捷克工贸部一直在积极促进中捷人民的友谊和中捷工程科技交流合作。旭副院长介绍了我院的情况和院士队伍的组成，并代表我院表示了加强和捷克工贸部合作的愿望。

在访问捷克工程院（Engineering Academy of the Czech Republic）的过程中，捷克工程院院长皮特·祖拉教授、捷克工程院副院长库贝克教授（Josef Koubek）、约翰博士（Ales John）、米罗斯拉夫教

授(Miroslav)、秘书长哈耶尔博士(Milos Hayer)等也出席了会见和签字仪式。捷克工程院成立于1995年2月7日,遵循自愿、民主和合作的原则建立,是一个非政府、非赢利的独立机构。该院集中了来自捷克各个研究院所、大学、工业界和政府机构并在科学领域里做出突出贡献的杰出人士。它的首要任务是推动技术、经济以及工程教育的发展;其次是适应社会经济、文化事业发展的需要,进行工程研究并推动技术进步。据了解,捷克工程院的五项具体行动目标是:1) 促进技术、化工和生物工艺学的发展;2) 筹备、实施和评估工程项目;3) 将研究结果应用于工程实践中;4) 提高工程教育的质量;5) 普及技术创新成果。捷克工程院的五位领导还分别向代表团成员介绍了各自的研究领域,例如:皮特·祖拉教授是机械工程和材料科学专家,副院长库贝克教授对化学感兴趣,约翰博士主要研究无线电电子学,米罗斯拉克教授擅长机械制造,而秘书长哈耶尔博士是无线电工程和电子学的专家。

代表团还访问了布拉格第6区政府并与布拉格第6区副区长 Ing. Jiri Farek, CSs 教授进行了简短座谈。布拉格6区位于布拉格西北部,面积为241.54平方公里,拥有100 600居民,是旅游、生活、行政的极佳场所,同时也是外交使馆集中区。布拉格6区还有5所大学,其办学的形式和内容也具有区域特色,其中最有名的是捷克技术大学。

18日,代表团访问捷克技术大学(Czech Technical University in Prague, CTU),并会见了捷克技术大学校长哈未利采克教授(Vaclav Havlicek)、副校长佩特拉采克(Petracek)。捷克技术大学是欧洲历史最悠久的非军事科技大学,创建于1707年,至今已有303年的历史。捷克技术大学共有7个学院和3个研究所,覆盖了14个本科专业,23个硕士点,博士点15个,是一所世界知名的理工大学。目前,该校约有2万5千名学生,近1700名教研人员。CTU的教学目标是:致力于培养未来的专家、科学家和管理人员,使学生在适应市场要求方面具有相当的活力和灵活性。

20日上午,代表团访问了苏黎世联邦理工学院(ETH,Swiss Federal Institute of Technology),与苏黎世联邦理工学院校长海地·翁德利·阿联斯帕奇女士(Prof. Heidi Wunderli - Allenspach)等进行了面对面的沟通和讨论,彼此之间有了深入的了解。苏黎世联邦理工学院成立于1854年,其排名跻身世界一流大学。爱因斯坦被公认为是该校最著名的教授,其他杰出校友还包括 Gobind Khorana(1968年诺贝尔医学奖得主)和约翰·冯·诺伊曼(科学家、数学家、化学家)等。该校总体在欧洲排名第4位,化学排名第6位,数学和自然科学排名第9位,是欧洲的麻省理工。ETH 目前包括:建筑、土木工程、机械工程、生物系统工程、信息技术与电气工程、材料科学、化学、林业和数学(自然科学)、农业和食品科学、地球科学、环境科学、文学、管理、技术和经济学以及政治科学等院系。历史上,苏黎世联邦理工学院特别是在化学、数学和物理等领域享有极好的声誉,曾经出现过21个与 ETH 相关的诺贝尔奖获得者。

20日下午,代表团访问了瑞士工程科学院(Swiss Academy of Engineering Sciences, SATW),续签了两院合作谅解备忘录。瑞士工程科学院成立于1981年,是一所非赢利机构。它曾促成了瑞士全国工程技术团体的联盟。它的主要宗旨是:1) 通过技术科学各学科的相互协作来促进技术科学的研究与发展;2) 与其他科学组织如瑞士国家科学基金会等一起参与制定瑞士的国家科学政策;3) 通过对各专业协会的资助充分挖掘其现有的科研潜力;4) 发现和培养优秀科技新生力量;5) 促进技术科学与其他学科间的交流与合作,特别是加强对国家有重大意义的跨学科研究项目的资助;6) 作为瑞士全国技术科学领域利益的代表与国际性协会和政府组织展开对话;7) 促进技术科学领域的国际合作;8) 促进技术科学与公众之间的相互理解,在技术科学与公众间架起一座桥梁;9)阐明技术和环境间的相互关系和相互影响;10)推进标准化和文献出版工作。

当日下午,代表团还访问了ETH食品、营养与健康研究院(Institute of Food, Nutrition, and Health)、瑞士联邦材料科学研究所(EMPA)实验室和瑞士联邦环境科学与技术研究院(EAWAG)水生研究所。EMPA是一所材料科学和技术研究所,侧重于以应用为主的材料研究和发展。该研究所的5项重点研究项目是:纳米技术、适应性原料体系、人类健康以及用于能量技术、空间领域的材料研究,拥有近800名工作人员,分别在位于苏黎世杜本多夫(Dübendorf)、圣加仑和图恩的材料测试与开发研究所工作。100名博士生和拥有不同学位的学生在EMPA的教授们的指引下进行各类项目研究。而瑞士联邦环境科学与技术研究院(EAWAG)水生研究所成立于1936年,早期作为苏黎世联邦理工学院废水处理系的咨询处。如今EAWAG研究所已成为国家指定和国际知名的供水研究学院。研究所主要致力于为世界范围内日益紧缺的水资源及水体问题寻找有利于生态的、经济的解决方法。400名自然、工程和社会科学工作人员在位于苏黎世杜本多夫和卢塞恩卡斯坦宁堡(Kastanienbaum)的研究所进行科研工作。该研究所隶属于联邦和联邦理工学院委员会。

代表团听取了ETH食品、营养与健康研究院和EMPA材料科学研究所实验室、EAWAG水生研究所的有关学者的学术报告,参观了当地的节能建筑,进行了广泛而深入的讨论和交流。瑞士工程科学院外委会主任亚瑟·鲁夫院士(Arthur Ruf)、秘书长罗尔夫·修斯利(Rolf Huegli)和前任秘书长汉斯·汉尼(Hans H? nni)全程陪同了我院代表团的访问。

10月20日,旭副院长应邀在驻苏黎世总领馆做了一场题为"关于我国工程科技发展现状"的国情报告,旭副院长全面介绍了当前世界工程科技领域的发展特点,中国工程科技的发展现状和同世界发达国家的差距,以及中国工程院的简况,并回答了驻苏黎世总领馆馆员提出的问题。旭副院长的报告严谨翔实,涵盖面广,使听众丰富了科技知识,开阔了视野,增进了对中国国情的全面深入的了解。听众提问踊跃,形成了良好的互动场面。

10月21日,代表团参观了位于瑞士乌兹维尔的布勒集团,聆听了集团人员对布勒集团做的详细介绍。得知该集团成立于1860年,已有150年的发展历史。它已成为在粮食加工、化工加工和金属压铸等领域的全球领导者,也提供高效的生产设备、完善的工程解决方案。目前布勒集团在全球已设立140家分公司和80多个分支机构,拥有员工6300名。布勒公司在研磨、混合、热处理、谷物食品的成型、工程材料制造及加工、金属压铸等技术上均处于世界领先地位。布勒公司也在积极开拓在华市场。1984年,布勒公司进入中国,在北京成立办事处。1993年,布勒机械设备(深圳)有限公司成立。1994年,无锡布勒机械制造有限公司成立。2002年,布勒(中国)在无锡成立,负责布勒集团在中国境内的产品销售和服务,并参与产品研发、为成套工程提供全套设备。布勒(中国)在北京、深圳和长春也设有办事处。2005年3月,布勒集团压铸有限公司中国生产基地在江苏无锡投产。2005年11月,瑞士布勒控股又一独资生产企业 - 布勒设备(西安)有限公司在西安成立。2006年1月,布勒集团国内第四家生产基地、专业饲料机械制造商 - 布勒(常州)机械有限公司成立。之后,代表团参观了布勒公司的谷物加工工厂和巧克力、咖啡加工工厂以及金属压铸加工工厂,收获颇丰。

在访问期间,代表团得到了两国当地使领馆的大力支持。其中,中国驻捷克大使馆战洪起参赞陪同参加了代表团在捷克的所有活动;中国驻捷克共和国于庆泰大使会见并宴请了代表团;另外,我驻瑞士联邦使馆政务参赞冯海阳专程从伯尔尼赶到苏黎世,代表使馆出席了我代表团的活动;我驻苏黎世总领馆的梁健全总领事还在总领馆组织了报告会,宴请了代表团并积极给予了各方面的支持。

三、收获与体会

体会一：加强与瑞士工程科学院和捷克工程院的合作，扩大我院的交往范围，提升我院的国际影响力。目前，瑞士工程科学院有240名院士和10名工作人员，75%的经费来自于政府支持。该院院士25%来自于企业，25%来自于政府机构和研究院所，50%来自于大学。每年由独立的选举委员会增选不到10位院士。其中，院士的年龄范围限制为45－60岁，相比学术教育背景，国外更强调应具有工程研究的资历和实际发明创新能力。该院在院士增选上的做法对我院有借鉴意义。另外瑞士工程科学院和捷克工程院基本是社团组织性质，对外合作的意向比较强烈和明确，我们应充分利用这一点，逐渐加强与他们的务实合作，以提高科研水平，促进我国相关科技领域的发展。今后的合作方式可包括双方科学家、工程师交流；共同实施科研项目；信息交流或出版物交流等。

体会二：切实推进与欧洲著名大学的合作与交往。值得我们注意的是，捷克技术大学（CTU）提供高质量的大学教育，不仅进行基础研究和应用研究，承担大批的科学项目（重点是工业应用），还与国内外研究机构保持密切合作，在R&D、创新和提升人力资源素质方面起到了重要的作用，与捷克理工学院今后可在信息技术、生命科学、环境科学、工程教育等领域开展合作。而苏黎世联邦理工学院教育的一个突出特点是大学课程教学的主要语言为德语，而英语是学生在研究生课程学习时的主要语言。建议我院和国外高校及教育机构，与苏黎世联邦理工学院今后可在能源、环境科学、工程教育等领域开展合作，并与两校在科技人员互访、联合培养博士生和合作科研等方面进一步加强多维度的交流。

体会三：我国政府应高度重视科教投入。捷克工贸部2009－2017年用于支持新材料和新产品、发展中的新科技、新信息技术和系统集成的经费为4.3亿欧元。捷克政府不断推进政府经费改革，其主要目的是为了建立更多的新科技机构，扩大捷克政府对创新活动的支持，并逐渐简化整个国家支持的系统。相比之下，我国政府对发展新兴工业和技术的经费支持还不够，我国政府应逐渐提高对高新技术产业和制造业的经费支持。另外，我们了解到苏黎世联邦理工学院的教育科研经费投入为每年10亿欧元，而我们清华大学的科研经费为每年35.91亿人民币，北京大学为每年24.08亿人民币。政府应持续增加对国内高校的科研经费投入。

体会四：节能技术应用充分、全面、系统。给我们印象最深的是EMPA瑞士联邦材料科学研究所的大楼是一幢节能建筑，它采用了一系列节能环保的设计，其特殊之处就在于它集中了多种节能技术：例如外墙玻璃板可根据季节自动调节角度，夏天可遮挡75%的阳光；冬天则尽可能多地放进阳光；厨房、办公设备、照明灯光等散发的热量都被充分利用起来；屋顶分布着太阳能电池，可为大楼提供近三分之一的用电；精心选择的环保墙体材料，和蜂窝状的管道确保建筑能够冬暖夏凉，省却了空调的费用。这座大楼的能耗仅相当于普通大楼的四分之一。同时，这幢建筑物也十分重视通过雨水收集和废水处理技术等为环保提供支持。特别值得一提的是，按照瑞方的介绍，该节能建筑的建造成本仅比传统建筑高约10%。这幢建筑物活生生地向我们展示了如何最大限度地节约能源，同时也向我们展示了瑞士人领先的节能环保技术。因此，如何广泛地推行节能建筑是我国目前的一个重要课题。

体会五：中国市场巨大、有吸引力。通过对瑞士布勒集团的参观考察，我们得知瑞士人正把眼光投入到中国潜在的农业巨大市场，旭副院长向瑞方提出希望能以较为公道合理的价格引进瑞士的农业加工技术，以便更好地为中国广大牧民服务。他提醒瑞方，中国的广大牧民的经营分散，每户的牲畜存栏量不是很大，因此中小型饲料加工设备在牧区会有很好的市场前景。面对中国正如雨后春笋般兴起的中小企业，布勒集团也把市场扩展的另一个重拳移向于此。就此，布勒集团盛情邀请旭副院长能到集团位于中国的第四家生产基地、专业饲料机械制造商－布勒(常州)基地去参观考察，以进一步加深双方的了解。

体会六：可再生能源是今后重点发展的领域。今后10年，瑞士重视该领域，通过提高能源使用效能来减少能源消耗，优先发展可再生能源。近年来，瑞士加大投入力度，积极促进新能源研发。2009年瑞士联邦各州及企业用于能源研发和生产的资金高达14亿瑞士法郎(1瑞士法郎约合1.02美元)，其中半数投入到可再生能源领域。今年6月，瑞士联邦议会批准的一项法案规定，到2013年以后，联邦政府每年将奖励利用可再生能源发电的能源企业。目前，40%的瑞士人生活在“新型能源城市”中。譬如，锡永和马尔利分别利用居民生活垃圾和木屑发电，从而减少了化石燃料的消耗。瑞士联邦政府早在10年前就推出建筑物节能标准，不少城市根据这一标准改造旧建筑物，为建筑物加装隔热覆层，并利用垃圾焚烧余热为建筑物供暖。此外，瑞士研究人员目前将冰箱原有的定速压缩机换为变速压缩机，有望将目前节能效果最好的“A＋＋”级冰箱的耗电量再减少三成以上。由此可见，在合理开发可再生能源方面，瑞士也走在前面。

体会七：通过参观瑞士，我们发现瑞士注重环保和优先发展公共事业，在教育政策、社会事务、能源供给和交通建设等方面，尽可能满足公民需求，为公民提供最好的服务。

在瑞士，除了非常繁忙的主要街道有交通指示系统外，其他路段都是靠民众自觉礼让，很少出现交通堵塞的情况。而且在瑞士，公共交通系统非常发达，公交优先的理念得到充分体现。在市内共同交通组织中瑞士人特别强调的是设立公交专用通道；强调以方便人的出行为目的；以最小的步行距离达到公交站点；以轨道交通为主的多种运输方式有机配合，换乘方便；有效统一的管理和服务；自动化的交通信号管制系统；准确的运营时间；便于公众掌握的有规律的运行图。因此要解决城市的交通问题，优先发展轨道交通可以是一种值得研究的方案。

瑞士将火车站设在市中心，这样便于与其他交通方式紧密结合。苏黎世市内有好多座火车站，一般火车站的地上地下相结合，车站与商业服务业、银行、超市等组合在一起，十分方便。另外有轨电车也十分注重不同方向的衔接，大大的提高了效率。

另外一点是，瑞士人非常注重保护历史街区和建筑也注意环境保护。苏黎世的老城保护很好，仍保持着古城风貌，利马河流经市中心，河水清澈见底，水中白天鹅自由悠闲地游动，两侧是古老的建筑，随着地形的变化高低起伏，高耸的教堂，形成了一幅生动的历史画卷。值得一提的是，苏黎世湖的湖水很干净，可直接饮用，是城市的主要水源。在环境保护方面，我国还有许多工作要做。

（朱昱）

代表团成员名单

1、旭日干，工程院副院长

2、官　键，工程院国际合作局一处处长

3、张文韬，工程院旭日干副院长秘书

4、朱　昱，工程院国际合作局项目官员

赴澳大利亚工作报告

应澳大利亚技术科学与工程院(简称 ATSE)院长贝特汉姆的邀请,中国工程院周济院长率代表团于 2010 年 11 月 10－15 日访问了澳大利亚。访澳期间,代表团与澳大利亚工程院进行了会谈,出席 ATSE 第 35 届院士大会并作报告,会见了澳创新、工业、科学与研究部(简称 DIISR)部长、常务副部长等多位政府要员,考察了部分科研机构、大学和企业,与 20 多位在澳的华裔科学家座谈,访问取得了圆满成功。现将主要情况汇报如下:

一、访问的主要情况

1. 出席 ATSE 第 35 届院士大会

ATSE 成立于 1975 年,现有院士 813 名,是澳大利亚工程科技界的最高学术机构,国际工程与技术科学院理事会(CAETS)的创始成员。ATSE 每年召开一次院士大会,选举新院士,开展学术交流、国际合作,研究讨论科技和工程中的重大问题等。

周院长应邀代表中国工程院对 ATSE 第 35 届大会的召开表示祝贺。他称赞 ATSE 30 多年来致力于澳大利亚工程科学技术的创新、传播与应用,为澳大利亚科技实力的提高和综合国力的增强作出了贡献;希望两院加强合作,提升合作层次,拓展合作领域,深化合作研究,为发展工程科学技术、增进中澳两国人民的友谊做出新的贡献。

会议期间,周院长作为特邀嘉宾,在会上作了“中国工程与可持续性发展”的演讲。介绍了新中国成立 60 年来,特别是改革开放 30 年来中国在工程科技领域取得的令世人瞩目的成果,分析了中国在可持续发展方面面临的严峻挑战,加快转变经济发展方式刻不容缓。在转变经济发展方式中,工程科技将发挥根本的关键的支撑和引领作用。在第十二个五年规划中,中国工程科技界的任务是“支撑发展,引领未来”。重点任务集中在:加强工程科技创新和进步,推动产业结构调整优化,推动经济社会可持续发展,改善民生。

周院长介绍了中国工程院今后的主要任务,将更加积极主动地发挥国家工程科技思想库的作用,为中国的现代化建设做出更大的贡献。周院长最后强调,中国希望与澳大利亚和世界各国加强友好合作,共同发展。中国工程院愿与 ATSE 进一步加强交流与合作,不断提升合作层次,拓展合作领域,扩大合作范围,推动工程科技的发展。

与会听众对周院长的演讲报以热烈掌声。他们称赞演讲精彩,使他们了解了真正的中国,看到了中国的未来,受益匪浅。

会议期间,周济院长与贝特汉姆院长会晤,探讨了加强两院未来合作事项。

2. 访问并会见澳方政府机构要员

访问期间,代表团先后访问和会见了澳大利亚创新、工业、科学与研究部(DIISR)金・卡尔

(Kim Carr)部长、马克·帕特森(Mark Paterson)常务副部长,澳大利亚首席科学家佩妮·萨科特(Penny Sackett)教授,能源部玛格丽特·休厄尔(Margaret Sewell)总经理(General Manager),新南威尔士州玛丽·巴希尔(Marie Bashir)州督,新南威尔士州政府首席科学家玛莉·奥凯(Mary O' Kane)教授、西澳州教育与旅游部长伊丽莎白·康斯德伯尔(Elizabeth Constable)博士,西澳首席科学家林恩·比兹利(Lyn Beazley)教授等。

在会见卡尔部长、帕特森常务副部长和澳大利亚首席科学家萨科特教授时,双方谈到了中澳两国签署科技合作协定30周年以来取得的成绩,强调双边科技关系的重要性。在中国第十二个五年发展阶段,澳大利亚可在与中国开展科技合作方面发挥出重要作用。中澳合作不应限于资源贸易,应扩大到高附加值生产与研究领域。

卡尔部长、帕特森常务副部长及萨科特教授完全赞同周院长进一步加强合作的建议。双方特别谈到,在低碳技术研发方面,如:煤的清洁与高效技术应用、碳汇等方面有很大的合作潜力。

在会见能源部玛格丽特·休厄尔时,周院长介绍了中国能源生产和消费,以及开展煤清洁与高效利用技术研究的情况。玛格丽特·休厄尔教授谈到中澳正在进行燃烧后二氧化碳捕捉与封存(CCS)项目可行性研究的情况,有望签署《中澳燃烧后二氧化碳捕集与封存项目可行性研究谅解备忘录》。澳大利亚能源部其他官员还介绍了澳在CCS方面开展的工作。双方表达了开展煤清洁利用技术合作的愿望。

3. 访问部分科研机构、大学和企业

代表团访问了位于首都堪培拉的CSIRO总部。CSIRO是澳大利亚最大的国家级科研机构。负责发展事务的执行主任(Executive Director)詹姆斯·布拉德菲尔德·穆迪(James Bradfield Moody)等向代表团介绍了CSIRO情况。双方就加强合作,共同开展"煤炭资源清洁利用研究"等事宜交换了意见。

11月15日,代表团会见了西澳大学校长艾伦·罗布森(Alan Robson),访问了位于珀斯的西澳大学能源研究中心,考察了其实验室,了解了澳大利亚在能源方面的研究项目,中澳在人才、项目方面的交流与合作研究等。

同日,代表团访问了西澳大学孔子学院。会见了该校2005年诺贝尔生理学或医学奖获得者马歇尔先生,周院长与马歇尔先生共同为孔子学院文化体验中心揭幕并高度评价了孔子学院为弘扬中华文化发挥的积极作用。

代表团在访澳期间,还参观了西莱克斯太阳能公司(Silex Solar)和燃料技术有限公司(Fuel Technology Pty Ltd),就企业科技问题进行了调研。

二、访问的收获和体会

收获:深化了CAE与ATSE的友好合作关系

11月12日下午,周济院长与贝特汉姆院长会谈,双方进行了深入的交流,并就为今后十年将两国的科技合作提高到战略层次共同努力达成一致。

双方确认CAE与ATSE已建立了非常友好的合作关系,并将为加强两国工程科技的合作发挥应有的作用。近期特别是在能源(尤其是煤的清洁利用)、新材料、资源、环境和可持续发展等方面优先开展合作。

关于合作方式,周院长建议:1、联合设立战略研究项目,探讨共同关心的工程科技问题。双方可以对工程科技发展的重大战略性、前瞻性问题，如煤炭资源的低碳化利用问题等，联合进行深入研究，提出决策咨询意见。2、联合举行多种形式的学术活动，引领工程科技发展。双方可以举行工程前沿研讨会，探讨共同面对的工程科技重大问题和深层次问题。3、联合推动工程科技人员往来，特别是促进青年工程科技人员的互访，增进两国人民友谊。

体会：

1、澳大利亚是西方发达国家，其科技与教育水平与英、法等发达国家实力接近，拥有雄厚的基础。其科研机构、大学等有许多高水平的研究成果需要转化的市场，而中国拥有世界最大的市场，两者具有非常大的互补性，我国应该很好地加以利用，为我国的经济发展服务。

2、澳大利亚重要战略资源蕴藏量非常丰富，中澳两国在对澳大利亚资源能源开发利用方面具有长远的合作潜力，特别是在清洁煤方面，我国是煤炭的第一消费大国，澳大利亚是人均煤炭第一消费大国，两国都面临清洁煤技术、低碳技术、捕捉处理等方面的技术问题，科研合作双方都有愿望。

3、尽快大力发展两国的科技合作。澳大利亚处于一种特殊的地位，澳既与美英等西方国家有战略利益，又在经济领域愿同中国发展合作，而且澳的资源经济与中国互补性好，因此需要抓住机遇，充分利用澳与我国的经济关系，大力开展科技领域的合作。代表团在澳期间了解到，印度刚刚与澳大利亚签署了1亿美元的科技合作协议，使我们感受到了科技合作竞争的压力，建议我国科技部尽快在两国已有30年合作的基础上，签署新的、更高层次的科技合作协议，抢占前沿阵地，为我国的未来发展提供战略性的支撑环境和条件。为此，代表团利用两院的合作关系，与ATSE商定，两院共同向两国政府提出新的科技合作建议，并以两院院长的名义分别向澳大利亚创新、工业、科学与研究部部长金·卡尔、中国科技部部长万钢提交建议书，希望籍此使双方的科技合作得到落实。

中国工程院代表团
2010年11月

代表团成员

周　济　中国工程院院长
徐　进　中国工程院国际合作局副巡视员
吴国凯　中国工程院办公厅秘书
徐海燕　中国工程院国际合作局综合处副调研员

参加坎昆会议和中美对话会论坛总结

2010 年 12 月 3 日至 11 日，我院原副院长、国家气候变化专家委员会主任杜祥琬院士，参加了在墨西哥坎昆举行的联合国气候变化框架公约缔约方第 16 次会议暨京都议定书缔约方第 6 次会议。并且还赴美国华盛顿，参加了中美交流基金会与美国著名智库美国进步中心举办的“中美对话论坛”，就两国在气候变化和清洁能源领域深化合作与美方进行了交流。在美期间，杜祥琬院士还应邀会见了美国总统科技顾问霍尔德伦博士。

在坎昆会议期间，杜祥琬院士还会见了媒体代表，并接受了《中国日报》(China Daily)的专访，广泛宣传中国在应对气候变化方面的努力与成就，收到了很好的效果。国家发改委应对气候变化司专门来函表示感谢。

美国进步中心是美国民主党的智库。现任主任约翰·波德斯塔曾是克林顿政府的白宫办公厅主任。该中心与中美交流基金会共同举办了“中美对话论坛”。全国政协副主席、前香港特首董建华先生主持了此次对话论坛。

（程家怡）

【香港、台湾】

访问香港情况报告

应京港学术交流中心的邀请,邬贺铨副院长率团于2010年3月8—9日赴香港访问。此次访问历时两天,出席香港IT界晚餐演讲会与香港下一代互联网学会成立典礼并作演讲外,访问了香港城市大学。

此次出访时间短,任务重,收效高。

一、香港IT界晚餐演讲会情况

3月8日晚,邬副院长出席了香港IT界晚餐演讲会。该演讲会是京港学术交流中心为充分利用邬副院长此次访港机会,增进香港IT界人士对中央政府三网融合精神的理解而安排的。此次活动,聚集了在港100多位相关人士,其中包括中央政府驻港联络办公室教育科技部潘永华部长、香港立法会谭伟豪议员、香港电讯管理局夏勇权副总监、香港工程师学会卢伟国前会长、国际信息系统审计协会(中国香港分会)翁伟基会长、香港工程师学会电子分部杨天宠主席、香港通讯业联会Franky Lai副主席、英国电脑学会香港分会罗民念委员、香港应用科学技术院张念坤院长、香港下一代互联网学会吴南主席、京港学术交流中心李君尧副主任等。

邬贺铨副院长围绕"三网融合的机遇与挑战"进行了演讲。他在演讲中介绍了中央政府对三网(互联网、电信网与广播电视网)融合的精神、总体方案及实施步骤。他以数字为依据,阐明来自技术、机制、监管、体制、法制方面的挑战。关于应对挑战的方法,他具体谈到:1、技术上要"加快建立适应三网融合的国家标准体系,充分考虑行业应用实际和技术路线特点,加快制定适应三网融合的网络、业务、信息服务国家标准,加快推进自主知识产权技术标准的国际化";2、体制上要"加紧有线电视网络运营机构的转企改制,加紧培育和建立合格的市场主体";3、监管上要"研究制定网络统筹规划和共建共享办法,充分利用现有信息基础设施,充分发挥各类网络和传输方式的优势,避免重复建设,实现网络等资源的高效利用";4、体制上要"加快体制机制改革。积极探索建立适应三网融合要求的监管体制。进一步落实深化电信体制改革措施,加强电信监管能力建设,建立和完善适应三网融合的电信监管体制。加快有线电视网络整合和运营机构转企改制,培育建立有线电视网络全国统一运营的市场主体,建立和完善与三网融合相适应的广电监管体制";5、法制上要"制定完善广电、电信行业管理法律法规,清理修订相关文件规定,为广电机构从事电信业务、电信企业从事广电业务提供法律保障"。邬副院长在结束他的演讲时谈到:推进三网融合工作的序幕已经拉开,给中国信息产业和信息化带来新的机遇。尽管探索建立符合我国国情的三网融合模式,走我国特色的三网融合之路的目标任重道远,在中央强有力的领导下,相信我国的三网融合工作一定能迈出坚实的步伐，为信息产业的发展和国民经济及社会信息化创造美好的前景。邬副院长的演讲使香港 IT 界人士了解了国家三网融合重大决策的背景及实施情况，赢得香港业内人士的好评。

二、访问香港城市大学情况

3 月 9 日上午，邬副院长应邀访问了香港城市大学科学及工程学院，与该院潘裕斌代理院长、电子工程系梁树雄副主任、资讯工程系李坪教授、计算机科学系邓小铁教授、信息工程系张启图教授等进行了交流与座谈。双方各自介绍了所从事的研究项目；城大教授围绕香港学者如何参与国家"973"科研计划等向邬院长请教；港方就加强与内地的科研合作与邬副院长交换了意见。

在城大代理副校长陈志豪教授的陪同下，代表团参观了该院的毫米波国家重点实验室、电讯网络实验室以及光电子实验室。邬副院长对城大在光纤、天线、微波领域的研究取得的成就表示赞赏。

随后，城市大学校长、我院外籍院士郭位教授会见了代表团。郭位校长对邬副院长的到访表示欢迎，对邬副院长为增进城大与内地的学术交流做出的努力表示感谢。

陪同代表团访问城大的有京港学术交流中心副总裁郭明华先生、观塘区议员徐海山先生、京港学术交流中心学术与培训部主管邹重华博士及北京网能经纬科技有限公司执行总裁傅承鹏博士。

三、出席香港下一代互联网学会成立典礼情况

3 月 9 日下午，代表团出席了香港下一代互联网学会（HKNGIS）成立典礼。典礼由香港大学资讯科技副总监何沛德博士主持，由致辞、剪裁、颁发证书、主旨演讲几部分组成。

香港下一代互联网学会吴楠主席在致辞中特别感谢邬副院长在百忙之中，在两会期间抽时间为香港下一代互联网学会成立剪彩，为典礼演讲；立法会谭伟豪议员在致辞中表示，他将在促进香港下一代互联网发展方面，积极反映民意，做好代表；香港政府资讯科技葛辉总监在致辞中表达了政府将支持 HKNGIS 工作的意愿；中央政府驻港联络办公室教育科技部曹国英副巡视员在致辞中谈到，将积极促进香港与内地在 IT 界的交流与合作。

作为特邀嘉宾，邬贺铨副院长在香港下一代互联网学会成立典礼上作主旨演讲。他讲演的题目是："中国下一代互联网的研究及 CNGI 项目"。首先，他讲到了互联网的演进经历了 40 年，应用超越了初衷，其发展过程为：传输技术从窄带到宽带，从低速到高速接入，从客户/服务器到 P2P 体系，从注重传送到注重应用，从浏览到交互及智能服务，从网络共享到资源共享，从固定互联网到移动互联网，从移动数据到移动流媒体，从连接人到连接物，从传送到面向分析处理的应用，从电信服务到泛在服务，从物联网到泛在网。他还谈到了互联网的挑战：互联网流量继续高速增长，互联网的应用已超越初衷，面临传送能力可扩展性的挑战、BGP 路由表的增长可扩展性的挑战、IP 地址问题可用资源的挑战、频谱问题可用资源的挑战、节能环保的挑战、安全性的挑战、流量管理问题可管理性的挑战、内容管理问题的挑战、法律与体制改革的滞后的挑战、商业模式与投资回报的挑战、理论落后于工程的挑战等。随后，他讲到了互联网的未来，包括新一代互联网的研究项目、下一代互联网的目标、下一代互联网的标志、互联网两种演进路线。最后，他介绍了 CNGI 项目。他提到了中国下一代互联网示范工程，比较了 CNGI 与国际 NGI，CNGI 主要技术创新，中国在互联网研究方面值得关注的重点，提高我国产业竞争力的突破口和制高点等。邬副院长的演讲引起与会者们的

极大兴趣，他们纷纷就下一代互联网相关问题及与内地的合作问题向邬副院长请教。与会者表示，邬副院长见闻广博的演讲使他们很受启发。

四、若干建议

1、此次出访，从京港学术交流中心获悉，科学院路甬祥院长在每两年院士增选之后，到港为新当选在港院士颁发证书，并宴请科学院与工程院两院在港院士。据此，建议我院领导亦赴港为新当选在港院士颁发证书，并召集我院在港院士欢聚一堂。

2、据我院外籍院士、香港城市大学郭位校长反映，科学院为外籍院士颁发院士证，便于随身携带。为此，建议在了解并确认科学院此做法的基础上，我院也为外籍院士颁发外籍院士证书。

3. 京港学术交流中心的董事会由科技部、教育部、中科院和自然科学基金委等组成，为内地与香港在科技领域交流的平台，该中心成立在工程院之前，现该中心希望邀请工程院也作为其董事会成员。他们拟通过中联办与工程院联系，如果港澳办同意，建议我院也加入其董事会。

中国工程院赴港代表团

徐海燕

2010 年 3 月

代表团成员名单

邬贺铨　中国工程院副院长

徐海燕　中国工程院国际合作局二处副调研员

医药卫生学部代表团赴台总结

应台湾阳明大学和高雄长庚医院的邀请，2010 年 5 月 7 日至 13 日，我院派出了医药卫生学部主任杨胜利院士为团长的代表团（名单附后）赴台 7 天，在台北、高雄两地各举办一场医学前沿论坛，访问了长庚医院、阳明大学、荣民总医院、振兴医院。代表团在台广泛接触了台医学界的高层专业人士，访问达到了预期目的，取得圆满成功。

一、代表团在台学术交流概况

代表团对台交流领域涵盖基础医学、预防医学和临床医学三个领域。代表团团长为中国工程院医药卫生学部主任、中科院上海生命科学院杨胜利院士，团员有 3 位医药卫生学部院士，分别是北京大学第一医院郭应禄院士、浙江大学医学院附属第一医院院长郑树森院士，北京大学基础医学院庄辉院士，中国医学科学院医学信息研究所田玲研究员，北京大学基础医学院鲁凤民研究员，深圳华大基因研究院张勇研究员，以及中国工程院机关学部工作局阮宝君处长、李冬梅副处长、国际合作局田琦处长等。

1. 访问高雄长庚医院

高雄长庚医院创建于1986年，目前有员4900人，日接诊量6700余人次，急诊360人次，为医疗、教学和科研兼顾的综合性医院。我院院士陈肇隆教授为医院院长。肝脏移植、急性心肌梗塞介入性治疗、生殖医学、影像诊断等是长庚医院的优势领域。1984年陈肇隆院士在长庚医院完成了亚洲首例成功的肝脏移植手术。截止2009年底，共完成肝脏移植手术667例，病患存活率全球最高，高于欧美日。

代表团抵达高雄当晚，陈肇隆院长就为代表团全体院士举行了家宴，长庚医院刘副院长携医院大部分中高层骨干宴请了代表团其他成员。第二天，代表团抵达长庚医院时，陈肇隆院长率医院各级领导和学术带头人在医院门口迎接代表团。代表团一行重点参观了长庚医院的生物医学转译研究中心和实验动物中心。

生物医学转译研究中心追求临床医疗和基础研究的整合，以提升研究水平和追求学术卓越为目的，以神经科学、心血管医学和肝脏移植三大领域为研究主轴，从事跨领域整合性转译医学研究。我院院士候选人陈庆铿教授为中心主任，中心目前项目饱满，经费充足。

实验动物中心，为院内独栋四层建筑，提供了优质实验动物饲养环境，设有单独的饲养房和开刀房。各实验区均有专门的兽医执行各项专业管控，以国际化标准建设和开展实验动物科研活动。

2. 高雄两岸医学前沿研讨会

陈肇隆院长致欢迎词，代表团杨胜利院士、郑树森院士、张勇研究员、鲁凤民教授分别作了会议报告。双方领导出席会议，200余位年轻医师和在校学生参加会议，现场座无虚席，专业交流活跃。

杨胜利院士在题为《转化医学——山系统生物学到3P医学》的报告中，系统阐述了转化医学的发展情况。报告指出：近十年，健康和疾病系统生物学研究取得了前所未有的进展，生命科学和医学由实验科学向定量、预测的科学转化，使得实现3P医学的战略目标成为可能。系统生物学的研究发现和验证了大量疾病生物标志物和生物标志物网络及其动态变化，为疾病的预警、预防、诊断和治疗提供了新思路、新技术和新靶标，使疾病防控的研究进入新的发展时期。但是，在医学临床上的应用和对医药产业的推动远远低于期望。今后十年，DNA测序和功能基因组技术的进展将直接影响个体基因组的普及和注释能力，基因、环境和生活方式相互作用对健康和疾病发生、发展中的作用将是3P医学研究的核心，紧密整合、有序组织的产学研医联合体是实施生物医药产业化的主体，政策是实现3P医学的保证。

郑院士报告题目为《大陆肝移植技术前沿探讨》，主要内容包括合理合法扩大供肝来源、完善肝癌肝移植治疗规范、创新肝移植技术加强并发症防治和小结。大陆自1993年开展肝移植以来，完成的病例数逐年增加。截止2010年4月，全国已累计完成了17539余例肝移植，其中活体肝移植为1402例。尽管已进入技术相对成熟阶段，中大陆肝移植仍面临许多难题，一些肝移植技术标准和规范也有待探讨、确立或完善。作为一项复杂的“系统工程”，肝移植的成功需要精湛的手术技术、完善的围手术期管理及妥善的术后随访治疗，各个环节缺一不可，诸多问题的解决之路将是曲折而艰辛。相信在中国肝移植界同仁们共同努力下，统一前进方向，集中难点攻关，我国肝移植事业的发展必将迎来更加美好的未来。

张勇研究员报告内容为《新一代测序技术在癌症基因组中的应用》报告认为：传统的疾病研究

通常都集中在一个或几个基因之上的一种假说式导向的研究模式。近两年,越来越的功能组学研究不断发展,新一代高通量的基因组学技术带来"了越来越多的新机会。这种全新的以数据为导向的研究思路为揭示整个生物学过程、背后的机理提供了最强有力的支撑。新的研究思路也无意加快了各类相关研究的进程。可以预见越来越多的数据会被积累,我们对于人类基因组和疾病的关系也会越来越清晰,最终将有助于我们在临床方面开展各类应用。

鲁凤民教授作了《大陆丙型肝炎流行病学与预防》,报告认为:丙型肝炎病毒(HCV)是慢性病毒性肝炎、肝硬化和肝癌的主要病原体。HCV 传播主要是血源性传播,包括输血及血液制品、透析、不洁注射等。80 年代及 90 年代初,有偿献血特别是单采浆技术的滥用曾是中国大陆地区 HCV 的主要传播途径。随着"献血法"的实施及加强对血源的筛查,输血所致 HCV 感染已得到有效控制。近年来静脉吸毒等所致 HCV 感染近年呈增加趋势,调查显示静脉毒瘾者共享注射器或针头的比例高达 45%。近年来,中国大陆地区 HCV 感染所致病毒性肝炎和肝癌的病例呈逐年增加趋势,丙型肝炎病毒感染的严重性正日益受到关注。国家在传染病防治重大专项中专门设立"丙型肝炎的临床转归及难治性丙肝的机制和治疗方案优化"课题,从防、诊、治及相关机制等方面开展研究,以提高我们对 HCV 感染的防控能力。

台湾方面也请了 2 位专家做了专题报告交流,包括台湾长庚纪念医院生物医学转译研究中心特聘讲座教授兼主任陈庆铿先生,台湾高雄长庚纪念医院院长、中国工程院医药卫生学部院士陈肇隆先生(2007 年当选为中国工程院院士)。

陈庆铿教授所做报告为《脑死之转化医学研究》,他介绍了所带领的研究团队于十多年前开始发挥转化医学研究精髓,融合临床与基础研究成果,针对脑死提出系列性论点。利用工程学原理自行研发成功计算机分析软件,在国际上第一位发现败血性休克、脑部重创或有机磷中毒等不同死因之重症病患,于濒临死亡前其动脉血压频谱中低频成分之消失与否,与病患预后存活机率具强烈相关性。此一创新发现对临床医师判读病患病情,监测生命力消长提供新指针。他将临床发现转化至动物实验,为全球第一位提出延脑鼻端腹外侧核区中「求生」及「趋死」机制在脑死过程中进行细致却复杂之变化,并证实此两机制无论在基因转录、蛋白质转化与转化后微调等层面均环环相扣,互相牵制。此研究为生命力消长变化之谜团提出革命性创新见解,研究成果对脑死预测与防治具有极为重要的应用价值与临床意义。

陈肇隆院士所做报告题目为《台湾意肝移植技术前沿探讨》,陈肇隆院士是台湾肝脏移植的开拓者,1984 年完成台湾首例肝脏移植手术,是亚洲首例手术成功并长期存活的肝脏移植,并率先采用脑死亡定义,促成台湾在 1987 年达成亚洲第一个脑死亡器官移植立法。二十余年来陆续完成台湾首例儿童活体肝脏移植、亚洲首例一肝两受的劈离式肝脏移植、全球首例未输血活体肝脏移植、台湾首例成人活体肝脏移植、华人首例活体双肝移植。他在报告中报告了目前台湾肝移植手术开展的现状,指出活体肝移植近年的长足进步主要由于对捐肝者及受肝者审慎的术前评估、细致的手术和麻醉处置、并发症的及时发现与治疗。关于肝移植后存活率的问题,他谈到,美国器官摘取及移植网络(OPTN)的数据显示活体肝移植第一年的供肝存活率为 81.7%,而五年存活率为 69.7%,反映出还有很大的改善空间,包括疾病的复发、肾功能不全、免疫抑制剂的毒性、后期的感染与亚临床排斥等。关于活体肝移植的技术创新问题,他谈到主要包含肝静脉、门静脉、肝动脉以及胆道重建的进展。关于移植前后用药问题,他谈到对于超越 Milan 或 UCSF 准则的肝癌病人,本中心采用经动脉栓塞、酒精注射、射频烧灼等局部治疗,先行降期治疗,再进行活体肝移植。移植后长期的存活与免疫抑制剂的使用息息相关，这些药物可能产生肾毒性、移植后恶性肿瘤、新生性糖尿病、肝炎复发以及晚期的排斥或感染。更新、更强的药物未必减少并发症、增进长期存活率。使用较低剂量的免疫抑制剂，维持肝功能在可接受的范围，甚至老药新用，可减少长期使用抗排斥药物的并发症。

3. 访问阳明大学，举办两岸医学前沿论坛

阳明大学的前身为国立阳明医学院，创始于1975年。经过近20年的发展，特别是生物医学领域的快速发展，1994年改名为国立阳明大学，成为岛内第一所医学为主的综合性大学。秉持“真知力行，仁心仁术”的办学理念，阳明大学走过了30多个春秋，在基因体科学、脑科学、光电医学等领域形成了独特学科，整体医疗和科研水平仅次于台大医学院，在台湾医学院校中名列前茅。

代表团抵达时，张心湜院士率学校各学科骨干在医院门前迎接代表团。……上午，在阳明大学医学系馆会议室举办了会议研讨，张心湜院士致欢迎词，代表团郭应禄院士、庄辉院士和田玲教授分别作了会议报告。

郭院士报告题目为《大陆泌尿外科发展战略构想》，系统、全面讲述了大陆泌尿外科发展历程。中国有关泌尿外科疾病诊治记载已有数千年历史，但现代泌尿外科的发展还是上个世纪五十年代初，新中国建立后起步的，历经以下三个阶段（在艰苦条件下建立、在改革开放中成长、在创新中发展）。当前，泌尿外科发展要赶超国际先进水平还必须付出极大的努力，需近百年的时间。今后，泌尿外科发展要努力缩小地区间差距，让基层泌尿外科从高起点上快速发展，包括全面启动专科医师培训，大力提高基层医师的水平，继续办好创普健康力人工程：紧跟国际先进潮流，发挥重点学科的关键作用，包括。继续推行重点学科制，争取有更多的大学医院加入此行列；适应科学发展的需要，建立国际泌尿男生殖系肿瘤研究中心和卫生部泌尿男生殖系肿瘤医疗中心：启动“国际泌尿生殖系肿瘤基因组学计划”，实现从“跟随”到“引领”的转变；继续办好“将才工程”，重点是“知识创新”；加大国内外交流与合作，特别是炎黄子孙间的实质性合作。

庄辉院士报告题目足《中国大陆乙型肝炎流行病学研究进展》，报告指出：乙型肝炎在中国大陆是一个严重的公共卫生问题，我国现有的慢性HBV感染者约9300万人，其中慢性乙肝患者约2000万例。近年来，中国大陆乙型肝炎流行病学特点发生了明显改变：人群HBV感染率和HBsAg流行率明显下降，人群HBV标志物模式改变，HBV围生期和水平传播减少，但医源性传播、性传播和肠道外传播明显上升，急性乙型肝炎发病率下降，HBeAg阴性乙型肝炎比例上升，HBV变异株增加，肝癌发病率和死亡率下降。我国已发现A、B、C、D基因型，HBV基因型之间的重组和2种基因型以上的混合感染较为常见。目前中国大陆乙型肝炎疫苗免疫还存在如下问题：如新生儿乙型肝炎疫苗免疫各地发展不平衡，西部地区覆盖率较低；出生24小时内及时接种率和3针全程接种率较低；HBsAg阳性母亲所生的新生儿末用HBIG和乙型肝炎疫苗联合免疫，且乙型肝炎疫苗的剂量也偏低；对高危人群及意外暴露者未进行免疫等。

田玲教授报告题目是《健康中国2020—科技支撑》，报告介绍了“健康中国2020”战略规划制定概况，以及科技支撑研究。科技支撑是各国健康战略的重要组成部分，也是“健康中国2020”战略规划的组成部分。分析国内外医药卫生科技发展和领域前沿趋势，梳理当前和未来影响人口与健康的突出医学科技问题，发现健康已成为各国衡量和评价社会发展的重要指标之一。报告认为在生物医学呈现系统整合和转型的态势，转化医学成为热点领域，环境与健康关系的研究不断深入，中医学继承与创新成为国际社会共同重视的问题的大背景下，我国面临健康观念的局限导致研究领域局限，基础、预防、临床、药物等研究臼成体系缺乏转化整合，高新与适宜技术开发、应用、推

广不足,在健康与环境和社会关系方面、重大或新发疾病发生发展规律等方面缺乏足够了解等挑战。形成了树立大健康、大卫生、大医学观,实施模式转变、重点前移、转化整合的战略思路,提出了面向应用的基础研究、中西医结合的临床研究两人战略重点,以及包括系统医学等在内的前沿领域、行动计划,并提出了建立一个中心一转化整合医学研究中心,三个支撑一研究型医院、研究基地、网络协同环境等的科技支撑发展保障措施。

台湾方面报告人包括国立阳明大学系统与合成生物学研究中心/主任杨永正教授,国立阳明大学艾滋病防治及研究中心主任陈宜民教授,台北荣民总医院医疗顾问、台湾润泰集团医疗事业体系执行长张心湜院士(2001 年当选为中国工程院院士)。

杨永正教授报告的题目是《由基因体医学看未来医学发展的趋势:个人化医疗与预防性医学》,报告指出,推动人类基因体计划的目的是要增加人类的健康,此计划所发展出的高通量分析的技术,可以一次侦测上万个基因的表现或数十万个单核苷酸多型性的基因型,因此有机会区辨不同的疾病亚型。当定序的价格低廉到一定程度时,在看病时依据个人的基因变异做诊断,或依体质做预防性的健康咨询将不再是梦想。不过目前所知的重要疾病或药物与基因变异间的关系还不够多,就算定序的价格再低,也无法吸引群众做全基因体序列分析。在此将说明如何以网络分析方式在现存的生物信息与临床数据,找出可能的危险因子。此外也全面性地由已知的基因变异中,找出可能影响基因剪接并导致蛋白质结构改变的基因变异。再利用文献探采(Literature mining)或反应路径分析,建立基因与疾病间的关系。这些预测的结果可以大幅缩小需要做实验测试的范围,因此可以缩短发现基因变异与疾病,甚至基因与药物之间关系的时程。上述这些关系将使医生在对症下药之外,也能依病人的体质(序列)做个人化医疗。当病人可利用基因变异改善健康时,才会产生做全基因体定序的需求,累积更多的信息,进而加快发现的速度,形成一个良性循环。为了在本世纪内实现厂个人化医疗与预防性医学的梦想,国立阳明大学生物医学信息研究所已开始协助荣民总医院、台大医院等医学中心,将医院信息系统中的数据归户,再传到检体库信息系统、临床研究信息系统等。这些为服务病人而累积的临床资料,将成为研究的利器。若再与生物信息整合,将能发展以序列为依据的健康咨询,进而透过预防性医学来增加人类的生活质量。

陈宜民教授所做报告为《台湾 HIV 及 HCV 分子流行病学及肝癌小鼠模式的建立》,报告指出,依据台湾疾管局的年度报告显示,全台感染 HIV-1 的累积个案有逐年增多的现象。因注射药瘾而感染 HIV-1 的比率,2003 年约占所有当年报告病例数的 8.6%,但 2004 年却急遽攀升至 35.8%,尤其在 2005 年更达最高峰(71.0%)[1,2],阳明大学艾滋病防治及研究中心于 2004 年,收集来自北、中、南台湾的监所,发现有 98% 的静脉注射药瘾族群(IDUs)感染 HIV-1 CRF07 BC,其次也针对感染 CRF07 BC 的个案进行基因序列全长分析,发现流行于台湾静脉注射药瘾族群的核苷酸序列,与大陆地区 CRF07 BC 原型株(97CN54)有 97% 的相似性。总而言之,发现共享海洛因稀释液对于 HIV-1 的感染是不可忽视的危险因子,另外,台湾静脉药瘾族群感染 HCV 的基因型分布相当复杂,未来应该加强 AIDS 相关危险因子的教育并且急需有关当局正视并提出因应之道。

癌症在全世界与台湾皆为十大死因之首,根据卫生署最新的统计数据显示,肝癌分别位居男性与女性癌症死因的第一位及第二位。肝癌在国内的发病率和致死率一百居高不下,且男性肝癌的发生率远高于女性。艾滋病研究及防治中心之研究团队发现一个新的肝癌易感受基因—甘胺酸氮甲基转移酵素(Glycine N-methyltransferase,简称 GNMT),并利用基因剔除鼠动物模式,发现 GNMT 基因剔除鼠有自发性的肝炎及肝癌的产生,对于未来肝癌的预防,提供了重要的信息。研究团队通过科研初步证明甘胺酸氮甲基转移酵素可能是造成肝癌发生率在性别上有所差异的重要原因,并 GNMT 的缺失将会导致自发性肝癌。此项发现可应用于药物试验、基因治疗以及开发成为预防肝癌与发生的药物。

张心湜院士所做报告为《台湾肿瘤诊治前沿探讨(以前列腺癌为例)》,报告指出,前列腺癌是台湾男性最常见的癌症之一,且为台湾男性癌症死亡疾病的第 7 位。近年来台湾前列腺癌的发生率迅速提高,1979 年发生率为 1.45 人/10 万人口,至 2007 年上升至 23.5 人/10 万人口,但仍较美国人低 7 倍,死亡率则刚好是美国人的一半,发生率与死亡率之比,在美国是 13 比 1,而台湾是 2.67 比 1,台湾主要问题是民众的认知不够普及,晚期的病人比较多。前列腺癌好发年龄在 65 - 80 岁之间,近年来由于医学进步,经由早期的诊断及各种有效的治疗方法,前列腺癌病人的五年存活率达 77%。台湾卫生研究院癌症临床研究合作组织,于 1998 年成立了前列腺癌诊治委员会,成员包括台湾各主要医院之泌尿科、放射科、肿瘤科及病理科医师。今(2010)年完成了前列腺癌临床诊疗指引第三版。对于前列腺癌的症状、临床诊疗指引之原则、初步诊断、分期的诊断检查、临床为局限肿瘤之复发风险、初步治疗、追踪检查、后续检查及治疗等做了详细阐述。

通过双方的交流讨论大家感到,在基础医学、预防医学领域,大陆与台湾的学术交流越来越紧密,有更深更广阔的合作空间。尤其在传染病、癌症等重大疾病面前,团结与合作能产生更大的力量,能有助于人类早日攻克顽敌。

4. 访问荣民总医院

创建于 1954 年,国民党政府退居台湾后,为解决军队退役官兵医疗问题创建了荣民总医院。后发展为为全民提供医疗服务,集医疗服务、人才培养和医学研究并重的综合性医院,是台湾最顶尖的医学中心。尤其在神经再生、器官移植、心电生理、基因医学等领域的医疗和科研水平为全台湾之首。拥有 119 个专业科室、病床近 3000 个,日就诊量 9000 人次,心、肝、肺、肾、胰以及眼角膜、骨骼、骨髓、等组织的移植在该医院已经成为常规手术。荣总也是台政要就医的首选医院。

参观 ICU 病房

参观新落成的医学实验室

5. 访问振兴医院

1960 年代的台湾,小儿麻痹患者有成千上万。1967 年,为解决这部分儿童的就医与康复问题,蒋夫人牵头组建了财团法人振兴复健医学中心,即振兴医院的前身。建院初期,主要为 4 到 14 岁的儿童提供免费医疗服务,包括外科矫形、功能治疗、听障治疗、心里治疗、康复护理,同时提供护具、假肢服务。1970 年代晚期开始,小儿麻痹症得到有效控制。1991 年,医院开始转型为综合性医院。在小儿科、康复医学想,心脏外科、心脏内科、骨科、妇产科等领域具有优势。目前,医院年门诊量 80 晚人次、病床 757 床。员工 1550 人。辜振甫先生的夫人继承了将夫人事业,担任医院董事会主席。我院院士张心湜为该院第 7 任院长。

刘荣宏院长、叶明阳、蔡胜国副院长等率医院各科室主任在会议室欢迎代表团来访,并为代表团举行了欢迎座谈会。

参观儿科

参观心脏手术室

参观体检中心

参观外科门诊

参观远距离照顾中心

当晚，刘荣宏院长设晚宴宴请了代表团全体成员。

二、感想、收获与建议

1. 两岸医学界有着扩大与深化专业交流的迫切需求

此次是我院医药卫生学部首次组团赴台，与台同行开展交流与合作。代表团访问足迹遍布台湾南北，广泛接触了台医学界的高层专业人士。代表团所到之处无不受到热情接待。言谈中，代表团亲身感受到了台湾同行渴望专业交流的诚意与愿望。高雄、台北两场两岸医学前沿论坛有我院主办，高雄论坛承办单位台湾长庚医院院长、我院院士陈肇龙教授亲临现场欢迎代表团，主持论坛并全程陪同代表团参观，医院各科室主任均参加了论坛；台北论坛承办单位阳明大学的刘校长亲自为代表团签发了赴台邀请，并在代表团午宴时与代表团见面。两场论坛，台湾承办单位的主要领导、各科室负责人和主要学术带头人亲临现场，听众参加踊跃，现场互动活泼，交流深入、广泛。代表团所到之处也多由单位领导和著名学术带头人亲自带领参观、讲解和交流。在振兴医院代表团还亲临手术现场，近距离观看手术过程。这一切使代表团感受到台湾同行渴望与大陆专业交流的诚意和愿望。

2. 我院在台院士为两岸深化和扩大合作起到了积极的桥梁作用

我院医药卫生学部有两位台湾院士，高雄长庚医院院长陈肇隆院士，台北阳明大学张心湜院士。代表团赴台当地费用由张心湜院士积极筹措，还积极安排了代表团在台的行程并落实论坛和参观等各项事宜，积极促成了代表团赴台。张院士在代表团抵、离台北时亲临机场接、送机，全程陪同代表团在台北的各项活动。陈肇隆院士全程陪同了代表团在高雄的全部活动。两位院士在代表团抵达当地的第一时间宴请了代表团。言谈举止中透露出对两岸医学交流的支持和身体力行的积极促进作用。他们的身体力行作用和他们在台湾同行中的声望和影响力带动了台湾中青年医生与代表团进行了广泛的接触与交流，也使代表团在台有宾至如归的感觉。实践证明了我院在台发展院士的正确性。也使我院在台医学界的知名度与影响力逐渐显现。在长庚医院对外发行的医院宣传画册上，公开写明了陈肇隆教授于2007年获选为中国工程院院士的字样（P42）。

3. 在医药卫生领域，台湾在技术、软环境与管理方面值得大陆学习和借鉴

代表团在振兴医院参观了儿科病房，令人瞩目的是病房内部设有宽敞的教室。这是医院和附近小学合作免费为住院儿童提供的学习场所，当地教师会以自愿者的身份来此为住院的儿童教授通用课程。

荣民总医院大门入口处存放有大量轮椅，后经了解，这是医院为老年患者和行动不便的人员提供的免费服务。有自愿者为患者提供退轮椅等帮助，这些自愿者报名后，要经过一定的培训才能上岗。代表团也看到医院注射点滴的病人可以在自愿者的陪同下，坐在轮椅上在医院花园里注射点滴。

荣民总医院的医生还向代表团介绍，台湾各地的医院大多为患有绝症的病人设有安宁病房。在用现有医疗手段为病人减轻痛苦的同时，还提供精神护理与帮助，一些神职人员也被荣誉来到病房陪伴患者度过人生的最后阶段。

代表团还参观了荣民总医院的新建ICU病房。病房多为套间，均是朝阳和窗外景观优美的房间。充分考虑了病人长时间在此治疗的心理需求和生活方便。

以上医院管理的细节，体现了以患者为中心的细想。值得我们学习和借鉴。

4. 应全面推进大陆科技界，特别是国家大院大所与台湾同行的交流与合作

顺应台湾内部渴望两岸对口专业交流的愿望，国家应以我为主、多方位推进两岸专业人员的交流与合作。通过交流，建立管道，增进两岸科技人员的感情；通过交流，培育两岸的科技合作，特别是大的科技合作；通过交流，更要鼓励大陆在国际上有影响力的、振奋民主精神的领域的高层次人才赴台，面向台湾更广大的科技全体和科技企业开展讲座、论坛与合作，团结台湾各方面的中产阶级力量。共同促进祖国的统一。

此次我院在台举办的两场论坛，我院医药卫生学部都是主办单位，台湾当地的高雄长庚医院为具体承办单位，这为我院后续对台合作，特别是举办研讨会提供了好的先例。

我院院士候选人陈庆铿教授在与代表团交流中提到一个小事例，其夫人是台湾心脏专科学会的主席，去年大陆心脏学会会同台湾专业学会、香港心脏专业学会一起在国际上争办心脏专科学术会议。当时，大陆、台湾、香港三地的心脏专科学会负责人一同在一次宴会上走到国际心脏专科学会负责人的桌前，一同敬酒，并一同表达了在大陆举办下一届会议的愿望。陈庆铿教授提到当时他非常激动，感受到了中华民族的共同崛起和共同协作精神。

以上是代表团的赴台总结，不当之处，敬请指正。

附件一：代表团人员名单

附件一：代表团人员名单

姓名	性别	出生日期	工作单位与职务	对外身份	户口所在地
杨胜利	男	1941.01.05	院士、中国科学院上海生命科学研究院	院士	上海
郭应禄	男	1930.05.04	院士、北京大学第一医院	院士	北京
郑树森	男	1950.01.09	院士、浙江大学医学院附属第一医院院长	院士	杭州
庄　辉	男	1935.01.17	工程院院士、北京大学基础医学院	院士	北京
鲁凤民	男	1963.4.13	北京大学基础医学院 研究员	研究员	北京
田　玲	女	1961.10.02	中国医学科学院医学信息研究所 研究员	研究员	北京
张　勇	男	1979.9.28	深圳华大基因研究院 研究员	研究员	深圳
阮宝君	男	1955.9.29	中国工程院处长	处长	北京
田　琦	男	1965.5.1	中国工程院处长	处长	北京
李冬梅	女	1969.12.28	中国工程院副处长	副处长	北京

赴香港学术活动总结

根据2010年中国工程院“院士访校计划”暨香港中文大学“院士讲座系列”的活动安排,2010年12月15日－18日,我院派出了中国工程院医药卫生学部杨胜利院士为团长的代表团(名单和访问详细计划附后)赴港4天,在香港举办了以“转化医学”为主题的“院士讲座系列”,并出席香港中文大学第六十八届大会新任校长就职典礼暨颁授学位典礼,与香港中文大学全体高层领导会面,并参访了香港中文大学医学院、药剂学院、生物医学学院及实验室、骨关节肌肉实验室等,进行了学术交流和研讨。代表团一行受到香港中文大学热情接待,学术活动达到了预期目的,访港取得圆满成功。

一、“院士讲座系列”情况

2010年12月香港中文大学“院士讲座系列”主题确定为“转化医学”,聚焦在当今医学科学领域最热门的研究方面。希望通过该论坛分享院士们在其学科领域中的转化研究理念和成果,并围绕转化医学研究路线、产学研关系、存在的问题,结合当今研究的前沿技术和成果以及临床与基础研究成果产业化状况展开深入交流和讨论。本次应邀访港的5位院士都是在该领域有重要影响的专家,他们是中国工程院医药卫生学部杨胜利院士,生物技术专家;医药卫生学部甄永苏院士,微生物与生物药学专家;医药卫生学部戴克戎院士,骨外科专家;医药卫生学部王红阳院士,医学细胞生物学专家;化工冶金与材料工程学部张兴栋院士,生物材料专家。

12月17日上午,院士讲座系列在香港中文大学王统元堂隆重举行。香港中文大学副校长郑振耀教授、IEEE－EMBS主席贺斌教授、IFMBE主席Prof. Ratko Magjarevic教授分别致辞。沈祖尧校长、黄乃正副校长等多位中大高层出席。郑振耀副校长主持了论坛。

杨胜利院士报告的题目是《转化医学——由系统生物学到3P医学》,报告从现代生命科学发展的历程阐明,生命科学已被推向系统生物学时代,而且赋予转化医学新的理念和战略。转化医学由单纯的由实验室到临床模式转换为由健康和疾病系统生物学到3P医学(预测医学、预防医学和个性化医学)的系统工程。目前健康和疾病系统生物学的研究取得了前所未有的进展,但是它在医学临床上的应用和对医药产业的推动却远远低于十年前的期望。对进展和挫折的解析、反思使我们对生物体、健康和健康的复杂性、基因型和表型之间的鸿沟、新技术、新方法在临床应用中的瓶颈有了更深刻的理解和较有效的解决方法,转化医学正进入比较理性的发展时期。今后十年影响转化医学发展的主要因素可能是:个体基因组是3P医学的基础,因此DNA测序和功能基因组技术的进展将直接影响个体基因组的普及和注释能力。基因、环境和生活方式相互作用对健康和疾病发生、发展中的作用将是3P医学研究的核心。紧密整合、有序组织的产学研医联合体是实施生物医药产业化的主体。政策是实现3P医学的保证,包括与保护个人隐私、保护知识产权、医疗改革、医疗保健科普等政策。

甄永苏院士报告的题目是《新型抗肿瘤药物研发和转化医学》。报告从恶性肿瘤的基础研究、药物研发角度谈到转化医学的应用问题。报告指出,恶性肿瘤(癌症)是严重危害人类健康的疾病,临床对治疗肿瘤药物有巨大的需求。多年来,我们从事抗肿瘤药物特别是抗肿瘤抗生素和抗体药物的研究开发,并致力于成果转化,推动药物进入临床研究和应用。抗体对相应的靶分子具有高度的特异性,作为抗肿瘤靶向药物,有广阔的发展前景,迄今已有10余种抗肿瘤抗体药物在临床使用。转化医学与抗肿瘤药物的研究、开发和应用密切相关。转化医学是双向通道,由实验室到临床,再由临床到实验室。分子生物学与系统生物学领域的进展加深了人们对肿瘤的生物学本质和病理学特征的认识。基础研究为发展新药提供了相关的分子靶点;针对特定靶点研制新药进入临床研究和应用;另一方面,新药的临床研究和应用结果也为后续新药研究提供了信息和依据。转化医学的理念促进抗肿瘤药物的研究。转化医学作为一个平台,将促进抗肿瘤新药研究成果转化,加快新药临床研究与应用,推动肿瘤药物治疗的发展,达到新的更高水平。

戴克戎院士报告的题目是《再生医学与转化理念》,报告指出,再生医学内容涉及组织工程、细胞与分子生物学、发育生物学、材料学、生物力学以及计算机科学等诸多学科,是目前涉及面最广泛的研究领域之一,也正是这些学科的交叉推动了再生医学的不断发展。再生医学则是从顺应生命的角度出发,是一种全新的医学思路,它有望颠覆存在上千年的治疗观念,成为未来医学发展的大趋势。近几年人们在干细胞发育的基础理论方面进行了深入研究,尤其是在决定干细胞命运的分化机制,以及细胞在保持和获得干性的分子机制方面取得了突破进展。而近年来兴起的表观遗传学研究为阐明细胞分化命运的决定因素开辟了新的途径。组织工程技术在经历了组织构建可行性的初步探索,和在免疫功能缺陷的裸鼠体内构建各类组织工程化组织两个阶段后,已逐步进入第三个阶段,即在具有全免疫功能的哺乳动物体内构建组织工程化组织。各种组织工程促成技术得到不断更新,许多新的技术如计算机技术、纳米技术等也都被应用到组织构建中来,大大推动了组织工程研究的发展。与再生医学基础研究的累累硕果相比,再生医学的临床转化进程可谓喜忧参半。产业化和临床推广进程中暴露出的基础向临床转化效率低、过程长、效果差等问题远远大于已取得的成绩。细胞治疗除了上世纪70年代沿用至今的骨髓移植治疗恶性血液病以外,还没用一种细胞治疗成为常规的、效果肯定的疾病治疗手段。组织工程面临同样的窘境,我国的再生医学产业化进程同样不容乐观。解决这些问题的一个有效途径就是积极开展和深化转化医学研究。转化性研究是把生物基础研究的最新成果,快速有效地转化为临床医学技术和医药产品;以及根据临床回馈,制定或修正研究方向的过程,即从实验室到病床(bench to bedside)再从病床到实验室(bedside to bench)的连续过程。转化性研究的发展需要国家层面、学科层面、团队层面和教育层面的条件支撑。转化性研究将加速医学与理工技术紧密结合和知识产权的商业化。同时还刺激了新教育模式的产生,将以往独立的各学科整合到同一个基础研究和临床学科中去,促进多学科交叉研究策略和教育平台的建立,有助于培养新一代具有转化医学理念和能力的研究工作者和医疗工作者,即培养既能研究又能看病的“两栖人才”临床科学家。

王红阳院士报告的题目是《肝癌标志物研究进展》,报告介绍了王红阳院士实验室在开展肝癌标志物研究方面所取得的进展情况。经多年努力,该实验室已筛选鉴定出一个新的诊断标志物-MXR7(GPC3)。联合检测MXR7与AFP可显著提高肝癌血清学诊断的准确率。同时还发现癌蛋白p28可作为肝癌基因治疗的新靶点。相信随着分子标志物、靶点的筛选及有效验证评估方法的确立,将为肝癌的早期诊断和治疗带来新的希望。王红阳院士指出,近年来国际医学健康领域突出强调的新理念,与个性化医学可预测性医学和数字化医学等一同构成系统医学体系。转化医学的主要目的是为了打破基础研究与药物研发、临床医学之间固有的屏障,在其间架起桥梁,把基础研究获得的知识、成果快速转化为临床上的诊治新方法,造福病人,服务大众健康。随着临床和基础研究复杂性的增加,越来越多的资源用于生物医学研究,我们对于疾病机制的认识突飞猛进。同时,基因组学,蛋白质组学以及相类似的学科都获得了大量数据,发现了大量潜在的药物靶点,然而这些研究并没有为疾病的诊断、治疗以及预防带来同等的收益,临床和基础研究严重脱离。作为致力于克服或减少这种困难的新模式,转化医学的核心就是在从事基础科学发现的研究者和了解病人需求的医生之间建立起有效的联系,特别集中在基础分子生物医学研究向最有效和最合适的疾病诊断、治疗和预防模式的转化。转化医学研究的方向将是多方面的,而对肿瘤防治来讲包括:生物标志物的筛选、验证与临床应用;分子分型方法学建立,质控以及对肿瘤个性化防治的指导应用;新药研发和加快产业化进程;医疗设备创新研发和整合更新利用。转化医学研究需要基础医学科学家和临床医生密切合作,需要考虑到融合基础和临床研究所花费的大量时间,加强不同专业间的合作,更需要国家与社会的关注与支持。

张兴栋院士报告的题目是《从基础研究到临床应用——骨诱导生物材料》,报告阐述了物材料骨诱导作用的立论出发点,出示材料诱导骨形成的组织学和分子生物学证据,从材料组成、结构特别是微纳米结构对干细胞和成体细胞基因表达及行为的调控作用解释材料骨诱导作用的机理,提出具有骨诱导作用的生物材料设计原理及评价材料骨诱导作用的生物安全性方法,并出示一些临床应用的结果,从而展示骨诱导生物材料从概念——基础研究——实验室样品转化为小批量生产及临床应用的全过程。报告指出,当代科学技术和医学的进展,已使人体组织或器官的修复或替换发展到崭新的阶段——再生或重建有生命的人体组织或器官,实现被损坏的组织或器官的永久康复。传统的生物材料已不能满足医学发展的要求,赋予材料生物结构和生物功能,诱导组织或器官再生,已成为当代生物材料科学与工程的重点、方向和前沿。1990 年我国科学家发现无机的 Ca - P 生物材料可以诱导骨形成并进行了确证;进一步揭示了诱发材料骨诱导作用的材料学因素,提出了生物医用材料骨诱导作用的理论机理假说;评价了材料骨诱导作用的生物安全性,研发出了国际新一代人工骨——骨诱导人工骨,取得了 SFDA 生产注册证,临床应用已逾 3 万例,疗效良好,突破了无生命的生物材料不可能诱导组织形成的传统观点。在此研究启示下,又发现生物材料可诱导软骨形成。2004 年提出了“组织诱导性生物材料(Tissue Inducing Biomaterials)”,即预言生物材料通过自身优化设计,不仅可诱导骨、而且可诱导其他非骨组织形成。研究结果先后被列为四年一次的世界生物材料大会(2008)、三年一次的国际组织工程与再生医学大会(2009)的大会报告。进一步研究可望开拓生物材料发展的新途径,并导致生物材料科学发生革命性的变化。张院士以其切身的经历对转化医学研究的链条做了形象的阐述,提出在我国转化医学发展的链条是官 - 产 - 学 - 研 - 医 - 资,这六个方面中政府尤其是主导,这是我国发展转化医学的优势,应当在这方面得到重视。

5 位院士的报告阐述了转化医学的丰富内容,杨胜利院士从宏观角度对转化医学的概念、内涵、发展方向、趋势做了综述,甄永苏院士结合抗体药物的研发提出转化与基础结合的重要理念,王红阳院士从基础研究的角度谈到潜在药物靶点的研发历程,指出转化医学研究是系统工程,充满艰难与复杂。戴克戎院士从再生医学的角度把转化理念与实践与学科发展等做了系统分析,张兴栋院士以自身的研发经历描述了转化医学在我国的发展道路。由于报告内容新颖,阐述深刻,联系实际,受到了与会 300 多位香港中文大学师生、研究者的好评。香港中文大学的校领导表示,这次交流活动主题明确,集中在转化医学这个最前沿的领域,通过院士们的精彩阐述,不仅使我们了解了大陆近些年在该领域所取得的成就进展,更重要的是为今后的交流合作提供了机遇。这是一种全新形式的院士讲座论坛,凸显一个主题,蕴含多层次内容,效果很好,影响深远。

二、参加香港中文大学第六十八届大会新任校长就职典礼暨颁授学位典礼;与中大高层交流会

1. 出席香港中文大学第六十八届大会新任校长就职典礼暨颁授学位典礼。

2010年12月16日上午,代表团全体成员出席了香港中文大学第六十八届大会新任校长就职典礼暨颁授学位典礼。大会校董事会主席宣布沈祖尧教授获委任为校长,并主持校长就职典礼、授予其香港中文大学条例专册、印章。之后沈祖尧校长发表了就职演讲。他谈到,保存人文精神、培养创新和批判思维,以及造就世界公民是我们的指导原则,我们会继续凭着这些原则来教育学生,并带领大学迈进下一个五十年及更长远的未来。如果老师缺乏热诚、奉献精神和使命感,我们就无法达成这些使命;如果没有政府、慈善家和校友的信赖和支持,我们就难以实现这些梦想;更重要的是,如果没有不断探索知识、永远渴求真理和不屈不挠力争上游的勤奋学生,我们就不能保持这些大学教育的理想。沈校长自医学院毕业后便加入中文大学,既当医生,也从事研究和教学。他表示:「当了医生二十五年,我知道医学即使科学又是艺术;从事学术研究二十五年,我学会一方面维持独立判断,一方面与同事群策群力;为人师表二十五年,我深深体会到教育需要从心出发,也要进入灵魂深处。」他的演讲感人至深,多次被师生们的掌声打断。

就职仪式后校董会主席向四位荣誉博士颁授荣誉博士衔。他们是荣誉社会科学博士陈乐宗、荣誉法学博士郑维健、荣誉社会科学博士莫庆尧(追赠)、荣誉理学博士徐冠华。中国科学院院士、前国家科学技术部部长徐冠华作为荣誉博士领受人代表在大会致辞。他引用"不识庐山真面目,只缘身在此山中"的诗句阐释,二十一世纪,社会人事与自然环境同样变化急剧,要对我们身处的地球有全盘认识,也必须采取遥远宏观的角度。今天的中国,培育人才的意义更为突出、更为深远。中国是一个人口大国,如何把人口负担转变为人口资源,关键在于提高人口素质和创造力。他根据自身的感受,就科学精神提出了4点看法:一是要大力倡导勇于创新、敢为人先的精神。二是要大力倡导追求真理、宽容失败的精神。三是要大力倡导鼓励竞争、崇尚合作的精神。四是要大力倡导热爱科学、淡泊名利的精神。

之后举行了香港中文大学博士学位、硕士学位的颁授典礼。香港中文大学8个学院及研究院7000多位学子荣获了学位。其中来自大陆的学生有近600人(其中本科生占35%),其家长都受邀参加颁授典礼,见证了其在中大度过的难忘时光及取得的成就。据了解,香港大学和香港中文大学是香港唯有两所设医学院的大学。2010年香港中文大学招收约260名内地本科生,其中医学只招2名。

2. 与中大高层交流

2010年12月17日下午,新任校长沈祖尧教授率中大高层在香港中文大学祖尧堂举行了欢迎代表团的仪式并进行了交流座谈。香港中文大学高层领导副校长郑振耀教授,副校长、研究事务委员会主席、中国科学院院士黄乃正教授,协理副校长、中国工程院院士徐扬生教授,工程学院院长汪正平教授,中大医学院副院长(研究)、李嘉诚健康科学研究所所长卢煜明教授,农业生物技术国家重点实验室(香港中文大学)主任、中国工程院院士辛世文教授,生物医学学院院长陈伟仪教授,生物医学工程学部主任、骨关节肌肉实验研究室主任、深圳先进院转化医学中心主任秦岭教授,学术交流处(国内事务)处长黄咏女士等参加。

黄乃正、沈祖尧、徐扬生、辛世文等教授分别介绍了其在专业领域开展的科研工作。杨胜利院

士代表中国工程院对中大给予的盛情接待和周到的访问安排表示感谢。他说，香港中文大学成立47年，虽然成立时间较短，但在培养人才、开拓科研方面已深受国内外教育界、科技界瞩目，在国际享有声誉。香港中文大学的医学院、生物医学学院在转化医学研究与实践方面也卓有成就。此次在香港中文大学举办“转化医学”专题的学术讲座，与香港同仁进行了交流，收获很多。中国工程院是中国工程科技界最高荣誉性、咨询性学术机构，医药卫生学部是工程院九个专业领域学部之一，现有111位院士，从学科上讲涵盖了临床医学（内科、外科）、药学和基础、预防医学等方面。学部依靠院士群体智力优势，团结科技界，致力于开展包括港澳台在内的学术交流和对关系国计民生战略问题的决策咨询。近年来转化医学这一现代医学理念的发展已逐渐成为医学科学界的共识，医药卫生学部也在努力推动大陆转化医学进程，2010年工程院已同中国医学科学院、Globle MD、NIH－CC商定共同主办2011年中美临床和转化医学研究国际论坛，旨在推动国内转化医学的发展。希望通过这次访问，增进中国工程院与香港中文大学在转化医学方面的交流，促进合作。希望就以此次论坛为起点，开启合作之旅。座谈会结束后，代表团成员与中大高层互换了礼物并合影留念。

三、访问相关学系与研究所

1. 访问医学院

2010年12月16日上午，代表团访问了香港中文大学医学院医学院。医学院院长霍泰辉教授向代表团介绍了香港中文大学医学院的发展概况。生物医学学院院长陈伟仪教授、骨关节肌肉实验研究室主任、深圳先进院转化医学中心主任秦岭教授陪同代表团成员参观了有关实验室。

2. 访问生物医学学院、药剂学院

2010年12月16日下午，代表团成员杨胜利、甄永苏、王红阳院士一组访问了香港中文大学生物医学学院，并参观了有关实验室，之后顺访了药剂学院。生物医学学院陈伟仪院长介绍生物医学学院概况。陈伟仪院长、陈活彝副院长、冯国培副院长、林鸽教授、陈良教授、郑汉其教授、李刚教授、李嘉豪教授等参加了与院士的交流座谈。生物医学科学作为中大五大重点研究领域之一，拥有雄厚的师资和经费。中大的生物医学研究跨越了传统的学术范畴，从微小的分子单位出发，广涉社会、公共卫生、生物科学等不同层面的健康课题，生物医学科学研究具有学术特色。

3. 访问威尔斯亲王医院新大楼骨科、骨关节肌肉实验研究室、骨骼健康及评定中心及矫形外科及创伤学进修培训中心

代表团戴尅戎、张兴栋院士一组参观了威尔斯亲王医院新大楼骨科、骨关节肌肉实验研究室、骨骼健康及评定中心及矫形外科及创伤学进修培训中心，并与中大科研团队代表交流座谈。威尔斯亲王医院新大楼骨科系临床主任陈启明教授、骨科系主任熊良俭教授、骨关节肌肉实验研究室主任秦岭教授、矫形外科及创伤学进修培训中心梁国穗教授等陪同并介绍了实验室有关课题研究工作情况，并与院士进行了交流讨论。戴克戎院士就中大骨科在运动医学研究方面所开展的工作给予了高度评价，特别在转化医学方面，他认为香港中文大学与深圳中科院先进研究院转化医学合作平台发挥了很好的作用，对于推动基础、临床、产业的转化起到了重要作用，值得大陆借鉴。

四、收获与体会

1. 香港医学界有着扩大与深化同大陆医学界专业交流的共识与契机

通过这次转化医学主题的院士讲座系列活动，院士们感到香港中文大学在医学领域有着科研

和学科优势，在转化医学研究方面具有较好的条件，在产学研医的结合上相对大陆要紧密。但同时他们也存在病例资源短缺的问题，在有些科研方向和领域研究上相对大陆的研究还不具优势。香港中文大学一直致力于与大陆医学界的合作，为促进转化医学研究，他们同中国科学院合作在深圳建立了先进技术研究院，走上了实体性的合作，双方发挥各自的优势，已取得初步的成效。他们在同大陆科技界联系方面特别在同医学界建立合作方面已迈开了巨大的一步，这种合作方式将有助于推动两地医学的共同进步。

2. 中国工程院专业领域院士对口交流有利于提升交流的层次与水平

本次访港交流是以主题为引领，以医药卫生学部院士参与为主，同时邀请相关学部院士参与，发挥了院士的群体优势，使得双方的交流更加深入务实，特别是在相关领域，如骨科康复医学领域、生物医学、生物药学领域，既有对前沿问题的交流、信息的分享，又有对现状的分析和双方今后合作的探讨，大家都感到收获颇丰，尤其是增强了中国工程院医药卫生学部的影响力，为促进今后合作奠定了基础。

短短4天的行程，院士们深切体会到香港回归以来两地交流的热度，特别是沈祖尧校长的家宴更加深了两地的亲情。相信通过“院士讲座系列”活动一定会推动中国工程院与香港中文大学的交流更上一层楼，为两地科技优势的发挥起到积极的作用。

（李冬梅）

赴港人员名单

序号	姓名	单位	备注
1	杨胜利	中国科学院上海生命科学院教授，中国工程院院士	团长
2	甄永苏	中国医学科学院医药生物技术研究所教授，中国工程院院士	
3	戴尅戎	上海交大医学院附属第九人民医院教授，中国工程院院士	
4	王红阳	第二军医大学附属东方肝胆外科医院教授，中国工程院院士	
5	张兴栋	四川大学生物材料中心教授，中国工程院院士	
6	阮宝君	中国工程院学部工作局副局长	
7	陈　玮	中国工程院深圳院士活动基地办公室主任	
8	徐海燕	中国工程院国际合作局综合处副处长	
9	李冬梅	中国工程院学部工作局二处副处长	
10	韩玉琴	中国工程院国际合作局综合处主任科员	

中国工程院赴香港团组总结

应香港城市大学校长、我院外籍院士郭位教授的邀请，潘云鹤常务副院长率团于2010年11月30—12月4日赴香港出席太平洋邻里协会(PNC) 2010年香港年会暨联合会。

PNC于1993年由加州大学伯克利分校田长霖校长等发起成立，旨在推广网络技术，促进太平洋沿岸国家资讯交流。1997年底，PNC总部由美国加州转设在台湾中央研究院。PNC每年召开年会，就学术问题进行交流。今年的会议由香港城市大学承办，主题是："从数字内容到知识优势"(From Digital Content to Knowledge Asset)，其议题为：数字档案、数字图书馆、数字博物馆、电子出版、电子资源、网络化学习等。

城大校长郭位教授在会议开幕式上致欢迎辞，指出全球一体化的趋势和信息科技的普及大大提高了创造知识、传播知识的效率。作为特邀嘉宾，潘副院长在会议的第一天，作了题为："数字图书馆的发展趋势"主旨报告。报告从自动化到数字化、中国大学数字图书馆：CADAL、走向智慧图书馆、走向数据海、小结与建议几方面内容阐述了数字图书的发展趋势。台湾中央研究院副院长王泛森院士的主旨报告内容为台湾数码典藏与数码学习计划的成果，以数码信息平台展现多元文化的面貌。

会议由大会主旨报告及并列分会组成，邀请了国际知名的数字典藏机构代表出席会议。这些机构包括：台湾故宫博物院，埃及自然文化遗产中心，美国的加州柏克利大学、斯坦佛大学图书馆、南加州大学图书馆，日本的东京大学、京都大学、关西大学、人间文化研究机构，韩国首尔大学、济洲大学、理工学院，泰国朱拉隆功大学，蒙古的科学院等。来自18个国家的300多人出席了会议。

在访期间，潘副院长及台湾中央研究院王泛森副院长与两岸四地图书馆馆长会面交流。会谈由香港城市大学叶豪盛副校长主持，两岸四地图书馆长十余人出席了交流。大家一致认为，中华文化源远流长，博大精深，目前许多珍贵的历史书籍、书画篆刻、科技资料、文物、建筑等分散在两岸与港澳，在信息和通讯技术快速发展的今天，急需利用信息化技术将这些中华文化资源进行数字化加工、存储并开发利用，同时也使中华文化以数字化方式展现于世界，更好地为人类所共享。携手弘扬中华文化，整合信息化资源，开展两岸四地合作意义匪浅。会议达成共识，以共建共享方式，推动建立"两岸四地中华文化数字图书馆合作"。

"两岸四地中华文化数字图书馆合作"受到相关媒体关注。香港明报刊登了《富春山居图》研网上合璧——古籍数码化，盼两岸四地共享。新华社港台部(港台部发稿中心副主任)向建国记者还将就次合作项目访问我院潘副院长。

在访期间,代表团还访问了香港城市大学科学及工程学院重点实验室及互动视觉及体现应用研究室。

中国工程院赴香港代表团
2010 年 12 月 29 日

代表团成员名单

潘云鹤　中国工程院常务副院长
庄越挺　浙江大学计算机科学与技术学院院长
徐　进　中国工程院国际合作局副巡视员
徐海燕　中国工程院国际合作局综合处副调研员
张　松　秘书

【国际会议】

2010年国际学术活动统计表

序号	名称及主题	负责院士	时间	地点	类型	级别	参加人数		报告个数		听众人数
							院士	专家	院士	专家	
机械与运载工程学部											
1	第9届国际水动力学会会议（ICHD－2010）		10.11－15	上海	国际会议	共同主办	3	250	2	165	250
化工、冶金与材料工程学部											
1	第二届“中国包头·稀土产业发展论坛”	干　勇	2010.08.07－10	包头		2	300	1	10		
土水、水利与建筑工程											
1	第二届工程废弃物资源化与应用研究国际会议暨第二届中国再生混凝土研究与应用学术交流会	土木工程学会	10.13－15	上海	国际会议	共同主办	1	60	/	50	150
2	第三届中国北京国际建筑科技大会	杨秀敏	11.14－15	北京	国际会议	共同主办	6	50	4	26	200
3	我国大城市交通规划研讨会	邹德慈	11. 26－27	苏州	国际会议	共同主办	4	350	3	23	350

续表

序号	名称及主题	负责院士	时间	地点	类型	级别	参加人数		报告个数		听众人数
							院士	专家	院士	专家	
环境与轻访工程学部											
1	全球华人科学家环境论坛(首届)	中国环境学会	5.5－7	上海	国际会议	共同主办	3	50	3	50	1500
2	第五届海洋腐蚀与控制研讨会	侯保荣	9.12－15	青岛	国际会议	学部主办	2	120	2	60	200
3	“废物管理与循环经济”国际学术研讨会	孙铁珩	11.15－17	沈阳	国际会议	学部主办	3	20	3	12	200
4	第三届海峡两岸人工湿地研讨会暨院士论坛	金鉴明 魏复盛	11.17－21	海南	国际会议	联合主办	6	50	2	22	300
农业学部											
1	第三届国际苹果学术研讨会	束怀瑞	9.9－11	北京	国际会议	共同承办	4	22		14	70
2	第二届干旱半干旱地区水文生态与水安全国际学术论坛	李佩成	10.19－22	西安	国际会议	学部支持	4	50	1	47	300
3	无线传感器网络农业应用国际研讨会	汪懋华	11.18－21	北京	国际会议	学部支持	2	30	1	29	60
医药卫生学部											
1	第二十届亚太肝病学会年会	庄　辉 贾继东	3.25－28	北京	国际会议	共同主办	8	50	8	200	5000
2	中国介入心脏病大会	高润霖	3.30－4.3	北京	国际会议	协办	5	3000	2	3000	8000
3	第六届国际络病学大会	吴以岭	9.11－12	天津	国际会议	共同主办	6	40	4	12	800
4	中法医学科学和公共卫生研讨会	陈赛娟	9.21－22	上海	国际会议	院主办	7	110	3	2	150

续表

序号	名称及主题	负责院士	时间	地点	类型	级别	参加人数		报告个数		听众人数
							院士	专家	院士	专家	
工程管理学部											
1	第六届国际地下物流研讨会	钱七虎	11.16－17	上海	国际会议	主办	2	16	1	12	50
国际合作局											
1	第14届中日韩(东亚)工程院圆桌会议	谢克昌	10.12－15	西安	国际会议	主办	7	20	4	9	300
2	第五届中国(济南)国际信息技术博览会	潘云鹤	9.2－4	济南	国际会议	共同主办	5	33	2	15	1100
3	第十一届国际果蔬·食品博览会	旭日干	9.23	烟台	国际会议	共同主办	3	32	2	8	500
4	第三届中医药现代化国际科技大会	刘德培	11.25－27	成都	国际会议	共同主办	25	100	12	27	2000
5	中国工程前沿青年研讨会	钟志华	9.17	北京	参照国际会议	主办	15	50		50	80
6	中美质量管理论坛	刘源张	4.17	北京	国际会议	共同主办	2	30	2	6	200
7	中瑞智能电网会议	余贻鑫	12.7－8	天津	国际会议	主办	2	20	2	13	100
8	中法医学科学和公共卫生研讨会	陈赛娟	9.21－22	上海	国际会议	主办	7	110	3	2	150
9	中法乙型肝炎学术研讨会	李载平	6.29	上海	国际会议	主办	7	30	1	5	150

【国际合作协议】

中国工程院与捷克工程院合作谅解备忘录

中国工程院与捷克工程院(以下简称“双方”),一致同意,为了共同的利益,促进两国工程与技术科学的合作。双方达成协议如下:

第一条

双方将在两国现行的法律和规定下,根据双方的财力,在各自的职能范围内,促进工程科技领域专家的合作和相应的工程科技产业间的联系。

第二条

双方合作与联系的方式可包括:

(一) 研究性访问

双方将在对等的基础上,为博士后及以上水平的科学家和工程师间的交流提供帮助。这类交流称为研究性访问。研究性访问也包括双方管理人员的交流。

(二) 考察性访问

双方将为科学家、工程师、官员及企业家为促进工程科技领域的合资与合作项目进行的考察访问提供帮助。

(三) 联合研讨班或讨论会

双方将促进举办研讨班或讨论会,通过科学家和工程师间的信息交流,提高合作水平。

(四) 信息交流

双方将本着互利的原则,在交换信息与出版物方面进行合作。

(五) 其他

双方将在共同感兴趣的领域开展其他活动。这既包括双边活动,也包括与其他国家工程院联合举行的活动。

第三条

双方将在各自能力许可的范围内,保持友好联系,鼓励科学家和工程师的相互合作。

第四条

双方已一致同意的活动中,若需访问另一方,通常由派遣方负担国际旅费和住宿费用,接待方负担由其安排的相关活动费用。其他情况的经费将逐项商定。

第五条

本谅解备忘录在双方各自管理机构批准后，自签字之日起生效。有效期为三年。如双方同意，本备忘录可再延长三年。

本谅解备忘录于二〇一〇年十月十八日在布拉格签署，一式两份，分别用中文和英文写成，两种文本同等作准。

中国工程院代表　　　　　　　　捷克工程院代表

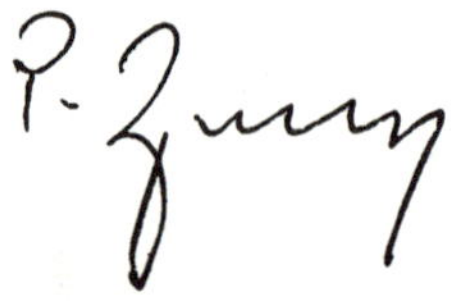

中国工程院与瑞士工程科学院
科技合作谅解备忘录

中国工程院与瑞士工程科学院，（以下简称"双方"），为促进两国工程师、科学家之间的交流与国际科技合作，并为加强中瑞两国人民的相互理解和友好合作，双方达成协议如下：

第 1 条　目　　标

双方在工程科技领域开展全方位的合作。双方将在互利共赢的基础上，相互尊重、平等合作。经双方协商和定期评估，确定合作的优先领域，如：可持续发展、交通、能源、环境、工程教育等。

第 2 条　方　　式

双方合作的方式包括：

1. 科学家、工程师交流；
2. 访问和研讨会；
3. 共同实施科研项目；
4. 信息交流。

第 3 条　科学家、工程师交流

单批科学家和工程师的访问期限不超过 4 周。每批访问的具体程序（计划，批准和选拔）必须提前征得双方同意。

第 4 条　访问和研讨会

单批科学家和工程师的访问必须在双方达成一致意见的基础上实施。双方将分别为对方提供人员和场所信息。双方将在共同感兴趣的领域在两国分别组织召开研讨会。

第 5 条　共同实施科研项目

共同的科研项目涉及两国科学家的合作参与。这些项目可以以讨论会或其他方式启动，旨在对特定优先领域开展合作提出合理化建议。项目可以在两国同时进行或一国单独进行。项目成果由所参与的科学家及他们所代表的研究院所共享。

第 6 条　信息交流

双方合作交流的形式包括信息交流或出版物交流等。

应一方要求，对方将协助提供单批出访科学家和工程师的个人资料，如有必要，也可提供他们在国内研究院所的信息或可能对科技成果应用感兴趣的组织及机构信息。在访问过程中，接收方将为来访者推荐接待单位。

第 7 条　经　　费

双方将在每年确定来年的合作项目，具体项目内容基于共同协商或者书面往来的信件。派遣方将负担所派科学家和工程师的往返国际旅费。

接收方将负责来访人员的住宿费和生活费，同时将根据批准的访问计划，负担其在国内旅费。

第 8 条　其　　他

协议自签订日起，有效期为 5 年。如双方同意可续签。一方若终止协议需提前 6 个月书面通知对方。本协议在双方各自的管理机构批准后，自签字之日起生效。双方需要指定一位项目官员作为双边项目合作的主要联系人。

本谅解备忘录于二〇一〇年十月二十日在苏黎世签署，一式两份，分别用中文和英文写成，两种文本同等作准。

中国工程院代表	瑞士工程科学院代表
旭日干副院长	René Dändliker 院长

中国工程院与瑞典皇家工程科学院合作谅解备忘录

中国工程院与瑞典皇家工程科学院（以下简称“双方”），为促进双方的科技合作，考虑到双方2007年4月16日签署的《谅解备忘录》和2004年6月2日签署的《可再生能源与环境谅解备忘录》开展合作的延续性，达成协议如下：

第一条

双方将在各自的职责范围内，建立两国研究机构、其他研发组织以及科学家之间的联系，并支持联合研究活动的实施。

第二条

双方将以如下方式共同开展工作：

- 为探讨开展合作的可能性而互访；
- 为开展和保持与对方国家同行进行的联合研究项目而交流科学家；
- 互派科学家参加在对方国开展的科技项目；
- 交换与上述项目有关的科技信息与研究计划；
- 联合举办学术报告会、大会与专题研讨会。

第三条

双方的科技合作将主要集中在可再生能源与环境领域、生物技术和生物制药领域、绿色制造领域、可持续发展及工程教育领域。双方将通过定期协商或逐项以通讯的方式，确定上述领域的主题、合作的财政条款与实施方式。

第四条

准备开展联合研究项目的科技单位，应该制定出详细的工作计划，以确定将要开展的共同活动的目的、范围与形式，以及取得的成果的交换和出版方式。考察访问或联合项目完成后，得出的报告及出版物，应送交双方。

第五条

科学家交流访问时，派遣方负担访问者的往返国际旅费及在对方国家国内城市间的旅费。

接待方将根据科学访问计划，负责安排并支付住宿费、每日补贴及城市内交通费。

每日补贴数额由接待方决定。

双方同意建议访问者购买旅行保险。

第六条

双方同意逐年确定每年互访人月的最大数量。

第七条

对某一具体项目,派遣方将在被提名的科学家预计到达接待国的日期之前至少三个月,向接待方提供其详细情况。被提名的科学家的详细情况应包括:姓名全称、出生日期和地点、学位、现职、专长、学术简介、主要学术著作、语言、访问目的、拟访问的研究单位、在每个单位开始的日期及逗留时间。

接到提名后,接待方应在四个星期内,告知派遣方是否可以接待其推荐的人员。派遣方至少应提前二个星期,通知接待方访问者准确的到达时间。

第八条

双方将定期通信,评估合作并对继续合作的内容、方式及条件达成一致。

第九条

双方同意,本谅解备忘录的实施将以双方财力可支持为前提。

第十条

各方可以在任何时间,建议或提议对本谅解备忘录进行修正或者修改。

本谅解备忘录将于 2011 年 1 月 1 日起生效,有效期至 2013 年 12 月 31 日。

本谅解备忘录于二〇一〇年十一月九日在北京签署,一式两份,分别用中文和英文写成,两种文本同等作准。

中国工程院院长

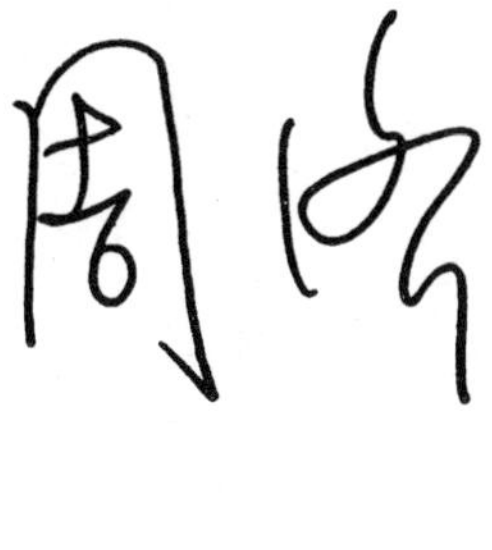

瑞典皇家工程科学院院长

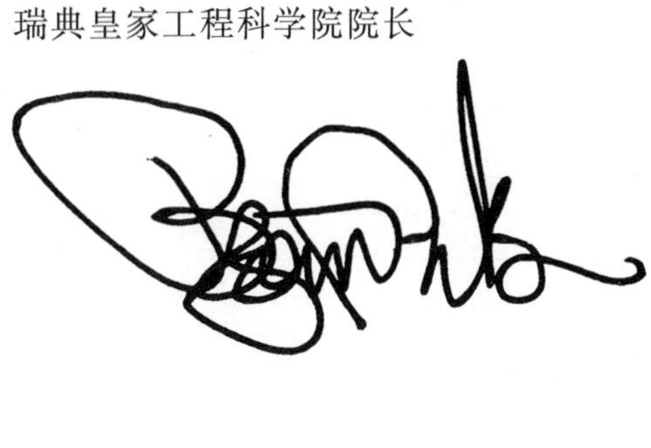

中国工程院已签署国际合作协议汇总表

（截止 2010 年底）

序	国家	国际科技机构	协议或谅解备忘录	签订时间	签字人
1	瑞典	皇家工程科学院	科技合作协议备忘录	1997 年 11 月 6 日	朱光亚
			科技合作补充协议	1999 年 10 月 20 日	侯云德
			可再生能源与环境谅解备忘录	2004 年 6 月 2 日	徐匡迪
			合作谅解备忘录	2007 年 4 月 16 日	徐匡迪
			合作谅解备忘录	2010 年 11 月 9 日	周　济
2	澳大利亚	技术科学与工程院	科技合作备忘录	1998 年 3 月	朱光亚
			能源合作备忘录	2000 年 11 月 24 日	王思敬
			合作谅解备忘录	2005 年 7 月 14 日	沈国舫
3	美国	工程院	工程科技合作协议备忘录	2000 年 10 月 22 日	宋　健
			工程科技合作备忘录	2005 年 12 月 19 日	徐匡迪
			工程科技合作协议备忘录	2008 年 6 月 25 日	徐匡迪
4	俄罗斯	建筑科学院	交流合作协议备忘录	2000 年 11 月 18 日	王淀佐
			2001－2002 年交流合作协议备忘录	2001 年 7 月 1 日	王淀佐
			交流合作协议备忘录	2004 年 5 月 19 日	沈国舫
		工程院	合作协议备忘录	2001 年 9 月	朱高峰
			会谈纪要	2003 年 6 月 18 日	杜祥琬
		科学工程联合会（科工联）	合作协议备忘录	2004 年 9 月 6 日	杜祥琬
		科学院	合作协议	2004 年 9 月 7 日	杜祥琬

续表

序	国家	国际科技机构	协议或谅解备忘录	签订时间	签字人
5	英国	皇家工程院	合作谅解备忘录	2008 年 6 月 11 日	徐匡迪
6	德国	弗朗霍夫学会	工程科技合作协定	2000 年 10 月 11 日	沈国舫
			工程科技合作协议	2004 年 6 月 2 日	王淀佐
		工程师协会	谅解备忘录	2001 年	宋　健
7	法国	技术科学院	合作协议	2004 年 11 月 3 日	刘德培
			合作协议	2005 年 12 月 5 日	赵进军（驻法大使）
			合作协议附录	2006 年 6 月 5 日	徐匡迪
		医学科学院	合作谅解备忘录	2009 年 7 月 9 日	徐匡迪
8	捷克	工程院	工程科技合作协议备忘录	2000 年 10 月 11 日	王淀佐
			合作谅解备忘录	2000 年 10 月 18 日	旭日干
9	瑞士	工程科学院	工程科技合作协议	2000 年 10 月 11 日	潘家铮
			科学技术合作备忘录	2003 年 10 月 16 日	朱高峰
			科技合作谅解备忘录	2010 年 10 月 19 日	旭日干
10	挪威	技术科学院	工程科技合作协定备忘录	2001 年 8 月 19 日	宋　健
			合作谅解备忘录	2008 年 10 月 21 日	徐匡迪
11	克罗地亚	科学艺术院	科学合作协议	2002 年 5 月 6 日	宋　健
			科学合作协议	2004 年 6 月 2 日	徐匡迪
		工程院	工程科技合作协议备忘录	2004 年 6 月 2 日	徐匡迪
12	阿根廷	工程科学院	工程科技合作协议备忘录	2001 年 6 月 5 日	宋　健
			工程科技合作协议备忘录	2009 年 1 月 15 日	徐匡迪
13	古巴	科技环境部	工程科技合作协定备忘录	2001 年 6 月 15 日	宋　健
14	巴西	工程院	合作协议	2001 年 8 月 24 日	朱高峰
15	委内瑞拉	计划发展部	工程技术合作谅解备忘录	2001 年 4 月 17 日	王淀佐
16	墨西哥	工程院	工程技术科学合作谅解备忘录	2005 年 5 月 31 日	徐匡迪
17	西班牙	皇家工程院	合作谅解备忘录	2008 年 6 月 3 日	徐匡迪
18	乌克兰	工程科学院	合作协议备忘录	2000 年 11 月 13 日	沈国舫

续表

序	国家	国际科技机构	协议或谅解备忘录	签订时间	签字人
19	南斯拉夫	工程院	工程技术合作谅解备忘录	2002 年 1 月 9 日	宋 健
20	南非	工程院	合作协议备忘录	2002 年 10 月 15 日	徐匡迪
21	波兰	科学院	合作协议	2006 年 6 月 5 日	杜祥琬
22	韩国	工学翰林院	工程和技术科学合作谅解备忘录	2003 年 7 月 7 日	徐匡迪
23	巴基斯坦	科技部	工程科技合作谅解备忘录	2008 年 4 月 11 日	旭日干
24	印度	工程院	工程与技术科学合作谅解备忘录	2009 年 7 月 14 日	潘云鹤
25	马来西亚	科学院	科学、工程与技术合作备忘录	1999 年 8 月 18 日	宋 健
26	泰国	亚洲理工大学	谅解备忘录	2004 年 6 月 2 日	徐匡迪
	日本、韩国	工程院	工程道德倡议	2004 年 11 月 1 日	徐匡迪
合计	26 个国家	33 个国际机构	53 个协议		

科 技 合 作

【科技服务】

关于院士工作站发展情况的报告

中工发[2010]32号

国务院：

根据刘延东同志关于“院士工作站”工作的批示精神，中国工程院会同中国科学院、科技部和中国科协组成以刘大响院士为组长的联合调研组，以发放调查问卷，深入江苏、浙江、辽宁、山东等地企业考察、座谈等形式，对院士工作站发展情况进行了调研。现报告如下：

一、院士工作站发展现状

自2003年在沈阳黎明航发（集团）公司创建首家院士工作站以来，至2009年底，全国已有辽宁、江苏、浙江、山东、广东等20个省（市）的企业等相继建立院士工作站400多家，受聘院士500多名。建站单位共签订技术合作项目800多项，取得技术成果1500多项，发明专利300多项，解决技术难题3000多项，经济社会效益显著。

调研表明：院士工作站确实是一个科技人员服务基层、服务企业，推进产学研用结合的好创意、好形式；是我国科技经济发展到特定阶段，科技要素与经济要素内在地、自发地寻求有效对接的客观体现；符合经济科技发展的自身规律，符合发挥院士科技领军人才作用、更好地服务于经济社会发展的正确导向；满足了企业寻求高层次人才支撑、实现跨越发展的迫切需求。地方对建设院士工作站热情很高，院士专家也表现出一定积极性，建设工作呈现良好态势。

我们认为，在有条件和有实质需求的企业等，适量、规范地建设一批院士工作站，对国家、地方、企业和院士专家都是有益和可行的。

二、院士工作站的作用及成效

院士工作站作为组织动员科技工作者服务地方经济、服务企业技术创新的重要方式，取得了许多实际成效。

（一）突破技术制约取得重大进展，关键技术创新成果显著。建站企业依靠院士专家攻克技术壁垒，一批具有自主知识产权的重大科技产品研发成功。沈阳北方重工集团请钱七虎、孙钧、王梦恕等院士专家合力攻关，具有国际领先水平的国产全断面隧道掘进机顺利下线，打破国际技术垄断，五年内全球订单50多台，销售收入40多亿元。

（二）有效促进了产学研合作，企业与院士专家团队互信双赢、长效发展。通过院士工作站的建设，把院士的工作延伸到企业，以项目为纽带，架起了院士和企业的合作桥梁，实现了高端科技资源与经济社会发展的紧密结合。山东淄博宏泰防腐有限公司与侯保荣院士合作，在浪花飞溅区防腐修复技术等领域中不懈攻关，解决了一系列技术难题，产品畅销欧美国家，企业增效近千万元，院士团队获专利 12 项。

（三）企业科技人才"借力升级"，提升了企业技术创新能力与信心。成立院士工作站，为企业科技人员提升创新能力打造了平台。江苏大全集团与院士专家团队建立双向培养互动机制，先后培养工程化技术带头人和技术骨干 10 人，培养和引进博士、硕士 5 人，每年进行高水平培训达 40 人次以上。

（四）不断整合科技资源和创新要素，科技成果转化进展加快。院士通过工作站，借助企业在资金、装备等方面优势，把多层次、高水平的科研成果尽快地转化为企业可以组织实施的方案，缩短了科研成果产品化、商品化进而产业化的周期，加快了高水平成果转化速度。宁波东方集团与上海电缆研究所黄崇祺院士合作，成功研发出我国第一条 110 KV 光电复合交联海底电缆并批量上市，打破了国际垄断。

此外，一些区、县政府通过院士工作站的建立，充分发挥院士"思想库"的作用，提高了决策水平。一些大学和科研机构通过院士工作站的建立，有效提升了学科发展水平和科研能力。

三、院士工作站的初步经验

（一）坚持以需求为导向，项目为纽带，企业为主体，院士专家实质性参与，是院士工作站建设与发展的关键。院士工作站与以往产学研合作形式最重要的区别是有院士的实质性参与，院士的领军作用是主要亮点。而要调动院士及其专家团队积极投身于企业技术创新的实践，关键是充分挖掘院士及团队与企业的真正需求，实现利益与风险共享共担，激发双方合作的内在动力。江苏、山东等地通过制定院士工作站管理办法，把上述内容以规章形式确定下来，确保了院士工作站的健康发展。

（二）长期坚持开展"院士行"等活动是建设院士工作站的重要基础。院士工作站是"院士行"等活动固化和升华，离不开长期的产学研合作工作的积淀。目前院士工作站工作活跃、成效显著的省市，都是我国经济科技相对发达的区域，都有旺盛的科技需求，都持续开展了"院士行"、"院士专家活动周"、院士论坛、专题技术博览会、科技需求对接会等产学研合作活动，企业与院士建立了相互了解和信任的基础。

（三）政府引导和各种科技资源整合，是院士工作站建设发展的重要保障。多数省市在建设院士工作站过程中，注重整合社会资源，引导各类创新要素向企业集聚。争取中国工程院、中国科学院、中国科协等单位的支持和协作，做好院士的邀请和联络工作；地方科技部门与财政、组织、人事、经贸部门等配合，支持院士专家与本区域企业的合作，并把院士工作站建设与创新平台建设、科技发展计划、人才工作计划、科技成果转化重大专项计划等相结合，重点支持、集约支持，使一些院士工作站很快汇集了可以推进企业技术创新的能量。

四、促进院士工作站建设的工作意见和建议

(一)建立国家“院士工作站工作指导组”及“四科”联席工作会议制度。由中国工程院、中国科学院、科技部、中国科协领导和所属业务负责部门负责人组成“院士工作站工作指导组”,负责对全国院士工作站的创建发展、管理运行进行指导协调。指导组下设工作办公室负责经常性事务。

(二)研究制定院士工作站工作指导意见。由中国工程院会同中国科学院、科技部和中国科协,研究制定院士工作站工作指导意见,以四部门联合名义下发,对全国各地院士工作站建设工作给予引导和规范。指导意见对院士工作站建设的基本原则、条件和运行管理等提出规范意见。引导院士专家、企业和有关部门,积极推动在关系国计民生的战略性新兴产业、重要产业集群区域和重大关键性、共性技术领域建设院士工作站,带动更多科技工作者服务基层、服务产业。

(三)将院士工作站纳入国家技术创新工程,落实投入和扶持政策。将院士工作站工作作为技术创新体系建设的有机组成部分,依托创新型企业、产业技术创新战略联盟建设院士工作站,扶持建站企业促进企业技术创新和人才队伍建设。设立国家财政专项,提供必要的工作经费和项目引导资金。

特此报告。

中国工程院
中国科学院
科学技术部
中国科协
二〇一〇年三月二十四日

神华院士行

由中国工程院、神华集团有限责任公司共同组织的“神华院士行”活动于 8 月 15 - 16 日在鄂尔多斯市举行。中国工程院院长周济院士,中国工程院副院长谢克昌院士和能源与矿业工程学部、环境与轻纺学部共 18 位院士,神华集团张喜武董事长、张玉卓总经理、内蒙古自治区科技厅副厅长林莉等领导出席了此次活动。活动期间,院士行专家组实地考察了神华集团所属神东矿区,召开了座谈会,对神华集团自主创新、科学发展和神华研究院建设方案进行了咨询,“神华院士行”活动取得了圆满的成功。

一、活动的基本情况

“神华院士行”是在我国大力推进节能减排、发展低碳经济的背景下进行的。神华集团目前是

全国最大煤炭企业、全球最大煤炭供应商，也是国资委直属的集煤矿、电力、铁路、港口、煤制油煤化工一体化开发，跨地区、跨行业、多元化经营的特大型能源企业。作为以煤炭为主要特色的国际知名能源企业，在煤炭高效、清洁、可持续利用以及提高资源利用效率和安全环保等方面，依靠科技创新，走出了一条有特色的道路。深入研究神华集团的发展过程和经验，探求能源行业关键技术的解决途径，研讨影响发展的关键问题，为神华集团的发展提供战略建议和技术支撑等活动，将对引领中国煤炭行业的健康发展，具有非常重要的意义。

此次院士行活动由能源与矿业工程学部具体负责组织。在与神华集团深入沟通、了解需求的基础上，参加"神华院士行"活动的成员除能源与矿业工程学部常委会院士外，还邀请了有关煤炭开发、矿业安全与环境工程、新能源领域的部分院士参加。参加此次院士行活动的院士有：周济、谢克昌、黄其励、彭苏萍、邱爱慈、袁士义、陈念念、陈毓川、康玉柱、袁亮、周守为、朱建士、苏义脑、胡思得、徐大懋、谢和平、金鉴明、孟伟等院士。

"神华院士行"活动内容主要包括三个方面：

1. 神华集团神东矿区补连塔矿和煤制油项目的实地考察

8月15日上午，院士行专家组对神东矿区补连塔矿进行了实地调研。实地考察了该矿七米大采高工作面，听取了工作面现代化监控管理、综采设备运用、采煤工艺等情况的介绍，了解了矿井的采煤技术创新、产能产量和井下生产、运输、通风、瓦斯、一氧化碳和安全监测监控系统的使用情况，并与神华的领导和技术人员进行了交流。

之后，专家组考察了煤制油化工公司鄂尔多斯分公司，听取了关于煤制油分公司基本情况介绍，了解了煤直接、间接液化项目和CCS项目运行情况。在煤制油中控室，院士们仔细询问了煤制油设备安装、试车生产、工艺流程及油样、油品的达标等情况。

2. 神华"十二五"发展规划和神华研究院建设咨询座谈会

15日下午，院士行专家组与神华集团公司领导、技术人员共同召开了"神华院士行"座谈会，会议由能源与矿业工程学部主任黄其励院士主持。神华集团张喜武董事长以《坚持自主创新，实现科学发展》为题，向院士和专家们介绍了神华集团近年来的发展和技术创新情况、十二五期间发展规划特别是技术创新战略，张玉卓总经理介绍了神华研究院的建设方案和设想。院士、专家就神华的发展战略、技术创新战略、神华研究院的建设以及如何加强院企合作，建立长效的工作机制等方面进行了深入的交流和研讨，提出了一些建设性的意见和建议。

3. 考察煤矿采煤沉陷区生态建设成果

16日，专家组考察了神东大柳塔矿采煤沉陷区生态经济林、西山水保常绿林等沉陷区生态治理成果和神东煤炭集团。院士们详细了解了神东煤炭集团的发展、成长和壮大过程，仔细询问沉陷区的生态环境建设和取得的关键技术和经验，对神华把资源开采与环境保护治理结合的做法给予高度评价。

二、神华集团现状及其科技创新发展规划的简要情况

神华集团公司成立于1995年，神华工程始于1985年。经过20余年的艰苦奋斗、开拓创新，神华集团实现了跨越式发展，已连续10年保持煤炭产销量千万吨级以上的增长速度，企业经济贡献率连续8年名列行业第一，连续6年央企业绩考核A级。2009年煤炭产量、销量分别达到3.28亿吨和3.57亿吨，原煤生产百万吨死亡率为0.027，营业收入1612亿元，利润465亿元，2010年列世

界 500 强第 356 位。现有全资和控股子公司 37 家，职工 16.4 万人，总资产 5000 亿元。

神华集团高度重视自主创新，着力建设以企业为主体、以市场为导向、产学研结合的技术创新体系。牵头组建了国家级“煤炭开发利用技术创新战略联盟”和“煤直接液化国家工程试验室”，牵头组建国家级能源科研机构——北京低碳清洁能源研究所。经过几年的发展，神华集团在煤炭直接液化技术、煤炭采掘装备本土化研发、特大型矿区群资源与环境协调开发技术、火电厂燃用神华煤技术研究及应用、节水发电技术、朔黄重载铁路建设与运营技术、港航道骤淤防治技术等方面取得了突出的成绩。在煤炭高效清洁可持续利用方面，神华瞄准“低碳、高效、洁净”的目标扎实掘进，把煤炭开采同电力、煤制油煤化工结合起来综合利用，形成了“神华特色”的能源开发利用模式，走上了现代化、信息工业化的道路，是能源行业先进生产力的代表。先后获得国家科技进步一等奖 1 项、二等奖 6 项和“中国工业大奖”等荣誉称号。

面向“十二・五”，神华集团提出，要以科学发展观为指导，以完善技术创新体系为主线，以体制机制创新为动力，以人才队伍建设为支撑，以关键核心技术的自主研发与应用技术的系统集成为着力点，积极推进本质安全型、质量效益型、科技创新型、资源节约型、和谐发展型的“五型企业”建设，大幅度提升企业自主创新能力和核心竞争力，着力建设国际一流的综合性能源企业。

神华集团设立的自主创新发展目标主要内容有：

1. 搞好“三位一体”自主创新基地的建设，完善科技创新体系。到 2015 年，把神华研究院建成包括五个分院（煤、电、油、运、企业经济技术分院）、三个中心（知识产权、实验和技术推广中心），研发人员达 500 人的国内一流综合研究院；把北京低碳清洁能源研究所建成中国低碳能源技术研究的前沿机构，成为国家吸引海外能源领域人才归国创业的平台、国家新能源领域高层次创新人才的聚集基地，成为国际一流的低碳能源技术研发机构；把神华管理学院建成高级科技创新与管理人才的重要培训基地和国际交流的重要窗口。

2. 攻克系列核心技术，取得一批支撑神华煤电油运产业科学发展、拥有自主知识产权的核心技术成果，抢占低碳能源技术制高点，支撑煤炭、煤制油煤化工产业技术处于国际领先水平，电力和运输产业技术处于国内领先水平。

3. 知识产权工作取得重大进展。专利申请总量达到 2000 件左右，其中发明专利申请总量达到 60% 左右，国外专利申请达到 50 件左右，技术秘密拥有量 800 项左右。

4. 初步形成自主创新驱动型的企业发展模式，科技进步对经济增长贡献率达到 65% 以上。

5. 引领相关行业科技进步，提升国家核心技术竞争力。

三、院士行专家组对神华发展有关问题的意见与建议

座谈会上，院士们进行了热烈讨论，大家对神华集团取得的成绩给予了充分肯定。神华集团在建设过程中贯彻科学发展观，坚持“高起点、高技术、高质量、高效率、高效益”的方针，以“生产规模化、技术现代化、队伍专业化、管理信息化”为原则，大力推进科技创新，实现了全面协调可持续的发展，创造了非常宝贵的经验，在煤炭行业乃至全国产生了积极的影响。

与此同时，院士们积极建言献策，对神华集团的发展提出了很好的意见和建议。按照神华集团的科技发展规划、企业技术创新、研究院建设三个方面，归纳建议如下：

（一）关于神华科技发展规划

1. 建议紧密结合我国能源结构的特点，在煤炭资源的清洁高效低碳利用上发挥更大的作用。

在今后相当长一个时期内，煤炭在我国能源结构中仍将占主导地位。神华集团要进一步在“煤”字上做大文章、做好文章。要进一步提高科技创新目标，增加发展的技术条件和潜力方面的宏观分析。要充分利用国内外煤炭行业企业、研究院所的优势，明确技术路线图，提出具体的创新目标。

2. 建议要根据国家电网布局、规划和内蒙的电力产业发展规划做好神华集团的发展规划，使煤、电、油、运、产业与国家分配给内蒙以及内蒙分配给企业的环境容量相适应。

3. 要树立全球资源观，开发利用世界范围内的优质资源。要在神华研究院设立一个专门的部门，研究境外资源利用的政治、经济和技术问题。

4. 要把规划中的6大体系建设、十大示范工程、32个重点科技创新项目的目标进一步提升，提炼出更高的目标。

（二）关于企业技术创新

1. 神华煤矿安全达到世界先进水平，但我国整个煤炭行业安全开采、生态环保问题依旧突出。建议对不同的煤炭赋存条件进行分类，研究细化不同开采条件的安全保障要求和生态环境保护要求。同时加强对煤炭行业经济性研究，进行煤炭绿色开采的全成本核算。

2. 建议发挥神华下属企业研发人员的作用，在建立神华研究院后，要在下属企业建立一些分支机构，并增加下属企业的研发人员。

3. 神华是在环境生态脆弱的地区开发煤炭资源，建议以资源节约型和环境友好型企业为目标，在制定规划时要充分考虑国家政策的要求，以及生态承载能力、环境承载能力。

4. 建议推进ISO14000认证，加快工业园区建设，进一步提升企业和行业的管理水平，在鄂尔多斯地区作出表率，成为5个生态风险重点监控区的带头人。

（三）关于神华研究院建设

1. 建议继续发挥产学研合作的优势，建立自己的核心研发队伍，也要使研究院更加开放。

2. 突出加强煤炭板块的建设。研究要有针对性，突出企业的需求。比如要围绕解决神东今后发展中的重大问题，如深部开采对水资源储存的影响，摸清水资源的赋存规律，基本理论等。

3. 研究院要对不同煤种的最佳利用用途进行研究，比如煤制油的煤种问题，神华集团要加强研究，是否神东的煤最合适。

四、神华院士行的其他成果

“神华院士行”活动期间，周济院长、谢克昌副院长与神化集团张喜武董事长、张玉卓总经理等，就如何深化和加强工程院与神华集团的合作进行了协商。双方同意择机签署科技合作协议，工程院将积极支持神华集团科技创新发展和神华研究院建设，神华集团也将积极参与和支持工程院有关能源发展的相关工作。

能源与矿业学部于8月16日召开了学部常委会。会议传达了院常务会议和党组扩大会议精神；研究推荐了各专门委员会换届人选；讨论了2010年下半年工作安排；审议通过了“我国放射性医疗发展对策研究”课题咨询报告。黄其励主任主持了会议，谢克昌副院长出席了会议。

（学部工作局）

中钢院士行

2010 年 12 月 9 日 – 10 日,“中钢院士行”活动在安徽省马鞍山矿山研究院举行。中国工程院院长周济出席活动。中国工程院副院长干勇,原副院长王淀佐、能源与矿业工程学部黄其励主任等能源与矿业工程学部和化工、冶金与材料工程学部共 23 位院士参加活动。中钢集团总裁黄天文、安徽省副省长谢广祥、马鞍山市委书记郑为文等领导、专家参加了此次活动。

中国中钢集团公司是为钢铁工业和钢铁生产企业及相关战略性新兴产业提供综合配套、系统集成服务的大型跨国企业集团。拥有覆盖全球的营销网络和物流服务系统,集团所属科技企业在探矿、选矿、热工、环保、耐火材料、金属制品、工程设计等领域,有较强的科技研发实力。

12 月 9 日上午,中国工程院与中钢集团、安徽省人民政府、马鞍山市政府共同召开了“中钢院士行”工作交流会。周济院长对中钢集团致力于发展现代钢铁生产服务业并重视依靠科技创新驱动企业发展的做法给予了高度评价。他表示,中国工程院作为我国工程科技界的最高荣誉性、咨询性学术机构,一直致力于建设和发挥国家工程科学技术思想库的作用, 近年来中国工程院坚持和加强了与大型企业、院所的合作。周济院长希望通过深化与中钢集团的合作,进一步发挥中国工程院的智力资源优势,为中钢集团长远可持续发展提供科技支撑,为我国加快经济发展方式转变做出贡献。

中钢集团总裁黄天文对工程院以往给予的支持与帮助表示感谢,黄总表示,中钢集团涉及矿产资源开发、新材料以及高端装备制造等诸多产业,双方合作前景广阔。相信进一步合作必将加速中钢技术进步,提升企业自主创新能力,促进中钢又好又快发展。

交流会后,中国工程院周济院长、中钢集团黄天文总裁、安徽省谢广祥副省长、共同为“中钢马鞍山院士工作站”揭牌。中国工程院干勇副院长在揭牌仪式上致辞。干副院长在致辞中代表中国工程院在对“中钢集团马矿院院士工作站”的设立表示热烈祝贺。他表示相信随着双方合作的不断深入,工程院将为中钢集团海内外冶金矿产资源开发、设备制造、工程科技和专业服务提供有力的才智支撑。

12 月 10 日上午,举行了“中钢院士行”专题学术报告会。干勇、何继善、黄其励、陈毓川、孙传尧、韩英铎等院士结合当前科技前沿的发展,聚焦冶金材料,能源应用、矿产资源开发等相关领域,深入系统地介绍了科技发展的动态、方向和前景。6 位院士分别作了《低碳经济下的现代钢铁流程和生态产品》、《铁矿地球物理新进展》、《我国可再生能源发展的机遇和挑战》、《我国铁矿成矿地质条件与找矿前景》、《中国钨矿资源及采选概况与策略建议》、《冶金企业智能电网设想》专题报告。来自马鞍山矿山研究院及马鞍山市有关企业、单位共两百余位专业技术人员、领导听取了报告。

10 日下午,召开了中钢集团马鞍山矿山研究院及战略联盟科技发展咨询论证会。与会院士、专家对"十二五"国家科技支撑计划项目"深贫杂铁矿资源高效开发关键技术研究与应用"项目进行了论证咨询。

活动期间,院士专家们还参观考察了中钢马矿院玻璃微珠生产线和马钢新区。

【科技合作协议】

广东省人民政府　中国工程院
全面推进产学研合作协议

为深入贯彻科学发展观，加快实施《珠江三角洲地区改革发展规划纲要(2008－2020年)》，转变经济发展方式，推动广东产业结构调整和优化升级，广东省人民政府与中国工程院达成以下合作协议：

一、中国工程院充分发挥其拥有的多学科、跨部门、跨行业的优势，积极参与广东省经济社会发展中重大工程建设和战略研究，开展咨询与评估服务。

二、双方围绕广东省支柱产业、战略性新兴产业发展需求，在高新技术产业开发区、产业转移园区、专业镇、高新技术企业以及重大科技创新平台内共建多形式、开放式的院士工作站，为具备条件的大中型科技企业建设高水平的企业研究院提供支持。

三、广东省对中国工程院院士及其团队入粤开展产学研合作、产业调研、重大学术活动等给予政策、资金等方面的支持。中国工程院帮助广东引进和培养一批高层次、高水平的科技领军人才。

四、双方围绕广东省区域和产业发展需求，共同推动中国工程院重大创新成果在广东实现产业化；加强合作研究，共同策划和争取国家重大科技项目、国家级重大科技创新平台等落户广东。

五、建立省院高层会商协调机制。在“广东省教育部科技部产学研结合协调领导小组”基础上，成立“广东省教育部科技部工业和信息化部中国工程院产学研结合协调领导小组”，形成中国工程院、教育部、科技部、工业和信息化部与广东省人民政府共同推进产学研合作的良好局面。

六、广东省多方筹集、统筹安排广东省中国工程院产学研合作资金。中国工程院通过项目、人才等方式，与广东省合作实施重大科技项目研发和成果产业化、高层次人才的培养和引进等工作。

七、双方合作过程中的具体事宜，由广东省人民政府、中国工程院组织有关部门研究商定。根据绩效评估结果，经双方协商同意，可对本协议有关条款进行修改完善。

八、本协议一式四份，双方各执两份，从签署之日起生效。协议未尽事宜，由领导小组协商解决。

广东省人民政府　　　　　　　　中国工程院

代表：　　　　　　　　　　　　代表：

二〇一〇年七月二十六日　　　　二〇一〇年七月二十六日

新疆维吾尔自治区人民政府与中国工程院合作协议

为深入贯彻中央新疆工作座谈会和全国对口支援新疆工作会议精神，全面落实科学发展观，实施科教兴国和人才强国战略，加强新疆维吾尔自治区（以下简称新疆）与中国工程院的合作，促进新疆经济社会又好又快发展，经双方充分协商，达成如下协议：

一、合作宗旨

按照中央加快新疆发展的战略部署，加快实施稳疆兴疆、富民固边战略，实现新疆跨越式发展和长治久安，加强战略研究，提高决策水平。在促进新疆优势资源转换，转变经济发展方式，推动产业结构调整和优化升级的重大工作领域，在关系经济社会和民生改善、培育支柱产业、战略性新兴产业的重大发展领域，为新疆建立企业为主体、市场为导向、产学研相结合的技术创新体系提供强有力的技术支撑。

二、合作内容

（一）中国工程院充分发挥院士群体多学科、跨部门、跨行业的综合优势，就新疆涉及工程科技与经济发展的战略性、前瞻性的热点难点问题和重大项目开展决策论证，提供咨询意见和智力支持。

（二）中国工程院对新疆各级政府、高等院校、科研机构、创新平台、产学研创新联盟等邀请工程院院士参加咨询服务给予支持，帮助新疆引进和培养一批高层次的、高水平的领军人才，加快促进新疆工程科技的创新。

（三）新疆对中国工程院院士及其团队开展产业调研、重大学术活动创造良好的工作环境，给予政策和工作条件等方面的支持。

（四）新疆多方争取、统筹安排和使用好合作资金，对院士及所在单位与企业、院所、高等学校开展产学研合作、建立研究开发平台提供帮助。

（五）双方共同办好院士活动中心，对在高新技术园区、高新技术企业、重大科技创新平台内组建的多形式、开放式的院士工作站给予政策指导和支持。

（六）双方围绕区域和产业发展需求，加强合作研究和成果转化，共同策划和争取在新疆实施国家重大科技项目、国家重大科技创新平台建设项目。

三、合作工作的组织形式

（一）建立新疆维吾尔自治区人民政府与中国工程院会商协调机制，每两年召开一次会议，协商合作工作的重大事宜。

（二）成立双方合作工作领导小组，领导小组由双方主要领导牵头，分别设立工作办公室，协调推进合作工作的发展，努力实现良好的工作成效。

双方合作的其他未尽事宜，由中国工程院、新疆维吾尔自治区人民政府组织有关部门研究确定。

经双方协商同意，可对本协议有关条款进行调整和完善。本协议一式四份，双方各执二份。从签署之日生效。未尽事宜，由领导小组协商解决。

新疆维吾尔自治区人民政府

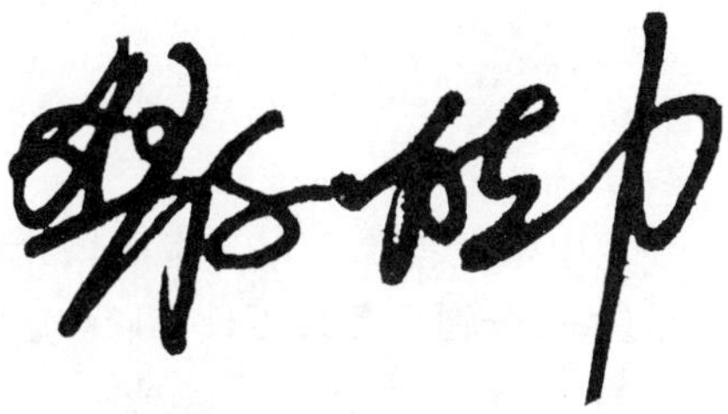

二〇一〇年八月三十日

中国工程院

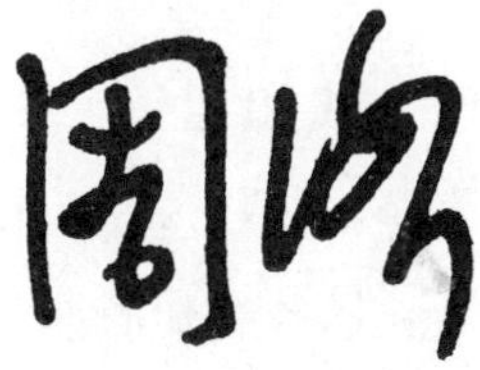

二〇一〇年八月三十日

新疆生产建设兵团与中国工程院合作协议

为了进一步加强新疆生产建设兵团（以下简称兵团）与中国工程院的科技合作，经双方友好协商，同意建立长期稳定的科技合作关系，并达成如下协议：

一、合作宗旨

双方本着“真诚合作、优势互补、互利共赢、务求实效”的原则，开展多形式、多层次的科技合作与交流，建立兵团与中国工程院合作的长效机制；围绕兵团城镇化、新型工业化、农业现代化重大战略任务，着力解决经济社会发展中具有战略性、关键性、前瞻性的重大科技问题，为兵团率先在西北地区实现全面建设小康社会目标、更好地发挥“三大作用”，提供强有力的科技支撑。

二、合作内容

（一）加强战略研究，提高决策水平。充分发挥中国工程院院士群体多学科、跨部门、跨行业的综合优势，围绕兵团优势资源转换战略和区域发展中的重大科技问题，开展相关战略研究和咨询活动，为兵团党委和兵团的科学决策提供咨询建议；参与兵团经济社会发展规划和科技发展规划的研究；围绕“六大支柱产业”、“三大基地”和培育战略性新兴产业等，提供科技咨询和智力支持。

（二）培养创新人才，建设高水平科技创新人才队伍。发挥中国工程院人才和智力高地的优势，联合组织实施科技创新人才培养工程，为兵团引进和培养一批高层次、高水平的科技领军人才。密切双方人员的联系，促进科技合作与交流。中国工程院对兵团邀请工程院院士参加兵团科技创新工作给予支持，兵团对中国工程院院士及其团队在疆开展产学研合作、产业调研、重大学术活动给予政策和工作条件等方面的支持。

（三）双方共同办好院士工作站，对在高新技术园区、高新技术企业、重大科技创新平台内组建的多形式、开放式的院士工作站给予政策指导和支持，对院士及所在单位与企业、院所、高等学校开展合作、建立研究开发平台提供帮助。

（四）双方围绕区域和产业发展需求，加强合作研究和成果转化，为兵团争取国家重大科技项目、国家级重大科技创新平台建设等提供科技支撑。

三、合作方式和组织

（一）建立双方高层会商协调机制，成立新疆生产建设兵团、中国工程院合作工作协调领导小组，负责研究确定科技合作的重大问题。协调领导小组下设办公室，分别设在兵团科技局和中国工程院学部工作局，负责兵团与中国工程院科技合作的日常工作，推动、落实双方合作的具体事宜。

（二）双方积极支持重大科技项目的实施和人才培养项目，不断提升双方的合作规模和水平。

（三）双方合作的其他具体事宜，由中国工程院、兵团组织有关部门研究确定。

四、附则

（一）协议中未尽事宜，由协调领导小组协商解决。

（二）本协议一式四份，双方各持二份。

新疆生产建设兵团（公章）

签字：华士飞

二〇一〇年八月三十一日

中国工程院（公章）

签字：周济

二〇一〇年八月三十一日

山东省人民政府与中国工程院推进钢铁产业结构调整试点省建设合作备忘录

为贯彻国家《钢铁产业调整和振兴规划》，促进钢铁产业转方式、调结构，探索山东钢铁产业结构调整的新路子，为全国钢铁产业结构调整提供示范，山东省人民政府与中国工程院经研究决定在省院全面合作框架下，共同推进钢铁产业结构调整试点省建设。

一、双方联合成立“推进钢铁产业结构调整试点省建设”课题组。

1．将如何实施《山东钢铁产业结构调整试点方案》和《山东钢铁集团有限公司“十二五”发展规划》列为重大战略决策咨询课题。

2．课题总顾问由徐匡迪院士担任，课题组长由山东省省长姜大明担任、副组长由中国工程院副院长干勇院士、山东省常务副省长王仁元担任。课题组成员由山东省和中国工程院有关专家组成。

二、双方联合成立山东钢铁技术创新能力建设指导委员会

1．为把日照钢铁精品基地建成以低碳经济为特征的新一代钢铁制造流程的示范项目提供咨询指导。

2．为由山东钢铁集团有限公司与中国钢研科技集团有限公司共建的山东钢铁研究院开展创新研究提供技术指导。

3．指导委员会总顾问由徐匡迪、殷瑞钰院士担任，主任委员由干勇担任，副主任委员由中国工程院翁宇庆院士、张超超（山东省发改委主任）、翟鲁宁（山东省科技厅厅长）、邹仲琛（山钢集团董事长）担任，委员由山东省和中国工程院有关专家组成。

山东省人民政府

签字：

二〇一〇年九月三日

工国工程院

签字：

二〇一〇年九月三日

中国工程院　江苏省人民政府
科技合作协议书

为贯彻落实科学发展观，实施国家自主创新战略，加快江苏创新型省份建设步伐，推动经济转型升级，本着“互惠互利、共同发展”的原则，江苏省人民政府与中国工程院经过协商，决定建立务求实效的科技合作关系，并达成如下合作协议：

一、开展决策咨询

根据江苏发展创新型经济、加快沿海开发和培育战略性新兴产业的需求，中国工程院发挥院士的群体智力资源优势，组织院士专家对江苏科技、经济和社会发展等重大战略问题，以及新能源、新材料、生物技术和新医药、节能环保、软件和服务外包、物联网等新兴产业的发展提供决策咨询。

二、组织学术活动

江苏省设立专门的院士服务机构，与中国工程院相关部门共同承办院士在江苏省的学术活动，包括组织和推荐院士专家到江苏开展讲学、举办报告会、召开全国性学术会议等。

三、加强合作研究与开发

共同推动江苏高等院校、科研机构、企业与中国工程院院士团队，在基础研究、产业前瞻技术攻关、重大科技成果转化等方 面加强合作，联合申报和承担国家科技重大专项以及863、973等国家科技计划项目。鼓励院士的科技成果优先到江苏省进行转化和产业化，促进新兴产业发展，促进产业集群向创新集群跨越。

四、提升企业自主创新能力

围绕江苏企业的重大科技需求和关键技术问题，推进院士团队与江苏企业的深度产学研合作，共同突破产业发展的技术瓶颈，形成优势互补、利益共享、风险共担的产学研结合新机制，促进江苏省企业技术创新能力的提升。江苏积极支持院士在创新骨干企业建立院士工作站。

五、建立合作工作机制

双方工作职能部门保持经常性接触和沟通，友好协商，协同推进院省合作各项工作，确保院省合作工作顺利开展。

本协议中未尽事宜，由双方协商解决。本协议一式两份，双方各存一份。

中国工程院

代表(签字)

二〇一〇年九月五日

江苏省人民政府

代表(签字)

二〇一〇年九月五日

湖南省人民政府　中国工程院
科技合作协议

为深入贯彻落实科学发展观,提升湖南省自主创新能力,加快“两型社会”建设,湖南省人民政府与中国工程院达成以下合作协议:

一、开展决策咨询。中国工程院充分发挥其拥有的多学科、跨部门、跨行业的综合优势,组织院士专家对湖南省科技、经济和社会发展中的重大战略问题和产业发展等提供决策咨询。

二、推动战略性新兴产业发展。围绕湖南省先进装备制造、新材料、文化创意、生物、新能源、信息和节能环保等七大战略性新兴产业的发展需求,推进院士团队与相关企业的深度产学研合作,鼓励支持院士团队的科技成果优先到湖南省进行成果转化和产业化,共同组建产业技术创新战略联盟,联合攻关突破产业发展技术瓶颈。

三、加强合作研究与开发。共同推动双方在应用基础研究、产业前瞻技术攻关、重大科技成果转化等方面的合作,联合申报和承担国家科技重大专项、重点科技项目和国家自然科学基金项目等;在湖南高新园区、高新技术企业和科技创新平台内共建多形式的院士工作站,为具备条件的大中型科技企业建设高水平的研究院提供支持,组织院士专家开展企业技术诊断、技术咨询活动。

四、组织学术活动。湖南省积极支持中国工程院在湘开展学术活动,积极为中国工程院提供产业和技术需求信息,为院士专家开展学术科研工作提供支持。

五、培养和引进科技人才。加强高层次创新型科技人才队伍建设,发挥中国工程院人才和智力高地的优势,帮助湖南省引进和培养创新能力强、引领作用突出的科技领军人才和科技创新团队。

六、建立省院会商协调机制。成立湖南省人民政府、中国工程院合作工作协调领导小组,负责研究确定科技合作的重大问题。协调领导小组下设办公室,分别设在湖南省科学技术厅和中国工程院学部工作局,负责省院科技合作日常工作,协同推进、落实双方合作的具体事宜。

七、本协议一式两份,双方各执一份,自签署之日起生效。本协议中未尽事宜,由双方协商解决。

湖南省人民政府(公章)

签字:

二〇一〇年十月二十四日

中国工程院(公章)

签字:

二〇一〇年十月二十四日

中国工程院 四川省人民政府 科技合作协议

为深入贯彻落实科学发展观和党的十七届五中全会精神,推进四川加快转变经济发展方式、加快建设西部经济发展高地,中国工程院与四川省人民政府经过充分协商,决定建立务实的科技合作关系,并达成以下合作协议。

一、开展重大决策咨询。中国工程院充分发挥其拥有的多学科、跨部门、跨行业的综合优势,组织院士专家对四川省科技、经济和社会发展中的重大问题提供决策咨询。

二、推动战略性新兴产品和产业发展。围绕四川省节能环保、新能源、新一代信息技术、生物、高端装备制造、新材料、航空航天等战略性新兴产品和产业发展需求,推进院士团队与相关企业的深度产学研合作,共同突破产业发展关键技术瓶颈。鼓励院士团队的科技成果优先到四川省进行成果转化和产业化,促进产业集群向创新集群跨越。

三、提升企业自主创新能力。支持四川开展国家技术创新工程试点,在高新技术产业开发区、高新技术企业、产业技术创新联盟、重大科技创新平台内建设院士工作站,为具备条件的大中型科技企业建设高水平的企业研究院提供支持,组织院士专家开展企业技术诊断、技术咨询活动。

四、加强合作研究与开发。共同推动四川省高等院校、科研机构和企业与院士及所在单位,在基础研究、产业前瞻技术攻关、重大科技成果转化等方面加强研发合作、联合申报和承担国家重大科技项目、计划和基金等。

五、组织开展学术活动。四川省积极支持中国工程院在川开展各种学术活动,包括组织、推荐院士专家来川讲学、举办报告会、召开全国性学术会议等,积极为中国工程院提供产业信息和技术需求信息,为院士专家开展学术科研工作创造条件.

六、培养和引进科技人才。加强高层次创新型科技人才队伍建设,发挥中国工程院智力资源优势,帮助四川省引进和培养一批创新能力卓越、引领作用突出的科技领军人才。

七、建立院省合作协调机制。成立中国工程院、四川省人民政府合作工作协调领导小组,负责研究确定科技合作的重大问题。协调领导小组下设办公室,分别设在中国工程院学部工作局和四川省科学技术厅,负责院省科技合作日常工作,协同推进、落实双方合作具体事宜。

八、本协议一式两份，双方各执一份，自签署之日起生效，有效期四年。本协议中未尽事宜，由双方协商解决。

中国工程院（公章）

签字：

二〇一〇年十一月二十八日

四川省人民政府（公章）

签字：

二〇一〇年十一月二十八日

中国工程院与重庆市人民政府科技合作协议

为落实《国务院关于推进重庆市统筹城乡改革和发展的若干意见》（国发〔2009〕3号）文件和深入贯彻《国务院关于加快培育和发展战略性新兴产业的决定》的精神，加快培育和发展战略性新兴产业，转变经济发展方式，推进重庆市“两江新区”建设，努力建设长江上游的科技创新中心和科研成果产业化基地，提升重庆市自主创新能力。中国工程院与重庆市人民政府决定建立务求实效的科技合作关系，并达成以下合作协议：

一、开展重大决策咨询活动。中国工程院充分发挥其拥有的多学科、跨部门、跨行业的综合优势，组织院士专家对重庆市科技、经济和社会发展中的重大战略问题和产业发展等提供决策咨询。积极参与“两江新区”和“战略性新兴产业”的规划设计；做好“三峡库区”环境生态保护的技术支撑。

二、推动战略性新兴产业发展。围绕重庆新一代信息技术、生物医药、新材料、新能源、节能环保、新能源汽车、现代农业等战略性新兴产业的发展需求，推进院士团队与相关企业的深度产学研合作，共同突破产业发展的技术瓶颈。鼓励院士团队的科技成果优先到重庆市进行成果转化和产业化，促进产业集群向创新集群跨越。

三、提升企业自主创新能力。支持重庆开展国家技术创新工程试点，双方在高新技术产业开发区、高新技术企业、产业技术创新联盟、重大科技创新平台内共建多形式、开放式的院士创新工作站，为具备条件的大中型科技企业建设高水平的企业研究院提供支持，组织院士专家开展企业技术诊断、技术咨询活动。

四、加强合作研究与技术开发。共同推动重庆市的高等院校、科研机构和企业与院士及所在单位，加强在基础研究、产业前瞻技术攻关、重大科技成果转化等方面的研发合作，联合申报和承担国家重大科技项目等。

五、组织开展学术和调研活动。中国工程院将定期与不定期在重庆组织开展学术和调研活动，重庆积极为中国工程院在渝开展各种学术活动，包括组织、推荐院士专家来渝讲学、调研、举办报告会、召开全国性学术会议提供条件，积极为中国工程院提供产业信息和技术需求信息，为院士专家开展学术科研工作开辟活动基地，并做好保障服务。

六、培养和引进高层次创新人才。加强高层次创新型科技人才队伍建设，以项目合作、兼职、讲学、聘请顾问等多种灵活形式引进各类高端人才。重点围绕全市发展布局，发挥中国工程院人才和智力高地的优势，帮助重庆引进和培养一批创新能力卓越、引领作用突出的科技领军人才，并使其逐步形成高端人才团队。

七、建立院市会商协调机制。成立重庆市人民政府、中国工程院合作工作协调领导小组，负责研究确定科技合作的重大问题。协调领导小组下设办公室，分别设在重庆市科学技术委员会和中国工程院学部工作局，负责院市科技合作的日常工作，协同推进、落实双方合作的具体事宜。

八、本协议一式肆份，双方各执贰份，自签署之日起生效。本协议中未尽事宜，由双方协商解决。

中国工程院（公章）

签字：

二〇一〇年十二月二十五日

重庆市人民政府（公章）

签字：

二〇一〇年十二月二十日

中国工程院与神华集团有限责任公司科技合作协议

中国工程院（以下简称“工程院”）是我国工程技术界的最高荣誉性、咨询性学术机构，对国家重要工程科学与技术问题开展战略研究，提供决策咨询，致力于促进工程科学技术事业的发展。其主要任务是促进全国工程科学技术界的团结与合作，推动我国工程科学技术水平的不断提高，加强工程科学技术队伍和优秀人才的建设与培养，为国民经济的持续发展服务。

神华集团有限责任公司（以下简称“神华集团公司”）是集煤矿、电力、铁路、港口、航运、煤制油煤化工一体化开发，跨地区、跨行业、多元化经营中央直管的特大型能源企业。目前是我国最大的煤炭企业、全球最大的煤炭供应商。神华集团公司积极实施“自主创新和科技领先”战略，推进“科学发展，再造神华，五年实现经济总量翻番”战略的实施，力争为国民经济和社会发展做出更大贡献。

为深入贯彻落实科学发展观，发挥中国工程院智力资源优势，为神华集团公司实施自主创新和科技领先战略、提升自主创新能力服务；发挥神华集团公司的资源、产业和工程示范优势，共同开展国家相关重大发展战略咨询研究和重大科技攻关，为建设创新型国家做出应有的贡献，神华集团公司与工程院经友好协商，达成如下合作协议：

一、合作的基本原则

（一）优势互补、共同发展。工程院发挥院士群体智力资源优势，为提升神华集团公司自主创新能力和科学发展提供服务。神华集团公司发挥自身资源、资金和产业优势，为工程院院士服务科技和开展研发提供实践平台，推进工程科技进步。通过双方合作，突破核心技术，建设重大工程示范，引领行业发展，提升国家核心技术竞争力。

（二）突出重点，注重实效。发挥工程院的创新智库优势，邀请有关院士和专家到神华集团公司及下属企业开展学术交流、合作研究、科技咨询、技术诊断等活动。神华集团公司支持院士的科技成果优先应用到神华集团公司，实现产业化。

二、合作的主要内容

（三）组织开展决策咨询。神华集团公司根据发展需要，邀请工程院对神华集团公司的发展战略、规划、重大工程和科技项目、神华集团公司与国家自然科学基金委联合资助的“煤炭开发，利用联合基金”的研究领域和方向等提供咨询。

（四）加强合作研究与开发。根据神华集团公司煤炭安全高效绿色开采、煤炭与环境协调开发、煤质提升、节水和清洁发电、路港运能提升、煤制油煤化工、重大装备国产化、新能源、节能环保和循环经济等重大、关键技术问题，组织院士专家开展联合科技攻关和合作开发。

（五）联合开展国家级重大战略咨询项目。围绕煤炭清洁高效可持续开发利用、低碳能源和高碳能源低碳利用等战略问题，神华集团公司发挥资金和工程示范等资源优势，支持并参与工程院组织开展的国家重大战略咨询项目的研究。

（六）联合申报和实施国家级重大科技项目。根据神华集团公司发展中的重大科技问题和煤炭、电力、煤制油煤化工等行业发展中的共性关键技术问题，组织工程院院士专家与神华集团公司及下属企业联合申报国家重大科技创新项目（包括重大专项、科技支撑计划、863、973 项目和自然科学基金等），神华集团公司提供配套资金、项目示范等支持，搞好项目实施的组织协调。

（七）组织学术和技术交流活动。神华集团公司根据科技发展需要，不定期确定相关主题举行科技论坛、技术研讨、讲座等活动，邀请工程院院士作技术报告和讲座，为神华集团公司科技发展提出建议。

（八）对《神华科技》杂志提供指导和智力支持。工程院有关院士指导《神华科技》的办刊宗旨、方向和栏目设置，撰写和推荐优秀论文，指导《神华科技》申请国家级核心期刊等。

三、合作工作的组织

（九）双方共同组成科技合作领导小组。负责协调解决合作中的有关问题。领导小组组长和副组长由双方有关领导担任。合作日常工作的组织协调由双方有关部门负责。工程院的责任部门为学部工作局，神华集团公司的责任部门为科技发展部。领导小组根据实际需要不定期召开联席会议，沟通情况，协商、协调确定重大合作事项。

（十）定向委托承担重大项目。根据工程院相关领域院士的 研究方向，神华集团公司直接定向委托相关院士及其研发团队承担神华集团公司的重大科技创新和战略咨询项目，神华集团公司提供资金、人力、工程示范等资源支持。

（十一）建立院士专家工作站。神华集团公司设立“院士专家工作站”，工程院推荐相关院士定期、不定期的在“院士专家工作站”内开展工作。神华集团公司将“院士专家工作站”设在“神华研究院”，并提供相应的办公场所、研发平台、工作和生活等条件与资金支持。

神华集团公司“院士专家工作站”着力在煤炭安全清洁高效开发利用、清洁低碳能源开发、资源开发与环境保护等相关重大技术领域开展工作，注重突出企业主体作用，加快科技成果转化，实施重大工程示范，支撑神华集团公司将资源优势、产业优势、经济优势转化为技术优势、创新优势和竞争优势。

依托神华集团公司“院士专家工作站”，双方合作将神华研究院建设成为提升中央企业自主创新能力的示范工程，建设成为中央企业实施自主创新战略的试验田。

（十二）推荐院士进入企业专家咨询机构。工程院推荐部分院士应聘神华集团公司专家咨询委员会成员，为神华集团公司重大科技创新工作提供咨询和支持。

四、协议生效相关事宜

（十三）本协议一式四份，自签字之日起生效，有效期 5 年。合作期满后，若双方无异议，有效期自动顺延 5 年。

（十四）双方同意，在合作期间对涉及国家机密的事项，严格执行国家有关保密规定；对涉及对方的商业秘密共同承担相应保密义务。

（十五）未尽事宜，由双方协商确定。

中国工程院	神华集团有限责任公司
代表人：谢克昌	代表人：张玉卓
2010 年 12 月 3 日	2010 年 12 月 3 日

中国工程院签订协议情况表

（截至 2010 年 12 月）

序号	省市区部门	内容	签约时间
1	深圳	开展高层次、多方位合作协议	1998－11－13
2	空军	聘请空军科技发展和人才建设顾问协议	2000－03－24
3	山东	全面合作协议	2000－04－28
4	顺德	关于共同开展工程科技创新活动协议	2001－03－26
5	上海	合作协议书	2001－07－26
6	北京	全面合作协议	2002－08－26
7	天津	关于开展人才与项目合作协议	2005－12－05
8	广西	共建“广西壮族自治区药用植物园”协议	2007－06－05
9	浙江	科技合作协议	2008－04－14
10	河南	合作协议	2008－09－17
11	湖北	合作框架协议	2008－11－03
12	工信部	合作协议	2008－11－28
13	中钢集团	科技合作协议	2009－01－08
14	内蒙古	科技合作协议	2009－08－13
15	云南省	全面科技合作协议	2009－10－16
16	开发行	合作协议及集中采购合同	2009－11－02
17	广东省	全面推进产学研合作协议	2010－07－26
18	新疆	合作协议	2010－08－30
19	兵团	合作协议	2010－08－31
20	江苏省	科技合作协议	2010－09－05
21	湖南省	科技合作协议	2010－10－24
22	神华集团	科技合作协议	2010－12－03
23	四川省	合作协议	2010－12－20
24	重庆市	合作协议	2010－12－27

【院士医疗合作协议】

中国工程院与中国中医科学院广安门医院合作协议书

为了给中国工程院院士(以下简称院士)提供良好的医疗保障条件,中国工程院与中国中医科学院广安门医院双方友好协商,达成如下合作协议:

一、广安门医院作为国内大型综合性中医医院,愿成为中国工程院的指定中医医疗保健服务机构,欢迎院士前来就医,并承诺竭诚为全体院士提供优质高效的医疗保健服务。

二、医院对前来就医的院士,凭院士证就诊,均纳入干部保健范围,并按相应级别进行管理,建立档案,主动服务,追踪随访。

三、为了保证院士就医的便捷、安全,中国工程院指定其下属学部工作局作为院士来院医疗的联络部门,提前与医院医务处联系,包括就诊时间、科别、院士姓名及就诊时需携带与疾病相关的病历资料,及时反馈院士在医疗过程中的意见和建议,协助做好会诊、转院等相关事宜。

四、广安门医院由医务处负责院士来院就医的联络、安排和协调及病情报告工作,尽可能满足院士医疗保健需求。门诊可选择在干部(特需)就医,住院可由院士自行选择在干部病房或特需病房诊治。

五、院士在住院治疗期间,病情需要外院会诊时,广安门医院可负责联系相关医院会诊,并尊重会诊单位的诊疗意见。

六、院士在广安门医院就医期间所发生的医疗费用,可以现金或支票方式结算,回原单位报销。

七、对于院士在广安门医院医疗过程中发生的医疗争议,按现行法律规定程序加以解决。

八、本协议有效期为一年,自双方签署后即生效。双方无异议可以续约。

九、本协议一式两份,双方各执一份。

中国工程院

负责人(签字):白玉良

日期:2010 年 1 月 29 日

中国中医科学院广安门医院

负责人(签字):王阶

日期:2010 年 1 月 29 日

中国工程院与北京天坛医院合作协议

为了给院士提供良好的医疗保障条件，中国工程院和首都医科大学附属北京天坛医院（以下简称“天坛医院”）经友好协商，达成如下合作协议：

一、天坛医院是一所以神经学科为特色的综合性医院，愿成为中国工程院院士在神经科方面的指定治疗服务机构，欢迎院士前来就医，并承诺竭诚为中国工程院院士服务。

二、天坛医院对院士前来就诊按照副部级医疗待遇接待，安排在干部门诊和干部病房或者特需门诊和特需病房，由院士自行选择。

三、院士到天坛医院就诊前需提前两天与医院联系。就诊时需出具院士证及中国工程院开具的就医介绍函。如有突发病等紧急情况，天坛医院可先凭院士证接诊，工程院的介绍函后补。

四、天坛医院为北京市医保定点医院，但非院士合同定点医院，院士在天坛医院就医所发生的医疗费用需要自理，并以现金或支票方式及时结算，之后持收据回原单位或医保部门核销。

五、院士在天坛医院诊疗过程中如发生神经系统以外的其他系统疾病需要组织院外会诊时，可由天坛医院负责联系相关医院及专家会诊。

六、为保证院士就医的便捷、安全，中国工程院指定其下属学部工作局作为院士医疗的联络部门，提前与天坛医院联系，包括院士姓名、就诊时间、科别及就诊时需携带的相关病历资料，及时反馈院士在医疗过程中的意见和建议，协助做好会诊、转院等相关事宜。

七、天坛医院由保健办负责院士就医的联络、安排、协调及病情报告工作，尽可能满足院士医疗保健需求。

八、本协议一式两份，双方各执一份。

中国工程院	首都医科大学附属北京天坛医院
负责人（签字）：	负责人（签字）：
2010 年 11 月 03 日	2010 年 11 月 03 日

出版物介绍

2010 年出版物介绍

一、《中国工程科学》(月刊)

《中国工程科学》杂志是中国科技核心期刊,反映我国工程科技领域研究动向,记载我国工程科技领域学术成果,探讨我国工程科技领域未来发展。杂志内容丰富,学科覆盖面广。论文大都涉及国家重大工程技术项目、国家科技攻关项目和自然科学基金课题。2010 年共收来稿 409 篇,发表 230 篇,刊发率为 56.2%。其中院士稿件 31 篇,占刊发文章总量的 13.8%;刊发教授级高工、高级工程师、教授、博士生导师等高级职称人员文章 149 篇,占刊发文章总量的 64.8%。共涉及属于国家自然科学基金项目、省部级资助和科技攻关等重点项目 175 项,106 篇次,占刊发文章总量的 46.1%。

二、《Engineering Sciences》(季刊)

《Engineering Sciences》杂志是中国科技核心期刊,报道工程科学技术界的最新学术成果及发展趋势,读者对象为国内外科技工程专家、技术人员和高等院校师生。2010 年共收到论文稿 95 篇,2010 年共刊发 60 篇,刊发率为 63.2%。

三、《工程科技与发展战略》咨询报告集

对国家重要工程科技问题开展咨询研究是中国工程院的重要工作之一。《工程科技与发展战略》报告集汇编了部分我院为国家重大工程技术问题提出的建议和咨询报告,内容包括国家重大工程项目、重大工程技术、发展战略和地区工程技术发展综合研究等方面,为各级领导提供决策参考。

2010 年出版的报告集汇编了中国工程院 2009 年度完成的咨询研究报告 13 份,院士建议 19 篇,内容包括国家重大工程项目、重大工程技术、发展战略和地区工程技术发展综合研究等方面,为国家、有关部委和地方的战略决策提供科学依据,发挥了重要作用。

四、《中国工程院年鉴 2009》

是全面、客观地记录了中国工程院各方面情况、进展和成就的史料性内部刊物,内容详实、资料可靠。本书为 2009 年卷,收编的内容从 2009 年 1 月 1 日至 12 月 31 日。本书分 11 部分,共 90 万字,并配有光盘。

五、《院士通讯》(月刊)

以沟通院士的科研、教学、生活信息,传播院士道德情操,介绍院机关和院省(市)合作等重要新闻为宗旨。开辟有院士行动、咨询工作、道德建设、学部信息、国际交流与合作、工程科技论坛、院地合作、学部信息院机关要闻、院士生活摄影等栏目。本年度共发刊12期,约140万字。

六、《CAE Newsletter》

主要反映中国工程院开展工程科技活动的动态信息,是工程院对外宣传的主要刊物之一。旨在与国外的工程院、科学院以及科技咨询部门进行信息交流,报道我国工程科技进展及工程院院士的重要科技活动,与国内主要科技部门进行信息交换,由办公厅编辑出版。2010年出版共7期,涉及院士大会、咨询项目、重大工程科技进展、院士活动、国际交流等内容,近5万字。

七、《工程科技的实践者——院士的人生与情怀》第二册

院士们的科学精神和先进事迹是我国社会主义现代化建设的宝贵精神财富。2007年7月,《工程科技的实践者－院士的人生与情怀》出版以后,收到了良好的社会反响。中国工程院科学道德建设委员会认为,该书对弘扬科学精神,宣传院士的高尚学风与品德,教育年轻的科研人员很有意义,并决定出版第二册。第二册收录了撰写134位院士的稿件,再次生动地映衬出了院士们在工程科技的不同岗位上,孜孜以求,兢兢业业,为祖国工程科技事业的发展作出卓越贡献的人生经历。

八、美国《工程前沿》丛书

我院重视加强与各国工程院和其他相关的工程组织之间的交流与合作,以推动我国工程技术的发展。美国是当今世界上科学技术最先进的发达国家,在许多学科领域都居世界领先的地位,有许多成就与经验值得我们学习与借鉴。中国工程院和国家自然科学基金委员会共同翻译出版的美国《工程前沿》丛书,把美国国内最新的工程技术发展动态介绍给广大的中国工程科技工作者,为我国工程技术学科建设与研究重点学科发展方向提供了具有很高参考价值的资料。

本年出版了2008年版的美国《工程前沿》,主要包括4个主题:药物传递系统,新兴的纳米电子设备,认知工程及大规模杀伤性武器的反扩散。

九、三峡工程阶段性评估报告(综合卷)

“三峡工程论证及可行性研究结论的阶段性评估”是国务院三峡工程建设委员会委托中国工程院开展的重大咨询项目。本书作为这项评估报告集的综合卷,涵盖了地质与地震、水文与防洪、泥沙、生态与环境、枢纽建筑、航运、电力系统、机电设备、财务与经济以及移民等三峡工程建设所必须考虑的重大课题的主要精髓。共有综合报告和10个课题的评估报告。

全书按照科学发展观的要求,通过回顾总结工程建设和初步运行实践,结合我国经济社会发展的新形势,以及全球气候变化等新情况,对其论证及可行性研究中的结论和重大问题进行了科学分析和客观评价,总结了经验,深化了认识,对今后工作提出了兴利减弊的建议。

本书对大型水利水电项目的建设及其相关职能管理决策部门具有重要参考价值,也可供有关科研人员和高等院校相关专业师生参考使用。

十、中国制造业可持续发展战略研究

中国工程院于2008年1月正式立项启动了“中国制造业可持续发展战略研究”咨询项目。由中国工程院朱高峰院士担任项目组组长,共有上百位院士和专家参与此项咨询研究工作,其中院士12位,分为综合组和十个课题组。

项目研究中首先根据对制造业的认识以及参与人员的情况选择了十个行业开展研究。十个行业分别属于原材料加工业(钢铁冶炼业、石油化工业)、装备制造业(电气装备业、金切机床业、汽车业、轨道交通装备业)、轻纺工业(轻工业、纺织工业)、新型产业(电子信息产品业、通信装备业)。内容上包含了各种不同类型的制造业,具有代表性。经过一年多的研究工作,形成了十个产业课题研究报告。

综合组在产业课题研究的基础上总结归纳形成了综合报告。综合报告共分现状、国际动态、紧迫性、发展目标、发展思路和途径、结论和建议六部分。研究表明我国的制造业在相当长的历史时期内仍然是经济社会发展的基础和主导,但必须实现可持续发展,而根据世界各国发展的经验和我国的实际情况,只要认真贯彻科学发展观,转变发展思路和发展方式,经过努力是可以实现制造业的可持续发展,为我国经济社会的长期健康发展发挥应有的作用。

光华工程科技奖

第八届光华工程科技奖获奖者名单

第八届光华工程科技奖自2009年6月1日开始提名,历经中国科协遴选、奖励办公室形式审查、学部评审委员会评审和理事会终评,共有27位院士和专家获奖。成就奖空缺。2010年6月9日,第八届光华工程科技奖颁奖大会在北京会议中心隆重召开。国务委员刘延东、全国人大常委会副委员长、中科院院长路甬祥、中国工程院院长徐匡迪等领导出席颁奖仪式并为获奖专家颁发奖牌。

获奖人员名单如下:

工程奖(共16名)

姓名	专业与专长	工作单位
田红旗	运载工具运用工程	中南大学
张贵田	液体火箭发动机	中国航天科技集团公司第六研究院
陆　军	信息系统总体设计	中国电子科技集团公司电子科学研究院
余少华	通信网络	武汉邮电科学研究院
李　卫	功能材料(金属永磁材料)	中国钢研科技集团公司
朱建勋	材料合成与加工(先进复合材料预型件设计与制备)	中国中材集团中材科技股份有限公司
苏义脑	油气井工程	中国石油集团钻井工程技术研究院
杨春和	岩石力学	中国科学院武汉岩土力学研究所
陈厚群	水工结构、工程抗震	中国水利水电科学研究院
何镜堂	建筑设计及其理论	华南理工大学建筑设计研究院
郭大生	纤维材料科学与工程	大连合成纤维研究设计院股份有限公司
魏复盛	环境监测、环境化学	国家环境保护部中国环境监测总站
何中虎	小麦遗传育种	中国农业科学院作物科学研究所
沈国舫	林学	中国工程院/北京林业大学

续表

姓名	专业与专长	工作单位
盛志勇	烧伤	中国人民解放军总医院第一附属医院
彭　寿	无机材料工程	中国建材国际工程有限公司 蚌埠玻璃工业设计研究院

青年奖(共11名)

姓名	专业与专长	工作单位
付梦印	导航、制导与控制	北京理工大学
曾元松	航空制造技术	中国航空工业集团公司北京航空制造工程研究所
王　健	仪器科学与技术	聚光科技(杭州)有限公司,杭州电子科技大学
王　巍	导航制导与控制	中国航天电子技术研究院
毛新平	材料加工工程	广州珠江钢铁有限责任公司
康红普	采矿工程	煤炭科学研究总院
况　军	石油地质勘查	中国石油新疆油田公司
戴会超	水利水电工程	河海大学水利水电工程学院
白敏冬	环境工程	大连海事大学
夏庆友	特种经济动物饲养	西南大学
尚永丰	医学生物化学	北京大学

光华工程科技奖理事会成员名单

荣誉理事长：

朱光亚（中国工程院院士　中国科学院院士　捐资人）

宋　健（中国工程院院士　中国科学院院士）

理事长：

徐匡迪（中国工程院院长　中国工程院院士）

副理事长：

潘云鹤（中国工程院副院长　中国工程院院士）

尹衍樑（台湾润泰集团总裁　捐资人）

理　　事：（共22人）

邬贺铨（中国工程院副院长　中国工程院院士）

刘德培（中国工程院副院长　中国工程院院士）

杜祥琬（中国工程院副院长　中国工程院院士）

旭日干（中国工程院副院长　中国工程院院士）

杜俊元（台湾矽统科技股份有限公司董事长　捐资人）

陈由豪（台湾实业家　捐资人）

张彦仲（中国工程院院士　机械与运载工程学部主任）

李国杰（中国工程院院士　信息与电子工程学部主任）

干　勇（中国工程院院士　化工、冶金与材料工程学部主任）

何继善（中国工程院院士　能源与矿业工程学部主任）

杨秀敏（中国工程院院士　土木、水利与建筑工程学部主任）

魏复盛（中国工程院院士　环境与轻纺工程学部主任）

管华诗（中国工程院院士　农业学部主任）

杨胜利（中国工程院院士　医药卫生学部主任）

王礼恒（中国工程院院士　工程管理学部主任）

孙家栋（中国科学院院士　中国航天科技集团总公司高级技术顾问）

厉以宁（北京大学光华管理学院名誉院长　教授）

张心湜（中国工程院院士　台湾阳明大学原校长）

陈振川（台湾大学总务长　土木系教授）

沈荣骏(中国工程院院士)

戴萧峰(国务院台湾事务办公室　局长)

董庆九(中国工程院办公厅巡视员)

奖励办公室主任:董庆九

机 关 工 作

【年度工作总结】

办公厅2010年工作总结

一年来，在院党组的领导下，办公厅深入学习实践科学发展观，认真贯彻落实党的十七大、十七届五中全会和胡锦涛总书记在两院院士大会上的讲话精神，结合制定的《中国工程院2010－2014年度工作纲要》，紧紧围绕国家工程科技思想库和院士队伍建设的中心工作，积极发挥政治部、后勤部和指挥部作用，发扬严谨、务实、规范、高效的工作作风，凝聚力量，锐意进取，扎实工作，切实增强服务与后勤保障水平，圆满完成了各项工作任务。

一、深入学习实践科学发展观，积极开展创先争优活动，把建设学习型机关落到实处

办公厅领导班子率先垂范，带领全厅干部职工学以致用，用以促学，以科学发展为主题，以加快转变经济发展方式为主线，以保障中国工程院发挥国家工程科技思想库作用、加强院士队伍建设，作为推动办公厅工作的强大动力。通过认真扎实地开展读书活动，进一步提高了干部队伍的修养，增强了做好新形势下办公厅工作的使命感和责任感。

在开展创先争优活动方面，按照党组和机关党委的统一部署，结合工程院机关工作实际，机关党委办公室印发了《中国工程院关于在机关各党支部和党员中深入开展创先争优活动的实施意见》、《关于推进党支部和党员开展创先争优活动的通知》、《中国工程院关于开展创先争优活动实施意见和机关先进党支部、优秀党员考评实施方案》等文件，修订了《中国工程院党支部工作手册》，支部制订了创先争优活动计划。办公厅领导班子带头查找差距，学习榜样，通过签署《创先争优活动承诺书》，掀起了比学赶帮超的活动高潮。同时，注重加强干部职工的政治理论和业务技能培训，配合中央党校、浦东和延安干部学院、中央党校中央国家机关分校及有关部委组织的部、局、处及一般干部的培训。组织了机关公文写作培训、保密教育、党员教育、摄影实践培训等，每一名党员还撰写了读书学习心得，把建设学习型机关落到实处。

二、顺利完成院领导班子换届选举工作，逐步完善院机关干部选拔任用工作机制，提高院机关干部队伍战斗力

在院领导班子换届选举的服务保障方面。2010年召开的两院院士大会，我院作为主办方，办公厅积极联系协调中办、国办邀请党和国家领导人出席。会同中科院做好大会的会务、后勤保障与媒体宣传报道任务。积极配合中组部，顺利完成了院领导班子换届选举的一系列工作，主要包括组织换届动员会、民主推荐、院士谈话，以及换届选举投票的组织实施、上报新一届领导班子任职请示

和办理新任院领导任职手续等。

在加强干部队伍建设方面。积极开展教育培训，着力提高干部队伍的综合素质和工作能力。大力选派干部参加专题班培训和党校培训。坚持正确的用人导向，严格贯彻落实干部选拔任用、交流和调配有关规定，优化干部配备，加强干部交流。根据工作需要，严格按照任职条件，坚持差额推荐、差额考核的原则，加大了竞争性选拔干部的力度，通过民主推荐、考察、酝酿、讨论决定等程序，选拔任用了秘书长一名和副局级干部三名。积极推荐符合条件的干部参加其他相关部委组织的公开选拔，先后推荐 3 名干部参加了外交部和中央国家机关工委的公开选拔活动。

在推进干部交流锻炼方面。组织开展了干部轮岗和挂职工作，通过《干部交流的无记名问卷》、处以上干部交流的实名调查问卷以及座谈会等多种方式，对部分局、处级干部进行了交流轮岗。还选派了 4 名优秀机关干部分别到天津高新技术产业开发区、中石化、中海油、中钢集团等单位挂职锻炼，并吸收了 4 名优秀中青年干部到我院挂职，进一步增强了机关干部的活力。

三、明确部门职责与定位，改进工作方法，做好管理与基础性服务的支撑工作

办公厅作为院机关的窗口部门，承担着上传下达、协调保障的重要任务。按照院统一部署与要求，围绕部门职责与定位，办公厅各相关业务处室密切配合，积极发挥桥梁纽带作用，会同相关部门，全力推进党组的重大决策与部署的贯彻落实。

（一）按照精、准、细、严的要求，做好综合文秘和服务协调工作

坚持高标准，充分发挥参谋助手和综合协调作用，不断提高办文、办会、办事水平，全力保障院领导重大活动及各项重要工作的顺利开展。

一是加强制度建设。修订完善了《中国工程院工作规则》，进一步明确了院各项工作流程；完成了《中国工程院规章制度汇编》的修订核稿工作，主要包括院政务、财务、行政后勤、外事、宣传等多个方面规章制度；制订了计算机保密管理、院网站及办公系统的相关管理制度和操作规范。

二是进一步规范院公文、机要文书管理。全年共办理各种文件传阅 1000 余人次、登记签报 837 件；办理院发文、函及党组发文 194 件；办理厅发文 70 件，机关党委文件 5 件；办理其他文件 48 件；收发挂号机要交换文件总量达 5219 件，其中收文 4037 件，发文 1134 件，外埠机要发文 48 件。在 2010 年度国家机关机要交换工作中，我院机要交换员获得中央国家机关机要交换先进个人荣誉称号。

三是圆满完成主席团会议、党组会、院常务会议、院长办公会及院机关办公会的会议组织服务工作。

四是做好中央领导、外国政要、世界知名专家及有关部委、相关省市领导视察、访问工程院的接待服务工作。接待了李岚清、刘延东、孟建柱、董建华等党和国家领导人，接待了俄罗斯联邦委员会主席米罗诺夫，瑞典国王卡尔十六世、东盟工程院代表团、古巴国务委员会科技顾问卡斯特罗等来我院访问。还圆满完成了交通运输部、湖北省、浙江省宁波市、中钢集团、高等教育出版社等部委领导及有关省市领导、国有大企业领导来访的接待工作。

五是协助安排落实院领导重要活动及院领导日常工作。全年共联系安排院领导出席各种会议等活动 400 余次；负责领导出差订票 500 余次；办理院领导机场接送服务 238 次。克服困难，积极协调解决了新一届院领导办公用房、用车及配备红机等，及时为从外地调京的院领导安排了合适的临时住处。

六是加强与中办、国办及相关部委、省市的联系，联系协调院领导走访了财政部、基金委、中国科协、工信部、水利部、外专局、中编办、教育部等部委。根据院主席团会议精神，落实聘请主席团顾问工作，已向11个部委相关负责人发出聘书，邀请担任我院主席团顾问。

（二）扎实周到、严谨细致，做好后勤保障工作

一是完成了政府采购和固定资产管理工作。按照政府采购法和中央预算单位政府集中采购目录及标准要求，对机关办公场所物业服务、办公设备、办公家具等实现了中央国家机关政府采购中心集中采购，重要会议实现全政府采购。在固定资产管理方面，全年完成1114件设备、308件家具、4部汽车共1191.5万元新购资产的验收入库，开展了我院固定资产清查，已经完成8000余件固定资产的现场清查、盘点、登记和确认工作。

二是按照建设“院士之家”的要求，完善机关综合办公楼的功能，做好综合楼机电设备设施的维修保养。进一步强化了物业管理，做好与两家物业公司的协调沟通，提高物业服务质量，维护职工利益。

三是承办院士书画社的相关活动。举办了“歌颂祖国·爱我中华”院士摄影作品征集活动，并设计制作了2011年工程院院士摄影作品挂历；在湖南长沙举办了“橘洲抒怀——院士书画联谊活动”。

此外，圆满完成了信访、计划生育、人防、爱国卫生、交通管理、绿化、职工医疗等工作，取得了较好的成绩。

（三）发挥信息保障支撑作用

始终坚持把做好公共信息平台的支撑服务作为全年工作重点，克服困难，保证了办公信息系统的正常运转，保障了全院信息系统软硬件的正常运行。

一是网站的日常维护逐步制度化和规范化，网站功能和实用板块不断增加，内容动态更新加快。在《2010年中国政府网站点评报告》有关公众互动方面，我院网站上开通的《支持产品自主设计的设计资源现状调查研究问卷》专栏，被点评为网站亮点。重新开通启用英文网站，已经发布各类文章100余篇。全年编辑并发行《院士通讯》12期，50余万字，恢复编辑与发行《Newsletter》。

二是在网络基础建设方面，新增了深信服上网行为管理设备，实现了我院全网络的上网行为管理、监控和事后审计；更新了院网站系统服务器，实现了网站服务器的异地备份；更新了OA办公自动化系统服务器，网络管理效率大大提高。全年处理解决重大网络系统故障7起，解决机关人员办公用上网、电子邮件、OA系统、计算机、打印机等软硬件故障800余次，处理计算机病毒问题50余次。

三是完成建设中国工程院数字图书馆调研和实施方案设计论证研究咨询项目的立项。经过前期调研分析，会同项目依托单位完成了咨询项目的立项书，院咨询委员会已批准立项。

（四）加强安全保密工作

在做好全院干部职工安全保密教育的同时，制定完善了相关保密制度，严格遵守机要和保密纪律规定，全年安全保密平稳无事故。

一是深入贯彻国家保密局关于组织开展涉密载体清理工作的部署，组织开展了涉密载体清理检查工作，起到了良好的保密警示和宣传效果。

二是按照中央保密办、国家保密局开展的中央和国家机关网络保密检查工作的动员和部署，组织开展了网络保密大检查工作。分批次对机关所有网络设备、个人上网机、物理隔离机、涉密机、移动存储以及各部门业务子系统进行了全面检查。开展了全院范围内的网络安全保密大检查，对于发现的问题立即进行了整改，撰写了检查报告和整改方案并报中央保密委及国家保密局。

三是按照国家保密局要求，在全院范围内认真组织开展了保密承诺书签订人员保密知识竞赛活动，加强了计算机网络保密及信息系统安全等级保护工作。配合国家保密局科学技术司完成了互联网出口保密检查检测平台前端监测器部署，配合公安部网络安全局联合检查组对我院信息安全等级保护工作进行了检查。

(五)发挥新闻宣传的舆论导向，提升工程院的对外影响力，为全院中心工作的顺利开展营造良好的舆论环境

一是制定了新闻宣传规划。为配合加强院士队伍建设，着力抓好重大典型的宣传报道，拟计划连续5年，每年推出3–5位具有典型性、代表性的院士，报请中宣部，纳入全国重大宣传典型，在全国科技界及社会各界广泛深入地宣传，树立榜样。加大对全院重大咨询活动、咨询项目的宣传。对全院开展的具有全局性和重要影响的咨询活动、咨询项目进行跟踪报道，深入宣传，扩大影响。配合做好老科学家学术成长资料采集工程。

二是发挥舆论引导作用，组织相关新闻媒体就我院重要事件、重大活动、重点工作等进行宣传报道。重点加大了对院士大会的深度报道，加强了对近年来我院组织开展的重大咨询项目的宣传报道。组织新闻媒体对工程科技论坛十周年座谈会、工程管理学部成立十周年暨工程管理论坛、首届能源论坛等进行了深入的宣传报道，有效地扩大了我院的对外影响。宣传了近年来我院开展国际交流与合作的工作成果。积极安排院领导、相关院士的采访报道等工作。

四、加强财务支持力度，保障全院各项工作的资金

一是针对我院以往财政预算执行率低的状况，积极采取措施，开展了预算执行月通报制度，全年预算执行率超过96%，根本扭转了我院执行率偏低的被动局面。

二是加强咨询项目经费管理制度化建设。为充分发挥财政资金在保障咨询工作中的作用，积极与财政部沟通协调，制订了《院士科技咨询专项经费管理办法》，对管理责任主体和经费实行分级管理，并明确规定了经费来源与使用原则、使用范围、同行评议、经费专管员等相关管理制度。

三是坚持预算科学化、精细化贯穿财政财务全过程。顺利完成了2009年决算和结余资金，2011年预算编报，落实预算资金12541万元。首次向社会公开了部门预算，积极沟通财政部落实重大临时经费需求。

五、2011年工作要点

2011年是“十二五”开局之年，办公厅将“围绕中心，服务大局”作为2011年重点任务，在做好日常工作的基础上，着重在以下方面开展工作：

一是加强宣传。重点向中组部、中宣部推荐五位典型院士并做好系列宣传工作；会同中央电视台科教频道，以“大家”、“科技人生”等栏目为平台，大力弘扬科学精神，展现院士队伍严谨自律的工作作风。

二是根据院党组提出的“全心全意依靠这支队伍，扎扎实实建设这支队伍”的要求，为党组选拔、任用干部工作提供民主推荐、轮岗交流和挂职锻炼的建议，大力培养年轻后备干部，多渠道、多形式开展青年人才培养，积极创造条件，探索国内外学习锻炼的培养模式。

三是以中国工程院数字图书馆为先导，大力推进以工程科技数据库为核心的国家工程科技数字图书馆建设。

四是加强财务管理工作，强化预算执行的监督、管理和审计工作，组织实施《中国工程院院士咨询项目经费管理办法》，推进咨询经费管理制度化建设。

五是深化院士服务，做好增选工作会议的各项会务工作，积极推进“院士之家”建设。

六是逐步规范机关公文管理等规章制度和办事程序，提升工作质量和效率。进一步规范院机关各项规章制度，杜绝重大失泄密事件的发生。

七是大力推进机关综合楼的节能减排示范工程的建设。

八是完成领导交办的其他工作。

学部工作局 2010 年工作总结

2010 年，学部工作局在院领导、各学部常委会的领导下，在机关各部门的大力支持下，圆满完成了各项工作任务，现总结如下：

一、2010 年完成的主要工作

（一）精心筹备，做好院士大会工作

2010 年的院士大会是全年的重点工作。学部局具体承担了以下主要工作：

一是协助换届工作：包括主席团、各学部常委会、各专门委员会换届。具体完成了酝酿推荐、上下沟通、选举计票等工作。

二是组织学术活动：主要包括大会学术报告会和各学部学术报告会，共有 46 位院士和 1 位专家作了学术报告。

三是组织咨询座谈会：大会期间各学部分别召开了“中国工程科技中长期发展战略研究”、“院士队伍建设”与“学部调整与学科划分”等咨询项目座谈会，并收集汇总了院士意见，供领导和项目研究参考。

（二）总结凝练，提升学术引领作用

在院领导的直接领导下，全年共主办和支持协办各类学术活动 112 场。其中：工程科技论坛 20 场；国内、国际学术会议 86 场；学部年会 4 场；香山会议 2 场。2010 年的学术活动按照“传承、创新、发展”的原则，通过回顾总结、凝练品牌、提升水平、承前启后、开拓创新，有效发挥了学术引领作用。重点工作有以下四方面：

一是总结凝练“中国工程科技论坛”。认真组织了工程科技论坛新百场的首场（101 场）示范、观摩。在樊代明副院长领导下，学部局与政研室、办公厅的同志，共同总结经验，研究传承发展。成功组织了“中国工程科技论坛十周年座谈会”，刘延东国务委员到会作了重要讲话，老院长宋健、徐

匡迪，全体院领导、学部主任及院士代表出席了会议。通过总结十年百场经验，提出了进一步做好工程科技论坛"聚焦、聚集、聚合、聚变"的工作思路。

二是继续树立"学术年会"品牌。2010 年举办了第八届化工、冶金与材料工程学术年会，徐匡迪老院长、干勇副院长及 49 位院士，200 余人出席会议，会议以"低碳技术与复合材料"为主题，共作 51 场学术报告，还与 21 家企业开展技术对接活动。2010 年工程管理学术会与工程管理学部成立十周年庆祝大会相结合，徐匡迪老院长，周济院长及全体院领导，王基铭主任等 35 位工程管理学部院士出席了会议。参会领导和院士从历史发展和现代化建设的视角，阐释了"工程需要管理"的重要理念，也为工程管理发展指明了方向。

三是紧扣社会经济发展的重点问题组织学术活动。我院与国家能源局共同主办"能源论坛"分 6 个会场作了 91 个主题报告，有 56 位院士和 600 多位专家和代表出席会议，围绕我国能源的可持续发展、能源的高效利用等展开研讨；机械学部主办的"2010 汽车自主创新"论坛，除大会报告外，还在 20 个分会场作了 170 个主题报告，20 多位院士、1200 多位国内专家交流了最新的研究成果，探讨了新形势下所面临的问题。环境学部主办的"中国环境工程科技战略发展论坛"，提出了控制水体、空气、土壤环境污染等方面的建议，对我国环境科技中长期发展有重要的指导意义。农业学部主办的"六大农作物强优势杂交种的创制与应用论坛"围绕我国水稻、油菜、玉米、大豆、棉花、小麦等六大农作物的强优势研究与进展、现状与问题进行了研讨，并提出了杂交品种培育与杂交种生产过程中存在的关键问题，对于进一步深入研究和广泛利用农作物杂种优势具有指导意义。

四是应对突发事件及时组织学术活动。针对玉树/洪涝/舟曲泥石流等突发灾害及时组织召开了"玉树抗震救灾"座谈会（19 位院士），"抗击洪涝、地质灾害"座谈会（22 位院士），会后及时整理院士意见，分别向国务院报送了建议报告，为提高国家应对自然灾害的能力提供了技术支撑。

还参与新一届学术与出版委员会的相关工作，如学术与出版委员会 2010－2014 年工作规划及 2011 年工作计划；参与讨论学术活动管理办法等。

（三）院士队伍建设相关工作

1. 完成院士队伍建设的项目研究工作

2010 年 1 月启动《院士队伍建设项目》研究工作，共有 46 位院士、15 位专家及学部局、国际局有关人员参与研究。通过发放调查问卷、组织院士座谈、各课题组认真研究、多次院常务会和主席团会讨论、院士大会征求院士意见，及多次修改完善，完成了综合报告和 5 个分课题报告。该项目全面总结了我院院士队伍建设工作取得的成就，分析了未来院士队伍发展趋势，研究了外国工程院值得学习和借鉴的主要做法，客观提出了院士队伍建设工作面临的机遇与挑战，并对科学规划思想库建设、完善增选制度、加强科学道德与学风建设等提出了建议。

2. 完成了五个方面增选工作的基础性工作

一是完成对《中国工程院院士增选工作实施办法》、《中国工程院外籍院士增选工作实施办法》、《中国工程院院士增选工作中院士行为规范》、《中国工程院院士增选中的保密规定》、《中国工程院院士增选投诉信处理办法》、《中国工程院院士增选候选人材料公示办法》、《中国工程院院士增选候选人材料验收及汇总的有关规定》7 个增选文件的修订。

二是完成院士增选提名系统软件升级工作。

三是与中科院院士工作局联合组织召开了两院 2011 年院士增选工作会议。

四是协助办公厅召开了 2011 年院士增选工作情况通报会。

五是承担院士增选政策委员会秘书处工作，筹备召开了两次院士增选政策委员会会议。

3. 科学道德建设相关工作

在杜祥琬、谢克昌副院长的领导下，承担道德委员会秘书处的组织协调工作。协助组织召开两次道德委员会会议（第四届第七次会议、第五届第一次会议），参与了科学道德建设委员会2010－2014年工作规划及2011年工作计划的起草工作；协助完成了《工程科技的实践者－院士的人生与情怀》第二集136篇稿件征集及编辑工作，完善了工程院网站《科学道德建设》栏目相关信息；参与《中国工程院科学道德建设委员会的职能及工作制度》、《中国工程院院士科学道德行为准则》、《中国工程院院士科学道德行为准则若干自律规定》、《中国工程院关于涉及院士科学道德问题投诉件的处理规定》等文件的修订工作；受理了对11位院士投诉的调查等工作；协助召开了道德委员会工作会议；起草了向刘延东国务委员汇报科学道德建设情况的报告，积极参与科研诚信联席会的相关工作。

（四）积极协助，开展咨询研究活动

配合政策研究室全年共协助组织开展院士咨询研究项目136项。其中：已完成38项；准备结题16项；在研82项。另外，组织召开咨询项目研讨会80余场。

负责组织的"关于十二五战略新兴产业咨询"项目主要就"十二五"我国战略性新兴产业若干领域的发展重点提出咨询意见和建议，研究内容主要包括产业发展的总体思路、发展重点、技术发展路线图、政策措施，以及相关的重大工程和专项。全体院领导和50余位院士、200余位专家参加了此项研究工作。项目办公室在邬贺铨副院长的领导下，认真做好项目组织协调工作，组织召开研讨会议70余次。在完成十一个专题报告的基础上形成了综合报告，已报送发改委。

与研究室和办公厅共同组织了"新疆水资源"项目研究成果发布会，该项目对新疆可持续发展提出了具有战略性的咨询意见和建议。此次成果发布会还积极回应了媒体炒作"海水西调，引渤入疆"，取得良好效果。

负责组织发改委委托的三项咨询研究：石油石化行业创新能力平台研究（袁晴棠院士负责）；新能源产业创新能力建设研究（杜祥琬院士负责）；国家工程实验室建设与运行情况研究（邬贺铨院士负责），取得良好的效果。

协助政策研究室全年共完成院士建议27项，联系院士完成国务院法制办、发改委、科技部、国土资源部、环保部、工信部、中组部、中国工业经济联合会等部委征求意见的咨询工作。

（五）不断推进，扩展院地合作空间

一是签署合作协议。2010分别与广东、新疆自治区和新疆生产建设兵团、江苏省、湖南省、重庆市、四川省、神华集团等省市区、企业签订科技合作协议，截至目前，我院已与22个省市区、部委、企业等签署了合作协议。

二是组织开展"院士行"活动。全年共组织8次"院士行"活动："山东钢铁院士行"、"神华院士行"、"南海院士行"、"湖南科技院士行"、"武汉东湖国家自主创新示范规划院士行"、"江西新余院士行"、"北京交通院士行"、"中钢马鞍山院士行"，为促进区域、行业和企业技术创新能力建设做出了积极努力。

三是推进企业院士工作站工作。院士工作站以项目为纽带，架起了院士和企业的合作桥梁，实现了高端科技资源与经济社会发展的紧密结合，是推进产学研用合作的好形式。根据刘延东国务委员批示精神，为全面了解和把握院士工作站的发展现状、基本做法、主要经验和运行情况，我院会同科学院、科技部、科协等单位，对企业院士工作站的发展现状进行了调研，并向国务院提交了调研报告。

四是配合地方开展多形式的技术研讨和学术活动。2010 年成功举办了“喀纳斯科学与艺术”论坛和首届“信息化创新克拉玛依国际学术”论坛等。

五是搭建会展经济平台，提升区域创新能力。协助举办了深圳高交会及生物产业发展论坛、山东济宁第十届中国专利高技术产品博览会、第九届中国（淄博）新材料技术论坛。其中：中国（淄博）新材料技术论坛暨国际科技成果招商洽谈会已成功举办了 9 届，共汇聚了两院院士 220 多人次，专家 680 多人次，30 多个国家和地区的 340 名专家学者，国内 100 余所科研机构、高等院校 3200 多人次高科技研发人员为淄博市乃至山东省的发展奉献才智。仅第 9 届展会就签订技术合作项目 780 项，可带动科技投入和高新技术产业投资 106 亿元。

六是成功召开院地合作第二次工作座谈会。会议总结交流了各地的经验，探讨了新时期院地合作工作的新思路、新方法，为院地合作工作进一步深入开展奠定了良好的基础。

为加强我院与地方、部门、军队、企业和高校、科研机构合作工作的指导，经院常务会议讨论，院主席团会议审议通过，正式将产业工程科技委员会更名为科技合作委员会，并组织召开了第一届科技合作委员会第一次会议，起草了《中国工程院科技合作委员会工作规则》、《中国工程院 2011－2014 年科技合作工作规划》《中国工程院 2011 年科技合作工作计划》。

（六）努力服务，促进院士之家建设

1. 资深院士联谊会工作

我院已有资深院士 178 人，占全体院士总数的 23.83%，为进一步发挥资深院士的作用，本年度开展了多项活动，收到了良好效果。

一是协助师昌绪会长和金国藩副会长组织召开两院资深院士联谊会理事会、会长会、学术会议。总结上年的工作、制定年度工作计划、增补 2 位副会长。全年召开各类会议共 15 次。二是组织召开科学道德与学风建设座谈会。结合我院《院士队伍建设》咨询项目中“院士科学道德与学风建设研究”课题进行座谈。征求院士意见。三是开展“三农”咨询项目研究。多次召开“三农”问题研讨会。项目研究形成的总报告上报国务院，得到了胡锦涛总书记、温家宝总理、回良玉副总理、刘延东国务委员的批示。四是开展“素质教育与创新人才培养”咨询研究项目。2010 年 10 月在北京举办教育项目启动会。12 月在厦门召开了资深院士联谊会理事会扩大会，对研究框架进行了讨论，提出了修改建议。五是组织参观科技馆和国家动物博物馆。六是在院士大会期间，举办两场健康讲座。项坤三院士：“人类糖尿病：当前的认识和防治”；高润霖院士：“心血管病防治和中老年保健的若干问题”专题讲座。

2. 院士医疗相关工作

一是为提高院士的医疗待遇作出积极的努力。配合中央保健局等单位调整了院士体检项目，院士体检的标准已由原来的 1500 元/人年，提到 2600 元/人年。二是进一步开辟院士就医绿色通道。分别于 2010 年 1 月和 11 月与广安门中医院和天坛医院签署合作协议，使院士医疗的合作单位达到了 5 家。三是组织举办《医疗保健系列报告会》。成功举办三场报告会，樊代明副院长：《三千年生命科学的进与退》，陈香美院士：《肾脏衰老的机制与老年人的肾脏保健》，樊代明副院长：《消化系统保健》。四是为全体在京院士（351 人）办理了北京市 999 急救中心的“福 e 通”智能呼救系统，并请 999 急救中心的负责人员为院士详细介绍了使用方法。五是配合卫生部中央保健委员会，在小汤山医院健康体检中心为在京院士开展健康咨询活动。此项活动受到了参加院士们的普遍欢迎和好评。六是努力做好院士就医以及医疗服务的各项工作。本年度联系院士就医 87 人次。看望住院院士 23 人次。还积极安排阜外医院专家对就医院士进行跟踪回访，受到院士的好评。

（七）扎实细致，做好学部日常工作

院士群体是完成工程院各项工作的核心，学部发挥着重要的基础性、组织性作用，学部工作局是联系院士的桥梁，是为院士服务的办事机构。在学部常委换届后，我们及时加强与新任学部主任的沟通、磨合，顺利完成了各项工作。全年协助组织召开学部常委会 48 次。其中：机械 8 次、信息 6 次、化工 6 次、能源 6 次、土木 4 次、环境 5 次、农业 4 次、医药 3 次、工管 6 次。为学部各项工作有序地开展奠定了基础。除周密细致安排每项咨询、学术活动，编制工作计划、起草工作总结外，还完成看望院士、为院士生日寄送贺信、贺卡、鲜花，院士去世撰写唁电等大量事务性的工作。

（八）积极努力，完成领导交办任务

除认真完成基本职能和工作任务外，还积极努力地完成了领导交办的各项临时性任务。如：根据温家宝总理批示，组织相关院士对“金日光教授有关地震检测建议”进行了讨论研究，并向国务院及时报送相关建议。根据刘延东国务委员批示，组织有关院士召开“关于我国构建化学物质监测监管体系”座谈会，并起草回复报告。根据刘延东国务委员批示，协助干勇副院长组织召开“国内稀土发展院士专家研讨会”，并向国务院和工信部报送建议报告。还认真完成了院领导交办的其他各种临时性任务。

二、工作体会

根据院领导提出的“外树形象，内强素质”和“扎扎实实建设这支队伍，全心全意依靠这支队伍”的要求，我们感到：要继续发扬光大学部局的好传统，服务院士，爱岗敬业，吃苦耐劳，建设一支和谐奋进的团队。

1、建设和谐的团队是做好工作的关键。在白玉良局长的领导下，全局团结协作，相互配合协调，通过谈心、交心增进了解。由于班子团结，团队就更加团结，从而形成了良好的工作环境。

2、完善工作机制是做好工作的基础。我局坚持局务会议制度，遇到大事、难事，坚持集体研究商议，特别是在大型活动过程中，注意发挥了群体作用，有效保证了重点任务完成。比如：能源论坛、十年百场工程科技论坛座谈会、管理学部 10 周年活动等，都体现了团结协作的作用与氛围。

3、爱岗敬业是做好工作的基本品德。我们结合院党组提出的争先创优要求，充分发挥党支部和党员干部的模范带头作用，结合我们的工作特点，提出了学部工作局每位工作人员要树立服务院士、爱岗敬业、甘于吃苦、乐于奉献精神的工作要求，大家在这个精神的感召下，克服人少事多，任务繁重的困难，为做好工作付出了很多努力。

总结过去的工作，虽然取得了一定成绩，但我们感到我们的工作离院领导的要求，与所承担的任务还有较大的差距，还需要进一步加强学习，不断提高服务水平和能力，不断提高自身素质，适应新形势和工作的需要。我们还要进一步加强沟通、加强协作，增加合力。新的一年，我们将按院领导要求，在更高标准、更高起点上扎实地做好院士队伍建设和思想库建设的相关工作。

国际合作局2010年工作总结

2010年,在院领导的直接领导下,国际合作局以深入贯彻落实科学发展观为指导,在机关各部门的支持下,全局同志团结一致,克服人员少、时间紧、任务重等困难,倾力奉献,圆满地完成了工作任务。同时,为适应新形势,全局同志认真学习,努力探索,在工作定位、工作作风、工作方式等方面开始了新的转变。

一、全力以赴,完成重大任务

2010年完成的一项重大任务是邀请并接待瑞典国王卡尔十六世・古斯塔夫参加的瑞典皇家技术考察团来访。这是我院2010年最重要的外事活动,同时也是我院历史上第一次邀请和接待国家元首参加的代表团。

瑞典皇家技术考察团是瑞典皇家工程科学院的一项传统活动。每年选择一个国家,由国王参加,由瑞典皇家工程科学院、瑞典科研机构、企业、大学、基金会等单位的领导参加,对访问国进行技术考察。过去考察团访问的主要是发达国家,此次选择我国作为考察国,并由我院作为邀请单位,特别是2010年的上半年,瑞典国王曾应邀访华,参加了中瑞建交六十周年的庆祝活动,并会见了胡锦涛主席;下半年又参加皇家技术考察团再次访问我国,这在国际交往史上也是很罕见的。这一方面反映了我国经济技术实力在世界上的影响力,另一方面也是我院与瑞典皇家工程科学院长期友好合作关系的结果。

面对这一重大任务,我院领导高度重视,两届院领导都亲自指挥,对邀请和接待工作做了精心布置和安排。国际合作局全体同志深刻认识到完成这一任务的重要意义,团结一致,全局一盘棋,统一协调,全力以赴,落实院领导的各项部署和要求。同时,针对这一任务的特殊性,积极与外交部、公安部以及浙江省、上海市有关部门联系与配合,最终实现了代表团的顺利访问。中共中央政治局常委、国家副主席习近平在人民大会堂会见了瑞典国王卡尔十六世・古斯塔夫和随行的瑞典皇家工程科学院代表团主要成员。中共中央政治局委员、国务委员刘延东在我院会见了瑞典国王及瑞典皇家工程科学院代表团成员,并出席了中瑞工程院合作谅解备忘录签字仪式及招待会。在北京期间,代表团还访问了中国航天科技集团所属的"航天城"、微软中国研究院。代表团还访问了浙江、上海等地,在浙江访问了浙江大学、阿里巴巴公司,并会见了吉利控股集团的董事长李书福;在上海期间,上海市市长韩正会见了代表团。代表团访问了上海同步辐射光源、上海交通大学,还请铁道部郑健总规划师介绍了我国高铁发展的现状与规划。瑞典方面在访问结束后一再通过多种方式表示,对我院的安排和接待非常满意。

二、通过学术交流,加强与主要国家工程院的合作

2010年,合办学术研讨会的方式,先后举办了中瑞可再生能源与环境项目下的能源效率与节能减排研讨会和智能电网研讨会、中法医学科学与公共卫生研讨会、中法乙肝病毒研讨会、中挪全球制造研讨会、中美工程科技研讨会质量管理论坛、中日韩工程院圆桌会等系列学术活动,取得了良好的效果。同时,我院还与捷克工程院和瑞士工程科学院签署了合作谅解备忘录。

三、配合外交,做出贡献

2010年10月,俄罗斯联邦委员会主席米罗诺夫应吴邦国委员长的邀请访华。在接待过程中,全国人大常委会与我院联系,表示俄方希望在京期间,能组织一次与中国科学家的对话。在准备时间非常短(不到一周的时间)、人员紧张(主要人员在西安组织中日韩圆桌会)的情况下,配合全国人大常委会及外交工作,我局坚决接受了任务,群策群力,接待了米罗诺夫一行访问我院,并在我院发表了关于中俄科技合作的演讲。我院与会的院士专家积极与米罗诺夫主席对话,就中俄科技合作提出建议,收到了良好的效果。

此外,我院还接待了古巴国务委员会科技顾问卡斯特罗等。

在应对气候变化国际谈判中,我院院士作为专家参加了联合国气候变化坎昆会议,介绍了我国在应对气候变化方面的努力和取得的巨大成就,为我国参加联合国气候变化谈判贡献了智慧和力量。

2010年院士大会后,我院新一届领导研究制定了《中国工程院2010－2014年度工作纲要》,提出了两个方面、八项重点工作。《工作纲要》对我院的国际合作工作提出了更高的要求。国际合作局的全体同志认真学习胡锦涛总书记在两院院士大会上的讲话以及《工作纲要》,展开讨论,并在工作中加以落实,为适应新的形势和要求,在工作定位、工作作风、工作方式等方面开始了新的转变。

一、从单纯的外事服务部门向全面参与我院工程科技思想库建设转变。过去,机关对国际合作局的定位是完成院国际交流与合作的服务工作。《工作纲要》要求强化国际交流合作,要紧紧围绕工程院的重点任务和发展目标,充分利用国际交流合作平台和国际资源,把我院建设成具有国际影响力的工程科技思想库。国际合作局要与机关各部门一起,全面投身于我院工程科技思想库的建设,并在国际交流与合作方面发挥“策划、统筹、协调、服务”的作用。

在过去的一年里,国际合作局已经开始更多地直接投入到院工程科技思想库建设的活动中。如积极参加了《中国工程院院士队伍建设》咨询项目的研究,以及目前进行的《工程科技思想库建设》咨询项目的研究;在院领导的指导下,已确定了三个2011年将与国外开展的院士科技咨询项目。同时,按照院领导开拓的与国家外国专家局的合作渠道,国际合作局已与国家外国专家局联系开展合作,支持我院今后召开国际工程科技发展高端系列研讨会,并以多种方式充分发挥我院外籍院士的作用。

二、从单独开展外事活动,向与学部、机关各部门共同合作组织转变。过去国际合作局在我院的对外交流活动中,较多地通过直接与有关院士联系组织开展,与学部、机关各部门的合作不够。2010年,国际合作局在我院的国际交流与合作活动中更多地与学部及机关各部门合作进行。在重大的国际交流活动中,如接待瑞典皇家技术考察团、接待俄罗斯联邦委员会米罗诺夫主席、举办院

士大会学术讨论会等，都离不开学部、机关各部门的大力支持和参与。这一方面提高了我院国际交流与合作的水平，另一方面使国际合作局能在人员少、任务重的情况下完成任务，同时，也为学部、机关各部门创造了更多的了解国际的机会。在这一过程中，国际合作局还从与学部、机关各部门的合作中学习到了很多好的作风、做法和经验，以利于今后进一步提高工作水平。

三、在局内工作中，从单个地区、处室各自为战向全局一盘棋相互协作转变。2010 年上半年，院领导根据工作的需要，在院内开展了干部轮岗、挂职交流工作，为国际合作局补充了新鲜血液。并对国际合作局的组织机构进行了调整，改变了过去以地区划分业务工作的格局。面临着新的格局和新的任务，全局同志能够积极进取，迅速熟悉业务，适应新的工作。在熟悉、适应的过程中，开始更多地相互支持和协作，逐渐开始从全局工作的角度、从全院建设工程科技思想库的需求角度考虑问题，注重协调，相互补台，团结协作的气氛比过去大大增强。

展望 2011 年，国际合作局将按照《工作纲要》的要求，根据我院《2011 年工作要点》，切实将《国际合作局 2011 年工作计划》落在实处，为我院建设工程科技思想库做出自己的贡献！

政策研究室 2010 年工作总结

2010 年，在院领导的亲切关怀下，在机关党委和党支部的领导下，在各部门的大力支持下，政策研究室全体同志团结协作，努力工作，认真履行职责，圆满地完成了各项任务。

一、2010 年主要工作

1. 开展“创先争优”活动，努力建设学习型团队

在党支部的带领和组织下，积极开展“创先争优”活动，努力建设学习型党支部和学习型团队。

一是组织认真学习、领会和贯彻中央精神。学习中央十七届五中全会精神、胡锦涛、刘延东在院士大会上的讲话精神；开展了“学习讲话、建言纲要”活动；坚持学以致用，把中央精神与实际工作结合起来，把思想政治学习与业务能力提高结合起来，努力提高职工的政治素养和业务水平。

二是组织开展创先争优活动。积极动员、认真组织制定党支部及个人“创先争优”工作计划及学习计划，建立学习督促机制，把自学、组织学习和学习交流结合起来，引导全体人员形成良好的学习习惯。

三是创新学习形式，丰富学习内容。倡导自学、向院士专家学习、邀请著名专家作学术报告、上党校、组织参观西柏坡主题党日等多种形式的学习活动，扎实推进学习型团队建设，激发了大家学习热情，提高了学习兴趣。

通过学习和一系列活动的开展，大家都感到有很大收获，提高了自己的政治水平和业务能力，为完成各项工作奠定了良好的基础。

2. 围绕思想库建设，努力做好咨询服务工作

思想库建设是工程院的重要工作之一。为配合思想库建设，政策研究室以战略咨询为重点，努力做好各项服务工作。

一是项目的归口管理工作：重点是协助咨询工作委员会做好秘书处的工作，包括：立项前期准备、征集选题方向、立项申请受理、组织评审、立项审批、成果报送、出版、结题、经费决算、成果归档等系列工作。完成的主要工作包括：协助完成咨询工作委员会换届工作，产生新一届咨委会，共27位成员；组织召开了第一次全体委员会议，制定咨委会2010－2014年工作纲要及2011年工作计划；办理项目结题15个，向国务院报告和有关部委报送咨询研究报告12个，国务院领导听取汇报的项目1个；征集了59个选题方向，经咨询工作委员会评审，重大项目16项、重点项目25项，一般项目16项通过立项。

二是项目办公室的工作：2010年政策研究室参与的重大咨询项目有22个，主要工作包括：项目办公室的日常沟通、联系、协调与服务；各种会议、考察调研的组织、协调与保障；文件起草，研究报告、简报的编印等。

三是项目的研究工作：参与部分项目或项目有关内容的研究、讨论和起草工作。具体参与的项目：

——《中国工程科技中长期发展战略研究》项目是工程院和基金委联合组织的重大项目，9个学部参与，组织开展了系列活动：一是组织多个交叉领域研究，如公共安全等；二是组织了一系列的专题报告会，路甬祥、傅成玉等应邀作专题报告；三是组织了一系列专题研讨会，如“水资源、水环境和水生态”、“仪器仪表”等；四是组织了多次阶段性成果交流与研讨会；五是项目综合报告的起草和修改、完善。

——《浙江沿海及海岛综合开发战略研究》项目由工程院、开发银行和浙江省三家联合、钱正英院士牵头组织的重大咨询项目。一是规模大：设12个研究课题组和综合组，有几十位院士、约300位专家参加；二是活动多：组织综合调研2次，共20天，其中第一次有60多人参加，年龄最大的90岁，协调任务非常艰巨；专题调研40多次；综合讨论会6次，每次参加的院士、专家约60－170位；专题讨论若干次；三是效果显著：经过一年的研究，已经取得了一批重要的研究成果，部分建议已经被“十二五”规划所采纳，综合报告正在修改完善之中。

——《中国环境宏观战略研究》项目：温家宝总理作重要批示，李克强副总理两次听取汇报，给予充分肯定。

——《三峡工程论证阶段性评估》项目：在李克强、回良玉副总理在国务院听取汇报后，完成了成果的出版和结题工作。

——《中国制造业可持续发展战略研究》项目：温家宝总理、李克强、张德江副总理分别作出重要批示。

——《中国能源中长期发展战略研究》项目：综合报告已上报国务院，国务院领导作重要批示。

——《抗疲劳制造与长寿命关键基础构建研究》项目：张德江副总理、刘延东国务委员分别作重要批示。

《提高我国制造业产品质量途径的研究》项目和《玉树抗震救灾、灾后重建若干建议》报国务院；《推进自主创新，建设创新型国家——“十二五”规划研究》项目报送中财办、科技部等。组织开展或参与组织开展的其他主要咨询项目还有：中国养殖业可持续发展战略研究、新时期生物安全战

略与法律法规研究、提高我国产品自主设计能力的发展战略研究、物联网及其在重要领域的应用、汶川地震工程破坏与对策、重点湖泊富营养化控制及其流域经济协调发展战略研究、北部湾经济区水资源安全保障研究、物联网应用研究(发展改革委委托)、我国工程科技人才培养若干重大问题研究、工程科技人才培养专项、“十二五”战略性新兴产业发展战略研究、国家工程科学技术思想库建设研究(前期工作)等。

3. 配合重要活动,做好文件起草工作

文件起草是一项重要的工作,不仅需要好的思想、大量的素材、优美的文笔,还需要高度。2010年的文件起草任务十分艰巨。

在院领导的亲切关怀和指导下,通过政策研究室和咨询服务中心有关同志的不懈努力,较为圆满地完成了四个方面的文件起草工作,共起草各类文件40余份,其中包括胡锦涛总书记和刘延东国务委员的讲话素材4份,修改文件200余次,总字数16万字以上。起草的具体文件如下:

一是配合院士大会,负责起草的重要文件:胡锦涛总书记在两院院士大会上的讲话素材;刘延东国务委员在两院院士大会上的讲话素材;刘延东国务委员在领导班子换届会上的讲话素材;徐匡迪院长在院士大会上的工作报告;周济院长在院士大会闭幕式上的讲话;两院院士大会上的主持词、致词等。

二是配合重要活动,起草的讲话或文章:刘延东国务委员在中国工程科技论坛创办十周年座谈会上的讲话;徐匡迪院长《人民日报》约稿;周济院长《求是》约稿;周济院长在全国政协“21世纪论坛”上的报告;周济院长在院地合作工作会议上的讲话;周济院长访问澳大利亚工程科学院的讲话;周济院长在工程院机关全体会议上的讲话;周济院长在国家工程科学技术思想库项目启动会上的讲话等。

三是配合咨询工作,起草的报告主要有:《中国能源中长期发展战略研究给国务院的报告》、《玉树抗震救灾、灾后重建若干建议给国务院的报告》、《抗疲劳制造与长寿命关键基础构建研究给国务院的报告》、《关于“引渤海海水西调入疆”有关情况的报告》(报国务院)、《提高自主创新、建设创新型国家——“十二五”规划研究》(报中财办、科技部)、《“十二五”战略性新兴产业咨询研究——新能源领域发展重点研究报告》(报发改委)等。

四是配合院工作部署,起草的文件主要包括:《中国工程院2010-2014年度工作纲要》、《中国工程院2011年工作要点》、《中国工程院2010年工作总结及2011年工作要点》、相关专门委员会工作要点及2011年工作计划以及人大、政协、各相关部门征求意见的函复。

4. 学术与出版工作

承担学术与出版委员会秘书处的工作:学术与出版委员会换届后,重点侧重于出版管理工作,协助召开第一次委员会会议;组织与咨询有关的学术活动共18场,如“汽车自主开发中的关键技术研究”、“信息技术在军民融合及构建和谐社会中的作用”、“能源与环境的协调生态建设”等,重点是为院士组织学术活动提供良好的服务;编辑出版学术出版物《美国工程前沿》、《工程科技与发展战略》、《中国工程院院士画册》、《中国工程院年鉴》、《中国工程院2009年大事记》等;编印报送《院士建议》共24期,如“关于长江流域水资源综合调度及河口水安全保障的建议”、“关于我国能源发展战略的几点建议”、“优化两个布局,提高行业标准,促进经济增长方式转变”等。

5. 工程教育有关工作

承担教育委员会、工程研究院所研究生教育学术委员会秘书处工作:协助完成2个委员会的换届、第1次会议组织召开、工作纲要和计划制定,落实所承担的咨询项目等工作;完成国家教育纲要和教育改革领导小组办公室工作:包括纲要征求意见、宣传等;协助推进卓越工程师教育培养计划有关工作:推荐17名院士作委员,对《通用标准》进行把关等;承担有关部委的工作:教育部、科技部、人保部等有关教育改革和人才培养工作,如创新人才推进计划。

协助工程院与教育部合作开展“工程科技人才培养研究”、工程院开展“工程科技人才培养若干问题研究”,教育部在人文社科基金中设立“工程科技人才培养研究”专项,教育委员会负责组织专项的招标和评审工作,秘书处协助制定了项目指标指南和评审办法,通过公开招标,受理179项申请,组织评审,选出25个中标项目。

协助高校与研究院所联合培养研究生的首批试点工作:推进高校与研究院所联合培养研究生试点工作,在调研的基础上,推荐了试点单位,召开了试点工作会议,8家院所和9家高校参加了首批试点;完成了2011年联合培养试点的征集和推荐工作。

6. 认真做好档案管理

对2009年全年文书档案、院士增选档案、照片档案等进行整理归档,文档立卷125卷,照片2卷,编写目录1400余条,对其档案进行数字化处理。接收书画作品档案49件;提供查询利用180余次;完成《中国工程院机关文件材料归档范围和文书档案保管期限规定》制定,现已在机关执行。

7. 科技奖励工作

负责第八届光华工程科技奖提名材料的接收、分类、汇总、编印等工作;协助召开了9个学部的评审会议和理事会会议,评审产生27名获奖人;完成了颁奖的有关工作;负责与国家奖励办公室的联系工作,协助组织了何梁何利奖候选人推荐工作;接待台湾光华奖捐资人来访等有关工作。

8. 日常管理工作

一是强化制度建设:健全了例会制度,基本上每2周召开一次室务会或全体会议,及时传达院里的精神,或通报有关情况;二是明确了任务分工:经过研究协商,室领导和各处室有了一个相对明确的任务分工;三是健全了民主决策机制:重大决策由领导协商、室务会研究,实行民主决策。

9. 其他工作

政策研究室承担或参与的由相关部委牵头的其他方面工作主要有:新一代宽带无线移动通信网专项办公室(工信部牵头)、水专项办公室(环境保护部牵头)、下一代互联网办公室(国家发展改革委牵头)、大科学工程领导小组办公室(国家发展改革委牵头)、全民科学素质纲要实施工作办公室(中国科协牵头)、国家教育改革领导小组办公室(教育部牵头)、科技口会商会办公室(科技部牵头)、中长期项目联合基金办公室(基金委牵头)、与开发银行合作的有关工作以及领导交办的其他工作。

总结政策研究室一年来的工作,主要有以下特点:一是工作重要:战略咨询、文件起草、学术出版、档案管理、奖励等,每项工作都十分重要;二是任务艰巨:咨询研究组织服务工作、文件起草任务十分艰巨;三是力量薄弱:缺乏能起草高水平文章的人才;四是工作尽职:大家尽心尽职,具有奉献精神;五是环境和谐:是一个相互关爱、愉快相处的集体。

政策研究室是一个快乐、团结、民主、和谐的集体,是一个温馨的家;政策研究室的队伍是一支高素质、可信赖、能打硬仗的队伍,是一支优秀的团队。但是,政策研究室还需要进一步加强政策研究积累,建设一支高素质、高水平、思想活跃的班子;进一步加强高端人才的培养,提高政策理论水平与重要文件起草的文字水平;进一步理顺工作交叉问题,与办公厅、与学部局、与咨询服务中心协调与合作，更好地完成各项工作任务。

同时，我们希望领导和各位同仁对政策研究室的工作给予更多的关心和支持，希望能够多参加一些重要的活动（如果条件允许），这样可以了解更多、更全面的情况，以便为全院的工作提供更好的服务；希望把贯彻落实工作纲要作为一项重要的工作来抓，明确职责、理顺关系，实现规范化、制度化管理，提高管理效率；希望在机关队伍建设取得成就的基础上，建设人才队伍常态化、制度化的长效机制，科学合理的人才评价机制，激励优秀青年人才的成长。

二、2011 年工作思路

（一）工作思路

理清思路，把系统谋划工作做好：选准方向，明确目标，扎实推进——把事业当作事情做；脚踏实地，做好该做的事，做好重要的事情，做好紧迫的事情——把事情当做事业做；加强学习型团队建设，深入开展创先争优活动，注重发现人才、提携和培养人才，激励优秀人才的健康成长。

目标：经过 3 - 5 - 10 年的努力，各项工作实现规范化、程序化管理，政策研究水平和影响力有大幅度提升，一批优秀的同志成为知名的政策研究专家。

（二）工作要点

1. 继续开展“创先争优”活动和学习型团队建设；
2. 贯彻落实工作纲要和 2011 年工作要点；
3. 做好思想库建设研究的有关工作；
4. 做好重要文件的起草工作；
5. 做好相关专门委员会秘书处的工作；
6. 做好重大咨询项目组织保障与服务工作；
7. 做好咨询项目管理办法的修订工作；
8. 做好学术出版、成果宣传和《院士建议》工作；
9. 做好第九届光华工程科技奖的提名工作；
10. 做好档案管理等工作。

机关党委 2010 年工作总结

2010 年，机关党委坚持以邓小平理论和“三个代表”重要思想为指导，深入贯彻落实科学发展观，认真学习贯彻党的十七届四中、五中全会精神和中央领导在两院院士大会上的讲话精神，围绕中心、服务大局，以学习型党组织建设和创先争优活动为抓手，为机关工作的全面开展提供了思想和组织保障。

一、学习贯彻中央及院党组会议精神，筑牢党员干部科学发展的思想根基

（一）统一思想、形成共识。为贯彻落实胡锦涛总书记和刘延东国务委员在两院院士大会上的重要讲话，机关党委召开扩大会议，组织学习并印发了《关于认真学习中央领导同志在两院院士大会上的讲话精神的通知》，号召院机关全体党员干部以院士大会为契机，充分认清我们肩负的重要使命和职责，统一思想，形成共识，以实际行动为加快转变经济发展方式提供服务和支撑。

（二）把握机遇、明确思路。党的十七届五中全会召开后，机关党委要求各部门党支部认真组织学习十七届五中全会精神，抓住"十二五"规划发展的重要战略机遇期，坚持以科学发展为主题，以加快转变经济发展方式为主线的战略思路。要求机关党员干部要结合本职工作，带头为转变经济发展方式、建设国家工程科技思想库发挥作用，努力为院士群体作用的发挥提供更加优质的服务。（三）学习讲话、建言纲要。院党组领导十分重视机关党的工作。党组书记周济同志在院机关全体干部大会上提出，要进一步加强和改进机关党的建设，为完成工程院的重点工作，"学习讲话、建言纲要"。针对院党组的部署，机关党委及时组织各支部征询党员干部对工程院发展的意见，帮助党员干部理清工作思路，明确努力方向，助推中心工作的完成。

二、扎实做好宣传思想工作

（一）积极进行教育引导。以工委时事政策报告会、中央国家机关理论武装在线、《大讲堂》为主阵地，对党员干部进行教育引导。组织部分干部参加了工委"关于加快经济发展方式转变"、"按照科学发展观要求推进铁路现代化建设"、"从'天安舰'事件看朝韩关系"的专题报告和学习贯彻十七届五中全会精神系列辅导报告等。7月中旬，组织参观"西部大开发十周年生态环境与人居环境成就展"等。

（二）认真抓好思想工作。年初结合机关干部提任、轮岗与挂职，机关党委配合党组开展了大量谈心和思想工作，先后召开处级干部座谈会、年轻干部座谈会、博士学历的干部座谈会、咨询服务中心干部座谈会、退休干部座谈会，党组成员带头与大多数局处级干部进行了个别谈话，掌握思想动态，做深入细致的思想工作。机关党委还组织到外地挂职两年的同志回到机关介绍锻炼体会。国庆节前还召开派到外单位挂职的同志的座谈会，院党组书记和机关党委书记一起听取他们对机关的意见，表达院领导对他们的关心。

（三）及时报道机关党建信息。4月份，青海玉树地震，机关党委第一时间组织机关捐款，工委《信息交流》第49期给予了宣传报道。七·一前夕，组织主题党日活动，推进机关创先争优活动开展，工委《信息交流》第90期给予了刊载。10月下旬，及时上报党组学习十七届五中全会精神简报，《信息交流》第184期给予刊载。全年在紫光阁网站、《院士通讯》等媒体发表各类信息近40篇，全面反映我院机关党建工作情况。

（四）主动为党员干部发放学习资料。全年为党组成员、机关党委（纪委）委员、机关各支部和党员干部发放《胡锦涛同志在两院院士大会上的讲话》、《党员领导干部廉洁从政若干准则》、《七个"怎么看"－－理论热点面对面·2010》、《紫光阁》、《组工通讯》、《学习文选》等资料近万份。

三、大力推进学习型党组织和学习型机关建设

（一）领导率先垂范带头学。4月份，工委开展"读书与实践"征文活动，机关党委号召党员干

部积极参加,要求机关党委委员和党支部书记带头。党委书记邬贺铨同志撰写的《学习〈论中国信息技术产业发展〉一书有感》,获一等奖,并在中央国家机关工委举办的"读书心得报告会"上作了《学习使生命之树常青》的主旨演讲,我院机关党委获组织奖。"七一"前夕党办将机关党委委员和支部书记的学习心得在《学习园地》和机关内网上进行了集中展示。

(二)机关党委筹划督促学。机关党委对党员干部的学习十分重视,"十一"前,机关党委要求全体党员结合工作和学习实际,写一篇读书心得。12 月上旬,举办了院机关"学习心得交流会",8 名同志上台交流了自己的学习收获与体会。在机关党委的积极倡导下,有力地推动了学习型党组织建设。机关党委办公室撰写的《构建机关学习型党组织贵在创新》,获中央国家机关党建研究会调研课题优秀奖。

(三)党员干部按计划自主学。年初,机关党委在听取大家对机关组织或参与学习培训的意见和建议的基础上,进一步完善了院机关集体组织学习和培训的计划,向机关全体干部印发了《2010 年中国工程院机关学习计划》,为机关干部发放购书卡,方便大家自主选学,形成了良好的自学氛围。在工委开展的"强素质、作表率"读书征文活动中,我院一名同志的征文获"十佳"征文。

四、深入开展创先争优活动

(一)加强组织领导,抓好贯彻落实。院党组、机关党委把创先争优活动作为贯彻落实科学发展观、加强机关党建、提高党员素质的一项重要工作,成立了创先争优活动领导小组,党组书记周济同志担任院创先争优活动领导小组组长,下设办公室。机关各党支部书记为部门第一责任人,负责本支部创先争优活动的组织实施。机关党委多次召开扩大会议,研究院机关如何开展创先争优活动。

(二)加强统筹兼顾,精心组织活动。为使创先争优活动有序开展,机关党委认真研究,印发了《中国工程院关于在机关各党支部和党员中深入开展创先争优活动的实施意见》,制订了《中国工程院 2010 年度机关先进党支部和优秀党员考评实施方案》和《中国工程院 2010 年度机关先进党支部和优秀党员考评实施细则》,指导机关各支部创先争优活动。12 月,工委召开创先争优活动领导点评会后,机关党委专门组织学习、传达,并制订印发了《关于推进院机关创先争优活动的意见》。

(三)加强宣传引导,营造浓厚氛围。为充分调动广大党员干部的积极性,扩大创先争优活动的覆盖面和影响力,党办充分利用《院士通讯》、《创先争优活动简报》、学习园地、办公平台等媒介,对机关开展创先争优活动情况进行广泛宣传,营造良好的舆论氛围。办公厅党支部提出了由"三个服务"(即为机关服务、为院士服务、为社会服务)向"三个满意"(让机关满意、让院士满意、让社会满意)转变的服务目标。学部工作局、国际合作局和政策研究室党支部以创先争优活动为抓手,带动党员干部全面推进本部门中心工作的开展。

五、不断加强机关党组织自身建设

(一)抓好党员干部的学习与培训。全年共选送 4 名处级党员干部参加中央党校中央国家机关分校的培训,黄海涛同志被评为优秀学员。12 月初,举办了机关党务干部培训班,党组成员、副院长干勇到会讲话,请中央国家机关工委委员、党建研究会会长张德成同志和国家计生委宣教司司长、党支部书记张建同志授课,增强了专兼职党务干部抓好党建工作的信心和能力。

(二)进一步规范机关党建工作。根据机关党委制定的 2010 年工作要点,党办印发了《关于贯彻落实〈中国工程院2010年机关党委工作要点〉的分工方案》，对每项工作进行了任务分解，确定了牵头单位和牵头人、协办单位及协办人。为规范支部工作，编印了《中国工程院党支部工作手册》。机关党委坚持定期会议制度，全年召开扩大会议15次，形成会议纪要15份。5月份，根据干部轮岗、挂职的实际，协助4个支部进行了补选。11月份，我院《2009年中国共产党党内统计报表》被工委组织部评为全优报表。

（三）做好党员发展和退休干部党支部的工作。机关党委重视对入党积极分子的教育与培养，为他们发放《入党教材》，找他们谈心，了解他们的思想状况。全年发展党员一名，转正党员两名。定期召开退休干部座谈会，组织开展理论学习，通报机关情况，认真听取老同志们的意见。

（四）开展"送温暖、献爱心"活动。4月，机关党委组织机关党员干部为青海玉树地震灾区捐款，99人共捐款53900元；8月，机关党委组织为甘肃舟曲泥石流灾区捐款31300元。全年慰问困难党员14人次（11人），补助共计15500元。

六、加强教育与监督，促进机关反腐倡廉建设

（一）从源头上筑牢党员干部的思想防线。机关党委坚持以预防为主，不断把廉洁从政教育贯穿到日常工作之中，从源头上防治腐败。先后组织观看《赌之害》、《算一算七笔账 常思贪欲之害》廉政教育片，组织机关党员群众参观"法制与责任—全国检察机关惩治和预防渎职侵权犯罪展览"等。增强党员干部的法制观念和纪律意识，自觉抵御来自社会上各种诱惑的能力。

（二）落实党风廉政建设责任制。按照已制定的《中国工程院关于实行党风廉政建设责任制规定的实施办法》积极抓落实。中央颁布《中国共产党党员领导干部廉洁从政若干准则》后，机关党委组织了专题学习，还研究制订了《中国工程院关于学习贯彻 < 廉政准则 > 的五项措施》。形成了机关党委抓总、各部门各负其责的责任机制。机关纪委还参与了机关办公楼物业服务项目的采购招标和室外绿化验收等工作。

（三）加强作风建设，增强服务意识。机关党委根据周院长提出的"要严格按照党章、党的纪律和行政规章制度办事，要坚持廉洁奉公，老老实实做人、干干净净做事"的要求。要求各党支部着力培养讲效率、识大体、重服务的工作作风，努力建设一支遵纪守法、勤政、廉洁、办实事、解难题的高效机关。

七、积极做好群众工作，发挥党联系群众的桥梁和纽带作用

（一）党群共建、创先争优。根据上级组织关于党群共建、创先争优的精神，结合我院妇女工作和女职工的实际，机关妇工委开展了评选院机关"巾帼建功先进个人"活动。在选出的五名同志中，又推荐出一名同志参评中央国家机关"巾帼建功先进个人"。

（二）关心职工，开展送温暖活动。机关工会为每名会员送上生日祝福，办理了生日贺卡和蛋糕券。为属虎的会员发放纪念品；想方设法为会员办理困难补助、节日补贴等福利；登门看望生病的干部、家属20余人，慰问亲属去世的会员，看望孩子满月的年轻同志等。

（三）开展形式多样的文体活动。组织院机关50多人参加了中央国家机关第三届运动会开幕式和广播操比赛，获得最佳参与奖和第八套广播操团体比赛纪念奖。12月中旬，组织机关广播体操比赛，咨询服务中心、办公厅、政策研究室获得优胜奖。机关乒协先后组队与外交学会、中联部、北京有色金属研究总院等单位进行比赛交流。11月初，组织参观国家地震紧急救援训练基地，登

山，组织机关职工定期开展羽毛球锻炼、瑜伽锻炼。

（四）努力做好妇女工作。在纪念三·八国际劳动妇女节100周年之际，组织女干部到上海学习考察。加大对困难职工子女的帮扶力度，切实发挥妇女组织维护妇女儿童合法权益的作用，积极向中央国家机关妇工委申报了家庭生活困难补助。

咨询服务中心2010年工作总结

中国工程院咨询服务中心是隶属于中国工程院的司局级二级机构，于2009年9月24日正式挂牌成立，现设置办公室、项目部、信息部三个部门，共有正式员工8名。其中2位博士，6位硕士，有5位是中共党员。平均年龄31岁。

2010年，是中心成立以来第一个完整的工作年度，也是中心在积极探索中不断前进的一年。一年来，在院领导的亲切关怀下，在院机关各部门的大力协助下，中心全体同志精诚团结、共同努力，顺利完成各项工作任务，自身建设也取得一定成绩。

一、全年工作完成情况咨询

服务中心的主要职能是为院重大咨询研究提供支撑和服务。2010年，中心主要围绕重大咨询项目的组织实施和经费管理开展工作，同时稳步推进与国开行的合作，并积极配合院机关完成好其他各项任务。

1. 做好重大咨询项目组织保障服务

做好重大咨询研究项目的组织保障服务是中心的首要工作任务。2010年，中心共参与了13项院级重大咨询研究课题的项目办公室工作，包括："中国工程科技中长期发展战略研究"，"中国能源中长期发展战略研究"，"中国养殖业可持续发展战略研究"，"提高我国制造业产品自主设计能力的发展战略"，"十二五战略性新兴产业发展重点咨询研究"，"物联网及其在重要领域的应用"，"物联网发展战略规划研究"，"应对气候变化的科学技术问题"，"北部湾经济区水资源安全保障研究"，"浙江沿海及海岛综合开发战略研究"，"三峡阶段性评估"，"国家工程科技思想库建设研究"等。主要任务是，协助课题组织召开项目工作会议、联络项目各课题及专家、协助组织调研考察、撰写项目任务书、项目简报、会议纪要和新闻报道、协助办理课题经费报销等。这些工作的开展，为重大咨询研究项目的顺利开展提供了必要支撑，受到院领导及项目组的积极肯定。

2. 完成咨询项目经费管理服务

按照2010年制定的《咨询研究经费使用暂行规定》（试行），2010年立项的咨询研究项目经费采用实报实销的办法，统一到中心办公室进行报销。为配合新办法的实施，中心组织制定了经费管理的实施细则，并向各项目组人员做好耐心细致的解释和沟通工作，较好完成了咨询研究项目经费的管理和报销任务。2010年，中心共承担了院委托的3700多万元咨询经费的管理工作。其中

2009 年院拨 1700 万，结余 516 万元，2010 年院拨 2000 万元，结余 144 万元。同时还管理横向课题经费 1400 多万元。全年经费管理运行正常，共办理业务约 1600 笔，申报约 4000 人次个人所得税，未出现差错。完成并向院里提交咨询研究项目经费决算 5 次，完成并向中心领导提交中心资金使用情况说明 5 次。

3. 稳步推进与国开行合作业务

与国家开发银行合作，是中国工程院服务国家和地方经济社会发展需求、加快建设国家工程科技思想库的一项重要举措。从 2009 年以来，中国工程院与国家开发银行的合作业务主要包括，委托项目研究、专家队伍共享、咨询成果参考等，具体合作工作主要由中心和国开行规划局承办。2010 年，与国开行合作的各项业务稳步推进。主要包括：根据国开行需求，逐步建立了解其规划先行理念的核心咨询专家队伍信息库，并与国开行共享信息库资源，向国开行推荐咨询专家开展课题研究论证工作；向国开行提供我院咨询研究成果，包括 20 份咨询研究报告，16 份院士建议及 2010 年各期《院士通讯》、《院士建议》、《中国工程科学》和《工程科技与产业政策信息》；与国开行合作，推荐院士专家参与中央人民广播电台经济之声的“展望十二五”系列访谈节目录制工作，潘云鹤常务副院长等院领导和院士专家共 23 人参加了节目录制。中央人民广播电台领导对此表示热烈欢迎，并表示将进一步与我院合作，通过主流媒体向广大听众宣传和介绍中国工程院及其院士成就。

4. 协助院机关开展工作

作为工程院成立时间最短的部门，中心自成立以来一直积极主动地配合和协助院机关各部门开展相关工作。2010 年，中心协助院机关主要完成了如下几项工作：一是参与领导讲话材料撰写，如两院院士大会国家领导人讲话素材稿的撰写，院领导部分讲话材料的撰写；二是参与教育委员会和工程研究院所研究生教育委员会秘书处各项工作；三是参加两院院士大会会务服务；四是配合院机关做好保密检查、资产清查、工会活动等各项工作。对于正在不断探索发展的中心而言，积极配合和协助院机关开展工作，不但增进了中心与院机关的友谊和团结，有利于共同做好工作，而且为中心向院机关进行借鉴和学习、积极拓展自身业务提供了更多的机遇和空间。

在上述工作的同时，中心还根据院领导指示，加快信息数据库的建设。输入院士信息 831 个，专家信息 1228 个，项目信息 341 个。

二、加强组织与队伍建设

建设一支高素质、高水平和高效率的咨询服务团队，是中心各项工作开展的基础和前提。中心现有 8 名正式员工，学历层次均在研究生以上，平均年龄刚刚而立出头。把这支年轻的队伍引导好、建设好，关系到中心的长远发展，是中心初创阶段的一项重要任务。2010 年，中心主要从思想政治教育、规章制度建设、业务素质提升三个方面加强员工队伍建设。

1. 抓好思想政治教育

抓好思想政治教育是做好组织队伍建设的基础工作。中心成立时间不长，但始终把思想政治教育放在队伍建设的突出位置。针对中心员工思想活跃的特点，中心领导经常注重与员工促膝谈心，打通领导与员工沟通的渠道，及时掌握每一位员工的思想动态，主动了解并帮助员工解决工作和生活中存在的各种困难，从思想上团结同志。与此同时，中心先后成立党小组和工会小组，积极配合院机关开展“创先争优”活动和各项群众性文体活动，取得明显成效。尤其是，配合“创先争优活动”，中心积极参加了机关党委组织的读书学习交流汇报会以及政研室支部组织的赴西柏坡参观学习等活动。中心同志普遍反映，通过这些活动，营造了热爱学习、主动学习的气氛，提高了自己的思想认识，增强了为咨询项目服务的责任感和使命感。中心现有正式党员5名，今年有1名同志被确定为入党积极分子。在今年院机关组织的广播体操比赛中，中心工会小组取得优胜奖第一名。

2. 抓好规章制度建设

没有规矩、不成方圆。良好的规章制度建设是素质队伍建设的基本保障。今年以来，中心参照我院机关相关管理制度，专门组织制定善日常管理及考核制度，主要包括：横向经费管理办法、绩效考核办法、考勤及请假制度、公文审批制度、公车管理规定、印章管理办法、设备管理制度等。按照各项规章制度，中心日常各项工作迅速步入规范化和制度化轨道，顺利完成两次员工聘期考核工作，顺利完成事业法人、组织机构代码、社保年检工作，顺利完成中心员工的社保缴纳、档案托管、补充医疗保险等事项。

3. 抓好业务素质提升

过硬的业务素质是保障各项工作顺利开展的关键因素。中心非常重视青年员工的业务素质的提升。一年来，中心积极建设学习型机构，要求员工做学习型员工，有针对性地组织开展了多方面的学习教育活动，帮助员工迅速熟悉业务工作、尽快适应工作要求。一是组织员工学习我院咨询研究报告，深入了解我院咨询研究工作；组织员工参加公文写作培训，提高员工文字表达能力。二是组织员工参与国外咨询研究报告编译工作，搜集整理工程科技专题文献，汇编整理出版三期《工程科技快报与产业政策信息》，提升员工信息处理能力和外语应用水平。三是积极开展对外学术交流，邀请国外工程科技官员、专家和学术机构人员做专题讲座，开拓员工视野，提升员工对外交往能力。

三、未来发展的几点思考

总结一年来的工作，在看到成绩的同时，我们也深深体会到中心刚刚处于起步阶段，各方面工作都处在不断的探索和尝试之中，距离院士们和院领导对中心的期待、距离国家工程科技思想库建设的各项要求还有不少差距，需要在改革中前进，在创新中发展。要在新的一年里继续发挥党支部战斗堡垒作用和先锋模范作用，充分调动中心员工的积极性，随着中心的发展逐步提高员工生活水平，为国家工程科技思想库建设做出新贡献。

1. 积极探索中心发展定位

设立中国工程院咨询服务中心，是中国工程院建设国家工程科技思想库的一项重要措施。工程科技思想库的主体是院士，机关及咨询服务中心都是为这个主体提供支撑服务的系统。建设好工程科技思想库，除了要把院士队伍建设好之外，还要把这支队伍的咨询服务体系建设好，这样才能够保障和支撑高水平、高质量的咨询工作的开展。咨询服务中心是新成立的机构，正处在发展时期，把这个机构建设好，将大大有助于推动我院咨询服务工作的开展。今后，我们将紧紧抓住国家工程科技思想库建设这个重要的战略机遇，通盘规划，全局谋划，把咨询服务中心的定位和发展纳入到国家工程科技思想库建设之中，积极探索中心未来的发展定位，为国家工程科技思想库建设做出新的更大的贡献。

2. 逐步提升咨询服务层次

咨询服务中心不仅承载了工程院咨询性学术机构的重要责任，也承载了院士们不断提高咨询工作能力和水平的期望。咨询服务中心要以满足咨询项目实施的实际需要为宗旨，提供全方位、多层次的服务内容，不仅包括财务报销、会务组织等事务性服务，也包括咨询情报搜集整理、加工出版的技术性服务，还包括参与咨询研究工作、撰写咨询研究报告等专业性服务。从中心运行一年多来的实际情况看，我们现在为重大咨询研究项目提供的服务和支撑以事务性服务占据主导，主要是项目组织实施管理和课题经费管理两块内容。今后，随着我院国家工程科技思想库建设步伐的不断加快，咨询工作将会有更大的发展，中心的服务业务和服务层次也要随之逐步提升。

具体来说，中心将积极参与我院重大咨询课题的服务工作，如院领导牵头的："国家工程科学技术思想库建设研究"等七个重大课题研究和我院院士牵头的"高端医疗装备发展战略研究"等七个重大课题研究。

3. 积极拓展横向咨询课题

在总结与国家开发银行合作的基础上，积极拓展横向合作业务，摸索与第三方合作的横向咨询新模式，即结合工程院院士智力资源和国开行资金资源，针对地方和企业在"十二五"规划期间的发展需求提供咨询服务，从而使双方的合作上层次，上水平。

4. 探索咨询经费管理新模式

中心属于自收自支的事业单位，经费问题是中心生存和发展的基本问题。院里新的咨询经费管理办法日前已经出台。如何合理利用纵向研究经费，以及如何积极拓展横向经费，从而保障咨询服务工作不断向前推进，是当前我们面临的重要课题之一。

随着我院新的《院士科技咨询专项经费管理办法》和《中国工程院研究项目管理办法》的陆续出台，中心将根据院里的统一筹划做出相应调整和安排，探索出一条适合工程科技战略咨询工作的经费管理模式。

【人事任免】

关于院机关部分机构调整的通知

中工发[2010]23号

院机关各部门：

根据工作需要，经院党组研究决定，对院机关部分机构调整如下：

政策研究室信息中心、人事处和机关党委（纪检、监察）办公室调办公厅，其人员随调。

中国工程院

二〇一〇年二月二十二日

关于院机关部分局级干部职务任免的通知

中工发[2010]24号

院机关各部门：

根据工作需要，经院党组研究决定，对院机关部分局级干部任免如下：

白玉良副秘书长兼任政策研究室主任及中国工程院咨询服务中心主任；谢冰玉任学部工作局副局长，免去其办公厅副主任职务；谷珏任办公厅副主任；李仁涵任办公厅副主任兼信息中心主任，免去其学部工作局副局长职务；徐进任国际合作局副巡视员，免去其政策研究室副巡视员兼信息中心主任职务；康金城任政策研究室副主任兼咨询服务中心副主任，免去其国际合作局副局长职务。

中国工程院
二〇一〇年二月二十二日

关于官键、左家和同志任职的通知

中工发[2010]34 号

院机关各部门:

国际合作局官键、学部工作局左家和两位同志,试用期满,考核合格,予以正式任职。官键同志任国际合作局一处处长,左家和同志任学部工作局一处副处长,任职时间自 2009 年 2 月 5 日起计算。

中国工程院
二〇一〇年三月二十四日

关于易建等 3 名同志任职的通知

中工发[2010]46 号

院机关各部门:

根据工作需要,经研究决定,易建同志任办公厅副主任,阮宝君同志任学部工作局副局长,王振海同志任政策研究室副主任。以上同志的任职时间自 2010 年 4 月 6 日算起。

根据中央有关规定，以上同志任职试用期 1 年，试用期满考核合格后，正式任职。

中国工程院
二〇一〇年五月四日

关于高中琪等 4 名同志挂职的通知

中工发[2010]50 号

院机关各部门：

根据工作需要，经党组研究决定，以下 4 名同志挂职安排如下：

高中琪同志到天津滨海高新技术产业开发区管理委员会挂职；

梁晓捷同志到中国中钢集团公司挂职；

田琦同志到中国海洋石油总公司挂职；

王元晶同志到中国石油化工集团公司挂职。

以上同志的挂职时间自前往挂职单位报到之日算起，挂职期限为 2 年。

中国工程院
二〇一〇年五月十四日

关于易建等同志职务任免的通知

中工发[2010]51 号

院机关各部门：

根据工作需要，经党组研究决定，以下同志职务任免如下：

一、办公厅

易建同志兼任办公厅人事处处长；免去谷珏同志兼任的人事处处长职务；
宋德雄同志任院长办公室主任；
王成俊同志主持行政后勤（综合）处工作。

二、学部工作局

杨丽同志任局长助理兼综合处处长；免去阮宝君同志的综合处处长职务；
梁晓捷同志挂职期间，左家和同志主持一处工作。

三、国际合作局

郑晓光同志任局长助理，在田琦同志挂职期间，主持二处工作；
徐海燕同志调综合处，主持该处工作。

四、政策研究室

安耀辉同志任主任助理兼咨询工作处处长。
以上同志任职后，其原职务自动免除。

中国工程院
二〇一〇年五月十四日

关于宗玉生同志任职的通知

中工发[2010]55号

院机关各部门：

政策研究室咨询工作处副处长宗玉生同志，试用期满，考核合格。经研究决定，任命该同志为政策研究室咨询工作处副处长，任职时间自2009年4月起计算。

中国工程院
二〇一〇年六月二十一日

关于李燕红等 3 名同志任职的通知

中工发[2010]59 号

院机关各部门：

根据工作需要，经研究决定，李燕红等 3 名挂职干部任职如下：

李燕红同志（中国中钢集团挂职干部）任学部工作局综合处副处长，朱君星同志（中国中钢集团挂职干部）任学部工作局一处副处长，孙颖同志（中国海洋石油总公司挂职干部）任国际合作局综合处副调研员。

以上同志的任职不占机关职数。

中国工程院
二〇一〇年七月一日

关于丁宁同志任职的通知

中工发[2010]63 号

院机关各部门：

经 2009 年公务员招考录用的工作人员丁宁同志试用期满，考核合格。按照《新录用公务员任职定级规定》，经研究决定，丁宁同志任政策研究室综合处主任科员，任职时间自 2010 年 6 月起算。

中国工程院
二〇一〇年七月十五日

关于杜晋轩同志任职的通知

中工发[2010]66号

院机关各部门：

根据工作需要，经研究决定，杜晋轩同志（中国石化集团公司挂职干部）任办公厅宣传处副处长，该同志的任职不占机关职数。

中国工程院
二〇一〇年七月二十三日

关于孙海燕同志任职的通知

中工发[2010]82号

办公厅：

根据工作需要，经研究决定，孙海燕同志任办公厅财务处主任科员，自2010年7月起执行。

中国工程院
二〇一〇年九月十六日

关于白玉良同志任职的通知

中工发[2010]117 号

各位院士、院机关各部门、中国工程院咨询服务中心：

根据工作需要，经中国工程院主席团会议审议通过并报中央组织部同意，任命白玉良同志为中国工程院秘书长。

中国工程院

二〇一〇年十二月三十一日

【规章制度】

关于印发《中国工程院机关文件材料归档范围和文书档案保管期限规定》的通知

中工发[2010]43 号

院机关各部门：

为便于院机关正确界定文件材料归档范围，准确划分档案保管期限，使所保存的档案既能反映机关主要职能活动情况，维护其历史面貌，又便于保管和利用，根据《中华人民共和国档案法》、《中华人民共和国档案法实施办法》和《机关文件材料归档范围和文书档案保管期限规定》（国家档案局第 8 号令）的有关规定，制定了《中国工程院机关文件材料归档范围和文书档案保管期限规定》，经国家档案局批准，现印发给你们，请遵照执行。

附件：1.《中国工程院机关文件材料归档范围和文书档案保管期限规定》

2. 国家档案局关于《中国工程院机关文件材料归档范围和文书档案保管期限规定》的复函

中国工程院

二〇一〇年四月二十日

附件 1：

中国工程院机关文件材料归档范围和文书档案保管期限规定

第一条　为正确界定机关文件材料归档范围，准确划分档案保管期限，使所保存的档案既能反映机关主要职能活动情况，维护其历史面貌，又便于保管和利用，根据《中华人民共和国档案法》、《中华人民共和国档案法实施办法》和《机关文件材料归档范围和文书档案保管期限规定》（国家档案局令第 8 号），制定本规定。

第二条　本规定适用于中国工程院机关各部门（以下统称机关）。

第三条　本规定中的机关文件材料是指机关在工作活动过程中形成的各种门类和载体的历史记录。

第四条　机关文件材料归档范围：

（一）反映机关主要活动和基本历史面貌的，对机关工作、国家建设和历史研究具有利用价值的文件材料；

（二）机关工作活动中形成的在维护国家、集体和公民权益等方面具有凭证价值的文件材料；

（三）贯彻执行上级机关、同级机关要求形成的具有查考价值的文件材料；

（四）其他对机关工作具有查考价值的文件材料。

第五条　机关文件材料不归档范围：

（一）上级机关的文件材料中，普发性不需本机关办理的文件材料，任免、奖惩非本机关工作人员的文件材料，供工作参考的抄送件等；

（二）本机关文件材料中的重份文件，无查考利用价值的事务性、临时性文件，一般性文件的历次修改稿、各次校对稿，无特殊保存价值的信封，不需办理的一般性人民来信、电话记录，机关内部互相抄送的文件材料，本机关负责人兼任外单位职务形成的与本机关无关的文件材料，有关工作参考的文件材料；

（三）同级机关的文件材料中，不需贯彻执行的文件材料，不需办理的抄送文件材料；

（四）下级机关的文件材料中，供参阅的简报、情况反映，抄报或越级抄报的文件材料。

第六条　凡属机关归档范围的文件材料，必须按有关规定向机关档案室移交，实行集中统一管理，任何个人不得据为己有或拒绝归档。

第七条　机关文书档案的保管期限定为永久、定期两种。定期一般分为 30 年、10 年。

第八条　永久保管的文书档案主要包括：

（一）机关制定的法规政策性文件材料；

（二）院组织召开重要会议、举办重大活动等形成的主要文件材料；

（三）机关各活动中形成的重要业务文件材料；

（四）本机关关于重要问题的请示与上级机关的批复、批示，重要的报告、总结、调研材料、综合统计报表等；

（五）机关机构调整、变动、人事任免等文件材料；

（六）机关房产管理、资产登记、重要的合同协议等凭证性文件材料；

（七）上级机关制发的属于本机关主管业务的重要文件材料；

（八）同级机关、下级机关关于重要业务问题的来函、请示与本机关的复函、批复等文件材料。

第九条 定期保管的文书档案主要包括：

（一）机关活动中形成的一般性业务文件材料；

（二）以院名义召开的学术性会议、举办的咨询活动等形成的主要文件材料；

（三）机关各部门召开会议、举办学术活动等形成的一般性文件材料；

（四）机关政务管理、人事管理、行政管理工作形成的一般性文件材料；

（五）机关关于一般性问题的请示与上级机关的批复、批示，一般性工作报告、总结、统计报表等；

（六）上级机关制发的属于本机关主管业务的一般性文件材料；

（七）上级机关和同级机关制发的非本机关主管业务，但要贯彻执行的文件材料；

（八）同级机关、下级机关关于一般性业务问题的来函、请示与本机关的复函、批复等文件材料。

第十条 机关形成的人事、基建、会计及其他专门文件材料的归档范围和档案保管期限，按国家相关规定执行。

第十一条 机关对应归档电子文件的元数据、背景信息等要进行相应归档。

机关应归档纸质文件材料中，有文件发文稿纸、文件处理单的，应与文件正本、定稿一并归档。

第十二条 由我院主办，与其他单位联合召开会议，联合行文所形成的文件材料原件由本院机关归档，其他联合单位机关归档其复制件或其他形式的副本。

第十三条 本规定自印发之日起施行。

第十四条 本规定由中国工程院档案室负责解释。

附：

中国工程院文书档案保管期限表

一、办公厅、机关党委

1 中共中央、国务院、中办、国办关于本院主管业务的文件 永久
2 中共中央、国务院对本院工作的指示 永久
3 中共中央、国务院关于本院机构设置、领导人任免、人员编制等文件材料 永久
4 各省、市，各部委有关本院工作的文件 30 年
5 同级机关制发的非本院主管业务，但要贯彻执行的文件材料 10 年
6 院主席团会议、党组会议、院常务会议和院长办公会议文件、记录和纪要等文件材料 永久
7 本院向中央、国务院的请示、汇报的材料及中央、国务院的批复、批示 永久
8 本院领导交办和查办事项的文件材料 永久
9 处理人民来信来访的文件材料
(1) 有领导重要批示和处理结果的 永久
(2) 其他有处理结果的 30 年
10 院发、厅发文件，院发、厅发函 永久
11 机关办公会会议纪要 30 年
12 厅务会会议纪要 30 年
13 院士大会文件材料
(1) 请示、报告、通知、大会手册、领导人讲话报告、院长工作报告、大会审议的报告 永久
(2) 典型材料、代表发言材料、简报 30 年
14 年度工作计划、要点、总结
(1) 本院的 永久
(2) 本部门的 30 年
15 关于文件、保密、印章、信访、安全保卫等管理规范的文件 永久
16 政协提案、人大议案建议及答复
(1) 主办的答复意见 永久
(2) 协办的答复意见 30 年
17 编制的各类简报
(1) 报送中共中央、国务院的简报、专报 永久
(2) 其他有较高查考价值的 30 年
18 对一般业务问题的咨询函、征求意见函及反馈意见函等文件材料 10 年
19 出国政审的请示和办理有关证件的函 30 年
20 人事工作制度、规定、办法等文件 永久
21 职工名册 永久

22 干部录用、转正、聘任、定级、考核、任免、奖惩、调资、退休、退职、离休、辞职、抚恤、死亡等文件材料 **永久**

23 干部调动的工资、行政、党、团、工会组织介绍信及存根 **永久**

24 人事考核、职称评审有关文件材料 **永久**

25 先进单位、劳动模范、先进工作者的文件材料

(1) 受上级机关表彰的 **永久**

(2) 受机关内部表彰的 **30 年**

(3) 受其他表彰的 **10 年**

26 对本机关有关人员的处分材料

(1) 警告(不含)以上的 **永久**

(2) 受警告处分的 **30 年**

27 纪检监察工作报告、统计报表、党风廉政建设报告等 **30 年**

28 干部违纪违法案件和其他重要案件受理、调查、核实、审理和提出的处理意见的文件材料 **永久**

29 党、团、工会工作活动中形成的文件材料

(1)工作报告、总结、换届选举结果 **永久**

(2) 重要专项活动的实施方案、领导讲话、报告、总结等 **永久**

(3) 党、团员、工会会员名册,批准加入党、团及工会组织的文件材料 **永久**

30 本院年度预算、决算及财政部批复通知 **永久**

31 本院外事经费支出和非贸易非经营购汇人民币限额年度预决算 **30 年**

32 财务管理规章、制度 **永久**

33 移交财产、物资等交接凭证、清册 **永久**

34 机关房地产产权凭证、清册、土地使用权证书 **永久**

35 资产与政府采购

(1) 机关固定资产入库单、出库单等记账凭证 **永久**

(2) 机关国有资产报表 **永久**

(3) 办公设备及用品、机动车等机关物资采购计划、审批手续、招标、购置等文件材料 **30 年**

36 职工租住、购置本单位房产合同、协议和有关手续文件 **永久**

37 职工住房分配、出售的规定、方案、职工住房统计、调查表、住房申请 **30 年**

38 本院重大活动、重要新闻宣传活动材料和新闻稿 **永久**

39 编辑出版及归口联系的出版物 **30 年**

二、学部工作局

1 院士大会文件材料:各学部工作报告、全院学术报告、各学部学术报告 **永久**

2 主席团及各学部常委会选举文件材料:候选人材料、选票、结果 **永久**

3 院士增选工作材料:评审会会议通知、会议手册、各初选部门报送函、有效候选人反馈函、候选人提名书、简表,各轮投票结果、选票、投诉信件及处理情况、候选人答辩材料及评审意

见、选举结果报告、名单及当选通知、当选院士登记表、新闻发布会材料 永久

4 外籍院士选举材料：候选人汇总材料、选举结果、选票、当选院士推荐书、登记表、当选通知 永久

5 各学部常委会会议纪要、年度工作报告 30 年

6 各学部重要的学术活动、建议、调研报告 30 年

7 委员会开展活动形成的文件材料 30 年

8 重要的院士来电、来函处理意见 10 年

9 工程科技论坛文件材料 30 年

10 技术创新院士行活动文件材料 30 年

11 院地合作工作文件材料 30 年

12 一般性业务的咨询函、征求意见函及反馈意见函等文件材料 10 年

13 重要事项的局发文、发函 永久

14 局务会会议纪要 30 年

15 局年度工作计划、总结 30 年

16 与地方、部门、大型企事业单位签订的合作协议 永久

17 编辑出版及归口联系的出版物 30 年

三、国际合作局

1 院级国际学术交流计划及实施情况报告等 永久

2 本院参加国际组织的请示、批复及有关材料 永久

3 本院召开和出席国际学术会议的请示、批复、计划、日程、名单、总结、纪要等文件材料 永久

4 本院在国内召开的涉外工作会议文件材料 永久

5 本院与外国签订的协定、协议书备忘录、会议纪要等 永久

6 院组团出访的请示、使馆复电、外交部批复、邀请函、日程、发言讲稿、批件及出访报告 永久

7 本院组团出国、赴港、台的请示、确认件、批件等文件材料 30 年

8 本院接待的重要外国代表团访华请示、内部批复、邀请函、接待方案等文件材料 永久

9 本院承办的国家领导人会见外宾的请示、批复、会谈纪要等文件材料 永久

10 本院邀请外国学者来华访问的文件材料 30 年

11 外国授予本院院士荣誉称号以及本院院士担任国际机构职务的文件 永久

12 国外著名人士给我院领导人及院士的函件 30 年

13 局年度工作计划、总结 30 年

14 重要事项的局发文、发函 永久

15 局务会会议纪要 30 年

16 编辑出版及归口联系的出版物 30 年

四、政策研究室

1 负责起草的院领导重要讲话（含修改稿） 永久

2 咨询项目工作文件材料

	(1)咨询会议请示、批复、通知、名单、议程，领导人讲话、纪要、简报等	**30 年**
	(2) 立项书、调研报告、咨询结题报告	**永久**
3	一般性业务问题的咨询函、征求意见函及反馈意见函等文件材料	**10 年**
4	院士建议	**永久**
5	委员会开展活动形成的文件材料	**30 年**
6	本院档案室全宗名册、档案材料交接文件、销毁清册及案卷目录	**永久**
7	编辑、编写《大事记》、《中国工程院年鉴》等文件材料	**永久**
8	重要事项的发文、发函	**永久**
9	室务会会议纪要	**30 年**
10	室年度工作计划、总结	**30 年**
11	编辑出版及归口联系的其他出版物	**30 年**

附件 2：

国家档案局关于《中国工程院机关文件材料归档范围和文书档案保管期限规定》的复函

中国工程院：

贵院《关于报送〈中国工程院机关文件材料归档范围和文书档案保管期限规定〉的函》（中工发〔2010〕16 号）收悉。经审查，《中国工程院机关文件材料归档范围和文书档案保管期限规定》符合国家档案局《机关文件材料归档范围和文书档案保管期限规定》（国家档案局令第 8 号）的要求，现予以批准。

国家档案局

二〇一〇年三月三十一日

附　　录

一、组织机构

1. 主 席 团

名 誉 主 席: 徐匡迪　宋　健　朱光亚

执 行 主 席: 周　济

主席团成员(37 人,按姓氏笔画):

干　勇　尹伟伦　巴德年　王礼恒　王兴治　王基铭　韦　钰(女)　石玉林　刘德培
旭日干　朱建士　朱高峰　邬贺铨　何继善　张彦仲　李国杰　李培根　杜祥琬
杨胜利　陈克复　周　济　郝吉明　钟南山　唐启升　徐匡迪　殷瑞钰　崔俊芝
曹湘洪　黄伯云　黄其励　谢礼立　谢克昌　雷志栋　樊代明　潘云鹤　薛群基
魏复盛

2. 院 领 导

院长、党组书记: 周　济

常务副院长、党组副书记: 潘云鹤

副　院　长: 旭日干　谢克昌　干　勇　樊代明

秘　书　长: 白玉良

3. 各学部常委会

(常委以姓氏笔画为序)

1. 机械与运载工程学部(15 人)

主　任: 李培根

副 主 任: 冯培德　王玉明　王哲荣

常　委: 冯培德　关　杰　黄瑞松　金东寒　乐嘉陵　李培根　刘怡昕　卢秉恒　钱清泉
谭建荣　王玉明　王哲荣　尹泽勇　曾广商　钟志华

2. 信息与电子工程学部(15 人)

主　　任:韦　钰(女)

副 主 任:陈良惠　何新贵　刘韵洁

常　　委:陈良惠　戴　浩　范滇元　方滨兴　龚惠兴　何新贵　黄培康　刘尚合　刘韵洁　马远良　王天然　韦　钰(女)　邬江兴　张尧学　周寿桓

3. 化工、冶金与材料工程学部(13 人)

主　　任:曹湘洪

副 主 任:邱定蕃　舒兴田　屠海令

常　　委:曹湘洪　付贤智　高从堦　黄伯云　刘炯天　邱定蕃　舒兴田　屠海令　王一德　吴以成　徐德龙　薛群基　左铁镛

4. 能源与矿业工程学部(15 人)

主　　任:黄其励

副 主 任:彭苏萍　邱爱慈(女)　袁士义

常　　委:陈念念　陈毓川　古德生　何多慧　黄其励　康玉柱　彭苏萍　邱爱慈(女)　闻雪友　杨奇逊　袁　亮　袁士义　岳光溪　周守为　朱建士

5. 土木、水利与建筑工程学部(15 人)

主　　任:雷志栋

副 主 任:欧进萍　王梦恕　邹德慈

常　　委:黄　卫　雷志栋　马洪琪　欧进萍　王　浩　王景全　王梦恕　王小东　杨秀敏　叶可明　张　杰　张祖勋　郑皆连　周福霖　邹德慈

6. 环境与轻纺工程学部(11 人)

主　　任:郝吉明

副 主 任:蔡道基　陈克复　丁一汇

常　　委:蔡道基　陈克复　丁一汇　郝吉明　侯保荣　蒋士成　孟　伟　潘德炉　庞国芳　张全兴　周　翔(女)

7. 农业学部(13 人)

主　　任:尹伟伦

副 主 任:邓秀新　方智远　夏咸柱

常　　委:邓秀新　方智远　傅廷栋　盖钧镒　李　宁　刘秀梵　石玉林　宋湛谦　孙九林　徐　洵(女)　夏咸柱　尹伟伦　张齐生

8. 医药卫生学部(15 人)

主　　任:杨胜利

副 主 任:张伯礼(常务) 侯惠民 谢立信
常 委:陈志南 程书钧 高润霖 顾玉东 侯惠民 李兰娟(女) 邱贵兴 沈倍奋(女) 王红阳(女) 谢立信 杨宝峰 杨胜利 张 运 张伯礼 周宏灏

9. 工程管理学部(11人)
主 任:王基铭
副 主 任:傅志寰 王 安
常 委:傅志寰 何继善 刘 玠 沈荣骏 孙永福 王 安 王陇德 王基铭 袁晴棠(女) 朱高峰 郑南宁

4. 各专门委员会

一、院士增选政策委员会
主 任:旭日干
副 主 任:谢克昌
委 员:王玉明 关 桥 陈良惠 马远良 杜祥琬 彭苏萍 何继善 舒兴田 薛群基 雷志栋 王梦恕 郝吉明 魏复盛 方智远 石玉林 杨胜利 张伯礼 王基铭 朱高峰
秘 书:杨 丽

二、咨询工作委员会
主 任:潘云鹤
副 主 任:张少春 干 勇 樊代明 朱道本 邬贺铨
委 员:李培根 冯培德 刘韵洁 王天然 邱定蕃 高从堦 黄其励 周守为 欧进萍 王景全 陈克复 孟 伟 尹伟伦 盖钧镒 程书钧 谢立信 傅志寰 袁晴棠 白玉良 赵 路 宋秋玲
秘 书:安耀辉

三、教育委员会
顾 问:徐匡迪 朱高峰
主 任:潘云鹤
副 主 任:杜占元 王晓初 谢克昌 樊代明
委 员:顾秉林 怀进鹏 李培根 钟志华 刘怡昕 韦 钰 李幼平 何多慧 谢和平 徐德龙 付贤智 张祖勋 欧进萍 张全兴 周 翔 孙九林 徐 洵 刘德培 沈倍奋 杨宝峰 郑南宁 王陇德 吴启迪 林蕙青 张大良 杨 光 孙建立 邹晓东 石立英 张彦通 袁振国 陈 劲

秘　　书：王振海

四、科学道德建设委员会

主　　任：谢克昌

副 主 任：旭日干　杜祥琬

委　　员：王哲荣　何新贵　邱爱慈　曹湘洪　杨秀敏　蔡道基　夏咸柱　高润霖　沈荣骏

秘　　书：鲁　瑛

五、科技合作委员会

主　　任：干　勇

副 主 任：谢克昌

委　　员：黄瑞松　刘友梅　邬贺铨　刘韵洁　邓中翰　康玉柱　袁　亮　袁晴棠　孙传尧　叶可明　马洪琪　蒋士成　庞国芳　刘秀梵　宋湛谦　侯惠民　陈志南　刘　玠　孙永福

团体成员单位（40 家）

1. 研究院所（14 家，排名不分先后）：

机械科学研究总院

长沙矿冶研究院

北京矿冶研究总院

中国钢研科技集团有限公司（钢铁研究总院）

北京有色金属研究总院

西北有色金属研究院

中国建筑材料科学研究总院

沈阳化工研究院有限公司

中国煤炭科工集团有限公司（煤炭科学研究总院）

中国纺织科学研究院

中国食品发酵工业研究院

电信科学技术研究院（大唐电信科技产业集团）

中国重型机械研究院

上海医药工业研究院

2. 大型企业（26 家，排名不分先后）：

江南造船（集团）有限责任公司

中国南车股份有限公司

海信集团有限公司

春兰（集团）公司

鞍山钢铁集团公司

唐山钢铁集团有限责任公司

中国石油化工股份有限公司北京燕山分公司
中国石化上海石油化工股份有限公司
兖矿集团有限公司
大庆石油管理局
中国石化集团胜利石油管理局
中国广东核电集团公司
山东鲁北企业集团总公司
中国第一重型机械集团公司
中国第二重型机械集团公司
哈尔滨电气集团公司
潍柴动力股份有限公司
大连机床集团有限责任公司
中国铝业公司
万向集团公司
中兴通讯股份有限公司
上海汽车集团股份有限公司
内蒙古蒙牛乳业(集团)股份有限公司
中国中钢集团公司
研祥智能科技股份有限公司
宝钢集团有限公司

下属研究会(3 家)

薄板坯连铸连轧技术交流与开发协会
金属矿产资源综合利用技术开发与交流研究会
轻工绿色化学品研究开发促进会(表面活性剂研究开发促进会)

秘　　　书:杨　丽

六、学术与出版委员会

主　　任:樊代明
副 主 任:干　勇　刘德培
委　　员:王哲荣　谭建荣　邬贺铨　何新贵　李伯虎　袁士义　韩英铎　屠海令　吴以成
邹德慈　崔俊芝　丁一汇　侯保荣　唐启升　傅廷栋　邱贵兴　王红阳　王　安
殷瑞钰　李朋义
秘　　书:刘　静　高战军

七、工程研究院所研究生教育学术委员会

主　　任:旭日干
副 主 任:杜占元　干　勇
委　　员:曾广商　张尧学　朱建士　左铁镛　王　浩　潘德炉　邓秀新　李兰娟　何继善

林蕙青　王建国　田志凌　李新亚　杨毅刚　谭志昕　赵　强　王　俊　姚　燕

秘　　书:王振海

5. 院　机　关

机关党委书记:邬贺铨

副书记:谷　珏

办公厅:

巡视员(主持工作):董庆九

副主任:谷　珏　李仁涵　易　建

内设:行政后勤处　院长办公室　人事处　机关党委办公室　财务处　宣传处　信息中心

学部工作局

局长:白玉良(兼)

副局长:谢冰玉　阮宝君

局长助理:杨　丽

内设:综合处　科学道德办公室　学部工作一处　学部工作二处

国际合作局

副局长:程家怡

副巡视员:徐　进

局长助理:郑晓光

内设:综合处　一处　二处

政策研究室

主任:白玉良(兼)

副主任:高中琪　康金城　王振海

副巡视员:郗小林

局长助理:安耀辉

内设:综合处　咨询工作处　学术与出版处

咨询服务中心

主任:白玉良(兼)

副主任:康金城(兼)

内设:办公室　咨询部　信息部

二、全体院士名单(747 人)

1. 机械与运载工程学部(106 人)

艾　兴　陈福田　陈懋章　陈士橹　陈一坚　陈予恕　崔国良　丁衡高　董春鹏　杜善义
段正澄　朵英贤　范本尧　冯培德　高伯龙　高金吉　顾国彪　顾诵芬　管　德　关　杰
关　桥　郭重庆　郭孔辉　何友声　胡正寰　黄崇祺　黄瑞松　黄文虎　黄先祥　黄旭华
金东寒　乐嘉陵　李椿萱　李鹤林　李鸿志　李　明　李培根　李　钊　梁晋才　林尚扬
林宗虎　柳百成　刘大响　刘人怀　刘兴洲　刘怡昕　刘永才　刘友梅　龙乐豪　卢秉恒
路甬祥　陆元九　马伟明　孟执中　闵桂荣　潘健生　潘镜芙　戚发轫　钱清泉　饶芳权
阮雪榆　沈闻孙　沈志云　石　屏　宋文骢　苏哲子　孙敬良　谭建荣　唐任远　屠基达
涂铭旌　屠善澄　王　浚　汪顺亭　王兴治　王永志　汪槱生　王玉明　王哲荣　温俊峰
吴有生　谢友柏　徐滨士　徐德民　徐玉如　徐志磊　杨凤田　杨士莪　尹泽勇　于本水
臧克茂　曾广商　张炳炎　张福泽　张贵田　张金麟　张立同(女)　张彦仲　赵　煦
钟　掘(女)　钟群鹏　钟志华　周　济　周勤之　朱能鸿　朱英浩

2. 信息与电子工程学部(108 人)

贲　德　蔡鹤皋　蔡吉人　柴天佑　陈　鲸　陈敬熊　陈俊亮　陈良惠　陈左宁(女)
戴　浩　邓中翰　范滇元　方滨兴　方家熊　封锡盛　高　洁　龚惠兴　宫先仪　龚知本
郭桂蓉　何德全　何新贵　胡光镇　胡启恒(女)　黄培康　姜景山　姜文汉　金国藩
金怡濂　李伯虎　李德仁　李德毅　李国杰　李乐民　李三立　李同保　李幼平　梁骏吾
林祥棣　林永年　凌永顺　刘　玠　刘尚合　刘永坦　刘韵洁　陆建勋　卢锡城　罗沛霖
马远良　毛二可　倪光南　牛憨笨　潘君骅　潘云鹤　沈昌祥　宋　健　苏君红　孙家广
孙优贤　孙　玉　孙忠良　童志鹏　汪成为　王大珩　王任享　王天然　王小谟　王　越
王子才　韦　钰(女)　魏正耀　魏子卿　吴　澄　邬贺铨　邬江兴　吴曼青　吴佑寿
吴祖垲　许居衍　徐扬生　徐元森　许祖彦　薛鸣球　杨士中　姚骏恩　叶铭汉　叶尚福
叶声华　俞大光　于　全　张光义　张履谦　张明高　张乃通　张锡祥　张尧学　张直中
张钟华　赵伊君　赵梓森　郑南宁　钟　山　周炯槃　周立伟　周寿桓　周仲义　朱高峰
庄松林

3. 化工、冶金与材料工程学部(95人)

才鸿年 曹湘洪 陈丙珍(女) 陈国良 陈 景 陈立泉 陈清如 陈蕴博 崔 崑
戴永年 丁传贤 董海山 傅恒志 付贤智 干 勇 高从堦 顾真安 关兴亚 何季麟
侯芙生 胡永康 胡壮麒 黄伯云 黄培云 姜德生 江东亮 金 涌 柯 伟 李大东
李东英 李冠兴 李恒德 李俊贤 李龙土 李正邦 李正名 刘伯里 刘炯天 刘业翔
陆钟武 毛炳权 闵恩泽 欧阳平凯 邱定蕃 桑凤亭 邵象华 沈德忠 沈寅初
师昌绪 舒兴田 孙传尧 唐明述 屠海令 王淀佐 王国栋 王静康(女) 汪燮卿
汪旭光 王一德 王泽山 王震西 魏可镁 翁宇庆 武 胜 吴慰祖 吴以成 徐承恩
徐德龙 徐更光 徐匡迪 徐南平 薛群基 严东生 杨启业 殷国茂 殷瑞钰 余永富
袁晴棠(女) 袁渭康 曾苏民 张国成 张生勇 张寿荣 张文海 张兴栋 张耀明
赵连城 赵振业 周光耀 周克崧 周 廉 周 玉 朱永𬭎 邹 竞(女) 左铁镛

4. 能源与矿业工程学部(100人)

安继刚 陈清泉 岑可法 常印佛 陈念念 陈森玉 陈毓川 杜祥琬 多 吉 樊明武
范维澄 范维唐 傅依备 古德生 顾金才 顾心怿 韩大匡 韩英铎 何多慧 何继善
洪伯潜 胡见义 胡思得 黄其励 蒋洪德 金庆焕 康玉柱 雷清泉 李立浧 李庆忠
李焯芬 梁维燕 刘宝琛 刘广志 罗平亚 马永生 毛用泽 倪维斗 潘 垣 潘自强
裴荣富 彭士禄 彭苏萍 彭先觉 钱皋韵 钱鸣高 钱绍钧 乔登江 秦裕琨 邱爱慈(女)
邱中建 阮可强 沈国荣 沈忠厚 苏义脑 孙才新 孙承纬 孙玉发 唐西生 汤中立
童晓光 万元熙 王德民 王思敬 王仲奇 闻雪友 翁史烈 鲜学福 谢和平 谢克昌
徐大懋 许绍燮 徐旭常 薛禹胜 杨奇逊 杨裕生 叶奇蓁 衣宝廉 于俊崇 于润沧
余贻鑫 袁 亮 袁士义 岳光溪 曾恒一 翟光明 张光斗 张铁岗 张信威 张勇传
张宗祜 赵文津 郑健超 郑绵平 周邦新 周世宁 周守为 周永茂 朱光亚 朱建士

5. 土木、水利与建筑工程学部(100人)

曹楚生 陈厚群 陈吉余 陈 新 陈肇元 陈志恺 程泰宁 崔俊芝 戴复东 董石麟
范立础 方秦汉 冯叔瑜 傅熹年 葛修润 关肇邺 韩其为 何华武 何镜堂 黄 卫
黄熙龄 江欢成 江 亿 雷志栋 李道增 李圭白 李 玶 李猷嘉 梁文灏 梁应辰
廖振鹏 林俊德 林元培 刘建航 刘经南 刘济舟 刘先林 龙驭球 卢耀如 吕志涛
罗绍基 马国馨 马洪琪 马克俭 茆 智 孟兆祯 宁津生 欧进萍 潘家铮 钱七虎
钱正英(女) 秦顺全 任南琪 容柏生 沙庆林 沈世钊 沈祖炎 施仲衡 孙 伟(女)

谭靖夷 王光远 王 浩 王家耀 王景全 王梦恕 王瑞珠 王小东 魏敦山 文伏波
吴良镛 吴中如 项海帆 谢鉴衡 谢礼立 谢世楞 许其凤 杨秀敏 杨永斌 叶可明
曾庆元 张超然 张建云 张 杰 张锦秋(女) 张蔚榛 张祖勋 赵国藩 郑皆连
郑守仁 郑颖人 郑哲敏 钟登华 钟训正 周丰峻 周福霖 周干峙 周 镜 周君亮
朱伯芳 邹德慈

6. 环境与轻纺工程学部(41 人)

蔡道基 陈克复 陈联寿 丁德文 丁一汇 方国洪 顾夏声 郝吉明 侯保荣 侯立安
季国标 蒋士成 金鉴明 金翔龙 李泽椿 刘鸿亮 伦世仪 孟 伟 潘德炉 庞国芳
钱 易(女) 曲久辉 任阵海 石 碧 孙宝国 孙晋良 孙铁珩 汤鸿霄 唐孝炎(女)
王文兴 魏复盛 许健民 徐祥德 姚 穆 郁铭芳 袁业立 张全兴 张 懿(女)
周国泰 周 翔(女) 朱尊权

7. 农业学部(70 人)

陈焕春 陈俊愉 陈温福 陈宗懋 程顺和 戴景瑞 邓秀新 董玉琛(女) 范云六(女)
方智远 冯宗炜 傅廷栋 盖钧镒 官春云 管华诗 郭予元 侯 锋 蒋亦元 雷霁霖
李 宁 李佩成 李文华 李 玉 林浩然 刘大钧 刘守仁 刘兴土 刘秀梵 刘 旭
刘 筠 卢良恕 罗锡文 马建章 麦康森 南志标 任继周 荣廷昭 山 仑 沈国舫
沈荣显 石元春 石玉林 束怀瑞 宋湛谦 孙九林 唐启升 汪懋华 王明庥 王 涛(女)
吴明珠(女) 夏咸柱 向仲怀 辛世文 熊远著 旭日干 徐 洵(女) 颜龙安
尹伟伦 余松烈 于振文 袁隆平 曾德超 曾士迈 张福绥 张改平 张齐生 张子仪
赵法箴 周开达 朱英国

8. 医药卫生学部(111 人)

安静娴(女) 巴德年 曹雪涛 陈灏珠 陈洪铎 陈冀胜 陈君石 陈赛娟(女)
陈香美(女) 陈亚珠(女) 陈肇隆 陈志南 程 京 程莘农 程书钧 程天民
池志强 戴尅戎 丁 健 樊代明 范上达 付小兵 高守一 葛宝丰 顾健人 顾玉东
郭应禄 郝希山 洪 涛 侯惠民 侯云德 胡亚美(女) 胡之璧(女) 黄翠芬(女)
黄志强 李春岩 李大鹏 黎介寿 李兰娟(女) 李连达 李瑞麟 李载平 廖万清
刘昌孝 刘德培 刘彤华(女) 刘 耀 刘玉清 刘志红(女) 陆道培 卢世璧
彭司勋 秦伯益 邱贵兴 邱蔚六 阮长耿 桑国卫 沈倍奋(女) 沈家祥 沈渔邨(女)
盛志勇 石学敏 史轶蘩(女) 孙 燕 唐希灿 汤钊猷 王红阳(女) 王琳芳(女)

王士雯(女)　王澍寰　王威琪　王永炎　王正国　王振义　王忠诚　闻玉梅(女)
翁心植　吴德昌　吴阶平　吴天一　吴咸中　吴以岭　夏家辉　项坤三　肖碧莲(女)
肖培根　谢立信　杨宝峰　杨胜利　姚新生　于德泉　俞梦孙　俞永新　袁国勇　曾溢滔
张伯礼　张涤生　张金哲　张心湜　张　运　赵　铠　甄永苏　郑树森　钟南山　钟世镇
周宏灏　周后元　周良辅　朱晓东　庄　辉

9. 工程管理学部(44 人,其中 28 人为跨学部院士)

巴德年　陈清泉　程天民　杜祥琬　傅志寰　郭重庆　郭桂蓉　何继善　蒋士成　金鉴明
李东英　李京文　刘德培　刘　玠　刘人怀　刘源张　卢良恕　陆佑楣　栾恩杰　罗绍基
潘家铮　钱七虎　饶芳权　沈荣骏　孙永福　王　安　王基铭　王礼恒　王陇德　汪应洛
王玉普　王众托　徐滨士　徐匡迪　许庆瑞　徐寿波　叶可明　殷瑞钰　袁晴棠(女)
翟光明　张寿荣　郑南宁　朱高峰　朱晓东

三、院士情况统计表

1. 院士按学部分布图

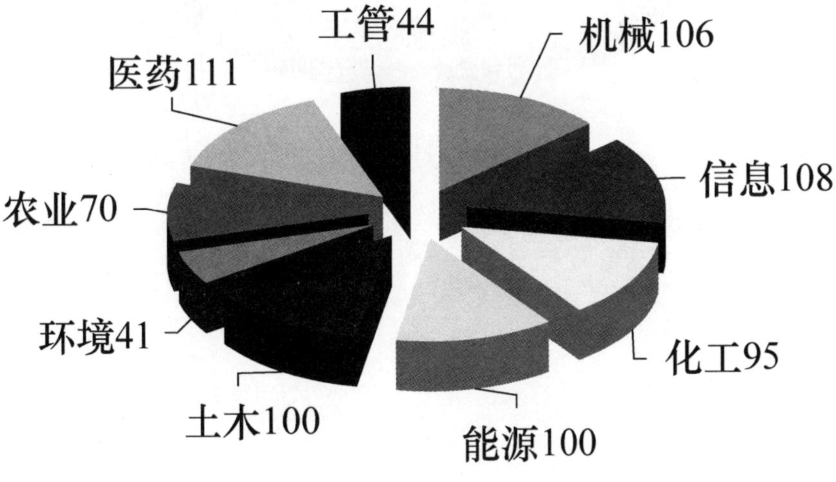

2. 院士性别分布图

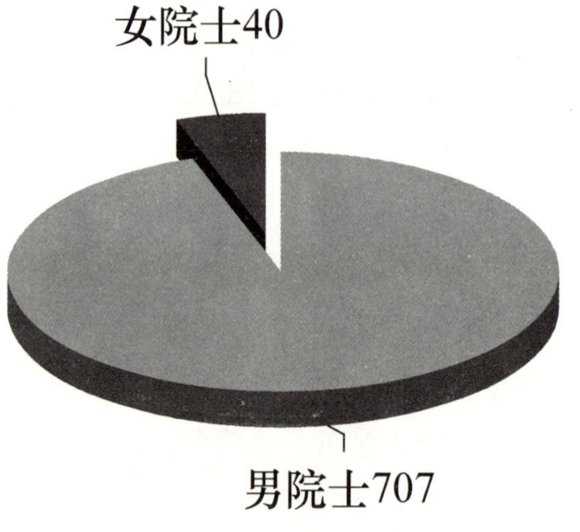

3. 院士单位所在地区分布表

序号	地区	合计	机械	信息	化工	能源	土木	环境	农业	医药	工管
1	北京	323	38	56	43	45	37	22	22	49	11
2	上海	71	16	6	6	3	10	3		27	
3	江苏	44	4	8	6	4	7	4	7	4	
4	湖北	32	5	2	3	3	13		5		1
5	黑龙江	31	6	4	2	6	8		3	1	1
6	四川	30	7	8	5	7		1	2		
7	陕西	30	11	5	4	2	2	1	2	2	1
8	辽宁	23	5	4	6	2	1	1	1	2	1
9	湖南	20	5	1	4	3	2		3	2	
10	山东	19	2	1		1		4	9	2	
11	天津	17	1	1	2	2	4		1	6	
12	广东	17	1	1	1	4	4	1	2	3	
13	浙江	16	2	2	1	2	2	2	1	3	1
14	河南	9		1	1	2	3	1	1		
15	河北	8		2	1	2		1		2	
16	安徽	8		3		5					
17	重庆	8		1	1	2	1		1	2	
18	甘肃	6	1		1		1		2	1	
19	香港	6		1		2			1	2	
20	吉林	4	1						3		
21	云南	4		1	2		1				
22	新疆	4				1	1		2		
23	福建	3			2				1		
24	江西	3	1		1				1		
25	台湾	3					1			2	
26	山西	2			1	1					
27	内蒙	1			1						
28	广西	1					1				
29	贵州	1					1				
30	西藏	1				1					
31	青海	1								1	
32	宁夏	1			1						
总计		747	106	108	95	100	100	41	70	111	16

注:工程管理学部的跨学部院士统计在原学部。

4. 院士籍贯分布表

序号	地区	合计	机械	信息	化工	能源	土木	环境	农业	医药	工管
1	江苏	123	15	18	15	18	18	10	8	18	3
2	浙江	120	19	25	13	16	14	8	6	17	2
3	山东	51	6	4	6	1	4	8	10	12	
4	湖南	43	5	4	4	9	8		6	6	1
5	广东	39	7	3	1	6	5	1	5	11	
6	上海	38	4	9	5	3	8	2	1	6	
7	辽宁	37	9	1	5	5	2	4	6	3	2
8	河北	35	8		3	4	6	2	4	8	
9	四川	33	2	7	6	7	7	2		2	
10	湖北	31	5	4	2	4	6	1	7	2	
11	安徽	30	2	6	5	5	4		1	4	3
12	福建	30	5	4	5	4	3		4	5	
13	河南	22	1	2	7	4	4	1	1	1	1
14	北京	18	1	4	4	4	3			2	
15	江西	14	3	2	1	1	4		3		
16	山西	13	2	3		3	2		1	2	
17	天津	12	2	2	1	1	1			5	
18	吉林	9	1	2	2			2		2	
19	重庆	9	1	1		2			3	2	
20	陕西	9	4	2	1				1		1
21	黑龙江	7	1	2	2	1					1
22	云南	5	1		4						
23	内蒙	4		1		1			1		1
24	广西	4	1	1	1						1
25	甘肃	3	1	1	1						
26	海南	2							2		
27	台湾	2					1			1	
28	贵州	1			1						
29	西藏	1				1					
30	新疆	1								1	
总计		747	106	108	95	100	100	41	70	111	16

注：工程管理学部的跨学部院士统计在原学部。

5. 院士年龄分布表

全体院士平均年龄:73.99 岁

非资深院士平均年龄:70.67 岁

院士年龄	总人数	男性人数	女性人数
98	1	1	0
97	2	2	0
96	1	1	0
95	1	1	0
94	1	1	0
93	4	4	0
92	2	2	0
91	4	4	0
90	6	6	0
89	10	9	1
88	3	3	0
87	9	6	3
86	18	17	1
85	16	16	0
84	14	13	1
83	14	14	0
82	16	15	1
81	26	23	3
80	29	27	2
79	27	27	0
78	57	56	1
77	34	33	1
76	46	41	5
75	45	44	1
74	39	32	7

续表

院士年龄	总人数	男性人数	女性人数
73	35	35	0
72	51	48	3
71	37	36	1
70	30	29	1
69	22	21	1
68	27	27	0
67	12	11	1
66	6	6	0
65	14	14	0
64	9	9	0
63	4	3	1
62	2	2	0
61	5	5	0
60	5	5	0
59	3	1	2
58	7	6	1
57	7	7	0
56	2	2	0
55	3	3	0
54	6	6	0
53	6	5	1
52	5	4	1
51	3	3	0
50	5	5	0
49	6	6	0
48	2	2	0
47	4	4	0
46	1	1	0
45	2	2	0
42	1	1	0
总计	747	707	40

6. 院士年龄分布图

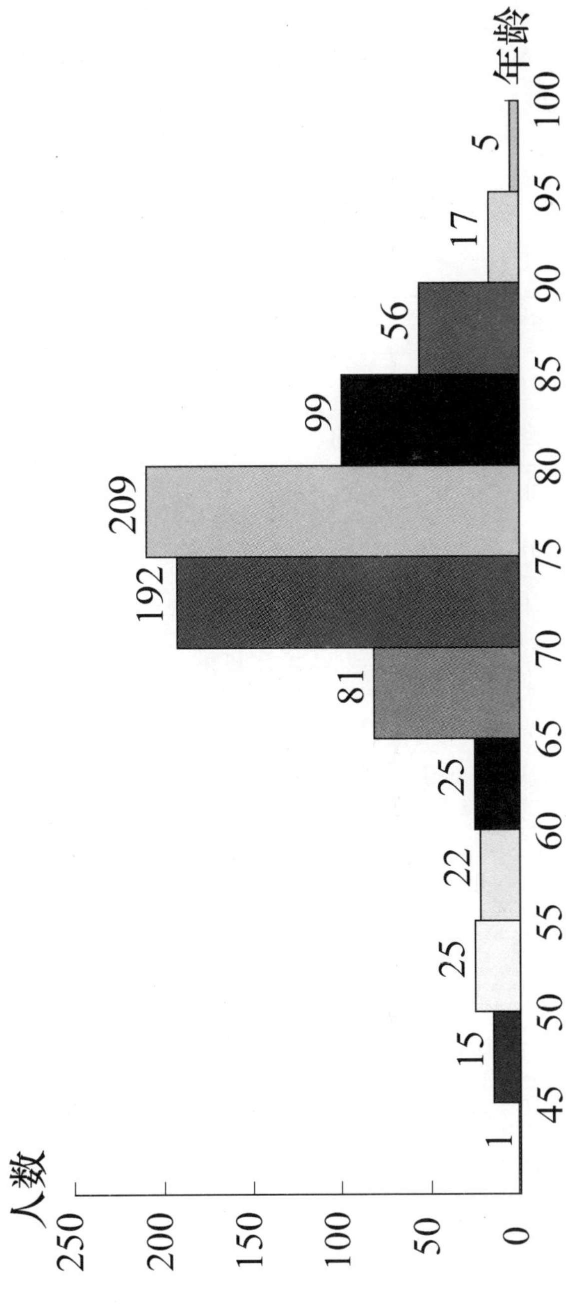
人数
年龄
0
50
100
150
200
250
45
50
55
60
65
70
75
80
85
90
95
100
1
15
25
22
25
81
192
209
99
56
17
5

7. 2010年新增资深院士名单(29人)

吴明珠(女)　李道增　潘镜芙　许庆瑞　顾诵芬　于润沧　宋文骢　郭应禄　沈闻孙
沙庆林　姚　穆　范云六(女)　汪应洛　陈一坚　周干峙　熊远著　卢世璧　孙敬良
徐志磊　容柏生　刘业翔　毛用泽　袁隆平　李庆忠　潘君骅　薛鸣球　赵伊君
赵　铠　汤钊猷

附：

全体资深院士名单(177人)

序	姓名	出生日期	工作单位	所属学部
1	张光斗	1912.05.01	清华大学	能源与矿业
2	邵象华	1913.02.22	钢铁研究总院	化工、冶金与材料
3	罗沛霖	1913.12.30	信息产业部电子科学技术委员会	信息与电子
4	吴祖垲	1914.03.01	彩虹集团公司	信息与电子
5	王大珩	1915.02.26	中国科学院高技术研究与发展局	信息与电子
6	张涤生	1916.06.12	上海第二医科大学附属第九人民医院	医药卫生
7	吴阶平	1917.01.22	中国医学科学院	医药卫生
8	张直中	1917.04.01	中国电子科技集团公司第十四研究所	信息与电子
9	黄培云	1917.08.23	中南大学	化工、冶金与材料
10	陈俊愉	1917.09.21	北京林业大学	农业
11	严东生	1918.02.10	中国科学院上海硅酸盐研究所	化工、冶金与材料
12	顾夏声	1918.05.06	清华大学	环境与轻纺
13	朱尊权	1919.02.03	中国烟草总公司郑州烟草研究院	环境与轻纺
14	翁心植	1919.05.10	首医大附属北京朝阳医院呼吸病研究所	医药卫生
15	彭司勋	1919.07.28	中国药科大学	医药卫生
16	曾德超	1919.11.18	中国农业大学	农业
17	陆元九	1920.01.09	中国航天科技集团公司	机械与运载

续表

序	姓名	出生日期	工作单位	所属学部
18	盛志勇	1920.07.01	解放军第304医院	医药卫生
19	陈士橹	1920.09.24	西北工业大学	机械与运载
20	张金哲	1920.09.25	北京儿童医院	医药卫生
21	师昌绪	1920.11.15	国家自然科学基金委员会	化工、冶金与材料
22	李东英	1920.12.14	原国家有色金属工业局	化工、冶金与材料
23	周炯槃	1921.01.05	北京邮电大学	信息与电子
24	俞大光	1921.01.22	中国工程物理研究院	信息与电子
25	黄翠芬(女)	1921.03.06	军事医学科学院	医药卫生
26	余松烈	1921.03.13	山东农业大学	农业
27	李恒德	1921.06.30	清华大学	化工、冶金与材料
28	程莘农	1921.08.24	中国中医研究院针灸研究所	医药卫生
29	陈吉余	1921.09.17	华东师范大学河口海岸研究所	土木、水利与建筑
30	陈敬熊	1921.10.16	中国航天科工集团第二研究院二十三所	信息与电子
31	谭靖夷	1921.11.06	中国水利水电第八工程局	土木、水利与建筑
32	沈家祥	1921.11.11	天津大学药物科学与技术学院	医药卫生
33	黄志强	1922.01.01	解放军总医院	医药卫生
34	吴良镛	1922.05.07	清华大学	土木、水利与建筑
35	葛宝丰	1922.12.26	兰州军区总医院骨科研究所	医药卫生
36	沈荣显	1923.01.12	中国农业科学院哈尔滨兽医研究所	农业
37	刘广志	1923.03.11	国土资源部咨询研究中心	能源与矿业
38	刘玉清	1923.03.14	中国医学科学院阜外心血管病医院	医药卫生
39	胡亚美(女)	1923.04.27	北京儿童医院	医药卫生
40	钱正英(女)	1923.07.04	全国政协	土木、水利与建筑
41	屠善澄	1923.08.12	中国空间技术研究院	机械与运载
42	张蔚榛	1923.10.05	武汉大学水利水电学院	土木、水利与建筑
43	肖碧莲(女)	1923.10.31	国家计划生育委员会科学技术研究所	医药卫生

续表

序	姓名	出生日期	工作单位	所属学部
44	侯芙生	1923.11.28	中国石油化工集团公司	化工、冶金与材料
45	闵恩泽	1924.02.08	中国石油化工集团石油化工科学研究院	化工、冶金与材料
46	沈渔邨(女)	1924.02.15	北京大学精神卫生研究所	医药卫生
47	李　玶	1924.03.20	中国地震局地质研究所	土木、水利与建筑
48	王光远	1924.03.25	哈尔滨工业大学	土木、水利与建筑
49	冯叔瑜	1924.06.20	铁道部科学研究院	土木、水利与建筑
50	童志鹏	1924.08.12	信息产业部电子科学研究院	信息与电子
51	艾　兴	1924.08.24	山东大学机械工程学院	机械与运载
52	裴荣富	1924.08.24	中国地质科学研究院矿产资源研究所	能源与矿业
53	郑哲敏	1924.10.02	中国科学院力学研究所	土木、水利与建筑
54	黎介寿	1924.10.11	南京军区南京总医院	医药卫生
55	卢良恕	1924.11.03	中国农业科学院	农业
56	陈灏珠	1924.11.06	复旦大学附属中山医院	医药卫生
57	任继周	1924.11.07	甘肃省草原生态研究所	农业
58	池志强	1924.11.16	中国科学院生命科学院上海药物研究所	医药卫生
59	王振义	1924.11.30	上海第二医科大学瑞金医院血液学研究所	医药卫生
60	王澍寰	1924.12.12	北京积水潭医院	医药卫生
61	朱光亚	1924.12.25		能源与矿业
62	赵国藩	1924.12.29	大连理工大学	土木、水利与建筑
63	刘源张	1925.01.01	中国科学院数学与系统科学研究院	工程管理
64	谢鉴衡	1925.01.03	武汉大学水利水电学院	土木、水利与建筑
65	周君亮	1925.02.22	江苏省水利厅	土木、水利与建筑
66	张子仪	1925.03.04	中国农业科学院畜牧研究所	农业
67	叶铭汉	1925.04.02	中国科学院高能物理研究所	信息与电子
68	方秦汉	1925.04.20	中铁大桥勘测设计院	土木、水利与建筑
69	吴佑寿	1925.07.14	清华大学	信息与电子

续表

序	姓名	出生日期	工作单位	所属学部
70	崔　昆	1925.07.20	华中科技大学	化工、冶金与材料
71	文伏波	1925.08.04	长江水利委员会	土木、水利与建筑
72	李载平	1925.08.17	中科院上海生物化学细胞生物学研究所	医药卫生
73	吴咸中	1925.08.28	天津医科大学	医药卫生
74	曾庆元	1925.09.20	中南大学铁道学院	土木、水利与建筑
75	钟世镇	1925.09.24	第一军医大学临床解剖研究所	医药卫生
76	彭士禄	1925.11.18	中国核工业集团公司	能源与矿业
77	王忠诚	1925.12.20	北京天坛医院北京市神经外科研究所	医药卫生
78	周　镜	1925.12.21	铁道科学研究院	土木、水利与建筑
79	龙驭球	1926.01.15	清华大学	土木、水利与建筑
80	张宗祜	1926.02.19	中国地质科学院水文地质工程地质研究所	能源与矿业
81	张履谦	1926.03.01	中国航天科技集团公司科学技术委员会	信息与电子
82	黄旭华	1926.03.12	中国船舶重工集团公司第七一九研究所	机械与运载
83	曾士迈	1926.04.08	中国农业大学	农业
84	徐元森	1926.05.22	中国科学院上海冶金研究所	信息与电子
85	曹楚生	1926.06.02	水利部天津设计院	土木、水利与建筑
86	董玉琛(女)	1926.06.11	中国农业科学院作物品种资源研究所	农业
87	刘大钧	1926.07.02	南京农业大学	农业
88	刘济舟	1926.07.22	交通部	土木、水利与建筑
89	黄文虎	1926.07.22	哈尔滨工业大学	机械与运载
90	翟光明	1926.10.01	中国石油天然气集团公司	能源与矿业
91	陈志恺	1926.11.28	水利部中国水利水电科学研究院	土木、水利与建筑
92	陈清如	1926.12.03	中国矿业大学	化工、冶金与材料
93	徐承恩	1927.01.21	中国石化工程建设公司	化工、冶金与材料
94	钱皋韵	1927.03.14	中国核工业集团公司科技委	能源与矿业
95	黄熙龄	1927.04.24	中国建筑科学研究院	土木、水利与建筑

续表

序	姓名	出生日期	工作单位	所属学部
96	高守一	1927.04.29	中国疾病预防控制中心传染病预防控制所	医药卫生
97	胡光镇	1927.08.26		信息与电子
98	郁铭芳	1927.10.03	东华大学	环境与轻纺
99	吴德昌	1927.10.22		医药卫生
100	潘家铮	1927.11.12	国家电网公司	土木、水利与建筑
101	王文兴	1927.11.17	中国环境科学研究院	环境与轻纺
102	周勤之	1927.11.23	上海机床厂	机械与运载
103	屠基达	1927.12.11	中国航空工业第一集团公司	机械与运载
104	梁晋才	1927.12.17	中国航天科技集团公司第八研究院	机械与运载
105	张福绥	1927.12.27	中国科学院海洋研究所	农业
106	程天民	1927.12.27	第三军医大学	医药卫生
107	侯锋	1928.02.03	天津市农业科学院	农业
108	沈忠厚	1928.02.13	石油大学	能源与矿业
109	张寿荣	1928.02.17	武汉钢铁(集团)公司	化工、冶金与材料
110	乔登江	1928.03.08	西北核技术研究所	能源与矿业
111	李俊贤	1928.03.10	黎明化工研究院	化工、冶金与材料
112	戴复东	1928.04.25	同济大学	土木、水利与建筑
113	高伯龙	1928.06.29	国防科技大学	机械与运载
114	王众托	1928.08.20	大连理工大学管理学院	工程管理
115	汪槱生	1928.08.27	浙江大学	机械与运载
116	梁应辰	1928.08.30	交通部三峡办公室	土木、水利与建筑
117	李瑞麟	1928.09.04	上海市计划生育科学研究所	医药卫生
118	朱伯芳	1928.10.17	中国水利水电科学研究院	土木、水利与建筑
119	史轶蘩(女)	1928.11.01	中国医科院中国协和医科大学北京协和医院	医药卫生
120	伦世仪	1928.11.09	江南大学生物工程学院	环境与轻纺
121	涂铭旌	1928.11.15	四川大学	机械与运载

续表

序	姓名	出生日期	工作单位	所属学部
122	蒋亦元	1928.11.17	东北农业大学	农业
123	金国藩	1929.01.08	清华大学	信息与电子
124	鲜学福	1929.01.21	重庆大学	能源与矿业
125	孙　燕	1929.02.01	中国医学科学院协和医科大学肿瘤医院	医药卫生
126	戴永年	1929.02.09	昆明理工大学	化工、冶金与材料
127	安静娴(女)	1929.02.12	东北制药总厂	医药卫生
128	俞永新	1929.03.23	中国药品生物制品检定所	医药卫生
129	唐明述	1929.03.31	南京工业大学 南京工业大学	化工、冶金与材料
130	傅依备	1929.04.04	中国工程物理研究院	能源与矿业
131	温俊峰	1929.04.20	烟台大学	机械与运载
132	刘建航	1929.04.26	上海市地铁专家委员会	土木、水利与建筑
133	朱英浩	1929.05.24	沈阳变压器研究所	机械与运载
134	沈志云	1929.05.28	西南交通大学	机械与运载
135	钟训正	1929.07.09	东南大学建筑学院	土木、水利与建筑
136	侯云德	1929.07.13	中国医学科学院病毒学研究所	医药卫生
137	傅恒志	1929.08.24	西北工业大学	化工、冶金与材料
138	胡壮麒	1929.08.31	中国科学院金属研究所	化工、冶金与材料
139	金怡濂	1929.09.05		信息与电子
140	陆建勋	1929.09.11	中国船舶重工集团第七研究院	信息与电子
141	束怀瑞	1929.09.26	山东农业大学园艺学院	农业
142	陆钟武	1929.10.02	东北大学	化工、冶金与材料
143	梁维燕	1929.10.02	哈尔滨动力设备股份有限公司	能源与矿业
144	关肇邺	1929.10.04	清华大学	土木、水利与建筑
145	王琳芳(女)	1929.11.03	中国医学科学院基础医学研究所	医药卫生
146	刘彤华(女)	1929.11.13	中国医科院中国协和医科大学北京协和医院	医药卫生
147	刘筠	1929.11.17	湖南师范大学	农业

续表

序	姓名	出生日期	工作单位	所属学部
148	朱永赡	1929.12.15	清华大学	化工、冶金与材料
149	吴明珠(女)	1930.01.03	新疆农业科学院园艺作物研究所	农业
150	李道增	1930.01.19	清华大学	土木、水利与建筑
151	潘镜芙	1930.01.20	中国船舶重工集团七院第七零一研究所	机械与运载
152	许庆瑞	1930.01.29		工程管理
153	顾诵芬	1930.02.04	中国航空工业第一集团公司	机械与运载
154	于润沧	1930.03.20	中国有色工程设计研究总院	能源与矿业
155	宋文骢	1930.03.26	中国航空工业第一集团公司成都飞机设计研究所	机械与运载
156	郭应禄	1930.05.04	北京大学泌尿外科研究所	医药卫生
157	沈闻孙	1930.05.06	大连市新船重工有限责任公司	机械与运载
158	沙庆林	1930.05.07	交通部公路科学研究所	土木、水利与建筑
159	姚　穆	1930.05.13	西安工程科技学院	环境与轻纺
160	范云六(女)	1930.05.16	中国农业科学院生物技术研究所	农业
161	汪应洛	1930.05.21	西安交通大学	工程管理
162	陈一坚	1930.06.21	航空第一飞机设计研究院	机械与运载
163	周干峙	1930.06.28	建设部	土木、水利与建筑
164	熊远著	1930.07.08	华中农业大学动物科技学院	农业
165	卢世璧	1930.07.08	解放军总医院骨科研究所	医药卫生
166	孙敬良	1930.07.14	中国航天科技集团第八研究院	机械与运载
167	徐志磊	1930.08.02	中国工程物理研究院	机械与运载
168	容柏生	1930.08.27	广东省建筑设计研究院	土木、水利与建筑
169	刘业翔	1930.09.01	中南大学	化工、冶金与材料
170	毛用泽	1930.09.01		能源与矿业
171	袁隆平	1930.09.07	国家杂交水稻工程技术研究中心	农业
172	李庆忠	1930.10.10	中国石油天然气集团公司物探局	能源与矿业

续表

序	姓名	出生日期	工作单位	所属学部
173	潘君骅	1930.10.14	苏州大学现代光学技术研究所	信息与电子
174	薛鸣球	1930.10.18	苏州大学	信息与电子
175	赵伊君	1930.11.26		信息与电子
176	赵铠	1930.12.06	北京生物制品研究所	医药卫生
177	汤钊猷	1930.12.26	复旦大学肝癌研究所	医药卫生

8. 2010年逝世院士名单(8人)

徐乾清　刘耕陶　黎磊石　闻立时　刘更另　赵仁恺　梅自强　于维汉

附:

已故院士名单(84人)

序	姓名	逝世日期	出生日期	所属学部
1	戚元靖	1994.11.04	1929.04.29	化工、冶金与材料
2	楼之岑	1995.03.23	1920.01.28	医药卫生
3	江绍基	1995.05.16	1919.04.12	医药卫生
4	章基嘉	1995.10.05	1930.01.01	环境与轻纺
5	汪菊渊	1996.01.28	1913.04.11	土木、水利与建筑
6	顾懋祥	1996.05.21	1923.01.25	机械与运载
7	李光博	1996.07.20	1922.06.16	农业
8	林　华	1997.03.11	1913.06.24	化工、冶金与材料
9	蒋新松	1997.03.30	1931.08.03	信息与电子
10	佘畯南	1998.07.29	1916.10.06	土木、水利与建筑
11	胡海涛	1998.10.31	1923.10.21	土木、水利与建筑
12	辛德惠	1999.05.27	1931.12.24	农业
13	黎　鳌	1999.08.21	1917.05.04	医药卫生
14	戚颖敏	1999.09.28	1929.11.04	能源与矿业
15	吴中伟	2000.02.04	1918.07.20	化工、冶金与材料
16	宋鸿钊	2000.02.17	1915.08.13	医药卫生
17	刘天泉	2000.03.28	1927.11.10	能源与矿业
18	殷　震	2000.07.18	1926.06.28	农业
19	陆孝彭	2000.10.16	1920.08.19	机械与运载

续表

序	姓名	逝世日期	出生日期	所属学部
20	董建华	2001.01.26	1918.12.17	医药卫生
21	李绍珍(女)	2001.03.14	1932.09.16	医药卫生
22	孙俊人	2001.06.19	1915.11.15	信息与电子
23	于文虎	2001.08.28	1941.12.10	能源与矿业
24	姜泗长	2001.09.09	1913.09.15	医药卫生
25	张 维	2001.10.04	1913.05.22	土木、水利与建筑
26	姚绍福	2001.11.17	1932.10.13	机械与运载
27	许国志	2001.12.15	1919.04.20	信息与电子
28	陈力为	2001.12.26	1917.08.30	信息与电子
29	李鹗鼎	2001.12.30	1918.03.15	土木、水利与建筑
30	张启先	2002.05.25	1925.08.25	机械与运载
31	高鼎三	2002.06.13	1914.07.24	信息与电子
32	黄宗道	2002.11.22	1921.02.03	农业
33	林华宝	2003.01.01	1931.05.29	机械与运载
34	梁春广	2003.05.27	1939.02.01	信息与电子
35	王三一	2003.08.05	1929.01.01	土木、水利与建筑
36	莫伯治	2003.09.30	1915.03.02	土木、水利与建筑
37	侯德原	2003.10.17	1912.04.24	信息与电子
38	黄耀祥	2004.02.22	1916.08.17	农业
39	陈太一	2004.05.06	1921.12.29	信息与电子
40	马福邦	2004.05.30	1934.07.26	能源与矿业
41	许文思	2004.08.18	1925.03.05	医药卫生
42	何凤生(女)	2004.11.16	1932.06.26	医药卫生
43	朱之悌	2005.01.22	1929.10.01	农业
44	李国豪	2005.02.23	1913.04.13	土木、水利与建筑
45	童 铠	2005.08.10	1931.09.12	信息与电子

续表

序	姓名	逝世日期	出生日期	所属学部
46	夏德全	2005.09.08	1938.12.27	农业
47	王　选	2006.02.13	1937.02.05	信息与电子
48	徐端夫	2006.04.05	1934.04.10	化工、冶金与材料
49	严　恺	2006.05.07	1912.08.10	土木、水利与建筑
50	邱竹贤	2006.07.28	1921.04.12	化工、冶金与材料
51	汤德全	2006.08.19	1915.12.14	能源与矿业
52	杜庆华	2006.11.05	1919.04.14	机械与运载
53	张高勇	2007.03.16	1942.04.13	环境与轻纺
54	林　鹏	2007.05.12	1931.12.18	农业
55	顾冠群	2007.05.26	1940.01.13	信息与电子
56	徐秉汉	2007.06.14	1933.08.21	机械与运载
57	刘广润	2007.06.25	1929.04.20	能源与矿业
58	李振岐	2007.09.23	1922.10.04	农业
59	雷廷权	2007.12.06	1928.01.23	化工、冶金与材料
60	屈梁生	2007.12.07	1931.03.17	机械与运载
61	丁伯南	2007.12.13	1945.03.19	能源与矿业
62	陈德仁	2007.12.21	1922.10.22	信息与电子
63	关君蔚	2007.12.29	1917.05.23	农业
64	陈火旺	2008.02.02	1936.02.05	信息与电子
65	姚福生	2008.07.11	1932.04.26	机械与运载
66	黄尚廉	2008.07.21	1936.08.16	信息与电子
67	陈秉聪	2008.09.01	1921.10.10	机械与运载
68	陈明致	2008.10.10	1929.11.28	土木、水利与建筑
69	侯祥麟	2008.12.08	1912.04.04	化工、冶金与材料
70	杨锦宗	2008.12.29	1932.08.25	化工、冶金与材料
71	陈先霖	2009.01.31	1928.09.27	机械与运载

续表

序	姓名	逝世日期	出生日期	所属学部
72	段镇基	2009.06.27	1934.02.19	环境与轻纺
73	时铭显	2009.09.24	1933.04.26	化工、冶金与材料
74	韩德馨	2009.10.19	1918.09.06	能源与矿业
75	钱学森	2009.10.31	1911.12.11	机械与运载
76	张在明	2009.12.04	1942.07.04	土木、水利与建筑
77	徐乾清	2010.01.09	1925.12.16	土木、水利与建筑
78	刘耕陶	2010.02.27	1932.05.06	医药卫生
79	黎磊石	2010.03.16	1926.10.26	医药卫生
80	闻立时	2010.04.06	1936.03.23	化工、冶金与材料
81	刘更另	2010.06.30	1929.02.15	农业
82	赵仁恺	2010.07.29	1923.02.16	能源与矿业
83	梅自强	2010.08.19	1929.04.26	环境与轻纺
84	于维汉	2010.11.17	1922.01.28	医药卫生

四、外籍院士名单(36 人)

序	姓名	国籍	当选年
1	比施根斯	俄罗斯	1996 年
2	克劳夫	美国	1996 年
3	贝聿铭	美国	1996 年
4	厉鼎毅	美国	1996 年
5	不破祐	日本	1996 年
6	巴丘卡耶夫	俄罗斯	1998 年
7	施敏	美国	1998 年
8	萨马桑达兰	美国	1998 年
9	蒂奥莱	法国	1998 年
10	普赖斯	英国	2000 年
11	何毓琦	美国	2000 年
12	邓文中	美国	2000 年
13	罗依兹曼	美国	2000 年
14	施普尔	德国	2001 年
15	罗曼	德国	2001 年
16	黄煦涛	美国	2001 年
17	弗斯贝格	瑞典	2001 年
18	雅克康	法国	2001 年
19	乌克布拉托维奇	塞尔维亚	2003 年
20	藤岛昭	日本	2003 年
21	何大一	美国	2003 年

续表

序	姓名	国籍	当选年
22	霍信斯基	波兰	2005 年
23	布鲁斯	英国	2005 年
24	沃尔夫	美国	2005 年
25	古里亚耶夫	俄罗斯	2005 年
26	刘锦川	美国	2005 年
27	大村智	日本	2005 年
28	福尔廷森	挪威	2007 年
29	郭　位	美国	2007 年
30	黄锷	美国	2007 年
31	杨祖佑	美国	2009 年
32	维斯特	美国	2009 年
33	瑞　迪	美国	2009 年
34	范良士	美国	2009 年
35	夏苏鲁	美国	2009 年
36	布莱克默	英国	2009 年

附：

已故外籍院士名单(8 人)

序	姓名	国籍	去世日期	当选年
1	李天和	美国	2001 年 02 月 04 日	2000 年
2	田长霖	美国	2002 年 10 月 29 日	2000 年
3	哈尔布特	美国	2004 年 11 月 06 日	1996 年
4	梁基谢夫	俄罗斯	2006 年 11 月 18 日	2003 年
5	吴　瑞	美国	2008 年 02 月 10 日	2001 年
6	贝尔	英国	2008 年 04 月 17 日	2001 年
7	盖尔	英国	2009 年 07 月—日	1998 年
8	勃劳格	美国	2009 年 09 月 12 日	1996 年

五、中国工程院2010年大事记

一月

1. 6日，受徐匡迪院长委托，潘云鹤常务副院长主持召开2010年第1次院常务会议，听取关于2010年两院院士大会有关情况的汇报，通报有关情况。

2. 6日，党组书记徐匡迪同志主持召开了2010年院党组第1次会议：听取关于我院预算执行审计有关情况汇报，学习关于对钱学森同志宣传的文件，研究机关干部年度考核测评工作，干部选择任用工作有关文件。

3. 7日，“中国工程科技中长期发展战略研究”项目各领域课题组交流会在京召开，潘云鹤常务副院长和国家自然科学基金委孙家广副主任共同主持会议，联合基金管理委员会成员、基金委代表、综合组成员、工程院各领域课题组负责人以及基金项目负责人出席会议。会议听取了8个领域课题组及综合组工作情况的汇报，围绕报告内容进行了认真、深入的讨论。

4. 9日，“我国高能耗机械装备运行状况及节能对策研究”咨询项目第一次会议在京召开。

5. 13日，“物联网及其在重要领域的应用”战略研究咨询项目立项暨项目组第一次会议在工程院召开，19位院士及13位专家出席会议，邬贺铨副院长作了题为《物联网—互联网在重要领域的应用》的主题报告。

6. 19日，“中国工程院院士队伍建设咨询研究”项目启动会在京召开，徐匡迪院长、周济副书记出席。

7. 19日，第四届科学道德建设委员会在工程院召开第7次会议。杜祥琬副院长主持会议。会议讨论了对院士投诉信的受理情况，通报了科研诚信建设联席会议第三次会议情况、我院向国务院报送“关于呈报科学道德建设有关情况的报告”、十部委“关于印发《关于加强我国科研诚信建设意见》的通知”以及我院在即将召开的科研诚信座谈会上的发言。会议还提出对科学道德一些重大问题进行思考。

8. 21日，党组书记徐匡迪同志主持召开了院党组第2次会议：研究审批关于石立英同志退休有关事项，研究确定党组务虚会有关议题，研究部署院领导班子工作总结及院党组民主生活会有关工作。

9. 22日，受徐匡迪院长委托，潘云鹤常务副院长主持召开第2次院常务会议，听取《中国工程院各专门委员会换届选举办法》和《中国工程院各学部常委会换届选举办法》的汇报，听取迎新春活动安排的汇报，听取增加院士在京就医医院的工作汇报等。

10. 22日，机械与运载工程学部京津地区院士2010年新春茶话会在京召开，周济副书记及学部30位院士出席会议。

11. 26日，徐匡迪院长、周济副书记、潘云鹤、邬贺铨、刘德培副院长在工程院会见来访的高教出版社社长李朋义和总编辑张增顺一行。

12. 27 日，“未来 20 年的工程科技与经济社会发展”系列报告会的第 5 场报告会在工程院召开。徐匡迪院长主持会议，中科院院长路甬祥作了题为“重要领域科技发展路线图研究—中国面向 2050 年科技发展战略”的专题报告。在京部分院士，“中国工程科技中长期发展战略研究”项目组成员，相关单位及院机关工作人员出席报告会。

13. 28 日，环境与轻纺学部召开在京院士新春座谈会。

14. 29 日，白玉良副秘书长代表工程院，签署我院与广安门医院“合作协议书”。

15. 31 日，中国工程院 2010 年院士新春音乐会在京举行。

16. 31 日，党组书记徐匡迪同志主持召开院党组民主生活会，党组成员重点对照检查自身加强党性修养和作风建设，以科学发展观为指导开展工作和廉洁自律等方面的情况。

二月

17. 2 日，“学部设置与学科划分研究”课题启动会在京召开。

18. 4 日，“浙江省沿海及海岛综合开发战略研究”项目启动会在京召开。会议由钱正英院士主持，会议听取了项目组对有关情况的介绍，并就需落实项目研究相关事宜与浙江省领导进行商讨。

19. 5 日，农业学部召开在京院士新春座谈会。

20. 8 日，受徐匡迪院长委托，潘云鹤常务副院长主持召开第 3 次院常务会议，听取 2009 年度机关工作总结会议安排的汇报，听取开展“十二五”战略性新兴产业发展重点咨询研究项目的汇报，听取院士填写《中国工程院院士登记表》的汇报，听取筹备第 14 届东亚工程院圆桌会议和第二届中美工程前沿研讨会的汇报，听取出席“工程发展趋势和相关前沿技术论坛”的汇报，听取我院加入科技部、财政部等部委成立产学研结合领导小组的汇报等。

21. 9 日，工程管理学部召开院士新春座谈会。

22. 21 日，党组书记徐匡迪同志主持召开了院党组第 3 次会议，研究机关司局级干部轮岗和机构调整的方案等。

23. 22 日，院机关部分机构调整，部分局级干部交流轮岗。

三月

24. 2 日，党组书记徐匡迪同志主持召开院党组第 4 次会议，传达学习中央政治局会议精神，传达贯彻《中国共产党党员领导干部廉洁从政若干准则》电视电话会议精神，研究院机关处级干部轮岗、提任及挂职工作安排。

25. 10 日，受徐匡迪院长委托，潘云鹤常务副院长主持召开第 4 次院常务会议，听取《中国工程科技中长期发展战略研究》项目进展情况的汇报，听取《中国工程院年鉴》编辑工作的汇报，听取起草院士大会领导讲话提纲的汇报，听取参加科技口部门会商会议情况的汇报等。

26. 10 日，党组书记徐匡迪同志主持召开院党组第 5 次会议，研究院领导班子换届有关工作，研究院外单位干部挂职的有关事宜及通报有关情况。

27. 15 日，“提高我国产品自主设计能力的发展战略研究”项目启动会在京召开，周济副书记、潘云鹤常务副院长出席会议。

28. 18日，由化工、冶金与材料工程学部，西安市科技局等单位共同主办的“2010西安新材料论坛”在西安召开。周廉院士担任论坛主席，薛群基等10位院士及来自国内材料界的400余位专家出席。

29. 21－23日，周济副书记、杜祥琬副院长在上海召开座谈会，听取对院士队伍建设研究项目的意见。

30. 22日，中国工程院、上海市人民政府合作委员会第七次会议在上海召开，周济副书记、杜祥琬副院长、上海市沈晓明副市长等领导及有关人员出席会议。会议审议通过了第七届“合作委员会”成员名单、上海院士中心2009年度工作总结及2010年度工作要点。

31. 22－28日，由土木、水利与建筑工程学部主办，清华大学建筑节能研究中心承办的第六届“清华大学建筑节能学术周”在清华大学召开。

32. 23日，产业工程科技委员会下属“表面活性剂研究开发促进会”更名为“轻工绿色化学品研究开发促进会”。

33. 24日，受党组书记徐匡迪同志委托，党组副书记周济同志主持召开党组第6次会议，听取关于院机关青年干部座谈会有关情况的汇报，研究机构有关干部轮岗、挂职、交流和选拔任用工作，研究2010年招录机关工作人员的有关情况。

34. 25－28日，由医药卫生学部、中华医学会眼科学分会主办的“2010医学科学前沿论坛第二届中国视觉科学与眼科学基础研究大会”在青岛召开。

35. 29日，两院资深院士联谊会“三农”问题专题研讨会在京召开，师昌绪院士主持会议，卢良恕等20余位院士出席。会议听取了《“三农”问题与农民致富之道》咨询项目总报告及对总报告说明的汇报并进行了讨论。

36. 30日，资深院士联谊会理事会在香山饭店召开。总结了2009年工作，审议并通过了2010年工作，会议增补了2位副会长。

四月

37. 6日，党组书记徐匡迪同志主持召开了院党组第7次会议，听取关于换届准备工作的汇报，确定局处级干部挂职名单，听取对拟提任干部的考察情况的汇报，并研究确定提任干部名单，听取关于审计署对我院2009年审计报告的汇报并研究对审计报告的回复。

38. 7日，第94场工程科技论坛“航空钛合金技术发展论坛”在京召开。周廉、张彦仲院士担任大会主席，周济副书记到会并致辞，刘大响等8位院士及来自航空钛材料研究制备行业的100余位专家出席论坛。

39. 10日，徐匡迪院长主持召开第四届主席团第22次扩大会议，会议主要内容：徐匡迪院长代表本届院领导班子作换届工作动员，中组部李建华副部长对院领导班子换届的有关工作作说明，民主推荐第五届院长、副院长候选人，通报“中国工程科技中长期发展战略研究”咨询项目进展情况。

40. 10日，“十二五”战略性新兴产业发展重点咨询研究项目启动会在京召开，徐匡迪院长、周济副书记及各课题组负责人参加会议。

41. 13日，由化工、冶金与材料学部主办的“钢铁冶金低碳技术研讨会”在山东召开，干勇等4位院士及有关专家40余人出席会议。

42. 13 日,“我国水资源、水能资源和水环境可持续发展工程科技研讨会”在工程院召开。会议围绕我国水资源、水能资源以及水环境面临着的新矛盾和新问题进行研讨,结合科学发展观的理念,就我国水资源的保护及其可持续开发利用等问题提出应对策略与建议。会议由陆佑楣院士主持,潘云鹤、杜祥琬副院长出席会议。

43. 14 日,由工程院主办的“中瑞能源效率与节能减排研讨会”在济南召开,来自中瑞两国的近 200 位专家参加会议。

44. 15 日,“未来 20 年的工程科技与经济社会发展”系列报告会的第 6 场报告会在工程院召开。中国海洋石油总公司总经理傅成玉作了题为“发展海洋石油工业,促进海洋强国建设”的专题报告。在京的部分院士、“中国工程科技中长期发展战略研究”项目组成员及院机关工作人员出席报告会。

45. 16 日,周济副书记在工程院会见了英国剑桥大学校长 Alison Rechard 教授。

46. 17 日,由工程院、国家外专局、美国机械工程师学会主办的“中美工程技术研讨会质量管理论坛”在京召开。杜祥琬副院长、美国机械工程师学会主席 Mr. Thomas Barlow 到会并致辞,近 140 位中外专家学者参加论坛。

47. 20 日,“中国工程科技中长期发展战略研究”第二次项目交流会在工程院召开。会议听取了八个领域课题组以及三个跨学部重大问题阶段性研究成果的汇报并进行讨论。潘云鹤常务副院长和国家自然科学基金委孙家广副主任分别主持会议。

48. 20 – 22 日,第 95 场工程科技论坛“全生命周期的生物质液体燃料可持续发展”在福建召开。汪燮卿院士主持大会,李大东等 8 位院士及来自 15 个单位的 140 余位专家出席论坛。

49. 21 日,受徐匡迪院长委托,潘云鹤常务副院长主持召开第 5 次院常务会议,会议讨论《中国工程院院士队伍建设》研究项目报告初稿,审议我院加入财政部改革试点单位事宜,听取关于 2010 年两院院士大会筹备情况的汇报,听取院士大会学术活动安排建议等。

50. 21 日,党组书记徐匡迪同志主持召开院党组第 8 次会议,研究对《中共中央关于对党的十七届五中全会研究“十二五”规划建设问题征求意见的通知》的回复意见,传达中央人才工作领导小组第 26 次会议的有关精神,听取局处级干部情况的汇报,审批提任副局级干部和 3 名干部轮岗名单。

51. 21 日,由工程院与教育部联合组织的高校与工程研究院所联合培养博士生座谈会在工程院召开,周济副书记和教育部陈希、林蕙青等领导同志出席,参加 2010 年试点的 8 家院所和 9 所高校的负责人出席会议,工程院与教育部联合推动的高校 – 工程院所联合培养博士生工作正式启动。

52. 24 – 26 日,由能源与矿业工程学部和中国电池工业协会共同主办的“全国铅蓄电池新技术研讨会”在南京召开,15 位专家作报告,100 多家企业近 200 名代表出席会议。

53. 25 日,徐匡迪院长主持召开第四届主席团第 23 次会议,会议听取并讨论关于《中国工程院院士队伍建设研究》项目进展情况。

54. 28 日,杜祥琬副院长在院机关会见了波兰科学院霍辛斯基院士。

55. 29 日,由 20 余位院士及专家出席的“玉树抗震救灾,灾后重建专题研讨会”在工程院召开。周济副书记出席会议,潘云鹤常务副院长主持会议,会议对玉树抗震救灾中的问题进行了研讨,并提出“中国工程院关于玉树抗震救灾,灾后重建若干意见的报告”上报国务院。

五月

56. 4日，党组书记徐匡迪同志主持召开院党组第9次会议，听取局处级干部挂职落实情况的汇报，研究确定处级干部轮岗名单。

57. 6日，第96场工程科技论坛“低碳能源”在上海召开。何继善、翁史烈院士共同主持大会，谢克昌等11位院士及来自全国的150余位专家出席论坛。

58. 7－13日，由医药卫生学部杨胜利院士为团长的代表团赴台访问，先后在高雄和台北举办了两场“海峡两岸医学前沿论坛”。陈肇隆、张心湜院士分别担任大会主席。代表团还参访了高雄长庚医院、阳明大学、振兴医院等机构，同台湾医学界同仁进行了医学前沿领域的专题学术交流。

59. 11－14日，由信息与电子工程学部、云南省科协、航天科工集团二院科技委联合主办的“信息技术在军民融合及构建和谐社会中的作用”研讨会在昆明市召开。苏君红等7位院士及有关专家出席了会议。

60. 12日，徐匡迪院长主持召开第6次院常务会议，会议听取起草胡锦涛总书记讲话、刘延东国务委员报告的汇报，听取主席团换届工作情况的汇报，听取院士大会筹备工作汇报。

61. 13日，徐匡迪理事长主持召开第8届光华工程科技奖理事会会议，讨论了第8届光华工程科技奖有关工作，并对获奖候选人进行了终评，最终有27位专家分获工程奖和青年奖。

62. 16－17日，第97场工程科技论坛“中国特色自主创新道路”在浙江大学召开。王基铭等13位院士及来自国内外大学及科研机构的代表及浙江大学师生近300人出席论坛。潘云鹤常务副院长在论坛上作了题为“物联网蕴藏的创新空间”的报告。

63. 17日，两院资深院士联谊会议在工程院召开，会议讨论资深院士联谊会2010年开展咨询工作的有关情况；结合我院《中国工程院院士队伍建设》咨询项目中的“院士科学道德与学风建设研究”课题进行座谈。两院共有16位资深院士出席了会议。

64. 18日，徐匡迪院长、潘云鹤常务副院长在工程院会见瑞典驻华大使林川先生，双方就上海世博会瑞典馆日活动及我院与瑞典开展合作交流等事宜交换意见。

65. 18日，潘云鹤常务副院长在工程院会见英国皇家工程院院士 Bemard Weiss 教授。

66. 20日，徐匡迪院长在工程院会见瑞典皇家工程科学院院长尼尔森教授，双方就有关瑞典皇家技术考察团访华活动事宜交换意见。

67. 21－23日，由医药卫生学部、中国抗癌协会、中华医学会肿瘤学分会共同主办的“第六届中国肿瘤学术大会暨第九届海峡两岸肿瘤学术会议”在上海召开，郝希山院士担任大会主席，15位院士参会。会议主题为科学抗癌，让生活更美好。

68. 24日，邬贺铨副院长在京会见世界经济论坛未来移动通讯全球议程理事会 Maecus 先生，双方就移动通讯方面的发展进行商讨。

69. 26日，“十二五战略性新兴产业发展重点咨询研究”项目中期汇报会在工程院召开，潘云鹤、邬贺铨、刘德培、杜祥琬副院长出席会议。

70. 28日，“浙江沿海及海岛综合开发战略研究”课题研究大纲汇报会在工程院召开。项目组组长钱正英院士、徐匡迪院长、潘云鹤常务副院长及项目组院士、专家等百余人出席会议。会议听取了十二个课题组的研究大纲汇报，并对下一步工作进行安排。

71. 29日，刘德培副院长在工程院会见并宴请了法国医学科学院院士、中国工程院外籍院士

Jacques Caen 教授。双方一致同意尽快推动两院间的实质性合作。

六月

72. 2 日，徐匡迪院长在工程院会见了美国纽约大学理工分校校监张钟浚博士。

73. 3 日，徐匡迪院长在工程院会见了美国工程院院士、麻省理工学院陈刚教授和美国工程院院士、美国能源部先进能源研究计划署主任阿伦·马强达博士。

74. 5－6 日，由土木、水利与建筑工程学部和中国建筑学会抗震防灾分会共同主办的“建筑结构抗倒塌学术研讨会”在京召开。陈肇元等 3 位院士及来自全国各高校、科研、设计与管理单位的代表 120 余人出席会议，收到学术论文 49 篇。

75. 6 日，徐匡迪执行主席主持召开第四届主席团第 24 次会议，会议审议院士大会日程、新一届院领导班子候选人有关事项、《中国工程院院长、副院长换届选举办法》、提交全体院士选举的主席团成员候选人名单的有关情况，审议大会选举的监票人和总监票人名单，审议徐匡迪院长在院士大会上的讲话。

76. 7－11 日，中国科学院第十五次院士大会和中国工程院第十次院士大会在京隆重召开。胡锦涛等党和国家领导人出席开幕式并作重要讲话，刘延东国务委员在大会上作报告。大会选举产生了中国工程院新一届领导班子，为第八届光华工程科技奖获奖者颁奖。大会还举行了学术报告会、各学部学术会议。

77. 11 日，周济执行主席主持召开第五届主席团第 1 次会议。会议审议提名徐匡迪为主席团名誉主席的提议，审议确认各学部常委会组成名单，审议新一届主席团组成成员的报告，讨论《关于认真学习贯彻胡锦涛总书记在两院院士大会上讲话精神的决定》。

78. 12 日，党组书记周济同志主持召开第五届院党组第 1 次会议，学习胡锦涛总书记在两院院士大会上的讲话精神，传达学习全国人才工作会议精神。

79. 12－13 日，由环境与轻纺工程学部主办的“中国环境工程材料战略发展论坛”在京召开。刘鸿亮等 7 位院士出席论坛。

80. 12－14 日，由机械与运载工程学部和东风汽车公司联合主办的“汽车自主开发的关键技术暨三代（改）高机动军用越野车开发”研讨会在湖北召开。郭孔辉等 5 位院士及来自东风汽车公司的专家近 60 人出席会议。

81. 15 日，“中国能源中长期（2030、2050）发展战略研究”项目组会议在工程院召开，与会专家重点围绕《综合报告提要》和《综合报告》（初稿）进行了认真、深入的讨论。杜祥琬、黄其励院士分别主持会议。

82. 16 日，由工程院与挪威技术科学院联合举办的“全球制造的战略与研发研讨会”在挪威举行。中挪双方近 30 名专家和政府代表出席会议，徐滨士、柳百成、卢秉恒院士分别作大会报告。

83. 17－24 日，杜祥琬副院长率团出席了在俄罗斯克拉斯诺亚尔斯克举行的“全球化下的能源”国际科技大会，并赴远东访问了俄罗斯科学院远东分院及其主要研究机构。

84. 18 日，周济院长在福州出席了由中国工程院参与主办的第八届中国 海峡项目成果交流会开幕式

85. 18－19 日，由土木、水利与建筑工程学部和中建股份基础设施事业部共同组织的“新时期高速铁路与建筑专家观摩研讨会”分别在武汉、长沙召开。周干峙等 7 位院士参加观摩活动。

86. 18－19 日，第 98 场工程科技论坛“促进我国经济转型的服务科学（SSME）”在同济大学举行。郭重庆等 8 位院士及来自全国近 200 位专家、学者出席了论坛。

87. 22 日，周济院长主持召开第 7 次院常务会议，会议审议《中国工程院主席团关于认真学习贯彻胡锦涛总书记讲话的决定》，审议关于制订《中国工程院 2010－2014 年工作纲要》的工作安排建议，审议关于修订《中国工程院工作规则》的安排建议，审议关于聘请主席团顾问的工作安排建议，通报院领导工作分工等。

88. 22 日，党组书记周济同志主持召开院党组第 2 次会议，研究领导班子分工，确定党组成员参加组织活动的支部。

89. 22 日，徐匡迪名誉主席、周济院长在工程院会见了美国麻省理工学院校长苏珊·霍克菲尔德教授，麻省理工学院副教务长菲利普·库利教授和麻省理工学院电脑科学和人工智能实验室主任维克多·苏教授。

90. 22－24 日，由医药卫生学部等单位共同主办的“第一届中国分子诊断技术大会”在京召开。程京院士担任大会主席，来自国内外的院士、专家 40 余位出席，800 多位来自各大医院、企业的代表出席了会议。

91. 23 日，潘云鹤常务副院长在我院会见英国工程技术学会（IET）首席执行官 Nigel Fine 先生，双方就英国工程技术学会与中国高校就工程课程认证方面开展合作进行了讨论。

92. 23 日，由工程院、中科院、山东省人民政府、国家知识产权局共同主办的第 10 届中国专利高新技术产品博览会在山东曲阜召开。本届专博会主题是“创新、合作、发展”，旭日干副院长到会并讲话。

93. 25 －27 日，由医药卫生学部、中国医促会妇儿医疗保健专业委员会共同主办的“中国妇儿健康发展促进高峰论坛”在武汉召开。胡亚美等院士及来自全国的妇产科、儿科等相关医学工作者 200 人参会。

94. 26－28 日，由医药卫生学部等单位共同主办的“2010 医学前沿论坛－第二届骨科转化研究与前沿技术国际研讨会”在上海召开。杨胜利等 4 位院士及来自国内外的 400 余位专家、学者出席会议。

95. 28－30 日，第 99 场工程科技论坛“半导体照明材料的工程科技问题”在大连召开。陈立泉、陈良惠院士担任大会主席，张国成等 6 位院士及来自全国的 50 余位专家出席论坛。

96. 28－30 日，潘云鹤常务副院长率工程院代表团参加在丹麦首都哥本哈根召开的国际工程与技术科学院理事会（CAETS）年会及学术研讨会。

97. 29 日，工程院与法国医学科学院合作在上海举办“中法乙肝学术研讨会”。来自上海医学科研机构和医院的代表 150 余人出席会议。

98. 6 月，由办公厅信息中心编辑、翻译的《Newsletter》重新开始发行，由原来的双月刊改为单月刊。

七月

99. 5－7 日，周济院长主持召开第 8 次院常务会议，会议传达西部大开发工作会议精神，学习讨论刘延东国务委员在院士大会上的讲话，讨论制订《中国工程院 2010－2014 年工作纲要》事宜，研究 7 月份院重点工作，研究院专门委员会换届有关问题等。

100. 6－8 日，张伯礼、刘德培、王永炎院士倡议召开了第 379 次香山科学会议，会议主题是“中医药基础理论研究发展战略”。

101. 12－15 日，由产业工程科技委员会、湖南省科技厅、中国南车股份有限公司共同主办的“轨道交通电力牵引工程论坛”在湖南株洲召开，产业委员会王淀佐主任委员及 10 位院士出席论坛，来自该领域的专家、学者近 270 人出席。

102. 13 日，第 100 场工程科技论坛“轻工重点行业节约资源与保护环境的技术研究及开发”在大连召开。刘德培院士到会致辞。陈克复院士担任大会主席，来自相关领域的 120 余位专家出席论坛。

103. 17 日，工程管理学部在鄂尔多斯市召开“油气勘探战略及提高石油采收率发展战略研讨会”。工程管理学部与能源学部的 14 位院士，来自国土资源部、三大石油公司、石油企协等单位的 20 余位专家出席会议。会议就“油价剧烈波动情景下我国油气勘探战略研究”和“二氧化碳地下存储及提高石油采收率发展战略研究”项目进行结题评审。

104. 18－21 日，资深院士联谊会“三农”问题咨询研讨会在内蒙古满洲里召开。师昌绪会长主持会议，杨福愉等 15 位院士和专家出席。

105. 20 日，周济院长主持召开第 9 次院常务会议，会议传达学习全国教育工作会议精神、传达刘延东国务委员关于我院近期工作安排的批示精神，研究“工程科技中长期发展战略研究”项目有关事项，研究我院与广东省签署院省合作协议事项。

106. 20 日，党组书记周济同志主持召开院党组第 3 次会议，通报中央和国家机关贯彻干部人事制度改革规划纲要座谈会精神，研究审议德恒律师事务所提出的关于创新公司股权转让的方案。

107. 21 日，周济院长在工程院会见美国工程院院士 David. Wisler 博士。

108. 24 日，周济院长在满洲里出席由中国工程院参与主办的第七届满洲里中俄蒙科技展开幕式。

109. 27 日，周济院长和邬贺铨秘书长在广州出席广东省部院产学研合作五周年总结大会，并同广东省政府签订全面推进产学研合作协议。

110. 29 日，潘云鹤常务副院长会见爱尔兰工程院原院长 Gerry Byrme 教授。

111. 29－30 日，“百名专家淄川行”活动在山东省淄博市淄川区举行，殷瑞钰等 14 位两院院士出席活动。来自全国 87 家高等院校、科研单位的 300 名专家教授，以及淄川区 610 余家企事业单位 2200 余人参加本次活动。殷瑞钰院士为淄川区的领导和企业技术人员作了题为“关于低碳经济的若干认识”的报告。

112. 31 日，第 101 场工程科技论坛“髋部疾病诊治与相关学科进展”在内蒙古召开。邱贵兴院士担任大会主席，樊代明副院长到会致辞，刘德培等 7 位院士出席，来自骨科领域的 500 余位专家出席论坛。

八月

113. 4－8 日，第 102 场工程科技论坛“耐高温纤维产业用纺织品及滤袋”在南京市召开，姚穆院士主持，季国标院士致开幕词，会议特邀报告 15 个，到会科研院所、企业单位 42 个，共计 110 余人。

114. 6－9 日，由医药卫生学部等共同主办的“2010 医学科学前沿暨个体化治疗与抗肿瘤药物研究新趋向研讨会”在广州召开，甄永苏院士担任大会主席，来自国内外肿瘤药理和临床化疗领域的 30 多位专家，300 多位代表出席了会议。

115. 8－10 日，由化工、冶金与材料工程学部与包头市人民政府、中国稀土学会共同主办的第二届“中国包头·稀土产业发展论坛”在包头稀土高新区举行。主题为“中国稀土发光材料产业链的发展与共赢”，干勇副院长出席并讲话，来自全国稀土发光材料界的 300 余位专家参加了会议。

116. 15－16 日，由工程院、神华集团共同组织的“神华院士行”在鄂尔多斯市举行，周济院长、谢克昌副院长及能源、环境学部 18 位院士出席活动，院士行专家组实地考察了神华集团所属神东矿区，召开座谈会，对神华集团自主创新、科学发展和神华研究院建设方案进行咨询。

117. 22－27 日，以“低碳技术与复合材料”为主题的化工、冶金与材料学部第八届学术年会在哈尔滨召开。曹湘洪院士担任大会主席，49 位院士及全国相关领域的 200 余位专家出席会议。干勇副院长出席会议并致辞。

118. 22 日，潘云鹤常务副院长主持召开“抗击洪涝、地质灾害专题座谈会”，周济院长及 22 位相关院士和专家针对舟曲特大泥石流灾害问题进行研讨，并向国务院上报“关于抗击洪涝地质灾害的若干建议”。

119. 23 日，第 103 场工程科技论坛“纺织产业领域新材料开发和生态制造关键科学与技术战略研究”在上海召开。樊代明副院长到会致辞。季国标等 10 位院士及来自相关领域的 80 余位专家出席论坛。

120. 24 日，周济院长主持召开第 10 次院常务会议，会议听取《中国工程院 2010－2014 年工作纲要》制订相关情况的汇报，听取《中国工程院工作规则》修订情况的汇报，审议聘请主席团顾问单位名单，听取第五届主席团第 2 次会议筹备情况的汇报，通报 7－8 月份重点工作完成情况和 9 月份重点工作安排，审议各专门委员会换届名单，研究工程院与江苏省签署院省合作协议事项等。

121. 24 日，中国工程院 2010 年《院士通讯》工作会议在承德市召开。来自全国各地的 30 余位特约通讯员出席会议。

122. 27 日，工程管理学部组织召开了《石油化工工程建设项目管理机理研究与评价》咨询项目结题汇报及研讨会。徐匡迪名誉主席、周济院长出席了会议，22 位院士以及来自中国石化、中国石油、中海油、中国中化、神华集团和中煤集团等单位的 84 位领导和专家参加会议。

123. 30 日，中国工程院与新疆自治区人民政府、新疆生产建设兵团科技合作协议签字仪式在新疆举行。周济院长和努尔.白克力主席、华士飞司令员分别代表双方签署合作协议书。

124. 31 日，由医药卫生学部和深圳市人口与计划委员会、深圳中国工程院院士活动基地共同主办的深圳“医学院士论坛”系列报告会在深圳举办，赵铠院士应邀作了“新病原研究”的专题演讲。

九月

125. 2 日，由土木、水利与建筑工程学部和上海院士活动中心等单位共同主办的“京沪高铁上海虹桥站工程建设研讨会”在上海召开，叶可明等 16 位院士出席。

126. 2－4 日，由工程院、科技部、工信部、山东省共同主办的第五届中国（济南）国际信息技术博览会在济南召开。潘云鹤常务副院长出席开幕式并在中国企业信息化建设和发展高峰论坛上作题为“物联网蕴藏的创新空间”的主旨报告。

127. 3日,周济院长在工程院会见了美国巴特尔研究院总裁兼首席执行官 Jeffery Wadsworth 博士,巴特尔研究院风险投资公司总裁 Mort Collins 和 360 知识产权公司总裁、董事长 Glenn Kline。

128. 3日,中国工程院与山东省人民政府推进山东钢铁产业结构调整试点省建设合作备忘录签约仪式在青岛举行。干勇副院长和王仁元副省长代表双方签署合作备忘录。

129. 5日,周济执行主席主持召开第五届主席团第2次会议。会议审议《中国工程院 2010 - 2014 年度工作纲要》。审议修订的《中国工程院工作规则》,审议《中国工程院院士队伍建设研究》项目报告,审议各专门委员会换届名单,审议聘请主席团顾问单位名单。

130. 5日,中国工程院与江苏省人民政府科技合作协议签字仪式在南京举行。徐匡迪名誉主席和梁保华书记分别致辞,周济院长和罗志军省长代表双方签署合作协议书。

131. 6日,王淀佐院士在第25届国际矿物加工大会上荣获国际矿物加工大会终身成就奖。

132. 6-8日,由工程院、科学院、山东省人民政府共同主办的“第九届中国(淄博)新材料技术论坛”在山东淄博召开,论坛主题“新材料名都”。干勇副院长到会并致辞,师昌绪等17位院士及80位学者出席论坛。

133. 7-9日,由医药卫生学部和中华医学会肾病学分会等共同举办的“2010年肾脏病前沿论坛暨全国中青年学术交流会”在京召开。陈香美院士担任大会主席,来自相关领域的300余位代表出席。

134. 8日,周济院长在工程院会见瑞典皇家工程科学院尼尔森院长。双方就瑞典皇家技术考察团访华的接待事宜和续签两院新一轮合作协议等问题进行了讨论。

135. 8日,周济院长在工程院会见印度工程院 Dr. Prem Goel 院长。双方就进一步加强中印两国工程院合作进行了交流。

136. 8日,由医药卫生学部、上海院士中心和长海医院共同主办的“上海转化医学高峰论坛”在上海召开。杨胜利等7位院士及相关领域的300余位专家出席会议。

137. 10-12日,由医药卫生学部等单位共同主办的第三届全国骨科修复与移植学术研讨会在太原举办。卢世璧院士担任大会主席,10多位专家300多位代表出席了会议。

138. 10-12日,由机械与运载工程学部、中国航空集团公司等单位联合主办的“2030年中国工程科技中长期发展战略研究-航空电子专题研讨会”在上海召开。张彦仲等7位院士及70位专家出席会议。

139. 11日,由医药卫生学部等单位共同主办的第六届国际络病学大会在天津召开,吴以岭院士担任大会主席,来自工程院、中科院的6位院士和国内外800多位代表参会。

140. 13日,周济院长、樊代明副院长和高教出版社李朋义社长等座谈,讨论出版合作有关事宜。

141. 14日,周济院长主持召开第11次院常务会议,会议听取《中国工程院 2010-2014 年工作纲要》修改情况汇报,听取《中国工程院工作规则》修改情况的汇报,研究走访有关部门的工作安排及汇报材料等事宜,研究讨论“工程科技论坛10周年座谈会”工作方案,听取我院与国家开发银行合作情况汇报,听取“湖南科技论坛院士行”及院士书画社活动准备情况的汇报等。

142. 14日,党组书记周济同志主持召开院党组第4次会议,研究审议德恒律师事务所起草的有关创新公司股权转让事宜的文件,听取机关党委关于中纪委将来我院走访调查工作情况的汇报。

143. 15日,干勇副院长主持召开院长办公会议,听取院机关各部门关于预算执行情况汇报,研究部署9月到12月的预算执行工作,研究清账工作,研究建立咨询项目数据库工作等。

144. 15日,徐匡迪名誉主席在工程院会见了香港城市大学校长、我院外籍院士郭位教授和香港城市大学专业教育规划及机构发展总监何兆炜。

145. 15－17日,由医药卫生学部等共同主办的“青藏铁路卫生保障及高原病防治学术研讨会”在格尔木召开,吴天一院士担任大会主席,20多位相关领域专家、50多位代表与会。

146. 16日,周济院长,潘云鹤、旭日干、干勇、樊代明副院长及机关有关部门负责人一行拜访财政部。

147. 16日,周济院长在工程院会见瑞士工程院外事委员会主席Arthur Rolf院士、瑞士工程院秘书长Rolf Huegli和达沃斯世界资源论坛主席Xaver Edelmann一行。

148. 16－17日,由医药卫生学部等单位共同主办的“肝胆胰疾病诊治策略高峰论坛”在杭州召开,郑树森院士担任大会主席,黄志强等5位院士与会并作报告,300多位代表参会。

149. 17日,第二届“中国工程前沿青年研讨会”在京召开。研讨会分“生物衍生物工程”、“无线技术”、“先进车辆与移动性”和“海洋工程”4个分会场,进行专题学术报告。徐匡迪名誉主席和周济院长出席并致辞。

150. 17日,周济院长,潘云鹤、旭日干、干勇副院长及机关有关部门负责人一行拜访中国科协。

151. 18日,第104场工程科技论坛“宠物与人类健康 ”在北京召开。旭日干副院长到会致辞。夏咸柱院士担任大会主席,150余位来自相关领域的专家出席论坛。

152. 19－20日,由土木、水利与建筑工程学部、中国土木工程学会、国家自然基金委工程与材料学部及大连理工大学共同主办的“首届土木工程高层论坛”在大连召开。欧进萍等12位院士及来自全国各地的土木领域专家学者130余人参加论坛。

153. 20日,李岚清同志莅临工程院视察指导工作。

154. 21日,由工程院和法国医学科学院共同主办的“中法医学科学和公共卫生研讨会”在上海世博园召开。周济院长、法国医学科学院院长Roger Henrion及大会主席刘德培院士在开幕式上致辞,来自中法两国高校、研究院所的120余位院士、专家出席会议。

155. 23日,由工程院与山东省政府共同主办的第11届国际果蔬食品博览会在烟台召开,旭日干副院长出席会议。

156. 25日,两院资深院士联谊会组织了“两院资深院士参观中国科技馆与国家动物博物馆”的活动。工程院49位资深院士参加。

157. 25日,工程院第二届工程研究院所研究生教育学术委员会第一次会议在工程院召开,会议由干勇副院长主持,会议通报了委员会换届情况,听取上一届委员会的总结并讨论了本届委员会工作计划,听取了教育部关于高校与研究院所联合培养博士生工作的情况介绍,周济院长到会讲话并为新一届委员颁发聘书。

158. 25－26日,由信息与电子工程学部、无锡市政府等单位共同主办的“传感器和芯片在物联网中的应用及面临的挑战研讨会”在无锡市召开,韦钰等22位院士出席会议。

159. 26日,由医药卫生学部和深圳市人口与计划委员会、深圳中国工程院院士活动基地共同主办的深圳“医学院士论坛”系列报告会在深圳举办,王陇德院士应邀作了“中国公共卫生安全的现状、挑战与对策思考”的专题演讲。

160. 26－29日，由农业学部、中国园艺学会共同主办的“中国园艺学会2010年学术年会”在沈阳召开，方智远等4位院士及300余人出席，会议共征集234篇论文。出版了《园艺学报(2010年增刊)》。

161. 28日，周济院长主持召开第12次院常务会议，会议总结9月份重点工作，通报10月份重点工作安排，听取接待瑞典皇家技术考察团有关情况汇报，听取第14届东亚工程院圆桌会议相关情况的汇报。

162. 28日，党组书记周济同志主持院党组第5次会议，研究上报我院机构编制调整和通报其他有关情况。

163. 28日，《医疗保健系列学术报告会》首场报告会在工程院召开，樊代明副院长作题为“三千年生命科学进与退”的报告。

164. 28日，宋健名誉主席在工程院会见了俄罗斯鲍曼大学校长阿列克桑德罗洛夫和俄罗斯鲍曼大学副校长科尔舒诺夫。

十月

165. 8－11日，“南海院士行”活动在三亚举办，周济院长、谢克昌副院长、能源和矿业学部等共有22位院士参加。活动对我国南海油气资源的勘探开发现状进行考察。形成了院士建议，报国务院领导。

166. 10日，周济院长在工程院会见古巴国务委员会科技顾问菲德尔.卡斯特罗.迪斯亚.巴拉特博士一行。双方就加强中古工程科技领域的合作、特别是在纳米生物领域的合作事宜交换了意见。

167. 11－12日，由机械与运载学部主办，西安交通大学与瓦轴集团公司共同承办的“高端装备制造中的轴承技术及产业发展”高层研讨会在大连召开。卢秉恒等9位院士及有关单位专家学者出席会议。

168. 11－13日，由中国工程院主办的“中国工程管理论坛2010暨工程院工程管理学部成立十周年庆祝大会”在京召开。工程院、科技部、中国科协等领导出席会议。工程管理学部35位院士及近300名专家学者到会。徐匡迪名誉主席、周济院长发表重要讲话，殷瑞钰院士代表工程管理学部介绍了工程管理学部十年来的成长历程。会议由学部主任王铭基院士主持。论坛以“科学发展与工程管理”为主题进行探讨和交流。

169. 11－15日，由机械与运载工程学部等11家单位共同主办的“第九届国际水动力学会(ICHD－2010)在上海召开，来自23个国家和地区的250名代表出席会议，其中境外代表109人。吴有生院士任组委会主席。

170. 13－14日，由工程院主办的第14届中日韩(东亚)工程院圆桌会议在西安市召开，周济院长，谢克昌、樊代明副院长出席会议。会议主题是循环经济中的工程技术，来自中日韩等国的50余位专家学者出席会议。

171. 14日，由两院资深院士联谊会主办的“我国创新型人才培养的问题与对策研究项目”启动会在京召开，联谊会会长师昌绪院士主持会议，周济院长出席。

172. 14日，周济院长、干勇副院长及机关有关部门负责人一行拜访中央机构编制委员会办公室。

173. 15日,由医药卫生学部、上海院士中心共同主办的“中芬老龄化论坛——科技与健康老龄化”在上海召开,杨胜利院士及芬兰专家等作了学术报告,80多位专家与会并进行了会议研讨。

174. 15-16日,由医药卫生学部主办的“乙型肝炎研究慢性化、重症化、恶性化的新思路与新途径”会议在上海召开,闻玉梅院士担任大会主席,5位院士、80多位专家与会。

175. 15-17日,由医药卫生学部主办、王威琪院士担任大会主席的“2010年超声医学影像论坛”在上海举办,4位院士及150多位代表与会。

176. 15-18日,由医药卫生学部等单位联合主办的“2010医学科学前沿暨第三届分子靶向药物研究与应用研讨会”在四川召开。甄永苏等3位院士出席并作学术报告,200余位专家出席会议。

177. 17日,周济院长在京会见法国科学院 Catherine Bréchignac 院长一行。

178. 17-22日,旭日干副院长率团访问捷克、瑞士。与捷克工程院、瑞士工程院签署了两院合作谅解备忘录。

179. 17-22日,由医药卫生学部等单位共同主办的健康论坛在长沙举办,程书钧、俞梦孙、夏家辉等10位来自工程院、中科院的院士与会,60多位专家和300多位代表围绕“应用高科技基础与临床研究成果提高人民健康水平”展开研讨。

180. 19日,周济院长主持召开第13次院常务会议,会议传达学习十七届五中全会精神,听取“我国有色稀有金属材料的现状及发展战略”研究成果的汇报,听取“国家工程科技思想库建设”咨询课题有关情况的汇报,审议《中国工程院涉密计算机管理规定》,听取“工程科技论坛10周年座谈会”筹备工作情况的汇报,审议《中国工程院与湖南省人民政府科技合作协议》等。

181. 19日,党组书记周济同志主持召开院党组第6次会议,研究我院选拔任用秘书长的工作方案。

182. 19日,俄罗斯联邦委员会主席米罗诺夫率代表团访问工程院,双方共同召开了中俄科技合作交流会,宋健、徐匡迪、周济等院领导和部分院士出席交流会。

183. 20日,张锦秋院士获2010年度何梁何利基金“科学与技术成就奖”,樊代明副院长等10位工程院院士分获“进步奖”和“创新奖”。

184. 20日,第四届教育委员会第一次会议在京召开,会议由教育委员会潘云鹤主任委员主持,主要议题是通报教育委员会换届工作情况,讨论本届委员会工作计划和咨询项目安排情况,综合评审教育部人文社会科学研究项目“工程科技人才培养研究”专题申报材料等。周济院长为新一届委员颁发了聘书。

185. 20日,由信息与电子工程学部主办,天津大学承办的“精密测量与先进制造”研讨会在武汉召开。叶声华等6位院士及有关部门的专家学者出席会议。

186. 20-22日,以“组织再生中的转化医学问题-基础研究与临床应用的激烈碰撞”为主题的第384次香山会议在京召开,付小兵、王正国、戴尅戎院士担任会议执行主席,来自国内外40多个单位的50余位专家学者出席会议。

187. 21-23日,由能源与矿业工程学部与国土资源部油气资源战略研究中心共同主办的“塔里木盆地及邻区新领域油气资源战略调查和勘探开发”研讨会在乌鲁木齐召开,翟光明等3院士出席。

188. 22-23日,由工程院、人力资源社会保障部等单位主办的“中国人才发展论坛”在京召开，樊代明副院长参加会议并作高层次人才论坛的交流发言。

189. 23日，化工、冶金与材料工程学部上报“关于促进稀土产业健康发展的几点建议”。

190. 24日，中国工程院与湖南省人民政府科技合作协议签署仪式在长沙举行，徐匡迪名誉主席和周强书记分别致辞，周济院长和徐守盛省长代表双方签署合作协议书。

191. 24－27日，由工程院与湖南省人民政府共同主办的“湖南科技论坛院士行”活动在湖南长沙市举行，徐匡迪名誉主席、周济院长、潘云鹤常务副院长等26位院士参加活动。活动内容有湖南科技论坛院士行报告会、科技合作签字仪式和“橘洲抒怀”书画联谊活动。

192. 26－27日，第105场工程科技论坛“六大农作物强优势杂交种的创制与应用”在河南安阳召开。旭日干副院长到会致辞。袁隆平、傅廷栋院士担任大会主席，来自相关领域的350余位专家出席论坛。

193. 29－30日，为支持武汉东湖新技术产业开发区建设国家自主创新示范区，周济院长带队，24位院士参加，在东湖新技术产业开发区开展咨询调研活动。

194. 30－31日，由土木、水利与建筑工程学部和国家自然基金委材料与工程科学部主办的“2010流域水安全与重大工程安全高层论坛”在南京召开，雷志栋等12位院士及有关单位的400余人出席。

十一月

195. 1日，第106场工程科技论坛“现代测绘科学技术与信息化社会的可持续发展”在武汉召开。宁津生院士主持并致开幕词，王景全等14位院士及来自相关领域的100余位专家出席论坛。

196. 2日，周济院长主持召开第14次院常务会议，会议总结10月份重点工作，通报11月份重点工作安排，各部门汇报关于2011年工作要点的思考和建议，研究关于设立“院地合作委员会”的有关问题。

197. 2日，党组书记周济同志主持召开院党组第7次会议，听取机关民主推荐秘书长人选情况汇报，研究确定考察对象等。

198. 2日，《医疗保健系列学术报告会》第2场报告会在工程院召开，陈香美院士作题为“肾脏衰老的机制与老年人的肾脏保健”的专题报告。报告会由樊代明副院长主持

199. 2日，化工、冶金与材料工程学部向国务院报送了“关于促进稀土产业健康发展的建议报告”。

200. 3日，中国工程院与北京天坛医院签署合作协议，为院士就医开辟绿色通道。

201. 3日，第五届科学道德建设委员会第一次扩大会议在工程院召开，谢克昌主任委员主持会议，周济院长及第四、五届委员出席会议。会议审定了“院士科学道德与学风建设”研究报告、报告第四届委员会工作情况，通报第五届委员会换届情况，讨论并审定2010年上半年投诉信处理情况，讨论科学道德建设有关文件规定的修订工作等。

202. 3－4日，“浙江沿海及海岛综合开发战略研究”项目阶段性成果汇报会在京召开。项目组组长、副组长、顾问，各课题组组长、副组长、顾问、主要执笔人，浙江省代表、国家开发银行代表等150余人出席会议。会议听取了十二个课题组及一个专项研究组的阶段性成果汇报并进行了讨论。

203. 4日，中国工程院第四届咨询工作委员会第一次会议在工程院召开。主要议题为：通报咨询工作委员会换届工作情况；讨论本届委员会工作计划和2011年工作要点；通报中国工程院咨询经费管理办法修订情况；评审2011年中国工程院咨询研究项目。周济院长、干勇副院长、邬贺铨秘书长，科学院咨询工作委员会朱道本主任出席会议。潘云鹤常务副院长主持会议。

204. 4-7日，由医药卫生学部、中南大学医学遗传学国家重点实验室共同主办的“建立严重致愚、致残、致死性遗传病的诊断、产前诊断全国网络研讨会”在长沙召开，夏家辉院士担任大会主席，145位专家、代表参加了会议。

205. 5日，周济院长，潘云鹤、旭日干、谢克昌、干勇副院长及机关有关部门负责人一行拜访工业和信息化部。

206. 5日，第107场工程科技论坛“载人登月与深空探测”在京召开，徐匡迪名誉主席、周济院长担任论坛主席，31位院士及来自全国的200余位专家学者出席论坛。

207. 8日，周济院长，旭日干、谢克昌副院长及机关有关部门负责人一行拜访国家自然科学基金委员会。

208. 8-11日，应广西壮族自治区水产畜牧兽医局邀请，农业学部林浩然等6位院士赴桂开展“水产院士广西行”活动。

209. 8-13日，应我院邀请，瑞典皇家工程技术考察团来我国访问交流，瑞典国王古斯塔夫作为团员一同来华考察。8日，习近平副主席在人民大会堂会见瑞典国王古斯塔夫及瑞典皇家工程科学院代表团主要成员。9日，国务委员刘延东在工程院会见国王古斯塔夫一行，期间周济院长、尼尔森院长代表双方签署了科技合作谅解备忘录。徐匡迪名誉主席参加了会见和签证仪式。部分工程院院士、专家及瑞典皇家技术考察团成员120余位中外嘉宾出席了工程院欢迎代表团招待会，活动后考察团赴杭州、上海访问。

210. 9日，由施仲衡、黄卫院士担任项目负责人的“新型城市轨道交通技术”项目在京通过科技部组织的验收。

211. 9-13日，由工程院和国家发改委、商务部、工信部、上海市人民政府等9部委主办的“2010中国国际工业博览会”在上海召开，邬贺铨副院长出席会议。

212. 10-15日，周济院长率工程院代表团访问澳大利亚技术科学与工程院等机构，在澳大利亚工程院院士大会作报告，并商讨进一步加强双边合作事宜。

213. 11-14日，由医药卫生学部、中国医师协会感染科医师分会和浙江大学医学院附属第一医院传染病诊治国家重点实验室共同主办的第三届全国感染科医师大会在杭州召开，李兰娟院士担任大会主席，5位院士、13位专家作学术报告，内容涵盖医学发展趋势分析、单一疾病诊治、医疗改革与医院安全、医疗纠纷防范与侵权责任等。

214. 11-14日，由医药卫生学部、中华医学会、中华医学会骨科分会、四川省政府和卫生厅、医学会等部门共同主办的“中华医学会第十二届骨科学术会议暨第五届国际COA学术会议”在成都召开，邱贵兴院士担任大会主席，4位院士、223位外宾及10000余位参会代表参加会议。

215. 12-14日，第108场工程科技论坛“创面修复的新理论与新技术进展—从基础研究到临床应用转化”在福州召开。王正国、付小兵院士担任大会主席并作了述评报告，韩忠朝等7位教授作了专题报告，来自国内各大医院、研究院所的80余位组织修复与再生研究领域专家参会。本次论坛围绕转化医学、医学成果转化、干细胞研究、临床创面修复治疗中心建设等4个主题展开。

216. 13日，由医药卫生学部等单位共同主办的“国际肝胆论坛”在上海召开，吴孟超、杨胜利、王红阳院士致开幕词并作学术报告，260余位中外专家出席会议。

217. 14－15日，由土木、水利与建筑工程学部等单位共同主办的“2010中国（北京）国际建筑科技大会”在京召开，大会主题为“低碳经济与土木工程科技创新”。杨秀敏等5位院士及来自国内外的200余位专家学者出席。

218. 16日，由工程院、深圳市政府等单位共同主办的“第12届中国国际高新技术成果交易会”在深圳召开，谢克昌副院长出席。

219. 16日，由信息与电子工程学部等单位联合主办的“机器人与智能信息系统”院士论坛在深圳召开。徐杨生院士主持论坛，李德毅等6位院士及250余位专家学者出席论坛。

220. 17日，由工程院主办的“生物产业发展论坛（2010）”在深圳召开，欧阳平凯院士担任论坛执行主席，谢克昌副院长出席会议并致辞，200余位专家学者出席。

221. 18－19日，由中国工程院、国家能源局共同主办的“能源论坛”在京召开，论坛主题“科技创新促进中国能源可持续发展”。徐匡迪名誉主席、周济院长出席论坛并致辞，56位院士及国内能源领域的专家学者600余人出席论坛。论坛设置了石油天然气、煤炭、核能、电力、可再生能源、节能减排和政策管理6个分会场。27位院士、64位专家作了91场报告。

222. 18－20日，由农业学部等单位联合主办的“第14届全国小麦栽培科学学术研讨会”在合肥召开。于振文院士担任大会主席，方智远等3位院士及280余位专家出席会议。

223. 19－20日，第109场工程科技论坛“碳汇渔业与渔业低碳技术”在京召开。潘云鹤常务副院长出席并致词。唐启升院士担任大会主席，来自相关领域的260余位专家出席论坛。

224. 20日，由化工、冶金与材料工程学部主办的“低成本、减量化轧制技术”研讨会在沈阳召开。干勇副院长、王一德等6位院士及来自国内20余家钢铁企业的专家240余人出席。

225. 22日，第110场工程科技论坛“数字化设计与自主创新”在武汉召开，周济院长出席论坛，李培根等13位院士及来自研究机构和高校的300位专家学者出席论坛。

226. 23日，周济院长主持召开第15次院常务会议，会议讨论中国工程院2011年工作要点，研究2011年院士增选办法等文件修改事项、名额分配方案的建议、医药卫生学部第一轮书面评审等事宜，听取将产业工程科技委员会更名为科技合作委员会的汇报，听取财务工作有关情况的汇报，听取2011年咨询研究项目立项等情况的汇报，听取“国家工程科技思想库建设”咨询项目情况的汇报等。

227. 23日，党组书记周济同志主持召开院党组第8次会议，听取对秘书长人选白玉良同志考察情况的汇报，研究确定向主席团提名的相关材料。

228. 25日，中国工程院、深圳市人民政府合作委员会第六次会议在深圳市召开，周济院长出席会议并讲话，干勇副院长参加会议。

229. 25－27日，由医药卫生学部、中华医学会外科学分会器官移植学组共同主办的“第五届器官移植”研讨会在济南召开，郑树森院士担任大会主席，400余位移植领域的专家教授及医护人员及相关人士参加会议。

230. 26日，由土木、水利与建筑工程学部和中国城市规划学会等单位共同举办的“中国城市交通规划2010年年会暨第24次学术研讨会”在苏州召开。邹德慈院士主持会议，来自全国政府部门、科研机构、高等院校及香港、台湾地区和美国、英国等地的专家学者350余人出席会议。会议主题是“大城市交通发展和规划变革”。

231. 27－29 日，由土木、水利与建筑工程学部和中国土木工程学会等单位共同举办的“第五届全国防震减灾工程学术研讨会”在武汉召开，来自全国防震减灾工程领域的 200 余名专家学者出席会议。周福霖院士等 15 位专家分别作了主题报告，54 名专家作分会报告。

232. 28 日，中国工程院与四川省人民政府科技合作协议签字仪式在四川举行，周济院长和蒋巨峰省长分别致辞，干勇副院长和李成云副省长代表双方签署合作协议书。

233. 29 日，周济院长在四川绵阳出席由中国工程院参与主办的纪念激光诞生 50 周年大会并致辞

234. 30 日，第 111 场工程科技论坛“智慧城市与智慧家庭技术产业发展趋势”在广州召开，刘人怀院士致开幕词，来自有关单位和高校的 250 余位专家学者出席论坛。

235. 30 日，由医药卫生学部、中南大学、香港中文大学、英国伦敦大学以及法国波尔多大学联合主办的“2010 医学科学前沿论坛暨国际药物警戒和药物安全学术会议” 在长沙召开，周宏灏院士担任大会主席，157 位专家、会议代表参加了会议。

236. 30－12 月 1 日，由农业学部主办的“东北商品粮基地可持续增粮战略”会议在长春召开，夏咸柱等 7 位院士及 70 余位专家出席会议。

237. 30－12 月 4 日，潘云鹤常务副院长率工程院代表团赴香港，出席太平洋邻里协会（PUC）2010 年香港年会暨联合会，并作大会主旨报告“数字图书馆的发展趋势”。

十二月

238. 2－3 日，产业工程科技委员会薄板坯技术交流与开发协会第六次技术交流会在广州召开，王淀佐、殷瑞钰院士致开幕词，张寿荣等 6 位院士及有关单位专家 130 余人出席。

239. 2－4 日，由医药卫生学部、国家自然科学基金委医学科学部联合主办的“2010 医学科学前沿论坛暨微生物资源中药物先导化合物的发现学术研讨会”在暨南大学（广州）召开，姚新生院士担任大会主席，来自国内外从事微生物资源及药物研究的 56 位专家、40 余位研究人员参加了会议。

240. 2－4 日，由医药卫生学部、深圳院士活动基地共同主办的“2010 医学科学前沿论坛暨人类基因组与发育—免疫—肿瘤研究现状与前沿发展方向研讨会”在深圳召开，程书钧院士担任大会主席，国内各大医学院校、科研院所的 30 余位专家、10 多位年轻科研人员参加了会议。

241. 3 日，中国工程院与神华集团科技合作协议签字仪式在京举行，周济院长和张喜武董事长分别致辞，谢克昌副院长和张玉卓总经理代表双方签署合作协议书。

242. 4 日，樊代明副院长主持召开第二届学术与出版委员会第一次会议。主要议题为：通报学术与出版委员会换届工作情况；审定中国工程院学术与出版委员会 2010－2014 年工作规划；审定中国工程院学术活动管理办法（修订稿）；讨论 2011 年学术活动与出版工作计划；讨论有关出版物编委会换届事宜；审定“中国工程院学术活动发展研究课题”工作方案，周济院长出席并并向新一届委员会成员颁发证书。

243. 5 日，周济执行主席主持召开第五届主席团第 3 次会议。会议审议中国工程院 2011 年工作要点，研究 2011 年院士增选工作，审议关于将产业工程科技委员会更名为科技合作委员会的建议，审议主席团顾问人选名单和关于调整秘书长人选的建议等。

244. 6日,“国家工程科技思想库建设”项目启动会在京召开,旭日干副院长主持会议,周济院长讲话。各课题组负责人等70余位院士专家出席。

245. 6日,“中国工程科技论坛十周年”座谈会在京召开,刘延东国务委员出席会议并作重要讲话,徐匡迪、宋健名誉主席出席,周济院长主持会议,樊代明副院长等院士发言。

246. 7日,《医疗保健系列学术报告会》第3场报告会在工程院召开,樊代明副院长作题为“消化系统的保健”的专题报告。

247. 7日,周济院长主持召开第16次院常务会议,会议总结11月份重点工作,通报12月份重点工作安排,审议2011年工作要点,审定院士增选办法,听取修订医药卫生学部学科分类相关内容的汇报,听取潘云鹤副院长率团访问香港情况的汇报等。

248. 7日,党组书记周济同志主持召开院党组第9次会议,听取中央国家机关创先争优推进会的有关情况通报,通报并研究我院开展创先争优活动的有关工作,并汇报其他有关工作。

249. 7-8日,由工程院、瑞典皇家工程科学院共同主办的“中瑞智能电网研讨会”在天津大学召开。会议由余贻鑫院士主持,中瑞双方16位院士专家学者作报告。

250. 7-8日,由化工、冶金与材料工程学部等单位主办的“全国有色金属工业低碳经济及冶炼废气减排学术研讨会”在南京召开。邱定蕃等4位院士及来自国内有色行业的专家120余人出席。

251. 8日,周济院长,潘云鹤、谢克昌副院长及机关有关部门负责人一行拜访国家外国专家局。

252. 8-12日,两院资深院士联谊会理事会扩大会在厦门召开。两院12位资深院士及2位专家出席。会议研究教育项目研究框架、对我院有关科学道德建设的文件提出修订建议。

253. 9-10日,“中钢院士行”在马鞍山举行。周济院长、干勇副院长及能源学部、化工学部23位院士参加。活动期间进行了工作交流,举行了“中钢马鞍山院士工作站”揭牌仪式,专题学术报告会和咨询论证会等。

254. 11-12日,第112场工程科技论坛“数字医疗的应用趋势”在杭州召开,邬贺铨等9位院士、专家作主旨报告,来自国内各省市医疗机构和卫生管理部门的100余位专家出席论坛。

255. 13日,由工程院组织的“仪器仪表技术发展战略研讨会”在京召开。会议由张钟华院士主持,周济院长等7位院士及有关单位专家出席。

256. 14日,周济院长,潘云鹤、旭日干、干勇、樊代明副院长,土木、水利与建筑工程学部主任雷志栋院士及有关部门负责人一行拜访水利部。

257. 14-15日,由土木、水利与建筑工程学部和北京交通大学单位共同主办的“CO2储存与捕获应用(CCSU)高层论坛”在京召开,施仲衡院士致开幕词,3位院士及16位专家作报告,110余人出席论坛。

258. 15-18日,由医药卫生学部杨胜利院士为团长的代表团赴港,在香港举办了以“转化医学”为主题的“院士讲座系列”,并进行了学术交流和研讨。

259. 16日,徐匡迪名誉主席、周济院长、潘云鹤、谢克昌副院长及院士参加首都交通院士行活动,中共政治局委员、北京市委书记同志会见刘淇、市长郭金龙会见了与会院士。

260. 17日,由工程院组织实施的“三峡工程论证及可行性研究成果的阶段性评估”重大咨询项目正式结题,同时《三峡工程阶段性评估报告 综合卷》首发式在工程院召开。

261. 18日，由医药卫生学部、中科院深圳先进技术研究院和深圳中国工程院院士基地共同主办的“转化医学与医工所发展研讨会”在深圳召开，杨胜利等5位院士及深圳院士活动中心人员等参观考察了深圳先进技术研究院生物医学与健康工程研究所（医工所）11个实验室，并就转化医学与医工所发展的主题展开交流研讨，共60多人参加了座谈会。

262. 20日，工程院与环保部联合组织的“中国环境宏观战略研究”项目组在京召开座谈会，向李克强副总理汇报了项目研究成果。李克强副总理对研究成果给予了充分肯定。徐匡迪名誉主席、周济院长参加了会议。

263. 21日，周济院长主持召开第17次院常务会议，会议传达中央经济工作会议精神，听取关于《增选办法》再修改情况的汇报，听取关于7个专门委员会2011年工作计划和办公厅、国际合作局工作计划的汇报，听取关于科技合作委员会会议安排和干勇副院长工作报告的汇报，听取关于中办加强涉密工作座谈会情况的汇报。

264. 21日，党组书记周济同志主持召开院党组第10次会议，研究院党组和院机关2010年年终考核及有关工作方案并通报有关情况。

265. 22日，新一代冶金流程专家座谈会在北京举行。徐匡迪、干勇、殷瑞钰、张寿荣等4位院士，首钢集团领导和钢铁研究总院、北京科技大学的专家围绕新一代钢铁流程进行了座谈。

266. 25日，中国工程院与重庆市人民政府科技合作协议签署仪式在重庆举行，潘云鹤副院长和童小平副市长代表双方签署合作协议书。周济院长和中共中央政治局委员重庆市委书记薄熙来出席签字仪式。

267. 25－26日，第113场工程科技论坛“2010汽车自主创新”在重庆召开。周济院长到会，30位院士及1200余位专家出席。

268. 25－27日，由土木、水利与建筑工程学部与中国中铁股份有限公司共同主办的“2010年中国城市轨道工程技术论坛”在重庆召开，潘云鹤副院长到会致辞，13位院士及近200位专家出席了会议。

269. 26－27日，中国工程院院地合作会议暨科技合作委员会第一次会议在上海召开，周济院长到会讲话并为委员们颁发聘书，谢克昌副院长主持会议。

270. 29日，工程院、中科院两院院士增选工作会议在京召开。国务院45个部门和31个省、自治区、直辖市及解放军四总部、新疆生产建设兵团、中国科协、部分国有企业等部门负责人160余人参加会议。

271. 30日，中国工程院2011年院士增选新闻发布会在京召开，旭日干副院长通报有关情况，并和谢克昌副院长共同回答了记者的提问。

272. 31日，白玉良同志任中国工程院秘书长。

273. 本年度，徐乾清、刘耕陶、黎磊石、闻立时、刘更另、赵仁恺、梅自强、于维汉8位院士分别于1月、3月、4月、6月、8月、11月逝世。

（刘　畅）

郑重声明